“十二五”普通高等教育本科国家级规划教材

现代教育论（第四版）	黄　济　王策三　主编
比较教育（第五版）	王承绪　顾明远　主编
当代比较教育学（第二版）	冯增俊　陈时见　项贤明　主编
现代教学论基础（第二版）	裴娣娜　主编
课程论（第二版）	靳玉乐　主编
现代课程与教学论（第三版）	黄甫全　主编
小学数学教学论（第四版）	马云鹏　主编
教育法学（第二版）	尹　力　主编
教育经济学新编（第二版）	范先佐　著
心理学导论（第三版）	黄希庭　郑　涌　著
社会心理学（第三版）	章志光　主编
教育心理学（第三版）	冯忠良　等　著
教育心理学（第三版）	张大均　主编
心理与教育测量（第三版）	郑日昌　主编
国际贸易（第二版）	苏科五　主编

本书第一版荣获

第三届全国普通高等学校优秀教材二等奖

本书第二版荣获

首届中国大学出版社图书奖优秀畅销书一等奖

国家精品课程普通心理学教材

“十二五”普通高等教育本科国家级规划教材

心理学导论

（第三版）

黄希庭 郑涌 著

人民教育出版社

·北京·

本书封四贴有含人民教育出版社注册商标㊣的标识,无此标识者视为盗版图书。

图书在版编目(CIP)数据

心理学导论/黄希庭,郑涌著. —3版. —北京:人民教育出版社,2015.8

国家精品课程普通心理学教材 “十二五”普通高等教育本科国家级规划教材

ISBN 978-7-107-30530-6

Ⅰ.①心… Ⅱ.①黄… ②郑… Ⅲ.①心理学—高等学校—教材 Ⅳ.①B84

中国版本图书馆CIP数据核字(2015)第191503号

人民教育出版社出版发行

网址:http://www.pep.com.cn

人民教育出版社印刷厂印装 全国新华书店经销

2015年8月第3版 2016年7月第3次印刷

开本:787毫米×1 092毫米 1/16 印张:45

字数:704千字 印数:8 001~13 000册

定价:68.00元

联系地址:北京市海淀区中关村南大街17号院1号楼 邮编:100081

电话:010-58759215 电子邮箱:yzzlfk@pep.com.cn

第三版序

本书第一版于1991年5月出版，1995年获第三届全国普通高等学校优秀教材二等奖。2003年，以该教材为基础的普通心理学课程被评为国家精品课程。2006年，本书入选为教育部组织评定的普通高等教育“十一五”国家级规划教材。本书第二版于2007年5月出版，2009年荣获首届中国大学出版社图书奖优秀畅销书一等奖。2012年入选为第一批“十二五”普通高等教育本科国家级规划教材。至今本书各版本已累计发行21万册。我们早就想再次修订这本书，迟迟没有动笔，一方面是由于教学和科研一直非常繁忙，另一方面则是如何修订好，颇费思量。

心理学是一门既古老又年轻、发展迅猛的学科。普通心理学是心理学专业的基础课程和核心课程，它所涉及的领域广，发展快，特别是近些年来，随着脑科学和基因技术的发展，其内容更加拓宽和深化，新的研究成果和前沿领域不断涌现。《心理学导论》就是专为初学心理学的大学生编写的，其任务是为他们打好今后有用的专业基础，给予入门之引导。该怎样修订好这本教材呢？我们做了以下四个方面的努力。

第一，力求为入门者建立科学心理学的学习框架。心理现象是极其复杂的，心理学也并非有统一观点或思想体系的所谓“范型”科学，初学者很容易感到茫然。基于对心理学的认识以及多年来心理学的教学经验，我们确定了本书十八章的框架结构。第一部分即第一章“绪论”，开宗明义阐述心理学的对象、任务和方法、过去和现状，以此揭示心理学作为一门科学的性质。第二章至第六章为第二部分，阐述心理的起源、心理的生物基础与环境基础、毕生心理发展及各种意识状态，以此揭示心理现象的实质。我们所要表达的哲学立场及基本观点是：心理是脑的机能，是客观现实的反映，人的心理是人脑对客观现实的主观能动的反映。第七章至第十八章为第三部分，阐述了个体最基本的各种心理现象，又分为三个方面：第七章和第八章，阐述心理倾向，包括动机与注意；第九章至第十六章，阐述心理过程，包括认知过程（感觉与知觉、学习与记忆、思维与言语）和情意过程（情绪与意志）；第十七章和第十八章，阐述个体差异的主要方面，包括智力与人格。在我们看来，这一体系较之前两版更为完整和合理，更能体现中国心理学家的观点，有助于初涉心理学者建立起对心理学及心理现象较为清晰而灵活的认知架构。

第二，力求夯实基础。基础课加强基础是当然的主题，而心理学的特殊性更在于观点的重要。在我们看来，加强基础，不一定要增多篇幅，加强也有限度，不宜过分，还要避免与一些后继课程的简单重复。本次修订过程中，我们着力加强了对心理学的基本概念、基本原理和基本理论的阐述，特别加强了当代心理学多种研究取向的观点。为此，需要从多种研究取向的角度来审视、提炼和精选内容，进而才能用整合的观点来加以阐述。

第三，力求教材的先进性。在注重经典传承的同时，我们也着眼于反映心理学的新面貌，并特别重视我国心理学家的研究成果。全书各章都增加了不少新内容，同时去掉了一些陈旧的或使用效果不好的内容。此外，还更换了半数的专栏，推荐了新的扩展阅读书目，列出了更为完整的参考文献。

第四，力求激发学生的专业兴趣。信息化、网络化时代促进了学科交融与发展。现在大学一年级的本科生，几年之后就可能成为心理学的主力军。为了更好地激发学生的专业兴趣，第三版在强调内容严谨性的同时也加强了趣味性，并精选了更好的专栏。这些专栏或者是就热点问题的追踪，或者是就争议问题的交锋，或者是就生活实际的讨论。这有助于读者了解到心理学家们是如何从不同的角度思考问题，以及怎样用不同的方法来解决问题的，从而受到启发。

回想起来，早在1983年我们就在普通心理学的课堂上结下师生缘。如今我们讲授普通心理学的年头都不短了，但我们对心理学的热爱依然执着，对于如何引导年轻学子们从对心理现象的朴素兴趣走上心理学的专业道路，也自信积累了不少经验。心理学是一门为人类谋幸福的学问，本书还力图传达一种期许，希望学子们在求知的过程中，以心理学的知识点燃心灵中的真善美，成为幸福的进取者！

第三版能够顺利出版，还与人民教育出版社曾红梅女士长期鼎力相助分不开，特致谢忱。教材建设是一项系统工程，我们还拟编写与本书配套的教学参考书，包括《心理学导论：创新性思维训练》《心理学导论：实验与研究》《心理学导论：学习指导》。时代在发展，心理学的研究成果在不断涌现，教材内容和形式也在变化。敬请专家和读者不吝赐教，指出本书的缺点和错误，促使我们今后做得更好。

搁笔之际，已在期待下一次的修订了。

黄希庭　郑　涌　谨识

2015年5月于西南大学心理学部

目　录

Contents

第一章 绪 论

生活在21世纪的人们，会同心理学一起成长。这是因为，心理学无处不在，大有作为。它所包含的全部内容都是我们对于人类自己的理解：我们的学习，我们的喜怒哀乐，我们的思考和创造，我们行为的动机，等等。无论是在上学、工作或休闲时，我们无时无刻不在经历和应用着心理学的知识。另外，心理学在迅猛发展，在我国更是呈现出前所未有的繁荣景象，21世纪的心理学有望成长为一门真正意义上的带头科学。

什么是心理学？心理学科学吗？本章我们就从心理学的性质、方法以及历史与现状来打开心理学的“窗口”。

第一节 心理学的性质

提到心理学，人们总觉得有些神秘之处。所谓“画虎画皮难画骨，知人知面不知心”，而心理学却能知道大家认为不可知的“心”，因此有人认为心理学是一门了不起的“测心术”。但是，也有人认为心理学就像“占星”“算卦”一样不可置信，还有不少人可能是将信将疑。其实，这些看法都是在不了解真正的科学心理学的基础上产生的，难免存在一定偏颇。感觉、注意、记忆、情感、性格、焦虑、郁闷、烦心、惬意、爱恋，凡此种种的心理现象或事件，我们每个人都很熟悉，平常大家也经常使用这些词汇。不同学科是从不同的角度来看待心理现象的。例如，哲学家可以从“物质第一性、意识第二性”的角度，把心理定义为脑的机能和对客观现实的反映。文学家则从生动描述的角度来呈现心理现象，留下了脍炙人口的心理描写，如《红楼梦》中宝玉失玉后黛玉的忽悲忽喜，《安娜·卡列尼娜》中安娜自杀前的激愤心情，《奥赛罗》中奥赛罗的病态的猜疑嫉妒，《钢铁是怎样炼成的》中保尔被炮弹炸伤昏迷后的奇异幻觉。那么，心理学家又是从什么角度来探讨心理现象的呢？我们说，**心理学**（psychology）是研究心理现象的科学。这个定义看似简单，实则涉及如何看待心理现象以及心理学是不是一门科学这两个根本问题，而正确理解心理与行为的关系在其中起着关键的桥梁作用。

一、个体心理现象概览

心理现象（mental phenomenon）是多种多样的，也是非常复杂的。心理学主要研究人的心理现象，也研究动物的心理现象；既研究个体的心理现象，也研究群体的心理现象；既研究生理性的心理现象，也研究社会性的心理现象。这些心理现象复杂地交织在一起。现代心理学的一种流行观点是把人的心理作为一个复杂的系统，可以从不同的角度进行考察，比如：从个体心理的动态—稳态维度，可以区分出心理倾向、心理过程和心理特征；从个体心理能否被觉知到，可以区分出意识和潜意识；从个体心理能否直接观测到，可以区分为心理与行为；等等。本书对个体基本心理现象的介绍，是从下列三个方面展开的。

（一）心理倾向

我们为什么而活着？这是个难解的哲学命题。这个问题从心理学的角度说，则是我们的心理指向何方。我们所生活的世界纷繁复杂，对每个人来说，他都需要做出对他来说最具生存意义和生活价值的目标选择，无论这种选择是有意的还是无意的。**心理倾向**（psychological disposition）就是我们的心理活动在特定时间里的指向状态。平常我们说的关注、留意、向往、追求等，就是在表达某种心理倾向。如果再深究一下，其中一些是注意性的心理倾向，主要与我们的意识状态相关，是认知活动（特别是知觉）的伴随现象，另一些则是动机性的心理倾向，主要与我们的价值追求相关，带有强烈的情绪及意志色彩。前者比如你现在正在专心听讲，后者比如你在努力成为一名出类拔萃的大学生。

（二）**心理过程**

在心理学中，**心理过程**（mental process）与**心理活动**（mental activity）这两个术语往往交替使用，因为所有心理活动都有一定的心理操作的加工序列。至于都有哪些基本的心理过程，国内心理学界多采用“三分法”——认知、情绪和意志过程。而西方心理学界流行“二分法”，大致是认知（包括意识）和情绪（包括动机）两大方面。两种划分并不矛盾，但显示了中西方文化传统及心理学发展历史的影响。

认知过程（cognitive process）是指个人获取知识和运用知识的心智活动。它包括感觉、知觉、记忆、思维、想象和言语等。个人对世界的认识始于感觉和知觉。我们的眼、耳、鼻、嘴和皮肤是我们与外部世界保持接触的主要感觉系统。通过感觉我们获取事物个别属性的信息，如颜色、明暗、声调、气味、粗细、软硬等。通过知觉我们能认识事物的整体及事物之间的关系，如一块黑板、一辆小汽车、一幢房子、一个美丽的公园、一群人等。感觉和知觉通常是同时发生的，因而合称为感知。感知过的经验能贮存在头脑中，必要时借助于记忆将有关信息提取出来，这叫记忆。借助感觉系统认识周围世界的可能性是很有限的，它只能使我们认识到直接作用于感官的具体事物。我们了解世界的知识显然不是仅仅由感知觉提供的，我们还能通过象征、顿悟、问题解决、复杂规则的运用等心智活动，认识事物的本质和规律，这要借助于思维和想象活动。例如，人们关于太阳系起源的知识和史前时代早期人类社会生活的知识等，则是借助于思维、想象而获得的。人类的认知活动与言语活动是密切联系的。言语在人类的认知活动中扮演着重要的角色。感觉、知觉、记忆、思维、想象等都是一些使人获得知识的心理过程，因此统称为认知过程。

当人认识周围世界的时候，他总是以某种态度来对待它们，内心会产生一种特殊的体验。或兴奋或沉醉，或愉悦或沮丧，还有我们通常所说的喜、怒、哀、惧以及美感、理智感、自豪感、自卑感等，产生这些心理现象的历程称为**情绪过程**（emotional process）。人不仅能认识世界，对事物产生某种情绪体验，而且能在自己的活动中有目的、有计划地改造世界。人在自己的活动中设置一定的目的，按计划不断地排除各种障碍，力图达到该目的的心理过程称为**意志过程**（willed process）。

（三）心理特征

心理特征（mental characteristics）是指一个人的心理活动中经常表现出来的稳定特点。例如：有的人观察敏锐、精确，有的人观察粗枝大叶；有的人记得快、记得牢，有的人记得慢、忘得快；有的人思维灵活，有的人思维迟钝；有的人情绪稳定、内向，有的人情绪易波动、外向；有的人意志果断，坚忍不拔，有的人优柔寡断，朝三暮四；等等。“世界上没有两片完全相同的叶子”，人与人也是各不相同。人与人之间的差异，有些会影响我们的活动效率，如智力高低，有些则体现为我们活动风格上的差异，如性格不同。苏联心理学习惯将这些称为个性心理特征，包含智力、气质、性格等内容，属于“个性”。而西方心理学习惯用“人格”一词，用以说明个人多种心理特征有机整合所显示出来的独特的精神面貌。与个性有所不同的是，人格主要包括先天的气质基础和后天的性格刻画，在内容上与智力相对。

要强调的是，各种心理现象，包括心理倾向、心理过程和心理特征，以及认知、情绪和意志过程等都是密切联系着的。例如，所谓“知之深，爱之切”就说明认知对情绪的影响，而“知识就是力量”则说明认知对意志行动的重要影响。再如，人产生情绪时一般都具有动机的特性，而动机倾向的增强因素往往有强烈的情绪色彩，因此也可以把这两种心理事件合在一起称为“动机情绪过程”。我们对各种心理现象进行分类，更多是出于学习和研究的需要。在学习和理解各种心理现象时，我们要善于运用辩证的、灵活的和动态的观点。

二、心理与行为的关系

与物理、化学等现象不同，心理现象不具形体性，是人内部世界的精神生活，他人无法直接进行观察。对心理现象这个特性的一个流行比喻是“黑匣子”，意即在正常情况下我们是不能打开它的。但其实，通过对行为的观察和分析，我们是可以客观有效地研究人的心理的。**行为**（behavior）是一个包含动作、活动、应答、反应、运动、过程、操作等含义很广的术语，指有机体的任何可测量的反应。心理学研究的行为可分为两类：一类是可观察到的行为和反应，如吃饭、穿衣、写字、看电视、走路、驾车、弹琴等，称为**外显行为**（overt behavior）；另一类是**内隐行为**（covert behavior），如知觉、注意、思想、观念、想象、欲望、意愿等。内隐行为其实就是心理活动。不少心理学家喜欢把心理、意识称为内隐行为，但也有不少心理学家明确把心理与行为区分开来。而事实上，心理学也经常被划归为**行为科学**（behavioral science）。

行为与心理是不同的，但两者又是密切联系的。引起行为的刺激通常是以人的心理为中介而起作用的。每个人都有心理活动，如知识、观念、态度、需要、情绪、意志和价值观等，这些心理活动对每个人来说也在不断地发生变化。结果，同样的刺激在不同的人身上的行为反应并不相同；即使是同一个人对同样的刺激，在不同的时间、地点和条件下的行为反应也不相同。例如，同是一张足球票，可以使球迷趋之若狂，而不爱好足球的人来说则对此反应淡漠；即使是球迷，如果由于身体欠佳或者有重要的工作必须去完成，反应也是不同的。所以说，人的心理现象是由一定的刺激引起的，心理支配着行为，并通过行为表现出来。

人不同于动物，人具有主观能动性。人的心理对行为的支配和调节通常是很复杂的。人可以有意地掩盖自己的某些心理活动，不在行为中表现出来，可以做出与内心不符的行为表现，甚至对自己的某些行为也不能觉察。也就是说，人的外部行为和内部的心理活动的关系不像动物的行为和心理的关系那样是单义的，而往往是多义的。例如，微笑这种行为，它可能表示对某人的好感，也可能是嘲笑某人的愚蠢，还可能是笑里藏刀，心里盘算着暗害某人。因此，要正确地理解人的行为，确定行为所表达的心理活动，最重要的是要了解引起和制约行为的各种条件，并且系统地揭示这些条件和行为的因果关系。

三、心理学的科学性

科学（science）是如实反映客观事物固有规律的系统知识。在人类知识的体系中，心理学既是自然科学体系中的成员，也是社会科学体系中的成员。与其他许多学科一样，心理学的科学性也表现在可复制性、可证伪性和系统性等三个基本特性上，并在其中有心理学的独特性。

（一）可复制性

任何一项科学发现在没有接受科学界其他人的重复验证之前，都不能称为科学知识。**可复制性**（replicability）是指一项科学研究的结果是能够按照原创者所提供的研究方法精确加以重复验证的，因而也称可重验性。心理学家与其他科学家一样，在追寻人类心理与行为的知识时，尽量避免采用非科学的方法，而是采用科学的研究方法。心理学家在科学刊物上发表的论文也都会对研究方法和程序进行详细陈述，其目的一是让其他学者通过对研究方法和程序的考察来评判这项研究的质量，二是让作者自己和其他学者按照研究方法的陈述，可以再做一次研究以检验研究结果的真实性。

不过，由于心理现象极其复杂而敏感，影响因素众多，心理学研究的可复制性经常表现得不如物理、化学等经典科学那般“严谨”。这是可以理解的。举一个典型的例子。情绪一章介绍了沙赫特和辛格（Schachter & Singer，1962）的一项很有名的实验研究，该实验是一项三因素设计的复杂实验，而且情绪研究向来难以控制。后来有不少研究者做过类似的重复实验，就有人没有证实沙赫特和辛格的结果（Rogers & Deckner，1975；Marshall，1976）。研究者也分析了其中的原因。无论如何，虽然在衡量标准上应考虑到心理学的学科特点以及所研究问题的特殊性，但是心理学当然要具备可复制性。这既是对心理学作为一门科学的基本要求，也是心理学工作者必须坚守的学术道德底线。

（二）可证伪性

一个科学的理论有它的适用范围，如果超出了其适用范围，科学的理论就会变成谬误。**可证伪性**（falsifiabity）是指在表述一个科学理论时，必须遵循从该理论所推导出的各种预测有可能被证伪，而在评价一个理论的新证据时，必须审视在收集到的这些新证据中是否有可能证实该理论是错的。可检验性即可证伪性。一个科学的理论应是有用的理论，根据这个理论所做的预测应是具体的。也就是说，理论在告诉我们如果它是对的，哪些事情应该发生的同时，还必须说清楚哪些事情不会发生。一旦后者发生了，我们就可以清楚地知道：这个理论有些地方出错了。这时就有必要对该理论进行修改，或者提出一个新的理论来取代原先的理论。这两种做法都会使我们在科学研究的实践中提出的理论更接近真实情况。反之，如果一个理论的预测包含了所有可能观察到的数据，那么这个理论将永远不需要也不会有修改，也将永远不会取得任何进展。因此，一个科学的理论并不是那种可以解释或预测任何一个可能出现的事实或现象的理论，因为这样反而恰恰丧失了该理论的预测能力（Stanovich 著/范照等译，2005）。

大多数心理学家在寻求人类心理与行为的有关知识时所提出的理论模型都力求遵循可证伪性标准。在当代心理学中，许多好的理论模型都可以解释一组已有的数据（所反映的事实及现象），并且能对尚未进行的实验结果进行预测。例如，在感知觉、记忆研究领域中的一些理论模型到目前为止是与众多的实证观察结果大致吻合的。但是，一旦观察数据与理论所推衍出来的假设产生矛盾，心理学家们将会重新建构另一个新的理论模型，以便给所观察到的数据提供更好的解释。本书中所讨论的一些理论模型仍停留在猜测或预感上，尚需实证检验。

例如，弗洛伊德的精神分析是一种猜测或预感的理论。这个理论不是根据实验结果建构起来的，却试图解释人类所有的心理与行为。初看起来，它好像是普遍真理，世界上充满了支持这个理论的事实，没有任何一种行为不能用这个理论来解释。例如，两个完全不同的行为：一个人把一个孩子推入水中，企图溺死他；另一个人冒着生命危险跳入水中去救这个孩子。这两个人的行为都可以用弗洛伊德的理论来解释。按照弗洛伊德的理论，犯罪的人可能由于童年期的某种经历而受到压抑，如发生了“恋母情结”。而把孩子推入水中则与童年期的经验有关。当他把这个孩子推入水中后，这种压抑才得到释放。另一个人奋不顾身将小孩救起，则可用自我的“升华”加以说明。这里，弗洛伊德的理论似乎可以解释人类的任何行为，因而永远能被证实。但是实际上，这种放之四海而皆准的理论是科学性不强的理论（荆其诚，1990）。

所幸的是，像弗洛伊德精神分析论所提出的一些重要概念如潜意识过程，不仅为心理科学的发展做出过重要贡献，并且随着科学技术的进步，今天也可以实证检验了（Kihlstrom 著/黄希庭主译，2000）。这表明，在探寻人类行为知识的过程中，强烈的好奇心、丰富的想象力和大胆的猜想是十分重要的。猜想出的理论缺乏科学性。它提出的一些问题当时无法解决、无法实证，但是随着理论和实证技术的发展，也可能成为可以进行实证研究的问题。

（三）系统性

单一的、无系统的观察不会发现科学知识。例如，你可以从早晨起床到晚上就寝整日做观察记录，之后你会拥有大量的事实，但是这并不会加深你对心理与行为的认识，有时甚至会使你产生错误的印象。因为你很容易根据自己的经历、知识和意愿，见到和记录的只是你所知道的东西而已。**系统性**（systematization）是指心理学的科学知识是通过系统的实证研究而获得的。例如，我们想认识一种叫自我价值感的心理事件，那就要对这种心理与行为进行系统的观察、调查和分析，进行系统的实证研究。心理学家对心理现象进行系统实证研究的范围很广，归纳起来主要有以下四个方面，这些也正是心理学的任务。

（1）描述**心理事件**（mental event）。每一种心理事件都有质和量的特点。例如，自我价值感具有哪些质和量的特点？研究表明，青少年自我价值感包含总体自我价值感、一般自我价值感和特殊自我价值感（黄希庭、杨雄，1998）。这三种自我价值感构成了自我价值感的质的特点，而代表自我价值感强弱的分数则表现为自我价值感的量的特点。对心理事件从质上和量上进行描述是心理学家进行系统实证研究的第一项任务。

（2）揭示**心理规律**（mental law）。心理学家不仅要从质上和量上描述心理事件，还要揭示其规律。例如，每当某种心理事件的发生具有相应的条件时，就必然会出现这种心理事件，我们就说，这种心理事件将合乎规律地发生。例如，艾宾浩斯（Ebbinghaus，1885）用系统的实验发现了一条心理规律——“遗忘的速度，先快后慢”。心理规律有不同的层次。探讨各种心理现象发生和发展的规律是心理学家进行系统实证研究的第二项任务。

（3）探明**心理结构**（mental structure）。心理现象是极其复杂的，为了能够做出合理的解释，心理学家还总是试图探明其内在的心理结构与机制。例如，认知心理学的研究已经探明，记忆不是一种，而是由瞬时记忆、短时记忆和长时记忆所构成的一个系统，并已探明信息在三种记忆之间转换的工作原理。探明各种心理现象是由哪些因素构成的以及这些因素是如何交互作用的，是心理学家进行系统实证研究的第三项任务。

（4）确定**心理机能**（mental function）。心理对有机体的生存与发展具有极其重要的意义。各种心理现象在有机体保持体内平衡及与外部环境平衡的过程中起什么作用，是如何起作用的？这类问题涉及个人心理与外部环境的关系，心理与脑的关系，心理与行为活动、社会实践的关系，个人内部心理各成分之间的关系。探寻上述问题的答案，是心理学家进行系统实证研究的第四项任务。

总之，科学心理学的知识是经过系统实证研究而累积起来的成果，它具有可重验性和可证伪性。因此，也可以做出如下定义：心理学是一门研究心理的事实、规律、结构和机能的实证科学。

第二节 心理学的方法

人的心理现象是世界上最为复杂而神奇的现象。要科学地研究人的心理现象，对心理事件、规律、机制和机能进行实证研究，就必须遵循心理学研究的基本原则，针对所要解决的问题，做好研究设计，采用合适的研究方法。这样才有可能对现今的理论和成果进行检验，并创造出新的心理学知识。

一、心理学研究的基本原则

（一）可公开检验原则

可公开检验原则（principle of public verifiability）是指科学发现是可以由任何人重验、批评、否定或继续发展的。任何科学知识都是可以公开接受检验的，心理学的知识也不例外。要使心理学的研究成果能够公开接受检验，就必须对所研究的概念（某种心理现象）下一个操作性定义。所谓**操作性定义**（operational definition）就是以可观察、可测量的操作给一个概念下定义。例如，智力就是由智力测验所测到的东西来定义的，焦虑就是由焦虑评定量表所测到的东西来定义的。把要研究的概念与可观测的事件相联系，这是确保一项研究成果能公开接受检验的基础。因为对概念下操作性定义，使得该概念公开化了，可以任由所有的人去重复验证。任何人都可以对其进行批判、验证、改进或否定。因此，在进行心理学研究设计时起码要注意以下四个要点。

第一，要弄清楚研究课题中的关键概念是否具有操作性定义，以及该操作性定义是否具有良好的可重验性，而不采用**文义性定义**（literary definition）。因为文义性定义追求的是概念的本质含义，而本质含义是无法与可观测事件联系起来的。要给出一个具有良好的可重验性的操作性定义，就必须想清楚怎样用外界可观测的事件或任务来界定这个概念。

第二，研究课题中的概念可以由一个单一行为事件或任务来定义，但要科学地研究它，则需要由一组操作来定义。这一点非常重要。例如，对于“记忆”这个概念，可以用识记多少、保持时间长短、回忆量多少来定义，也可以用观测记住形象东西的数量、语词的数量或动作的数量来定义。又例如，对于“焦虑”这个概念，可以用焦虑自评量表来定义，也可以用社交焦虑量表、演讲焦虑量表、考试焦虑量表等来定义。透过一组操作，各自都在观测同一个概念，但是手段略有不同，这样就可以逐渐达成对一个概念的科学认识。

第三，心理学研究中的概念很少是完全用现实生活中直接可观测的操作来定义的，大多数要研究的概念都是用与之有间接联系的操作来定义的，还有一些概念则是用与其他可观测的概念相联系来定义的。例如，“时间管理倾向”是由一组子概念，包括时间价值感、时间监控能力和把握时间的自信心等来定义的，而每一个定义时间管理倾向特征的子概念本身也需要下一个操作性定义，如时间监控能力这个子概念则是由对计划性、坚持性等概念的测量来定义的（黄希庭、张志杰，2001）。又如，A 型行为模式是由一组子概念（强烈的竞争性、潜在的攻击性、急性子、高成就动机等）来定义的（Dembroski & Costa，1987），而每一个定义 A 型行为模式特征的子概念本身也要用操作性定义来界定。

第四，科学研究中概念的定义不是一成不变的，而是随着对其观测的不断积累、丰富而与时俱进的。如果一个概念原始的操作性定义在理论上被证明是无效的，那就要换用另外一组操作来定义它。因此，随着相关知识的不断积累，心理学中的科学概念也在不断发展并逐步趋向抽象化，从而能够更精确地反映心理世界的本来面貌。

（二）主客观资料科学整合原则

主客观资料科学整合原则（principle of scientific integration of subjective and objective data）是指在对人的心理研究中必须考虑把所收集到的客观资料与主观资料科学地整合起来。心理学的研究对象是有机体（人和动物）的心理与行为。我们把作为实验研究对象的有机体称为被试者或**被试**（subject）。人类被试的心理，既是主观的，也是客观的。说人的心理是主观的东西，主要是因为它是个人内部私隐的，其他人都不知道，也不能用仪器或其他装置进行直接观测。说人的心理是客观的东西，主要是因为人的心理现象是由客观刺激所引起，通过个体内部的一系列生理心理的变化而表现在行为上的。怎样才能做到把主客观的资料科学地整合起来呢？应当在以下两方面进行周密的设计。

首先，要周密考虑对人的心理现象进行客观的量化，即通过对心理学相关变量的观测，考察变量之间的内在关系，以客观地、公开地加以研究。所谓**变量**（variable）是指在量上或质上可以有变异的因素或特征。心理学研究的问题虽然很多，但通常涉及刺激变量、机体变量和反应变量及这三者之间的关系。

其次，要周密考虑被试的**内省资料**（introspective data），也就是说用**内省法**（introspective method）要求被试报告他自己感受过的、体验过的内隐心理活动时所获得的资料。这种资料在各种心理学研究中均有其价值。因为人的心理的主观性和私密性，被试的许多内隐的心理活动不易转变为可直接观测的行为。同时，人的心理与所表现出来的行为往往有不同的关系：有时有什么样的心理就有什么样的行为，有时心理与行为不那么一致，有时则可以完全相反。因此，单靠从外部观察一个人的行为是不够的。心理学研究不但离不开内省，而且使用内省资料无论是对实验结果的全面分析，还是对改进原先的实验设计都会有相当大的帮助。如果能够把内省资料进行标准化计量并与从外部观察到的资料进行相互印证，那将会进一步提高研究的科学性。

但是，心理学的科学研究不能仅靠内省资料来下结论。因为个人对自己某种心理活动的体察，总是在这种心理活动停止以后靠回忆进行的，而回忆往往是不那么准确的。同时个人对自己的一些体验有时也很难用确切的言语表达出来。最重要的是内省所得到的资料，其他人无法客观公开地加以验证。因此，怎样把内省法所获得的资料与其他客观方法所获得的资料科学地整合起来，就成了心理学研究设计的一项基本原则。

（三）人文关怀原则

人文关怀原则（principle of humanistic concern）是指心理学研究者在科学研究中应遵守心理学家的职业道德，尊重被试，关爱被试。心理学的研究对象是一个个有生命的、主体性的有机体（人和动物），在对其心理与行为进行科学研究时，必须遵循人文关怀原则，这已成为心理学家工作的一种传统。自1953年以来，美国心理学会定期修订为从业者和研究人员编制的《心理学家道德规范》。中国心理学会下属的专业委员会也有类似的条例公布。虽然同行专业学会对心理学家职业道德规范的侧重点有所不同，但下列要求是相同的。

在进行以人为被试的研究前，研究人员要有人文关怀精神，仔细评估被试可能面临的风险，即实验中可能会遇到哪些危及身心健康的潜在因素。即使这种潜在风险微不足道，也必须仔细考虑。心理学研究设计时必须遵循下列职业道德。(1) 确保被试的个人隐私不被泄露。甚至连被试的名字都不能公布，一般以代码标记。无论要求被试做什么或说什么，必须使他们确信除了研究者之外，没有人会知道他们的答案。(2) 被试参与研究是自愿的，不能强迫其参加。即使在实验研究开始之后，被试仍有自由选择退出的权利。(3) 在实验研究开始前要让被试知道实验中将做什么，征得其同意后，才能让他们参加。如果需要对被试隐瞒实验的真实意图（即使不是欺骗），在实验结束后应当对全体被试进行解释。在可能的情况下给每位被试一份实验结果的复印件。

如果实验被试是动物，研究人员应训练有素且能人道地照料动物。要尽力避免或减少动物可能产生的不安、疾病和疼痛。即使实验目的具有科学和应用的价值，会使动物受到伤害的实验也是不得已而为之。所有涉及脊椎动物的实验都必须接受专门委员会的审批。

二、心理学研究的基本变量

（一）刺激变量

刺激变量（stimulus variable）是指能够引起机体反应的刺激特征。这些特征可以具有多种形式：(1) 自然性刺激和社会性刺激，前者如声、光、电、温度、气味等刺激，后者如由言语、表情和动作所代表的社会意义（如蔑视、关怀、期待、命令等）；(2) 具体性刺激和抽象性刺激，前者如具体的人、事、物及其变化，后者如文字、符号、讯号等；(3) 外部刺激和内部刺激，前者来自机体外部环境，后者来自机体内部的变化，如内分泌激素的变化、使用药物对机体的影响，以及头脑中浮现出来的思想、观念、欲望等。

（二）机体变量

机体变量（organismic variable）是指个体自身的特征。个体包含两类特征：物种特征和个体特征。一个物种的所有个体都具有一定的、共同的形态特征和遗传上的性状综合，在生理上和行为上也都具有一定的共同特征。例如，对于同样的刺激，一只猴和一条狗的行为反应有很大差异，但是如果是几只猴或几条狗各自相比较，其行为反应则很相似。这是物种差异之故。同一物种中个体之间也有差异，这种差异称为个体差异，例如人们在性别、年龄、学历、经历、健康状况、智力水平、性格、需要、动机、价值观和自我观念等方面的差异。这些个体特征有些是生理上的，有些是心理上的；有些是比较持久的，有些是经常变动的。

（三）反应变量

反应变量（response variable）是指刺激引起在行为上发生变化的反应种类和特征。人的行为反应可分为言语行为反应和动作行为反应。反应变量是极其多样化的，我们可以从下列几方面来分析：反应速度上的差异，如人们完成一项作业所需的时间，或一定时间里完成作业数量上的不同等；反应正确性上的差异，如计算的正误次数、击中靶的次数或离中心的距离的不同等；反应难度上的差异，即对不同难度的作业（如记忆广度、智力量表）人们所能达到的水平的不同，以及反应次数和强度上的差异等。

很明显，刺激变量和反应变量大多是能够客观地观测到的。有些机体变量，如性别、年龄、学历、健康状况等也是比较容易客观观测到的。另一些属于心理层面的机体变量，如自我意识、需要、期待、抱负、动机等虽然无法直接观测，但是通过刺激变量和反应变量进行间接推论，也是可以客观研究的。例如，在其他条件相等的情况下，要求儿童把一系列数字（刺激变量）加起来，观察他们给出什么答案，在多少时间里得出结果（反应变量），从而就可以间接推知其智力发展情况（机体变量）。如果让儿童在做题时出声报告，还可以了解他们使用的策略。例如，让儿童计算：7＋7＋9＋3＝？从口语记录中就可以知道有些儿童用的是累加法，有些儿童则可能是使用另外的策略：7＋3＝10，7＋9＝16，10＋16＝26。因此，通过对刺激变量、机体变量和反应变量相互关系的考察，是能够客观地研究人的心理的。

三、心理学研究的基本方法

（一）实验法

实验法（experimental method）被认为是最严谨的研究方法，其结果对相关变量可能的因果关系具有最大的解释力。实验法必须具备如下三个特性。一是操作特定的**实验处理**（experimental treatment）来观察并测量自变量和因变量之间的相关变化，并控制所有无关的干扰变量。研究者选定并在实验中操纵、掌握，以影响被试行为的因素称为**自变量**（independent variable）；而被试的反应，即研究者想要预测的行为称为**因变量**（dependent variable）。每个实验至少有一个自变量和一个因变量。在实验中，除了自变量会对因变量影响之外，所有其他因素都应保持恒定或加以控制，称为**控制变量**（control variable）或**无关变量**（irrelevant variable），后者指与实验目的无关的变量。二是必须至少有一个**实验组**（experimental group）和一个**对照组**（comparison group），后者有时也称**控制组**（control group），不同组的实验结果要进行比较。三是必须根据随机化将参与实验的被试分组，使各组被试的特征和条件相当。

为了理解心理实验的特点，下面举一个例子加以说明。假如我们在文献中看到“咖啡因能兴奋大脑，提高大脑的功能”，于是很可能会提出一个假设：喝咖啡能提高数学成绩。对于这个假设，可以通过实验法来加以检验。在检验咖啡因能否提高数学成绩的实验中，自变量是咖啡因的使用与否，因变量则可以是单位时间里做对数学题的分数。实验需要在严格控制的条件下进行。具体到这个实验，需要充分考虑可能影响自变量和因变量的无关变量，对环境加以控制。例如：被试在做数学题时，室内应保持安静、光照适宜；如果在计算机上解数学题，计算机性能应良好；如果做纸质试题，则试题印刷要清晰；等等。再就是用随机化方法将被试分派到实验组和控制组，以对机体变量加以控制。这样从理论上讲，这两组被试在机体变量方面大致相同，在数学成绩方面也大致相同。在做了上述的控制后，研究者操纵自变量，给被试一种实验处理，在本例中给实验组被试喝咖啡，而让控制组被试喝无咖啡因的替代品。这种替代品与真咖啡在色香味上完全相同，但不含咖啡因，具有安慰剂效应。接着，让被试在单位时间（如30分钟）里去解答数学题。在这种情况下，如果实验组被试做对的题数明显比控制组被试的要多，那么就可以得出结论：咖啡因能提高数学成绩。

实验法的主要优点是它不仅可以帮助我们确定因果关系，而且通过使用安慰剂还能确定实验变量的真正效应。因此，长期以来实验法一直都是心理学研究的一种主要方法。但是，实验法也有缺点。首先，对实验的主观期望会对实验结果产生干扰。这种期望可以是源于被试的，也可以是源于主试的。被试的期望影响实验结果的现象被称为**霍桑效应**（Hawthorne effect），因在霍桑工厂的一系列研究而得名。如果被试了解实验的目的，或者知道自己是在实验组或控制组，这些都会对实验结果产生影响。这可以用**单盲研究**（single-blind study）加以消除，即不让被试知道实验的目的以及自己是在实验组还是控制组。主试对实验的期望也可能以某种方式（如表情、手势、语气等）有意无意地影响被试的反应，使他们的反应附和主试的期望，即会出现**实验者效应**（experimenter effect）。这可以用**双盲研究**（double-blind study），即研究者和被试都不知道被试接受哪一种实验处理，来加以消除。其次，实验中的被试并不总能代表所要研究的总体。例如在大学里做的心理实验，被试绝大多数是大学生，并且主要是大学一、二年级的学生，他们在许多方面都与校外的人有所不同。最后，实验情境具有人为性，远离了人们的现实生活。为了克服这一缺点，不少心理学家采用准实验法。

（二）准实验法

准实验法（quasi-experimental method）是指在实验研究的设计上或情境控制上不具备前述实验法的一个或两个基本条件的研究方法。在现实生活中，如果要开展教育心理学研究或开展临床与咨询心理学研究，由于各种条件的限制，通常难以满足实验法的三个条件，因此，研究者往往会采用准实验法。

准实验法具有若干不同的设计方案，它与实验法最常见的不同是：准实验法没有对被试进行随机分配。例如，如果我们想了解一种新的思维训练方法是否能够提高初中二年级学生的数学学习表现，那么我们可以选择某个学校初二的两个班来参加这项研究。将甲班定为实验组，接受新思维训练和常规数学教学；将乙班定为控制组，只接受常规的数学教学。在一个学期开始时对两个班的数学成绩进行前测，并且在他们接受了一个特定学时数学教学之后进行后测，以比较两个班在数学学习表现上的差异程度。该研究中包含两个被试组（实验组和控制组），也有对根据研究问题发展出的实验处理——自变量（新思维训练）进行操作，并对两组的行为表现——因变量（数学学习表现）进行前测和后测，但是，实验处理是在原有班级进行的，被试不是随机分派的，因而实验组和控制组是不相等的。也就是说，准实验设计在研究前便可能存在变量（如受教育程度、智商高低、成就动机或学业表现等）上的差异，从而降低了实验结果对所研究因果关系推论的有效性。

准实验法的主要优点是，实地研究中的变量接近现实生活实际，研究结果便于实际应用；其主要缺点是，无法随机分派被试，实验环境难以严密地加以控制。

（三）问卷法

问卷法（questionnaire method）是用问卷提问题的方式，要求被调查者就某个或某些问题回答自己的想法。问卷是研究者按照一定目的编制的，对于被调查的回答，研究者可以不提供任何答案，也可以提供备选的答案，还可以对答案的选择提出某种要求。研究者根据被调查者对问题的回答进行统计分析，就可以得出某种心理学的结论。

例如，我们想考察大学新生的自我价值感与普通心理学的学习成绩之间是否有联系（相关）。我们先要给这两个概念下一个操作性定义。该怎样测量自我价值感和普通心理学的成绩呢？测量普通心理学的成绩比较简单，可以根据一个学期某个学生这门课程的随堂考试成绩的总和来评定。而自我价值感的测量则可以选择一个设计较好的测量工具，例如，可以用我国自编的青少年自我价值感量表（黄希庭、杨雄，1998）。然后，收集资料。将青少年自我价值感量表发放给大学一年级的学生，测试成绩出来后我们就拥有了第一批数据。在学期末分别将每个学生的普通心理学测验成绩加起来，就获得了第二批数据。每个学生有一对分数：一个表示其自我价值感的分数，另一个是其在普通心理学课程上取得的成绩。那么，怎样知道这两项分数是否相关呢？下一步是将所获得的成对的数据输入计算器，应用一系列数学程序即可计算出**相关系数**（correlation coefficient），以字母 r 来表示，一个介于 $+1.00$ 与 -1.00 之间的数字，用来度量两个变量或几个变量之间相互联系的性质和程度的指标。

相关表示有可能存在因果关系，因此，相关研究对于探索性研究具有重要意义，有助于提出假设，做进一步的验证性研究。但是，相关并不能得出因果关系的结论，对此要有清醒的认识。第一，即使两个反应之间彼此相关，我们也不能宣称是一个反应引起了另一个反应，也不能对独立事件做出预测。例如，通过计算，发现自我价值感和普通心理学成绩呈正相关。一般来说，自我价值感高的学生在普通心理学课程的学习中表现较好，自我价值感低的学生在普通心理学课程的学习中表现较差。所以，大体上可以用自我价值感来预测该课业成绩。但也必须考虑到例外情况：一些自我价值感低的学生也会在普通心理学课程学习中取得好成绩，而一些自我价值感高的学生也会在普通心理学课程学习中失利。例外是可预计的。离相关系数＋1.00或－1.00越远，例外也越多。心理学与许多其他学科一样，以相关为证据来表述预测时往往用“一般来说”“总的来看”“长远来看”等表达方式。第二，要充分认识到相关作为研究证据的局限性，以免误入歧途。特别是当我们以为两者一定存在着因果关系，心存偏见，一心只想着要寻找出证据来支持自己的观点时，就很容易将相关视为因果关系。因此，对待相关的证据必须小心谨慎。

问卷法的主要优点是标准化程度高和收效快。问卷法能在短时间内调查很多研究对象，取得大量的资料，能对资料进行数量化处理，经济省时。问卷法的主要缺点是：被调查者由于各种原因（如自我防卫、理解和记忆错误等）可能对问题做出虚假或错误的回答；在许多场合，对于被调查者的回答要想加以确证几乎是不可能的。因此，要做好问卷设计并对取得的结果做出合理的解释，必须具备丰富的心理学知识和敏锐的洞察力。

以上三种心理学研究方法虽然各有不同，但运用这三种方法的研究都属于定量研究。定量研究都是根据已经提出的理论模型，对某一心理现象或行为变量提出相关的假设或预测，采用适当方式收集资料，进行统计分析，然后根据结果分析，对先前提出的假设进行检验，得出支持或者不支持研究假设或预测的结论。如果研究结果不支持先前提出的理论假设或预测的结论，研究者就应当对理论模型或假设加以适当的调整、修正或补充，并且另行设计一个研究来检验修正后的假设。这种从理论或假设出发得出结论来验证其对心理现象或行为变化的预测和解释力的论证方法，称为**演绎法**（deductive approach）。定量研究就是根据演绎法进行论证的。与此相对的质性研究，便是根据归纳法进行论证的。

（四）质性研究法

质性研究法（qualitative research method）是对特定的心理现象、行为、团体互动进行深入系统的观察、资料收集、分析理解，从而对所研究的心理现象或行为特征及发展脉络提供具体、系统的描述。质性研究要了解所研究的心理现象或行为的具体环境，以及其他重要影响因素的互动和相关性，从而推测导致此种心理现象或行为的可能原因，并发展出适当的理论模型用以解释行为的演变过程。这是一种由繁到简、由特殊情形推论出普遍规则的过程，被称为**归纳法**（inductive approach）。质性研究就是以归纳法为基础的研究。虽然质性研究多种多样，但其研究历程一般都包含以下一些重要步骤。

（1）确定研究问题。与所有的研究相同，质性研究也必须先针对想要探讨的心理现象或行为提出几个概括性的研究问题。但是，与定量研究不同的是，质性研究的目的是对研究的心理现象或行为的重要特点及发展提供完备的描述，并探讨其背后的意义和价值，而不是检验变量间的因果关系或相关关系。因此，质性研究一般是从比较笼统的概括性问题开始的，而不是一开始便提出研究假设。同时，质性研究的问题在研究过程中也不是固定不变的，而是随着对情境的了解、资料的收集和参考有关文献的启示，不断对原先设定的研究问题加以修改或聚焦的。

（2）资料收集和研究场所的选择。质性研究必须考虑适当的资料收集方式及研究场所，因为只有在研究对象的日常生活情境中，在研究现象或行为自然产生的过程及与其他变量的可能互动中，才有可能最真实地加以了解。

质性研究的资料收集方式多种多样，主要包括：现场观察，从完全参与的隐蔽观察到只观察不参与的完全观察；访谈，包括面对面、一对一的访谈，网络访谈，组群访谈；收集档案文献，包括公众文献（档案、会议记录和报纸）、私人文件（如日记、日志和信件）。由于质性研究的资料收集需要持续一段相当长的时间，怎样取得被研究对象个人和团体的同意和信任，以维持良好的人际关系，也是非常重要的。

如何评价所收集到的资料的精准程度？由于质性研究力图实现的目标各不相同，所采用的方法也不同，对于这个问题的适当的做法是用不同的标准去评价不同研究方法所获得的资料。此外，也可以采用三角验证对所收集到的资料进行评价。**三角验证**（triangulation）就是对基于多种不同研究观点所获得的资料加以比较，来评价资料的一致性和正确性，从而提升质性研究的可靠性。例如，想用质性研究来了解社区居民对于心理健康服务的需求和接受情况，我们可以对7至10位居民进行焦点团体访谈，对社区几位领导人进行个别访谈，到几个社区心理健康服务中心实际观察记录一般居民对中心所提供的各项服务的使用情况。通过这三种不同资料的收集，我们不仅可以了解到各种资料来源的一致性，还能对研究主题“社区居民对心理健康服务的需求和接受程度”得出较为精准的结论。

(3) 资料分析和提出研究结论。有经验的质性研究者在完成第一次访谈或观察之后，会马上进行资料分析，随着后续研究工作的进行，不断地分析资料，稍停一会儿，便会马上撰写报告与文章。但是也有不少质性研究者宁可等到所有访谈完成后，再开始分析资料，以避免早期访谈的解读对后期访谈分析产生偏差。质性研究资料分析，第一步是阅读访谈记录、观察笔记或其他需要分析的文件。在质性研究中，编码主要是分类策略。但是这种编码与定量研究中的编码是完全不同的。定量研究中的编码，是指运用详尽、明确的规则，将资料预先建立类别，主要目的是要计算出每一类资料某些项目发生的次数。相反，在质性研究中，编码的目的不是要计算资料出现的次数，而是要“打破”资料，重新将资料分类，以便在不同类别中或不同资料间进行比较，从中发展出理论或概念，或者将资料按照较为概括的主题加以呈现。例如情境式策略分析法，就是根据情境来了解资料（通常但不一定是指访谈记录或其他文字资料），使用不同的方法来界定文字中各种不同的要素的关联性，并将各种与情境相关的叙述及事件组成一个整体，来考察其间的关系。

与定量研究相比较，质性研究具有下列三个明显的优势。(1) 质性研究的主要目标是发掘心理现象或行为背后的意义和价值，而不是探讨实验变量之间的因果关系，因而质性研究能够较深入地了解和描述心理现象或行为所代表的深层次意义。(2) 质性研究强调在完整的自然环境状况中进行观察和收集资料，而不是孤立地探讨被分离出来的几个变量的关系，因而质性研究所得出的结论比较符合现实的实际情况。(3) 质性研究强调在收集资料时要留意被试的各项背景条件及与相关环境因素的互动情况，而不是仅以验证预设的假设或理论为目的，因而质性研究对心理现象或行为的描述都是相当周全的。

虽然质性研究具有上述优势，但同时它也有如下局限性。（1）质性研究的可靠性常被质疑。质性研究的资料收集方式通常十分广泛且多元，并且对资料的分析过程（从大量收集到的资料中筛检出若干个主题和概念）在相当程度上依据研究者的主观判断。因此，质性研究的资料收集和分析通常很难达到较高的一致性，从而会影响质性研究的可靠性。（2）质性研究的有效性常被质疑。质性研究没有严格的取样程序，其样本对总体的代表性常常无法确认。此外，在资料收集过程中，研究者有时会采用参与观察方式与所研究的对象或团体一起生活、工作，因此，所收集到的资料难免会受到研究者的主观期待和偏见的影响，从而降低研究结论的有效性。（3）质性研究通常是很费时的。质性研究资料的收集通常涉及对研究对象长时间的观察或多次的访谈，资料收集之后还须根据资料的内容发展出适当的、独特的编码系统，对资料进行整体性的分析。因此，质性研究通常比定量研究更加费时。

虽然定量研究与质性研究所依据的科学论证方式（演绎法对归纳法）不同，但是对于研究心理现象与行为都是有用的。它们各有其优缺点，我们都应当加以掌握。在实际研究中，我们会发现有些主题最好使用定量研究，而另一些主题则最好使用质性研究。如果一个研究同时能采用质性研究和定量研究，整合这两种科学论证方式的优点，其研究结论就会更加可靠。

第三节　心理学的历史

心理学的发展历史大致可分为 19 世纪后半期之前科学心理学诞生前的历史，包括古代、中世纪、近代（文艺复兴时期及 17—19 世纪上半期）人类对心理问题的探讨，散见于思想家和医学家的论著中，以及 19 世纪后半期之后科学心理学从孕育、诞生到发展的历程，包括这门学科孕育的时代背景、这门学科诞生后的学派纷争，直至 20 世纪后半期之后这门学科由学派纷争逐渐走向融合的当代心理学现状。

一、古代心理学思想

（一）我国古代心理学思想

我们的祖国具有悠久的历史和灿烂的文化。虽然心理学在我国作为一门学科是由西方传入的，但是，我国古代思想家早就有过许多关于心理问题的论述。据我国心理学家燕国材（2004）的研究，我国古代先秦时期的著作中就蕴含有关知、情、意起源的心理学思想。例如，《尚书·洪范》提出的“五事”说就论及认识过程的两个阶段：目明耳聪属感知，思睿即思虑。又如，《左传·昭公二十五》中明确地把情感划分为六种，即好、恶、喜、怒、哀、乐，并认为是由六气（阴、阳、风、雨、晦、明）的影响所产生的。而《易经》中则有许多对意志品质如有恒、节制等的描述。

春秋末期的思想家、教育家、儒家学说的创始人孔子（前551—前479）对人的论述特别可贵。“己欲立而立人，己欲达而达人。”① “己所不欲，勿施于人。”② 据燕国材（2004）的研究，孔子对人的论述涉及以下四个方面。（1）人是有价值的，不仅人类有价值，个人也有价值。（2）人具有不同于并优于万物（包括动物）的潜能。后来孟子（约前372—约前289）将其发展为“性善”“良知”“良能”等观念。（3）主张因材施教，发展人的个性。（4）重视意志品质，发挥人的力量。“三军可夺帅也，匹夫不可夺志也。”③ 立志与力行分不开，是相互促进的。战国末期荀子（约前325—前238）明确提出了“人贵论”：“水火有气而无生，草木有生而无知，禽兽有知而无义，人有气、有生、有知，亦且有义，故最为天下贵也。”④ 中国传统文化中蕴含丰富的心理学思想，我们要珍视并取其精华发扬光大。

（二）西方古代心理学思想

西方心理学思想源远流长，可以追溯至古希腊时代。对西方心理学发展影响很大的古希腊哲学家是博学多才的亚里士多德（Aristotle，前384—前322）。他对哲学、政治、伦理、逻辑、修辞、美学、心理学及各项自然科学都

---

①《论语·雍也》。
②《论语·卫灵公》。
③《论语·子罕》。
④《荀子·王制》。

有论述。亚里士多德著的《论灵魂》被认为是历史上第一部论述心理的专著，但这里所谓的灵魂是指生活的动力，而不单指主观心理的过程。他把心理功能分为认识功能和动求功能，认识功能包括感觉、意象、记忆、概念等过程，动求功能包括感情、欲望、意志、动作等过程。他认为感觉给予人知识，记忆包括保持和被动的再生，回想是主动的再生，回想可以利用相似、相反和相近的关系联想。他还把理性分为被动理性和主动理性：被动理性是身体的功能，身体死亡，则被动理性消灭；主动理性是人体外来的，人死时它不会死，仍归到世界的理性中去。亚里士多德的学说流行很久，直至近代科学兴起才被动摇。

二、科学心理学的诞生

（一）时代背景

1. 近代哲学思潮的影响

对科学心理学诞生产生重要影响的主要哲学思潮是 17 世纪法国的理性主义以及 17—18 世纪英国的经验主义。**理性主义**（rationalism）的著名代表是法国的笛卡儿（René Descartes，1596—1650）。他贬低感觉经验，抬高理性能力，相信人有“天赋观念”。他认为认识就是靠理性的直观去发现“清楚明白”的天赋观念。笛卡儿是个二元论者，认为身和心是两种截然不同的本原：人的身体像一部机器，其结构和行动均可用机械原理来说明，于是他提出了反射（reflex）的概念；而心是自由的，是感知、思维和意志的主体。他认为，身和心可以互相影响，即所谓身心交感作用，身心交感地点在脑内的松果腺。这就是笛卡儿的身心交感论。**经验主义**（empiricism）的奠基人是英国的洛克（John Locke，1632—1704）。洛克是唯物经验论者，认为人的心灵犹如蜡版，上面没有任何痕迹，一切观念都是从后天经验获得的。他把观念分为由感觉得来的观念和由反省得来的观念两种，并认为由感觉和反省得来的观念最初都是简单观念，许多简单观念通过心灵的结合而成为复杂观念。理性主义与经验主义对人性的解释不同。这两种哲学思潮对以后科学心理学的发展，从内容上到思想方法上都产生了极大的影响。

2. 生物学的影响

19 世纪英国生物学家达尔文（Charles Darwin，1809—1882）的划时代著作《物种起源》发表于1859年。他提出了生物进化论，认为世界上现存的一切生物的状貌特征都是经历数百万年长期进化演变而来的，种类间的差异是由不同的遗传所致，同一种类内的个体差异则主要是由适应环境所致。达尔文生物进化论的很多观点，如遗传、环境、适应、个体差异等，都成了以后科学心理学研究的重要主题。此外，达尔文著的《人类的起源及性的选择》和《人与动物的表情》两部著作着重探讨了人与动物心理的相似性，对以后的比较心理学、儿童心理学及情绪心理学的发展产生了重要的影响。1877年他发表了《一个婴儿的生活简史》（刊于《心》杂志上），是他对自己的一个孩子的观察记录，是一项系统自然观察的典范，对促进儿童心理学的发展有重要作用。

3. 生理学的影响

生理学的研究影响到心理学，主要始自19世纪德国三位生理学家的研究。一是柏林大学教授缪勒（Johannes Müller，1801—1858）。他首倡神经特殊能量说，认为人类对外界刺激之所以产生感觉，之所以能够辨别，完全有赖于各种不同神经传导所产生的特殊能量。此外，他还提出大脑功能分区和神经细胞之间由电化作用产生神经冲动的理论。二是亥姆霍兹（Hermann von Helmholtz，1821—1894）。缪勒的理论引起当时生理学家的重视，并由其弟子亥姆霍兹用实验加以证实。亥姆霍兹后来也成为柏林大学著名生理学教授。他所倡导的色觉理论与听觉理论以及"无意识推理"的理论，迄今仍是心理学上解释色觉与听觉现象以及知觉经验的重要理论根据。他还进而把缪勒的神经特殊能量说发展为特殊神经纤维说。三是德国莱比锡大学教授费希纳（Gustav Theodor Fechner，1801—1887）。他是对科学心理学的诞生有重大影响的生理学家，首创用实验的方法将物理刺激的变化转化为心理经验的过程。他对生理感官功能的一系列实验研究，使他成为心理物理学和实验美学的奠基人。

（二）冯特的贡献

德国心理学家冯特（Wilhelm Wundt，1832—1920，图1-1）是学术界公认的科学心理学的创始人。他对科学心理学的贡献是多方面的，主要有以下三个方面。

首先，他开创了心理学成为一门独立的实验科学的历史：冯特在任教海德堡大学的10年期间，集其研究成果，于1874年出版了《生理心理学原理》。

图1-1　科学心理学创始人冯特（中间）

该书被生理学界和心理学界推崇为不朽之作，堪称学术史上的心理学独立宣言。1879年冯特在莱比锡大学创建了世界上第一个心理学实验室，这一年被后人公认为科学心理学的创立年份。对于这两项历史性贡献，美国心理史学家墨菲（Murphy，1949）评价道："在冯特出版他的《生理心理学原理》与创立他的实验室以前，心理学像个流浪儿，一会儿敲敲生理学的门，一会儿敲敲伦理学的门，一会儿敲敲认识论的门。1879年，它才成为一门实验科学，有了一个安身之所和一个名字。"

其次，他创建了科学心理学诞生后的第一个学派。冯特认为，心理学的研究对象是直接经验，而心理学研究的方法是实验内省法，心理学的任务是用实验内省法分析出意识过程的基本元素，发现这些元素如何合成复杂心理过程的规律。他认为最简单的心理元素是感觉和感情，所有复杂的心理都是由这两类心理元素综合（像化学元素的化合那样）而成的。他的这些思想为其忠实弟子所继承，并发展成为科学心理学诞生后的第一个学派——构造主义。

最后，他对以后心理学的发展有广泛和深远的影响。冯特的心理学实验室吸引了来自世界各地的学生，他们对感觉、知觉、注意、反应时间、联想等进行了研究。作为世界上第一个心理学实验室的创始人和心理学研究工作者的导师，冯特对心理学的发展具有巨大的影响。此外，冯特还在情绪、实验精神病理学和民族心理学方面也有重要贡献，对以后这些领域的发展有深刻的影响。

三、现代心理学的学派纷争

（一）构造主义

冯特开创的实验心理学既标志着心理学作为一门独立的学科从哲学中分离出来，也标志着心理学上第一个思想学派——**构造主义**（structuralism）的开始。冯特探讨意识结构的理论体系为他的忠实弟子铁钦纳（Edward Bradford Titchener，1867—1927）所继承和发展，并把这种心理学理论体系命名为“构造心理学”。铁钦纳原在英国牛津大学学习哲学与生理学，后以仰慕冯特之名，专程赴德国莱比锡大学研究。获得博士学位后，赴美担任康奈尔大学教授并开设心理学实验室。冯特的这位学生在某些观点上不同于其老师，但整个体系在方法、内容和精神上完全继承了冯特的心理学思想。构造主义的理念与欧洲大陆 17 世纪的理性主义哲学思想有关，理性主义主张人的心智具有先天的结构。由于这个学派所从事的“纯内省”的“纯科学”分析，严重脱离实际，并且清规戒律甚多，因而其结局是短命的。

（二）机能主义

机能主义（functionalism）也称机能主义心理学。机能主义是作为构造主义的对立面而提出来的，由美国心理学家詹姆斯（William James，1842—1910，图1-2）、杜威（John Dewey，1859—1952）等人所创立。他们主张心理学的研究对象是具有适应性的心理活动，强调意识活动在人类有机体的需要与环境之间起重要的中介作用。机能主义具有以下特点：反对把意识分析为感觉、感情等元素，主张意识是一个连续的整体；反对把心理视为一种不起作用的副现象，强调心理的适应功能；反对把心理学只看作一门纯科学，重视心理学的实际应用；反对把心理学局限于对正常人一般心理规律的探索，主张把心理学的研究范围扩大到动物心理、儿童心理、教育心理、变态心理、差异心理等领域。机能主义的理念深受达尔文进化论中适者生存的思想和美国实用主义的影响。机能主义对

图1-2 机能主义奠基人、美国先驱心理学家詹姆斯

以后心理学的发展影响较小，到20世纪20年代以后，这个学派便由行为主义所取代。

（三）行为主义

行为主义（behaviorism）是现代心理学中影响很大的一个学派，在心理学各学派中号称“第一势力”，其创始人是美国心理学家华生（John Broadus Watson，1878—1958，图1-3）。1913年华生在《心理学评论》上发表了论文《行为主义者心目中的心理学》，正式举起了行为主义的旗帜。在这篇宣言性的论文中，他提出：心理学是行为的科学，而不是意识的科学；心理学的研究对象是人类和动物的行为，而较简单的动物行为比复杂的人类行为更具有根本性。他坚决反对冯特心理学的意识和内省这两个基本概念，认为只有直接观察到的东西才能成为科学研究的对象，只有客观的方法才是科学的方法。意识不能直接观察，因而就不能成为科学心理学的对象；冯特的内省法不能提供客观的事实材料，因而不能作为科学心理学的方法。他主张只有从可观察到的刺激和反应方面去研究，心理学才能成为像生物学、物理学、化学那样的自然科学。刺激-反应（S-R）就是华生行为主义的公式。他坚决主张把人的心理彻底生物学化和动物学化，认为对人的行为和动物的行为必须在同一层面来考虑。他认为：传统心理学中的意识、感觉、知觉、意志、表象等是一大堆无用的概念，应彻底加以摒弃，而代之以刺激、反应、习惯形成、习惯联合等概念；心理学研究的目的就是寻找预测和控制行为的途径。

图1-3　行为主义的创始人华生

华生的极端主张虽然没有被学术界全盘接受，但是，他所倡导的方向在美国得到广泛的传播。从此，行为主义就成为心理学中的一个重要派别而固定下来。虽然新行为主义与旧行为主义相比，不论在外表上和意向上都有很大的差别，但是仍然遵循着一个信条：对行为进行探讨，而无须涉及意识。

华生彻底否认人的主观世界，以生理反应代替心理现象，把动物和人等同起来，都看成是“有机的机器”。这显然是错误的。但是行为主义对心理学的发展也有积极意义。华生竭力主张科学实验的研究取向，有助于心理学摆脱思辨的性质。他所强调的刺激-反应模式，便于对心理现象做数量上的描述。他收集的有关婴儿活动的材料也是可取的。

（四）格式塔心理学

格式塔心理学（Gestalt psychology）也称完形心理学，1912 年在德国诞生，后来在美国得到进一步发展。其创始人是韦特海默（Max Wertheimer，1880—1943）、考夫卡（Kurt Koffka，1886—1941）和苛勒（Walfgang Köhler，1887—1967）。

“格式塔”是德文 Gestalt 的译音，意为完形、样式、结构、组织。格式塔心理学派是以似动现象的实验起家的。主持这个实验的是韦特海默，观察者是考夫卡和苛勒。实验用速示器将 A、B 两条发亮的直线先后投射在黑色背景上。两条线放映时间间隔过长，例如2 000毫秒或 200 毫秒，观察者看到的是两条线先后出现；时间间隔过短，例如 30 毫秒，看到的是两条线同时出现；如果时间间隔在 60 毫秒左右，便可以看到 A 线向 B 线移动，或只看见运动，没看见线。这种似动现象被称为 Φ 现象，与我们看电影时所见相同。他们认为，这种知觉显然是无法用感觉元素的联合来解释的。于是坚决认为，每一种心理现象都是一个格式塔，都是一个“被分离的整体”。整体不等于部分的总和，整体不是由若干元素组合而成的，相反，整体乃先于部分而存在并且制约着部分的性质和意义。他们坚决反对对任何心理现象进行元素的分析，并把冯特的构造心理学称为“砖块和灰泥的心理学”。

那么，为什么每一种知觉都是一个“被分离的整体”呢？格式塔心理学家认为，这并不完全决定于外界事物，而是由于人脑中有一些力量把它们组织起来。当时，物理学中“场”的理论盛行，于是他们认为头脑中也有一个磁场，这个“场”中的力量分布就决定了人把外界的东西看成是什么样的。他们提出了知觉中的许多组织原则，试图解决格式塔的生理基础问题。格式塔心理学家还认为，学习和问题解决也像知觉一样，是通过整体进行的。韦特海默在其《创造性思维》一书中把格式塔原理应用于人类的创造性思维。他认为：学生在解决问题时之所以产生迷惑，是由于没有把问题的细节方面与问题的整个情境结构联系起来考虑；一旦把问题看成是一个有意义的整体，就会产生顿悟，问题也就解决了。

格式塔心理学强调整体并不等于部分的总和，整体先于部分而存在并制约着部分的性质和意义的理论观点，是正确的。此外，格式塔心理学家关于知觉的组织原则及学习和思维中的研究成果至今仍反映在心理学教科书中。

（五）精神分析

精神分析（psychoanalysis）的创始人弗洛伊德（Sigmund Freud，1856—1939，图1-4）是奥地利的一位精神病学家。他的代表作有《梦的解释》（1900）、《精神分析新引论》（1933）、《精神分析纲要》（1949）。弗洛伊德把一个人的人格看作由本我、自我和超我三部分构成的系统。本我是人先天具有的，其唯一目的是消除或减轻机体的紧张以获得满足和快乐；超我是内化了的道德标准，竭力压抑本我的盲目冲动；自我介于两者之间，负责理智地调节本我、超我和外界三者的关系。一个人的精神状态就是人格的三个部分相互矛盾、冲突的结果。当自我能很好地平衡三者关系时，人格便处于正常状态；当自我失去对本我和超我的控制时，人就会产生各种焦虑。为了减轻焦虑，自我便发展出了各种潜意识的防卫机制。在弗洛伊德看来，意识仅仅是人的整个精神活动中位于表层的一个很小的部分，潜意识才是人的精神活动的主体，处于心理的深层。潜意识是正在被压抑的或从未变成意识的本能冲动，它对人的精神和行为有着重大的影响；通过对失言、梦等的分析，潜意识可见一斑。

图1-4　精神分析的创始人弗洛伊德

弗洛伊德关于性本能有许多惊人的论述。他认为，人格的动力是本能，性欲是持续时间最长、冲动力最强、对人的精神活动影响最大的本能。根据他的说法，人的性欲不是始于青春期，而是始于婴儿期。在性本能的整个发展过程中，人由爱自己（自恋情结）到爱父母（男孩的恋母情结和女孩的恋父情结），最后在青春期发展为异性相爱。弗洛伊德认为，婴儿或儿童对性感区（如口腔、肛门、性器官）的各种活动会受到父母的管教而引起冲突，这样就会导致某种人格特征的产生。例如，根据他的说法，婴儿期过多或不足的口部满足，会产生口恋型的性格，如强迫性大吃大喝、抽烟、健谈、自私贪婪等。他甚至认为，人类的一切创造都是追求性满足的潜意识表现，精神病则是性欲过分受到压抑的结果。

弗洛伊德对精神病学和临床心理学的影响是深远的。他的理论对科学心理学也有相当重要的意义。弗洛伊德理论中的一些概念如潜意识动机、防卫机制等已被主流心理学所采纳，但他的研究方法缺乏科学的严谨性则一直受到科学心理学家的批评。

（六）人本主义心理学

图1-5　人本主义心理学主要创始人马斯洛

人本主义心理学（humanistic psychology）是20世纪中叶在美国产生和发展起来的一种心理学思潮。它既反对行为主义机械的环境决定论，又反对精神分析本能的生物决定论，强调心理学应该研究人的本性、潜能、尊严和价值，研究对人类进步富有意义的现实问题。人本主义心理学在20世纪60—70年代迅速崛起，成为继行为主义和精神分析之后西方心理学中的“第三势力”。

人本主义心理学的创始人马斯洛（Abraham Harold Maslow，1908—1970，图1-5）坚决反对心理学中的实证主义和元素主义，主张用现象学方法研究个体自我的内心感受，从而开创了心理学中的整体论传统。人本心理学的另一位创始人罗杰斯（Carl Rogers，1902—1987）则用来访者中心治疗，对来访者“无条件地积极关怀”，使来访者“实现自己、维持自己、提高自己”。他们的这些观念和实践都是基于他们的人性观。在对人性的看法上，他们有下列基本观点：我们每一个人都是一个自由的行动者，自由地做出选择和制定目标，并能够解释自己的生活选择；我们每一个人都有一种力求充分发展自己的潜能，有超过自己目前状况的基本需求；虽然每一个人都会遇到环境和社会的各种阻挠和障碍，但是人们的天性则是趋向于实现自己的潜能。

人本主义心理学几乎完全集中于个人的主观经验和发展个人潜能的调查。而要了解个人的主观经验，最直接的途径是去倾听他们的诉说。正是这个缘故，人本主义心理学家根本不研究像条件性恐惧、攻击行为之类的问题。他们集中于对自我意识的探究，从而促进了对自我意识研究的发展。不过，人本主义心理学家们的用语大多具有模糊性和主观性，很难对其下操作性定义。这种研究取向与人文科学的关系要比与自然科学的关系更为密切。

第四节　当代心理学的特点

学派林立曾是心理学发展史上的一个重要时期。到了 20 世纪后半期，随着心理学的发展，也是顺应二战后国际融合的大环境，心理学家们越发认识到每个学派都是从不同的侧面或层次对复杂的心理现象进行探讨，并且都做出了贡献——有的贡献出新的实验资料，有的提供了新的见解与命题，还有的自己加以纠正或推翻了对立学派的看法。各对立学派逐渐在概念上和方法论上相互承认并接受其他学派的贡献，而不像过去所认为的那样是互不相容的。同时，心理学各分支学科的专业化程度也迅速发展起来。因此，当代心理学呈现出多种研究取向综合和分支学科繁茂发展的特点。

一、多种研究取向的综合

由于心理现象的极其复杂性，心理学中的任何主题都可以从各种不同研究取向加以研究。当代心理学形成了五种主要的研究取向，即生物学取向、行为取向、认知取向、社会文化取向和心理动力学取向。这五种研究取向代表了当代心理学的主要理论观点，对人类心理与行为的原因做出不同的解释。下面将概要介绍五种研究取向的侧重点，并以它们对人类攻击行为的研究为例加以说明。

（一）生物学取向

生物学取向（biological perspective）着重从生物、生理、遗传基因的角度研究心理与行为。人的大脑包含约一千亿个神经元，它们之间的相互连接几乎是无限的，可以说是宇宙间最为复杂的结构。心理学家运用各种方法，探寻各种心理活动如感知、意识、记忆、思维、情绪、意志等的神经机制（包括神经系统的电活动和化学变化），并且还研究有关基因和其他生物因素对能力和人格特质发展的作用。有研究发现，患者脑区的杏仁核受到无痛的电刺激后会使患者勃然大怒，产生攻击行为（Moyer，1976）；对杀人犯和正常人的大脑扫描研究发现，杀人犯的前额叶激活水平比正常人低14%，脑区异常可能导致异常的攻击行为（Davidson et al.，2000）；对几百名新西兰儿童的追踪研究发现，攻击行为是由一种能够改变神经递质平衡的基因和童年期受虐待经历共同决定的（Caspi et al.，2002；Moffitt et al.，2003）。

（二）行为取向

行为取向（behavioral perspective）着重研究个体（人或动物）的行为是怎样受环境和经验影响的。行为主义、新行为主义和社会认知学习论是持这种理论观点的代表。行为主义者（behaviorist）完全否定心理因素，用刺激变量与反应变量的关系来解释行为。在他们看来，只有刺激和反应是可以观测到的，因而只关注对哪些刺激变量给予奖赏或惩罚才能够保持或抑制特定的行为。而新行为主义和社会认知学习论则不再无视有机体的内部过程，也关注动机和认知机制的研究，关注刺激和反应之间的中介变量的研究，认为人类不仅可以通过自身的行为去适应环境，也可以通过模仿他人和思考周围发生的事件来习得行为。以攻击行为为例，在班杜拉等（Bandura et al.，1961）的经典实验中，观察到成人对玩具娃娃的攻击行为的儿童更倾向于表现出同样的行为。儿童一旦成功地使用武力胁迫其他儿童，会变得更有攻击性（Patterson et al.，1967）。模仿、奖赏会形成或强化攻击行为。

（三）认知取向

认知取向（cognitive perspective）主张用信息加工观点来研究人类心理过程和结构。例如：把人的认知加工看作由感觉系统、记忆系统、控制系统和反应系统所构成，每个系统与其他系统相联系；主张通过可观察的行为来推断人们内部的心理过程。1967年的一天，密歇根州州长向媒体吹嘘：该州公民权立法在全国处于领先地位；在过去的5年里，有3.67亿美元联邦救助款被投放到底特律。这些话刚在电台广播完，底特律一个大型黑人聚居区就爆发了美国20世纪最严重的城市暴乱，43人死亡，683处建筑被焚毁。这是因为相对于当地白人的富裕生活，黑人居住区仍较贫困落后，黑人们的期望与实际所得之间的差距越来越大，失落感和挫折感更加强烈。他们觉得这个世道太不公平了，这种认知导致了强烈的攻击行为（Solberg et al.，2002）。

（四）社会文化取向

社会文化取向（sociocultural perspective）着重研究社会文化怎样影响个体的心理与行为。从接吻的方式到用餐的种类和地点等，我们的言谈举止、喜怒哀乐、为人处世，都是受社会背景和文化规范影响的。这一点过去往往被低估，现在越来越受到重视。攻击行为也受社会文化的影响。例如在崇尚“男子汉气概”的社会里，攻击行为可以很容易地传递给下一代（Cartwright，1975；Short，1969）。来自经济不发达、贫富严重不均、尚武且参与过战争的非民主文化的人，会倾向于支持和参与攻击行为（Bond，2004）。来自崇尚荣誉文化的人，也会有攻击的心理倾向（Cohen，1996，1998）。

（五）心理动力学取向

心理动力学取向（psychodynamic perspective）着重研究个体心理与行为的动力因素，如本能、内驱力等。对于攻击行为，弗洛伊德认为人类有一种潜意识的死亡本能，这种本能最初的目标是自我毁灭，但它会改变方向，指向他人。洛伦茨（Lorenz，1966）认为，攻击的产生主要是由于人类和其他动物所共有的遗传的争斗本能，这种本能有助于保证最强壮的个体将自己的基因遗传给下一代。

五种研究取向的关注点及对攻击的解释见表1-1。从中可见，心理学的五种主要研究取向其实是心理学家从不同的角度来探索人类的心理现象。在当代心理学融合的大趋势下，新的见解和方法论不断涌现。例如，英国心理学家、儿童精神病学家鲍尔比（John Bowlby，1907—1990）将精神分析、认知心理学和进化生物学等统合在一起，纠正了弗洛伊德精神分析理论对童年经历的过分强调和对真正创伤的忽视。再如，以计算隐喻为核心假设的传统认知心理学以及联结主义心理学均不能克服“离身心智”的根本缺陷，当代认知心理学正面临着新的范型转换（李其维，2008）。至于当代心理学的这种融合是否意味着心理学有可能或应该成为“单范型”化的、“大一统”式的规范科学，这还是目前心理学界一个广泛争议的问题。无论如何，我们应充分认识到的一点是，心理现象是很复杂的，心理学中的许多问题都没有一个简单的答案。

表1-1　五种主要研究取向的关注点及对攻击的解释

研究取向	关注点	对攻击的解释
生物学	心理的生物基础	脑内的生化过程和特殊基因
行为	外显行为及刺激的原因和结果	强化、模仿
认知	通过行为来推断认知过程	认知失调
社会文化	心理多样性的文化根源	主流文化和亚文化的熏陶
心理动力学	潜意识驱力	攻击本能

二、分支学科的繁茂发展

当代心理学是一个庞大的学科体系，包含多种多样的心理学分支。从世界上会员人数最多的美国心理学会可以看出这一点。美国心理学在当今世界心理学格局中居于主导地位。美国最主要的心理学组织有两个。一是成立于一百多年前的**美国心理学会**（American Psychological Association，APA）。这是美国最权威的心理学学术组织，**国际心理科学联合会**（International Union of Psychological Science，IUPsyS）的主要成员，国际上规模最大的心理学组织。1892 年，美国心理学家霍尔（Granville Stanley Hall，1844—1924）等发起并组织建立美国心理学会，宗旨是推动心理学成为一门科学、一门专业和一种促进人类健康的手段。建立之初仅有 31 名会员，二战后迅速发展，目前有会员 12 万余名，包括研究人员、教育工作者、临床医生、咨询师和学生。二是成立于 1988 年的**美国心理科学协会**（Association for Psychological Science，APS）。这是一个非营利组织，目标是促进科学心理学发展和作为其国家级代言。全协会有超过15 000名成员，包括心理学家以及学术、临床、研究、教学和管理者。两个组织的成员都在极其宽泛的领域中工作。表1-2是美国心理学会的 54 个分会名称，反映了心理学研究领域的多样性，代表了各种专业研究和职业兴趣。

心理学属于文理交叉性质的学科。由于心理学研究领域广泛且研究主题众多，心理学的分支学科很繁杂，据称有不下 200 种。以下仅列举一些国内发展相对比较成熟的心理学分支学科。

普通心理学（general psychology）是研究心理现象的性质、结构、机制、

表1-2 美国心理学会下设的分会

1. 普通心理学学会	30. 心理催眠学会
2. 教学心理学学会	31. 州立心理学事务学会
3. 实验心理学学会	32. 人本主义心理学学会
5. 评估、测量和统计学会	33. 心理发育迟缓和发展障碍学会
6. 行为神经科学和比较心理学学会	34. 人口和环境心理学学会
7. 发展心理学学会	35. 妇女心理学学会
8. 人格和社会心理学学会	36. 宗教心理学学会
9. 社会问题的心理学研究学会	37. 儿童、青少年和家庭服务学会
10. 美学、创造发明和艺术心理学学会	38. 健康心理学学会
12. 临床心理学学会	39. 精神分析学会
13. 咨询心理学学会	40. 临床神经心理学学会
14. 工业和组织心理学学会	41. 美国心理学—法律学会
15. 教育心理学学会	42. 独立开业的心理学家学会
16. 学校心理学学会	43. 家庭心理学学会
17. 咨商心理学学会	44. 同性和双性恋问题的心理研究学会
18. 公共服务心理学家学会	45. 少数民族心理学问题研究学会
19. 军事心理学学会	46. 传媒心理学学会
20. 成人发展和老龄化学会	47. 体育和运动心理学学会
21. 应用实验和工程心理学学会	48. 和平、冲突和暴力研究学会
22. 康复心理学学会	49. 团体心理学和团体心理治疗学会
23. 消费心理学学会	50. 成瘾研究学会
24. 理论和哲学心理学学会	51. 男性心理学研究学会
25. 行为分析学会	52. 国际心理学学会
26. 历史心理学会	53. 临床少年儿童心理学学会
27. 社区研究和行为学会	54. 儿科心理学学会
28. 精神药理学和物质滥用学会	55. 美国药物治疗促进学会
29. 心理治疗学会	56. 创伤心理学分会

注：没有第 4 和第 11 分会。

机能和规律的心理学分支学科。狭义而言，指阐述正常成人个体心理，如感知觉、记忆、思维、言语、动机、情绪、意志、人格等的一般规律的学科，包括它的基本概念、原理和理论等，如一本标准的入门教科书所反映的内容。

实验心理学（experimental psychology）是阐述心理与行为实验设计的理论、方法和技术的心理学分支学科。它研究心理学领域中进行实验研究的原理、设计、方法、仪器、技术和资料处理等问题，告诉读者心理学的原理是建立在精细控制的、可重复的、可证伪的实验基础之上的。

生理心理学（physiological psychology）是心理学研究的重要组成部分，它探讨的是心理活动的生理基础和脑的机制。它的研究包括脑与行为的演化，脑的解剖与发展及脑和行为的关系，认知、运动控制、动机行为、情绪和精神障碍等心理现象和行为的神经过程和神经机制等。随着学科发展和研究领域侧重的变化，生理心理学也称生物心理学、行为神经科学、行为脑科学等。

认知心理学（cognitive psychology）研究人的认知过程，如注意、知觉、表象、记忆、思维和言语等。认知心理学家关心的是作为人类行为基础的心理机制，其核心是基于信息加工观点的、输入和输出之间发生的内部心理过程。

人格心理学（personality psychology）是研究人格结构、人格动力、人格发展、人格适应以及人格评鉴技术等内容的心理学分支学科。

社会心理学（social psychology）是研究社会心理与行为变化发展的条件和规律的心理学分支学科。具体地说，它的研究涉及社会认知、社会动机、社会态度、社会感情、团体心理（如民族心理、阶级心理、小团体人际关系心理）等社会心理现象。

发展心理学（developmental psychology）是研究个体的毕生感知、认知、情感、社交和道德等发展的心理学分支学科。

教育心理学（educational psychology）是研究教育教学过程中的各种心理学问题，揭示教育教学与心理发展的相互关系，为人才培养服务的心理学分支学科。

咨询心理学（counseling psychology）是研究心理咨询理论、技术及咨询关系等方面的问题，关注正常人的职业、教育、社会适应和发展等方面的心理学分支学科。

健康心理学（health psychology）是研究保持和促进健康水平、预防和治疗疾病、鉴别病因及相关的功能障碍、改善医疗保障体系等方面的心理学问题的心理学分支学科。

管理心理学（managerial psychology）是研究各种管理工作中的心理学问题，以促进组织发展、提高工作效率的心理学分支学科。

运动心理学（sports psychology）是研究体育运动、组织、训练、竞赛活动中运动员及教练员培养等问题的心理学分支学科。

最后要指出的是，改革开放以来我国心理学的发展经历了重建期、稳步成长期和快速发展期等三个阶段（黄希庭，2012），已经呈现出十分可喜的繁荣景象。但由于历史的各种原因，我国心理学工作者现在还习惯于亦步亦趋，我国的心理学还基本上处在引进和追随的状态，缺乏原创性的研究成果。今后，我们的心理学研究不仅要勉力提升中国特色的独创性，还应更自觉主动地为我国的经济建设、和谐社会发展及人民的健康幸福服务。可以预期，中国心理学的未来必将对中国梦以及人类的睿智、健康和幸福做出新的更大贡献！

【专栏1–1】

学好心理学的窍门是学思行并重

心理学是一门关于人的心理与行为的学问，它由许多概念、原理和理论构成。怎样才能学好心理学呢？一条成功掌握心理学知识的经验是学思行并重。

学，就是学习、阅读教科书和教学参考书。怎样才能高效率地学习心理学教材呢？五步阅读法有助于提高学习效率。（1）概览。开始阅读一章之前，先从头至尾大致翻阅这一章的各节，看看标题、插图、复习与思考的问题，对即将阅读的教材有一个全面的了解。（2）提问。带着问题的学习，有助于注意集中。我们可以根据标题提出一个或几个问题。例如，读到“心理倾向”“心理过程”“心理特征”时，你可能会想：心理现象还可以进行分类吗？把心理现象区分为这三类的标准是什么？它们有怎样的区别和联系？再如，读到“实验法”时，你可能会想：心理学还需要做实验吗？心理学实验的必备条件是什么？这种研究方法有哪些优缺点？这些问题有助于提高学习兴趣。（3）阅读。在阅读时要试着找出你所提问题的答案，要很耐心地一段一段阅读下去。（4）复述。读完一个小节后，要停下来复述刚才读过的内容，试着回答自己所提出的问题，最好是用自己的话将所学内容做个简要的笔记。如果不能用自己的话扼要地讲出所学章节的中心思想，则应再去重读这部分内容，直至能够把主要内容总结出来。

(5) 复习。学完一章后，应返回去再看看所学的内容和学习笔记，养成经常复习的好习惯。五步阅读法的关键是在理解基础上的记忆，将新旧知识融会贯通。会读书的人喜欢用自己的话把所学的内容说出来，不死记硬背；不会读书的人往往死记硬背，不会用自己的话把所学内容说出来。

思，就是检查学习中所获得的信息是否有道理并给出判断和决策的过程。心理现象十分复杂。心理学中有多种研究取向和理论模型，我们在学习时，对于不同的理论观点，不要都点头称是，要提出问题，然后运用心理学的研究方法来验证它。例如，心理学在欧美等西方国家经过了一百多年的发展，在一般大众心中，已经得到了广泛接受并认定是一门重要的行为科学。许多重要的心理学理论或模型，已经在美国本土经过反复的研究验证并得到许多临床或科学的实证支持。但是西方心理学是否就没有问题呢？人们发现，西方心理学研究或实验样本大多取自本国高校的大学生(大多是中产阶级的子女)，同时这些结论主要是采用定量研究得出的，而忽视质性研究对专业知识的价值。把这样的研究结论应用于人类社会大众，其解释力是值得怀疑的。在学习过程中我们要用心地去想，就可能会发现问题，提出问题，形成自己的主见和自己的判断。例如，我国心理学文献中把英文 self-esteem 译为“自尊”，只要用心想一想，会发现这个术语的翻译是有问题的。因为西方心理学文献中 self-esteem 是指个体对自我的整体性的、积极的（而非消极的）感觉（James，1890)，是指个体对自己有良好的感觉，而《现代汉语词典》中自尊是指“尊重自己，不向别人卑躬屈节，也不容许别人歧视、侮辱”（商务印书馆 2012 年版，第 1730 页)。发现了问题，我们要研究这个问题，即中国人的自尊到底是什么。从我国的实际出发，可以采用现场观察法、访谈法和现存文件分析法进行质性研究，在厘清中国人“自尊”含义的基础上，就可以做定量研究（黄希庭、尹天子，2012)。如果遇到有问题，自己说不出个道理，不甘心随便跟着人家说，又不敢轻易自信，最佳的办法是寻找事实根据，对支持或反对的理由仔细加以分析。这是创新性思维的开始。

行，就是把学到的心理学知识加以应用。心理学研究具有广泛的应用价值。本书各章中的专栏，好些是针对历届学习本课程的大学生所提出的日常生活中的问题，用心理学知识所给予的解答。这些知识对于大学生的学习和生活实践大有助益。

【复习与思考】

1. 解释：心理学，心理倾向，心理过程，认知过程，情绪过程，意志过程，心理特征，操作性定义，刺激变量，机体变量，反应变量，实验法，自变量，因变量，实验组，控制组，准实验法，问卷法，相关系数，演绎法，质性研究法，归纳法。

2. 结合个人实际，分析个体的心理现象。

3. 怎样理解心理学是一门科学？

4. 怎样才能做到让心理学的知识可以公开接受检验？

5. 简述心理学研究中实验法的特点。

6. 简述心理学研究中准实验法的特点。

7. 简述心理学研究中问卷法的特点。

8. 简述心理学质性研究的优缺点。

9. 试述当代心理学的多种研究取向。

【扩展阅读书目】

1. 黄希庭、张志杰主编：《心理学研究方法》，高等教育出版社2010年版。

2. 张春兴著：《心理学思想的流变——心理学名人传》，上海教育出版社2002年版。

3. 汪凤炎主编：《中国心理学史新编》，人民教育出版社2013年版。

4. ［美］戴维·迈尔斯著，黄希庭等译：《迈尔斯心理学》，人民邮电出版社2013年版。

5. ［美］菲利普·津巴多等著，寇彧改编：《津巴多普通心理学》，中国人民大学出版社 2013 年版。

6. [加] 基思·斯坦诺维奇著，窦东徽、刘肖岑译：《这才是心理学：看穿世界的批判性思维》，人民邮电出版社 2014 年版。

7. [美] Roger Hock 著，白学军等译：《改变心理学的 40 项研究》，人民邮电出版社 2010 年版。

8. [美] M. 亨特著，李斯、王月瑞译：《心理学的故事》，海南出版社 1999 年版。

9. [美] 罗伯特·菲尔德曼、[中] 黄希庭著，黄希庭等译：《心理学与我们》，人民邮电出版社 2008 年版。

第二章　心理的起源和本性

心理现象不是凭空产生的，也没有自己独立的发展历史。心理现象从无到有，从低级到高级，是物质长期演进的结果，并随物质的演进而不断发展。人是万物之灵。人的心理、意识是世界上最为复杂的现象，恩格斯誉之为“地球上的最美的花朵”①。本章从任何物质固有的反映特性开始，逐一揭示心理的起源、动物心理的发展，最后是人类心理的产生及人的心理的本性。

第一节　心理的起源

一、反映是任何物质形态固有的特性

列宁指出：“假定一切物质都具有在本质上跟感觉相近的特性、反映的特性，这是合乎逻辑的。”② 反映，在哲学上指对影响做出回答的能力，是任何物质形态所具有的特性。例如：风力推动物体，物体发生位移；海浪冲击礁石，发出轰隆的响声；氢氧化合生成水；金属氧化生成锈；等等。这些都是无生命物质的机械的、物理的和化学的反映形式。物质的进化不会停止，当有生命物质出现时，其反映形式也发生了质的变化，产生了生物的反映形式。生命物质进化到一定阶段，才产生心理这种新质的反映形式。

随着物质形态从低级到高级发展，物质的反映形式也相应地由低级向高级发展。高级的反映形式以低级的反映形式为发生的前提，包含着低级的反映形式，但又具有自己的本质特点，不同于低级的反映形式。

---

①《马克思恩格斯全集》第 20 卷，人民出版社 1971 年版，第 379 页。

②《列宁全集》第 18 卷，人民出版社 1988 年版，第 90 页。

现在大多数科学家相信，我们的地球大约在46亿年前形成。开始形成的地球，温度极高。那时地球上既没有山，也没有水，只有光辐射和质子、中子、电子等基本粒子的相互作用。经过漫长的岁月，后来随着原子的产生，地球上开始了化学的反映形式的进化。现代自然科学的研究表明，这个进化大体经历了四个时期：(1) 由某些元素化合而成简单的化合物，主要是无机物，如氢和氧化合成水，碳和氢化合成甲烷；(2) 由无机物化合而产生出早期的简单的有机物，如葡萄糖、甘油、氨基酸、核苷酸、嘌呤、嘧啶等；(3) 大分子有机物的出现，主要是蛋白质和核酸等；(4) 生命物质的产生——由于膜结构的形成把原始蛋白和核酸等组成的多分子体系从环境中隔离开来，生成具有一定形态的原始细胞结构，这种原始细胞结构既是独立的，又能够与外界物质和能量进行交换。它对外界影响的反映不仅取决于这些影响的强度和性质，而且取决于它自身的内部状态。任何生命有机体都是有选择地对外界的刺激做出回答来反映的，从而表现出生命物质具有自我保存、自我调节的新特性。

二、感应性是一切生物的基本特性

据估计，地球上最早的生命出现在30多亿年前。在生物进化的各个阶段，所有生物都具有感应性这种基本特性。所谓**感应性**（induction），是指生物以自己的活动或状态的变化对外界的影响做出反应，以维持新陈代谢正常进行的能力。植物的感应性就明显地表现在对单向环境刺激所引起的定向运动上，这种反应方式称为**向性**（tropism）。向日葵向着太阳旋转其花冠，绿色植物的枝叶趋向于阳光充裕的方向（向光性），根部趋向于地心引力的方向（向地性），都是向性运动。向性有正负之分，凡反应方向朝着刺激来源的为正向性，离开刺激来源的为负向性。向性是植物自我保存、自我调节的生物反映形式。一些单细胞原生物的反映能力也只能归入感应性。例如：变形虫遇到细菌、藻类等营养物质，就伸出伪足将其裹入体内，经过一定的生化过程，同化为自己的组成部分；如果遇到有害刺激，就缩回伪足向相反的方向运动。变形虫对不同的刺激表现出不同的反应活动，这样它才能同周围环境保持平衡，以维持新陈代谢的正常进行。

生物对刺激的感应性虽然包含无生命物质的反映特性，但它与无生命物质的反映形式有本质的区别。(1) 感应性是生物对外界刺激所表现出来的独立的、积极的反映能力。例如，变形虫不仅对食物和有害物质具有不同的反应，而且对不同的食物也有不同的反应方式，甚至对同一食物，其内部机能状态不同（饱食和饥饿）时，反应也不一样。这种积极的、主动的反应是所有无生命物质反映形式所没有的。(2) 感应性是在生物新陈代谢基础上实现的。生物与外界环境的联系是生物赖以生存和发展的基本条件。生物一方面把外界物质同化为自身的组成部分，同时又把自身的组成部分异化为外界物质。这种物质交换的过程叫新陈代谢。生物就是借助于新陈代谢才获得感应性的。一旦新陈代谢停止，生物的感应性也随之消失。无生命物质的反映是一种直接的相互作用，之后参与的物体就转变为他物，不再是该物体了。例如，岩石经过风化变成了沙粒，金属氧化变成了锈。因此，感应性是一种崭新的生物反映形式，与无生命物质的反映形式有本质的区别。

三、感受性——心理反映形式的源起

由单细胞动物发展到多细胞动物是生物进化的历史必然。多细胞动物的机体结构逐步分化形成特殊的感受器、神经系统和效应器。这时，动物不仅对具有直接生物学意义的外界影响产生反应，而且还能对原先是中性的但具有信号意义的外界影响产生反应。这是一种比感应性更为高级的反映能力，即**感受性**(sensibility)。例如，许多动物对声音具有反应能力。声音本身对动物的基本生活过程不会有任何直接的影响，但它预示着对动物有重要影响的刺激物如食物、配偶、敌害等即将来临。对信号刺激发生反应的能力，标志着动物心理反映形式的发生。

第二节　动物心理的演进

心理反映形式产生以后，就构成动物种系演化水平的一个新标志和影响演化过程的一个新因素。随着动物演化阶梯的发展，动物心理也经历着从量变到质变的不同阶段。动物心理的发展主要决定于神经系统的演化水平和生活环

境。动物适应日益复杂的生活环境的过程，推动了神经系统及其机能的发展，神经系统的发展又使动物更好地适应外界环境。这样，动物心理也就发展起来了。动物心理的发展使动物愈益适应各种不同的生活环境，从而影响其身体结构的演变。这就是动物心理发展的基本规律。动物心理的发展既有连续性，又有阶段性。通常把动物心理的发展区分为三个基本阶段。

一、感觉阶段——无脊椎动物的心理发展

在地球的发展史上，水生无脊椎动物在6亿年前的寒武纪比较繁盛。神经细胞首先在无脊椎动物的腔肠动物（如水螅、水母、海葵等）身上出现。但肠腔动物的神经细胞呈散漫分布，结成网状，没有一个占优势的神经中枢，故称为网状神经系统（图2-1a）。腔肠动物生活于水中，多数过着“定居”的生活，靠摄取周围的小生物为食，生活条件比较单纯。它对外界的影响只能以泛化的方式进行反应，只要一处受刺激，就全身收缩。腔肠动物还不能形成对信号刺激的稳定的反应。例如，把一张小纸片放到海葵身旁，它就会抓住纸片吞食下去，经过多次重复，它才不会吞食纸片。但这种反应是短暂的，通常经过3～4小时就消失了。

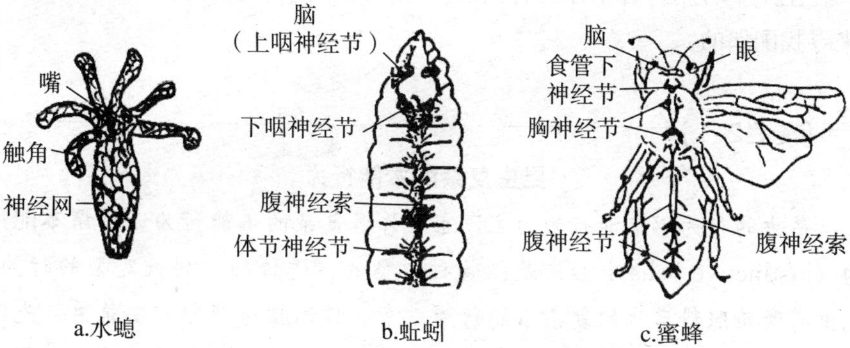

图2-1　无脊椎动物神经系统的演化

动物进一步演化，产生了环节动物（如沙蚕、蚯蚓、蚂蟥等），发展出简单的梯形神经系统。以蚯蚓为例，它生活在潮湿的泥土中，活动范围比水生的腔肠动物要广泛、复杂。蚯蚓的梯形中枢神经系统的头部几节神经节集中为一

个脑神经节（图2-1b）。蚯蚓已能对信号刺激形成稳定的反应。用蚯蚓做T形迷津实验，爬向右边便是出口，爬向左边就要遇到电击。经过120～180次实验，蚯蚓学会了爬向右边，不爬向左边。在形成这种反应之后，把迷津的左右方向对调，即爬向右边就要遇到电击。只用65次实验，蚯蚓就学会了对新的信号刺激形成反应。因此可以认为，心理现象始于环节动物，尽管其心理活动的表现还很低级、原始。

节肢动物（如蜈蚣、蜘蛛、蜜蜂等）是动物界中种类最多的一门，其活动范围比任何其他无脊椎动物都要广泛、复杂。它们有索状神经系统，不过其脑神经节比环节动物更趋集中（图2-1c）。节肢动物已经有了相当发达和专门化的感觉器官。例如，昆虫的头都有接受光刺激的单眼和复眼，能获得物体复杂的镶嵌形象，其嗅觉器官生在触角上，味觉器官在口腔部分，触觉器官在触角、刚毛、触须、足上都有，在触角的基部、前腿的胫部或腹部有听觉器官。它们有相当发达的感觉机能。例如，蜜蜂能看见黄色、蓝绿色、蓝色和人看不见的紫外线，它具有对偏振光的感受性，并以此作为定向的工具。蚂蚁也能看见紫外线。蝴蝶是唯一能辨别红色的昆虫。昆虫能区别甜、咸、酸、苦。苍蝇的甜味感受性比人高20倍。蜜蜂对咸味和酸味比人更敏感，而对苦味感觉较差。在昆虫中有用声音来作为种内通信手段的，例如蟋蟀在交尾时期就是用声音来寻找配偶的。

【专栏2-1】

昆虫复杂的本能行为

昆虫的行为以本能行为为主，它有许多复杂的本能行为。所谓**本能行为**（instinctive behavior），是指物种典型的、遗传的、刻板定型的行为。昆虫有繁殖照料后代的复杂本能行为。有一种细腰蜂产卵前要筑巢，先做一个泥洞，此后它便为将来的幼虫准备食物，捕获一种青虫的幼虫。它在捕获青虫时用尾刺在其腹部刺几下，使青虫麻痹不能活动（但并没有死）。细腰蜂把这种猎物带回洞中，把卵产在它身上，然后飞出洞外用泥将洞口封住，自己就飞走了。幼虫从卵孵化出来之后，便蚕食母蜂为其留下的既不腐烂又不能反抗的活食。吃完之后就长大了，经过蛹变化为成虫。一咬开洞口，新生一代的细腰蜂就诞生了。到了一定的时候，新生一代的细腰蜂又会按照这种遗传巩固下来的、已编好程序的行为模式来繁殖它的下一代。

蜜蜂、蚂蚁等是一些过着复杂的“社会生活”的动物。这些动物群体内个体间是借助外激素进行相互联系，并按各自的地位和职责进行组织和分工协作的。外激素是指生物体向外界释放，并引起同种受体产生一至多种特殊行为反应的化学物质（或多种化学物质的混合物）。大量的研究表明，昆虫获取食物和贮存食物、求爱和交配、清扫巢穴和照料后代的行为、同群个体间生理状态及群居社会地位的辨认、群体间的辨认、巢穴的辨认和攻击行为前的聚集、群体的维持等复杂本能行为都是以外激素进行通信的。

人们对蚁类觅食时运用地面臭迹外激素的行为已做过广泛的研究。根据蚁种的不同，这类外激素可从蚂蚁腹部或足部的不同腺体结构中产生，并沿着蚂蚁走过的路沉积于地面。威尔逊（Wilson，1963）把蚂蚁从食物源返回蚁巢时沉积于地面的臭迹称为“招募臭迹”。当招募蚁到达蚁巢时，它可能以某些特殊的举止刺激其他蚂蚁离开蚁巢并与“招募臭迹”相遇；在某些情况下，臭迹外激素本身的气味也可能引蚁出巢。然后，“应召”参加运粮的蚂蚁就沿着地面臭迹到达食源，参加搬运食物。当它们沿着原来的臭迹返回蚁巢时，常常自己也分泌臭迹外激素，沉积于地面。这样只要还有食物，臭迹就会不断增强；但一旦食物搬运完毕，返回的蚂蚁就不再在地面沉积外激素，臭迹也随之消失。

蜜蜂、蚂蚁等节肢动物的“社会行为”，看上去是合乎目的性的。但这种合乎目的的行为仅仅是对一定刺激所做出的刻板反应，并不是出于对行为目的的意识。如图2-2所示，与雌、雄家蝇的交配行为模式一样，雄家蝇会和性外激素处理过的带结发生交配，从左至右依次是接近、振翅和交尾（Cowan & Rogoff，1968）。许多其他种类的雄性昆虫也会受外激素刺激而试图与人造的雌虫模型交配，有时甚至会试图与平面上的黑色雌虫图发生交配（Shorey，1973）。这些例子充分说明，本能是遗传的刻板定型的行为模式，它严格地适应于种族经验的生存条件。当这种条件出现时，就引起本能行为的连锁反应，一个反应的结束又引起下一个反应，下一个反应的结束引起再下一个反应，从而产生一连串的反射性动作，以完成遗传巩固下来的程序。因此，本能行为只有在固定的条件下才是合乎目的的，一旦条件发生变化，它就失去了合乎目的性。

图2-2　雄蝇与雌蝇（上）和激素带结（下）的交配行为模式

二、知觉阶段——灵长目以下脊椎动物的心理发展

脊椎动物如何由无脊椎动物演化而来，至今尚未定论。在地史上5亿年前是无脊椎动物的全盛时期，也是脊椎动物开始出现的时期。

脊椎动物的心理发展是有其物质基础的。它们生活在水中、空中、地面、地下、树上等极为多样化的环境中，接受外界刺激很多，神经系统更加集中和完善。无论怎样高级的无脊椎动物，都只有一个实心的腹神经索，而没有中空的背神经管和真正的脑，也没有支持身体的脊椎骨。脊椎动物则不然，它们都有一个空心的背神经管（脊髓）位于脊椎骨中，而且还有真正的脑。它们的脑一般由大脑、间脑、中脑、延脑和小脑组成。发展水平更高的脊椎动物，其脑的高级部位——大脑皮质也越发达（图2-3）。由于脊椎动物的神经系统远比无脊椎动物发达，同时又具有各种完善的感觉器官和运动器官，在适应极为多样化的环境中，它们除本能行为外，还有许多后天习得的行为。它们的行为灵活多样，有的挥鳍击水，有的钻洞爬行，有的展翅高飞，有的疾足奔跑，有的攀援树木。与感觉阶段的物种只能对单一刺激属性做出刻板化反应不同，它们的心理与行为已发展到了一个新的阶段，表现出能够对刺激物的多种属性做出综合反应的知觉能力。

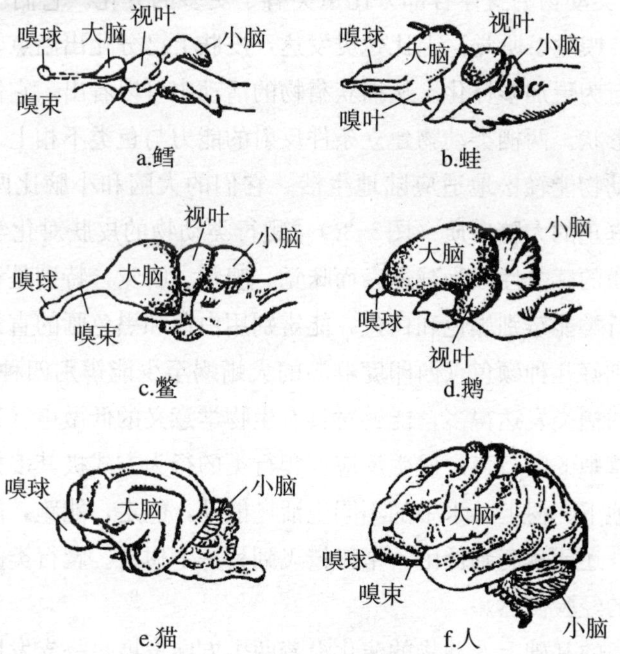

图2-3　脊椎动物脑的演化

鱼类是低等的脊椎动物，生活于水中。鱼脑的体积不大，大脑很不发达，小脑的大小与各种鱼类运动的活泼与否有关（图2-3a）。鱼类具有多种感觉（味觉、嗅觉、触觉、听觉、视觉、温度觉和振动觉）。鱼类对化学刺激的受纳面之广，超过一切脊椎动物，像鲤鱼、鲫鱼和鲍鱼全身表面，甚至胸鳍、尾鳍上都有味觉受纳器，口边的触须上特别多。鱼身体两侧的侧线器是感受水波振动的受纳器。虽然鱼类有多种感觉，但仍缺乏综合利用多种感觉的能力。鱼类的行为与昆虫的行为一样，主要是借助于单一感觉控制的本能行为，但也开始表现出对刺激物的各种属性进行综合反应的能力。例如，凶猛的鱼类在捕获猎物时，已开始表现出根据作用于它的刺激物的各种属性进行反应。实验证明，鱼类已经能够对光、声、颜色、物体的形状和滋味等信号形成条件联系。但是这些联系的可塑性很差。

两栖类是脊椎动物刚由水生过渡到陆生的动物。从两栖类开始，动物的大脑半球已完全分开，并且开始出现了原脑皮，但还没有真正的大脑皮质（图2-3b）。两栖类动物的身体各部分比鱼类有了更多的分化。它们不仅在远距离感觉（视觉、嗅觉、听觉）上比鱼类发达，皮肤上已分化出温点、冷点、触点和痛点，其行为更加多样化。从捕获猎物的活动中可以看出，它们已能辨别物体的运动和形状。两栖类动物建立条件反射的能力与鱼类不相上下。

爬行类动物能轻松地适应陆地生活。它们的大脑和小脑比两栖类显著发达，出现了真正的大脑皮质（图2-3c）。爬行类动物的皮肤对化学、机械、温度、光等刺激的感受性大为减退，而味觉、嗅觉、听觉，特别是视觉有了很大的发展。爬行类能辨别黑色和白色，能辨别用白色和黑色画的直条图片和横条图片，能辨别好几种颜色（西印度群岛的大蜥蜴至少能辨别四种颜色）。爬行类的听觉比两栖类发达得多，能够对具有生物学意义的低微声（如树叶的沙沙声、昆虫在草中的爬行声）发生反应。爬行类的行为方式极其多样。它们能适应于地面、地下、树上、水中的不同生活，能动，能走，能跑，能爬行，能爬树，能游泳，还能从高到低由一个树枝飞到另一个树枝。爬行类的行为有不少是个体获得的经验使然。

在爬行类的基础上，动物的演化沿着两个方向发展。一支发展为鸟类，另一支发展为哺乳类上，前者最早出现在1.8亿年前的侏罗纪，后者最早出现在2.8亿年前的二叠纪。鸟类生活于辽阔的天空，它们的大脑有了进一步的发展，特别是视叶和小脑尤为发达（图2-3d）。这与鸟类敏锐的视觉和复杂的飞行活动密切相关。鸟类不仅能辨别不同的色彩、物体的大小和图形，而且能辨别物体的形状及运动方向，能辨别哨音、喇叭声、铃声和节拍器声，有些鸟在鸣叫上有很高的模仿能力。但鸟类的嗅觉、味觉和触觉不发达。鸟类有比较高的分析综合能力。它们能利用个体经验来适应环境，打破本能的刻板行为模式。幼鸟所筑的巢一般都比老鸟所筑的差，就表明个体经验和熟练在筑巢中的重要作用。研究表明，如果把幼鸟与其他的鸟隔绝起来喂养，不让它观察其他鸟的筑巢过程，被隔绝的鸟长大后在筑巢时行为完全错乱，缺乏应有的次序。这说明后天学习在鸟类筑巢中的重要作用。

哺乳动物是脊椎动物中身体构造最复杂、心理发展水平最高的动物。它们有高度发达、高度分化的脑，大脑皮质高度发达，且出现了沟回（图2-3e），有高度特化、发达的感觉器官和高度灵活的运动器官，其前肢不只参与移动身体的动作，而且还适应于各种各样的活动，如挖掘、翻寻、撕断、抓破、拉近、握取、持拿物体等，因而，它们能够适应各种复杂的生活环境，成为现存动物界中的优势动物。哺乳动物分布地区广泛，在适应生存环境的过程中，它们的感受器（视觉的、听觉的、嗅觉的、动觉的、触觉的、味觉的）有了很大程度的特化发展。犬类的嗅觉特别敏锐，能够嗅出酸类、盐类、奎宁等物质 $1:10^4$ 甚至 $1:10^6$ 的溶液。犬类的敏锐嗅觉常被人们在打猎、侦缉和保卫工作中广泛利用。许多哺乳动物的听觉感受性比人类敏感得多。人的听觉范围是20～20 000赫兹的声音。小鼠能听到高达95 000赫兹的声音，狗能听到大约50 000赫兹的声音，猫的听觉范围是 60～65 000 赫兹，黑猩猩的听觉能达到大约 26 000 赫兹或 30 000 赫兹，蝙蝠有高达 120 000 赫兹的感受能力，海豚能感受 150 000 赫兹的声音，海豹能听到水导声音 180 000 赫兹、气导声音 22 000赫兹。许多夜间活动的哺乳动物缺乏颜色视觉。灵长类动物近乎人类，有高度发达的颜色视觉。虽然从鱼到灵长类的所有脊椎动物都已证明有形状视觉，但低等脊椎动物的形状辨别是很不准确的，只有哺乳动物才真正具有形状知觉和深度知觉。此外，哺乳动物（如鼠、狗）还有相当发达的学习、记忆能力。实验表明，大白鼠经过训练能够辨别等边三角形和圆形。训练成功后，改用长方形、正方形、十字形来代替圆形，它选择三角形的百分数仍很高。若改用其他形状的三角形代替圆形，经过练习，动物的正确辨别率也是高的。但是，当图形和背景的关系发生改变后（例如原来是白色三角形和黑色背景，改为黑色三角形和白色背景），大白鼠对三角形就不能辨别了。这表明大白鼠对物体的形状知觉已相当发达，但仍不及较高等的哺乳动物（如狗等）。狗的知觉更加完善。它们在黑色的背景上学会辨别白色图形——正方形和长方形、纵长方形和横长方形、三角形和圆形之后，无需任何新的训练，立刻能以同样的方式辨别出白色背景下的各种黑色图形，甚至轮廓不完全的图形。捕食动物

（如猫、狼、虎）和被捕食动物（如兔、鹿）都需要精确地判断距离，有较发达的深度知觉。

总之，动物在进化系列中所处的地位越高，个体习得的行为也越多、越复杂，并且也具有较大的可塑性。同一物种个体习得行为的个别差异逐渐比本能表现出来的个别差异更为显著，这在哺乳动物身上表现得更为明显。

三、思维萌芽阶段——灵长目动物的心理发展

哺乳动物，特别是灵长目中的类人猿科，它们的脑在重量、外形和细微结构上都接近于人脑。黑猩猩的脑重约为420克，大猩猩接近500克，它们的重量几乎相当于人脑的1/3。类人猿的大脑皮质有许多沟回，皮质细胞分层排列，投射区也比较精确。有研究表明，类人猿的脑和人脑在形态结构上有396个共同点。大脑的高度发达，是类人猿智能行为高度发展的物质基础。

类人猿智能行为表现是多方面的，主要包括：（1）它们可以把某些习得的行为连贯起来，达到最后的目的。例如，黑猩猩可以把已经学会的行为——用钥匙开门，用水灭火，堆叠木箱以便在高处取食物——联系起来。先用钥匙打开笼门，进入一个有火挡住去路的过道，用水泼灭火之后，穿过此通道到达一个场地，用堆叠木箱的办法取得挂在高处的香蕉。不过，黑猩猩使用工具仅限于它当时的目的，而不能做进一步的推论。（2）它们可以通过模仿来进行学习，但是通常不是模仿动作的结果，而是模仿动作本身。例如，黑猩猩模仿扫地时往往把垃圾从一个地方扫到另一个地方，而不会把垃圾打扫干净（个别经过特殊训练的除外）。又如，一只黑猩猩看见另一只黑猩猩叠起箱子爬上箱顶，取得天花板上的香蕉之后，也会把箱子叠起来，并爬上箱顶，然而由于箱子不在食物的正下方，所以仍不能取得食物。必须经过多次尝试—错误之后，它才能习得正确的反应。（3）它们可以排除眼前刺激物的引诱而从事有“长远”目的的活动，这种行为是其他动物无法完成的。例如，一只饥饿的狗看见笼子外面有一块肉，总是不断扒抓笼子，而不会从笼子后面开着的门出去，绕过笼子去取食。类人猿则不然，它能绕过笼子去开门取食。又如，如果把橘子放进细长的管子里，黑猩猩会用小棒把橘子从管子中推出去，再从管子的另一端取得橘子。（4）可以利用类人猿的好奇心作为奖赏，使它们进行学习。例如，可以

让它看打开一个有趣的盒子作为奖赏，使黑猩猩学会刷牙、投球、扫地等行为。(5) 它们不仅能利用现成的工具，在需要的时候还能对工具进行一定的“加工”，使之变成合用的工具。研究者观察到黑猩猩在野外用工具去获取食物的情况。黑猩猩先用食指或拇指从一个通道的入口刮去一层薄土，然后用一根草根、细枝或蔓藤小心地插入白蚁穴，以获取白蚁为食。如果树枝太长，它就将其折断，保留合适的长度。如果树条侧枝妨碍其插入蚁穴，它就将侧枝折断 (Lawick-Goodall，1968)。但是它们从来不会保存“造”出来的工具。(6) 它们在争斗中也会使用工具。大猩猩、猩猩和长臂猿都会折下树枝或果实，把它投向陌生人或入侵者（争胜行为）。图2-4是一个有趣的例子。据《每日邮报》报道，一只名叫 Mego 的猩猩在过河时，竟然拿起了一根木棍来试探水深，以确保不会发生危险。这一幕被拍到并且公布出来，这些行为看起来几乎和人类一样。

图2-4　猩猩探水过河

【专栏2-2】

类人猿的语言学习潜力

类人猿的语言学习潜力如何？这个问题曾引起许多学者的研究。教黑猩猩学习语言，从20世纪50年代以来有过不少尝试。首先是口语的尝试。海斯夫妇 (Hayes & Hayes，1951) 饲养了一只雌性黑猩猩 (Viki)，从它出生后6周开始饲养，持续约6年，他们仅教会它在适当场合下说三个词 (mama，papa，cup)。此外还有一些试图教会黑猩猩说话的尝试，但均告失败。不过，这些失败可能是因为黑猩猩的发音能力受到限制（由于类人猿的发音器官与人有很大差别，它不能发出人类语言的主要元音“a”“i”“u”和其他一些要用舌头进行调节的音），而不是由于它们的语言能力使然。

后来，研究者试图教会黑猩猩用手语进行沟通。这其中，以加德纳夫妇（Gardner & Gardner，1969）的研究最为有名。他们于1966年开始用美国聋人的手语教一只10.5个月的雌性黑猩猩（Washoe）。最初是通过塑造过程教它手势，直到它做出类似于一个手语的姿势再对其进行强化。后来发现，如果把它的手放到适当的位置并通过适当的动作引导，它就能学会不同的手语。最后，它仅仅通过观察和模仿就学会手语了。它4岁时，已能使用150种不同的手语。其理解程度甚至还不止于此，它能把一种手势从一种情境泛化到另一情境。例如，它最先学会将“more”（多些）的手势与“more tickling”（多些搔痒）联系起来，然后又将其泛化用以指示“more milk”（多些牛奶）。

再有就是尝试符号语，这被认为是更能触及语言本质的考察。普雷马克（Premack，1970）使用一些形状、大小和颜色各不相同的塑料片，每一片代表一个词，以此来教一只黑猩猩（Sarah）学习语言。教的程序是：先在它旁边放一个水果，把一张塑料片放在离它比离水果更近的地方，要求它把这张塑料片放到一块符号板上，然后给它这个水果。经过2～3年的训练，它学会了由不同塑料片组成的100多个单词，并且用它们来与人进行交往（图2-5）。

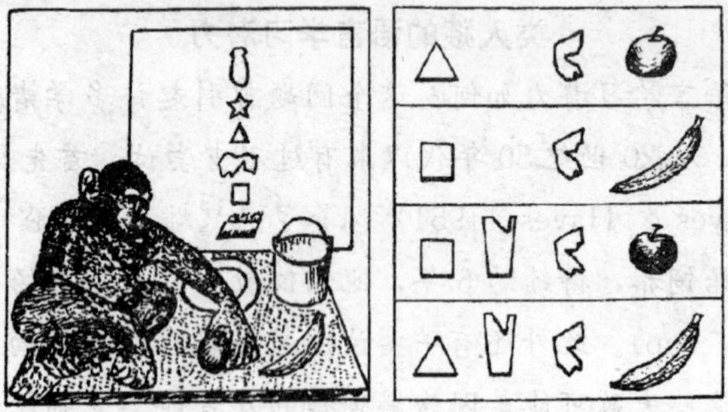

左图符号板上句子的意思：叫Sarah把苹果放入桶内，把香蕉放入盘内。

右图符号板上句子的意思（自上而下）：这三角形代表苹果，这方块代表香蕉，这方块不代表苹果，这三角形不代表香蕉。

图2-5　黑猩猩的图形语言

类人猿习得的语言与人类的语言有着本质的区别。第一，虽然我们有某些证据可以证明类人猿能将符号组成类似句子的序列，却很少有证据能表明类人猿能改变符号的顺序以产生一个不同的句子。第二，虽然类人猿具有形成简单的概念和词的能力，但其使用语言仅限于当前体内外环境的需要，不能脱离当前的需要。一旦眼前的需要得到了满足，它的"语言"也随之消失。因此，它不能像人类那样进行从概念到概念的联想和思维。第三，类人猿使用的语言是人教会的，它的手势语既不是自己独立创造的语言系统，也不是种族发展过程中形成的原始的手势语。因此，我们仍然支持这样的论断，即在纯心理学意义上，正是语言使人类区别于其他物种。

第三节 人类心理的产生

一、人类的起源

人是从古猿进化来的，达尔文曾做过这样的猜测。但达尔文那个时代，科学上还没有发现论证人类进化发展的具体材料。后来地球上大量化石的发现证明了达尔文的科学论断。在第三纪始新世（大约5 000万年前）出现了狐猴属的半猿猴，这是猿类的始祖。在3 000万年前的渐新世，热带和亚热带的森林里生活着一种古猿——埃及古猿。它们是人类和现代类人猿（黑猩猩、大猩猩和猩猩）的共同祖先。根据化石材料可以推测，这种古猿体形较小，是臂行的树栖动物。其特点是有发达的脑，大而向前方的双眼，杂食，群居。在地质年代第三纪中期，由于大规模地壳变动和气候的变冷，原先热带、亚热带的森林逐渐稀疏，树丛间的空地不断扩大，森林地区逐渐为疏林干草原所代替。环境的这种变化，使古猿中的一支经常到地面来觅食，逐渐习惯于两足直立行走，这样便奠定了向人类发展的基础。古猿的另一支，在环境发生变化时，并没有脱离树栖到地面生活，它们随着森林的南迁与原先生活在南方森林里的猿类一起，仍过着树栖生活。在漫长的适应树栖生活的过程中，这一支猿类就发展成为现代的类人猿。

古猿进化成人类经历了一个漫长的过程。恩格斯说："我们既然承认人是起源于动物界的，那么，我们就不能不承认这种过渡状态了。"① 现在科学上一般认为，生活于距今 1 400 万～1 000 万年前的拉玛古猿可能是过渡阶段生物的早期代表，南方古猿的原始类型可以认为是其晚期的代表。根据不同地层所发现的化石资料来看，从古猿发展为现代人大致可分为四个时期。

图2-6 更新世已能直立行走的猿人

（一）早期猿人时期（也称"能人"时期）

早期猿人生存于距今 300 万年至 150 万年前，包括南方古猿的进步类型、在坦桑尼亚发现的"能人"以及在我国云南发现的元谋猿人。这一时期猿人的主要特点是：已能直立行走（图2-6），但远不如现代人那样完善；拇指和其他四指能对握，但还不很精确；能制造粗糙的砾石工具，建造简单的防风所。早期猿人的脑量较小。南方古猿的脑量为 450～550 毫升，"能人"的平均脑量为 700 毫升左右。早期猿人已是猎人，主要依靠集体的力量与大自然做斗争。

（二）晚期猿人时期（也称直立猿人时期）

晚期猿人生存于距今 150 万年到 50 万年前，包括我国发现的北京猿人（图2-7a）、印尼的爪哇猿人、德国的海得堡猿人、非洲的毛里坦猿人等。北京猿人脑量为 1 059 毫升。晚期猿人已近似现代人那样能完全直立行走，并能制造较进步的旧石器和一些骨器，居住在山洞里，会利用和保存天然火，但还不会制造火。

（三）早期智人（或古人）时期

古人生存于距今 20 万年到 5 万年前，包括我国发现的马坝人和欧洲各地发现的尼安德特人等。尼安德特人（图2-7b）的脑量为1 555毫升，已达到了现代人的水平，远大于猿人。但古人脑子的外形还较原始，较近似于圆的馒头

① 《马克思恩格斯选集》第 4 卷，人民出版社 1995 年版，第 19 页。

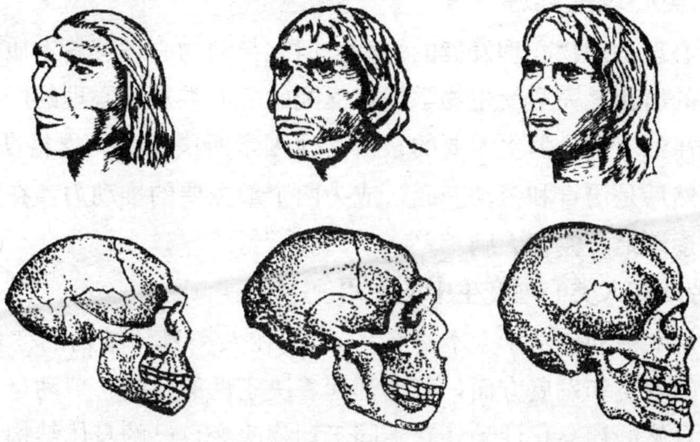

图2-7　头骨及其复原图

形而不像现代人那样较接近球形。脑的发展促进了智力的发展，古人创造的石器比猿人更加精细、多样。古人能捕杀巨大的野兽，并能用兽皮做粗陋的衣服。古人不仅会使用天然火，可能已经会取火。古人已能适应各种气候条件，分布于亚洲、非洲、欧洲的广大地区。

（四）晚期智人（或新人）时期

新人包括从三四万年前开始直到现在的人类。所发现的新人化石有法国的克罗马努人（图2-7c）、我国的山顶洞人和柳江人等。新人的化石，不但亚洲、非洲、欧洲有，大洋洲和美洲也有。新人的脑量和现代人完全一样，体质形态也与现代人基本相同。新人的智力比古人发达。新人除制造简单的工具外，还能制造较复杂的工具，如用石头、骨角制成矛头加在木棒上，制成长矛或标枪的复合工具。他们已有绘画和雕刻艺术，出现了装饰品和原始的宗教。

生物进化迄今的最终结果是人类的产生。人类由古猿经过猿人、古人、新人三个阶段发展而来。这一方面说明人类和动物有着亲缘关系，同时也说明人类与动物有本质的区别。人类有发达的大脑，能思维，有语言，能使用和制造工具，为心理发展揭开了一个崭新而辉煌的篇章。

二、人类心理的起源

人类的心理是动物心理发展的继续，但它与动物心理有着本质的区别。动物及其心理的演化是完全受生物学规律支配的。人类及其心理的产生，固然要受生物学规律的支配，但更主要的是由其他因素所决定的。恩格斯指出："首先是劳动，然后是语言和劳动一起，成为两个最主要的推动力，在它们的影响下，猿脑就逐渐地过渡到人脑。"①

（一）劳动在人类心理产生中的作用

恩格斯说"劳动创造了人本身"②。无论在人类身体结构的变化方面，还是人类心理的发生和发展方面，劳动都起着决定性的作用。劳动是人按照自觉的目的改造自然的社会化活动，它不同于动物改变自己的身体结构及活动方式来适应自然环境。人是在劳动的过程中按照自己预定的目的来改造自然的。当然，劳动的产生也经历了一个漫长、复杂的过程。

古猿从原先的树栖生活逐渐改变为地面生活。在新的生活条件中，获取食物和防御敌害的困难都比在森林中大得多。这就迫使古猿的前肢不仅能用来行动和进食，还必须从事其他活动，如拿石块、树枝或动物的长骨作为武器来对抗和防御敌害，经常用前肢来获得食物，从而创造出了新的生存条件。起初，古猿运用天然工具是偶尔的；后来，才渐渐经常化，成了生存的必要手段。这时所进行的是萌芽状态的劳动。随着运用天然工具的萌芽状态的劳动能力的发展，古猿不再局限于天然工具，开始用天然石块彼此砸击，以获得更适用的工具。这标志着制造工具的开始。出现了制造工具的行为，真正的劳动也就开始了。

劳动促使人类祖先四肢的分化：前肢逐渐成为专门抓握和操作物体的器官，后肢则成为专门用于行走和支撑身体的器官。这样，身体直立的结构便确立下来了。随着身体直立，猿的前肢也就变成了人手。对此，恩格斯说过："手不仅是劳动的器官，它还是劳动的产物。只是由于劳动，由于总是要去适应新的动作，由于这样所引起的肌肉、韧带以及经过更长的时间引起的骨骼的特殊发育遗传下来，而且由于这些遗传下来的灵巧性不断以新的方式应用于新

①②《马克思恩格斯选集》第4卷，人民出版社1995年版，第377、374页。

的越来越复杂的动作，人的手才达到这样高度的完善。”① 如果没有劳动的需要，古猿的前肢就不会改变结构而成为灵活的人手。直立行走的确立，还使人类祖先的口腔、鼻腔、咽喉形成了直角。于是呼吸道增长了，发音器官的活动灵活了，从而使整个发音器官朝着人化的方向发展，并使大脑皮质出现了言语机能区。

劳动是一种使用和制造工具的活动。人类祖先的劳动和动物的本能活动有着本质的不同。有些低等动物看起来也好像会使用工具。例如：埃及秃鹰把石头扔到鸵鸟蛋上，把它打碎以取食；有种莺类啄木鸟把衔来的仙人掌的刺伸入洞里，刺激昆虫出来；猴子有时能用石头敲碎核桃，以取得食物；黑猩猩甚至会去掉树枝的侧枝，把树枝伸入白蚁穴以获取白蚁。这些可以说是使用工具、制造工具的萌芽状态。但是，它们的这些活动并不是经常性的，仅仅在满足眼前情境的需要时发生。它们不懂得工具的性质和功能，也不会保存这些工具，更不会设想出某种新的工具。人类的劳动则与此完全不同。人类的劳动是使用工具对自然的自觉的改造过程，只有人类才能从使用工具进一步发展到制造工具。人类的祖先在劳动的过程中，通过对当前具体情境的分析和综合，逐渐认识到工具的性质和功能、劳动对象的特点、工具跟劳动对象之间的关系、劳动的结果，以及工具、劳动结果跟自己的关系，并且按照事先考虑好的计划制造工具，按其用途来使用它、保存它。所有这些都使人类的祖先不断获得关于外部世界的丰富知识，从而使他们的观察能力、抽象思维能力和想象能力以及操纵物体的运动技能都得到发展，人的心理也就这样逐渐产生了。

劳动更是一种社会化的活动。在劳动中，个人的活动都必须服从于他所属的群体的社会劳动关系，每个人都必须明了自己在群体劳动中的地位和作用。例如，人类祖先为了猎取食物，群体成员的目标必须一致——获取动物的肉和皮，但各人执行的活动任务不同，有的负责惊起，有的负责拦截，有的负责设置陷阱，等等。如果负责惊起野兽的人不能预见自己活动的最后结果，不以劳动的最后结果来指导自己的行动，那么他的活动将毫无实际意义。所以，在群体劳动中，人一开始就必须区分出群体劳动的共同目的和个人劳动的直接目的

①《马克思恩格斯选集》第4卷，人民出版社1995年版，第375页。

的关系，并且使自己的活动不再只服从于个人和自然物之间的联系，而是服从于群体总的目的，并以社会群体的一员来对待自己、对待自己的活动。因此在劳动中，人类的祖先就逐渐区分出了自己，区分出了群体的其他成员以及自己和群体成员之间的关系。这不仅促进了人类祖先意识和自我意识的产生，而且也促成人类社会的形成。

（二）语言在人类心理发生和发展中的作用

语言是人类创造的进行交际的符号系统，其基本成分是基本词汇和语法结构。它具有巩固认识成果和表达思想的功能。虽然很多动物也能发出声音，以表示它的生理需要或在群体中传递信息，但这都只是一些本能行为。只有人类才能把无意义的语音按照各种方式组合起来而成为话语，以后又创造出文字，用变化无穷的方式来表示无穷的意义。

比较语言学家哈克特（Hackett，1960）从一切交际系统所具有的基本特性出发，认为人类的语言有13个主要特性：(1)嗓音—听通道交际系统；(2)广播传递和方向性接收，指一个语言信号在听力所及范围内能被任何人的听觉系统所接收；(3)迅速消失；(4)可交换性，指能复述自己能理解的任何语言信息；(5)全反馈，指可以听到自己讲话中所有与语言有关的内容；(6)特化，指传递特定的信息；(7)语义性，指词与事物之间存在着一种关系；(8)随意性，指词与事物之间的关系是任意确定的，而与词的大小或响度等无关；(9)离散性，指各个词的区别在于各种音素的出现与否，而不在于某些连续参数，比如响度的变化；(10)移位，指能够谈论在时间或空间（或时空兼有）上远离谈话地点的东西；(11)能产性，指能谈论从来没有人讲过或听过的东西，并能使讲这种语言的其他人所理解；(12)语言传统，指人类语言所具有的那些详尽细致的习惯用法，需要靠后天学习和教育来传授；(13)模式二重性，指在任何一种语言里，有意义的成分（语素）数量都极大，但它们由少量可辨别的、本身没有意义的音素组成的很小单位来体现。例如，英语中“tack”“cat”“act”这三个词的意思完全不同，但它们都是由毫无意义的三个基本音素的不同排列所组成的。哈克特认为，这13个特性中前9个特性是原始类人猿嗓音—听觉交际方式所具有的，而后4个特性是只有人类言语交际系统才具有的。

前已述及，人类祖先所从事的劳动是一种社会化的活动。社会化的劳动使社会成员更加紧密地结合起来，他们相互帮助，共同协作，传授劳动经验。这样，正在形成中的人彼此之间就迫切需要说话。同时，由于直立行走，有了发达的言语器官（包括肺部、喉头及口腔等方面）的可能性。正如恩格斯所说：“这些正在生成的人，已经达到彼此间不得不说些什么的地步了。需要也就造成了自己的器官：猿类的不发达的喉头，由于音调的抑扬顿挫的不断加多，缓慢地然而肯定无疑地得到改造，而口部的器官也逐渐学会发出一个接一个清晰的音节。”① 可以做这样的推测，正在形成中的人在劳动活动中获得的信息急剧增加，而脑中以形象为内容的观念已无法再直接用形象来表达，于是便不自觉地用叫声（类似于现代类人猿的叫声）并夹杂着手势来表达。这时，借助于手势是很有必要的，因为它更接近形象，是对头脑中的形象进行直接模仿。叫声是头脑中形象的一种代替物，所以还需要手势进行解释。随着形成中的人彼此交往的日益增多，叫声有了约定俗成的规则之后，便成了人类祖先表达彼此主观活动的主要工具。这样，语言作为交流工具也就应运而生了。因此，语言产生于抽象思维之前，从形象思维、手的思维发展到抽象思维，语言起到了中介的作用。随着人类的进化和抽象思维的发展，语言也在发展，逐渐又形成了许多新的形式，如文字、符号、人工语言等。语言是人类祖先在社会劳动和社会交往中，为了交流思想、传递信息的需要而产生的。语言一经产生，对人类的心理发展起着巨大的推动作用，使人类的心理产生了质的飞跃。

首先，语言促使了人类意识和自我意识的产生。意识和自我意识的发生是借助于语言而实现的。当人类的祖先在劳动中逐步给周围的事物、事物的属性、自身的行为和各种感受创造出语言符号加以标志的时候，也就是把混沌一片的自然界给分解开来、觉知出来了。当人类的祖先在劳动中逐步给周围的人们，用“你”“我”“他”“父亲”“母亲”“公公”“婆婆”“伯伯”“叔叔”“哥哥”“妹妹”等称谓词来标志的时候，也就是把朦胧一片的人际关系给分解开来、觉知出来了，把自我与非我区别开来了。因此，人类用语言符号来反映客观事物，就标志着其心理反映达到了意识的水平。一个人用人称代词“我”来

① 《马克思恩格斯选集》第 4 卷，人民出版社 1995 年版，第 376 页。

把自己从客观事物中区分开来，也就标志着出现了自我意识。

其次，语言促使人类抽象思维的产生。例如，人类的祖先在采集食物的过程中，接触到各种事物（如苹果、梨、桃子等），获得感性认识。这种感性认识通过大脑的加工后，舍弃其具体品种的颜色、形状、滋味等特征，抽象出它们最本质、最一般的东西，用“水果”一词来标志它们。这就是一种抽象思维，而抽象思维不可能没有语言。列宁指出：“任何词（言语）都已经是在概括。”“思想和词表明一般的东西。”① 语言符号的这种概括性极为重要。由于这种概括性，人才有可能根据特殊的事物抽象出一般的本质，又可能根据一般本质推知特殊事物。没有语言符号，抽象思维就不能正常进行。

最后，语言使人类的认识更加广阔。语言的产生，开始是有声语言，后来是文字符号系统。文字符号系统在巩固和传达认识成果、储存和传递信息方面，具有不受空间、时间限制的优越性。虽然今人不能再现历史，但是通过语言，可以把人们带到遥远的过去，对历史进行研究；地域广大，每个人的活动范围有限，但通过语言可以使人们如临其境，对外域甚至宇宙空间进行了解。抽象的事物，人的感官不能感知到，但借助于语言可以进行认识。总之，有了语言，人们就能够使自己的认识不仅驰骋于无限的现实世界，而且奔腾于神奇的幻想境地，不仅可以追忆久远的过去，而且能够展望引人入胜的未来。

总之，人的心理是人类祖先在劳动中彼此间的社会性联系的发展过程中，同语言一道产生的。随着由动物向人类的发展，动物的脑演化为人脑，并逐渐产生人的心理。人的心理既是自然历史发展的结果，是一种自然现象，又是社会历史发展的必然，是一种社会现象。

第四节　人的心理的本性

心理反映具有不同的形式，哲学上用“意识”来标志人所特有的心理反映的最高形式。心理是脑的机能，人的心理是人脑对客观现实的主观能动的反

① 《列宁全集》第55卷，人民出版社1990年版，第233页。

映。如前所述，人的心理是在劳动中，在使用语言与他人交往的过程中，在社会历史条件下形成的。而意识一经产生，它又反作用于客观现实，在人们的实际生活中起着特殊的重要作用。

一、言语觉知性

人对于自身的存在，对于自然现象和社会现象，对于自己和周围世界的复杂关系是能够觉知到的。这其中，最基本的标志是言语觉知，也只有人是有语言的。当人对客观事物的反映以言语的形式巩固下来，并由言语的形式表达出来的时候，他就把自己从周围的事物中区分出来，周围事物对他来说，就成为被言语觉知到的客体。这样，人对客观事物的反映就成为有意识的、自觉的反映。这种对客观事物有意识的、自觉的反映既包括我们头脑中关于周围世界的知识，也包括关于自身的知识。有一种罕见的脑病变所引起的疾病叫**面容失认症**（prosopagnosia），患者各方面都正常，只是不能识别熟悉的面容，包括家庭成员和亲密朋友的面容，甚至不能识别镜中的自己，也就是说对熟悉的面容丧失了意识。患者在见到熟悉面容时虽然口头报告说不认识，却有较强的生理反应，排汗量增多或皮肤电阻下降（Traned & Damasio，1985）。这说明，患者对熟悉面容在自主神经系统的活动水平上有加工，似乎能识别熟悉的面容，却不能在言语水平上加工，口头报告的体验与其生理反应不一致。

二、主观能动性

列宁说："人的意识不仅反映客观世界，并且创造客观世界。"① 人的心理的能动性表现在三个方面。一是对现实的有意识的选择反映。人是周围现实的积极活动者，他对现实的反映不是消极被动的。在纷繁复杂的事物中，人首先注意那些对他来说急需的、符合活动目的的东西。二是认识事物的本质和规律。在人的有意识反映中，语言符号思维是意识的主要成分。通过语言符号思维，人们能够去粗取精、去伪存真、由此及彼、由表及里，从而认识事物的本质和规律。三是保持和监督有目的活动的进行。在进行活动之前，活动的目的

①《列宁全集》第55卷，人民出版社1990年版，第182页。

和结果就以观念的形式存在于头脑之中，人们据此做出计划，指导自己的活动，以便达到预期的目的。

三、社会历史制约性

人是全部动物进化的最高产物，是自然界的一部分。但是，人同一般动物有着本质的区别，人是一切社会关系的总和。关于这一点，马克思明确指出："意识一开始就是社会的产物，而且只要人们存在着，它就仍然是这种产物。"① 人的意识的内容随着人类社会历史的发展而发生变化。在不同的时代、不同的社会、不同的民族和不同的阶级里，人们对自然、对社会认识的深度和广度不同，人们的价值观念等也都不相同。

【专栏2-3】

关于心理本性的进化心理学观

进化心理学的领军人物大卫·巴斯（David M. Buss）是这样描述进化心理学的："如果一个火星人来到地球，打算了解一下人类的'心理学'是个啥玩意儿，他将一头雾水，因为这心理学实在太繁杂了！有认知的、发展的、人格的、文化的……各种心理学。不过，假如火星人直接找到进化心理学家，事情就简单多了，因为进化心理学似乎是唯一可行的元理论。"

进化心理学产生于20世纪80年代。达尔文在《物种起源》（1859）这本经典著作的结尾曾这样预言："在遥远的将来，我会看到许多更加重要的研究领域就此展开……心理学将会拥有全新的基础。"如今，进行科学研究的进化心理学已然出现了。**进化心理学**（evolutionary psychology）认为，人类的心理就是一整套信息处理的装置，这些装置是由自然选择而形成的，其目的是处理我们祖先在狩猎等生存过程中所遇到的适应问题。它是一种综合了生物学、心理学和社会科学的研究思想。

---

①《马克思恩格斯选集》第1卷，人民出版社1995年版，第81页。

所有的心理学理论都需要某种人性观来作为其核心前提。而在巴斯看来，由于自然选择的进化过程是产生人性基本组成成分的唯一已知的原因，所以从本质上来说，所有的心理学理论都是进化式的理论，或者说能回答人性起源的只能是自然选择的进化过程（巴斯著/熊哲宏等译，2007）。进化过程带来了三大产物。（1）**适应器**（adaption）：遗传的、能稳定地发展起来的特性；是通过自然选择而形成的；在进化过程中，它们比群体中存在的其他设计特征更加有助于有机体解决生存和繁殖问题（例如脐带）。（2）适应器的副产品：不能解决适应性问题，也不具备功能设计；它和那些具备功能设计的特性相伴而生，是因为它碰巧伴随着适应器（例如肚脐）。（3）随机影响或称噪声：是由偶然的突变、环境出现前所未有的变化，或者发展过程中的偶然因素所产生的（例如特殊形状的肚脐）。所有动物（包括人类）的本性都是由一大批适应器所组成的，进化心理学家则倾向于关注那些构成人类本性的适应器，即心理适应器及其副产品。

巴斯还进一步解析了进化形成的心理机制（巴斯著/熊哲宏等译，2007）。（1）进化形成的心理机制之所以表现为当前这个形式，是因为它在进化历史中解决了某种反复出现的与生存和繁殖有关的特定问题。（2）该机制被设计成只接收一部分特定的加工信息。（3）该机制所获得的输入信息，能够向有机体喻示他正面临的适应性问题。（4）该机制根据决策规则将输入信息转换成输出信息。（5）该机制所产生的输出，可能是生理活动，可能是其他心理机制所需的信息，也可能是外显行为。（6）该机制所产生的输出结果，直接指向特定适应性问题的解决方案。需要指出的是，在进化历史中能够成功解决适应性问题的机制，在当下环境下是否仍然具备适应性，即是否能够促进有机体的生存和繁殖，还要视具体情况而定。人类拥有许多进化而来的心理机制，且这些机制所拥有的特殊性、复杂性和多样性使得人类的行为具有灵活性。

进化心理学以达尔文的进化论为指导，探讨人类心理的结构和功能。三十年来，进化心理学的研究得到了很大发展，渗透到心理学的各个分支领域，包括性与择偶、家庭关系、两性冲突、地位与支配、合作与侵犯等方面。同时，进化心理学的理论和研究也对哲学、经济学、管理学、伦理学、法律学、政治学等社会科学的领域产生了强烈的冲击和影响。目前在学术界，对于进化心理学的评价可谓毁誉参半，推崇者认为它是心理学未来发展的方向，是整合心理学的元理论，批评者认为它只是“新瓶装旧酒”，只不过是社会生物学理论的“翻版”，没有任何新的东西（朱新秤，2006）。

【复习与思考】

1. 解释：感应性，感受性，本能行为，面容失认症，进化心理学，适应器。

2. 为什么说心理现象是物质长期演化的结果？

3. 从动物心理发展的历程说明心理、脑、外部环境三者的关系。

4. 类人猿的智能行为表现有哪些？

5. 如何看待类人猿的语言学习潜力？

6. 概述劳动和语言在人类心理发生、发展中的作用。

7. 怎样正确地理解人的心理的实质？

【扩展阅读书目】

1. 朱新秤著：《进化心理学》，上海教育出版社2006年版。

2. ［美］D. M. 巴斯著，熊哲宏等译：《进化心理学——心理的新科学》，华东师范大学出版社2007年版。

3. ［德］福尔克·阿尔茨特、伊曼努尔·比尔梅林著，马怀琪、陈琦译：《动物有意识吗?》，北京理工大学出版社2004年版。

4. ［美］肯·威尔伯著，许金声、李明译：《性、生态、灵性》，中国人民大学出版社2009年版。

第三章　心理的生物基础

心理的产生，有其生物基础。人脑是人类长期进化过程的产物。人生下来的时候就具有控制行为的脑中枢（例如新生儿生来就有调节吸吮活动的中枢），这些神经联系是先天遗传的、固定的。通过社会实践，人脑还会产生新的联系，人脑的结构和机能会不断变化发展。本章先介绍脑的结构和机能、脑和内分泌系统对行为的控制，然后讨论遗传对行为的影响。

第一节　神经系统与神经元

神经系统（nervous system）是由巨量神经细胞形成的神经组织与结构的总称，可分为中枢神经系统和周围神经系统。

一、中枢神经系统的结构和机能

中枢神经系统（central nervous system，CNS）是人体神经系统的主体部分，包括脑和脊髓，其主要功能是传递、储存和加工信息，产生各种心理活动，支配与控制人的全部行为。

（一）脑

人类的脑是由约 140 亿个脑细胞构成的重约 1 400 克的海绵状神经组织。**脑**（brain）是中枢神经系统的主要部分，在构造上，按部位的不同分为前脑、中脑和后脑三大部分，分别具有不同的功能。

1. 后脑

如图3-1所示，**后脑**（hindbrain）位居脑的后下部，包括如下三部分。

(1) **延脑**（medulla oblongata），也叫延髓，位于脊髓的上端，与脊髓相连，呈细管状，大如手指。延脑的主要功能在于控制呼吸、心跳、吞咽及消化，稍受损伤即危及生命。(2) **脑桥**（pons），位于延脑之上，是由神经纤维构成的比延脑肥大的管状体。脑桥连接延脑与中脑，如果受损可能使睡眠失常。(3) **小脑**（cerebellum），位于脑桥之后，形似两个相连的皱纹半球，其功能主要是控制身体的运动与平衡。如果小脑受损，即丧失身体自由活动的能力。

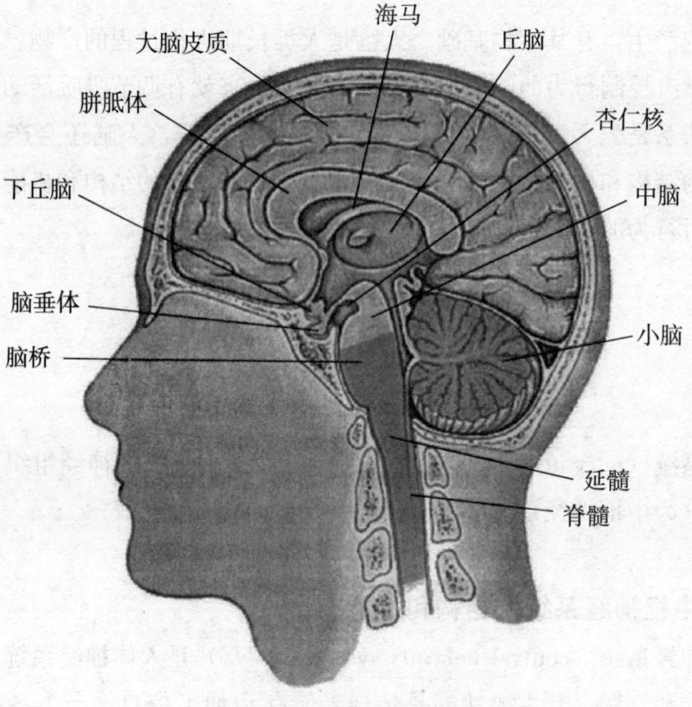

图3-1　脑的纵切面图

2. 中脑

中脑（midbrain）位于脑桥之上，恰好处在整个脑的中间。中脑是视觉与听觉的反射中枢。在中脑的中心有一个网状的神经组织，称为**网状结构**（reticular formation）。网状结构的主要功能是控制觉醒、注意、睡眠等意识状态。网状结构的作用扩及脑桥、中脑和前脑。中脑与脑桥、延脑合在一起，称为**脑干**（brain stem）。脑干是生命中枢。

3. 前脑

前脑（forebrain）是脑的最复杂部分，也是最重要的部分。前脑主要包括如下五部分。（1）**大脑皮质**（cerebral cortex）。大脑皮质是中枢神经系统中最重要的部分，平均厚度为2.5～3.0毫米，面积约为2 200平方厘米，上面布满了下凹的沟和凸出的回（图3-2）。分隔左、右两半球的深沟称为纵裂。纵裂底部由胼胝体相连。大脑半球外侧面，由顶端起与纵裂垂直的沟称为中央沟。在半球外侧面由前下方向后上方斜行的沟称为外侧裂。半球内侧面的后部有顶枕裂。中央沟之前为额叶。中央沟后方、顶枕裂前方、外侧裂上方为顶叶。外侧裂下方为颞叶。顶侧裂后方为枕叶。胼胝体周围为边缘叶。每叶都包含很多回。在中央沟的前方有中央前回，后方有中央后回。大脑半球深部是基底神经节，主要包括尾状核和豆状核，合称为纹状体，其机能主要是调节肌肉的张力来协调运动。关于大脑皮质的功能机制，留待下一节说明。（2）**边缘系统**（limbic system）。边缘系统是位于胼胝体之下包括多种神经组织的复杂神经系统。边缘系统的构造与功能尚不能十分确定，在范围上除包括部分丘脑和下丘脑之外，另外还包括海马和杏仁核等。**海马**（hippocampus）的功能与学习、记忆有关，**杏仁核**（amygdala）的功能与动机、情绪有关。（3）**丘脑**（thala-

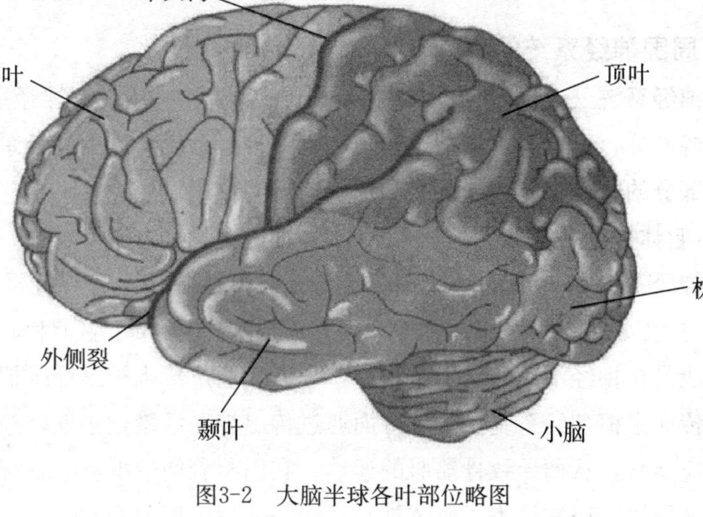

图3-2　大脑半球各叶部位略图

mus)。丘脑是卵形的神经组织，其位置在胼胝体的下方，具有转运站的功能。从脊髓传来的神经冲动，都先中止于丘脑，然后再由丘脑分别传送至大脑皮质的相关区域。如果丘脑受损，感觉会发生扭曲，人无法正确了解周围的世界。(4) **下丘脑**（hypothalamus）。下丘脑位于丘脑之下，其体积虽比丘脑小，但功能比丘脑复杂。下丘脑是自主神经系统的主要控制中心。它直接与大脑皮质的各区相连，又与主要控制内分泌系统的脑垂体连接。下丘脑的主要功能是控制内分泌系统、维持新陈代谢、调节体温，并与饥、渴、性等生理性动机及情绪有关。如果下丘脑受损，个体的饮食习惯与排泄功能将受到影响。(5) **脑垂体**（hypophysis）。脑垂体位于下丘脑之下，其大小如豌豆，在部位上虽属于前脑，但在功能上则属于内分泌系统中最主要的分泌腺之一。此外，**胼胝体**（corpus callosum）连接大脑两半球，使两半球的神经网络得以彼此沟通。

（二）脊髓

脊髓（spinal cord）上接脑部，外连周围神经，31 对脊神经分布于它的两侧。脊髓的活动受脑的控制。来自躯干、四肢的各种感觉信息，通过感觉神经传送至脑，进行高级的分析和综合；脑的活动也要通过运动神经传至效应器。脊髓本身也可以不经大脑完成许多**反射**（reflex）活动，如牵张反射、膀胱和肛门反射等。

二、周围神经系统的结构和机能

周围神经系统（peripheral nervous system，PNS）从中枢神经系统发出，导向人体各部分，可分为躯体神经系统和自主神经系统。周围神经系统担负着与身体各部分的联络工作，起传入和传出信息的作用。

（一）躯体神经系统

躯体神经系统（somatic nervous system）包括脑神经和脊神经。脑神经共 12 对，主要分布于头面部；脊神经共 31 对，主要分布于躯干和四肢。它们的主要功能是在神经活动的反射过程中，一方面通过传入神经纤维把来自感受器的信息传向中枢神经系统，另一方面通过传出神经纤维把中枢神经系统的命令传向效应器官，从而导致骨骼肌的运动。它们起着使中枢神经系统与外部世界相联系的作用。通常认为，躯体神经系统是受意识调节控制的。

（二）自主神经系统

自主神经系统（autonomic nervous system）分布于内脏器官、心血管、腺体及其他平滑肌。它包含感觉（传入）神经纤维和运动（传出）神经纤维。传入神经纤维传导体内脏器的运动变化信息，这种刺激的感受对机体内环境的调节起着重要作用。在正常情况下，分布于各脏器的传出神经纤维保持机体相对平衡和有节律性的内脏活动，如呼吸、心跳、消化、排泄、分泌等，以调节机体的新陈代谢；当环境发生紧急变化时，它们促使机体发生应付紧急情况的一系列内脏活动。内脏活动一般不由意识直接控制，并且在意识上不引起清晰的感觉。

自主神经系统可分为**交感神经系统**（sympathetic nervous system）和**副交感神经系统**（parasympathetic nervous system）。这两类神经都几乎向所有的腺体和内脏发放神经冲动。交感神经的功能主要表现在当机体应付紧急情况时产生兴奋以适应环境的变化，如心跳加快、冠状血管血流量增加、血压增高、血糖升高、呼吸加深变快、瞳孔扩大、消化减慢等一系列反应。副交感神经的作用是保持身体安静时的生理平衡，如协助消化的进行、保存身体的能量、协助生殖活动等。这两种系统在许多活动中既具有拮抗作用，又是相辅相成的。例如：交感神经使心搏加快，而副交感神经则使之减慢；性兴奋是副交感神经的作用，而性欲高潮则是交感神经的一种反应。

三、神经元的结构和机能

神经元（neuron）即神经细胞，是神经系统结构和功能的基本单位。神经系统主要由神经细胞和神经胶质细胞组成。神经元的形状和大小不一，但多数神经元具有一些共同结构，大致都可以分为细胞体和突起两部分。胞体的中央有细胞核，细胞核是细胞的能量中心。通过化学反应，胞体为神经活动提供能量，并大量制造用于传递信息的化学物质。自胞体伸出两种突起：呈树枝状的称为树突，它接受其他神经元来的信息并传至胞体；那一根细长的突起称为轴突，它把冲动由胞体传至远处，传给另一个神经元的树突或肌肉与腺体。髓鞘由神经胶质细胞构成，包裹在轴突上，起着绝缘作用。一个神经元的轴突有许多分支，末梢膨大部分呈葡萄状，称为突触小体，它是传递信息给另一个神经元的发放端。如图3-3所示，左上图为脑组织中的神经元形态，右下图为一个运动神经元的剖面图解。

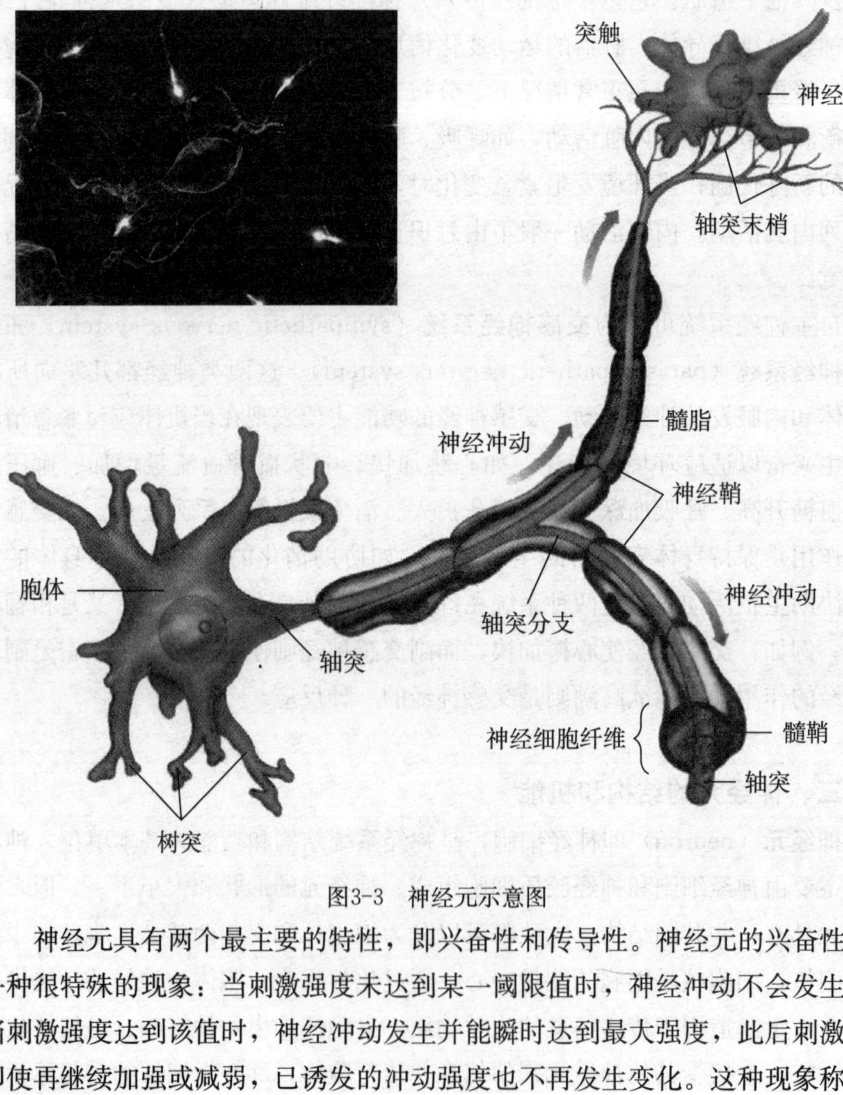

图3-3　神经元示意图

神经元具有两个最主要的特性，即兴奋性和传导性。神经元的兴奋性具有一种很特殊的现象：当刺激强度未达到某一阈限值时，神经冲动不会发生；而当刺激强度达到该值时，神经冲动发生并能瞬时达到最大强度，此后刺激强度即使再继续加强或减弱，已诱发的冲动强度也不再发生变化。这种现象称为**全或无定律**（all-or-none law）。神经元的传导功能在性质上类似电流传导，但作用机制不同。电流靠接触传导，而相邻神经元则靠其间一小空隙进行传导。这一小空隙，叫作**突触**（synapse）。突触的作用在于传递不同神经元之间的神经冲动。

神经元的功能表现多种多样，归纳起来可分为如下三类。(1) 感觉神经元（传入神经元），其树突的末端分布于身体的外周部，接受来自体内外的刺激，将兴奋传至脊髓和脑。(2) 运动神经元（传出神经元），其轴突达于肌肉和腺体。运动神经元的兴奋可引起它们的活动。(3) 联络神经元（中间神经元），介于上述两种神经元之间，把它们联系起来，或组成复杂的网络，起着神经元之间机能联系的作用，多存在脑和脊髓里。

第二节　脑的三大机能系统

人脑是一个极其复杂的机能系统，我们的一切心理活动都是脑的机能。那么，脑究竟怎样工作才产生心理活动呢？在这一节中，我们将讨论脑的三个主要的机能系统，即感觉机能系统、运动机能系统和联络机能系统，以及大脑两半球之间的分工和协作。

一、感觉机能系统

外界刺激经过感受器（如眼的视网膜、内耳的柯蒂氏器等）时，触发的神经冲动由感觉神经传入中枢神经系统，再分别经特异投射系统和非特异投射系统到达大脑皮质，进而在大脑皮质发生加工，产生感觉。

（一）特异投射系统和非特异投射系统

感受器发出的神经冲动通过两条作用不同的神经通路传入大脑皮质，一条是特异投射系统，另一条是非特异投射系统。

1. 特异投射系统

特异投射系统（specific projection system）是指各类感受器以特异的传入路径将神经冲动传送至大脑皮质的特定投射区的一种传入系统，如传导本体感觉冲动的薄束和楔束、传导体表感觉冲动的脊髓丘脑束，以及听觉传导路、视觉传导路等。特异投射系统主要包括视觉、听觉、味觉、嗅觉、肤觉和本体感觉等。它们的作用是引起特定的感觉。在特异投射系统中，丘脑是一个重要的转换站。除嗅觉外，所有的感觉纤维在到达大脑皮质之前都终止于丘脑，在此更换神经元后，发出纤维将各种感觉冲动分别投射到大脑皮质的特定区域。丘脑对感觉信息进行初步的分析、综合，它不能确定感觉的性质和强度，是皮质下较高级的感觉中枢。丘脑病变往往引起感觉异常，如感觉过敏或感觉减退等。

2. 非特异投射系统

非特异投射系统（nonspecific projection system）是指特异传入系统神经束经过脑干时，发出侧支，与脑干网状结构内的神经元建立突触联系，然后经丘脑内侧部弥散性地投射到大脑皮质的广泛区域，不产生特定感觉的一种传入系统。网状结构系统是保证调节皮质紧张度和觉醒状态的脑器官。网状结构由许多中间神经元组成，它们与大脑皮质、下丘脑、脊髓、小脑的神经细胞有着广泛的神经联系。网状结构系统分上行网状系统和下行网状系统。上行网状系统对皮质的激活和紧张度的调节起着决定性的作用。实验证明，刺激除嗅觉以外的感受器都可以在网状结构的某些神经元得到冲动发放。这些冲动发放可以引起动物的觉醒反应。破坏网状结构，动物长期处于昏睡状态。因此，正常情况下人的各种心理活动都必须有网状激活系统的参加，因为人的绝大多数心理活动都是在清醒状态下进行的。而下行网状系统则对效应器官的活动具有激活和抑制作用，它是大脑皮质对行为、活动加以控制的必不可少的脑器官。

（二）大脑皮质的感觉代表区

特异投射系统将来自感受器的冲动传向大脑皮质的特定区域，从而引起特定的感觉。现已探明大脑皮质的感觉代表区有以下几种。

1. 体表感觉代表区

体表感觉主要指皮肤上的触、冷、温、痛等感觉。其大脑皮质代表区在中央后回（图3-4）。这一区域的感觉投射有如下特点。（1）感觉传入的皮质投射是交叉的，即一侧的躯体感觉投射到对侧的大脑皮质的相应代表区。（2）感觉传入的皮质投射是倒置的，即下肢的感觉投射于这一区域的顶部，上肢的感觉投射于这一区域的中部，头颈部的感觉投射于这一区域的下部。（3）大脑皮质代表区的大小与身体不同部位的感觉灵敏度有关。感觉灵敏的部位，所占的区域较大，如手、唇、口腔的感觉代表区就特别大；感觉不灵敏的部位，如躯体的代表区就很小。这种结构有利于人进行精细的感觉分析，是人类长期进化的结果。

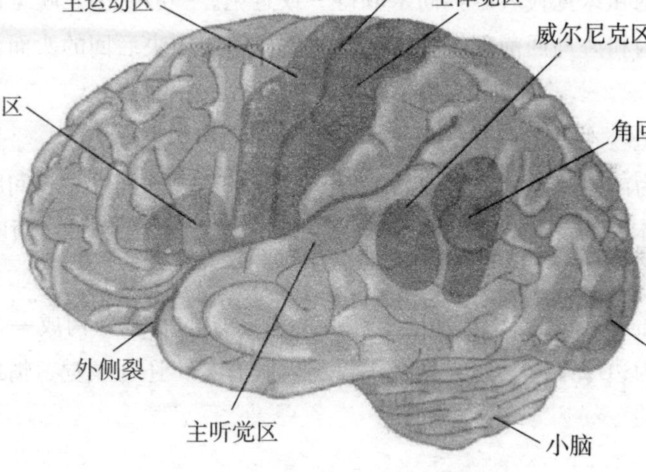

图3-4　大脑左半球分区功能略图

2. 本体感觉代表区

本体感觉指肌肉、关节的运动和位置感觉。中央前回是运动区，也是本体感觉的投射区。刺激中央前回也会引致病人企图发动肢体运动的主观感觉。

3. 视觉代表区

视觉代表区在枕叶距状裂两侧。刺激该区域，可以使患者产生简单的主观光感觉，但不能引起完善的视觉形象。因为起源于鼻侧视网膜的传入纤维在视交叉处越至对侧，实行交叉，投射到对侧枕叶，而起源于颞侧的传入纤维并不交叉，直接投射到同侧枕叶。这样，一侧枕叶皮质主要与两眼同侧的视网膜相联系，因而与两眼的对侧视野有关，即右侧枕叶主要与两眼的左侧视野有关，而左侧枕叶主要与两眼的右侧视野有关。临床实践证明，一侧枕叶皮质受损害造成对侧偏盲，双侧枕叶皮质受损害造成全盲。

4. 听觉代表区

听觉代表区在颞叶的颞横回。电刺激该区可以使患者产生铃声样或风吹样的主观音觉。听觉冲动的投射是双侧性的，即一侧皮质代表区与两侧耳的感受器都有关。因此，一侧颞叶皮质受损害并不影响听觉，只有左、右两侧听觉代表区同时受损害，才产生完全的耳聋。

5. 嗅觉和味觉代表区

对于嗅觉和味觉代表区，尚未取得一致意见。一般认为，嗅觉冲动主要投射于海马回沟和海马回前部一带，味觉冲动投射于中央后回的头面部感觉投射区的下侧。

6. 内脏感觉代表区

一般认为内脏感觉代表区在边缘叶。大脑半球内侧面皮质与间脑交接处的边缘及胼胝体旁的环周结构，称为边缘叶。它与附近的皮质（额叶眶部、岛叶、颞极、海马及齿状回等）以及有关的皮质下结构（包括隔区、杏仁核、丘脑及中脑被盖等），在结构和功能上相互间有密切的联系，构成一个统一的功能系统，称为边缘系统。边缘系统不仅与内脏有关，还与嗅觉、情绪、记忆等心理活动有关。

二、运动机能系统

（一）大脑皮质运动区

人的一切随意活动是由大脑皮质调节的，中央前回是躯体运动的皮质代表区。大脑皮质运动区的机能特征包括以下几点。（1）对侧支配，即一侧运动区主要支配对侧躯体肌肉，但对少数肌肉（如额肌等）是双侧支配的。（2）具有精细的定位，一定的区域支配身体一定部位的肌肉。支配下肢的区域位于中央前回的顶部，支配头面部的区域分布于接近外侧裂部分，支配上肢的区域则位于以上两部位之间。总的说来，近似倒立分布。（3）身体不同部位在大脑皮质的代表区的大小和运动的精细复杂程度有关。运动精细复杂的部位，所占的皮质代表区大。例如，手所占的区域相当于整个下肢所占的区域。（4）刺激该区引起的肌肉运动，主要是少数个别肌肉的收缩，甚至只引起某块肌肉的一部分发生收缩，不发生肌肉群的协同收缩。

（二）锥体系统和锥体外系统的机能

皮质运动区是运动冲动的“出口”，它不可能孤立地进行工作。人的所有运动都是在某种肌肉紧张度的背景下进行的。

锥体系统（pyramidal system）主要由大脑皮质中央前回的大锥体细胞发出的神经纤维组成。这一传导系统大部分在延脑交叉到对侧沿脊髓白质而下行，小部分不交叉，在脊髓的一定节段才交叉。所有的纤维都终止于脊髓的前角，由前角运动神经元发出的纤维再支配骨骼肌的运动。由于锥体系统绝大部分是在延脑或脊髓交叉至对侧，所以一侧大脑皮质主要管理身体对侧骨骼肌的运动。锥体系统的机能主要是控制支配各种随意活动，控制技巧性的活动。锥体系统的纤维除主要来自中央前回外，还来自被称为感觉区的中央后回以及前额区等皮质广泛区域。因此，大脑皮质对随意活动的调节不是局限于某一特定的狭小范围，而与皮质的其他部位有联系。对有目的、有计划的行为的调节，前额区的控制是必不可少的。

大脑皮质除运动区外，还有一些其他区域参与肌肉活动的协调，这些区域统称为锥体外区。由锥体外区下行的传导系统称为**锥体外系统**（extrapyramidal system）。锥体外系统的冲动从皮质下传时，在基底神经节、脑干内的一些神经核、网状结构和小脑等部位多次更换神经元，在传导过程中也常有反馈通路。锥体外系统并不直接支配随意运动，它的主要功能是调节肌肉的紧张度，保持身体的姿势，使动作协调。

人的一切随意运动都是经锥体系统和锥体外系统的协同活动完成的，大脑皮质相当广泛的区域都与随意运动有关。由于随意运动是为满足个体的需要和保证种系生存而进行的，因此，行为动作必然受从周围环境和体内环境传入信息的控制和影响。维持内环境稳定和种系生存的需要反映在脑干网状系统、下丘脑和边缘系统上，其中一部分行为则是通过额叶皮质和扣带回而实现的。根据客观情况的变化，对动作做更细微调节则主要通过顶叶、颞叶和枕叶而实现。至于根据预先的意图进行有目的、有计划的行动，前额区起着十分重要的作用。当运动需要灵活和协调时，来自小脑的冲动也显得十分必要。因此，人的随意行动是通过大脑皮质和皮质下部位整合而实现的。

三、联络机能系统

在大脑皮质，除了特异感觉投射区和运动区之外，还有更广大的区域，这些区域一般称为联络区。

（一）感觉联络区

各感觉投射区的神经元严格保持着模式特异性，其邻近区域有大量的短轴突联络神经元。它们与各感觉区的特异神经元有着广泛的联系，其功能是组织进入感觉区的神经冲动，以便获得更精确的信息。这些区域称为感觉联络区。因此，感觉投射区只是一个入口，它所承担的工作仅是接受信息。例如，红色灯光刺激所引起的冲动经视神经传至大脑的视区，产生视觉。但红色除单纯的物理特性外，常含有一定的意义，可以表示“危险”，也可以表示“停止”。“危险”和“停止”的意义是后天习得的经验。以后同样的刺激再出现时，这种已习得的经验即可帮助人对刺激意义的识别。人习得的经验以及必要时唤起经验等，都不是视觉区本身的机能，而是视觉区邻近的视觉联络区的机能。如果视觉联络区受损害，虽然患者不会全盲，却影响对物体意义的认知和远近距离的判断，产生视而不见的现象。

听觉区附近是听觉联络区，它负责听觉刺激意义的学习、习得经验的储存以及唤起经验赋予听觉刺激以意义等。如果听觉联络区受损伤，人就失去对外部声音刺激的理解和判断。这时虽有声音刺激感觉，却不能判断是一种什么样的声音，会产生听而不闻的现象。

体表感觉区附近是体表感觉联络区，其功能是辅助体表感觉区，以获得对外界刺激所引起的触觉、温觉、痛觉和动觉等感觉的更精确的理解。如果体表感觉联络区受损坏，人就不能理解体表感觉的意义。

（二）运动联络区

运动区附近是运动联络区。运动区是运动指令下达的“出口”，它能直接支配某一部分肌肉的收缩。人的运动是有意义的，运动的组织与意义性是在“出口”之前经由运动前区赋予的。例如，写字时所需要的手指和手臂肌肉的运动，是人对这种运动方式和程序经过多次练习而习得的。这种经验包括手指和手臂运动的方式与文字意义的关系。学习、保持及运用这种经验等，是与控制手指和手臂运动区有关的运动联络区的功能。如果这一运动联络区受损坏，病人虽仍能握笔做书写状运动，却不能写出他以前所熟悉的文字。

（三）前额联络区

在每一大脑半球额叶的最前端，各有一广大区域，称为前额联络区。前额联络区在人形成意向，运筹规划，调节和监督自己的行动使之与目的、计划相适应的有意识活动中起决定性的作用。正常的动物为实现某一目的，能抑制对不重要的、附加的刺激物的反应。而前额联络区损坏的狗，对任何无关刺激都做出反应（例如，偶尔看到一片落叶，它便去捕捉它，咀嚼后又吐出来），有目的指向的行为遭到严重破坏。有人用猴子做实验。正常猴子能学习解决延迟反应之类的问题，但将前额联络区破坏后，此类能力即丧失。实验的方法是，在猴子的注视下，摆两个不同的杯子，在一个杯子里放置食物，另一个不放置，然后用同样的两个器皿把杯子盖上，并用布遮挡。经过一定的时间后，将布拉开，允许猴子凭记忆去选择放有食物的杯子。正常猴子都能在数分钟后凭记忆正确地解决问题。但前额联络区破坏后，此种能力丧失。此类实验固然不能用于人类，但在病例中曾有学者发现，前额联络区受伤害者虽仍能表现简单的智能活动，但不能从事综合性与推理性的思考活动，其情形与破坏前额联络区的猴子相似。

【专栏3-1】

利手

利手（handedness）是指一个人使用右手或左手的偏向。约占77%的人属于绝对右利手或绝对左利手，其余的人则习惯在一些活动中使用一只手，而在另一些活动中使用另一只手。习俗上人们普遍认为，以右手为利手是正确的，而习惯使用左手则是错误的。在英语中，“右”和“正确”两个词都是“right”。左撇子的右手不像多数人的右手那样灵活，所以左撇子被认为“笨拙”，他们拒绝改用右手为利手，又被指责为“固执”。左利手者真的不如右利手者吗?

实际上，人的两只手本身在运动潜能方面并没有任何差异，并且这一点也在心理学研究中得到了证实。左利手者有时会显得笨拙，但这是因为他们生活在一个主要为右利手者建造的世界。例如，许多物品——把手、旋钮、按键或移动方向都是为右利手者设计的，甚至令左利手者上厕所都会感到不方便。事实上，利手现象反映的只是大脑中高级运动控制中枢所在一侧的表达方式。在右利手者中，约97%的人言语加工中枢在左半球，左半球是优势半球。在左利手者中，约68%的人与右利手者一样，他们的言语加工中枢也在左半球。只有大约19%的左利手者和3%的右利手者使用右脑处理语言。此外，还有大约12%的左利手者使用大脑两半球同时进行语言加工。总体来看，有94%的人是使用左半球加工语言的。

如何判断一个人的优势半球在哪一侧？这有一个小窍门，就是看这个人写字时握笔的方式。如果语言加工的优势半球在左脑，一个右利手者握笔用的是直握方式，而一个左利手者则用钩握的方式（图3-5）；反之，当半球优势在右脑时，右利手者一般采用钩握方式，而左利手者采用直握方式。当然，这只是一种普遍现象。要想确切知道一个人的脑优势半球在哪一侧，还需要进行医学检查。

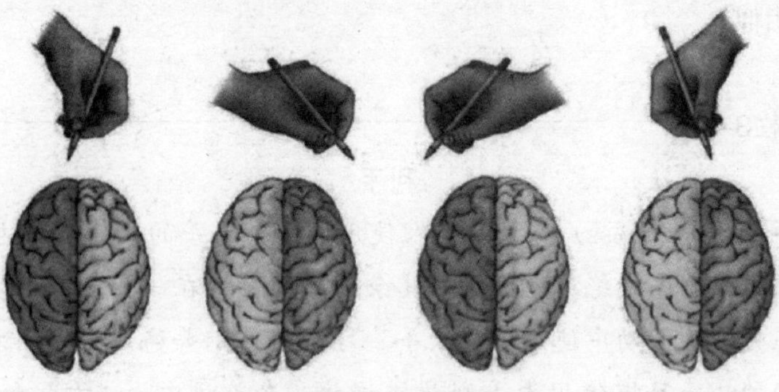

图3-5 握笔姿势与优势半球

在猴子中，左利手者和右利手者数量之比基本上是1∶1，大部分其他动物都是如此。但在人类中，左利手者和右利手者数量之比是1∶9，大部分人都是右利手。人类右手优势恰好反映了大脑左半球的语言功能专门化发展。过去，成人经常强迫左利手儿童改用右手写字、吃饭和做其他事情。一项研究发现，根据胎儿超声波图像，利手是在出生之前形成的。这表明，利手并不是习得的。因此，父母不要强迫左利手的孩子改用右手；否则，有可能导致语言和阅读困难。

大部分人的左利手与遗传有关，与智力发展无关。值得重视的是，左利手者有着许多明显的优点。历史上，有很多伟大的艺术家都是左利手，如达·芬奇、米开朗琪罗、毕加索等。由于右半球在表象和视觉能力方面的功能比左半球更强，左利手画家在绘画方面的优势不难理解。在处理三维物体的表象方面，左利手者的能力无疑超过右利手者，这也可能是许多著名建筑师、艺术家和棋手都是左利手的一个原因。一侧化的脑功能反映了半球在能力方面的专门化，而左利手者的一个显著特征是他们脑的一侧化程度低于右利手者。右利手者脑的两个半球在大小和形状上相差较大，而左利手者脑的两个半球则更相像。此外，左利手者身体两侧生长得更为平衡，一侧视力的优势不那么明显，甚至双手的指纹和双脚的大小都更为对称。在许多情况下，一侧化程度相对较低反而会表现出优越性。例如，音调记忆是一种基本的音乐能力，左利手者或双手同利者比大多数右利手者音调记忆能力更强。这也许是音乐家中双手同利者比例较大的一个原因。再有，数学能力也可能得益于对右脑的充分使用。数学学习优秀的学生中许多人是左利手或双手同利。左利手的优势甚至在基本算术技能中即可表现出来。此外，左利手最明显的优点，是在大脑损伤后具有更强的功能恢复能力。正因为左利手者大脑的一侧化程度较低，因此，任何一侧半球损伤之后，左利手者都不会完全丧失语言功能。

第三节　脑机制的研究方法

历史上最早是通过解剖人的尸体和研究脑局部损伤病人来获取脑的结构和功能知识的。随着认知神经科学的兴起，我们已经能够研究活着的正常人或伤病患者的脑的机能如何影响其行为、如何工作的情况。现在，研究心理与行为的脑机制的方法主要有以下几种。

一、损毁法和切除法

这种方法就是通过切除或损毁动物脑的一定部位特定的神经核，或切断通向该部位的神经通路，然后观察其行为的变化（也包括对那些因负伤、脑溢血、肿瘤或癫痫而使脑的一定部位受损的病人的观察）。不少心理活动的生理机制的知识是用损毁法而获得的。例如，损毁了枕叶距状裂两侧皮质，虽然动物的视觉器官和视觉神经通路完好，但视觉完全丧失。因此，距状裂两侧被认为是视觉投射区。

用外科手术切除脑的某一部位，往往容易引起出血（随后产生瘢痕）并由此而引起其他脑组织的病变。这会妨碍对受损毁的脑机能进行研究。近年来，用电极进行电解损毁（通以直流电）或对脑的特定部位进行冷冻等都可以克服这一点。

二、刺激法

这种方法就是在动物脑内埋入微小的电极，通以弱电流刺激特定部位的神经元活动，以观察其行为效应。也可以在征得患者同意的前提下，在手术中刺激患者的脑的特定部位以观察其行为反应。不仅可以用电作为刺激源，也可以用化学物质作为刺激源。例如，在脑的特定部位注入微量的化学物质，引起特定部位神经元的兴奋或抑制，从而可以观察到个体行为的变化。

三、脑电图及事件相关电位

（一）脑电图

大脑皮质某一区域内许多神经元在一定刺激、一定生理生化代谢情况下同步的电活动，可以在脑的内部记录到，可以在脑组织表面记录到，也可以在不暴露脑组织的头皮上通过容积导体记录到。在头皮表面记录到的自发节律性电活动，称为**脑电图**（electroencephalogram，EEG）。EEG的测量方法是将许多平头的金属电极放置在头皮上的各个部位，电极把探测到的脑电活动送入脑电图仪，再由脑电图仪将这些微弱的脑波信号放大并记录下来。

EEG的波形很不规则，通常根据其频率范围的不同，可以划分为α、β、θ、δ四种基本波形。α波是每秒8～13次的电活动，振幅为50～100微伏。大脑各区均有α节律活动，不过以顶枕部最为明显。一般描述的α节律指顶枕部α节律。大脑两侧的α节律大致同步。睁眼时发生α阻断现象（消失），但闭眼后又复出现。在轻睡时α节律逐渐消失，如将个体唤醒，即恢复其原来清醒时的α节律。情绪紧张时α节律也可能消失，或波幅降低，但深呼吸后α节律又可恢复。因此，α节律可作为意识水平的指标，表示安静、不瞌睡、不做定向思考时的精神状态。β波是每秒13～30次的电活动，振幅为20～50微伏。β波以额区中央最明显。当个体睁眼视物，或听到突然响声，或思考时，α波阻断，β波出现。情绪激动或焦虑状态可使β节律增多。β节律一般代表大脑皮质的兴奋性。θ波频率为每秒4～7次，振幅为20～40微伏。θ波是儿童的正常脑电活动，成人在困倦时一般也可见到。轻睡时α波逐渐消失，θ波首先出现于前额区。θ节律的出现可视为中枢神经系统抑制的表现。δ波的频率为每秒0.5～3次电活动，振幅为10～20微伏。δ波是儿童的主要脑电活动，任何年龄的人睡眠时都有。成人清醒时出现δ波，表明皮质和皮质下可能病变或智力障碍。EEG可以揭示大脑在睡眠、做白日梦和处于其他精神状态下的活动情况。

（二）**事件相关电位**

大脑是在不停放电的，但自发电位成分复杂而不规则，而由心理活动所引起的脑电比自发脑电更弱，通常湮没在自发电位中。20世纪60年代，研究者提出了**事件相关电位**（event-related potential，ERP）的概念，通过平均叠加技术从头颅表面记录大脑诱发电位来反映大脑高级心理活动过程中大脑的神经电生理改变。ERP是通过有意地赋予刺激以特殊的心理意义，利用多个或多样的刺激从头颅表面记录到的一种特殊的脑诱发电位，它具有潜伏期恒定和波形恒定两个重要特性。这样，将由相同刺激引起的多段脑电进行多次叠加，由于自发脑电或噪声是随机变化的，有高有低，相互叠加时就出现正负抵消的情况，而ERP信号则有两个恒定，所以不会被抵消，反而其波幅会不断增加，当叠加到一定次数时，ERP信号就显现出来了，如图3-6所示（Hillyard & Kutas，1983）。目前，ERP研究已经深入到心理学、生理学、医学、神经科学、人工智能等多个领域，发现了许多与认知过程密切相关的成分。例如：CNV与期待、动作准备、定向、注意、时间认知等心理活动有关；P300与注意、辨认、决策、记忆等认知功能有关，现已广泛运用于心理学、医学、测谎等领域；MMN 反映了脑对信息的自动加工；N400 是研究脑的语言加工原理常用的 ERP 成分。ERP 的优势在于具有很高的时间分辨率，是研究认知过程中大脑活动的不可多得的技术方法，被认为是“窥视”心理活动的“窗口”。

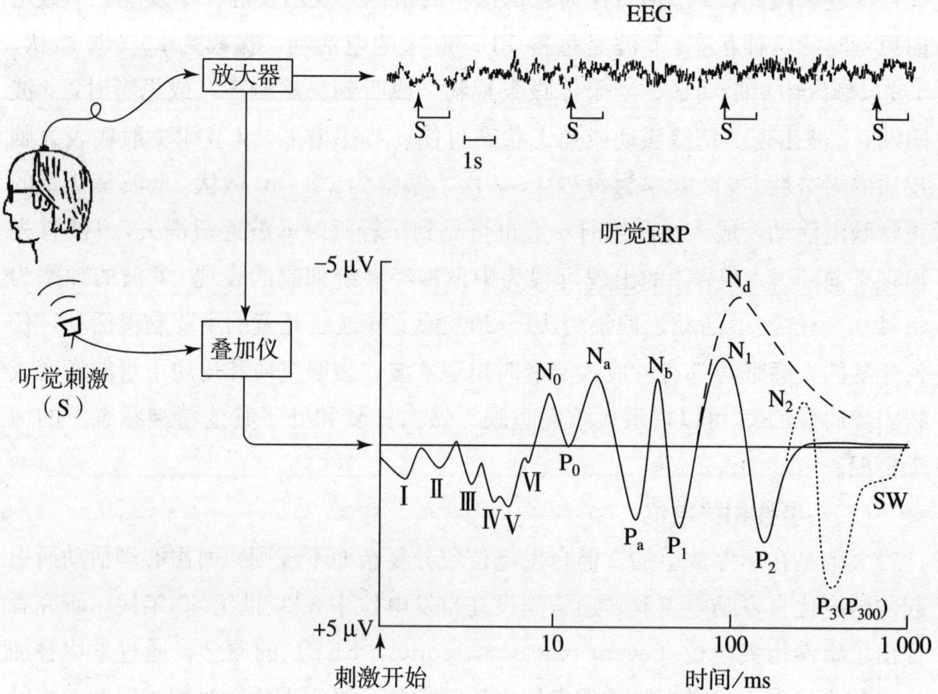

图3-6　EEG 与听觉 ERP 及二者关系示意图

四、微电极记录法

神经心理学家不仅可以在头皮上记录到脑活动时的电位变化，而且还可以使用电极记录脑内大量神经元的活动情况。同时，**微电极记录法**（micro-electrode recording）为研究者提供了更为重要的证据。微电极是一根极为细小的、内含盐分和导电液体的玻璃管，其顶端部位小得足以探测单个神经元的活动（直径小于 0.1 微米）。通过观察单个神经元的电位活动，我们才可能了解行为的起源。实验是这样进行的：用立体定位仪将微电极插入脑中非常接近某个神经元的地方，同时给动物的感受器以各种刺激，随后引导出单个神经元的动作电流(图3-7)。研究表明，神经系统中有许多觉察器。例如，在枕叶中，有的神经元只对光的开关起反应，有的既对光的开关起反应又对声音刺激起反应，有的则对任何刺激都不起反应。在颞叶中，有一类神经元只对高音起反应，另一类只对低音起反应，并且这些神经元有严格的布局。进一步研究还表明，大脑皮质中有一类“注意神经元”，其中有的神经元只对直线起反应，或只对曲线起反应，或只对锐角起反应，或只对圆形起反应等。有的神经元对线条的斜度和厚度起反应，或只对刺激的一定数量起反应。有的神经元对专门的感觉刺激不起反应，但对刺激物的更换或性质上的改变起反应，对习惯化刺激不起反应，一旦刺激发生变化就起反应。

图3-7　单个神经元记录实验

五、脑成像技术

通过运用上述各种研究方法，研究者们解开了许多大脑之谜。但是，这些方法所得到结果还是不能让我们看到一个完整的大脑是如何工作的。如今，通过计算机辅助脑成像技术，我们能够完整地观察到大脑在正常活动时的全貌。下面简要介绍一些目前使用的主要的脑成像技术。

（一）计算机断层扫描

计算机辅助的X射线扫描在对大脑疾病和损伤的诊断中起着革命性的作用。传统的X射线检查最多只能产生一幅大脑阴影的图像，这样的影像分辨力不高。为了解决这个问题，豪恩斯菲尔德（Hounsfield）在1969年首先发明**计算机断层扫描**（computed tomography，CT）。CT是用X射线从多个方向沿着头部某一选定断层层面进行照射，测定透过的X射线量，数字化后经过计算机算出该层层面组织各个单位容积的吸收系数，然后重建图像的一种技术。这是一种图质好、诊断价值高而又无创伤、无痛苦、无危险的诊断方法，它使我们能够在任何深度或任何角度重建脑的各种层面结构。CT能够显示出脑创伤后遗症、损伤、脑瘤和其他大脑病灶的位置，这样，我们也就可以通过CT来诊断一个人行为变化在脑水平上的病因。CT的出现无疑是技术上的一大进步。之后，其他新的脑成像技术也相继出现。

（二）磁共振成像

磁共振成像（magnetic resonance imaging，MRI）是运用磁场原理来产生体内活动的图像。在MRI扫描中，由一个探测器负责记录身体内氢原子对强磁场的反应，之后，通过计算机程序产生一个三维的大脑或躯体的图像。体内任何一个两维平面的物体都能在计算机对MRI数据的选择中被找到并形成一个图像，然后在屏幕上显示出来。这样，科学家就仿佛在一个透明的三维空间中观察大脑的内部状态。**功能性磁共振成像**（functional magnetic resonance imaging，fMRI）的功能更强，甚至可以使大脑的活动可视化。例如，当移动一个人的手时，即可根据运动皮质的活动呈现高清晰度的fMRI图像（图3-8）。这种图像使科学家有可能对心理与行为的脑中枢进行准确定位。

图3-8 fMRI图像

（三）正电子成像术

当含有微弱放射元素的葡萄糖进入大脑后，**正电子成像术**（positron emission tomography，PET）能检测到这种葡萄糖发射的正电子。大脑工作时必须消耗能量，这样，PET扫描就能显示大脑中的哪个区域在消耗更多的葡萄糖，能量消耗越多的地方，也是大脑活动越多的地方。研究者把正电子探测器放置在头部周围，探测到的数据被送入计算机，这样就能够生成一个正在变化的、彩色的大脑活动图像（图3-9）。PET自20世纪70年代面世以来，

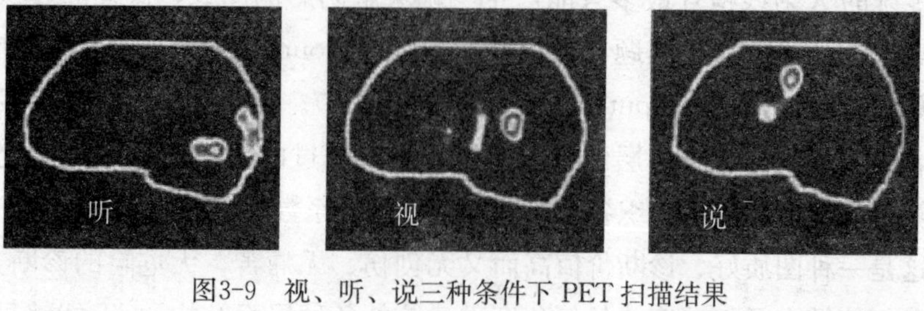

图3-9 视、听、说三种条件下PET扫描结果

已广泛地应用在临床和基础研究上。临床上主要用于诊断神经类疾病、心脏疾病、癌症等，也可辅助设计治疗方案和评估药物疗效，并可用于探寻一些神经类疾病的发病机制。PET 能定量无损地测量血流、物质代谢、配基结合位点等，给认知神经科学提供了观测手段，被越来越多地应用于研究人类的学习、思维、记忆等生理机制。

（四）脑磁图描记术

脑磁图描记术（magnetoencephalography，MEG）的检测过程，是对脑内神经电流发出的极其微弱的生物磁场信号的直接测量，同时测量系统本身不会释放任何对人体有害的射线、能量或机器噪声，在检测过程中 MEG 探测仪也不需要固定在被测试者头部，使得检测过程安全而简便。目前，MEG 探测仪的传感器阵列的点数已达到 250 个，且具备抗外磁场干扰系统，可同时高速采集整个大脑的瞬态数据。通过计算机综合影像信息处理，能得到目前最为清晰的大脑活动图像。MEG 确定的神经信号源可与 MRI、CT 等解剖影像信息叠加整合，形成脑功能解剖学定位，准确地反映出脑功能的瞬时变化状态，可用于如思维、情感等高级脑功能的研究。

随着研究的逐步深入，现有技术的局限性越发明显。认知神经科学家为了弥补这些缺陷，已做出很多努力，主要表现在两个方面。一是对现有技术的合理结合。比如，PET 与 CT、ERP 与 fMRI、PET 与 fMRI 等结合方式有力促进了脑机制的研究。二是新技术的开发利用。例如，一种叫作**经颅磁刺激**（transcranial magnetic stimulation，TMS）的新技术，可以看作一种暂时的、可逆的“虚拟性损毁”。其基本原理是：电容器首先储存大量电荷，然后将电荷输至感应器，感应线圈瞬时会释放大量电荷产生磁场，磁力线以非侵入的方式轻易地穿过头皮、颅骨和脑组织，并在脑内产生反向感生电流。大脑皮质内的电流激活较大的锥体神经元，引起轴突内的微观变化，进而诱发电生理和功能变化。总之，技术间的取长补短和新技术的开发利用正帮助我们越来越深入人类的精神世界。

【专栏3-2】

裂脑

斯佩里（Roger Wolcott Sperry，1913—1994，图3-10）早在20世纪50年代就以动物为被试开始大脑两半球功能差异方面的研究，于60年代转向以人为被试（Sperry，1968）。后来，加扎尼加（M. S. Gazzaniga）等人也加入了他的研究工作。斯佩里由于在大脑两半球功能定位方面的成就而于1981年获得了诺贝尔生理学奖。

图3-10　裂脑人研究的创始人斯佩里

大脑两半球之间的神经纤维叫连合，其中最主要的连合是胼胝体。胼胝体内2×10^8根神经纤维联系大脑两半球，往返频繁地传递极为大量的信息。如果单个神经纤维传递的冲动频率平均为20赫兹，则在1秒钟时间内就有4×10^9个脉冲在两半球之间通过。因而，在正常情况下，一侧大脑半球任何皮质区进行的活动都能非常迅速而有效地传至同侧半球皮质区和对侧大脑半球。整个大脑是作为统一的整体十分有效地进行活动。为了治疗顽固性癫痫，医生用外科手术完全切断两半球之间的连合纤维（主要是胼胝体），手术后患者两个半球各自关于对侧半球所进行的活动全无所知，因而称为**裂脑**（split-brain）。左侧视野内的传入、左侧肢体的体表感觉的传入和运动支配以及右鼻嗅觉均与右侧大脑半球有关，左耳的听觉刺激也主要传至右侧半球。右侧视野、右侧肢体的感觉和运动、右耳听觉以及左鼻嗅觉则与左侧大脑半球有关。在实际生活中，由于眼球及头部转动等原因，对侧的信息仍然可以获得，因而患者的实际生活受到的影响甚微。

为了测试裂脑半球的功能，斯佩里和加扎尼加设计了一种实验情境，使视觉信息分别呈现给每个半球。由于言语是由左半球控制的，当裂脑人使用右脑回答问题时，他们需要使用非语言的方式进行反应。在一个实验中，当一个三角形的信息进入裂脑人的右脑后，被试说不出自己看见了什么，但可以用左手毫不费力地挑出挡板下的三角形。然而，此时被试不可能用右手挑出符合刺激形状的物体（为便于图解，在图3-11中这个挡板是半透明的，但在实际中并不透明，被试看不见挡板下的东西）。当一个圆圈的信息进入裂脑人的左脑时，被试可以马上说出“我看到一个圆圈”。同时，被试可以用右手挑出放在挡板下的圆圈，但不可能使用左手挑出符合刺激形状的物体。由于连合纤维被切断，左、右半球都独立地进行活动。每个半球各有其独自的感觉、知觉、思想和意念，对于对侧半球的这些相应活动则是隔绝的；它们各有其自己的记忆和体验而不能为另一侧半球所利用。仅被病人左侧视野看到的事物、左手触及的东西、左耳听到的声响以及右鼻闻到的气息，均不为其左侧半球所知，且不能为其右侧视野、

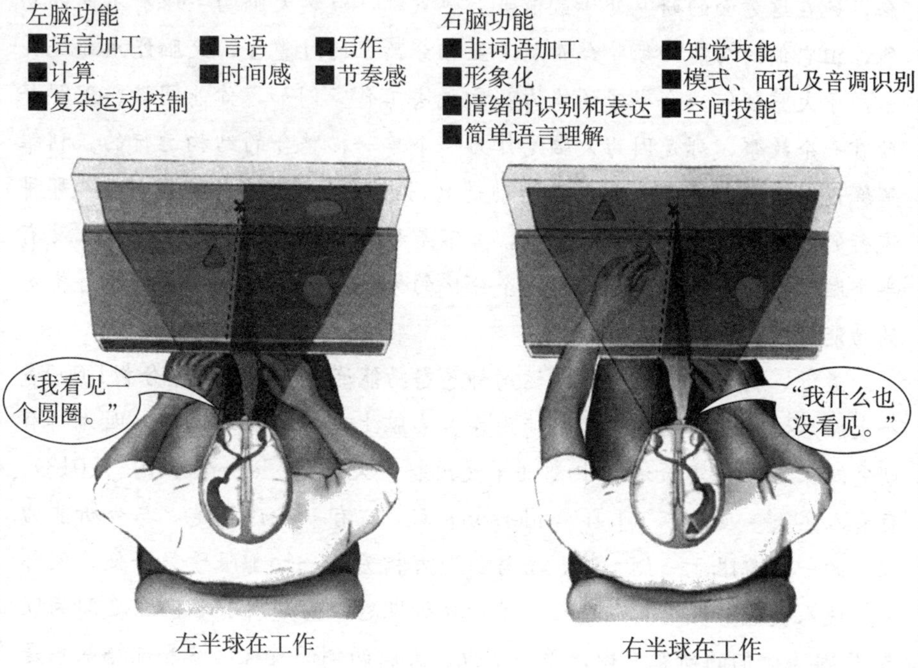

图3-11　裂脑人脑功能单侧化的实验情境

右手、右耳和左鼻辨认，患者不能命名，不能以口语描述，不能以右手在一组事物、画片或词中指出相应的事物、画片或词。但是，在实际的日常生活中，通过眼球的搜索运动、手的交替运用以及听觉等两侧性投射的感觉传入，上述缺陷常得到补偿。只是在将感觉传入严格限于只能传递至一侧半球或要求病人以言语或书写（言语半球）做出反应的实验室条件下，才会出现脑的上述分裂现象。

多年来，很少有人对斯佩里等人在割裂脑研究中得出的结果产生怀疑，有关大脑左、右半球功能单侧化的一些观点已经渗透到大众文化及传媒之中。人们已经相信，有些人的大脑右半球或左半球更为发达，或是为了提高某项技能，需要发展大脑的某半球。美国芝加哥大学的生物心理学家利维（Levy，1985）试图消除人们有关人具有两个功能独立的大脑的观念，她在这方面的研究处于最前沿。她宣称，虽然大脑两半球有不同的功能，但它们的功能必须整合而不是互相分离。通过整合，大脑能用超过并不同于大脑任何一个半球的能力及方式去工作。例如，你能阅读、理解并欣赏一个故事，那是因为大脑是作为一个单一、整合的结构运行的。利维解释说，事实上没有一项人类活动是只用大脑的一个半球完成的。“那种流行的神话只是一种解释和愿望，并不是科学家的客观发现。正常人没有半个脑，也没有两个脑，只有一个分化的大脑，脑的每一半球都具有特定的功能。”

最近，犹他大学的科学家运用静息态功能连接磁共振成像分析1 000多个大脑后，也没有找到人们在使用左、右脑上有倾向性的证据，因为所有研究对象在整个实验过程中都平等使用整个大脑（Nielsen et al.，2013）。负责人杰夫·安德森（Jeff Anderson）说：“有一种误解是，与分析能力相关的一切都限于一侧大脑，而与创造力相关的一切都限于另一侧。实际上，使人类能够既进行创造性又进行分析性思维的是所有脑区域之间的联系。”因为他们的研究发现，平均来说，大脑两侧的神经网络和连接基本是一样的。他还说：“偏好使用某一大脑区域而非其他区域来完成某些功能的现象的确存在，科学家称之为偏侧优势。例如，对大多数习惯用右手的人来说，言语出自左脑。但这并不意味着，伟大的作家或者演说家使用左脑比右脑多，或者一侧大脑的神经元更多。”

第四节　内分泌系统

内分泌系统（endocrine system）是机体内对行为起重要调节作用的一个系统，由全身不同部位的多种内分泌腺体和组织细胞组成。内分泌腺所分泌的物质称为**激素**（hormone）。与唾液腺、胰腺等外分泌腺不同，激素不是通过特殊的分泌管道分泌出来，而是由腺细胞直接释放进入血液或淋巴液，然后再运输到全身各处的器官组织，从而对人体的许多重要生理机能起调节作用。

在作用方式上，神经系统一般通过神经纤维上传导的去极化波来实现其调节功能，而内分泌系统则通过血液运输使激素作用于某些细胞组织来实现其调节功能。这两个调节系统在结构和机能上是密切联系的。一方面，几乎所有的内分泌腺都直接或间接地接受神经系统的控制。研究表明：所有内分泌腺的分泌均受脑垂体的影响，而脑垂体是受下丘脑控制的；下丘脑是脑的一部分，它又受其他神经中枢的控制。另一方面，激素也影响着神经系统的功能，因为激素是经过血液传布到全身各处，脑中也有血管，因而它也能传布到脑中，对神经细胞产生兴奋和抑制作用。总之，神经系统控制内分泌系统，而内分泌系统也控制许多生理现象和行为。

现在为学界所公认的内分泌腺有脑垂体、甲状腺、甲状旁腺、胰岛、肾上腺（包括皮质和髓质）和性腺（睾丸和卵巢）。它们的解剖结构位置、分泌的主要激素及其机能见图3-12 和表3-1。

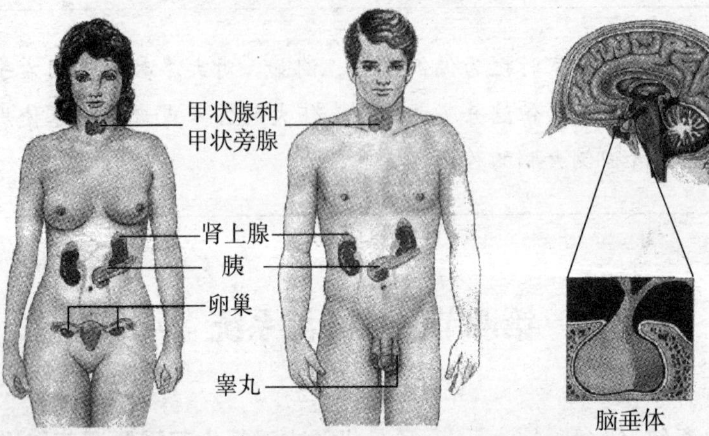

图3-12 内分泌腺

表3-1 内分泌腺分泌的主要激素及其机能

内分泌腺		激素	主要机能及对行为的影响
脑垂体		脑垂体激素	调节其他内分泌腺的激素分泌
	前叶	生长激素	身体、骨骼的生长
		促肾上腺皮质激素	刺激肾上腺皮质活动，影响情绪行为
	后叶	抗利尿激素	对血压和水分的调节
甲状腺		甲状腺素	调节新陈代谢、生长、发育等基本生理过程，影响智力发展水平、情绪兴奋性水平
甲状旁腺		甲状旁腺素	调节正常血钙水平，维持神经系统正常活动
胸腺		胸腺素	与机体免疫机能有密切关系
胰岛		胰岛素	维持正常血糖水平
肾上腺			
	皮质	肾上腺皮质激素	调节盐和碳水化合物的代谢，第二性征（变声、阴毛），应激功能
	髓质	肾上腺素 去甲肾上腺素	情绪状态时，血糖增加，血压升高，心跳加快、加强，瞳孔扩大，紧张感和不安感增加
性腺			
	睾丸	雄激素	促进精子生长和男性生殖器的发育，激发并维持男性第二性征
	卵巢	雌激素	刺激子宫、阴道和乳腺的生长发育，激发和维持女性第二性征
		黄体酮	保证受精卵植入，保胎，促进乳腺发育

【专栏3-3】

2D：4D

2D：4D是食指长度与无名指长度的比率。研究发现，由于人类发育中的手指在对激素效果的敏感性中存在差异（第二个手指长度对增加的雌激素产生应答，而第四个手指长度对增加的雄激素产生应答），所以手指长度比率可作为胚胎在发育过程中受到出生前性激素影响的间接指标。2D：4D与出生前接触的雄性激素呈负相关，与出生前接触的雌性激素呈正相关（Manning et al.，1998；Williams et al.，2003）。威廉姆斯等（Williams et al.，2000）在《自然》杂志上的文章指出"测量人们的手指模式揭示了一些令人吃惊的信息"，并报告了他们关于手指长度比率与性取向关系的研究发现（图3-13）。这些年来，2D：4D已成为发育生物学、人类学、心理学等领域的一个研究热点。

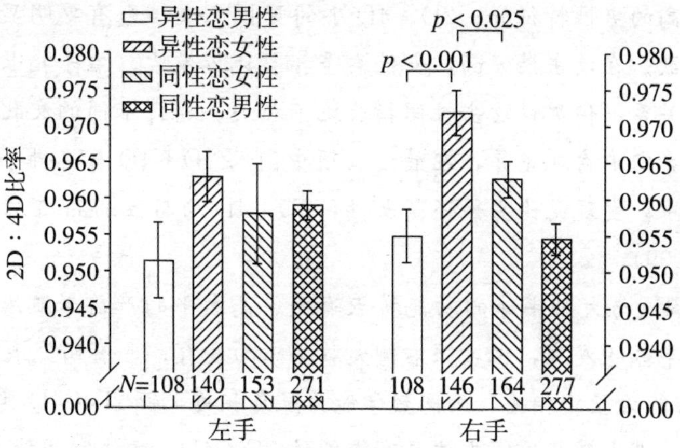

图3-13　手指长度比率随性别及性取向而不同

诸多证据显示，两性在2D：4D上存在显著差异，与女性相比，男性的2D：4D更小。指长比的性别差异是跨种族存在的，而且在许多四肢脊椎动物，包括鸟类、啮齿类动物、非人类灵长类动物中也都是存在的。不过有研究显示，在控制身高后，男女2D：4D差异消失，提示身高在其中起作用（Barut et al.，2008）。

不同人种和区域之间，2D∶4D也具有差异性。曼宁等（Manning et al.，2007）调查了255 166人的超大样本，结果显示白种族人、非中国的亚洲人、中东人的平均2D∶4D较高，中国人与黑人较小。徐银和郑涌（Xu & Zheng，2015）对中国群体中的手指长度比率的元分析结果表明：两性左手的手指长度比率差异边缘显著，男性右手的手指长度比率显著小于女性右手的手指长度比率；两性右手手指长度比率的差异大于左手手指长度比率的差异；汉族与其他少数民族的手指长度比率差异不显著；纬度不会对手指长度比率产生影响；与直接测量相比，间接的测量方式（比如影印法）倾向于产生更低的但不显著的手指长度比率。

子宫内的激素浓度决定了男女不同的2D∶4D，随之发育成的个体性别特征也可能与此有关。低2D∶4D的女性脸部表现出男性化或男性优势，能得到更高的男性特征分；2D∶4D小的男性比女性则有更明显的阳刚之气和支配欲。在攻击性方面，女性右手指长比以及左、右手指长比之差与之有密切关系，但男性攻击性同指长比不相关。也许不同的文化背景在性别个性的界定中存在差异，在最近一项中国人2D∶4D与男性个性品质关系的研究中，发现无论男性还是女性，2D∶4D均与性别品质无关（Yang et al.，2009）。

2D∶4D与大脑半球的功能特点有关。高水平的产前睾酮浓度不利于左侧大脑半球的发育，但增强右侧大脑半球的发育。已有研究表明：2D∶4D同语言能力呈正相关，而同数学能力呈负相关，低2D∶4D具有更高的数学能力；杰出的音乐家群体具有较低的2D∶4D。立体空间能力与2D∶4D的关系结果随测试内容不同而有差异：空间导航能力和图像记忆能力与女性的2D∶4D有明显差异，而头部旋转能力只与男性2D∶4D有显著性不同，但也有人认为2D∶4D与立体空间能力关系不大。总的看来，女性2D∶4D明显大于男性，在认知能力上两性之间也有明显不同的倾向性。

2D∶4D与运动能力的关系也颇受关注。曼宁和泰勒（Manning & Taylor，2001）的研究表明：短跑、足球、游泳、网球等运动员的2D∶4D

都是低的；专业足球运动员的比普通人的要低，在高水平俱乐部效力的足球运动员的比在一般俱乐部效力的运动员的要低，首发运动员的比替补运动员的要低，国际级水平运动员的比非国际级水平运动员的要低。还有一些研究表明：2D∶4D与男性右手握力呈负相关；优秀女性运动员的左手2D∶4D显著低于普通女性，2D∶4D可以预测女运动员的运动能力。由于决定了低2D∶4D的产前高浓度睾酮可以促进大脑右半球的发育和提高空间视觉能力的发展，研究者推测优秀女运动员在她们出生前可能暴露在高浓度的雄性激素下，这些雄性激素来源于她们母亲的分泌，或暴露在胎盘分泌减少造成的低浓度的雌激素下，这些性激素浓度的异常决定了胎儿期的指长比。而这种稳定的指长比在个体出生后可以给我们带来一些信息，帮助我们判断个体的运动能力，并在运动员选材时加以应用。（采自袁建琴等，2009；Xu & Zheng，2015）

第五节 遗传对行为的影响

亲子之间以及子代个体之间性状存在相似性，表明性状可以从亲代传递给子代，这种现象称为**遗传**（heredity）。目前已知地球上现存的生命主要是以脱氧核糖核酸作为遗传物质。除了遗传之外，决定生物特征的因素还有环境，以及环境与遗传的交互作用。

一、遗传的物质载体

人类体细胞（精子和卵子例外）中有46个**染色体**（chromosome），其中一半（精子）来自父亲，另一半（卵子）来自母亲。染色体的主要成分由复杂的遗传物质**脱氧核糖核酸**（deoxyribonucleic acid，DNA）组成。**基因**（gene）是指携带有遗传信息的DNA序列，是控制性状的基本遗传单位，亦即一段具有功能性的DNA序列。基因通过指导蛋白质的合成来表现所携带的遗传信息，从而控制生物个体的性状表现。人类有 2 万～2.5 万个基因。如图3-14 所示，相互联结的分子（有机碱基）形成了 DNA 螺旋状的“分子梯”中的每一“级”。这些相互联结的分子顺序就是基因信息的密码。密码的顺序决定了个体独有的基因蓝图（只有同卵双胞胎才可能是相同的）。该图仅仅显示了一条 DNA 链中很小的一部分，一整条 DNA 链由数亿个更小的分子组成。身体中的每个细胞核中都含有染色体，染色体由紧紧缠绕在一起的一团团的 DNA 组成。染色体非常微小，只有在显微镜下才可看到，而组成 DNA 的化学分子更微小。

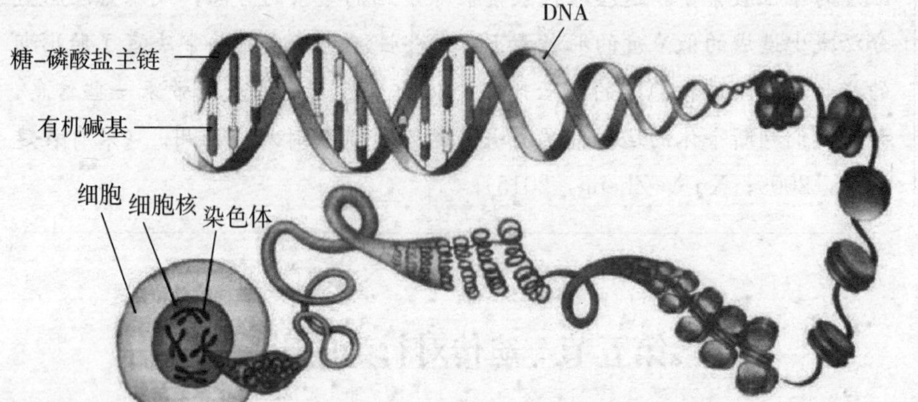

图3-14　染色体与基因示意图

每个细胞中的 DNA 含有 3 000 亿个碱基对，足可用于提供人类繁衍所需的指令，并绰绰有余。基因是指 DNA 密码中那些小的区域，每个基因大约有 3 万个碱基对，携带着对于特定过程或个体特征起作用的指令。在某些情况下，一个单独基因可决定某一特定的遗传特征，如眼睛的颜色。然而，大多数特征是多基因性的，即由许多基因联合决定。

基因的一种重要属性是显性或隐性，因而有**显性基因**（dominant gene）和**隐性基因**（recessive gene）之分。凡是显性基因（A）控制的性状或疾病，其遗传方式称为显性遗传；隐性基因（a）控制的性状或疾病，其遗传方式称为隐性遗传。例如，人的耳朵，有的有耳垂，受显性基因（A）控制，有的无耳垂，受隐性基因（a）控制。基因型 AA 或 Aa 的个体都是有耳垂的，属显性遗传；基因型aa的个体是无耳垂的，属隐性遗传。人类的一些特性（像头发的直曲）和一些异常现象（如超短的手指和脚趾、白化病、镰状细胞性贫血症、苯丙酮尿症等）是单基因遗传的，但人类的大多数特性是多基因共同作用的结果，而不是由单一的一对基因所决定的。

性别也是由染色体与基因决定的。人体细胞内的染色体呈23对棒状排列的形式，其中有22对男女相同，称为常染色体，第23对男女各异，称为性染色体。**性染色体**（sex chromosome）的形状与性质，男女有所不同，是决定男女性别的遗传物质。女性身体细胞内的两个性染色体体积相等，性质相同，称为XX；男性身体细胞内的两个性染色体体积大小不同，性质各异，大者为X，小者为Y，合称为XY。正常情况下，在受精（受孕）时得到两个X染色体的胎儿会是女孩，得到一个X染色体和一个Y染色体的胎儿会是男孩。卵子总是提供一个X染色体，因为在女性的基因结构中只含有两个X染色体。与此相反，精子中有一半携带X染色体，另一半携带Y染色体。有证据表明，男婴的形成过程要由Y染色体上的一个特定基因来启动。XX或XY染色体不仅影响性别，而且携带一些性别关联特质，有的甚至与X染色体或Y染色体上所携带的隐性基因有关。比如，色盲基因由X染色体携带，会由母亲遗传给儿子。Y染色体也会携带某些与性别相联系的特质，但不常见。

先天或遗传的作用影响着从受孕一直延续到衰老和死亡的全过程，这正是人的成长顺序，即生理发展模式之所以具有普遍性的原因。遗传还决定了一个人眼睛的颜色、肤色以及对某些疾病的易感性。先天因素对成熟和运动发展至关重要，对人的体型、体重、智力、体育素质、个性特质、性欲倾向性以及其他许多细微之处都有相当大的影响。甚至人到了80岁或90岁，还可能出现某些由基因决定的发展现象。

二、行为遗传学的研究

行为遗传学（behavioral genetics）是研究支配生物的向光、向地、摄食、求偶、育儿、攻击、逃避以及学习与记忆等行为的基因和基因表达的时间、场所及作用途径等的遗传学分支学科。遗传对个体发展的终生影响，可以用基因型和表现型来表述。**基因型**（genotype）是指个体的整个遗传禀赋，**表现型**

(phenotype）则是指在特定的环境中具有一定基因型的个体遗传得以实现的程度。每一种生物都有它特殊的行为，越是低等的生物，行为模式就越单纯。但是各种生物的行为之间又有许多共同之处，所以对各种行为的遗传学研究既有阐明不同生物特殊行为的遗传基础的意义，又有普遍的生物学意义。行为遗传学的研究表明，人类许多复杂的行为特征，如精神疾病，都是由多种基因与环境因素相结合所导致的（Plomin & Crabbe，2000）。

（一）**选择性繁殖**

选择性繁殖（selective breeding）是对动物特性遗传的一种研究方法，即让具有某种高水平特性的动物和低水平特性的动物分栏交配以考察行为特性遗传的情况。例如，汤普森（Thompson，1954）的一个经典实验中，让走迷津快的老鼠和走迷津慢的老鼠分栏交配繁殖了六代。两组老鼠的学习能力随着选择性繁殖的代数增加，差异越来越大；到第六代时，走迷津慢的愚笨鼠要比走迷津快的聪明鼠多犯一倍的错误。为控制环境变量，有时将愚笨的雌鼠的后代交给聪明的雌鼠喂养，以使被测试的是遗传禀赋，而不是母性抚养。科学家们采用选择性繁殖技术证明了大量行为特征的遗传性。例如，选育了好动的与好静的狗、性主动的与性被动的鸡、趋光的与避光的果蝇、嗜酒的与不嗜酒的大鼠。如果某些特质是受遗传影响的，通过选择性繁殖就可以使其得到明显的改变；反之，则可以断定它们主要受环境因素的影响。

（二）**双生子研究**

由于伦理的限制，选择性繁殖的方法不能用于人类本身。**双生子研究**（twin study）是一种好的方法。双生子可分为同卵双生子和异卵双生子。**同卵双生**（identical twins）指由同一受精卵发育而成，具有相同基因型；**异卵双生**（fraternal twins）指由两个不同的卵子和两个不同的精子结合而成的两个受精卵发育而成，其基因型不同。异卵双生子的相似性与其同胞兄弟姊妹相同。由于理论上双生子有着最为接近的后天环境，同卵双生子和异卵双生子在行为相似性上的差异可以证明行为的遗传性。美国心理学家普洛闵（Robert Plomin，1948—　）在双生子及行为遗传学方面的研究很有名，还曾主持过一项对1994—1996年出生于英格兰的所有双生子的早期发展研究（Ghosh，2000）。国内李其维等（1980）对67对同卵双生子和34对异卵双生子的智力做过相关研究，结果表明，$r_{MZ}=0.76$，$r_{DZ}=0.38$，遗传对智力的影响是明显的。林崇德（1981，1982）对24对同卵双生子和24对异卵双生子的遗传效应在智力、学习能力、气质和性格上的差异做过相关研究，结果表明差异均显著或极显著，遗传的影响也是客观存在的。

此外，行为遗传学还有家谱分析法、亲属相关法、群体调查分析法等方法。家谱分析法就是研究者选出具有欲研究的特征或异常行为的指标，然后调查该个体家族中的直系亲属和旁系亲属，以确定其遗传情况的方法。亲属相关法就是用亲属之间（如亲子、兄妹）特征上的相关程度来分析遗传力的方法。群体调查分析法就是调查某种异常现象在一般群体中的出现率和患者亲属的出现率，检验其显著性，以确定这种异常现象是否与遗传有关的方法。

【专栏3-4】

遗传作用可以量化吗？

试问自己这样的问题："我是怎样的一个人？我为什么是这样的一个人？"在回答这个问题时，必然触及在心理学中具有根本性争议的问题：人性是先天的还是后天的？所有人都承认身高、发色、体型及眼睛的颜色等体态特征具有遗传性，且越来越多的人开始认识到癌症、心脏病和高血压等许多疾病的发病倾向也有很明显的遗传成分，但很少有人会想到，在人的心理品质中基因也起着很重要的作用。

近年来，在如何看待遗传（先天）与环境（后天）的关系问题上，西方心理学家的意见正发生着偏重遗传的转变，布沙尔等（Bouchard et al.，1990）关于双生子的研究证实了这一点。表3-2显示了分养与合养的同卵双生子在某些特征上的相似性，相似程度在表中用相关系数r表示。相关系数越大，其相似程度越高。在此，有这样一个逻辑假设：若个体的差异是由环境引起的，则在相同环境下成长起来的合养同卵双生子与分养同卵双生子相比，其个体特征应更相似。但是，实际结果并非如此。将分养同卵双生子间每种特征的相关系数与合养同卵双生子的相关系数相除，所得数值列在表的最后一列，这列数值表示两类双胞胎在每种特征相似性上的差异。如果两个相关系数相同，则相除以后的结果是1；如果它们完全不同，则相除以后的结果会接近0。结果发现，两者在每种特征上的相关系数惊人地相似，即其比值大多接近于1，几乎没有低于0.8的，个别的甚至大于1。

表3-2 分养与合养同卵双生子在某些特征上的相似性比较

	r_{MZA}	r_{MZT}	r_{MZA}/r_{MZT}
生理			
脑电波活动	0.80	0.81	0.987
血压	0.64	0.70	0.914
心率	0.49	0.54	0.907
人格			
多维人格问卷（MPQ）	0.50	0.49	1.020
加利福尼亚人格问卷	0.48	0.49	0.979
智力			
韦氏成人智力量表	0.69	0.88	0.784
瑞文推理测验	0.78	0.76	1.030
社会态度			
宗教信仰	0.49	0.51	0.961
无宗教信仰	0.34	0.28	1.210
心理兴趣			
斯特朗-坎贝尔兴趣量表	0.39	0.48	0.813
明尼苏达职业兴趣量表	0.40	0.49	0.816

这些结果表明，对于相当数量的人类特征而言，大多数差异似乎是由遗传因素或基因引起的。表中的数据从两个重要方面证明了这一结果。其一，具有完全相同的遗传特质的人（同卵双生子），即便分开抚养且生活条件大相径庭，他们长大成人以后不仅在外表上极为相似，而且其基本心理和人格也惊人一致。其二，在相同条件下养育的同卵双生子，环境对他们的影响似乎很小。布沙尔等将他们的发现表述如下："到目前为止，调查

过的每一种行为特征，从反应时到宗教信仰，个体差异中的重要部分都与遗传有关。这一事实今后不应再成为争论的焦点，现在是该考虑它的意义的时候了。”

随后，许多研究者以布沙尔等所得的双生子数据资料为基础，完成了大量的相关研究。这些研究结果表明，基因对许多心理特征和行为的影响确实是很大的，超过了之前的预料。例如，有研究发现，基因不仅在很大程度上决定着人们对职业的选择，甚至当各种职业所要求的生理条件保持恒定时，在人们的工作满意度和职业道德方面大约仍有30%的变化源于遗传因素（Arvey et al.，1994）。布沙尔的另一项研究把研究内容更直接地指向一些影响人一生的、稳定的人格特质。结果表明，人们在外倾—内倾、神经质和自觉性等特性上的变异可以更多地（65%）以遗传差异而非环境因素来解释（Bouchard，1994）。当然，对布沙尔等的研究的批评意见也体现在多个方面（Billings et al.，1992）。有的声称，这些研究者并没有尽可能完整地公布他们的研究数据，因此，不能独立地对他们的研究结果进行评价。还有，有很多研究报告表明布沙尔等没能考虑到的一些环境因素对双胞胎确实有重大影响。最后，随着DNA分析技术的准确性的提高，那些对布沙尔等的研究结果提出质疑的研究者认为，应该使用DNA检验技术来验证双胞胎研究结果的有效性。布沙尔（Bouchard，1999）在评价了大量有关“先天—后天”的研究例证后总结道：从整体上看，人格中40%的变异和智力中50%的变异都以遗传为基础。

总之，在遗传与环境如何影响个体发展这个根本性的问题上，中国心理学家们一贯坚持这样的立场：遗传对人的心理与行为的影响是不可否认的，但也不能过分夸大遗传的作用；遗传只能提供心理与行为表现的自然前提和可能性，而环境和教育才规定其现实性。

【复习与思考】

1. 解释：神经系统，中枢神经系统，周围神经系统，神经元，全或无定律，突触，脑电图，事件相关电位，功能性磁共振成像，裂脑，内分泌系统，激素，遗传，基因型，表现型，选择性繁殖，双生子研究。

2. 试用表列出神经系统各部分及其主要机能。

3. 讨论大脑两半球的机能分工与协作。

4. 说明人体主要的内分泌腺及其机能。

5. 试述心理脑机制的研究方法。

6. 讨论行为遗传学的研究方法。

7. 讨论遗传作用的量化问题。

【扩展阅读书目】

1. 沈政、林庶芝编著：《生理心理学》，北京大学出版社 2007 年版。

2. 李新旺等编著：《生理心理学》，科学出版社 2008 年版。

3. 隋南等编著：《生理心理学》，中国人民大学出版社 2010 年版。

4. [美] 詹姆斯·卡拉特著，苏彦捷等译：《生物心理学》，人民邮电出版社 2012 年版。

5. [英] 苏珊·格林菲尔德著，杨雄里等译：《人脑之谜》，上海科学技术出版社 2012 年版。

6. [美] 迈克尔·加扎尼加著，闾佳译：《谁说了算？——自由意志的心理学解读》，浙江人民出版社 2013 年版。

7. [美] 格兰特·斯蒂恩著，李恭楚、吴希美译：《DNA 和命运——人类行为的天性和教养》，上海科学技术出版社 2001 年版。

8. [美] Robert Plomin 等著，温暖等译：《行为遗传学》，华东师范大学出版社 2007 年版。

第四章　心理的环境基础

人的心理与行为必须具备两个基础：生物基础和环境基础。心理的生物基础是生而具有的，并且在环境的作用下发挥其功能。关于心理的生物基础，已在上一章做了讨论。本章将讨论心理的环境基础以及人和环境的相互作用对人的心理与行为所产生的影响。人类的行为从来不会在真空中发生。小到电视广告试图诱使人们购买某种商品，大到宗教崇拜意图说服人们建立宗教信仰，环境的影响无处不在。

第一节　环境的内容

一、什么是环境

环境（environment）是指与有机体发生联系的外部世界。与有机体没有联系的外部世界，对有机体来说，无所谓环境。个体生命的起源，从受精的一刻开始。通过合子、胚胎和胎儿的发展，有机体就被置于母体的特定环境——子宫里。这种环境对有机体身体和出生后行为的发展会产生深刻的影响。例如：如果怀孕的头三个月母亲感染风疹，常会使婴儿智力落后并且造成身体上的缺陷，如眼白内障或耳聋；母亲的疲劳或吸烟会刺激胎儿活动；母亲长期的情绪激动，还会影响出生后子女的情绪特征。出生后，人所处的环境更是纷繁复杂，人和环境之间的相互作用也从不间断。没有环境基础，人的心理就不可能产生。有机体必须与其相应的生活环境保持平衡，这叫生态平衡。如果有机体生活的环境超出其适应范围，就会危及生存。

环境可分为自然环境和社会环境。**自然环境**（natural environment）包括有机物的各组成因素和无机物的各组成因素，如大气、水、动植物、土壤、岩石矿物、太阳辐射等。**社会环境**（social environment）是与自然环境相对的概念，是指人类生存及活动范围内的社会物质、精神条件的总和。广义的社会环境包括整个社会经济文化体系，狭义的社会环境仅指人类生活的直接环境，如家庭、劳动组织、学习条件和其他集体性社团等。另外，心理学还区分了物理环境和心理环境。**物理环境**（physical environment）除包括自然环境诸因素外，还包括人为的物理环境因素，如人际空间、建筑物等。**心理环境**（psychological environment）是指人与人、人与物相互作用时所形成的环境。**情境**（situation）是心理学的一个常用概念，指在一定场合下能被个体感知到的那一部分环境。

二、环境对心理的普遍制约作用

环境对人的心理与行为的普遍制约作用，首先表现在心理机能是对环境适应的结果。例如，我们的眼睛就是对人类生存环境长期适应的结果。眼睛像照相机一样，它的视像和照相机底片上的像一样是颠倒的，但我们看到的世界是正的。心理学家斯特拉顿（Stratton，1897）用一套光学系统把眼睛视网膜上的视像校正成与外界物体的方向一致。他戴了这个倒像装置以后，开始时看到的是一个完全颠倒的世界，由视觉指导动作很不协调，以后渐渐适应；到了第八天，他完全适应了这个新的不习惯的世界，此时，他很难说出这个世界是倒的还是正的。但取掉了这个倒像装置以后，他看到的世界又颠倒了，由视觉指导动作不协调了，又要经过一段时间才能适应。人类生存在地球上，地球哺育了人类，人类的生理和心理机能就是对赖以生存的地球这个环境长期适应的结果。人的心理与行为不仅取决于当前的刺激和人格特征，而且也取决于整个环境及其特征。

其次，环境对心理与行为的普遍制约作用表现在自然环境与人的交互作用方面。以能源和污染为例。在环境中获得能源的可能性决定了人们耗能的行为方式，而这种行为方式又反过来决定着会造成什么样的环境污染。随着能源的不断消耗和对环境的污染，反过来又将会改变着人们的耗能行为方式。人类与其生存环境总是相互联系、相互制约的。如果人类的行为使得自己赖以生存的生态系统失去了平衡，那就会严重影响人们的心理与行为，甚至会危及生命。人们不满足于自然界的恩赐，着手治理和控制自然力，如人工降雨、钻井、排去沼泽地的水、建造大坝、设计检验地震的建筑物，以及利用核能来增加能源等。这些改变可以是有好处的，但也可能相反。例如，埃及尼罗河的阿斯旺大坝的修建是用来控制洪水和提供水力发电的，但导致尼罗河沿岸生态破坏，自然居住地的文明被侵占，不少物种灭绝，也导致人类行为的改变。

最后，环境对心理与行为的普遍制约作用表现在社会环境和人的相互作用方面。人在社会中生长，在社会中死亡。每个人都处在一定的社会关系中。社会关系不是存在于具体人之外的某种东西，每个人都以自己的活动和交往包括在这一关系之中。历史上有“孟母三迁”的故事，我们还常说“境由心生”“入乡随俗”，在人与环境的互动中，社会环境对人心理与行为的影响是很大的，包括时代背景、社会阶层、教育水平、社会规范等，都会在有形无形之中影响人们的行为和习惯。

总之，环境制约着行为，行为又会导致环境的改变。我们是不能离开环境来研究心理与行为的。

三、心理学家关于环境的理论

（一）格式塔心理学家关于环境的理论

考夫卡（Koffka，1935）在《格式塔心理学原理》一书中把环境分为**地理环境**（geographical environment）和**行为环境**（behavioural environment）。前者指现实的环境，后者指个人意想中的环境。他认为行为产生于行为环境，受行为环境的调节。他举例说：有一个人在一个暴风雪的夜晚骑马来到一家旅店，庆幸自己经过几小时的奔波，穿过冰天雪地的平原而能找到暂时安身的地方。店主人问他从何方来。随后，当他知道刚才走来的地方正是令人恐怖的康斯坦茨湖时，立即惊恐而毙。考夫卡认为，这一旅客过湖时，地理环境是大湖，行为环境则是冰天雪地的平原。旅客听了店主人的话，受惊吓而暴毙，就证明，如果旅客事先知道是一个大湖，其行为就会有很大的变化。所以，考夫卡认为，行为是受行为环境调节的。

格式塔心理学的后期人物，同时也是认知论的早期人物勒温（Lewin，

1836）在《拓扑心理学原理》一书中也认为，人是一个**场**（field），人的心理活动是在一种心理场或生活空间里发生的。勒温的动力场理论中有一个重要概念，叫**生活空间**（life space），它表示各种可能事件的全体是在一定时候决定个体行为的全部事实的总和，包括人与环境。其公式如下：

$$B=f(Ls)=f(P,E)$$

其中B表示个体的行为，f为函数，Ls表示生活空间，P表示人，E表示环境。这里勒温所说的环境不是现实的客观环境，而是心理环境，即与人的需求相结合在人头脑中实际发生影响的环境。需求的作用使得生活空间产生了场的动力，他称为**引力**（attractive force）或**斥力**（repulsive force）。例如：儿童看见糖果就想吃，叫引力；看到蛇就想逃避，叫斥力。由于生活空间具有动力，人的行为就沿着引力的方向向心理对象移动。例如，一个青年想当医生，就向着医生方向努力。此外，勒温还认为，生活空间的每一部分都有一个区域，每个区域又具有一定的疆界，人的行为就是在具有各个区域的生活空间中移动。例如，一个青年想当医生，为了达到这个目标，必须经过下列几个区域的生活空间：大学入学考试，进入大学，进入医学院，登记注册，行医。如果他入学考试不及格，就不能越过这个疆界而进入另一个区域。这时他的生活空间就会产生急剧变动，或者继续努力，克服障碍，最后实现目标，或者另找新的目标。

考夫卡的行为环境论和勒温的生活空间论都把个体的心理因素注入到对客观环境的作用过程中，强调环境的作用取决于人的心理因素，强调人对环境影响的行为反应的主动性，这无疑是合理的。因为人在活动之前对于环境的认知不是纯客观的，而是或多或少加进了主观成分，从主观上加以规定和把握的。这种对环境刺激从主观上予以规定和把握，在认知心理学中称为“赋予意义”。因此，环境对行为的影响是视个人对环境的认知而定的。但是，他们片面强调个人心理因素的实在性及其作用，则失之偏颇。

（二）布朗芬布伦纳的生态系统理论

近年来兴起的**社会生态学**（social ecology）是一种探讨人的行为与社会环境交互作用的研究取向。美国心理学家布朗芬布伦纳（Bronfenbrenner，1992）提出的**生态系统理论**（ecological systems theory）强调个体嵌套于相互影响的一系列环境系统之中，在这些系统中，系统与个体相互作用并影响着个体发展。

布朗芬布伦纳把个体的生态系统划分为如下五个子系统（图4-1）。(1) **微系统**（microsystem），指与个体直接的、面对面的水平上交流的系统。像家庭、学校、同伴群体中的个人都是社会生态系统中微系统的组成部分。微系统中的每一个人都以面对面、直接交流的方式与别人交互作用。例如，母亲对儿子小明唱歌，同伴与小明做游戏，等等。(2) **中系统**（mesosystem），是几个微系统之间的交互作用关系。例如，小明的母亲以怎样的方式对待小明可能受她的母亲与其父亲之间的交互作用的影响。同样，小明与妹妹之间的关系也可能反映了他的母亲与妹妹之间的交互作用方式。布朗芬布伦纳所讲的中系统，其实就是个体的微系统之间的交互作用关系。(3) **外系统**（exosystem），是指两个或更多的环境之间的连接与关系，其中一个环境中不包含这个个体。例如，儿童生活在家庭里，但家庭不是与外界隔离的。父母对待儿童的方式会受到学校、教师的影响，也会受到朋友的影响。个人的家庭微系统与其他系统的成员之间有种种交互作用关系。(4) **大系统**（macrosystem），是指与个人有关的所有微系统、中系统及外系统的交互作用关系。这是一个有文化特色的系

图4-1　布朗芬布伦纳的社会生态系统

统。可以依据信念、价值观、做事情的传统方式、可预期的行为、社会角色、社会地位、生活方式、宗教等内容来描述大系统。大系统的特色反映在不同系统之间的交互作用中。用布朗芬布伦纳的话来说，大系统是一种特殊文化、亚文化或其他更广阔的社会环境的社会蓝图。（5）**长期系统**（chronosystem），是指在个体发展过程中所有的社会生态系统随着时间的推移而发生的变化。个体的微系统随着时间的推移可能会发生很多重要的变化，例如兄弟姐妹的出生、父母离婚、得到或失去宠物等。有时候，大系统也会发生变化。例如，在美国20世纪最后的几十年中，家庭成员参加工作的模式（从一人挣工资发展为两人挣工资）、家庭结构（从双亲家庭到单亲家庭）、育儿方式（从家庭养育到选择其他保育方式）、生孩子的年龄（从低龄到高龄）等方面都发生了深刻的变化。显然，大系统的变化会直接影响个人生活于其中的微系统（家庭、家族与学校）。

布朗芬布伦纳的生态系统理论有助于我们理解社会环境对个体心理与行为的制约作用。首先，从空间上来看，人的行为不仅受直接的、面对面水平上的微系统的社会因素的影响，而且还受微系统与微系统的交互作用关系，微系统与中系统、外系统、大系统（特殊文化和亚文化）交互作用关系的影响。其次，从时间上来看，人的行为不仅受传统文化的制约，而且受时代变迁的制约。但是，这个生态系统理论也有缺点，主要的缺点是无法进行实证研究。例如，怎样理清个体与其微系统、中系统、外系统之间的交互作用关系呢？长期系统、大系统以怎样的方式通过微系统而直接作用于个体的发展呢？这些都是尚未解决的问题。

第二节 自然环境

一、空气质量

（一）气温

气温即空气的温度。虽然人类可以适应从赤道附近的热带雨林到北极冰原的各种环境，但气温的改变确实会影响着人的心理与行为。很久以来，人们就注意到炎热的天气与暴力相伴而生。我国的成语中有"火冒三丈""怒火中烧""心烦气躁"等都表明暴力与气温升高有关。可以从不同地域、不同时段及不同职业的人们在不同气温条件下的攻击行为来探讨气温与攻击的关系。

安德森等（Anderson et al.，1996）比较了美国不同气温地区的攻击率。结果表明：美国城市里的暴力犯罪与气温、人口数量和低社会经济地位呈正相关（相关系数分别为0.43、0.61、0.22）；暴力犯罪与南方炎热地区呈正相关（相关系数0.14），但相关不显著。罗托和科恩（Rotton & Cohn，2000）对美国达拉斯市和明尼阿波利斯市两年内的气温和身体攻击记录（取自每天中的三个小时）做过研究。结果发现，攻击随气温的升高而增多，但气温增到一定的点时，即使超过这个温度，攻击行为也不随气温的升高而增加。他们的研究还发现夏季月份比同年的其他月份的攻击行为要多。在棒球运动中，热天比赛比冷天比赛的攻击行为要多。以按喇叭作为攻击行为指标，调查84华氏度①到108华氏度之间的气温的变化对攻击性按喇叭行为的影响。结果发现，攻击性按喇叭行为，包括按喇叭的潜伏期、频率、按响喇叭的持续时间均随气温升高而增多（Kenrick & MacFarlane，1984）。

为什么炎热的天气与暴力相伴而生呢？安德森等（Anderson et al.，2000）对气温与情绪信念关系的研究发现，有三个因素（警觉和能量水平、敌意和愤怒的感受、攻击性和暴力行为）影响着气温变化的情绪效应。他们认为，在高温条件下人们提高了对愤怒和敌意的感知，降低了警觉和能量水平，从而增加了攻击和暴力行为，而低温的情况则与高温有相反的效应。这种解释是否合理尚需进一步研究。因为在高温导致攻击行为的研究中，其他导致攻击行为的因素如本能、挫折、道德水平低下等往往没有加以排除，因此这类研究结果尚需进一步澄清。

（二）空气污染

空气污染似乎不像自然灾害、拥挤或噪声那样引起身体上的痛苦，但是，它对心理与行为的影响也相当严重。最明显的空气污染迹象是我们所能看见的

① 1华氏度$=\frac{5}{9}$摄氏度。

沙尘、烟雾、霾和所能闻到的异味。但是，空气污染不是总能被我们察觉到，像从机动车内排出的汽油气体、工厂里排出的烟尘、点燃的香烟上散发的烟气，其他像二氧化碳和氢气的污染，我们的眼睛或鼻子往往察觉不到。密封式的住宅较之户外有更多的污染，但房子的主人没有意识到。长期空气污染会导致**空气污染综合征**（air pollution syndrome），出现头疼、疲劳、失眠、消沉、烦躁、眼睛发炎和肠胃炎等症状（Gibbs，1983）。

二、噪声

噪声（noise）是一种非周期性的、无组织的、不定型的听觉刺激。判断一个声音是否为噪声，有三个维度：强度、可判断性、可控性。测量强度的单位是分贝（dB），是物理的测量。一般交谈时的音强约为 60 分贝，马路上的音强为 80 分贝，而摇滚乐队发出的声音通常为 120～140 分贝。当音强达到 100 分贝时，就会使听觉神经产生痛感。例如铸造车间里，100 分贝以上的噪声会给听觉带来永久性的伤害。美国职业安全与健康委员会把 90 分贝定为工业噪声的上限。人们都不喜欢噪声，却情愿接受可辨明的噪声。当我们能够控制噪声时，它带来的不悦感比我们不能控制噪声时要小一些。

噪声既是一个污染源，也是一个应激源。对长期生活在噪声环境（如靠近火车轨道或高速公路）中人们认知行为的研究表明，长期的噪声使许多人试图将注意力从噪声转移到与认知有关的任务上，也就是说对噪声充耳不闻，以此来减轻噪声所造成的应激（Lepore，1997）。试图转移对噪声注意的儿童可能会造成一般性的认知障碍，导致他们难以辨别哪些声音要注意，哪些要摒弃（Cohen et al.，1986）。有些学生学习能力低，挫折容忍力低，不愿帮助他人，这可能与噪声造成的损害有关。噪声会降低工厂工人的效率，工作中常常失误。噪声还会引起多种疾病。在高噪声条件下会经常出现像溃疡等肠胃病，以及血管收缩、高血压、儿茶酚胺升高等病症。噪声还会扭曲我们对他人的印象，可能导致对他人的攻击行为。

三、社会密度与拥挤

当今中国人口已超过 13 亿，住在城市里的人们经常有人满为患之感。对于这种现象的分析，通常用社会密度和拥挤这两个术语来说明。**社会密度**（social density）指一个给定的空间里所拥有的人数，可以按每平方米的人数来计算。**拥挤**（crowding）是一种感到空间不够大的主观感受。高社会密度会提高唤醒水平（心率加快，血压升高，出汗增多，肾上腺素增加），但不一定是不舒服的。而当我们说感到拥挤时，一定是在抱怨空间不够大，感到不舒服。拥挤是一种主观感受，当个体心情愉快时，拥挤会产生正面情绪。例如：一大堆人在房子里开舞会，会觉得兴致很高；看台上挤在一起的人欢呼，情绪特别高涨。

高社会密度对我们行为的影响主要表现在以下几方面。（1）高社会密度容易使我们感到空间太小，产生拥挤感。（2）高社会密度会产生过度刺激，导致感觉超载，令人烦恼；特别是对于那些喜欢低强度刺激的人来说，会产生更多的心烦意乱。（3）高社会密度可能会使人们感到自由选择受到限制，丧失了自我控制能力，容易导致愤怒与攻击行为。（4）高社会密度可能会使人们产生**拥挤归因误差**（crowding attribution error），即当人们没有把注意力集中在环境中的其他人时拥挤感少一些，而把注意力集中在环境中的其他人时就感到特别拥挤。

都市交通拥堵、混乱，事故频繁。长期生活在城市贫民区高社会密度环境里，人们会出现大脑皮质调节功能紊乱、情绪高度紧张、焦虑不安与心态失衡等。拥挤使得气温升高，环境污染、噪声等有害影响加剧，会使人产生**都市拥挤综合征**（urban crowding syndrome），即出现头痛、记忆失调、视觉和听觉削弱、身体易疲劳等症状。而城市过度拥挤的贫民窟中社会秩序混乱、暴力事件频发、人群健康状况恶化以及死亡率较高等情况，都可能是该地区人们在高社会密度环境下所产生的应激状态与其收入较低、营养不良、缺乏良好教育、医疗卫生条件差等因素交互作用的结果。

四、自然灾害

海啸、火山爆发、地震、飓风与龙卷风、洪水、暴风雪等都是极具破坏性的、突发的自然灾害，会引起身体伤害、心理创伤和家庭离散的无比痛苦。对其中的一些人来说，这种直接影响可能是一掠而过的恐慌。过后，他们发现自已的家人没有受到伤害，由此对自然力的恐惧可能变为敬畏。

自然灾害会使许多人的生活遭到极大的破坏：舒适的生活完全被不适、严重剥夺和身体疲惫所取代，长时间的清理、灾后重建家园、照顾伤病的家庭成员、安葬死去的亲人，使人心力交瘁。受害者对前途感到渺茫，害怕可能再次发生类似的事件，从而影响了他们解决问题和决策的能力。自然灾害和其他灾难性事件对人伤害的研究，已总结出**灾难综合征**（disaster syndrome）发展的三阶段行为模式：第一个阶段，受害者呆若木鸡，眩晕，觉察不到身体受到的创伤与危险，可能漫无目的地徘徊；第二个阶段，受害者仍很被动，不能去做甚至很简单的事，但能遵照指示去做；第三个阶段，受害者变得焦虑和忧郁，很难摆脱恐惧，难以集中精力，常常一遍又一遍地向人讲述灾难中的细节。

经历一种超出人正常痛苦范围的灾难性事件，会对受害者产生严重而长期的影响。一些灾难的幸存者可能患上**创伤后应激障碍**（post-traumatic stress disorder，PTSD）。这种综合征的主要症状是：(1) 对周围事物麻木不仁，对早先的活动缺乏兴趣，孤独，退隐，意志消沉；(2) 在记忆中与睡梦里反复出现受灾时的场面；(3) 焦虑，可能出现寝食难安、注意力难以集中和过度的警觉。有些人因其他人死亡而自己却活着会产生罪疚感。灾难后压力障碍可以在灾难后立即形成，也可因某些较轻压力的触发而在数周或数月后产生。它可以持续相当长的时间而不愈。这时还会出现生理上的不适，包括疲劳感增加、头痛、感冒等病症，以及由寝食难安而导致的体重下降（Yehuda，2002）。

第三节 社会环境

一、文化传统

文化（culture）是一个很大的概念。狭义的文化是指观念形态的文化，仅限于意识形态；广义的文化则是指人类社会的全部遗产，囊括社会生活的全部领域。文化的内容极其丰富，包括物质文化、精神文化及行为文化。文化对人的心理与行为的影响是无所不在的。

（一）文化的多样性

民族文化是一个民族经过世世代代积累起来的文化，民族文化是民族心理形成的原因。米德（Mead，1935）曾对新几内亚三个未开化部族做过现场调查，探讨一个民族的文化特质和其成员心理特征之间的关系。结果发现：在相同的环境中受相同文化影响的成员之间，有某种共同的心理特征；如果地理条件大致相近而文化类型不同，则形成不同的心理特征。文化人类学家把每一种文化中人们共同具有的心理特征，称为**群体人格**（group personality）**或众数人格**（modal personality）。表4-1中的分工特点、育儿教养方式和男女关系可以看作一个民族的文化背景，这三个部族的群体人格特征有着明显的差异，说明了共同的民族文化背景塑造了一个民族的共同心理素质。

表4-1 新几内亚的三种文化和群体人格

	阿拉佩什（Arapesh）	蒙杜古马（Mundugumor）	德昌布利（Tchambuli）
居住地域	山地	河流	湖泊
分工特点	保持着女性的传统习俗，但男性也一样，从事栽培植物和养猪	男性传统，有猎取人头吃人肉的习惯，好斗，攻击性强	男女分工与一般社会相反，女性从事生产经营活动，掌握消费权，男性从事雕刻、绘画等活动
育儿教养方式	男女都抚养子女，但没有严格的教养，对子女宽容溺爱	男女对子女都不关心，经常打骂、嘲笑孩子，把子女看作多余物	对子女无严格教养，母亲除保护其身体、哺乳外，平时很少接触孩子，孩子出生一年后由父亲抚养
男女关系	控制性欲，无性纠纷事件；家庭、家族间以强烈的爱为基础，关系融洽	性欲旺盛，男女间有强烈的结婚愿望，对于男女间权力、地位和优越性存在着争端	男性处于从属地位，女性有优越的社会地位和支配权
群体人格特征	憎恶暴力和自私，自我观念淡薄，非攻击性的，协作的，善良的，安危观念强，亲切，温和	自私（特别是女性），攻击性的，占有欲、指挥欲强，不协作的，残酷，冷漠，粗暴，自大	女性是攻击性的、支配的，是保护者，会做生意，活泼，亲切；男性较虚荣，好嫉妒，多愁善感，自卑，爱打扮

并非每个社会只有一个由其成员所公认的单一文化。一个社会的文化通常仅指构成总体文化的要素的共同部分。特别是在现代社会中，文化是多元化的。当在社会的某一群体中形成一种既包括民族的一些主文化特征，也包括某些独特的文化特征的生活方式时，这种群体文化称为**亚文化**（subculture）。有各种亚文化，如人种亚文化、年龄亚文化、生态学亚文化（如城市文化、郊区文化等等），以及阶层亚文化等。亚文化对亚群体的影响是形成亚文化群的心理特征。

文化的多样性可以从不同的维度加以分析。例如，特里安迪斯（Triandis，1996）提出下列文化的维度。（1）规范。一些文化中有很多用于不同场合的规范，稍微偏离这些规范就会受到指责和惩罚；而另一些文化中很少有这种规范，只有严重偏离这些规范时才会受到指责。（2）文化的复杂度。例如，角色包含的文化要素，在狩猎和采集社会中仅有约20种工作，而在信息社会中有超过25万种职业。（3）主动性—被动性。主动性文化注重竞争、进取和自我实现，而被动性文化注重反省思维、让出主动权和合作。（4）荣誉感。其核心是与荣誉有关的观念，包括信仰、态度、标准、价值观和行为等，这些观念与保护财产、维护自身荣誉有关。（5）集体主义—个人主义。在集体主义文化中，自我是集体（家庭或部落）的一部分，个人目标必须服从集体目标，规范、责任和义务调节着大部分社会行为；在个人主义文化中，自我不依赖于集体，是独立自主的，个人目标高于集体目标，利润与得失调节着人们的社会行为。（6）纵向关系—横向关系。在纵向关系文化中，等级制度森严，统治集团的权威者决定大部分的社会行为；在横向关系文化中，较多的社会行为是人人平等的。

（二）文化的共同性

文化的多样性蕴含着文化的共同性。跨文化心理学研究发现文化差异性下有“内在的统一性”（Lonner，1980）。这种统一性就是人类共同的文化。即使在道德伦理方面，人类也有共同的文化，如人道地对待已投降的战俘、尊老爱幼、严禁乱伦。在友谊方面，人类也有相同规范，如尊重朋友的隐私、不泄露彼此的秘密等。在人际交往方面，各民族也有文化的共同性。例如：人们在对地位比自己高的人说话时通常会采用较为尊敬的语气，就好像是和陌生人谈话似的，而对地位较低的人说话则更像是和熟人聊天；病人会叫医生“某某医生”，而医生往往直呼病人的姓名；学生和教师之间也以这种非对等的方式称呼彼此。

人类文化是人类心理产生的决定性条件。1920 年，在印度加尔各答东北的山地，辛格等人在狼窝里发现了两个孩子，随后就把她们送到附近的孤儿院。大的取名为卡玛拉，约 8 岁；小的取名为阿玛拉，约 2 岁。第二年，阿玛拉死了，而卡玛拉一直活到 1929 年。这就是曾经轰动一时的“印度狼孩”。“狼孩”的生理结构和身体生长发育同一般儿童没有多大差别，但心理与行为相差甚远。卡玛拉和阿玛拉刚从狼窝返回人间时完全是“狼性”的表现：四肢行走，昼伏夜行，用双手和膝盖着地歇息，吃食和饮水总是像狗那样趴在地上舔，害怕强光，夜间视觉敏锐，每到深夜就嚎叫，怕火，怕水，喜好蜷伏在墙角，即使天气寒冷，也撕掉衣服，摆脱毯子。后来，经过辛格等人的悉心照料与教育，卡玛拉 2 年学会了站立，4 年学会了 6 个单词，6 年学会了直立行走，7 年学会了 45 个单词，同时还学会了用手吃饭、用杯子喝水，并逐渐适应人类的社会生活。但到 17 岁死时，卡玛拉仍只有相当于 4 岁儿童的心智发展水平。这充分说明，一个身体健全的人类儿童，虽然有继承人类文化的可能性，但是，如果出生后出于某种原因不与人类文化环境接触，就不可能产生人的心理与行为。人类文化使人类的心理与行为具有共通性。

总之，人类共同的生物基础在适应环境的过程中又使得我们具有了文化的多样性和共同性。人类心理与行为都是受社会文化影响的。

【专栏4-1】

个人与集体

从概念上讲，文化是很容易理解的，但具体到实际的研究，文化成了一块难啃的骨头。试想，你如何能够理清所有对心理及行为共同产生影响的文化因素呢？大多数文化是如此复杂，以至于无法得出有根有据的结论。特里安迪斯等（Triandis et al.，1988）凭借其多年来对文化的基本特性的挖掘和提炼，解释和论证了个人主义文化与集体主义文化这一基本的文化差异维度。通俗地说，**集体主义文化**（collectivism culture）是这样的一种文化，即生活在该文化中的个体的需求、欲望、成就都必须服从于他所属的群体或组织的需求、欲望以及目标，个体大部分行为的产生取决于该行为是否有利于个体所属的更大团体的整体利益，而不是该行为是否能为个体提供最大限度的个人成就。相反，**个人主义文化**（individualism culture）更看重个体的幸福和成就，而不是所属团体的需要和目标。在这些文化中，团体对其所有成员的影响可能是微乎其微的。按照特里安迪斯的观点，个人主义文化集中在北欧和西欧社会以及那些历史上受北欧人影响的国家，如美国、澳大利亚和加拿大都是高度个人主义的，而世界上其他大多数地区属于集体主义文化。为此，特里安迪斯等（Triandis et al.，1988）报告了三项验证其个人主义—集体主义理论的研究。

第一项研究的被试全是美国人。被试是特里安迪斯所在的芝加哥大学心理学系的300名在校大学生。研究者要求每个学生完成一份包括158个项目的问卷，用以测量他们有关个人主义—集体主义的行为和信念倾向。此外，问卷中包括5个生活情景故事，这些情景故事把被试置于一种假设的社会情境中，并要求他们预测自己的行为。例如，让被试想象自己想做一次团体内的其他成员都反对的长途旅行，问被试在决定是否去旅行时会在多大程度上考虑父母、配偶、亲戚、密友、熟人、邻居以及同事的意见。对回收的问卷进行分析后发现，“自信”“竞争”“与所在团体的亲疏关系”是三个最为重要的因素，而“对团体的关注”是一个相当次要的因素。

第二项研究的目的是比较个人主义文化（美国）和集体主义文化（如日本和波多黎各），其核心在于比较在两种文化类型中个体与他们所属团体之间的关系。研究的问题是集体主义文化中的人们是否更乐意使自己的个人需要服从于集体的需要。被试是91名芝加哥大学的学生、97名波多黎各学生、150名日本大学生和106名年长的日本人。测量集体主义特征的问卷由144个项目组成，用以测查关于集体主义的三种倾向：“关心团体”“自我与团体的亲密关系”“使自己的目标服从于团体的目标”。结果相当混乱。例如，日本学生比美国学生更在意同学和朋友的观点，但波多黎各学生并没有表现出这一特点。此外，当团体获得荣誉时，日本被试表达了自豪感，但他们在生活中只关注或服从自己所在的某些团体，而不是对所有团体都如此。

第三项研究用以检验如下假设，即集体主义文化中的成员觉察到自己获得更好的社会支持，且一贯享有令人满意的人际关系，而个人主义文化中的成员则在更大程度上体验到孤独。该研究所采用的个人主义—集体主义问卷由72个项目组成，总共施测了来自芝加哥大学和波多黎各大学的100名被试，男女各半。被试还填写了另一份问卷，以测量他们所意识到的社会支持水平和孤独程度。研究结果清楚地表明，集体主义与社会支持存在正相关，而与孤独程度呈负相关。而且，对美国学生来说，最重要的因素是“在竞争中表现出自信”（能解释最大的变异），而对波多黎各学生而言，最重要的因素是“联系”（与他人的互动）。这些结果正是研究者期望从个人主义—集体主义理论中得到的。

在特里安迪斯看来，这些研究既支持又改进了他对集体主义和个人主义的定义。个人主义文化和集体主义文化看起来是完全对立的，但研究证明了这两种文化类型似乎处于一个连续体的两端，而某一特定社会则处于两端之间的某个点上，这个点通常更接近于连续体的一端而远离另一端。此外，具体到某一文化，其中特定的个体、团体、亚文化以及情境可能会偏离该文化在连续体上的大体位置而向相反的一端移动。图4-2是一个典型示例。

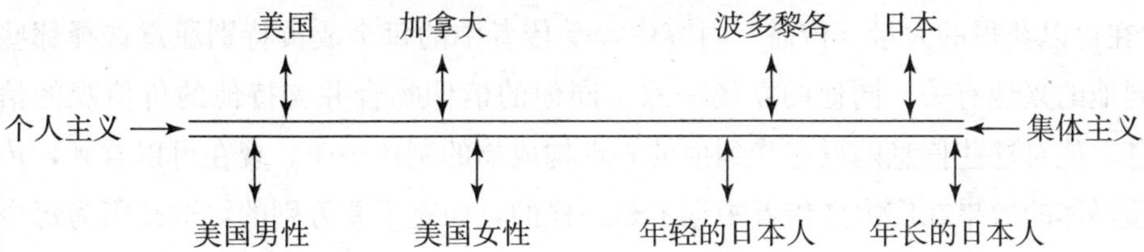

图4-2 个人主义—集体主义的文化连续体

在迄今有关文化对人格和社会行为的作用的研究中，特里安迪斯提出的个人主义—集体主义文化维度是最可靠、最有效和最具影响力的因素，这是他对跨文化心理学所做出的巨大贡献。该研究当然也激发了大量新的研究，且有不少批评意见。有必要指出的是，虽然在特里安迪斯看来，我国是典型的集体主义文化取向的国家，但国内已有不少学者都曾就此提出自己的看法，更加强调我国是一个幅员辽阔、文化多样的国家。（选自Roger R. Hock 著/白学军等译，2010）

二、拷贝世界

所谓**拷贝世界**（copy of the world）是指由电视、书刊、报纸、广播、电影等大众传播媒体所构成的精神世界。拷贝世界不同于我们直接感知到的现实世界，它向我们展示的是一个精神世界，向我们提供消息、知识、思想、见解、娱乐、广告等等，对人的心理与行为产生独特的影响。拷贝世界不同于现实的感性世界，因为它不是媒体对现实世界的简单复制，而是发布信息的集团或个人依据自身的信念、态度和价值观对现实世界进行改造加工的结果，是精神产品。同时，拷贝世界提供给人们的，不是现实世界那种实实在在的人物和事件本身，而是符号、语言和图像。虽然我们从现实的感性世界和拷贝世界都能获得各种信息，但是拷贝世界通过大众传播媒体向人们传播的信息，从性质上看，既有有助于个性全面发展的，也有毒害人们心灵的。

大众传播对于众多的人具有众多的意义，其功能是多方面的，全看各人有什么样的兴趣、需要和价值观而定。关于这一点，鲍尔（Bauer，1964）指出："在可以获得的大量（传播）内容中，受传者中的每个成员特别注意选择那些同他的兴趣有关、同他的立场一致、同他的信仰吻合并支持他的价值观的信息。他对这些信息的反应受到他的心理构成物的制约……。现在可以看到，传播媒体的效果在广大受传者中远不是一样的，而是千差万别的，这是因为每个人在心理结构上是千差万别的。"

一般而言，大众传播对受传者心理与行为的影响有以下几种方式：（1）为受传者提供支持其固有立场、观点和行为的相关信息，增强受传者的固有观念；（2）巧妙地将一种新观点或行为同受传者原有的价值观和需要联系起来，使受传者乐于接受这一新观点或行为，而不必改变他自己的原有立场；（3）为受传者提供信息，证明其基于某种需要和固有观念而采取行动的正确性，从而进一步支持受传者已采取的行动；(4) 提供相关信息，把受传者的固有立场同新发生的事件联系起来，对行为起引导作用；(5) 在争议不大的问题上，重复传播特定观点与相关信息，直接改变受传者的行为；(6) 向众多受传者倡导乃至直接制订一套行为规范，形成某种特定共有的文化规范。

总体说来，拷贝世界透过其广泛多样的渠道，随时随地以直接或间接的方式影响和改变着人们的心理与行为。如果人们接受了好的大众传播，就可以受到教育，获得知识，陶冶情操；相反，则可能受到蛊惑去犯罪，或受到消极暗示而走向颓废、堕落。其作用在很大程度上仍决定于个体自身的需要、价值观乃至意志品质。而当大众传播的影响集中而有力时，则既可能促进整个社会的发展与和谐，也可能导致社会的混乱与不安。

三、网络

网络正在深刻地改变着人们的生活方式。在高度信息化的时代，网络以其特有的方式与丰富的内容向人们展示出一个全新的虚拟世界。**互联网**(internet) 所特有的广泛性、开放性与即时性对人们的教育、生活方式与价值观念产生了深刻影响，迅速拓展了原有社会化的环境空间。

网络对心理的影响已经引起了人们的普遍关注：过分迷恋上网是否会带来心理生理危害？网上游戏、交友、恋爱等是否会带来心理问题？有些人对网络的沉迷十分严重，他们只要有时间，就会泡在网上，和网上的人交往而大大减少了现实生活中的人际交往。上网行为本身产生的快感可以让用户沉浸其中，甚至出现上瘾的现象，这就和使用药物、酒精等其他上瘾行为一样，会使其丧失时间感，长此以往，最终失去自制力。首先对**网络成瘾**(internet addiction) 进行实证研究的是美国心理学家杨（Young，1996），他对 396 名患有严重上网成瘾症的患者进行了调查，并与用于分析赌博成瘾的标准进行了对比，从而确认网络成瘾是一种真正的临床心理障碍。继杨之后，网络成瘾的研究广泛开展。其中各国关于流行率的研究的结果表明，约有 7%的网民患有不同程度的网络成瘾。雷雳和杨洋（2007）采用自编的青少年病理性互联网使用量表及其诊断标准，发现我国青少年病理性互联网使用群体检出率为5.8%。后有研究采用相同量表和诊断标准，得到的检出率分别为8.93%（徐夫真、张文新，2011）和11.2%（张锦涛等，2011）。纵向研究还表明，进入初中后学生的病理性互联网使用倾向有增长趋势，自尊是一个保护性因素，但好的同学关系反而可能削弱这种保护作用（张国华等，2013）。对我国大学生网络使用及网络成瘾的流行病学研究显示，大学生网络成瘾率较高，达14.17%，且男生明显高于女生（姚应水等，2006）。最近还有研究专门探讨了大一新生网络使用时间、网络社交使用占网络使用总时间的比重、网络使用的背景性渴求以及网络成瘾程度之间的关系（张锦涛等，2014）。

“在网上，没有人知道你是一只狗。”这句流传于网民的谚语反映了网上交际的主要特点：没有人知道你的真实姓名、真实性别、真实年龄……这不仅是匿名，而且还匿性别、年龄、种族和社会地位，这被称为“身份丧失”。总结网民的表述，身份丧失对网上行为与心理的影响包括以下几种。(1) 平等感。在网上，你的社会地位没有任何作用，你是否受欢迎，主要取决于你的话语是否吸引人。唯一的不平等是对网络是否熟悉，初学者（被称为“菜鸟”）会受到老练网民的一点儿轻视。(2) 自由感。你可以说自己想说的话，一般来说不用担心会带来什么惩罚。人们不需要过多的面具，可以比较真实地表达自己。(3) 身份虚幻感。你可以在游戏中或者聊天室编造一个假身份，从而尝试不同的生活。比如，生活中一个善良的女孩可以在网上扮成一个强悍而霸道的土匪，或者在聊天室假装成男性找一个“女朋友”。**化身**(avatar) 是虚拟世界中的一种重要的自我呈现方式，最近有研究（卞玉龙等，2015）专门探讨了虚拟现实社交环境中的**普罗透斯效应**（Proteus effect)，即当赋予不同的角色特点时，个体往往会表现得与这些特点相一致(Yee，2007)。这些影响是有利有弊的。仅以变换身份为例，它的好处是：可以让一些人宣泄被压抑的情绪，获得一定的心理自疗效果；可以让人虚拟尝试新的角色，起到角色扮演的作用。它的不足是：可能会使人丧失现实感，混淆虚拟世界和现实；可以给居心不良者以可乘之机，带来道德及法律方面的问题。

【专栏4-2】

电子游戏

有关电子游戏的影响的实证研究源于对人类攻击性的研究。20 世纪 80 年代起，研究者开始在人类攻击性的实验室研究中使用电子游戏作为刺激材料，对电子游戏促进人类攻击性的可能性进行了大量研究。虽然很多研究认为电子游戏对游戏者的影响是消极的，但近年来一些学者对此提出了异议，了解这些不同的观点可以进一步完善和拓展对电子游戏的研究。

由于大量相关研究的结果都比较稳定，在此基础上，布什曼和安德森（Bushman & Anderson，2001）曾对暴力游戏和攻击性之间的关系做了一个著名的推论：媒体中的暴力内容与攻击性的相关关系比二手烟的致癌性、铅中毒导致的智力损伤还要高得多，其数值仅次于吸烟与肺癌的关联，而游戏对人的影响力又高于传统媒体类型，因此，游戏中的暴力内容会导致消极影响是确定无疑的。最近一个跨国研究小组对来自不同地域和文化的多项相关研究进行了总结，在最终的元分析结果中，研究者认为暴力游戏在攻击性各个方面的促进影响都是确凿无疑的，而且还存在其他的消极影响，如降低同情心与亲社会倾向等（Anderson et al.，2010）。安德森认为支持这一结论的证据相当充分，因此完全有必要对整个游戏产业进行监控与限制。

尽管电子游戏产生危害的说法连篇累牍，但也有学者认为这些结论并不可靠。以弗格森（Ferguson，2010）为代表的一些学者对此进行了分析，他们认为包括暴力游戏在内的电子游戏的消极影响被夸大了，而其潜在积极影响没有得到认识。弗格森和基尔伯恩（Ferguson & Kilburn，2010）首先质疑安德森等通过元分析做出的结论，认为这些分析在数据来源方面存在重大缺陷。在他们看来，社会总体存在将新兴媒体妖魔化的倾向。此外，一些研究也提供了相反的证据，证明电子游戏未必产生消极影响，甚至暴力游戏也是如此。弗格森等（Ferguson et al.，2008）使用结构方程模型分析了暴力游戏、家庭暴力、攻击性人格等方面的关联之后，发现接触暴力游戏应该是家庭暴力与攻击性人格的副产品，而非直接原因。

从社会统计的角度来看，暴力游戏的普及水平与社会暴力犯罪的发生率也没有关联。

此外，一些研究结论还存在矛盾。例如，有研究认为，暴力游戏中竞争因素导致攻击性增加，而与他人的竞争可能增加游戏的竞争性，因此与他人进行游戏对抗可能增加游戏者的攻击性（Anderson & Carnagey，2009）。有的实验研究证实了这一点（赵永乐、郑涌，2004；Schmierbach，2010），但同样也有研究条件类似，而结论完全相反的研究，即与人竞争减小了游戏者的攻击性（Williams & Clippinger，2002）。另一些研究虽然在总体结论上认为电子游戏会产生消极影响，但其中一些结果也存在矛盾之处。安德森等（Anderson et al.，2004）的一项研究显示，无论游戏中的血液颜色是真实的鲜红色还是不那么血腥的绿色，游戏者的攻击性表现都没有差异，这和认定游戏血腥程度与游戏者攻击性直接关联的多项研究结论存在矛盾。国内一项研究显示，暴力游戏者的攻击行为和认知会受到强化，但攻击情绪未受显著影响（李婧洁等，2008），这与暴力游戏导致的攻击性在情绪、认知、行为三方面都有表现的论断不符。

为此，一些研究者开始反思并提出质疑：是否因为电子游戏存在一些消极影响，就不考虑其可能的积极影响，从而放弃对这一新兴媒体的使用？是否应该考虑如何扩大其积极影响而避免消极影响？金泰尔等（Gentile et al.，2009）对电子游戏的影响方式进行了分析，认为电子游戏是可以产生积极影响的，其影响的具体性质和强度取决于游戏量、游戏内容、游戏情景、空间结构、游戏技巧等五个维度。以游戏情景为例，日益普及的网络游戏为游戏者提供了相当全面的交流方式，游戏者之间的相互反馈与强化频繁发生，游戏中也能观察到如群体极化之类的社会心理现象。日本的一项针对五年级学生的纵向研究（Shibuya et al.，2008）发现，这一因素的影响甚至超过了游戏内容的影响。（采自赵永乐等，2011）

第四节 社会影响

社会影响（social influence）是指运用个人或团体的社会力量在特定的方向上改变他人的观念和行为的过程。社会对个体心理与行为的影响复杂而多样，本节将主要讨论个体受他人影响的基本模式——从众与服从，以及团体影响力的主要表现——社会促进、社会懈怠与去个性化。

一、从众与服从

（一）从众

从众（conformity）是指个人的观念和行为由于群体直接或隐含的引导或压力而与多数人保持一致的倾向。从众在我们的日常生活中十分常见。例如，当你去参加一个朋友的生日宴会，席间有人即兴高歌一曲，尽管他的唱功并不十分出色，大家给他热烈的掌声，在这种情况下你也随大溜给予鼓掌欢迎。这就是从众行为。

美国社会心理学家阿希（Solomon Eliot Asch，1907—1996，图4-3右上站立者）首创以实验法研究社会心理现象。他的一系列经典实验探讨过从众行为

图4-3 阿希从众实验场景

(Asch，1952，1955)。在实验中，让一位真被试与另外 7～9 人（实际上是实验者的助手）一起坐在桌旁，实验者向他们呈现三条长短不一的线段，并要求他们判断哪一条和另一幅画中的标准线段一样长（图4-3左上）。每个人轮流大声说出自己的判断，而被试在倒数第二的位置上。在大多数测试中，每人都说出同样的正确回答。但在几次预先确定的关键测试中，实验者预先告诉助手说出错误的答案。结果发现，即使正确答案十分明显，但在关键测试中，被试迎合团体的意见平均达 32%，有 74%的被试至少有 1 次从众。

在阿希之后，研究者参照阿希的实验程序做了大量的实验，进行重复验证。虽然在实验中并非有那么多的从众现象，但是实验确实表明在下列情况下从众现象会增加：个体感到力不从心，或有不确定感；团体中至少有 3 人；团体的意见是一致的（只要有 1 个人持不同意见，就会大大增加其他人做出不从众行为的勇气）；个体崇尚团体的地位和吸引力；个体对任何回答都没有做出预先的承诺；个体的举动可以被团体中的其他人看到；个体所处的文化非常鼓励人们对社会标准的尊崇。

那么，人们为什么会从众？主要有两个原因。第一个原因是我们对**规范性社会影响**（normative social influence）做出的反应。人们对社会规范是敏感的，懂得哪些是被社会接受的规则和符合社会期望的行为。如果我们遵守纪律，遵循社会规范，就会被评为好学生、好企业员工和先进工作者；如果我们表现得与众不同，那可能会付出相当惨重的代价。第二个原因是我们对**信息性社会影响**（informational social influence）做出的反应。尊重规范并不是人们从众的唯一原因，人们从众还因为团体可以提供有价值的信息。例如，我们在纽约旅游时想乘地铁，我们可能会仔细观察当地纽约人乘地铁的行为：去哪里购地铁票，如何通过检票口，往哪里进站台，等等。人们越相信团体的信息，越重视团体的观点，就越容易与团体保持一致，从众现象就越多。只有异常愚蠢的人才不去思考团体所提供的信息，不听从他人的劝告。

我们的价值观念影响着从众行为。我们对社会影响的区分取决于我们的价值观，从众是社会影响所致。如果我们赞赏这种社会影响，那么我们就会称赞那些随机应变的人是“头脑开放的”和“机敏的”。如果我们不赞同甚至反对这种社会影响，我们就会指责那些为了寻求与他人一致而“权宜从众”的行为。

人们的价值观不同，从众的发生率也不同。对来自 17 个国家的 133 项研究的元分析表明：在提倡个人主义的文化氛围下，从众的发生率更低（Bond & Smith，1996）。

（二）服从

服从（obedience）是指个体在他人的直接命令下而做出某种行为的倾向。与任何事物一样，对权威或对情境规则的服从有好的一面，也有不好的一面。任何团体都要求人们服从相当多的规则，同时服从权威对个体和社会都是有益的。如果所有公民都无视交通规则，欺骗纳税，随意倾倒垃圾或斗殴，那么国家将无法正常运转。如果人们想工作就工作，那么所有部门都将无法正常行使其职能。当然，服从也有不好的一面，历史上的暴行和大屠杀常常是以服从为借口而制造出来的。

美国社会心理学家米尔格拉姆（Stanley Milgram，1933—1984）是阿希的学生，他就服从现象进行了堪称心理学中最具争议的实验研究（Milgram，1963）。这是在耶鲁大学做的一系列实验（图4-4）。研究者通过报纸广告，招募普通男女参加某项“记忆研究”，每小时报酬 4 美元。他们来到实验室时，米尔格拉姆的助手解释说这项实验是对学习中的惩罚效果进行研究。被试和另一个人抽签决定谁当老师，谁当学生。然后，学生被带到隔壁的一个房间里，手脚被皮带绑在一把椅子上，这把椅子连着的一条电线穿过墙与另一端的电击控制器相连。被试（即当老师的）坐在标有电压数标签的控制器前，其任务是：教学生学习词语对，并对其学习效果进行检查。如果学生出错，被试就对其实行电击惩罚，实施电击的电压逐渐升高，从最初的“15 伏，轻微电击”开始。学生每次犯错后，就把电压调高一挡。每按一次电键，就会有灯闪亮，开关咔嗒地响，会伴随有电流的嗡嗡声。在实验中，被试服从实验者的指令，在按下第三、第四、第五个电键时就听到学生的呻吟声，按下第八个电键（上面标有“120 伏，中等电击”）时学生会喊叫说电击很痛，按下第十个电键（上面标有“150 伏，强烈电击”）时学生哭叫说：“把我放出去！我不要再参加这个实验了！我拒绝继续进行下去！”被试听到这些恳求时感到犹豫，而这时实验者指示说：“请继续，实验要求你继续！”假如被试还是拒绝，实验者坚持说：“你绝对必须继续下去！”“你别无选择，你必须继续！”如果学生每次犯错后被试继续进行更高电压的电击，学生痛苦的尖叫声越来越高以示抗议。电击的电压超过330伏后，学生便拒绝回答，很快保持沉默。这时，实验者仍要被试继续提问，直至按下最后450伏的电击。实验结果表明，20～50岁的男性被试中有63%的人坚持到最后，直到按下最后一个电键。后来10项有女性被试参与的研究表明，女性服从率和男性相似（Blass，1999）。

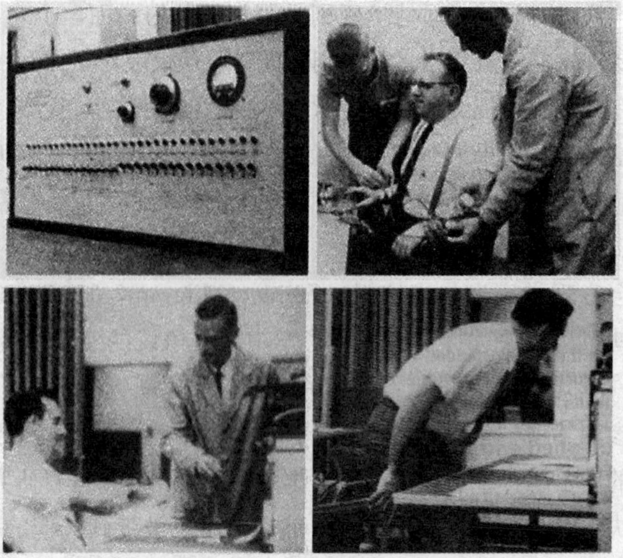

图4-4　米尔格拉姆服从实验场景

在上述实验中的那些学生其实是实验者的同伙，他们没有受到电击，只假装自己受到了电击。在这些实验中，被试并没有觉察出学生是假装的，因为在实验过程中他们确实都表现出痛苦和挣扎：流汗，发抖，神经质地发笑，咬嘴唇。在后续的实验中，米尔格拉姆改变了实验情境。结果发现，随着条件的变化，被试完全服从的百分比也有变化：0～93%不等。下列几种情况导致服从率增高：发出命令的合法权威者就在旁边；权威者受到有声望的机构的支持（米尔格拉姆的后续实验没有在耶鲁大学做，服从率有一定程度的下降）；深信权威者的见解和动机；受害者被隔离开或在一定距离之外，甚至在另一个房间里；没有见到其他人抵制权威者的命令。那么，为什么实验室中的被试和实验室外制造悲惨事件的人们都如此愿意服从这些残忍的命令呢？研究表明，下列一些因素起着重要作用。

(1) 把责任归于权威。人们为自己辩护的一种常用方式是把责任归于权威，以此来减轻对其所从事行为的责任。“我仅仅是按命令行事”成为服从残酷命令的一个借口。在现实生活中，责任转移或许是内隐的，而在米尔格拉姆的实验中，这种责任转移是外显的。实验一开始时，被试就被告知是实验者（权威者）要求他们这样做的，他们只是服从命令而已。

(2) 任务被常规化。人们之所以愿意服从残忍的命令是因为这些行为是执行常规的责任和角色应有的行为。他们一开始就感到这些行为是正常的，一定要去完成，因此他们就不可能有心思来怀疑其合理性或道德上的问题，也就不加批判了。在米尔格拉姆的实验中，这些服从者只专注于“学习任务与惩罚”的关系，而完全漠视学习者的求饶和对他们的关心。任务常规化也是日本军国主义政府号召其臣民支持并怂恿对中国人民实行屠杀计划的一种重要机制。

(3) 相信权威宣称的主张和动机。人们执行权威的命令大多是因为相信权威宣称的主张和动机的正当性。而为了获得人们的服从，权威所宣称的主张和动机往往以冠冕堂皇的言辞为借口。侵华日军无耻地屠杀中国人民是他们相信日本军国主义分子“大东亚共荣圈”的谎言；米尔格拉姆的实验则采用礼貌用语如“请继续”，让被试服从。

(4) 步步为营，落入陷阱。为了使人们服从权威者所谓合理的命令，权威者设置陷阱的第一步是让人们毫不费力地做出选择，接着一步步地加码，在个人意识到之前，已是骑虎难下，他做了一系列导致问题的行动，从而使这种服从得以坚持下来。在米尔格拉姆的研究中，一旦被试给出15伏的电击，他们就已开始投入实验之中，而下一个电击水平“仅仅”是30伏。因为每次电击水平增加很小，在他们意识到之前，大多数人都已实施了他们认为非常危险的高压电击。等到那时再想退出，就很难对自己的行为做出解释了。如果人们早一点对研究程序提出质疑，就不太可能落入设置的陷阱，就有可能退出实验。

米尔格兰姆在《美国名人录》中谈到他的成功秘诀时说：“作为一名社会心理学家，我是这样看待世界的：我们不应试图控制任何实际感觉，而是应该了解它。人与人之间应相互沟通、相互了解。”米尔格兰姆对服从问题的实验研究，使他的这一主张得到了普遍的赞同。他揭示了由于对权力的服从，使得一些人对另一些清白无辜的人所造成的痛苦。他认为他的实验还可以说明为什么会出现纳粹残害关押在集中营里的受害者的残暴行为。那么，怎样才能抵制这种危害呢？要提醒服从权威指令的人：你们必须要对任何受到伤害的后果负责。让人们了解：不用头脑，盲目服从于破坏性指令是很危险的；有必要怀疑权威者的见解和动机，不要被冠冕堂皇的借口所迷惑；要提升人性尊严的意识，审视和调整自己的角色行为。

【专栏4-3】

角色要求与人类良知

角色（role）或**社会角色**（social role）是指期望于个人的、训练个人的并鼓励他在一定社会情境中去完成某种权利、义务和责任的任何行为模式。一个人的角色就是他人对其所期望的东西，并在完全习得和内化特定的角色以后，最终成为他自己所期望的东西。

在每个社会中，人们都会扮演许多不同的社会角色。家庭角色规定了父母和孩子、丈夫和妻子各自的任务，职业角色决定了经理和员工、教授和学生的正确行为，性别角色规定了男人和女人各自的适宜行为。每一种角色的特定要求都应被满足，否则就会导致在情绪上、经济上或职业上的惩罚。例如，你作为学生，就应该知道你的父母、学校、社会对你的期望是什么，应该怎样做一个学生。如果人们有意或无意地违反了角色要求，他们就会感到不自在，或者其他人就会设法使其感到不安。很明显，社会角色的要求是强制性的，有时它会使人们表现出某种行为而失去自己是哪种人的基本感觉。但同时人们又会把自己对角色的兴趣和理解带入其扮演的角色中。就好像虽然读的是同一个脚本，但两个演员将会以不同方式去扮演同一个角色。

在那些服从命令进行大屠杀或拒绝服从的故事中，我们可以感受到增强人性尊严意识、审视并调整角色行为的重要性。1942 年夏天，大约 500 名德国中年预备役警察被派遣到波兰一个叫爵兹弗的德军占领地。7 月 13 日，指挥官告诉他的部下（绝大多数是已成家的人），要去围捕村里据说在支援敌人的犹太人。抓到这些犹太人后，有劳动能力的男性被送到劳动营中，剩下的就地枪决。当这些警察被告知有一次机会选择拒绝参与执行枪决行为时，当即只有十几个人表示拒绝。在以后的17个小时内，剩下的485名警察枪杀了1 500名手无寸铁的儿童和老人。这些人是被人从脑袋后面开枪射杀的。听到受害者的哀求声，看到残忍的结果，大约有20%的警察最后表示了拒绝，他们设法不瞄准被害者，或者藏起来直到屠杀结束（Browning，1992）。

角色扭曲会导致人性泯灭。发生在20世纪30年代的南京大屠杀，是侵华日军制造的骇人听闻的血腥惨案。侵华日军在占领上海、苏州、杭州等地后，于1937年12月13日攻陷南京。日军使用集体枪杀、活埋、刀劈、火烧等惨绝人寰的手段，经过六个星期的血腥屠杀，在南京杀害中国平民和被俘军人达30多万人。据1946年远东国际法庭不完全统计，六周内，侵华日军执行日本军国主义头目的命令在南京对我军民集体射杀、火烧、活埋达19万人，零星屠杀15万人！

图4-5　侵华日军在南京大屠杀

二、团体影响

（一）社会促进

社会促进（social facilitation）也称社会助长，指个体完成某种活动时，由于他人在场或与他人一起活动而造成行为效率提高的现象。一个多世纪以前，一个对自行车赛感兴趣的心理学家特里普利特（Triplett，1898）观察到：自行车手在一起比赛时，他们的成绩要比各自单独与时间赛跑时的成绩好。为了验证自己的这一观察，特里普利特做了一个实验研究。在实验中，他要求儿童被试以最快的速度在渔用卷轴上绕线。结果发现，当儿童们在一起做这件事时要比单独做时快得多。随后，其他人的实验也发现他人在场能够提高人们做简单乘法和划消指定字母等任务的速度。

然而，事情并非如此简单。对于更为复杂的任务，如解答复杂的数学题、记忆新的材料或写复杂的逻辑推论，他人在场或一起活动会使人们表现得更加糟糕。为什么他人在场有时促进而有时阻碍人们的表现呢？这里的重要原因是他人在场能引发个体的唤醒状态。这种唤醒状态会提高简单任务（其优势反应是正确的）的作业成绩，但会降低复杂困难任务（其优势反应是错误的）的作业成绩。一项研究发现，专业射击运动员单独射击时准确率为 71%，而有四个人在场观看时为 80%中靶。对于一个水平差的射击者来说，单独射击时准确率为 36%，而有他人观看时仅为 25%（Michaels et al.，1982）。热情观众的鼓励效应可能促进主场优势，这是许多运动队所喜爱的。对加拿大、美国和英国的 8 万多场大学及专业运动赛事的研究表明，主队大致会赢得 10 场比赛中的 6 场，其中棒球和橄榄球会少一些，而篮球和足球会多一些，见表4-2（Myers，2004）。

表4-2　大型团体体育比赛中的主场优势

运动项目	研究场数	主场获胜的百分比/%
棒球	13 665	54.3
橄榄球	2 592	57.3
冰球	4 322	61.1
篮球	13 596	64.4
足球	37 202	69.0

（二）社会懈怠

社会懈怠（social loafing）是指在团体中由于个体的成绩没有被单独加以评价，而是被视为一个总体时所产生的个体努力水平下降的现象。对社会懈怠现象的研究很早就有。据报告，19 世纪 80 年代，法国的一位农业工程师在一项工作效率的研究中，要求学生志愿者一起用力拉一根绳子，并用测力器测量其用力程度。有时候参与者独自拉绳子，有时候 7 个人或 14 个人组成一组拉绳子。按照社会促进理论，这些人在一起工作时比单独工作更努力。但事实恰好相反。当单独拉时，平均每个人拉动833牛顿；在7个人一组时，平均每个人拉动只有637牛顿；当增至14个人一组时，平均每个人拉动减少到597.8牛顿（Kravitz & Martin，1986）。后来的许多研究都发现了社会懈怠现象。在一个研究中，研究者让大学生被试用欢呼或鼓掌发出尽可能大的噪声，由独自一人、两个人一组、四个人一组，六个人一组各完成一次这样的任务。结果发现，随着团体规模的增大，每个被试发出的声音变小了（Karau & Williams，1993)。此外，社会懈怠现象也在完成智力任务中出现。

为什么会这样呢？人作为团体的一员，行动时会感到自己责任小，没有人会知道自己做得好不好。当个体认为自己的工作已湮没在团体之中，就会在团体中懈怠下来。因此，当团体规模增大时，社会懈怠程度就越大。解决社会懈怠的方法就是让每个人的贡献都可以被评估。当人们相信自己的贡献被评估时，社会懈怠就会消除。这也就可以解释为什么当和陌生人一起工作时社会懈怠程度最大，和熟人一起工作时社会懈怠程度降低，而当在一个高价值取向团体中时，社会懈怠就会消失。除非团体具有挑战性的目标任务，而且团体成员人数不多，个体感受到达成目标会被奖励，并把自己看成团队的成员时，才会努力工作。

（三）去个性化

在大规模的、互不认识的人群中——无论他们是高兴的（如体育观众）或是愤怒的（如骚乱暴动者），人们常常意识不到自己的个性，似乎把自己交给了整个人群的情绪和行为，这是一种去个性化现象。**去个性化**（deindividuation）是指个体把自己的情绪和行为融入群体情境的现象。人群中的个人被激发起来并处于匿名状态时，往往会产生去个性化现象。在一项实验中，纽约大学的女生戴着不能辨别个人身份的三K党风格的头巾，在这种情况下，她们对“受害者”所实施的电击量相当于她们的身份可以被确认的情况下的两倍（实验中的“受害者”其实没有遭电击）（Zimbardo，1970）。那些将脸部涂抹或戴面罩使自己无法被辨认的士兵们比那些露出面部的士兵更加倾向于对敌人进行杀戮、折磨和致残（Watson，1973）。不论是在聚众闹事场合、摇滚音乐会、球赛或是在礼拜活动中，进入去个性化状态的人们更能响应群体行为。

长期以来，去个性化一直被看作群众暴动的首要原因。依据这种解释，人群中去个性化的人“忘记了自己”，感到不必对自己的行为负责，因而他们比自己一个人时更有可能偏离社会规范和法律：打破商店橱窗，抢劫，打架，在体育事件中制造骚乱。但是，去个性化也并非总使人变得杀气腾腾、反社会，有时它也会使人变得更友好而亲社会。在各种场合的抢险救灾的活动中，那些素不相识的伸出援手者，在我们的社会里屡见不鲜。

当人们处于一大群人中间或陌生情境中时，真正发生的事似乎并非是他们变得“没有头脑”或“毫不抑制”，而是创造了一个特殊的去个性化状态，在这种状态下个体很少关注自己的价值观和行为，而关注群体及其情境。因此，如果所在的群体情境是反社会的，就会出现反社会行为；如果所在的群体情境是亲社会的，就会出现亲社会行为。

第五节 大众氛围

舆论、风俗和时尚等大众心理现象，也属于个人生活中的环境因素，它们对个人心理与行为所产生的影响同样不可小觑。

一、舆论

舆论（public opinion）即“公论”或公众意见，是指人们在共同关心的有争议问题上多数人意见的总和。不为人们关心又无争议的问题，不会成为舆论的对象。舆论的对象是人们关心的或有争议的社会事件、人物的言论和行为等，而争论之后所出现的多数人的意见，就是舆论。舆论在表达众人一般认知性见解的同时，其实还表达出众人的态度、信念、期待等，所以舆论是众人意见的总和。

舆论的形成有一个过程。首先是社会上发生了特殊事件或违反常规的行为，引起人们的注意；接着是社会各方面人士纷纷议论，交换看法，发表意见，或通过大众传播媒体公开表示意见，或在熟人、亲友间私下议论；在众人纷纷议论过程中，几种意见经过辩论，不断澄清事实，众人的认识和态度逐渐趋向一致，符合社会价值观的意见最后占了上风，于是便形成了舆论。随着互联网的普及，普通民众的声音也可以快速传播出去，更使得舆论的形成速度及产生的效力大大提升。例如，2011 年发生在佛山的小悦悦遭车碾压，7 分钟内 18 名路人漠视的事件，就在各大网站与论坛上引发了持续关注和激烈讨论，并逐渐形成了关于见死不救的社会舆论共识。

具体来说，舆论对个人的心理与行为所产生的影响主要表现在以下几方面。(1) 舆论是一种行为指导。人们往往借舆论来指导自己的行动。因此，真正代表民众利益的正确舆论，将引导个人走向积极向善的道路，而代表某个集团狭隘私利的舆论则可能使得个人误入歧途。(2) 舆论是一种社会力量。俗话说"众志成城""众怒难犯"，众人正当意见的舆论制造者和传播者个人会深切地感受到众人的力量，更坚定其信念和斗争的勇气，意欲压倒其他意见。(3) 舆论是一种社会压力。置广泛社会共识于不顾，冒天下之大不韪者，必然会受到舆论谴责，感到四面楚歌、众叛亲离，也可能因此而产生顺从行为。

二、风俗

风俗（folkways）是社会上自然形成的、多数人长期遵行的一种行为模式。其主要特点是自发性和持久性，即风俗伴随特定文化区域内的地理与文化特点自然形成，代代相传。人们将由地理条件的不同而造成的行为规范差异，称作"风"；将由社会文化的差异所造成的行为规则之不同，称作"俗"。"百里不同风，千里不同俗"则反映了风俗因地而异的特点。人生的几件大事，即出生、成年、结婚、死亡，各民族都有不同的风俗。从意识形态的特征上看，风俗可能是进步的，能振奋民族精神，促进社会的发展，也可能是落后的，阻碍社会进步。正月十五耍龙灯，端午节划龙船，是中华民族的传统风俗，反映了"龙的传人"勤劳、勇敢、聪慧、进取的民族精神；但表亲联姻、给妇女裹小脚等一些陈规陋习则长期禁锢人们的头脑，给整个社会带来危害。

风俗借助自然形成的社会力量对其社会成员的行为产生管控作用。因循旧例，遵行风俗，个人就容易受到其他成员的认同；独树一帜，违反风俗，个人就可能遭到众人的谴责与排斥，要承受巨大的心理压力。因此，人们都自觉不自觉地遵行它，顺从它。例如，春节全家团圆是我国的传统风俗，尽管现代社会越来越多的人外出求学、工作，时间紧，但一到这个日子，大部分的中国人还是会不远万里与亲人相聚，否则就会感到莫名的失落与不安。人一生下来就处于一定风俗的社会环境中，风俗渗透于个人社会生活所有领域，有民族风俗、地方风俗、职业风俗，还有校风、家风等，这些传统习惯潜移默化，对个人心理与行为产生着巨大的影响。

三、时尚

时尚（fashion）或流行是人们一时崇尚的样式。从服饰、发型等有形具体的东西，到歌曲、说话用词等无形抽象的东西，只要社会上一时崇尚，任何样式都可以成为时尚或流行。时尚古已有之，比如尚玉，比如喜肥。只是在现代社会大众传媒的持续推动以及各种商家的刻意经营之下，时尚的形成、发展、传播和衰退都日益加快，种类也日益繁多。流行音乐、流行装扮、流行语、流行动作、流行彩铃甚至流行的思维方式等各种流行元素充斥着社会，或多或少地影响着人们的生活。

时尚或流行有两个显著特点。一是反传统性，包括新奇原则与立异原则。传统带有守旧性和不变性，时尚则超出传统样式，追求新奇，追求入时，并且越新奇、越入时，就越时尚，此即时尚的新奇原则。传统是一般人习惯化的生活方式，时尚则追求超出习惯化的样式，与一般人不同，并且越与多数人不同，就越合时尚，此即时尚的立异原则。二是一时性，即只在一个时期里合时。从时尚或流行的发生到习惯化或消亡所经历的时间称为“时尚寿命”或“流行时期”。时尚开始时仅被社会上少数人所采用，随后被人们注意、模仿而风行起来；而一旦被社会上大多数人所采用，或习惯化了，也就不再成为时尚了。因此，时尚的流行，常有两种相反的心理交织在一起：一方面是求新求异，追求表现个性，使自己的优越感得到满足；另一方面是从众、认同，追求合乎社会流行的标准。

广义地说，时尚包含时髦、摩登、时狂等流行现象；狭义地说，这些现象和时尚有程度、规模和持续时间上的区别。时髦仅流行于社会上层极少数人，以极端新奇而异于他人，一时也可以引起少数人的模仿，但寿命很短。摩登比一般时尚更超前，更具审美冲击，也属于上层的流行现象。时狂则往往更不合理，更剧烈，是流行于社会下层的尘俗现象，时间更短暂。随着时代的变迁，不仅时尚的生灭速度加快，其原有的自上而下的结构也不再稳定，社会中下层开始为社会提供时尚，出现了时尚自下而上的渗透，时尚的物质含量也随之下降。

时尚对个人行为的影响受多种因素的制约。就年龄段而言，年轻人显然比幼儿和老人受到的影响要大；就个人性格而言，活泼的人较易受感染，保守人士则较难接受；就地区而言，城市中时尚变迁较快，对人的影响较大，而农村中生活较稳定，风俗、传统的力量较大，时尚变迁较慢，对人的影响较小。

【专栏4-4】

社会排斥

社会排斥（social exclusion）是一种普遍存在的现象，是由于为某一社会团体或他人所排斥或拒绝，一个人的归属需求和关系需求受到阻碍的现象和过程，有多种表现形式，如排斥、拒绝、孤立、无视等（杜建政、夏冰丽，2008）。人是一种社会性动物，必须依靠群体才能获得更好的生存、繁殖及发展机会，如果遭到社会排斥，其生活就会受到严重威胁。社会心理学家对社会排斥的研究始于20世纪90年代，校园枪击案的频发更促使研究者关注社会排斥现象。研究者分析了发生于1995—2001年的15起校园枪击案，发现13个主犯都曾遭受排斥，因此认为排斥与攻击行为之间可能存在密切联系（Leary et al.，2003）。2004年发生在云南大学的在宿舍连杀四人的“马加爵事件”，也是这样一个典型案例。社会排斥使得某些个体不顾后果，报复排斥他的人，甚至伤害无辜他人，其行为难以预测，对社会公共安全来说是一个潜在的威胁。另外，被排斥的个体恢复归属感的愿望非常强烈，也许会加入任何愿意接纳他的群体，甚至是邪教或极端主义组织（Williams，2007）。

美国社会心理学家鲍迈斯特（Roy Baumeister）等人对社会排斥进行了很多研究。研究发现，社会排斥导致个体处于一种麻木状态，包括情绪上的麻木和生理上的麻木。被排斥者处于情绪麻木状态，情绪系统似乎关闭了，这种防御性反应使个体的痛苦暂时降低，从而有能力来应对排斥事件，正如动物受到伤害时会释放类阿片样物质（opioid）暂时降低痛苦以有效应对威胁性事件一样。但情绪麻木也使个体难以对情绪性事件做出准确评估，以致出现种种不适应行为。如共情依赖于情绪体验，社会排斥导致的情绪麻木破坏了个体的共情关注，进而减少了个体的亲社会行为（Twenge et al.，2007）。生理上的麻木则体现在对生理痛苦的敏感性降低，这和情绪上的麻木是密切相关的（DeWall & Baumeister，2006）。

研究证明，社会排斥破坏了自我控制，被排斥者是不愿意而不是没有能力进行自我控制，在提供金钱刺激或提高自我觉知的情况下，被排斥者也能进行有效的自我控制（Baumeister et al.，2005）。对此，研究者认为，人与社会之间有一种协议，个体通过自我控制克制一些自私的欲望来获得社会的接受，从而更好地生存下来。如果自我控制失败，个体就可能遭到社会排斥，而社会排斥也使得个体不愿进行自我控制。自我控制失败会导致攻击行为增加（DeWall et al.，2007）、亲社会行为减少（Gailliot et al.，2007），因而自我控制失败说可以解释被排斥者的部分行为。

最后，自尊的社会计量器理论认为自尊反映了个体被他人接受的程度，当遭到拒绝时，个体的自尊水平会降低（Leary，1999）。研究者一般都认为社会排斥会降低自尊，元分析的结果也表明被排斥者的自尊降低了（Gerber & Wheeler，2009）。但也有研究发现排斥对状态自尊没有影响（Twenge et al.，2003），还有研究发现排斥没有降低自尊，而接受可提高自尊。被排斥者的自尊没有显示出变化可能是一种防御性反应，若延迟测量自尊可能会发现其明显降低，给予被试持续的排斥也可能导致自尊出现显著变化（Blackhart et al.，2009）。另外，排斥对状态自尊的影响可能存在个体差异。例如，研究发现低自尊者在拒绝启动后做出更消极的自我评价，而高自尊者的自我评价没有发生变化（Sommer & Baumeister，2002）。还有研究提出社会排斥会威胁男性的效能需求和女性的关系需求，并反映在自我关注程度的变化上。实验结果证实，遭遇社会排斥后男性自我关注程度上升，而女性自我关注程度下降了（王紫薇、涂平，2014）。值得注意的是，和情绪的测量一样，对状态自尊的测量多采用自我报告法，被试可能不愿承认自己的自尊下降了，采用内隐的或生理学指标也许更能揭示自尊的真实变化。（采自程苏等，2011）

【复习与思考】

1. 解释：环境，自然环境，社会环境，物理环境，心理环境，行为环境，生态系统理论，空气污染综合征，噪声，社会密度，拥挤，文化，亚文化，社会影响，从众，服从，角色，社会促进，社会懈怠，去个性化，舆论，风俗，时尚，社会排斥。

2. 举例说明环境对人的心理的普遍制约作用。

3. 如何看待文化传统对人的心理与行为的影响？

4. 讨论网络对人的心理与行为的影响。

5. 阿希经典从众实验的设计有何巧妙之处？

6. 米尔格拉姆的服从实验给我们哪些启示？

7. 举例说明舆论、风俗和时尚对个体心理与行为的影响。

【扩展阅读书目】

1. 章志光主编：《社会心理学》，人民教育出版社 2008 年版。

2. 金盛华主编：《社会心理学》，高等教育出版社 2010 年版。

3. 乐国安主编：《社会心理学》，中国人民大学出版社 2013 年版。

4. [美] 戴维·迈尔斯著，侯玉波等译：《社会心理学》，人民邮电出版社 2006 年版。

5. [美] E. 阿伦森著，邢占军译：《社会性动物》，华东师范大学出版社 2007 年版。

6. [美] 菲利普·津巴多、迈克尔·利佩著，邓羽等译：《态度改变与社会影响》，人民邮电出版社 2007 年版。

7. [美] 詹姆士·道尔顿等著，王广新等译：《社区心理学——联结个体和社区》，中国人民大学出版社 2010 年版。

8. [美] 埃里克·希雷、戴维·利维著，侯玉波等译：《跨文化心理学——批判性思维和当代的应用》，中国人民大学出版社 2013 年版。

第五章　毕生心理发展

心理发展不仅仅发生在儿童身上，而是存在于所有年龄的个体中；心理发展包含着各种各样的变化，不仅是指增长和获得，也包含衰老和丧失。人的毕生发展（life span development）是指人类个体从受精卵开始，逐渐发育、成熟直至死亡，整个生命全程的与年龄有关的那些变化过程。这里所讲的变化，是指那些有序的、模式化的和相对持久的变化，可以用多维度、从多方向来加以描述。多维度是指心理的不同方面可能会同时表现出不同的发展进程，而多方向则强调在一些功能稳定甚至提高的同时，另一些功能正在退化（老年人尤为明显）。影响毕生发展过程的因素很多，主要有与年龄相关的因素，也有在特定年龄段一般都会遇到的事件（如入学、青春期等）、与历史有关的事件（如新中国成立、“文化大革命”、互联网等）以及偶然事件（如事故、移民等）。虽然发展心理学家最关注与年龄有关的影响，但毕生发展观的贡献之一是使人们开始重视历史事件对人生的影响。同时，偶然事件的影响也表明，发展过程绝不是标准化的，在特定个体身上发生的一些特殊事件会对其以后产生相当大的影响。心理学家对个体发展的研究曾经主要集中在个体成年之前的阶段。20 世纪 60 年代以后，随着系统科学方法的进步以及社会逐步向老龄化过渡，人的毕生发展逐渐成为发展心理学的主要研究范畴，即对生命全程进行研究。

第一节　心理发展的基本观点

经过多年的努力，心理学家对心理发展的研究已经形成了一些具有共识性的观念，其中最主要的有以下四点。

一、遗传与环境的交互作用

天性与教养争议（nature-nurture controversy）是指遗传与环境两大因素在个体心理发展上孰轻孰重的争议。这一争议持续数千年而不衰，原因是任何单一的因素都不足以解释个体差异的事实，而且遗传与环境两因素的影响也因指向个体不同的心理特征而不同。在科学心理学兴起后的20世纪之初，结构主义倾向于重视天性，行为主义则倾向重视教养。如今心理学家们对此更为普遍的看法是，个体的身心发展是遗传与环境交互作用的结果。形象地说，遗传与环境不是相加而是相乘的关系，而且也不是遗传与环境各占百分之多少的问题，而是都要百分百地起作用。从受精卵开始，遗传就与环境发生动力的交互作用。但在发展的不同时期，遗传与环境交互作用的表现方式不同，主要有三种表现方式。

（一）反应的交互作用

反应的交互作用（reactive interaction）是指面对环境刺激，不同遗传基因的个体会以不同的方式来对其做出反应。有人以为，平静漂浮的胎儿在子宫中是熟睡的，这其实是一种误导。胎儿从一开始就是活动的，起先是不自主运动，如心跳，然后发展出大量协调的运动。随着胎儿的发展，心跳减慢（但更具变化），对刺激的反应更有力。有研究显示，子宫中胎儿的行为反应有性别差异，男胎比女胎更活跃（DiPietro et al.，1996）。怀孕20～25周后，胎儿对声和光有不同的反应（Nilsson & Hamberger，1990；Pujol et al.，1990）。刚出生的正常婴儿看上去只会吃、睡、哭、流口水，以及有其他为数不多的反应。但婴儿也不是一块白板，等着人们去描绘。婴儿一出生，就表现出其特定的行为模式的先天倾向，显示出气质上的差别。一些婴儿较“亲近”，另一些则较“退缩”（Thomas & Chess，1996）。有亲近反应特点的婴儿往往对新环境和刺激（如新食物、玩具、人或地点）反应积极。有退缩反应特点的婴儿往往对新环境和刺激反应消极，要么哭闹，要么焦虑，要么通过其他方式表明其不安（Chess & Thomas，1987）。还有研究表明，在子宫中心跳快的婴儿更有可能成为内向、胆怯的儿童（Kagan，1994）。而内向、胆怯的婴儿与外向、活泼的婴儿之间心率的差异在两周大时就已清晰可见（Snidman et al.，1995）。这两类孩子对于父母的体贴关怀的反应是不同的。反应的交互作用在个体的毕生发展过程中都在起作用。

（二）唤起的交互作用

在现实生活中我们可以观察到，婴儿与生俱来的特质会诱发其看护者做出不同的回应。**唤起的交互作用**（evocative interaction）是指个体的行为特征会招致人们对其的不同反应。例如，易哄、爱笑的婴儿比烦躁不安、大哭大叫的婴儿会得到父母和其他人更多的关怀，温顺的孩子比惹是生非的孩子会受到父母较少的限制和训斥。父母的教养方式往往是由孩子的天性所唤起的。有人说父母的某种教养方式塑造了儿童的某种性格特征，其实儿童天性的特质也会塑造父母的教养方式。同理，勤奋的成人与懒惰的成人从社会中得到的回报也是不同的。唤起的交互作用也是贯穿于人的毕生发展的。

（三）超前的交互作用

超前的交互作用（proactive interaction）是指个体主动选择和创造他们所喜欢的环境，而这些环境反过来又进一步作用于个体。孩子长大了，有一定的主动性之后，便产生超前的交互作用。一个攻击性强的儿童常选择与小伙伴们在一起打架闹事的地方，而不会独自一个人待在家里，这一环境反过来又强化和维持了他的攻击行为。如果不允许他外出到惹是生非的地方去找小伙伴们，那么他将会创造条件，例如把小伙伴们邀请到家里来，主动地促成有利于攻击性发展的环境。同样，一个有音乐天赋的儿童会努力寻找机会，使自己置身于与音乐有关的环境中。是我们自己创造了自己的经历，在某种意义上正是因为我们拥有某种遗传基因。

上述三种遗传与环境的交互作用方式在个体发展不同阶段的表现强度是不同的。个体在出生前的发展，主要由遗传因素决定。个体出生后的婴幼儿期，仅限于在父母所提供的环境中活动的时候，其基因型与环境的内在相关非常显著。随着儿童的成长，他们开始选择和建构自己的环境，基因型与环境的最初相关逐渐为超前的交互作用所代替。而反应的交互作用和唤起的交互作用在生活中仍具有重要作用。

二、发展的连续性与变化性

随着年龄的增长，个体的特征会在多大程度上保持不变，又有多少会在发展过程中发生变化？这两者是同时存在的。连续性肯定存在：我们从童年到老年，始终都是同一个个体。**发展的连续性**（development continuity）是指个体特征不因年龄增长而发生改变。当然，这并不是说个体特征在表现上是完全相同的。一个人可能从童年到老年都保持很强的外向性，但他在年轻和年老时表现出这种外向性的方式是完全不同的。因此，连续性不是指行为上的完全一致，而是指在不同的年龄，个体特征之间有着某些联系。这意味着，我们可以通过个体早期的行为来预测其后来的特征。如果个体心理特征在某种程度上是保持不变的（虽然在不同年龄时有不同的表现，却有着同样的加工过程），那么我们就有可能去预测其未来的发展，因而也就有可能对个体进行干预和帮助。

其实，个体发展也是变化的。**发展的变化性**（development change）表现不同，例如个体心理特征随着年龄的变化而变化，又如个体在发展过程中会不时地遇到转折点，它可能导致个体发展轨迹的变化。所谓**转折点**（transition point），是指个体在发展过程中在几种途径中做出选择，从而导致个体生活环境的根本性变化。例如，是待在学校还是离开学校？找一份无需技能的工作还是继续学习深造？是与这个人结婚还是与那个人为伴？这些都是人们所面临的选择，这些选择都会对人生产生深远的影响。无论选择哪条路，都有可能增强或降低先前经历的影响，都会深刻影响个体未来的发展方向。

三、发展中的个别差异

个体身心发展既有量变，又有质变。个体身心发展的历程具有阶段性的特征，也就是说，个体发展各阶段的身心特征不只是量的增加，而且有质的改变。人类生理心理发展在各个年龄阶段中大多数个体所表现出来的共同特征称为**年龄特征**（age characteristic）。而个体在成长过程中由于受遗传基因与环境的不同影响，不同个体之间在身心特征上各不相同的现象，称为**个别差异**（individual difference）。同年龄的儿童在身高、体重、认知能力、社会行为等方面的平均值，可视为该年龄的年龄特征，从中我们也可以了解到儿童高于或低于平均值的个别差异。

从年龄上看个别差异，每个发展阶段中的个体就心理学的意义而言，有两种年龄：一种是实足年龄，即个体自出生之日算起的年龄；另一种是发展年龄，指代表身心发展程序的年龄。两种年龄接近或相等，表示个体发展正常；发展年龄大于实足年龄，表示个体的发展较一般人早熟（身体的或心理的）；发展年龄低于实足年龄，表示个体的发展较一般人晚熟。

每个人类个体都生活、成长于特定的社会与文化环境中，因此个体的发展过程必然会打上特定的社会历史和文化的烙印。例如，不同民族的人生活在不同的居住区域，具有不同的儿童保育传统，这造成不同民族儿童在某些方面具有不同的发展过程，形成了不同的民族特性。甚至不同物质生活和文化教育条件也能够使某一地区的儿童在推理能力的发展上要晚于其他地区（左梦兰、陶云，1994）。

四、心理发展的研究设计

（一）横断研究

横断研究（cross-sectional study）就是在同一时间内或较短时间内对某一个年龄或某几个年龄层次的个体或个体群组的发展水平进行观测与研究，并加以比较的一种研究设计。例如，在教育部1983年批准的研究项目“中国儿童、青少年发展特点与教育”中，50多个心理学教学与研究机构的200多位研究者对当时中国儿童、青少年的发展特点进行了广泛且规模空前的研究，其中大多数研究均是在一个时间断面上对多个年龄阶段的儿童、青少年进行研究（朱智贤，1990）。

横断研究的优点是显而易见的，使用这一研究设计可以在短时间内大量收集多个年龄阶段研究对象的研究资料，显得较为经济；而对多个连续的年龄阶段进行研究也可以在一定程度上对发展规律进行归纳和概括。然而在这一研究设计的使用中，多个年龄阶段研究对象会受世代变迁现象的影响，即由于不同年龄阶段的研究对象处于不同的世代，其生活成长的环境也就各不相同，世代变迁引起的变化与单纯的年龄发展会相互纠缠在一起，致使不同年龄阶段的发展水平具有质的不同。

（二）纵向研究

纵向研究（longitudinal study）是另外一种研究设计，是指对某一特定个体或某一组特定的个体随着其年龄的增长在其发展的不同阶段系统地进行反复观测，从而取得连续性的发展资料。纵向研究对相同个体的发展历程进行追踪，所得到的资料反映了个体实际的发展变化过程，使得研究可以系统而详细地了解连续性发展过程中量变与质变的规律。例如，美国心理学家推孟(Lewis M. Terman)在20世纪20—50年代对大量个体的智力发展进行了追踪研究，积累了从儿童到成人智力发展的丰富资料（Hamilton，1992)。最近国内一项研究即采用了追踪设计，考察了COMT基因rs6267多态性与母亲教养行为对青少年身体攻击和关系攻击的交互作用，结果表明两类攻击具有不同遗传基础和发生机制（曹丛等，2014)。

相对而言，纵向研究的使用要大大少于横断研究。由于在长时间的研究过程中各种支持条件发生变化的可能性较大，纵向研究开展起来较为困难。比如，在长时间的追踪过程中，研究对象有可能因为各种原因而流失，研究经费和其他社会支持（例如政府和公众的参与程度）可能较难维系。更为重要的是，随着时间的推移，社会、环境和文化条件都会发生变化，当初的研究设定就可能不适用了，对发展造成影响的变量可能增多了，也可能改变。特别是处在社会运动较为迅猛的背景下，这些统称为世代变迁的现象对纵向研究所造成的影响就特别明显。

（三）断代-序列研究

由于横断研究和纵向研究都存在自身难以克服的缺点，心理学家们提出了将两者结合起来的第三种研究设计，即**断代-序列研究**（cohort-sequential study)。断代-序列研究结合横断研究和纵向研究的做法，同时对不同年龄组的研究对象进行追踪。这样既可以获得多个时间断面上多个组群的静态资料，同时也可以分别获得多个年龄组的纵向发展资料。使用这种研究可以获得更为全面的研究资料，在一定程度上同时克服了横断研究和纵向研究的不足之处，保留了其长处。不过，采用这种研究可能存在的问题是研究过程也许会更难操作，同时横断研究和纵向研究的不足也许会同时发生作用。

【专栏5–1】

中西方的发展观

在中华文明发展的漫长岁月中，涌现出了许多关于心理发展及儿童、青少年教养的思想和观念。孔子对自己的人生经历总结道："吾十有五而志于学，三十而立，四十而不惑，五十而知天命，六十而耳顺，七十而从心所欲，不逾矩。"（《论语·为政》）对其弟子们告诫曰："少之时，血气未定，戒之在色；及其壮也，血气方刚，戒之在斗；及其老也；血气既衰，戒之在得。"（《论语·季氏》）这些言论体现了孔子相当具体的毕生发展观，同时，也明确地指出心理发展所具有的连续性和阶段性，提出了年龄特征与心理发展阶段论（高觉敷，1985）。孔子的这些观念对后世的影响是广泛而深远的，成为其后两千多年直到今天中国人的人生过程的写照。

在中国的主流文化价值传统中，儿童和老人都被看作社会的财富，尊老爱幼是中华民族的传统美德。儿童、青少年在我国传统文化中通常被看作父母或家庭的希望，所以其教养受到无比的重视，相应的儿童观及发展观思想也同样很丰富。隋朝的颜之推是这方面一个比较著名的人物，其《颜氏家训》中包含了丰富的早期教育思想和发展心理学思想，对后世的影响很大。与颜之推相类似的其他人物有贾谊、朱熹、王守仁和张履祥等人。这些思想家的重要特点就是重视道德品质及行为习惯的养成，同时特别强调个体成长的早期教育（唐淑、钟昭华，1993）。老年人在中国传统文化中被强调的是其丰富的经验与智慧。所以如何使老年人能够颐养天年，保持必要的生理机能和认识机能，从而很好地发挥老年人的优势是一个重要的问题。我国传统医药中关于衰老和养生的观点包含了丰富而宝贵的发展心理学思想。

可以说，中国文化传统中的发展心理学思想和观点是很丰富的，其中的许多内容直到今天仍然影响着中国人的生活和成长进程。当然，其中既有精华，也有糟粕，应该辩证地加以看待。

反观西方文化传统中关于心理发展与儿童、青少年的教养观念，则具有与中国传统文化截然不同的特征。西方文明有记录的历史一般追溯到古希腊、古罗马时期，从那时起直至工业革命基本完成的17、18世纪，儿童一般是不享有基本的人权的。在古希腊、古罗马时期，父母可以随意地以丑陋、残疾、血统不纯等理由而采用杀死、虐待等方式来对待自己的子女。在古希腊的城邦中，斯巴达人对儿童的教育是以残酷著称的。一直到12世纪在欧洲的基督教国家中杀婴行为才在法律上被等同于谋杀。在工业文明得到发展的时代，也许是出于各种宗教的、经济的甚至是比较浪漫的考虑，一些思想家或教育家们开始强调儿童与成人是人生不同的阶段，应该重视与之年龄特点相适应的教育。这一时期霍布斯、洛克和卢梭等思想家提出了自己关于儿童发展的观点。到了19世纪的晚期，研究者们开始对儿童发展进行系统的观察与研究。最早的研究者以观察自己的孩子进行**传记研究**（biographic research）而著称。达尔文可能是其中最有影响的一位了，他详细地记录了自己孩子的成长过程。传记研究不严密，主观性强的特点是显而易见的，但它提供了进一步研究的问题，是迈向有关人类发展的科学研究的第一步。

1882年，德国生理学家和实验心理学家普莱尔（William Thierry Preyer，1841—1897）撰写的《儿童心理》一书（内容是他对自己的孩子从出生到3岁每天进行的系统观察，有时也进行一些实验性的观察）出版了，这一事件被认为是现代儿童心理学的开端。而霍尔则被公认为现代儿童发展心理学的创建者，他为发展心理学甚至整个美国心理学的创建做出了巨大的贡献。霍尔的许多工作是开创性的，他首次在发展研究中使用问卷法，撰写的有关青春期的著作首次出版，他让人们认识到青春期是一个独特的发展时期。自那以后的一个世纪以来，发展心理学理论已经形成了精神分析的、学习论的、认知发展的、习性学的、生态学的等多种研究取向。

第二节　孕期与婴儿期

一、出生前的发展

生命的孕育开始于两性交合时女性的卵细胞与男性的精子相遇，并形成受精卵。受精后的两周称为受精卵发育阶段，即**胚芽阶段**（germinal period）。在这个阶段，外胚层细胞迅速分裂形成了神经管，这是神经系统的原型。细胞分裂第二周结束时，受精卵已经分裂成了一个细胞团，称为**胚胎**（embryo）。在发展中的胚胎期阶段（第三周至第八周），心脏、神经系统、胃、食道和卵巢或睾丸形成。心跳是最早的行为，大约始于第三周。第九周的胚胎已经像一个人了，可以分辨出眼睛、耳朵、鼻子、下颌、嘴和嘴唇。胳膊也形成了肘、手和短粗的手指，同时腿形成了膝、踝和脚趾。这之后到出生的一段时间称为**胎儿阶段**（fetal stage）。大脑在子宫中成长时，大约每分钟能产生 25 万个新的神经元，出生时可达到超过 1 000 亿个神经元。对人类和许多其他哺乳动物来说，神经元细胞的繁殖和迁移到正确的位置主要在孕期进行，而轴突和树突的分支发展主要在出生后进行。到第六个月末，胎儿已可以对声音做出反应。子宫内的麦克风记录显示，胎儿暴露于母亲模糊的声音中。与其他女性的声音和父亲的声音相比，刚一出生的婴儿更喜欢母亲的声音。

遗传和环境因素影响着生命的孕育期。母体由胎盘向胎儿输送营养和氧气，同时也屏蔽很多潜在的有害物质，但也会让致畸原（如病毒、药物等有害物质）通过。发育的不同阶段和不同器官对致畸原的敏感性是不同的。中枢神经系统在发育的各个阶段都很脆弱，最容易受到伤害。例如，如果母亲感染风疹，生命孕育处于胚胎期，有一半以上的婴儿心理发育迟缓。如果母亲艾滋病呈阳性，就会在怀孕或分娩时把病毒传给孩子（这类孩子中约有三分之一感染此种病毒）。艾滋病病毒会对大脑造成破坏，引起注意、记忆、运动控制和推理能力的障碍（Clifford，2000）。酒精不仅会对从胚胎期开始的整个妊娠期的胎儿产生影响，而且也会伤害受孕前的卵子。怀孕时吸食海洛因或可卡因会导致新生儿身体缺陷、性情暴躁、睡眠和注意障碍（Vogel，1997）。母亲怀孕期吸烟会导致流产率高、新生儿体重轻、死胎和婴儿早夭等（Fried & Watkinson，2000）。母亲生活压力过大也会危及发育中的胎儿，使孩子注意困难、异常焦虑及有异常的社会行为（Weinstock，1997）。而生活在良好环境中的孕妇对胎儿的健康发展有利，如研究发现音乐胎教及孕期的社会支持等都会对胎儿造成潜在的好影响（Lafuente et al.，1997）。

二、婴儿期的发展

婴儿期自出生至18个月或2岁止。这一时期虽只约占生命全程2%的时间，但它是发育中非常繁忙、最引人注目的阶段。

（一）体能发展

生命的前两年，身体发育速度最快，身高和体重分别可以达到出生时的1.75倍和4倍。如果提供充分的营养，婴儿的身体发育相对是可以预测的。但因为人们有不同的遗传基因程序，相同的营养也不可能使所有孩子在所有年龄上都达到同样的发展结果。个体的身体发育遵循从上到下、由近及远、先粗后细的模式，即身体的发展从头、身体的中心、粗大简单的活动开始，逐渐到四肢和手脚的复杂技能。

婴儿期身体的各个系统发展的速率也是不同的，神经系统发展最快。早期的脑发展为将来的体能、认知和情绪发展奠定了基础。从功能上看，新生儿的中枢神经系统在出生时很不成熟。虽然大脑相对较大（大约占身体的1/4，成人的这种比率是1/10），但大脑的大部分区域依然没有发挥作用（除了脑干，脑干参与呼吸、睡眠和体温度控制）。大脑联络区的活动在生命的最初几个月，得到非常迅速的增长。到2岁时，大脑生成了大量的神经细胞及神经细胞间的联结（图5-1）。此后，某些联结开始衰减，大脑将摒除那些无用的联结，以便保留那些有效的、组织良好的联结。这个过程在儿童发展的早期始终进行着，并明显地受到儿童生存环境的影响。婴儿的大脑可塑性最高。此后，随着时间的推移，可塑性逐渐消失（Kolb & Whishaw，1998）。

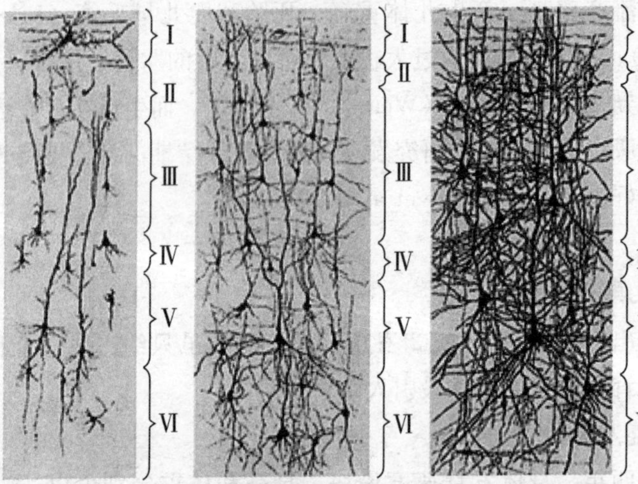

图5-1 神经联结的发展

刚出生的新生儿不能进行有目的的行为，但具有一些不经过学习的反射。反射是对事件的自动化反应。有些反射是明显的生存反射，例如吸吮反射是获取营养的反射，探源反射具有探究的生存意义。**摩洛反射**（Moro reflex）是一种受惊后张开双臂和双脚，然后向中央部位收回的反应。这可能是人类早期进化时适应环境的遗迹，它对生活在树上的灵长类动物的“婴儿”十分重要。尽管反射行为看来似乎是刻板的、不可调控的反应，但是婴儿很快就开始锻炼对导致反射行为的某些情境进行有限的控制。在不饥饿的时候，婴儿会移开其脑袋或噘起小嘴以避免可能导致吸吮反应的刺激。这种对身体的自主控制是运动技能发展的基础，随着婴儿肌肉和神经系统的发展，更多的运动技能出现了。通常是，婴儿先会翻身，然后才能不用支撑坐起来；先会四肢爬行，然后才学会行走。基因对这些行为反应的发展顺序起主要作用。

（二）认知发展

新生儿的视觉系统不成熟，看到的世界模糊不清。6个月婴儿的视敏度提高了4倍或者5倍。2个月的婴儿能初步分辨颜色，看红色和蓝色的时间要比看其他颜色更长些。他们更喜欢看脸，出生后的第二天，便已认出并且更喜欢母亲的脸（Morton & Johnson，1991）。在醒着的时候，他们保持双眼张开，甚至在黑暗中还保持搜索性的眼动，用眼睛广泛搜索轮廓。当发现轮廓的时候，他们用较短暂的眼动来扫视轮廓。婴儿已具有一些视知觉能力，如知觉恒常性在个体出生时已经具备，而双眼视觉将客体区分开的边缘识别能力在4个月左右时迅速发展起来。长到7个月，婴儿对各种单眼、双眼和深度线索敏感度增加，同时他们的错觉、主观轮廓等能力已经和成人差不多了。婴儿在出生前已具有听觉，在出生后的几天中已能够分辨不同的声音，并且更喜欢母亲的声音。到6个月的时候，婴儿不仅学会分辨范围广阔的人类声音，而且已经开始为很多声音赋予意义。婴儿对气味具有较高的敏感性，更喜欢母亲身上的气味。

婴儿记忆的持续时间一般要比成人的要短得多。生命最初的一年半中，记忆持续时间会逐步变长。据研究，婴儿记忆的发展可分为三个连续阶段（Perlmutter，1980）。第一阶段，婴儿的记忆好像神经细胞被激活的过程。随着婴儿对刺激越来越熟悉，适应所需时间变得更短些。2～3个月大的婴儿可以再认出几天前挂在其床上方的运动物体。第二阶段，约3个月大开始，婴儿成功完成有目的的行为会不断增多，如能积极地看和寻找，开始伸手接近甚至开始抓握，表明已能够辨认出事物和人。第三阶段，8个月左右开始，婴儿的记忆已开始像成人的记忆，能记住较抽象、符号性的东西。例如，能记住模糊不清的物体、“较大的”人。2岁的婴儿开始理解诸如“记住”“想一想”“知道”“假装”等智力术语，表明记忆有明显的发展。

（三）社会性发展

人生来就是一个社会动物。婴儿的社会交往始于他和养育者之间的密切关系。出生后约一个小时，如果婴儿待在母亲的身边，就会注视母亲的脸，而母亲也会注视他，并轻轻抚摸他。后来婴儿要引起父母的注意时会发出咕咕和咯咯的声音，以吸引他人特别是其父母和养育者。从8个月左右开始，婴儿见到陌生人时会哭闹，发展出一种对陌生人的恐惧，称为**陌生人焦虑**（stranger anxiety），同时依恋着自己熟悉的养育者。

依恋（attachment）是婴儿依附于养育者（大多是母亲）的一种社会情绪性联系。依恋关系不是先天预定的，而是后天形成的。一些因素的共同作用形成了亲子联结。出生后婴儿逐渐对那些给予舒适的身体接触、熟悉且对其需求有反应的人形成依恋（通常是其父母）。据鲍尔比（Bowlby，1969）的研究，婴儿依恋关系的形成可分为四个阶段。(1) 前依恋关系阶段(约在第一个月)。其典型特征是预适应性，好像为婴儿预先安排了与人类的交流，例如婴儿对人类声音和面孔的偏好，其运动与成人言语保持同步，视力范围大概是能看到母亲面孔的距离。(2) 形成中的依恋关系阶段(进入第一年的上半年)。其典型特征是婴儿的哭叫、微笑、吸吮、固定不动、黏附依靠、观看及眼睛追随移动的行为与重要成人保持联系已清晰可辨。婴儿表现出对熟悉面孔微笑，对不熟悉面孔的微笑反应明显减少。(3) 明显的依恋关系阶段(第一年的下半年)。婴儿有明显的依恋行为，不仅通过微笑、哭叫、伸手接近等方式吸引母亲的注意，还能够爬行，抱住母亲的腿，攀附在母亲身上，用双手抱住脖子或紧紧抓住围裙后面耷拉下来的带子等。(4) 纠正目标的依恋关系阶段(第二年)。婴儿已有了自我观念，开始理解他人的某些观点，逐渐学会对他人和父母的行为结果做出推断。随着对因果关系的认识，婴儿会用更微妙的方式依附于母亲，甚至控制母亲。

不同类型的依恋关系对孩子今后的行为有重要的影响。安全型依恋的孩子在幼儿园和学校表现出更有能力、更独立自主、更好奇、更有弹性(Pianta & Ball, 1993)。他们也更自信，更具有社会能力。无组织或无定向型依恋的孩子很可能在应对压力方面有困难，有更多的问题行为(Van Ijzendoorn et al., 1999)。而不安全型依恋的孩子很可能在今后的生活中表现出焦虑与机能上的紊乱(Chatoor et al., 1998)。

【专栏5-2】

视崖

许多心理学家认为，我们最重要的视觉能力就是深度知觉。这种能力究竟是天生的还是后天习得的？为了能在实验室里进行科学的研究，吉布森和沃克(Gibson & Walk, 1960)设计了一种被称为**视崖**(visual cliff)的装置。此装置有一张1.2米高的桌子，顶部是一块透明的厚玻璃，如图5-2所示。桌子的一半(浅滩)是用红白格图案组成的平实桌面；另一半是同样的图案，但它在桌面下面的地板上(深渊)。在浅端和深端中间是一块0.3米宽的中间板。

图5-2 视崖

这项研究的被试是36名年龄为6～14个月的婴儿。这些婴儿的母亲也参加了实验。每个婴儿都被放在视崖的中间板上，先让母亲在深的一侧呼唤自己的孩子，然后再在浅的一侧呼唤自己的孩子。结果，9名婴儿拒绝离开中间板。研究者没有解释这个问题，这可能是因为婴儿太过固执。当另外27位母亲在浅的一侧呼唤她们的孩子时，所有的孩子都爬过去了。然而当母亲在深的一侧呼唤他们时，只有3名婴儿极为犹豫地爬过视崖的边缘。当母亲从视崖的深渊呼唤孩子时，大部分婴儿拒绝穿过视崖，他们远离母亲，爬向浅的一侧，或因不能到母亲那儿而大哭起来。婴儿已经意识到视崖深度的存在，这一点几乎是毫无疑问的。"通常他们能透过深的一侧玻璃注视下面的深渊，然后再爬向浅滩。一些婴儿用手拍打玻璃，虽然这种触觉使他们确信玻璃的坚固，但还是拒绝爬过去。"

这些研究结果能证明人类知觉深度的能力是天生的而不是后天习得的吗？明显不能！这是因为，这项研究中所有婴儿至少已经6个月大了，他们可能通过尝试和错误而学会了知觉深度。然而6个月以下的婴儿由于不具备自主运动的能力，所以不能参加实验。吉布森和沃克用各种动物作为实验参照。结果发现，所有种类的动物，如果它们要生存，就必须在能够独立行动时发展感知深度的能力。对人类来说，这种能力到6个月左右才会出现；对于鸡、羊来说，这种能力几乎是一出生（一天之内）就出现了；对于老鼠、猫和狗来说，大约在4周时出现这种能力。因此吉布森和沃克得出结论：深度知觉能力是天生的。因为，如果通过尝试和错误而获得这种能力，可能会带来过多潜在的、致命的危险。至于为什么仍会有那么多的儿童摔跤，他们解释说，这是因为婴儿的深度知觉能力比他们的行动技能成熟得早。实验中，许多婴儿在中间带转身时，会借助深侧玻璃转换支撑点，当他们开始转向浅侧爬向母亲时，有的甚至倒在深的一侧——如果那儿没有玻璃，真的会摔下悬崖。

但是，有研究把2～5个月的婴儿放在视崖深侧的玻璃上，这时所有的婴儿都表现出心率变慢。这种心率变慢是感兴趣的信号，而不是恐惧的信号，恐惧应伴随着心率加快（Campos et al.，1978）。这表明这些婴儿还没有习得对落差的害怕，稍后，他们将学会躲避落差的行为。这些发现与吉布森和沃克的结论恰恰相反。这种深度知觉能力及其他认知能力到底是天生的还是后天习得的，这一问题一直处于争论中，真相可能是一种折中的情况，即认为是先天与后天的交互作用所致。深度知觉能力可能在婴儿一出生就已经具备了（即使是在上述研究中，幼小的婴儿对视崖发生兴趣也至少表明他已经感知到了什么），但害怕跌落和避免危险是婴儿到了能够爬行的年龄并遇到危险后，通过经验习得的。

后续还有很多研究都使用了视崖装置，并得到一些有趣的结果。例如，索兹等（Sorce et al.，1985）把1岁的婴儿放在视崖上，落差不深也不浅，大约76厘米。当婴儿爬向视崖时，他会停下来向下看。在另一边，与吉布森和沃克的研究一样，母亲在那里等待。有时母亲根据指令在脸上做出害怕的表情，有时则看起来兴高采烈和兴趣盎然。当婴儿看到母亲害怕的表情时，他们会拒绝再向前爬。然而，当看到母亲高兴的表情时，大部分婴儿会再次检查悬崖并爬过去。当落差变得很浅时，婴儿不再观察母亲的表情而径直向前爬。婴儿这种通过非语言交流以改变行为的方式叫作“社会参照”。吉布森和沃克发明的视崖装置，在如今研究人类发展、认知、情绪甚至心理健康等方面，都发挥着重要作用。（采自 Hock 著/白学军等译，2010）

第三节　幼儿期与儿童期

孩子从3岁至11或12岁，身心发展迅速，很难把幼儿期与儿童期截然分开。出生时新生儿的脑重约390克，占成人脑重的25%左右。此后随着年龄的增长，脑重也增加，到3岁时达到990～1 011克，相当于成人脑重的75%；到了6或7岁时脑重约为1 280克，基本接近于成人水平；以后脑重增长相当缓慢，到13岁时达到成人脑重的平均数（1 400克），到20岁左右停止增长。可以说，个体脑重的增加到幼儿期已接近完成。大脑机能渐趋成熟，兴奋和抑制的神经过程不断增强，并且两者日趋平衡。大脑单侧化现象在幼儿时期明显形成，5岁时大脑两半球机能已经单侧化，左右脑半球优势已经明显形成。

一、认知发展

（一）皮亚杰的认知发展理论

图5-3　认知发展论的创始人皮亚杰

瑞士心理学家皮亚杰（Jean Piaget，1896—1980，图5-3）提出的用以解释儿童智力发展的认知发展理论，是关于儿童认知发展的开创性的和最有影响力的理论。他以自己的孩子为研究对象，用观察法来考察从婴儿期到儿童期约十二年个体知觉、动作、思考、解决问题等认知发展过程。皮亚杰认为人的发展是一个适应的过程，适应的最高形式是认知。认知发展的动力是个体将自己经验赋予意义的不断努力。儿童是积极的思考者，不断试图构建关于世界的更复杂的理解。每一个体都有其认知结构，皮亚杰称之为图式。**图式**（schema）是个体灌注经验的心理模具，如儿童头脑里关于猫、狗、书、爱等概念。那么个体是怎样使用和调整图式的呢？皮亚杰提出，个体会**同化**（assimilate）新的经验，即用个体现有的图式去理解它们。例如，初学步的孩子有一个“狗”的图式，他会把所有四足动物都叫“狗”。个体也会有调整，或**顺应**（accommodate），从而使图式适合新经历的特殊性。不久儿童会认识到先前“狗”的图式过于宽泛，并进而对这些概念加以区分，特别注意动物的头面部，从而区分出“猫”和“狗”。儿童认知的发展，就是儿童以同化和顺应在与世界交互作用的同时，构建并调整自己图式的过程。皮亚杰认为，认知发展分为四个阶段，按顺序进行，每一个阶段的儿童都具有对这个世界不同的感受，并且对这个世界采取不同的适应方式。他把从婴儿期到儿童期大约十二年个体认知的发展分为四个阶段。

（1）**感觉运动阶段**（sensorimotor stage），年龄是0～2岁。初生婴儿只能通过“这里”与“现在”（此地此时）来理解这个世界，只有那些能感觉到和接触到的东西才是真实的。对婴儿来说，当小球不再被看见、触摸到或咀嚼到，它就不存在。到了第二年末，婴儿才认识到滚入床下的小球仍然在床下，只是眼睛看不见而已。按皮亚杰的解释，这表示2岁的婴儿已经理解了**物体永存性**（object permanence）。在这个阶段末期，婴儿开始获得语言，并迅速进入下一个较高的认知发展阶段。

（2）**前运算阶段**（preoperational stage），年龄是2～7岁。这一阶段，儿童更多依据的是感觉而不是逻辑。皮亚杰用守恒实验的结果来加以证明。在这类的一个实验中，给儿童呈现两个玻璃杯，杯子里装有相同数量的水，实验者当着孩子的面将一个玻璃杯中的水倒入一个高而细的试管中，然后问儿童：这两个容器中水的数量是否相同？哪一个多，哪一个少？这一时期的儿童会依据对两个容器的表面现象（高、矮）的感知来回答。同时还表现为，总是从他自己的观点看世界，不能从别人的观点知觉事物。会认为捂起了自己的耳朵，别人就会听不见，用手蒙住自己的眼睛，自己就不会被别人看到。皮亚杰把这种现象称为**自我中心主义**（egocentrism）。

（3）**具体运算阶段**（concrete operation stage），年龄是7～11岁。儿童能依据具体事例进行推理思考。皮亚杰观察发现，7岁儿童不会只依据两个容器的表面现象（高、矮），而是更有逻辑地进行思考——既顾及高度又顾及宽度，即已具有了**守恒**（conservation）的观念。也就是说，这一时期的儿童懂得虽然物体形状有所改变，但该物体所形成的质与量仍然保持不变。

（4）**形式运算阶段**（formal operational stage），年龄在11岁以上。儿童能运用抽象的、符合形式逻辑的（演绎的或归纳的）推理方式去思考问题。在皮亚杰看来，上述四个阶段的每一个阶段，思维的主要特征影响着儿童理解这个世界的所有方面，包括他们关于空间、时间、数、语言、偶然性等各个方面的观念。

皮亚杰的理论已经成为20世纪最有影响的儿童发展理论之一。它为该领域引进了许多重要的概念，确定了该领域的不少研究方向，并得出了许多独具特色的有用结论。但这个理论也受到了许多的批评。一是研究方法上的缺陷。例如，采用的样本小（只有一个被试），没有严格的控制，没有用精密测量仪器和高级统计分析方法。随科学技术的进步，如用红外照相测量婴儿的眼动，用慢速摄影考察婴儿轻微的手动，用专门的仪器测量婴儿的吸吮速率，以及计算机技术的发展，许多研究表明，皮亚杰低估了婴幼儿的认知能力。二是理论观点上的缺陷。例如，过分强调人类对环境的适应而忽视了社会文化对认知发展的重要性。又如，在皮亚杰的理论中，认知发展似乎伴随着青少年时期的出现而停止，而事实并非如此。

（二）维果茨基的认知发展理论

维果茨基（Лев Семенович Выготский，1896—1934）是苏联文化历史学派的心理学创始人。虽然他关于认知发展的观点是在20世纪30年代提出的，但至今仍富有活力。维果茨基认为，人类不同于其他动物，因为人类能够使用符号与工具，人类创造了文化，它具有自己独特的生命。文化不断发展变化，对其成员有极大的影响，决定着个人能力发展的最后结果。维果茨基把人的心理机能分为初级心理机能和高级心理机能。初级心理机能是人和其他动物都有的，是不经过学习就获得的能力。新生儿关注人类的声音、记住母亲的气味的能力，属于初级心理机能。随着与人类文化的接触，特别是随着对语言的学习，初级心理机能最终转化为高级心理机能。这些高级心理机能，在非人类的动物中不明显，但对人类的发展起着决定性的作用。

与皮亚杰的“儿童中心论”截然不同，在维果茨基看来，儿童并不是单独活动，而是在由共同文化的人组成的社会中获取知识。儿童正是通过言语交流，才成长为一个思考者和学习者。皮亚杰不认为言语对认知发展有重要作用，他坚持认为：言语受儿童潜在认知结构的制约，7岁前的儿童，有近半数的言语都是自我中心的，这种言语没有任何交流作用，这时的儿童还不能采择他人的观点；随着儿童的成熟，儿童便能去除自我中心，变得更富有逻辑性。维果茨基的观点则完全不同。他不认为幼儿的言语大多是自我中心的，自言自语在认知发展中是不起作用的，而是认为幼儿的自言自语具有高度的社会性，具有调节行为、表达需求并向思维转化的功能。他强调言语对儿童认知发展的重要作用。

依据社会文化促进认知发展的观点，维果茨基进而提出他的最近发展区理论。所谓**最近发展区**（zone of proximal development），是指从儿童实际认知发展水平到他可能认知发展水平之间的差距。前者由儿童独立解决问题的成就来确定，后者则是指在成人的指导下或是与能力较强的同伴合作时，该儿童表现出来的解决问题的成就。因此，实际认知发展水平代表儿童认知发展现时的能力，最近发展区的上限代表儿童认知可能发展的最大潜力。维果茨基认为，研究儿童的认知发展，教授儿童知识，都不应只注重儿童的实际认知发展水平，而更应特别注重其最近发展区。这个理论不仅论证了个体认知发展的社会起源，突出了教学的作用、教师的主导作用以及同伴影响与合作学习对儿童认知发展的重要意义，而且也启发了我们对儿童学习潜能的动态评估。维果茨基的理论已成为 20 世纪 80 年代以来认知心理学家思想的新主流。

二、道德发展

（一）皮亚杰的两个阶段理论

儿童的道德发展是指在社会化过程中儿童逐渐习得道德准则并以这些准则指导自己行为的过程。皮亚杰用讲故事的临床访谈法对 5～13 岁儿童的道德认知发展进行了研究。其中一个故事是：有两个男孩，约翰帮母亲做事时打破了 15 个杯子，罕瑞偷果酱时打破了 1 个杯子。哪个男孩的过失较重？皮亚杰发现：6 岁以下的儿童多认为第一个男孩的过失较重，因为他打破了较多的杯子；年龄较大的儿童则认为第一个男孩的过失较轻，因为他的过失是在工作中无意间发生的。根据孩子们的反应，皮亚杰将道德发展划分为两个阶段。

第一个阶段称为**他律道德**（heteronomous morality），出现在 5～8 岁，以学前儿童居多。这一阶段儿童对道德的看法是遵守规范、服从权威就是对的。他们对行为对错的判断只看重行为后果（打破杯子多就是更坏），不考虑行为意向，因而称为**道德现实主义**（moral realism）。

第二个阶段称为**自律道德**（autonomous morality），约始于 9 岁以后，约在小学中年级。这一阶段的儿童不再盲目服从权威，他们开始认识到道德规范的相对性。同样的行为，是对是错，除看行为后果之外，还要考虑当事人的动机，因而称为**道德相对主义**（moral relativism）。按皮亚杰的观察研究，个体的道德发展是与其认知能力同步发展的。自律道德的出现约在形式运算阶段（11 岁以上）。

（二）科尔伯格的三水平六阶段理论

继皮亚杰之后，美国心理学家科尔伯格（Lawrence Kohlberg，1927—1987）进一步采取认知发展取向深入研究了儿童的道德发展问题。科尔伯格（Kohlberg，1964）的研究采用的是**两难故事法**（method of dilemma-story），通过给不同年龄的儿童提供道德判断的机会，来考察儿童做出道德判断的思维方式。“海因兹的难题”就是一则被经常引用的两难故事：

> 在欧洲，有个女人由于某种特殊癌症而濒临死亡。医生们认为只有一种药能救她，那是同城的药剂师刚发明的某种镭。这种药成本很高，而且药价是成本的 10 倍（200 美元的药他要 2 000 美元）。女人的丈夫海因兹找所有的人借钱，但只筹到 1 000 美元，只够药费的一半。海因兹恳求药剂师把药便宜点儿卖给他或者先赊给他。但是药剂师说：“不，我发明了这种药，我要赚钱。”海因兹后来进入药剂师的商店偷了这种药。海因兹应该这样做吗？为什么应该或者不该？

研究结果发现，儿童的道德发展是随年龄而有规律地发展的。根据研究结果，科尔伯格认为道德推理存在前习俗水平、习俗水平、后习俗水平等三个水平的发展时期，每一水平又分成两个阶段，一共有六个阶段。

前习俗水平（preconventional level），年龄 4～10 岁。阶段一：惩罚定向。强调对权力的服从，行为无所谓好坏，由可能受到的惩罚来评价。例如：“他不应该偷药，因为他会被警察抓起来，送进监狱。”“他事先请求过，又不是偷大东西，他不会受重罚。”阶段二：寻求快乐定向。行为是否正确由一个人自身的需要决定。对他人需要的关心一般是出于互惠的目的，而不是出于忠诚、感激或公正。例如：“要是妻子一直对他不好，海因兹就没有必要自寻烦恼，冒险偷药。”“要是妻子一向对他好，海因兹就该关心妻子，为救她的命去偷药。”

习俗水平（conventional level），年龄10～13岁。阶段三：好孩子定向。强调“好的表现”，好的行为是使群体中的其他人感到愉快，或者是能受到表扬的行为。例如：“他不应该偷药，他会被当成罪犯，给自己的家人带来耻辱，他的妻子不会用偷来的东西救自己的命。”“不管妻子过去对他好不好，他都得对妻子负责。为救妻子去偷药，只不过做了丈夫该做的事。”阶段四：权威定向。强调遵守法律、执行命令、服从权威、履行职责以及符合社会规范。例如：“尽管他的妻子需要这种药，但偷别人的东西犯法，法律面前人人平等，他妻子的情况并不能使盗窃变得合法。”“偷东西是不对的，可不这么做的话，海因兹就没有尽到做丈夫的义务。”

后习俗水平（postconventional level），13岁以后。阶段五：社会契约定向。规范是可以质疑的，是为了群体利益和民主而存在的。对法律和规范的支持是基于理性的分析和相互的协定。例如：“他不应该去偷药。丈夫没有偷药救妻子的义务，这不是正常的夫妻关系契约中的组成部分。药剂师应该受到谴责，但还是应该保持对他人权利的尊重。”“法律禁止人偷窃，却没有考虑到为救人性命而偷东西的这种情况。海因兹偷药救命如果不对的话，需要改正是现行的法律。”阶段六：普遍的伦理原则定向。以自己选择的伦理准则指导行为，这些准则具有综合性、全面性和普遍性。公正、尊严和平等被赋予很高的价值。例如：“对于任何一个有道德的人来说，人的生命最宝贵，生命的价值提供了唯一可能的无条件的道德义务的源泉。他偷药也许会受到惩罚，但是他挽救了一个人的生命，值得。”“海因兹设法救自己妻子的性命无可非议，但他没有考虑所有人生命的价值，别人也可能急需这种药。他这么做，对别人是不公正的。”

科尔伯格指出，儿童的道德建构是分阶段的有序过程。儿童是在与社会和文化环境相互作用的过程中发展道德认知结构的，而不是简单地通过成人的解释、惩罚，将道德准则同化和内化为自己的一部分。儿童不仅仅是在学习道德标准，而且是在建构道德标准。这就意味着在完成前一水平的道德认知建构前，儿童根本无法理解和使用后一阶段的道德推理。只有经历而且建构了前一阶段的内在道德模式，儿童才会使用该阶段的概念来解决道德两难问题。科尔伯格认为，并不是每个人都会经历所有的三水平六阶段，有些人直到成年也没有超越顺从权威阶段，只有极少数人能够完全达到第六阶段。

科尔伯格的研究影响广泛，但也遭到了来自各方面的批评。最常见的一种批评是道德判断不等于道德行为，即便科尔伯格关于道德判断的观点正确，也并不意味着一个人口头上所说的就会反映在一个人的真实行动之中。该批评显然有一定的道理，情境力量有时会改变道德行为，但这并不能否认科尔伯格所描述的道德判断的发展进程，科尔伯格也强调他的理论只适用于道德判断。然而最近吴鹏和刘华山（2014）完成了对道德推理与道德行为关系的50项研究的元分析，结果肯定了道德推理的作用。另一种批评是对道德推理六阶段对于非西方文化的普适性的质疑。为此，塞纳瑞（Snarey，1987）回顾了在27种文化背景中所做的45项研究，结果发现被试均以相同的顺序通过各个阶段，而且阶段一到阶段五在被研究的所有文化中都普遍存在。第三种批评认为科尔伯格的道德发展阶段论有性别偏见。吉利根（Gilligan，1982）认为女性和男性思考道德问题时所用的方式并不完全相同。她在研究中发现，女性的道德决策过程是“关怀定向”的，她们更强调对他人的责任、避免伤害别人以及人们之间保持联系的重要性，而男性道德决策更多地基于正义。虽然这些道德取向并没有优劣之分，但两者分别更符合科尔伯格所提出的低级与高级发展阶段，女性易被判定为比男性处于更低的道德水平。

第四节 青少年期

青少年期（adolescence）是指青春期开始到身心渐臻成熟的发展阶段，是从儿童期向成年期过渡的时期。青少年期的年龄范围很难明确划定，大体上从11岁或12岁进入青春期到20岁左右进入成年期。

一、青春期体验

青少年期的标志是**青春期**（puberty）的到来。青春期到来的准确时间取决于测量的标准，一般认为女孩的月经初潮，男孩的首次遗精是青春期来临的标志，男孩的青春期要来得晚一些。从儿童过渡到性生理成熟的成人，会持续三四年。青春期身体发育快速，第二性征出现，生殖器官逐渐发育成熟。青春期的生理变化如何影响青少年的行为、态度和情绪呢？早期流行的看法认为，青春期是一个“狂风暴雨”期，以内心骚动、喜怒无常、爆发对抗为特征。后来的研究表明，尽管青春期对青少年的身体形象、自尊、心境以及与父母和异性的关系产生了显著的影响，但大多数青少年度过这个时期时并没有出现严重的骚动（Petersen，1988）。

女孩月经初潮，11 岁属于早熟，14 岁属于晚熟；男孩进入青春期的年龄，12 岁属于早熟，16 岁属于晚熟。成熟早晚会影响青少年对自己的外表及身体形象的满意程度（陈红、黄希庭，2005）。早熟（11 岁之前）的女孩与适时成熟或晚熟的女孩相比，更有可能染上饮酒、吸食大麻、逃学和破坏社会规范等不良习气。早熟的女孩更有可能混在年长的同伴群体中，而大龄孩子更可能发生越轨行为。早熟的女孩更可能较早发生性关系、结婚和生子，与晚熟者相比，她们接受高等教育的概率要低一些（Ge et al.，1996）。早熟的男孩在社交方面较占优势，因为生长发育快促进了力量的增长和运动成绩的提高，他们通常会在男孩群体中有较高的威信。而晚熟男孩可能会在社交方面缺乏自信，因为晚熟而缺乏吸引力，在群体中不大受欢迎（Mussen & Jones，1957）。

二、自我意识增强

这一时期的青少年会很好地思考他们在假想的他人眼中是什么样子，因而就有一个要适应自己不断变化的外表的问题。一项对美国女孩的研究发现，女孩在 13～18 岁时对自己身体的不满意程度不断上升，这种不满几乎与其他青少年对她们的外貌评价没有什么关系（Rosenblum & Lewis，1999）。青少年经常会想象在一个“假想的观众”面前，他们的外貌和行为是什么样的。这个“假想的观众”其实就是他们的自我意识。由于自我意识的增强，青少年经常认为自己的行为在他人眼里是非常重要的，而且会因自己的感受而变得烦躁或产生困扰。由于自我意识的增强，青少年不能把自己对自己的感受和别人可能对自己的感受区分开来，往往产生以自我为中心的心理。研究表明：我国青少年自我意识的总体发展水平较好，年级差异显著而性别差异不显著；青少年的自我意识对其社会适应行为具有较好的预测作用（聂衍刚、丁莉，2009）。

这一时期，**同伴关系**（peer relationship）对于青少年的成熟和发展具有十分重要的作用（邹泓，1998）。因为青少年所关心的外表容貌、衣着服饰、受人欢迎与否、男女间的关系等问题，往往是通过同伴间的交谈、议论而得到解答的。年龄相当的同伴的意见有助于他们确立自我形象。有研究探讨了父母支持、友谊支持对早中期青少年孤独感和抑郁的影响，结果发现：友谊支持是预测孤独感的更好指标，而父母支持是预测抑郁的更好指标；与青少年早期不同，在青少年中期，父母支持和友谊支持各自独立地影响着青少年的情绪适应（田录梅等，2012）。

三、与父母的冲突

青少年会强烈地要求摆脱对父母的依赖而走向独立。父母与青少年子女之间的冲突可能是被过分夸大了，因为在许多问题上他们的观点其实是一致的。一项纵向研究调查了父母与其青少年子女在家务劳动、穿衣打扮、文明礼貌、消费和药物使用等五方面的冲突，发现双方都认为随着年龄的增长，他们在家务劳动、穿衣打扮和文明礼貌三个方面的意见渐趋一致，但是在消费方面的冲突有所增加（Galambos & Almeida，1992）。对香港家庭中父母与其青少年子女冲突的研究发现，冲突通常（37%）涉及活动选择和管理（打电话，看电视，上床睡觉的时间）、做家务（16%）或写作业（16%）（Yau & Smetana，1996）。父母主要将这些冲突视为有违社会习俗的结果，而青少年却将这些冲突视为对个人自主性的不同观念所致，他们正试图发展自己做决定的权利，而不像以前那样自动地让父母做主。因此，如果父母抵制青少年自主性的要求，那么即使是由鸡毛蒜皮的小事所引起的冲突也可能导致亲子之间亲密度的降低。这一时期的亲子冲突在几点钟睡觉的问题上相当突出。很多青少年晚睡，周末早上睡懒觉，做父母的看不惯，于是便发生了亲子冲突（Wolfson & Carskadon，1998）。还有研究表明，青少年早期亲子冲突频率较高，到了青少年中期冲突的强度就会到达顶峰（Laursen et al.，1998）。

方晓义等（2004）考察了亲子沟通类型与青少年社会适应的关系，结果发现：在青少年与父母的沟通中，关系定向的沟通明显多于观念定向的沟通，从类型看则是保护型亲子沟通最多，其次为多元型亲子沟通，放任型和一致型亲子沟通最少；不同沟通类型对于青少年社会适应的作用呈现出相当混乱的情况，这也反映了我国家庭教育的复杂性和特殊性。杨阿丽等（2002）考察了父母冲突、青少年应对策略及二者与青少年社会适应的关系，结果发现：父母冲突中指向孩子和指向父母自身的冲突普遍较少，但指向孩子的冲突显著地多于指向父母自身的冲突；青少年所使用的应对策略更多是间接应对；父母冲突多的青少年和使用应对策略少的青少年出现了更多的不良行为、学习问题及抑郁情绪。最近，于凤杰等（2013）的研究还采用追踪设计，证实了青少年未来规划的发展与父母教养行为的关系。

四、对性行为的态度

青少年必须面对的一个重要挑战是对性行为的态度。对性行为的态度也是青少年与父母产生冲突的一个主要方面。传统社会对青少年的严格期望、明确限制以及社会压力，减少了他们的鲁莽行为，但也降低了他们的独立性和创造性；现代社会鼓励青少年自我表达与自主，这也带来了更多的鲁莽行为，其中也包括性行为。西方自 20 世纪 60 年代开始，年轻人的性态度日趋开放。比如，英国三次大规模调查显示，有性交经验的青少年在逐步增加。以 17 岁儿童为例，20 世纪 60 年代的报告指出，男孩的性交发生率是 25%，女孩是 11%；70 年代报告的数字是男孩 58%，女孩 39%；90 年代的报告指出，男女孩的性交发生率大约为 60%。引人注目的是，不仅仅是性交发生率在增加，那些强调对女人和男人的性行为应采用双重标准的态度也在降低。近年来，我国青少年性行为发生率也有明显的增加趋势。

五、自我同一性

埃里克森（Erikson，1968）在其《同一性：青年与危机》中详细描述过青少年自我同一性和角色混乱的观点。**自我同一性**（ego identity）是一种对于我是谁、我将走向何方、我在社会中处于何种地位的稳定连续感。自我同一性是在应对许多选择中形成的：什么样的职业是我想要的？我该信仰什么宗教、道德和政治价值？作为有性别的我该承担什么责任？茫茫人海中我的位置在哪里？埃里克森认为，虽然自我同一性在整个生命周期都很重要，但是青少年期是同一性最混乱的时期。青少年普遍经历着一个心理社会的“延缓期”，在这一时期他们可以对同一性的不同方面进行探寻，而不需要最终一定去执行。例如，一个青少年可能暂时会有几种不同的职业目标，但成人并不认为这是一个最终选择。经过了这个危机阶段，青年将获得更稳定、更巩固的自我认同感。

总之，青少年时期是个体生理、心理发生急剧变化的特殊时期，是从不成熟过渡到成熟的重要转折期，**社会适应**（social adaptation）是青少年社会化的重要目标，也是衡量个体发展的重要指标（李冬梅等，2007）。青少年通过学习、交往、社会实践等活动来不断提高自己的社会适应能力，并逐渐成为有个性的、成熟的社会成员。近期一项对我国青少年社会适应行为发展特点的调查研究表明（聂衍刚等，2008），我国青少年社会适应情况总体上较好，但并不理想，社会适应良好和优秀的比例低于理论分布，而中下和低下的比例高于理论分布。这一情况应引起社会各界的足够重视。

【专栏5-3】

自我同一性状态

为什么自我认同感在青少年期会有那么大的变化？这是因为青少年身体的显著变化，身体变化会影响他们的外观形象及对躯体的自我感觉，同时他们还要对性关系的模式做出决定，对职业、道德、政治取向做出决定。马西亚（Marcia，1966，1980）用访谈方法，对青少年有关声望、宗教、政治信仰及性行为态度的认同状况进行评估。结果发现，青少年有四种同一性状态。（1）**同一性混乱**（identity confusion）。这类人还没有开始认真思考同一性问题，更不用说做出什么承诺了。（2）**同一性早定**（identity foreclosure）。这类人会不假思索地接受父母的或传统的观念，完全没有自己的价值判断。（3）**同一性延缓**（identity moratorium）。这类人正在经历埃里克森预言的危机。他们要做出一个承诺，但是现在仍然在各种选择之间犹豫不决。(4) **同一性获得**(identity achievement)。这类人已经度过了危机阶段并做出了最终决定。在这四种同一性状态中,同一性混乱是最不成熟的状态,同一性获得是最成熟的状态。一项对12~24岁男性的横断研究的结果表明,仅有刚刚超过半数的被试在24岁时达到了同一性获得,同一性获得要延续至成年期(Meilman,1979)。国内也有不少针对大学生自我同一性状态的研究,得出了类似的结果(郭金山,2002;郑涌,1997;周红梅等,2008)。

个体的时间洞察力可以作为其自我同一性状态的一项关键而敏感的指标。**时间洞察力**(time perspective)是指个体对过去、现在及将来时间的认知、体验和行动倾向。画圆测验可以折射出个体的时间洞察力的心理结构。让被试自由地画出三个圆,分别表示过去、现在和未来。根据被试所画的三个圆的大小及相互位置关系,揭示被试的时间主宰、时间发展及时间关联性上的状况。综合分析认为,高同一性组被试在时间透视心理结构上是现在更广、未来取向更多、时间整合更强,低同一性组则是过去更广、过去取向更多、时间分裂更强(黄希庭、郑涌,2000;郑涌、黄希庭,2000)。图5-4是以画圆方式对此所做的两种抽象的典型模式。

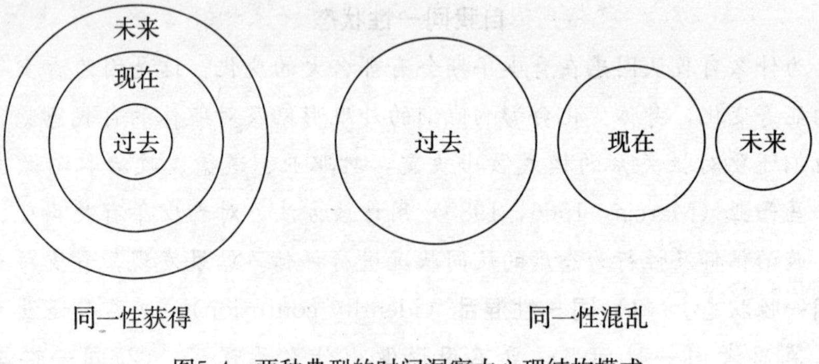

图5-4 两种典型的时间洞察力心理结构模式

综合来看,诸多关于自我同一性状态的研究发展了埃里克森关于青少年同一性危机的观点。第一,青少年在不同领域不可能同时经历同一性延缓;在某一特定时期,某个领域可能获得了同一性,而另一个领域则可能处于危机状态之中。第二，同一性危机也可能发生在成年期的某些时候，并且同一性的发展在成年早期还可能是非常主导的任务。第三，同一性和青少年的自我意识发展有密切联系，青少年期同一性混乱很可能是自我意识发展的结果。这也是对埃里克森自我同一性理论的发展。

第五节 成 年 期

一、成年早期

成年早期（young adulthood）从20来岁到35或40岁左右。成年早期发展的主要内容是成家立业，并生育子女等。在20多岁时，最忧虑的是求偶问题、择业和就业问题。30岁左右的大多数夫妇已生育子女，既要赡养父母又要养育子女，既要干事业又要干家务，生活是很紧张的；到子女渐渐长大时，还要为子女上幼儿园、升学而忧虑。成年期要发展恰当的兴趣、角色态度和价值观，社会期待个体应肩负起成人的责任，其行为应符合该社会文化的要求，扮演好配偶、父母、独立的劳动者等角色。一个成年人如果不能适应人们所期望的成人标准，他就会遇到挫折，会影响他中年期工作、生活各方面的发展，也会影响晚年生活的幸福。

二、成年中期

成年中期也叫**中年期**（middle age），从35或40岁至60或65岁，是个人一生中在家庭生活及职业上的高峰期。中年人在各行各业所取得的成就、社会地位和声望，都深受人们赞赏。中年期社会化的中心问题是事业的发展和生理上的变化。随着生殖期的终止（女性的停经、男性的更年期），中年人生理上已有明显的变化（如出现肥胖、秃顶、老花眼等），健康状况也走下坡路，但由于中年人的知识经验丰富，加上以往的工作基础，社会对中年人的期望也很高，因而中年人的工作负担和生活负担往往特别沉重。现代女性多半因更年期不再受月经与怀孕的困扰，反而对性生活更觉得自由。不过，也有些妇女因停经期开始，自觉丧失生育能力，以致情绪低落。这种现象称为**更年期抑郁**(menopmause depression)。更年期抑郁是形成中年危机的主要原因之一。然而中年危机并非都与更年期生理变化（如内分泌改变）有必然的联系，它的产生主要是个人心理适应的问题，如怎样担负起社会责任，担负起对自己的父母和子女的责任，大多数中年人还面临退休后的生活适应问题。

三、成年晚期

成年晚期也叫**老年期**（old age），是人生历程接近尾声的时期。习惯上，把60岁或65岁作为中年与老年的分界。但是，单纯以年龄作为老年期开始的标志是不恰当的，因为老化带来的各种特殊变化所发生的年龄往往因许多因素而异。老年期虽然是生理明显老化和机能衰退时期，但近年来，由于生活环境的改善和保健的增进，大部分男女在65岁甚或70岁出头，心智和生理方面才开始出现特殊的老化现象。从社会性角度，老年人的社交范围逐渐减小，男性和女性的差别在日益缩小，开始趋于中性。对于健康的老年人来说，这一时期也是充满个人成就的时期，有不少追求自由的选择和探索的机会。老年人只要保持着活力，在许多方面的表现可以像一个中年人，虽然他们中大多数人已离开工作岗位，身体疾病发生率日益增加，但许多人凭借环境和个人的支持还是能过上完满的生活。可以把老年期划分为三个亚阶段：精力充沛的中老年期(65岁到75或80岁)、迟缓的高龄期（75或80岁到90岁)、虚弱的老迈期(90岁以上)。目前我国已经步入老龄化社会，随着年龄的增长，疾病发生率明显增加，许多老年人自然会产生经济依赖、身体依赖和情感依赖。怎样使老年人幸福地安度晚年，也是构建和谐社会的一个重要课题。

四、面对死亡

死亡是生命发展历程的终结。当意识到死亡迫近时，人们会经历什么样的心理变化呢？屈布勒-罗斯（Kübler-Ross，1974）在与大约500名濒临死亡的绝症患者进行了访谈之后提出，个体接受死亡大致要经历五个阶段：否认、愤怒、对剩余时间的讨价还价、沮丧以及最后接受。当个体得知自己将不久于人世时，最开始表现为震惊，会问："这是不是搞错了？"尝试否认、拒绝接受现实。然后，他们可能会感觉愤怒，会问："为什么偏偏是我？"接下来，当他们确认这一事实无法改变时，很多人会开始期望自己至少可以活到某一时间以完成某一件事，即所谓"讨价还价"；同时，人们会为即将失去的生命而感到悲伤和沮丧。经历了这些痛苦的阶段之后，最后能够理解，"好了，既来之，则安之，这就是我大限已到的时候了"。虽然这种感觉并不令人愉快，但是对处于这种情景中的人来说，反而在此时获得了面对死亡的平静与安宁。屈布勒-罗斯所描述的五个阶段反映了大多数人濒死的心理过程。

并不是患有致命疾病的人才会担心生命的消逝，实际上，随着年龄的增长、身体机能的衰退，许多进入中年后期或老年期的人都会开始意识到死亡的接近。这时，人们会倾向于回顾自己的所作所为，寻找生与死的意义，并试图为自己的一生做个总结。人们回顾一生，或撰写回忆录，或"落叶归根"进行回顾之旅。如果觉得自己的理想得到了实现，活着是有价值的，他们会获得对自己较满意的感觉，达到良好的完满感；相反，如果认为自己一生碌碌无为，虚度了一辈子的光阴，可能陷入对自己和生活的绝望。那些觉得生活有意义的人可能并不畏惧死亡。

在有限的生命中，没有人能达成自己所有的愿望，体验到生命所能给予的一切经验。但是，每个人都可以通过对人生目标的不断追寻和努力，最大限度地发挥自己的潜能。

【专栏5-4】

人生八阶段

在所有关于毕生心理发展的理论中，埃里克森（Erik Homburger Erikson，1902—1994，图5-5）提出的**心理社会发展阶段论**（theory of psychosocial development stage）最为有名。

埃里克森生于德国法兰克福，父母是丹麦人，信清教的父亲在他尚未出生时就抛弃了他的犹太裔母亲，他的母亲只好改嫁给一个德犹混血的儿科医生。这种状况使埃里克森里外不是人：在学校，他因是犹太人而受人耻笑；在犹太会堂，他又因自己生得金发碧眼而被视作异教分子，饱受冷

图5-5 心理社会发展阶段论的创立者埃里克森

眼。这些经历让他对发展过程中如何通过斗争而获得同一性产生出强烈的兴趣。埃里克森仅受过大学预科教育，因不喜爱正规的学术气氛而未入大学。在青年时代，埃里克森修过艺术，当过几年画家。但到罗马旅行之后，他站在米开朗琪罗的作品面前，突然间产生出一种前所未有的自卑感和焦虑感，于是直奔维也纳，找到弗洛伊德的女儿安娜·弗洛伊德对自己进行精神分析。那之后他开始研究精神分析，成为一个业余分析师。纳粹于1933年在德国上台后，埃里克森携妻子先移民丹麦，后来到美国。他将精神分析付诸实践，先后在哈佛大学、耶鲁大学和芝加哥大学任教（最终回到哈佛大学），在贝克莱大学参与一些纵向研究活动，并与人类学家合作调查过两种美国土著文化。从自己多种多样的经历中，他感到人的发展是一项终生的活动。在这些发展过程中，人会经历一系列的心理斗争，每种斗争都是生命的一个阶段。

埃里克森（Erikson，1950）在其最有影响的著作《儿童与社会》中，将人的一生分为八个心理社会发展阶段（每个阶段的心理危机及发展关键见表5-1）。每个阶段都有其特定的问题或困难。困难未解决前，心理危机将持续存在；困难解决了，危机化解了，个体就会顺利继续发展。所以，危机是由于发展而产生的，是正常现象，也因此称为**发展危机**（developmental crisis）。虽然每个阶段的危机不会完全消失，但如果个体想要成功应对后面发展阶段的冲突的话，就需要在特定的阶段充分地解决这个主要危机。有些人之所以行为异常，那是由于发展危机不能适时化解，相继累积，结果阻碍甚至丧失了个人的适应能力。在埃里克森的八阶段理论中，青春期阶段尤为重要（Erikson，1968）。这一阶段的基本危机是要面对不同人扮演不同的角色，并在这种混乱中发现自己的正确身份（同一性）。成功解决这个危机，可以使个体培养出对自我的一致感觉；如果失败，则导致缺乏稳定核心的自我形象。而一个人到了最后阶段，可以说是对其一生的总结。如果他在前几个阶段的发展是顺利的，其信赖感超过不信赖感，自主感超过羞愧感，他有独立感和事业感，取得了自我的认同，发展了与伴侣的亲密感，是一个有贡献的人，能够完成对社会的义务和职责，那么他将在晚年热情地对待生活，他会有自我完满感，觉得度过了丰富的一生。相反，如果一个人没有顺利地经历前几个发展阶段，他会缺乏信赖感，感到羞愧、内疚、自卑、认同混乱、孤独、无所作为，他在生命的晚年就会丧失热情，他会愤恨，认为受到了欺骗，并因为时已晚无法弥补而感到绝望。

表5-1 埃里克森心理社会发展的八个阶段

大致年龄	心理危机	顺利发展的关键
0～1.5岁	信任—不信任	婴儿发展与看护者之间的依恋与信任关系
1.5～3岁	自主—羞愧和怀疑	幼儿习得对自己身体的自主控制，不因选择感到羞愧或怀疑
3～6岁	自动自发—退缩内疚	儿童尝试完成新事情，产生新想法，并且不为失败击倒
6岁至青春期	勤勉—自卑	儿童必须学习文化和社会技能，克服自卑情绪
青春期	自我同一—角色混淆	青少年确定自我意识，学习社会角色规范
成年早期	亲密—孤立	成人寻求与他人建立亲密的关系，为事业定向
成年中期	繁衍—停滞	通过创造性的生产活动造福于下一代
成年晚期	自我完满—绝望	回顾一生，若愉快接受自己，便可以坦然面对、接受死亡

埃里克森的心理社会发展阶段论被广泛运用来理解人一生的发展：每个发展阶段都以一个情绪危机为转移，可能有两极的变化，一个人的发展情况处在这两极之间的一个点上。作为新精神分析的代表人物之一，埃里克森的心理社会发展阶段论主要在两点上发展了弗洛伊德的经典精神分析：

其一，突破了弗洛伊德生物本能的局限，扩展到了社会心理的层面；其二，突破了弗洛伊德早期决定论的局限，扩展到了整个人一生的发展。但是，这个理论也具有类似于弗洛伊德理论的弱点。埃里克森收集的证据不够严谨，理论解释的任意性太大，似乎任何发展情况都可以用这个理论来说明，但不符合其理论的事实也很容易找到。另外，我们在借鉴其理论观点时，还必须考虑到文化及时代等方面的差异。

【复习与思考】

1. 解释：毕生发展，反应的交互作用，唤起的交互作用，超前的交互作用，横断研究，纵向研究，依恋，同化，顺应，感觉运动阶段，前运算阶段，具体运动阶段，形式运算阶段，他律道德，自律道德，前习俗水平，习俗水平，后习俗水平，自我同一性。

2. 为什么说个体心理发展是遗传与环境交互作用的结果？

3. 视崖实验有何巧妙之处，引发了什么争论？

4. 比较皮亚杰与维果茨基的认知发展理论。

5. 概述皮亚杰和科尔伯格道德发展理论的要点。

6. 分析自己的自我同一性状态。

7. 讨论埃里克森划分的人生八阶段。

【扩展阅读书目】

1. 林崇德主编：《发展心理学》，人民教育出版社 2009 年版。

2. 沈德立著：《实验儿童心理学——揭开儿童心理与行为之谜》，北京师范大学出版社 2013 年版。

3. 张进辅主编：《现代青年心理学》，重庆出版社 2002 年版。

4. 张大均主编：《当代中国青少年心理问题及教育对策》，四川教育出版社 2010 年版。

5. 俞国良、辛自强著：《社会性发展》，中国人民大学出版社 2013 年版。

6. 雷雳著：《毕生发展心理学——发展主题的视角》，中国人民大学出版社 2014 年版。

7. [美] 理查德·勒纳著，张文新主译：《人类发展的概念与理论》，北京大学出版社 2011 年版。

8. [美] David Shaffer、Katherine Kipp 著，邹泓等译：《发展心理学——儿童与青少年》，中国轻工业出版社 2009 年版。

9. [美] 罗伯特·费尔德曼著，苏彦捷等译：《发展心理学——探索人生发展的轨迹》，机械工业出版社 2011 年版。

第六章　意识状态

意识，一个充满神秘色彩的难解之谜。因为拥有了意识，人类才成为万物之灵，顺应着自然，也改造着自然。意识官能的高级之处就在于它对个体的身心系统起统合、管理和调控的作用，正如一位将军，监督着恰似其下属官兵的其他的心理官能和行为。意识又是多层次并呈现出多种状态的。想一想，一天中我们是如何度过的呢？其间我们经历了不同的意识状态，对自身以及周围世界的觉知水平也随着不同的意识状态而有所不同，诸如睡眠与梦、走神儿、幻觉乃至催眠等等都是不同的意识状态。

第一节　概　述

一、意识及其流动性

在哲学上，“意识”这个词常等同于人的心理，是相对于物质而言的（这个意义上的意识也是人所特有的）。第二章阐述心理的起源和本性时，就是在这个意义上使用意识这个概念的。心理学中的意识包含了多种状态和水平，并不仅限于最高级的言语觉知水平，且动物也可以有某些意识状态。从心理学的角度说，**意识**（consciousness）就是我们的觉知状态，包括对我们自身、对外界的环境事件以及自己与外界环境事件关系的觉知。例如，我们可以觉知到自身的感受、记忆、思维、需求、焦虑或眩晕等种种内部经验和行为，可以觉知到外界的声、光、气味、人群、流行歌曲等环境事件，也可以觉知到我的校园、我的同学、我的老师、我的父母等自己和外界环境事件的关系。

我们每一个人的意识世界都是专有的、独一无二的，对我们自己来说格外真实。我们可以直接觉知到自己的思想、情感和心境，却只能通过观察和聆听间接地理解他人的意识经验。同时，我们意识到的经验是一个统一的整体。各种觉知形式都被整合为一个独特的、连贯的意识经验。当你来到公园里，看到到处鲜花盛开，闻到了阵阵芳香。不仅在那个时刻你的觉知经验是一个整体，即使在一个星期后，你再一次回忆起那种经验时仍然是一个整体。尽管此时视觉和嗅觉通路接受的刺激不同，但那个经验仍然是一个整体。

“人不能两次踏进同一条河流。”个人的意识经验是一个统一的整体，但意识的内容是不断变化的，从来不会静止不动。美国机能主义心理学的先驱詹姆斯就用**意识流**（stream of consciousness）概念来表示意识的这一特性。他反对把意识分析为心理元素，主张意识是个人有选择的、动态的、连续不断的整体。如果个人用磁带记录下自己的思想，就会发现一条无尽头的思想线流，它曲曲折折地向前延伸。人的意识是常常变化的，永远不可能有两次相同的意识状态。环境中的对象可以再次发生，但相同的感觉或思想不可能一再发生。我们确实可以不止一次地想到一个对象，但是由于中间介入的经验的影响，所以我们每次是以不同的方式想到它或体验到它的。意识实质上是累积性的，而不是再发性的。这流动的意识中，实际上也包含着一系列的意识和下意识的转化。

二、意识水平

我们对信息的加工可以在不同的觉知水平上进行。就算在睡眠中，我们也处在某种意识的觉知水平状态，并能对当前信息做出具有特定意义的心理加工。下面讨论一些不同的**意识水平**（conscious level）。

（一）焦点意识

任何时候，人们总是忽略一些刺激，选择一些刺激，并拒斥一些刺激。**焦点意识**（focal conscious）是指我们集中注意而获得的清晰的意识。例如，棋手在集中注意下棋时对棋局的意识，即为焦点意识。个人处于焦点意识水平时，需要投入较多的心理资源。

（二）下意识

人体内外有许许多多的刺激在冲击着我们，但在某一特定时刻，我们只能把注意集中在其中很少一部分刺激上。不在焦点意识中的物体或事件仍会对我们产生某些影响。当你在集中注意看书中的一个短语时，它周围的词语或图表是不清楚的，处于你的**边缘意识**（marginal conscious）水平上。又如**鸡尾酒会现象**（cocktail party phenomenon），你在拥挤的室内正和某人交谈，忽略了别人的谈话声和一般噪声，突然别人谈话中提到了你的名字，马上会引起你的注意。很明显，如果别人的谈话没有进入你的边缘意识，你是不可能觉知别人谈话中提到你的名字的。许多研究表明，这些未被注意的信息也是被登记和评估的（Kihlstrom，1987）。这些未被注意的信息是在觉知的**下意识**（subconscious）水平上起作用的。因此，边缘意识属于下意识。

（三）前意识

我们头脑中许多当前不在意识之中的记忆和思维，在必要时可以进入意识中。此刻你可能未意识到去年的春节，但如果你想回忆的话，就可以把它们回忆起来，这时这些记忆便成为你意识中清晰的组成部分。对这些记忆的意识称为**前意识**（preconscious）。我们头脑中储存的各种知识、经验、技能、习惯都可能被带到意识之中。前意识在精神分析理论中是介于意识和潜意识之间的一种意识层面，其作用是去除不为意识层面所接受的内容，并将其压抑到潜意识中去，而在认知心理学中是指曾经储存在长时记忆中的信息，但只有在必要情形下进行回忆时才会对其产生意识。例如，我们大脑里储存着许多资料，平时没有使用时我们并没有感觉到这些资料的存在，当要使用时，我们就会对其产生意识。

（四）潜意识

按照精神分析理论，某些记忆、冲动和欲望是无法进入意识的，这些心理事件就属于**潜意识**或**无意识**（unconscious）的范畴。弗洛伊德认为，某些痛苦记忆是被压抑的，即被转为潜意识并继续影响人们的行为，尽管当事人并未意识到这些记忆的存在。被压抑到潜意识中的思想和冲动虽然不能进入意识，但它们会以间接或伪装的方式（如通过梦、非理性行为、怪癖、口误等）影响着我们。弗洛伊德还认为，潜意识欲望和冲动是大多数精神疾病的原因。他用精神分析的方法，将被压抑的心理内容召至意识中，来治疗患者。现在，大多数心理学家认为有一些记忆和心理是内省所不能达到的，这些心理现象可以称为潜意识，但他们对弗洛伊德过分强调潜意识的情感痛苦方面而忽视潜意识的其他方面提出了强烈的批评。

除了意识活动外，我们还有一类活动属于**非意识**（nonconscious）范畴，很少会进入意识。我们身体内部有一些生理变化，如脑电活动、心跳等，是受自主神经系统所支配的生理活动。虽然我们可能会觉知到这些活动的效应，但对这些活动本身我们是不会觉知到的。

【专栏6-1】

探索潜意识

根据对歇斯底里患者的观察和对梦、失误及笑话等现象的分析，弗洛伊德最初以地形学的观点将心理划分为三个成分或系统，分别称之为意识、前意识和潜意识（Freud，1901）。大约二十年后，他对这个理论做了很大的修正，由心理地形学的分析转向心理机能的分析。与以往三种储存结构的主张不同，新观点假定有三种不同类型的心理活动，即本我、自我和超我。本我是各种本能的集结地，完全是潜意识的。自我和超我是部分潜意识的。对于潜意识问题，弗洛伊德主张用自由联想的方法来探寻。所谓**自由联想**（free association）就是要求患者完全放松，说出脑海中浮现出的任何内容，不论这些内容多么猥亵、多么零碎、多么缺乏逻辑，甚至令人不能忍受。弗洛伊德认为从这些内容的蛛丝马迹中可以探察到患者遥远过去的潜意识。由于缺乏科学实验的验证，他的潜意识理论一直备受质疑。

随着认知科学的兴起，对这种觉察不到的潜意识信息加工研究越来越受到重视。例如，有研究报道过一例枕叶纹状皮质大面积受损的患者，虽然他报告说看不见东西，却能够对某些视觉刺激做出适当的反应（Weiskrantz，1997）。与此类似，枕叶与颞叶中央部位双侧受损的患者虽不能将先前见过的面孔再认为是熟悉的，但患者仍能对新旧面孔做出不同的行为反应。这类现象称为**内隐知觉**（implicit perception），是指个体对事件没有意识知觉，却出现了归因于对该事件知觉的行为变化（Tranel & Damasio，1985）。

又如，要求被试看一组（可能有）20个合乎语法的字母串（如PVPXVPS或PTTTVPS）后，让他对一组新的字母串（其中一些合乎语法，如PTTTTVPS，另一些则不符合，如PTVPXVSP）进行辨别。结果发现，被试正确区分出这两者的概率高于随机水平，却没有人能完整准确地说出他们从这一研究系列中清楚地归纳出的语法规则（Reber，1993）。这种现象称为**内隐学习**（implicit learning）。再如，最近有研究记录了被试在完成箭头偏对比掩蔽任务时的行为和脑电数据。结果显示，在有意识和无意识条件下，反应时、额中 N_2 和中顶 P_3 波幅上均表现出了显著的冲突适应效应。这不仅表明冲突控制独立于意识，而且也表明先前无意识经验对人类信息加工系统的适应性调节作用（蒋军等，2014）。由于有内隐知觉、内隐学习等许多研究成果的出现，有人甚至认为对于我们大脑的所有活动，能意识到的只是很有限的，而潜意识学习的能力却是很强的（Kihlstrom，1990）。

认知心理学家的内隐观与弗洛伊德的“冰山”观有着根本的不同。弗洛伊德所谓的潜意识是澎湃的激情和被禁止而遭压抑的力比多，而认知心理学家则把人们未被意识到的心理现象视为一种冷信息加工。

三、意识的认知加工

意识问题目前仍然是人类最不熟知的领域，意识的发展规律仍然是认知科学未解决的重大问题。近年来，计算机科学家、心理学家和神经科学家倾向于把各种知觉、行为控制、记忆、语言等作为分散的信息处理系统来研究，他们把这些系统视为智能的、专门处理器的集合体。其中，基于语境建立意识的解释模型是意识研究的一种新趋向。

在美国认知科学家巴尔斯（Baars，1988）提出的**全局工作空间**（global workspace）意识模型中，语境是指形成我们意识经验的内部世界，毕竟有形的物质世界只有被内部系统表征才能影响我们的意识和行为。该模型这样解释意识运行的基本规则：意识与一个全局“广播系统”相联系，该系统在整个大脑中发布信息。全局工作空间模型包括三个部分：专门处理器、全局工作空间和语境。专门处理器是无意识的，它们可能是一个单一的神经元，也可能是整个神经元网络。这些无意识专门处理器在特定的任务域中非常有效，因为独立分散的行为无需意识的介入，不需要在全局工作空间中显示它们。当遇到无法解决的新问题时，这些专门处理器可以根据情况对信息进行分解、重组，对全局的信息进行综合整理，形成意识经验，获得对问题的处理方案。当某个信息存在于全局工作空间时，它就是有意识的，它在全局工作空间中待的时间越长，我们对它的意识经验也就越深刻；反之，也就对它越少意识，直到它被某个专门处理器纳入其专属的处理范畴，它就会变成无意识的。

巴尔斯的理论模型是建立在相同事件的有意识状态和无意识状态的对比分析基础之上的。运用对比分析，巴尔斯详细分析了有意识和无意识处理能力之间的区别。第一，在计算方面，意识处理能力是低效的，无意识处理能力却是高效的。这具体体现在意识事件的速度相对较慢（意识事件的反应时间最多约100毫秒，而无意识处理过程的速度为每秒40次到1 000次不等，比意识反应的时间快得多）、意识事件易受到干扰，以及意识事件易出错等三个方面。第二，意识处理过程包含了大量可能性的内容，而任何无意识处理器的范围有专属性。第三，意识处理能力具有较强的关联能力和语境敏感性，而无意识处理器是相对独立和自主的。第四，意识经验具有内在的连贯性，是串行的，而无意识处理器可能是相互矛盾的，是并行的。巴尔斯进一步认为，这其中最为核心的问题是意识的有限性和无意识的无限性。为什么如此巨大的神经系统在意识性能方面有着如此令人费解的局限性呢？该如何看待意识能力的有限性和无意识能力的无限性这对矛盾呢？它是神经系统功能上的特点还是在进化过程中出现的一个错误？对此，巴尔斯提出了一个基本的理论隐喻，意识就如同一扇大门，它开启了通向神经系统各个部分的通道，即意识赋予了神经系统一些无意识处理过程不能给予的选择性优势，创造了进入大脑各个部分的路径，并调动了处理特定事件的各个无意识系统（Baars，1997）。人脑中有许多无意识的区域，通过意识，单个神经元和大脑中众多的神经元建立起了生物反馈控制，我们才能够进入众多的无意识知识源，并将语境中各个分离的部分加以整合，从而产生意识内容。因此，意识就好比大脑的一个公共机构，它使得信息的获取、传播和交换更为便利，并有助于全局性的协调和控制（魏屹东、安晖，2013）。

作为一个探索性的理论，全局工作空间证明了意识经验是可以认知的，也阐述了有意识的事件和无意识的事件之间的差异在我们的神经系统中发挥了怎样不同的作用。但是，仍然有一些认知哲学问题是该理论无法回答的，例如：短期记忆中可被记忆事物的数额限制是意识的全局性概念无法解答的；当我们说“我”对某事物有意识时，我们所指的“我”的本质是什么，这是否是一个无意识的常识性的表达（安晖、魏屹东，2011）。

第二节　觉醒与睡眠

一、觉醒状态

我们生命的大多数时间都处于**觉醒**（awaking）的正常意识状态，这是一种清醒时有组织的觉知状态。在清醒时正常意识状态下我们觉知到的时间、地点和事件都是真实的、有意义的和熟悉的。即使在清醒时正常意识状态下我们的意识也是变化的，例如现在你正处于注意听课意识状态，十几分钟之后，你可能沉湎于白日梦之中。每个人都经历过清醒时的正常意识状态向异常意识状态的转变，如从清醒时的正常意识状态向神思恍惚等异常意识状态转变。在日常生活里，人们在长跑、听音乐、发高烧、缺乏睡眠、做爱等许多情景下都可能出现异常意识状态。还有如静坐、催眠及吸入大麻之类的药物时也会产生异常意识状态。异常意识状态表现形式多种多样，包括从鲜明幻想的分心状态到由药物中毒所引起的迷幻和知觉扭曲的各种状态。

【专栏6-2】

白日梦

白日梦（daydream）是清醒时的正常意识状态之一，它不同于睡眠，而是在非睡眠状态下产生的高度自我卷入的幻想活动。白日梦常见于儿童和青少年，这可能与成长期中自我意识的发展有关。传统上，习惯将白日梦视同**幻想**（fantasy），并认为幻想是逃避现实的幼稚行为。例如，弗洛伊德（Freud，1908）就认为，快乐的人从不幻想，幻想只是失意者的行为。但是，后来的心理学家对白日梦的看法已经改变，不但认为白日梦是极为普遍的现象，而且认为白日梦对日常生活利多于弊，甚至对于生活适应有着积极的功能。

辛格（Singer，1976）曾对240名18～50岁的被试进行调查，要他们回答是否经常做白日梦，结果有96%的人做了肯定回答。他还设计了一项实验研究（Singer，1978）。该实验以大学生为被试，在他们每人的口袋中装一个小型的发声器。发声器发出的声音只有在意识十分清醒时才能听到，发声后用手按电钮即停止。发声的时间不固定，平时是两小时内发声三次。实验结果发现，虽然白天学生们有十几个小时处于非睡眠的清醒状态，但推断他们有三分之一以上的时间是在做白日梦，因为他们对口袋中发声器的声音有三分之一以上没有察觉到。如此看来，上课时不少学生陷入"听而不闻"的白日梦意识状态中，也不算什么怪事了。

关于白日梦的内容，大体上可分为三种类型。（1）痛苦型。这是由工作失败、受到屈辱以及个人无法补救的缺陷等所引起的幻想。（2）焦虑型。这是对自己的工作、事业、婚姻等缺少把握和信心而产生的无力感、不定感及恐惧感。（3）愉快型。这是对现实感到满足、对未来方向明确而产生的充满希望的幻想。

关于白日梦在生活上的积极功能，一般认为有以下几个方面。一是痛苦情绪的缓冲作用。个体在生活中遇到痛苦的事情，难免会幻想奇迹出现。虽然这是在逃避现实，但对于心理健康仍然具有一定的维护功能。二是单调生活的调剂作用。在诸如听长篇大论的教条式训话、听照本宣科的讲课以及不断重复的单调工作等情况下，个体既不能脱身，又无法集中注意，借助于白日梦可以打发时间。三是开阔思路以解决问题。在完全清醒时，思维在很大程度上受到理性知识经验的限制。而白日梦中的幻想世界是海阔天空的，你可以幻想当然之事变为不可能，也可以幻想不可能成为可能。事实上，一些文学家、艺术家、科学家的作品与发明就是在白日梦的意识状态下获得灵感的。

二、睡眠及其功能

人的一生约有三分之一的时间是在睡眠中度过的。**睡眠**（sleep）是与觉醒相对的一种现象，这两种现象从时间上来看是交替出现的，这种交替受到一种称为**昼夜节律**（circadian rhythm）的时间周期的调节。昼夜节律所调节的不仅是睡眠与觉醒状态之间的交替，也包括与这两种现象相伴的唤醒、新陈代谢、心率、血压、体温和激素等生理指标水平的周期性变化。这种身体活动的周期是建立在自然的昼夜交替周期基础上的。一般来说，上述的这些生理指标在昼间达到顶峰，而在夜间睡眠时降到最低点，就如同身体内部存在一个**生物钟**（biological clock）。

个体为什么必须睡眠？最常见的一种解释是睡眠使工作了一天的大脑和身体得到休息、休整和恢复。大脑在清醒状态时会制造化学腺苷来抑制感到困倦的神经元，而腺苷浓度在睡眠过程中会下降（Porkka-Heiskanen et al.，1997）。因此，睡眠就像大脑的食物，帮助我们修复身体组织，特别是脑组织。更重要的是，睡眠对于人体的功能不仅是从疲劳中恢复，更是机体清除垃圾的过程。一项最新研究表明：大脑在睡着和清醒的时候，有着不同的功能状态；人们在睡觉时，清除大脑中废物的系统最活跃（Xie et al.，2013）。事实上，人们在熟睡时大脑消耗的能量并没有大幅减少，或许恢复性睡眠的本质是积极清除觉醒时所积累的神经活动副产品。

另一种解释是与生物进化有关的生态学理论。该理论认为，睡眠是为了适应生态环境，从而保护自身免遭伤害。个体除了必须睡眠之外，包括人类在内的各种动物之所以表现出各种不同类型的睡眠方式，其原因主要是在生存过程中长期演化而来的。人类在夜间睡眠，而且有固定地点，原因是人类缺少夜行能力；为确保安全，免于野兽侵袭，最终演化出先是巢居穴处，继而建筑房屋的适应能力。牛、羊、骆驼之类动物的睡眠分段进行，原因是它们终年居于空旷，无固定地点栖身，必须随时睡眠休息，随时觉醒，遭遇侵袭时能随时逃逸。此类动物的饮食起居无定点，无定时，原因是它们居于草原地带，随时都有草吃。此外，有些动物，诸如蛙、蛇之类，在寒冬不能出外觅食，而又缺乏像候鸟那样的迁徙能力，于是演化出冬眠的能力。

除了以上两种典型的睡眠功能的解释外，睡眠还可以帮助个体完成清醒时尚未结束的心理活动。有实验表明，在个人练习后，立即让他睡眠，则睡眠者醒来后会有较好的记忆。原因是练习后立即睡眠，可在睡眠中继续完成练习时未完成的信息处理工作。另外，睡眠可能在个体成长过程中也起到很大作用。在深度睡眠中，垂体腺释放成长激素。随着人的衰老，垂体腺会释放出较少的这种激素，并且深度睡眠的时间变少（Pekkanen，1982）。

那么，如果长期缺乏睡眠或被剥夺了睡眠，人的身心将会发生什么变化呢？一般认为，睡眠缺乏会压制对抗疾病的免疫系统，还可以改变新陈代谢和荷尔蒙的功能，产生肥胖、高血压和记忆缺失问题（Spiegel et al.，1999）。睡眠剥夺实验发现，被试会变得萎靡不振，易怒，不能集中注意力，创造性缺失，以及逻辑推理能力下降。不过，如果被试接着可以正常入睡，几天就能恢复到睡眠剥夺前的状态（Veasey et al.，2002）。

三、睡眠周期

通过大量的脑电图研究，目前已大致弄清楚了睡眠的各个阶段。如图6-1（Bryant et al.，2004）所示，人们正常睡眠的一个周期内有两个时相，即**非快**

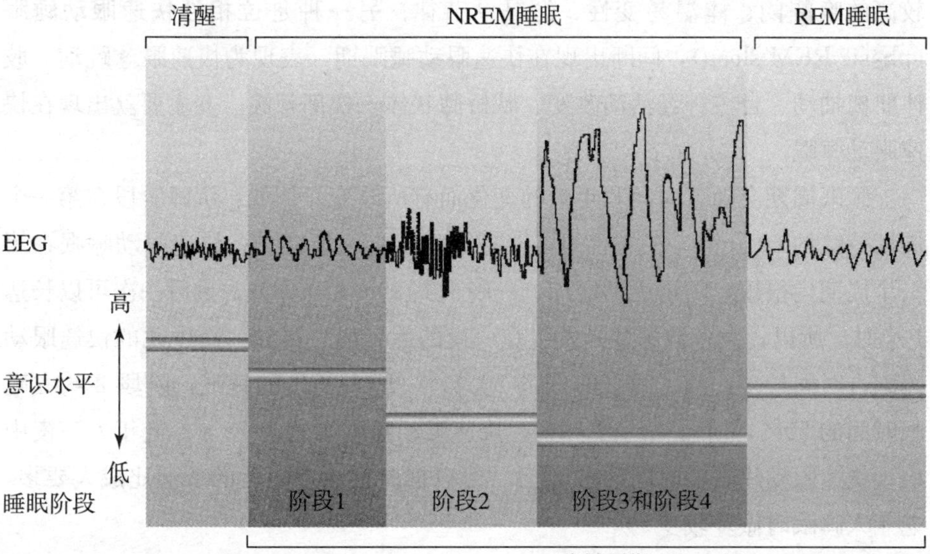

图6-1　正常睡眠阶段的EEG模式

速眼动睡眠（non-rapid eye movement sleep，NREMs）和**快速眼动睡眠**（rapid eye movement sleep，REMs），两者交替出现，交替一次即为一个周期，持续约 90 分钟。一晚约有五个或六个睡眠周期。非快速眼动睡眠期还可分为四个阶段，不同的阶段有不同的脑电活动。

阶段 1 是睡眠的开始，也是清醒到睡眠的过渡期，昏昏欲睡的感觉就属于这一阶段。此时脑电波开始变化，频率渐缓，振幅渐小。阶段 2 开始正式睡眠，属于浅睡阶段。此时脑电波渐呈不规律进行，频率和振幅忽大忽小，其中偶尔会出现被称为“睡眠锭”的高频、大波幅脑波，以及被称为“K 结”的低频、很大波幅脑波。此阶段可能出现入睡抽动或肌肉颤搐。此阶段可缓解疲劳，在此醒来会有提神之感。阶段 3 和阶段 4 是沉睡阶段。此时脑波变化很大，频率只有每秒 1～2 周，但振幅增加较大，呈现变化缓慢的曲线。心跳、呼吸、血压降低。此阶段不易唤醒，若被叫醒会感到头昏脑涨。

进入快速眼动睡眠，又有两种表现：一种是**持续性快速眼动睡眠**（tonic REM sleep），见于全部快速眼动睡眠期，表现为肌张力消失、低波幅脑电图、较高的唤醒阈、体温易变性、海马 θ 节律；另一种是**位相性快速眼动睡眠**（phasic REM sleep），间断出现在快速眼动睡眠期，表现为快速眼球跳动、肢体肌肉抽动、自主神经活动改变、脑桥膝状体—枕部棘波。梦主要就出现在快速眼动睡眠。

睡眠周期会随着时间和年龄的变化而有所改变。例如：沉睡阶段在第一个周期持续约 60 分钟，在之后的周期持续时间会逐渐减少；快速眼动睡眠在第一个周期内很短，随后逐渐增加，一晚上共 90～120 分钟，最后一次可以长达 1 小时。所以，大多数的梦是发生在一夜的后半期。再如：新生儿的快速眼动睡眠占时间最多，约占睡眠时间的 50%；一般大学生的睡眠，阶段 2 约占睡眠时间的 50%，阶段 4 约占 15%，快速眼动睡眠则约占 25%；老年人一夜中出现快速眼动睡眠的时间约占 18%。可以据此推论，婴儿的梦远比成人要多，老年人睡眠时做梦较少。

【专栏6-3】

失眠

失眠（insomnia）即睡眠失常，表现为入睡困难，深度睡眠时间不足，以及不能消除疲劳、恢复体力与精力等。失眠程度不一，轻者寐而不酣，时寐时醒，或醒后不能再寐，重则彻夜不寐。

失眠成因复杂，大体可分为四类。（1）**情境性失眠**（situational insomnia）。这是很常见的一类失眠，由外在情境发生变化，暂时适应困难所致。如失恋引起的睡眠困难就属于情境性失眠。（2）**失律性失眠**（arrhythmic insomnia）。这是由生活程序突然改变太大，一时无法调整好睡眠节律所致。如飞行时差造成的睡眠困难即属于失律性失眠。（3）**假性失眠**（benign insomnia），即这种失眠不是真实的，只是人们在心理上有失眠感而已，而事实上并不缺乏睡眠。这种不一致可能是对自身睡眠状态的解释方式或归因错误导致的。如有的学生会觉得自己现在每天只睡 6 小时，少于其他同学，是不正常的，并据此认为是失眠所致。再如，有人把身体衰弱而导致的精神沮丧归因于自己睡眠不足，结果造成失眠感的困扰。（4）药物性失眠。服用中枢兴奋药物可导致失眠，如减肥药苯丙胺等。长期服用安眠药，一旦戒掉，也会出现戒断症状——睡眠浅、噩梦多。茶、咖啡、可乐类饮料等含有中枢神经兴奋剂——咖啡碱，晚间饮用可引起失眠。酒精干扰人的睡眠结构，使睡眠变浅，一旦戒酒也会因戒断反应引起失眠。（5）身体疾病所致失眠。失眠的身体疾病有心脏病、肾病、哮喘、溃疡病、关节炎、骨关节病、肠胃病、高血压、睡眠呼吸暂停综合征、甲状腺功能亢进等。中医有个歌诀：“肝病先调肾，肾病先调肺，肺病先调脾，脾病先调心，心病先调肝。”可见，各脏腑之间有着密不可分的关系。长期从事脑力劳动的人活动少了，导致人体阴气过盛，阳气相对不足，容易产生乏力、疲劳、健忘、失眠等症状。

人们对付失眠的最常见办法是服用安眠药或饮酒，但这两者都会减少快速眼动睡眠，并不是真正的或自然的睡眠，第二天失眠者会更加感到疲倦。如果只依赖安眠药，停药后失眠问题会更加严重。改变生活习惯才是行之有效的改善睡眠的办法，失眠者不妨试一试。

· 安排好你的时间表，每天按时睡眠，一天中不要打盹。

· 睡前要充分放松，阅读一些轻松愉快的书籍。

· 睡前洗个热水澡或做做按摩。

· 每天规律性地运动锻炼，但不要在夜晚（最好在下午）进行。

· 不要抽烟，下午以后不要喝咖啡或茶，睡前可以喝一杯牛奶（因为牛奶能生成一种会加速睡眠的神经递质——5-羟色胺）。

· 偶尔失眠，不要担心。几乎每个人都会有入睡困难的经历。如果没有持续多日失眠，不要对它过分关注。

· 如果上述方法都不管用，也发现没有其他什么问题，可以减少睡眠，晚一点儿睡觉或早一点儿起床。

第三节　梦

梦（dream）是睡眠时的一种意象语言，其主要特点是无意性、被动性及梦境的离奇与怪诞。《庄子·齐物论》云："且有大觉而后知此其大梦也。"这些意象从平常事物到超现实事物都有，而形式也包括让人惊醒的噩梦以及可能伴随着梦遗的春梦等。真正的做梦只有在人类身上被直接证实发生过，不过很多人相信做梦也会发生在其他动物身上。动物已经确定会有快速眼动睡眠，然而它们的主体经验难以确定。哺乳类可能是大自然中唯一或者至少是最频繁的做梦者，这和睡眠模式有关。学术界对梦的成因与目的仍无定论，普遍的看法是：梦是脑在做信息处理与巩固长时记忆时所释放的一些神经脉冲（就像打扫时扬起的灰尘或正被处理中的信息流），被意识解读成光怪陆离的视觉、听觉所造成的。

一、梦的现象

梦的实验心理学研究始于美国心理学家阿瑟林斯基和克莱特曼（Aserinsky &

Kleitman，1953）的偶然发现。他们分别在快速眼动睡眠和非快速眼动睡眠阶段唤醒被试，并询问其是否在做梦。结果发现，睡眠期中的快速眼动现象可能就是做梦的标志。有研究发现，每当脑电图显示快速眼动睡眠模式时将被试唤醒，则大约85%的人能够报告出此时所做的梦（Dement & Kleitman，1957）。也有研究发现，虽然几乎大部分人都能在快速眼动睡眠阶段报告在做梦，但做梦是一个并非只发生在快速眼动睡眠的连续的过程（Cavallero et al.，1992）。而且，在睡觉的不同时相出现的梦在内容上有明显差别。快速眼动睡眠阶段的梦通常伴有视觉的生动形象，具有情绪和非逻辑色彩。而非快速眼动睡眠阶段的梦通常不伴有视觉形象，一般与清醒时的生活有关，没有完整的梦境，只是一些简要的想法。综合多年来对梦的很多实证研究，大致有以下发现。

（一）做梦的频率

所有的人都会做梦，并且在每次睡眠中都会有大致相同的频率。在一晚典型的睡眠中，一般人的第一个梦出现在入睡后约90分钟。梦境的持续时间为5～15分钟（平均约为10分钟），而睡眠的各个阶段是循环出现的，因此总共有1～2小时的睡眠时间是在梦中，一夜做4～6个梦。如果一个人觉得他们没有做梦或者一个夜晚只做了一个梦，这是因为他们关于那些梦的记忆已经消失了。这种“记忆抹除”的情况通常发生在一个人自然缓和地从快速眼动睡眠阶段经过慢波睡眠期而进入清醒状态。如果一个人在快速动眼睡眠期被叫醒的话（比如说被闹钟叫醒），他就有可能记得那时所做的梦（不过并非所有发生在快速眼动期的梦都会被记得，因为每个快速眼动期之间会插入慢波睡眠期，而那会导致前一个梦的记忆消失）。因此，如果在梦后醒来的时间内有干扰，则梦的记忆就得不到巩固，这意味着梦不能贮存在记忆中（Hobson，1988）。另外，有人认为，回忆梦的动机和对梦的兴趣能够较好地预测人们回忆梦的能力（Blagrove & Akehurst，2000）。

（二）梦中的情节

关于梦境中的情节，究竟包括些什么呢？霍尔和范德卡斯特（Hall & Van de Castel，1966）曾收集了一万多个梦做内容分析，发现大多数梦与我们的日常生活比较接近，大致可分为八类：各类人物、各类动物、人际交往、幸运的经历与不幸的经历、成败经验、户内或户外活动、空间与物体、情绪反应。运用该法分析我国大学生对梦的报告，结果发现：中国大学生梦中熟悉人物的出现率比美国大学生高，而攻击和性行为的出现率均比美国大学生低；男生较女生会梦到比较少的熟悉人物、亲人及友好行为（安献丽、徐光兴，2006）。诸多研究发现，梦的内容具有显著的年龄、性别和跨文化的相似性和差异性（Antrobus，1991）。不同的处境和际遇也会引起不同的梦。对住院抑郁症患者梦的内容研究表明，患者在抑郁症病重期较少梦到友好行为和不幸事件，经治疗抑郁好转后，梦中友好行为增加，自我负性评价减少（蔡琴凤等，2010）。另外，就梦中各种感官体验出现的频率，早有研究发现是视觉体验占优，听觉体验其次，而触觉、嗅觉和味觉体验的出现频率相当低。

（三）梦的控制

人们能够控制梦的内容吗？我们都希望自己做个好梦，但一般很难控制梦的内容。因为，大部分研究显示人们不能控制自己所做的梦的内容（Domhoff，1985）。不过，通过在前睡眠期进行暗示或改变环境则可以影响梦的一些内容。例如，要求被试努力梦到自己期望的人格特征，则大部分被试至少在一个梦中梦到了所期望的特质（Cartwright，1974）。再如，被试在睡眠前戴数个小时的红色护目镜，则在没有受到暗示并且不理解实验意图的情况下，许多被试报告梦中的视觉世界是红色的（Roffwarg et al.，1978）。

（四）梦剥夺效应

我们必须做梦吗？如果在快速眼动睡眠期间唤醒被试，使其无法完成做梦，结果将如何呢？在德门特（Dement，1974）的实验中，连续几个晚上，每当被试一进入快速眼动睡眠阶段就将他唤醒。结果发现，在第五个晚上，他的睡眠模式呈现出 30 个快速眼动睡眠阶段，是他正常睡眠模式中出现快速眼动睡眠阶段的数量的四倍多。这种睡眠者倾向于增加以后晚上睡眠中的快速眼动睡眠阶段的数量来补偿快速眼动睡眠剥夺的现象，称为**快速眼动睡眠反弹**（REM rebound）。但是，相似的效应不出现在非快速眼动睡眠中。此外，比较一些梦剥夺与睡眠剥夺研究中对心理的负面影响，似乎前者的损害并不明显弱于后者，这些均可视为梦对于睡眠的重要性的经验性旁证。

【专栏6-4】

梦游、梦话、梦魇与夜惊

梦游（sleepwalking）指睡眠中自行下床行动，而后再回床继续睡眠，睡醒后对自己夜间的行动一无所知的怪异现象。梦游者能在梦游中从事很复杂的活动，会开门上街，会拿取器具，会躲避障碍物而不致碰撞受伤。梦游者多为儿童，年龄多为6～12岁。梦游并非严重病态，也与情绪困扰无关，多数到成年后不治而愈。

梦话（sleeptalking）也称梦呓，是指睡眠中说话的现象。实际上，梦游和梦话都与做梦无关。因为梦游时患者的脑波正处在睡眠的沉睡阶段，而沉睡阶段是不会做梦的，并且几乎所有的说梦话现象也都是在沉睡阶段发生的。因此，把梦游和梦话分别称作"睡中行走"和"睡话"较符合事实。然而，目前尚不确知梦游和梦话的原因。

梦魇与夜惊是两种并不相同但都会让人产生恶劣体验的梦境。**梦魇**（nightmare）是一种发生在快速眼动睡眠期、黎明即将到来时的一些内容吓人的梦，也称噩梦。做噩梦时无躯体运动或只有些微的运动；噩梦中醒来的人对梦中的可怕内容通常都能回忆出来，思维有条理、冷静。对于梦魇的出现，一般认为是日间情绪压力所致。与此相对，**夜惊**（night terror）是一种极度惊恐的梦，夜惊者会有坐起、哭喊或跑等躯体剧烈运动，一般发生在入睡时间并不太长的非快速眼动睡眠期，通常是在睡眠的第三或第四阶段。因夜惊而醒来后几分钟之内的一段时间里，夜惊者是恍惚的、惊慌的，肢体表现出应对紧急情况的生理反应，既不知道自己在哪里，不知道自己在做什么，也记不起梦的内容。至于夜惊现象发生的原因，至今仍不太清楚，不过由于多发生在儿童期，所以推断可能与神经系统和脑的成熟水平有关。（采自张春兴，2009）

二、梦的理论

我们都会做梦，那么梦有意义吗？梦到底意味着什么呢？在对待梦的态度上，存在着巨大的文化差异。我们的古人相信，做梦总要有原因的。王符就曾说“夫奇异之梦，多有收而少无为者矣”，认为做梦总是有原因的。做梦的原因包括物理因素、生理因素和心理因素。在许多非西方文化中，梦被看作有关自身、未来，或精神世界的信息的重要来源。关于梦的理论，在西方文化中存在着下列两种相反的观点。

（一）**梦的精神分析理论**

弗洛伊德在《释梦》（1900）中提出了关于梦的心理动力学理论。他认为，梦是潜意识欲望的满足。人在清醒的状态中可以有效地压抑潜意识，使那些违背道德习俗的欲望不能为所欲为。但当人进入睡眠状态或放松状态时，有些欲望就会避开潜意识的检查作用，偷偷地浮出意识层面，以各种各样的形象表现自己，这就是梦的形成。梦是人的欲望的替代物，是释放压抑的主要途径，以一种幻想的形式，让人体验到这种梦寐以求的本能的满足。

弗洛伊德认为，梦以伪装的形式表达潜意识的欲望和冲突，做梦者所陈述的梦境（即梦显相，是做梦者醒来后所能记忆的梦境，它是梦的表面）实际上是由梦隐相（或称梦真相，是梦境深处不为做梦者所了解的部分，是梦境的真实面貌）伪装后转化而来的。这个转化的过程，弗洛伊德称之为**梦工作**(dream work)。伪装的方法有以下几种。(1) 转移，指从梦隐相转化为梦显相时，梦中的情节可能彼此转移。例如，陈述的梦境中的次要情节可能是梦隐相中最重要的。(2) 简缩，指梦显相中的情节比梦隐相中的情节少而简单。例如，有时以一件衣服代表某个人。(3) 综合，指存在于梦显相中的内容是梦隐相中许多思想的结合。例如，童年的爱畜代表整个家庭。(4) **象征**（symbolization)，指从梦隐相转化为梦显相时，把不愿意接受的观点移置为象征性地等同于乐意接受的思想。例如，乳房变成山脉、气球、甜瓜等，性交变成跳舞、骑马等。(5) 再修正，指在人陈述梦境时，会有意无意地对梦中情节加以修正。通过这些伪装，梦隐相便转化为梦显相，成为人们可以报告出来的梦。

弗洛伊德的梦的理论受到了质疑，如：他将依据精神病患者梦的经验构建的理论推广到一般人身上，难免以偏概全；该理论总是将梦境中的潜意识欲望解释为性欲的冲动，未免过于狭隘，且容易产生误导；没有证据支持梦显相和梦隐相的区分。不过，该理论目前仍被很多文化所广泛接受。研究者给美国、韩国和印度的学生提供了四种已有的梦的理论进行选择，看他们对每种理论的接受程度。结果显示，人们对弗洛伊德理论的认同度是最高的，认为梦具有深层含义，甚或东方文化下更加相信梦的潜意识含义（美国 56%，韩国 64.9%，印度 73.8%）（Morewedge & Norton，2009）。

（二）激活-整合假说

与弗洛伊德的观点相反，霍布森和麦卡利（Hobson & McCarley，1977）提出的**激活-整合假说**（activation-synthesis hypothesis）认为，梦实质上不过是在快速眼动睡眠过程中，人们试图对大脑自发产生的随机神经电冲动的解释。他们认为，当人熟睡时，位于脑干中的大脑某一部分还会周期性地活动，从而产生毫无意义的神经冲动。人的大脑综合这些冲动，并赋予其以一定的意义。当我们醒来并记起了这些认知活动，我们就称自己做了一个梦，并试图挖掘其含义。实际上，梦从一开始就没有什么含义。主要研究白日梦的福克斯（Foulkes，1985）进而提出，梦虽然是由在睡眠过程中脑的自发活动产生的，但人的认知系统赋予大脑随机冲动以形式和意义的过程不仅揭示了个人记忆中的重要信息，还体现了个人的思维方式。他还认为梦具有多种功能，其中之一就是可以在梦中体验那些实际上并未发生过的事情，从而增加自我认识的机会，因为梦通常是关于自己的。

这种认为梦只是随机信号的观点也受到了挑战。基于个体梦的总体内容在整个成年期保持不变的研究结果，梦的研究专家多姆霍夫（Domhoff，1999）认为："如果将梦看作是皮质对来自脑干、脑桥区域的随机刺激周期性的轰击所做的反应，则成年期梦的内容几十年一致的情况不适合这种理论。"此外，有研究发现脑干受伤的患者仍旧有梦，而顶叶（负责躯体感觉与感觉整合的颅顶皮质）受伤的患者则没有梦，或许脑干只与快速眼动睡眠期的梦有关，顶叶与快速眼动睡眠期的梦和非快速眼动睡眠期的梦都有关（Solms，2000）。

除了上述两种关于梦的重要理论，另外还有一些关于梦的成因或功能的看法是：我们在梦中演习受到威胁形势下的反应，尤其是噩梦，人类正是在噩梦中进行安全训练；清除脑中的垃圾，梦是对垃圾的最后一瞥；长时记忆的持续激发，睡眠时梦的诡异来自长时记忆的储存格式，但清醒时的脑则能给它做正确的诠释；把遥远但相关的记忆联结起来并强化成一故事体；把外来刺激转化成梦境以防止被惊醒；等等。无论哪种观点，都不同程度地促进了我们对梦以及自身的了解，但也都无法完全解答关于梦的疑问。

【专栏6-5】

离奇的梦

关于梦的离奇，从来都不乏解释的理论：或许梦是神与人的灵魂对话的媒介；抑或是你抛开一切道德桎梏，了解自己对母亲的真实感受的一种方式；抑或是你使自己的大脑以一种异乎寻常、风马牛不相及的方式来解开临睡前困扰你的数学难题的捷径；抑或是你在给自己白天没有被充分调动的大脑神经元来点儿热身练习。

大脑成像技术的发展使科学家得以深入研究大脑中微小的亚区域的神经活动与新陈代谢，而不是像过去那样，仅仅把人脑当作一个整体来研究。罗伯特·萨尔伯斯基教授认为，通过一系列开创性的研究与实验，美国国立卫生研究院的爱伦·布朗和他的同事或许已经可以解释梦离奇的原因。

布朗等人利用 PET 来监测大脑中不同区域的血液流速。当某一区域的神经活动增强时，那里的血液流速就会加快。在实验中，当被试进入快速眼动睡眠状态时，科学家得到了与慢波睡眠状态下截然不同的结果。一些微小区域的神经活动代谢率明显提高了，在负责肌肉运动的脑皮质和下皮质区域、负责呼吸和心脏节律的脑干区域都有所提高；与人的感情密切相关的大脑边缘系统区域和与记忆、感觉，特别是视觉和听觉有关的区域，代谢也在升高。同时，视觉区也在发生着微妙的变化。主要视觉皮质区的代谢没有明显的提高，但是负责合成简单图像信息的视觉下皮质区的神经代谢明显提高。人在清醒时，必须借助主要视觉皮质区的第一步分析转换才能看到复杂的景物。但在快速眼动睡眠状态下不一样，你无须使用眼睛就能“看到”景物。实际上你直接从下皮质区合成视觉模式开始。布朗等人由此推断，这就是梦境的合成。

如上所述，在快速眼动睡眠状态下，大脑中相当多的区域增强了代谢活动。甚至在某些区域，代谢率提升到了远远高于清醒状态的水平。但是，萨尔伯斯基教授认为，美国国立卫生研究院的科学家在一块叫作前额皮质区的区域中的意外发现，或许才是有关梦境的最好解释。

在快速眼动睡眠中，除了前额皮质外，所有与大脑边缘系统紧密相连的区域代谢都在加强，然而，在前额皮质内，只有一个区域代谢增强，其余区域的代谢都保持着慢波睡眠时的惰性状态。如果用前额皮质的功能来分析这个实验结果，我们将得到激动人心的答案。

与其他哺乳动物的大脑相比，人脑具有许多独一无二的特征。大脑边缘系统的功能使得人类发展出史无前例的特性：女性在她的整个生育期内都有性欲，而其他哺乳动物仅仅在排卵期才有性冲动。大脑皮质与大脑边缘系统之间大量不规则的连接使得人类的一个重要特性得以体现：人能够控制自己的思想感情。

在许多方面，人脑的一个最重要的特征表现在前额皮质的不断完善及特殊作用上。前额皮质的神经代谢在快速眼动睡眠时期相当不活跃。大脑中的前额皮质在人的自律和自控中起着主要的作用，似乎为感情的野马套上了缰绳。通俗一些说，正是前额皮质的作用使你可以克制自己，不至于在婚礼上大声打嗝，不至于使满腔怒火立即化作恶语伤人，不至于使暴力幻想转化为不可挽救的暴力行动。

毫无疑问，其他生物物种并不具备像人脑一样完整的前额皮质，人在幼年时期前额皮质也发育不全。可以说，前额皮质是人脑中最后发育成熟的部分。在诸如打击、震荡之下，对前额皮质的损伤将使受伤者发展出放纵的个性——可能会变得冷漠无情、幼稚可笑、争强好胜、淫乱纵欲或者粗俗污秽。

布朗等人发现，在快速眼动睡眠状态下，人的前额皮质几乎是不工作的，无法发挥它在清醒时的抑制作用，与此同时，那些控制情感和记忆的神经区域却在进行着活跃的代谢活动。由此带来的梦境，就表现出了无拘无束的行为和复杂多变的感情。你可以在海底畅游，在蓝天翱翔；你可以大胆示爱，统治一个帝国，或者成为最当红的电影明星。

值得一提的是，即使可以用快速眼动睡眠状态下前额皮质不活跃的神经代谢来解释梦的无拘无束，但这一结论并没有说明人的大脑之所以要上演这一特殊剧目的原因，梦的具体内容仍然是个难解之谜。对“梦的内容为何如此无拘无束”这个问题，我们可以回答“因为在快速眼动睡眠中前额皮质活动尤其不活跃”。那么，新的问题又会接踵而至：“为什么前额皮质的代谢活动会如此不活跃呢?”

根据布朗等人的研究，萨尔伯斯基教授又提出了新的猜想。对于某一特定的做梦者来说，前额皮质越是被压抑，梦的内容可能就越是生动离奇。对睡眠中和清醒时前额皮质代谢活动的对比研究是否会有更多的启示呢? 前额皮质在人清醒时越是代谢频繁，是否在睡眠中就越是不活跃? 这是否正好吻合了精神分析学说的传统模型：如果某种重要情感在白天受到了抑制，它必然会在夜间潜入你的梦中。(采自科学网，2001)

第四节 催　眠

一、催眠及其诱导

催眠（hypnosis）的英文源自希腊神话中睡神 Hypnos 的名字，是由各种不同技术人为诱导引发的一种意识替代状态，此时被催眠者处在一种高度受暗示性的状态，并对他人的暗示在知觉、记忆和控制中做出相应的反应。虽然催眠很像睡眠，但睡眠在催眠中并不扮演任何角色，因为如果人要是真的睡着了，对任何暗示就不会有反应了。事实上脑电图也显示，催眠时的脑电波和清醒时是一样的。“催眠”这个词本身是带有一定误导性的。

催眠状态可经多种方法进行诱导。在心理咨询与治疗中，催眠是在被催眠者愿意的前提下，遵循一定步骤进行的。(1) 询问解疑。了解被催眠者的动机与需求，询问他对催眠既有的看法，解答他有关催眠的疑惑，确定他知道等一下催眠时哪些事情会发生而没有不合理的期待。(2) 诱导阶段。催眠师运用语言引导，让对方进入催眠状态。一般而言，常用的诱导技巧有渐进放松法、眼睛凝视法、深呼吸法、想象引导法、数数法、手臂上浮法，以及其他变形与伪装的方法。（3）深化阶段。引导被催眠者从轻度催眠状态进入更深的催眠状态，常用的深化技巧有手臂下降法、数数法、下楼梯法、搭电梯法、过隧道法等等。除了这些常用技巧，这个阶段常常是随机应变的，可以说催眠师有多少想象力，就有多少新的技巧问世。（4）治疗阶段。催眠师在被催眠者潜意识开放的状态下，帮助被催眠者达成改变的观念植入，以达到帮助被催眠者改变行为习惯、解决心理问题的目的。（5）解除催眠。让被催眠者从催眠状态回到平常的意识状态，包括暗示被试催眠醒后将忘记催眠中的一切经验，或暗示被试醒来做某些活动，确保他在结束催眠后感觉良好，并且强化疗效。

二、催眠感受性

催眠感受性（hypnotic susceptibility）是指个体接受暗示的难易程度。每个人都有受暗示性（可催眠性），但个体差异很大，人群中有10％～20％的人很容易接受催眠，约10％的人似乎根本对催眠没有反应。一般来说，这种可受暗示性的程度是相对稳定的，但也受年龄的影响，一般认为在儿童时期较高，在青少年时期达到最高，之后随着年龄增长逐渐下降。可催眠性与人格有关，一般来说想象力较丰富的人受暗示性会比较高一些，而批判性较强的人受暗示性会比较低一些。而且，一个人对催眠感受性是比较稳定的。研究表明，曾被催眠过的一个人在下次会被同样程度的暗示催眠（Piccione et al.，1989）。最重要的是被催眠者的意愿，即使他对暗示的感受性高，但是没有意愿的话，是无法被催眠的。

催眠的深度通常分为三级，由浅至深依次为动作支配期、知觉支配期和记忆与性格支配期。绝大多数人均可进入动作支配期。此时，被催眠者身体的肌肉逐渐接受催眠师的言语控制。例如，催眠师暗示说："我现在从一数到三，当我数到三时，你的眼皮就会变得非常非常重，重得睁不开了。"当催眠师数到三时，只要被催眠者已进入浅层的催眠状态，就会很惊讶地发现，自己似乎突然忘记如何控制眼皮肌肉的动作，即使努力睁眼，眼皮也无法抬起。催眠师所能控制的肌肉数及肌肉群随着催眠程度的加深也越来越多。在知觉支配期，被催眠者的知觉经验可被暗示控制，而体验到嗅觉、味觉、肤觉、听觉乃至视觉上的幻觉。在更深的记忆与性格支配期，被催眠者的记忆状态会接受催眠师一定程度的控制，能在暗示的条件下回忆平时不易浮现的儿时的记忆细节，能够模仿出各种与他平时性格截然不同的角色，几乎可以说是一位极为优秀的演员。

大多数人认为，催眠能否成功，主要应该看催眠师的技能如何，认为催眠师在这里扮演最重要的角色。事实上，一个人的催眠能否成功，关键因素除了催眠师本身的经验和技术外，另一个重要的因素是共同的信任。事实上，每个人都具备被催眠的能力，却又因为每个人的状态各不相同，所以进入催眠的速度及深度以及接受催眠的建议也都各不相同。其实人类每天都活在自我暗示或他人暗示之中，只不过一般人受到暗示也不以为意，或者说只不过平日的接受程度没有那么高罢了。有些具有高度的受暗示性（可催眠性）的人，进行自我催眠的能力也会很强。事实上每个人都可以进行自我催眠，人类的每一个想法及意识都可以算是一种自我催眠。高度的受暗示性（可催眠性）可以被看作一种与生俱来的属性，也可以经过后天的开发。

三、催眠理论

（一）意识分离论

美国心理学家希尔加德（Ernest Ropiequet Hilgard，1904—2001，图6-2左）提出的**意识分离论**（split consciousness theory）把催眠看作一种特殊的意识状态。他认为，个体被催眠后的意识分离为两个同时进行的层面：第一个层面是被试接受暗示后所意识到的一切新经验，该层意识是在催眠师的暗示下产生的，其性质有可能是扭曲的、不真实的，但这一层意识可与外界进行交流；第二个层面是隐藏在第一个层面之后，不为其所意识到的经验，该层面意识是个体根据自己的感觉产生的，其性质是比较真实的。只是因当时受到催眠暗示的影响，第二层面意识被第一层所掩盖，不能以口头方式表达出来而已，希尔加德称之为**隐秘观察者**（hidden observer）。他认为，许多催眠效果是这种被分裂的意识的产品。例如，被催眠者可能对疼痛没有反应，是因为疼痛并没有在与外界进行交流的那部分意识上进行登记。而且，后来的许多实验都支持了隐秘观察者的存在（Kirsch & Lynn，1998）。

在希尔加德（Hilgard，1968）的实验中，催眠师先暗示被试，其左手在催眠后将失去一切痛觉。当他进入催眠状态后，催眠师就将其左手放置入冰水中。这时要求他口头回答他的左手是否感到刺痛，他报告说不痛。但如果将他的右手放在按钮上，并对他说如感到左手刺痛就用右手按按钮。结果发现，虽然他在口头上回答说没有刺痛感，但其右手则会按下按钮（图6-2）。这说明，在催眠状态下，口头回答的不痛是在催眠暗示下所产生的意识经验，是扭曲的、失真的。右手按按钮的行为表达出了被催眠者自己的感受，是真实的。因此，催眠将意识分为两部分，一部分对疼痛没有觉知，而另一部分（即隐秘观察者）则能够觉知到。这个实验显示，意识在催眠状态下是分离的。

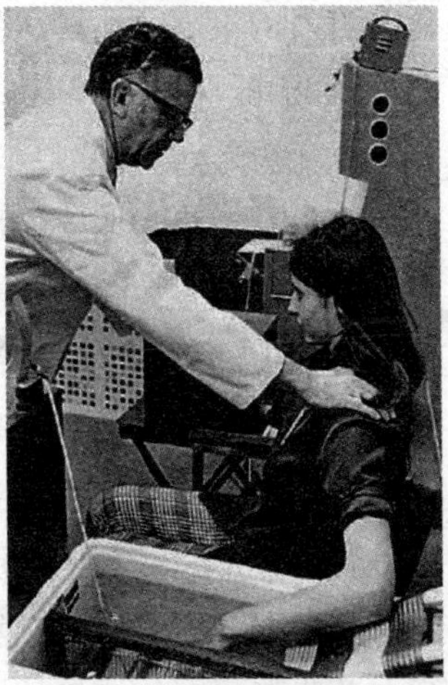

图6-2　催眠状态下的隐秘观察者

希尔加德认为，**分离性意识**（divided consciousness）是一种同时进行两种都需要觉知的意识活动，是一种平常而普通的现象。例如，人们常会将车开出很长一段距离，其间会对交通信号和其他车辆做出反应，但过后想不出自己是怎样做出反应的。在这个例子中，意识明显被分开，一部分用来开车，另一部分用来想其他的事情。这种体验在较早时被称为“高速公路催眠”。在这种条件下，支配开车的那部分意识中甚至也会“记忆缺失”，类似于催眠后遗忘。总之，希尔加德的观点表明，催眠是意识的一种可以解释的变化，并在日常经历中可以看到这种变化。

（二）社会角色论

社会心理学家斯帕诺斯（Spanos，1982）等人对意识分离论提出质疑，提出用**社会角色理论**（social role theory）来解释催眠现象。他认为，催眠状态下的行为实质上都是在人正常的自主范围之内。一个人确定自己被催眠的唯一原因是其在催眠条件下的行为与自己期望在这种状态下会出现的行为相一致。在斯帕诺斯看来，催眠的过程是西方文化中具有多种含义的仪式。个体希望放弃对自己行为的控制，随着催眠过程的深入，就开始相信他的自主行动开始转化为自发的不随意活动。例如，在催眠初期，给被试一些随意活动的暗示，如“放松你的腿部肌肉”，后来就会成为一些不随意活动的暗示，如“你的腿感觉到沉重无力”。针对催眠中的痛觉缺失，斯帕诺斯认为，个体在催眠时的疼痛感降低是其动机和期望作用的结果。因为，所有催眠研究使用的被试都是在受催眠影响的敏感性测量中获得较高分数的人，这些人“非常投入，希望自己在催眠实验中成为一个好的被试”，他们知道研究者要对清醒状态和催眠状态做比较，被催眠者想证明催眠的确有效。

在斯帕诺斯的一项研究中，两组学生都要听关于催眠术的讲座。在讲座中，告诉其中一组学生，胳膊僵直的感觉是在催眠过程中不由自主出现的现象，其余内容完全相同。然后对这两组学生进行催眠。结果显示，在讲座中听到有关胳膊僵直的信息的那组学生，在没有给出任何指导语的情况下，就有人“不由自主地”表现出了这种行为。而在另一组学生中，没有一人胳膊变得僵直。这说明，人是按自己对催眠的想象来行动的。人们之所以在催眠状态下做出某种特定行为，是因为他们觉得催眠就应该是那样，而不是因为催眠改变了他们的意识状态。有研究表明，富于想象力的人在催眠和非催眠的情况下都能够产生生动的知觉（Barber，2000）。这说明，被催眠的人是富于想象力的演员，正在扮演被催眠的角色。

目前，有关催眠是不是一种异常意识状态仍存在争议。而在应用方面，催眠已广泛应用于心理治疗、医学、犯罪侦破和运动等领域。其中，催眠在心理治疗上可用于治疗酗酒、梦游、自杀倾向、过量饮食等。但除非患者有着很强烈的动机，催眠一般不会立即获得明显效果。如能将催眠与其他治疗方法结合起来，则效果会更好。

第五节　精神药物与异常意识状态

一、精神药物的一般效应

有许多药物，如酒精、海洛因、苯丙胺类、巴比土酸盐、大麻、可卡因、麦角二乙胺、咖啡因、尼古丁等等都能改变意识状态。那些能够改变知觉、记忆、情绪、时间感和自我意识的化学物质称为**精神药物**（psychoactive drug）。大多数精神药物会导致中枢神经系统的兴奋，而有些精神药物则相反，导致中枢神经系统的抑制。

所有的精神药物如果持续服用，都会产生**耐药性**（drug tolerance）。服用者体验到神经适应，即大脑适应了对正常功能的破坏，从而导致需要服用更大的量才能体验到药物的效果。例如，没喝过酒的人可能一杯啤酒就会醉，而经常饮酒的人喝很多瓶也没有醉意。酗酒者的中枢神经系统已经适应过量的酒精对其大脑、心脏甚至生命所造成的破坏。

服用精神药物一旦成瘾，停止服用时个体便感到有无法忍受的身心不适，感到极度的痛苦和对药物的强烈渴求，表现出对药物依赖的两种反应：一种是**生理依赖**（physical dependence），指药物成瘾后一旦停止服用，成瘾者会有种种生理异常反应，如打哈欠、流眼泪、恶心、呕吐、出汗、失眠、颤抖等；另一种为**心理依赖**（psychological dependence），即药物成瘾者停药后在心理上会产生坐立不安和无法忍受的渴求反应。成瘾者在戒断药物时所产生的各种异常反应称为**戒断综合征**（withdrawal syndrome）。例如，戒断鸦片时，成瘾者会产生严重的似流感症状，包括恶心、呕吐、腹泻、发冷、出汗和痉挛等生理依赖反应，同时还会产生千方百计要得到药物的强烈愿望和行为，以维持心理上的安宁。

在传统的意义上，**成瘾**（addiction）是指生理上对一种药物的依赖，在戒断时伴随有各种症状，如疼痛、恶心和极度痛苦。成瘾是疾病，是需要进行治疗的。但近年来在心理学领域，一些心理学家将成瘾定义为任何强制性的习惯模式，把许多无法拒绝的诱惑甚至像坏习惯或犯罪行为都称作成瘾。把成瘾的概念扩大化并应用于社会动机行为，如过量进食、购物、锻炼、性行为、赌博和工作中是否合适？这个问题引起了人们的关切。虽然心理依赖对药物成瘾者的影响与生理依赖的作用是一样的，但这些社会动机的习惯行为是否有生理依赖且引起机体障碍，就像滥用药物那样？这是有争议的，并且还可能成为不法分子的借口，如他们把不法行为（如偷盗）解释为一种成瘾疾病。

二、精神药物导致的异常意识状态

(一) 抑制剂

凡对中枢神经系统产生抑制作用，使身体机能降低的药物，均称为**抑制剂**(depressant)，如酒精、鸦片类等。

酒精（alcohol）学名乙醇，是所有抑制剂中使用最多的药物。酒精不是毒品，酒类买卖不违法，所以社会上饮用者非常普遍。酒精对人的身心是否有害，关键取决于用量。少量饮酒对一般成人来说能舒筋活血、放松心情；过量饮酒，如当血液中酒精含量为0.15%时就会引发异常意识状态。但无论是小量或大量饮用，酒精都是一种抑制剂。那种认为酒精在小量饮用时是兴奋剂的说法是不妥的。小酌几杯也许能使人兴奋起来，但这是通过降低控制判断和抑制大脑活动而造成的。喝过酒的人，如果受到激惹，会比平常更多地做出攻击反应；如果有人请求帮助，会比平常更愿意提供帮助。也就是说，一个人具有某些行为倾向时，酒精使这种行为倾向更容易表现出来。酒精会改变正常的意识状态，醉酒后会有以下异常表现。(1) 思维与知觉变得迟钝。醉酒后，人的反应迟钝，言语含糊，目光瞢然，技能笨拙。(2) 近期记忆会受到破坏。酒精不会破坏对刚刚发生事情的短时记忆和已有的长时记忆，却会破坏对近期经验进入长时记忆的加工。喝醉后的第二天，醉汉往往回忆不起他头一天遇到过谁，与其说和做了些什么。(3) 自我意识下降。那些在生意场、比赛场、情场上的失败者往往借酒消愁，以此来抑制对真实的失败自我的觉知。(4) 注意力只集中在当时情境而不计后果。

鸦片类（opiates）属于麻醉剂，包括鸦片及其衍生物、吗啡和海洛因。这类药物都能抑制脑的活动，使服用者精神恍惚、反应迟缓、瞳孔收缩、呼吸减慢、昏昏欲睡。**吗啡**（morphine）和**海洛因**（heroin）的毒性大，是违禁药物，可吞服、注射，也可以混在香烟中吸食。服用后数分钟后就有飘飘然的欣快感，稍后几个小时之内，极度的快感便被疼痛和焦虑所代替，服用者感到身体僵硬、意识模糊、丧失胃口和性欲，最终陷入极度困倦状态。海洛因很容易成瘾，即使服用时间很短，也很快导致生理依赖，且耐药性特强，在几次服用后，就必须增加剂量，否则无法达到预期药效。长期服用海洛因会导致死亡，因为海洛因能抑制中枢神经系统的呼吸中枢，从而导致窒息死亡。

（二）兴奋剂

兴奋剂（stimulant）指对中枢神经系统产生兴奋作用，增强身心活动效率的药物，主要有苯丙胺类、可卡因和尼古丁等。

苯丙胺也称**安非他明**（amphetamine），这类药物包括一大类合成的兴奋剂，如右旋苯丙胺、去氧麻黄碱和苯丙胺等。苯丙胺类曾被医生用作减肥和抗中度抑郁的辅助药物，因导致药物依赖，现已被禁止使用。这类药会很快产生耐药性，大多数人开始每天服用一至二粒，之后很快就需服用几十粒才会产生预期的效果。随着耐药性的增强，成瘾者不得不越来越多地服用大量的药物，从而导致恶心、呕吐、高血压、心律不齐和中风。苯丙胺类药物成瘾者的体能迅速消耗，但又不能得到快速补充，药物兴奋后会出现许多危险问题，如疲劳、抑郁、做噩梦、精神错乱、不可控制的烦躁和攻击行为。长期服用也可能引发一种与现实脱节的精神障碍（苯丙胺精神病），患者感到受威胁，出现偏执妄想。

摇头丸（ecstasy）是安非他明的一种衍生物。摇头丸既是兴奋剂，也是轻的致幻剂。它能引发神经递质多巴胺的释放，使血液中的5-羟色胺增加并阻断其重新吸收，使服用者体验到这种物质过剩所带来的良好感觉。大约从服用后半小时开始，一直持续3～4小时，服用者有高度的欣快感，情绪高涨，摇头晃脑，体验到与周围人在一起的高涨的亲密感。摇头丸成瘾的直接危害是脱水，长时间舞动，热度过高，有血压升高和死亡的危险。长期服用摇头丸会破坏中枢神经系统中制造5-羟色胺的神经元，使得5-羟色胺含量下降，导致心境永久性损害、昼夜节律失调、免疫系统功能下降、记忆和其他认知功能受损，还有患帕金森氏综合征的危险。

可卡因（cocaine）是一种从古柯叶中提炼出来的烈性兴奋剂。它能提高服用者的警觉，产生欣快、愉悦、有力、精力充沛的感受。可卡因与苯丙胺类对中枢神经系统的作用十分相似，其主要区别是苯丙胺类的效应持续长达数小时之久，而可卡因很快就会被代谢，作用只持续15～30分钟。特别是注射或加热吸用，可卡因能很快进入血液循环，人会突然感受到欣快。这种突然的欣快感会消耗大脑中大量的多巴胺和血液中的5-羟色胺及去甲肾上腺素，随着药效的消失，人便产生极度的沮丧情绪——疲劳、焦虑、妄想、厌倦和抑郁。滥用可卡因非常危险，甚至偶然服用或第一次服用就有风险，因为可卡因可引起抽搐、心脏病或中风。可卡因很容易成瘾，也很难戒断。

尼古丁（nicotine）是一种天然的兴奋剂，主要含于烟草中。烟草是人们最普遍使用的一种精神药物，我国吸烟者的人数很多，有3.5亿烟民。一支点燃的香烟会释放出6 800多种化学物质，其中有很多是致癌物质。尼古丁有很强的毒性，大量吸入尼古丁会引起腹痛、呕吐、腹泻、出冷汗、头晕、精神错乱和肌肉震颤；吸入过量，还会引起抽搐、呼吸困难和死亡。尼古丁会成瘾。许多吸烟者在戒烟时会出现头疼、出汗、疼痛痉挛、失眠、消化不良和易怒等症状，并且强烈地渴望吸烟。这些症状可能持续2～6周。戒断后，戒烟者中在一年内复吸者约占80%。

（三）致幻剂

致幻剂（hallucinogen）是指能产生幻觉（包括视觉、听觉和其他感觉系统的幻觉）的精神药物，因此也称为**迷幻剂**（psychedelic），如大麻、麦角酸酰二乙胺等。

大麻（marijuana）是从印度大麻类植物和花中提取出的。它产生的典型心理效应是陶醉感、飘飘欲仙的意识状态、无方向感、时间改变、知觉扭曲、动机缺乏，大剂量服用会产生妄想、幻觉和错觉；对身体生理上的影响是心跳加快、发汗、双目结膜红肿、步行不稳、眼球震颤等。大麻的主要活性化学成分是四氢大麻酚，其在人体脂肪组织，特别是脑和生殖器官中蓄积的危害特别严重。即使一个人每周只吸一次大麻，大麻也会在体内永远存在。经常服用大麻会引起慢性支气管炎、肺细胞癌变、精子减少或异常、运动机能失调、免疫系统机能下降，易感染各种疾病。

麦角酸酰二乙胺（lysergic acid diethylamide）可能是最强烈的致幻剂，只要服用一点儿就能产生幻觉，使思维和知觉发生似精神病样的障碍。它和其他高强度的致幻剂在化学上都与一种神经递质5-羟色胺的亚型非常相似，能够阻断它们的活动。

致幻剂所导致的异常意识状态有种种表现，以下是一些致幻剂所导致的典型的异常意识状态的特点。（1）时空感和自己身体形象扭曲。觉得很多熟悉的知觉都扭曲了，产生包括视觉、听觉、时间和空间的幻觉；有离体体验，觉得或看到自己的身体或身体的某些部分与平常的不一样。(2) 超越自我感。觉得不是以自己的视角来看世界，看到的现象好像是独立于自己的，甚至独立于人类的需求和欲望；似乎已超脱了个人的需求与欲望。(3) 信以为真感。觉得这种经验比平常的意识状态更真实、更实在；自己所看到的不只是事物的表面，而是其本质。(4) 经常是欣快感，但交织着焦虑与惊恐。不是所有吸大麻的经验都是欣快、愉悦的，据一些长期吸用者报告，焦虑、恐怖及迷惑是常有的事，还有报告严重惊恐、各种幻觉及体像令人厌恶的变形等症状。(5) 无法用言语描述。有这些经验的人经常说他们无法讲清楚。这些经验是如此奇特，以至于无法用言语做适当的描述；并且这些经验常常充满着矛盾，无法用言语来描述。

【专栏6-6】

吸毒成因

吸毒严重地危害个体的身体健康，引发多种疾病和一系列的并发症，易染上艾滋病致死。吸毒会导致家破人亡、妻离子散，诱发犯罪，严重危害社会治安。那么，哪些人有可能吸毒？心理学家曾对此做过不少研究。在这些研究中，不少是对青少年成瘾者所做的调查，不过对这些研究结果的解释则需要谨慎。例如，有研究把海洛因成瘾者说成是具有反社会人格所致，理由是这些人无法与他人建立关系，用药物来逃避责任。这种解释可能是有风险的，因为我们无法确定这些特征是源自成瘾还是在成瘾之前就已经具有的。综合以往的研究，下列因素有可能导致青少年吸毒。

(1) 家庭因素。一项研究发现，与幸福的家庭相比，不幸的家庭中的青少年，如果其父母对子女漠不关心或施以严酷体罚，则这些青少年更有可能吸毒 (Baer & Corrado，1974)。父母的价值观对吸毒也有重要影响。与具有正统社会价值观的家庭相比较，那些放纵并鼓励子女“做你自己的事”的家庭中的青少年更有可能吸毒。或许最有影响的是父母使用药物的程度，如果父母经常饮酒或服用其他药物，那么子女很可能会模仿父母，服用这些药物。

(2) 同伴因素。大量研究表明，某一青少年吸毒与其交往的朋友吸毒有密切相关。这一结果可以解释为：该青少年可能是为了模仿朋友或在朋友的怂恿下去尝试吸毒的，也可能是该青少年在开始吸毒后选择了毒友。

(3) 人格因素。例如，有一种人格特质可以作为吸毒的预测因素，便是感觉寻求特质。**感觉寻求**（sensation seeking）是指寻找变化、新奇和复杂的刺激与经验，并且为了拥有这种经验而甘冒种种风险。高感觉寻求者希望自己时刻保持较高水平的唤醒状态，并为此不断地寻求新体验和刺激。当类似或相同的刺激重复出现时，这种人立刻会感到厌烦，反应速度也会大为减慢。他们易受同伴群体的直接影响，容易使用违禁药、吸烟、酗酒、飙车、进行不安全的性行为，往往使用多种毒品，并且使用“烈性”药物（景晓娟、张雨青，2004）。

总之，上述因素可能是导致青少年初次吸毒的原因。一旦个人对毒品形成生理依赖，其吸毒动机就发生了根本的变化，即习得了一种新的需要；这种需要如此强烈，致使他忽视所有其他任何事情，活着只是为了下一次的“满足”。

【复习与思考】

1. 解释：意识，意识流，焦点意识，边缘意识，下意识，前意识，潜意识，非意识，白日梦，幻想，生物钟，快速眼动睡眠，非快速眼动睡眠，失眠，梦，催眠，催眠感受性，精神药物，生理依赖，心理依赖，成瘾。
2. 意识的基本特征表现在哪几个方面？
3. 怎样理解意识水平与意识状态？
4. 睡眠可分为哪几个阶段？
5. 迄今已有哪些关于梦的学说？
6. 如何认识催眠现象？
7. 讨论吸毒的成因。

【扩展阅读书目】

1. 潘菽主编：《意识——心理学的研究》，商务印书馆1998年版。

2. 汪云九、杨玉芳等著：《意识与大脑——多学科研究及其意义》，人民出版社2003年版。

3. ［英］Susan Blackmore著，耿海燕、李奇等译：《人的意识》，中国轻工业出版社2008年版。

4. ［美］丹尼尔·丹尼特著，罗军译：《心灵种种——对意识的探索》，上海科学技术出版社2012年版。

5. ［美］伯纳德·巴尔斯著，安晖译，魏屹东审校：《意识的认知理论》，科学出版社2014年版。

6. ［奥］弗洛伊德著，孙名之译：《释梦》，商务印书馆1996年版。

第七章　动　　机

第一节　概　　述

一、什么是动机

动机（motivation）是激发和维持个体进行活动，并导致该活动朝向某一目标的心理倾向或动力。动机可能是意识到的，也可能是意识不到的。实际上在活动的瞬间，动机通常是意识不到的。**定势**（set）就是一种未被意识到的动机。例如，连续10～15次将两个大小不同的球放在被试手中，让其抚摸并判断哪只手的球大些或小些。然后让被试摸同样大小的两个球，这时被试会觉得这两个球大小是不一样的。对各类人的**刻板印象**（stereotype）等社会定势有可能在不同程度上未被意识到，如把山东人看作豪爽、正直、吃苦耐劳的，把浙江人看作聪明伶俐、随机应变的，把学者看作文质彬彬的，把商人看作唯利是图的，等等。当然，大多数目的性活动的动机是我们能够意识得到的。

作为活动的动力，动机具有如下三种功能。一是激发功能。动机能激发机体产生某种活动。有动机的机体对某些刺激，特别是当这些刺激和当前的动机有关时，其反应更易受激发。例如，饥饿者对有关食物的刺激特别敏感，易激起觅食活动。二是指向功能。动机使机体的活动针对一定的目标或对象。例如，在成就动机的支配下，人们可以放弃舒适的生活条件而到艰苦的地方去工作。动机不同，活动的方向和目标也不同。三是维持和调节功能。当活动产生以后，动机维持着这种活动针对一定的目标，并调节着活动的强度和持续时间。如果活动达到了目标，动机促使有机体终止这种活动；如果活动尚未达到目标，动机将驱使有机体维持（或加强）这种活动，或转换活动方向以达到某种目标。

在具体的活动中，动机上述功能的表现是很复杂的。不同的动机可以通过相同的活动表现出来；不同的活动也可能由相同或相似的动机支配，并且人的一种活动还可以由多种动机支配。例如，学生按时复习功课、完成作业的活动，其学习动机可能是不同的：有的可能是理解到自己肩负的责任，有的可能是想考取好学校，有的可能是出于个人的物质要求，有的可能是怕教师的检查和父母的责骂，等等。又如，成就动机可以促使学生在不同的学习领域（学习、文娱、体育等）进行积极的活动。因此，在考察人的行为活动时，必须要揭示其动机，才能对其行为做出准确的判断。

二、与动机有关的几个概念

（一）需要

需要（need）是有机体内部的某种缺乏或不平衡状态，它表现出有机体的生存和发展对于客观条件的依赖性，是有机体活动的积极性源泉。需要的产生是有机体内部生理上或心理上的某种缺乏或不平衡状态。例如，血液中血糖成分的下降会产生饥饿求食的需要，水分的缺乏则会产生口渴想喝水的需要，生命财产得不到保障会产生安全的需要，孤独会产生交往的需要，等等。一旦机体内部的某种缺乏或不平衡状态消除了，需要也就得到了满足。这时，有机体内部又会产生新的某种缺乏或不平衡状态，产生新的需要。需要和动机是紧密相连的，但也有差异。需要在主观上常以意向和愿望被体验着。模糊意识到的、未分化的需要叫**意向**（intention）。有某种意向时，人虽然意识到一定的活动方向，却不明确活动所依据的具体需要和以什么途径、方式来满足需要。明确意识到并想实现的需要叫**愿望**（wish）。如果愿望仅停留在头脑里，不付诸实际行动，那么这种需要还不能成为活动的动因。因此，处于静态的需要还不是动机。只有当愿望或需要激起人进行活动并维持这种活动时，需要才成为活动的动机。

（二）本能

本能（instinct）的含义复杂，在心理学上至少有四种解释。（1）指同一物种所有个体共同表现的不学而能的行为反应。像蚕吐丝、蜂酿蜜、蜘蛛结网、青蛙两栖等行为，都称为本能。(2) 指某一物种生而具有的行为潜能或倾向。由行为潜能或倾向所形成的内在作用，促发同一物种的个体表现出不学而能的同样的行为模式。(3) 指某一物种的个体在其生命某阶段所表现的某种特殊行为模式。像毛虫变为蛹，蛹再变为蝶的阶段性行为模式，即为该物种动物的本能。(4) 是指促发人类某种行为但不为当事人所知的内在力量。这是精神分析创始人弗洛伊德的独特看法。可见，将本能解释为不学而能的行为，在动物界容易得到验证，但从人类所表现的复杂行为来看，很难采用同一物种所有个体共同表现的不学而能的行为反应来加以概括。不过，从生物学与生理学的观点看，人类行为仍然具有相当成分的本能因素。

(三) 内驱力

驱力或内驱力（drive）是指驱使有机体产生行为的内部动力。这个术语在心理学文献中常有两种不同的用法。一些学者把需要、内驱力和动机作为同义词来使用，但多数学者对这三个术语是有区别地加以使用的。需要是内驱力的基础。当机体缺乏某种东西而产生需要时，机体内环境的相对稳定（即内稳态）便遭到破坏。例如，需要水分或需要食物时，机体内细胞内外的水的渗透压或血液中糖分的一定水平遭到了破坏。这种生理变化所产生的需要便对机体形成一种紧张的内驱力，从而导致求饮或求食行为，以恢复内稳态。即是说，因需要而产生内驱力。内驱力大致与需要呈正相关。例如，饥饿的人比吃饱的人具有较强的内驱力，而又饿又渴的人比只是饥饿的人具有更大的内驱力。但是，需要和内驱力又不是等同的。例如，如果一个动物长期挨饿，它对食物的需要强度大，但由于非常虚弱而不能动弹，其内驱力水平反而降低了。

(四) 诱因

很明显，有机体并不仅仅是由于内驱力的驱使才被迫活动的，外部刺激也能激起有机体的活动。例如，饥饿会导致有机体去寻找食物，但并不饥饿者看见美味佳肴也会产生食欲，即使已吃饱也会再次进食。因此，外部刺激也是引起动机的一个原因。凡是能引起机体动机行为的外部刺激，均称为**诱因**（incentive）。诱因按其性质可分为两类：有机体因趋向或获得它而得到满足时，这种诱因称为正诱因；有机体因逃离或回避它而得到满足时，这种诱因称为负诱因。然而，外部刺激的诱因强度和性质也不是固定不变的，而是依机体的经验和需要等的不同而经常变化的，甚至会改变正负的方向。例如，各种与食物有关的嗜好受孩提时代所养成的习惯影响很大。又如，平时酒可能是正诱因，但是在酩酊大醉后的第二天，酒就转变成了负诱因，甚至一想起酒味，就会恶心发呕。诱因强度还依赖于目标与有机体之间的距离。一般而言，时间和空间的距离越近，引起趋向目标的力量就越大。即是说，随着目标的接近，诱因强度有增大倾向。

总之，需要、本能和内驱力存在于有机体内部，它们所处的状态或释放的能量是无指向性的，当其与存在于有机体外部的诱因相结合，即产生具有明确指向性的动机行为。

三、动机的种类

人的动机是多种多样的，并且可以从不同的角度进行分类。根据动机的起源，可把动机区分为生物性动机（也称为生理性动机或原发性动机）和社会性动机（也称为心理性动机或习得性动机）。**生物性动机**（biological motivation）是指保存和维持有机体生命和延续种族的一些动机，如饮食、休息、睡眠、觉醒、排泄、避痛、求偶等。动物也有这类动机。**社会性动机**（social motivation）是指与人的社会生活相联系的一些动机，如劳动、交往、成就等。社会性动机源于这样或那样的社会要求；当个人认识到这些社会要求的必要性时，社会的需要就可能转化为个人的社会性动机。社会性动机是后天习得的，源于人类的社会生活，属于人类社会历史的范畴，并随着社会生活条件的不同而有所不同。

人的复杂活动（如学习、工作等）通常不会只受单一动机的推动，而是受多种多样的整个动机系统的推动。这些形形色色的动机交织在一起，互相补充，处于一定的相互关系之中。它们对活动的驱动作用是不同的，其中有的起主导作用，这种动机称为**主导动机**（dominant motivation），另一些是次要的，称为**次要动机**（subordinate motivation）。在人的成长过程中，活动的主导动机也是不断变化和发展的。例如，同是学习活动，刚入学的小学生，其主导动机可能是学生的地位（如“当个小学生”），以后其学习的主导动机可能是在班级中取得应有的地位（如“争当三好生”）。

根据引起动机的原因，还可将动机分为外在动机和内在动机。**外在动机**（extrinsic motivation）是指活动动机是由外在因素引起的，是追求活动之外的某种目标。例如，有的学生的学习动机是由学习者以外的父母或教师提出的，或学习只是为了获得一枚奖章。这种动机就是外在动机。**内在动机**（intrinsic motivation）是指活动动机出自活动者本人并且活动本身就能使活动者的需要得到满足。例如，有的学生的学习动机是由学习者本人自行产生的，学习活动本身就是学习者所追求的目的。这种动机就是内在动机。外在动机是可以转化为内在动机的。例如，课堂教学中最初运用的是外在动机，教师和父母的表扬或批评、肯定或否定态度激起学生的学习活动，以后，学生为了得社会的承认和赞赏也能够专心致志地学习，并把学习看成一种乐趣。

四、动机强度与工作效率

工作效率与动机强度有密切联系。你可能设想，如果动机强度不断增强，有机体的活动就会越高涨，活动的效率也就越佳。但是，事实并非如此。活动动机很低，对工作持漠然态度，工作效率是低的。然而当动机过强时，有机体处于高度的紧张状态，其注意和知觉的范围变得过于狭窄，反而限制了正常活动，从而使工作效率降低。考试就是最好的例子：在考试复习中做了充分准备的学生，虽然一心想考出好成绩，但往往事与愿违，就是因为动机过强，反而降低了效率。因此，为了使活动卓有成效，就应避免动机强度过低或过高。

在各种活动中都有一个动机最佳水平问题。一般而言，人在中等动机强度下，活动效率最高。同时，动机最佳水平还因课题的性质不同而不同：在比较容易的课题中，工作效率有随动机提高而上升的趋势；在比较困难的课题中，动机最佳水平有逐渐下降的趋势（图7-1）。这种现象是耶基斯和多德森（Yerkes & Dodson，1908）通过动物实验发现的，称为**耶基斯-多德森定律**（Yerkes-Dodson law）。

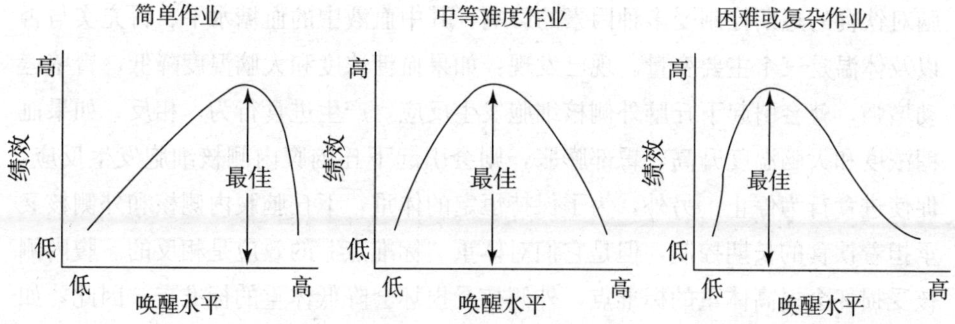

图7-1　耶基斯-多德森定律

第二节　生物性动机

一、进食动机

日常生活中，我们可能都有过这样的经历：如果错过了平时进食的时间，就会感到饥饿，饥饿达到一定程度就会产生进食动机。现已证实，引起饥饿的实际刺激来自胃肠的感受冲动（如空胃运动）和血糖水平的降低。在进食调节中扮演重要角色的是下丘脑。下丘脑的外侧核和腹内侧核负责调节有机体的摄食反应，被认为是饥饿、进食的生理机制。如果对动物的下丘脑外侧核实施弱电流刺激，即使刚刚吃饱，动物仍会继续进食；如果下丘脑外侧核遭到完全损坏，动物则出现无食欲、拒绝进食等症状，直至饿死。因此，下丘脑外侧核被看作**摄食中枢**（feeding center）。如果对动物的下丘脑腹内侧核用弱电流进行刺激，即使长时间不进食，动物也会从食物面前走开；如果下丘脑腹内侧核遭受损坏，动物就会产生旺盛的食欲，摄入更多的食物，从而使体重大增。因此，下丘脑腹内侧核被看作**饱中枢**（satiety center）。用埋藏在脑内的细小导管向下丘脑这两个部位注射高浓度盐溶液（兴奋剂），也产生同样的效应。人们根据这些结论提出了摄食中枢机制的双重中心模型学说。摄食中枢和饱中枢的作用是交互抑制的，其中摄食中枢是最基本的。此外，它们对摄食行为的控制可分为两种作用系统：短期控制和长期控制。短期控制是指控制每餐或每天的进食量，长期控制是指在相当长的时期内控制食量以保持体重的恒定。下丘脑对饮食的短期控制受多种因素的影响，其中血液中的血糖水平、胃充实与否以及体温是三个主要变量。现已发现：如果血糖浓度和大脑温度降低，胃壁运动增强，就会引起下丘脑外侧核细胞发生反应，产生进食行为；相反，如果血糖浓度和大脑温度升高，胃部膨胀，则会引起下丘脑腹内侧核细胞发生反应，促使进食行为停止。另外，为了保持恒定的体重，下丘脑腹内侧核和外侧核又承担着饮食的长期控制，但是它们对体重“标准点”的效应是相反的。腹内侧核受损坏会提高体重的标准点，外侧核受损坏会降低体重的标准点。因此，如果小心地同时损坏腹内侧核和外侧核的等量组织，那么动物既不会超食，也不会拒食，仍保持手术前的体重水平。但是，短期控制系统又受长期控制系统的调节，这样有机体的体重才能保持恒定。

进食动机的产生并不完全是由下丘脑和体内的血糖浓度、胃充实与否及体温等因素控制的。许多外部的因素也会影响食欲的产生和存在。例如，食物的色、香、味、形状，进食的习惯时间，对食物的喜好习惯，以及社会文化等因素都会影响人们的进食动机和行为。

【专栏7–1】

肥胖

一般来讲，超过正常标准体重的30%就算肥胖。美国大约有25%的人有肥胖症。男女出现肥胖的概率大致相同，但在心理上，女性更容易感到肥胖。美国女性约有50%以上认为自己的体重超出了标准，而男性约有35%有肥胖的感觉（Brownell & Rodin，1994）。美国社会低层的人，肥胖者居多；而在发展中国家，则是另一番景象，社会地位越高的人，其肥胖者越多。肥胖影响人的健康，肥胖的人得糖尿病、高血压、心脏病的概率要比正常人高。而且在现实生活中，肥胖被认为是不美观的，肥胖的人往往被看成是不拘小节、意志薄弱的，并因此受到某种嘲笑甚至歧视。其实，这是一种偏见。遗传和摄食是肥胖形成的两大要因。一些人并不过多摄食，却比常人肥胖，这更多是遗传上的原因；有些人单纯是由饮食过度（基于心理的或社会的原因）而产生肥胖。遗传和饮食过度是造成肥胖的主要原因。

肥胖有其家庭的原因自古以来就被广泛认同。父母双方都不是肥胖者，其子女只有10%是肥胖儿；父母一方是肥胖者，其子女有40%是肥胖儿；父母双方都是肥胖者，其子女有70%是肥胖儿。另外，肥胖儿童也许是模仿父母的饮食习惯，因形成不良饮食习惯而造成肥胖。以双生子为对象的研究表明，热量的摄取和遗传这两个因素与体重的增加都有关系。被试都是男性自愿参加者。他们每天摄入比平常多 1 000 卡路里（1 卡路里＝4.186 8 焦耳）的食物，坚持 100 天。实验期间禁止运动，只能看书或坐着进行游戏。100 天以后，所有的人体重都有了增加，增加的幅度为4～13 公斤。重要的是，每对双生子体重增加的幅度都是相同的，更有趣的是，他们都在相同的部位长肉（Bouchard et al.，1990）。还有人以 93 对分养的同卵双生子和 153 对合养的同卵双生子做了实验，结果发现，与合养的一样，分养的同卵双生子的体重增加有着惊人的相似（Stundark et al.，1990）。因此可以说，遗传因素对于体重和体重增加是至关重要的。

那么，遗传因素在调整体重增加和消化代谢的过程中是如何起作用的呢？这可能与体内积蓄的脂肪细胞有关。正常成人身体内有 300 亿～400 亿个脂肪细胞。体重过重者，脂肪细胞多 25%～33%。过多摄入热量后，体内不能把它完全燃烧，因此加大已存在的脂肪细胞。以动物为对象的研究表明，比对照组多两倍脂肪细胞数的大白鼠，要比对照组的大白鼠胖两倍。并且，切除年龄小的大白鼠脂肪的一半，那么和同时出生的大白鼠相比，成长以后只增加一半程度的体重。因此可以下这样的结论，即遗传和脂肪细胞的数量有关，脂肪细胞和肥胖有关，正是这种相关联的结果，决定了遗传因子与肥胖的关系。

为减肥而盲目节食会导致饮食行为失调，对大脑和骨骼造成伤害，严重的还会引发抑郁甚至自杀行为。市面上的减肥药品，有的是通过降低食欲或空腹感以减少进食，有的是通过增加排泄以减少养分吸收，但都可能给身心健康带来巨大危害。如果通过外科手术取出多余的脂肪，也难以保证维持减掉后的体重，因为脂肪组织一旦达到成人的水平，其后就会维持这个水平，其机理是大脑会检测身体的脂肪水平变化，进而对空腹感等产生影响。

近年来，将自己体重评价为具有肥胖倾向并对体重不满的女性不断增多，这种倾向直接影响女性的减肥行为（Swami et al.，2008）。研究显示，我国女大学生对体形判断正确率低，且多数判断具有超重或肥胖倾向（张新定等，2008），74%的女大学生有减肥意向（高德顺等，2002），而女生的实际超重肥胖率小于10%（尹小俭等，2007）。女大学生对自身体形的歪曲认识、不合理的期望及较低的身体自尊是影响瘦身倾向进而引发进食障碍的重要因素（雷霖等，2005）。对我国女大学生体重知觉偏差的研究表明：女大学生体重自我知觉高估了对应真人图像的身体质量指数；女大学生对其他女性体重的知觉，倾向于高估体重正常和偏瘦女性的身体质量指数，低估偏胖和肥胖女性的身体质量指数；女大学生体重的主观社会压力高于体重的实际社会压力，对体重标准存在过度解读的倾向（周播、石岩，2014）。

二、饮水动机

饮水是每天的生活必需。体内缺少水分，如果不及时补充，就会引起体液量减少，细胞外液的渗透压升高，这样，细胞内液的水分会向外渗出而减少。由此产生的缺水信息通过两条路径到达控制饮水的中枢——该中枢的某些细胞直接感受和通过外周感受器（口腔及喉头的干涸）将信息传至中枢，并通过两种途径进行调节——增加饮水量和减少排尿量。

调节饮水行为的中枢在下丘脑。下丘脑中有两种特殊的神经细胞控制着饮水动机。一是渗透压感受器。它对细胞脱水反应敏感，细胞脱水后形状发生变化的物理信息所引发的神经冲动传至大脑皮质，就产生了饮水动机。同时，它们也刺激脑垂体释放抗利尿激素（ADH），迫使肾脏从尿液中重新吸收水分进入血管。二是测量容量感受器。它对血液容量减少起反应，血液容量减少会引起肾脏分泌高压蛋白酶原，该蛋白酶原会释放血管紧张素，到达下丘脑的血管紧张素引起测量容量感受器的兴奋，从而产生饮水的动机。对饮水动机的控制除了下丘脑和内分泌之外，其他很多变量都会影响人们的饮水行为，如个人的饮食习惯、情绪和社会风俗等。

三、睡眠与觉醒

睡眠与觉醒是生命活动所必需的两个相互转化的生理过程，也是人类最基本的生理需要。人只有在觉醒状态下才能与周围环境进行复杂的感觉运动联系，感受外界的各种刺激，并主动地寻求刺激，探索外界环境，操弄周围事物；人只有通过睡眠才能恢复精力和体力，保持良好的活动状态。当睡眠需要发生时，个体就产生瞌睡，迫使个体由活动趋向于休止。如果强行剥夺睡眠数天，就会严重影响人的健康，甚至导致疾病。

睡眠是中枢神经系统的一个主动过程。巴甫洛夫学派认为睡眠是抑制过程在大脑皮质的广泛扩散并扩布到皮质下中枢的结果。当代神经生理学的研究表明，睡眠与中枢神经系统内某些特定结构和递质作用密切相关。例如，如果在脑桥中部切断脑干，动物就处于长期的觉醒状态而很少睡眠。刺激动物颞叶梨状区、扣带回、视前区前部等边缘系统，可通过下行神经通路作用于低位脑干而诱发睡眠。参与睡眠与觉醒的中枢递质有多种，并且相互关系较复杂。其中，前脑中的去甲肾上腺素和5-羟色胺似乎是其中一对主要矛盾。在脑内去甲肾上腺素含量保持不变或增高的情况下，降低5-羟色胺含量即产生失眠；在脑内5-羟色胺含量正常或增高情况下降低去甲肾上腺素含量，即产生多眠。脑内的去甲肾上腺素、5-羟色胺含量在睡眠与觉醒的生理调节中起着重要的作用。

四、性动机

性动机与饮食动机、睡眠需要有许多不同之处。性不像饮食、睡眠那样是维护个体生存所必需的，它是维持种族延续所必需的；性也不像饮食、睡眠那样是由个体内部的某种缺乏所引起的恢复能量的过程，而是消耗能量的过程。

性动机与性激素有直接关系。性激素的作用表现在两个方面。一是激发性行为。在性成熟期，雄性个体的睾丸和雌性个体的卵巢都会分泌性激素，分别称为**雄激素**（androgen）**和雌激素**（estrogen）。性激素的分泌刺激个体产生性动机和性行为。二是促进男性和女性第二性征（男性表现为胡须、突出的喉头、高大的体格和低沉的声音等，女性表现为发达的乳房、宽大的骨盆、丰富的皮下脂肪和高调的声音等)、附性器官(雄性的附睾、输精管、前列腺、精囊等,雌性的输卵管、子宫、阴道等)的发育。如果个体在幼年时被阉割了睾丸,其附性器官就不能发育成熟,也不会出现第二性征,致使性动机和性行为丧失。但是,如果个体发育成熟后实施阉割,对其性行为的影响则视个体所属种群的不同而有所不同。例如:雄鼠被阉割后,其性行为完全丧失;雄狗被阉割后,其性行为仍能延续一段时期;大多数灵长类动物的性行为在阉割后也很少会受到影响。然而,性激素对雌性个体的性行为影响较大,除人类外,雌性动物的卵巢被切除后,性动机会完全丧失。对人类而言,由于受到情绪、社会等因素的影响,成年男性的睾丸或者女性的卵巢被切除后,其性动机并不会受到较大削弱。

控制性行为的神经机制较为复杂,而且动物的种属不同,其性行为的控制机制也迥然不同。某些基本反射不受大脑的影响,只受脊髓的控制,如雄性的勃起、射精等。如果切断大脑与脊髓的联系,这类反射在成年男性身上仍有表现。尽管动物的种属不同,其性调节中枢也各有差异,但大多数的性动机和性行为的调节中枢在下丘脑。动物种系的进化层次越高,大脑皮质对性动机和性行为的控制越来越起着重要的作用。人类的性动机和性行为表现是受意识控制的。

学习在性行为的产生中具有重要的作用。例如,在雄性幼鼠吮吸时给予闻一种特殊气味(柠檬醛,一种类似于柠檬的香味),成年后当遇到带有柠檬醛气味的有性接受能力的雌鼠时,这些老鼠的射精速度要比遇到那些不带有这种气味的雌鼠时快得多(Fillion & Blass,1986)。这表明早年的气味经验对成年后的性行为有重要影响。哈洛和哈洛(Harlow & Harlow,1966)也曾指出,社会隔离会损害猴子发展正常的性行为技能。尽管这些猴子看上去有足够的性动机,却没有学会如何适当地加以表达。普福斯等(Pfaus et al.,2001)总结了对动物习得的性行为的许多研究,认为动物和人类的许多性行为都是通过学习习得和改变的。例如,他们指出:总是呈现在交配前的刺激能引起雄鼠和雄鹌鹑的性兴奋;如果能够控制性交的步调,雄鼠更喜欢那些曾经跟异性交配过的地方,雌鼠也一样(这称为条件性位置偏好);雌雄老鼠和猴子都会习得按杠杆的反应,以获得跟异性交配的机会;动物先前的性经验能影响交配速度（例如，它们学会怎样做更有效）；某些物种的配偶偏好似乎是早年习得的；先前的性经验对性行为具有很强的去抑制效应；人类习惯于重复的性刺激；人类表现出性唤醒的经典条件作用。

人类的文化教给个体性行为的规则，即**性价值观**（sexual values）。例如，社会规定了什么样的性行为是正常的，这些行为应该在什么样的情况下发生。社会还教给人们可以跟哪些人发生性行为，不可以跟哪些人发生性行为。人们还通过学习社会规则知晓如何表现性行为，这种学习影响因素包括父母、亲戚、宗教、政治领袖、书籍、电影、电视节目、学校中的性教育课程，甚至还有广告等。虽然这种学习常常是不刻意的，但人们还是学会了。人类的文化有很大的差异。有的文化视极度肥胖为美，认为肥胖能引起人的性欲。在有的文化里，成年的兄妹（或姐弟）是被禁止一起吃饭的，那样会被视为乱伦（Davenport，1976）。大多数人是在青春期习得性规则的（Luria et al.，1987）。不少研究者认为，人类大多数的性变态行为（恋物癖、性虐待、窥阴癖、露阴癖等等）也是学习的结果。

【专栏7-2】

人类性反应

“性解放”运动在20世纪60年代初席卷美国，人们对待性行为的态度变得开明了，不再讳莫如深、谈性色变。马斯特斯和约翰森（Masters & Johnson，1966）正是在这种社会背景下开始对人类的性反应展开研究，并撰写了专著《人类的性反应》。他们认为，研究人类性活动的关键在于，对男性和女性受到性刺激后做出的真实反应在实验条件下进行直接的系统观察和生理测量。

马斯特斯和约翰森的研究要求被试愿意在实验室里从事性活动，同时接受严密的观察和监控。最初考虑到被试难寻，于是雇用卖淫者作为被试，共有8名女性和3名男性被试接受了近两年的研究。这对于完善整个研究的方法和技术起了关键性的作用，但所获得的结果对于一般人群的代表性仍有疑问。随后，研究者找到了1 000多名具有不同社会经济地位和教育水平的志愿者来参加这项研究。研究人员设计了精密的观察测量方法，其中包括对脉搏、血压、呼吸频率等生理反应的标准化测量。此外，还要观察和记录特定的性反应。研究者不仅观察和测量被试以各种姿势进行的自然性交，而且观察和测量在人工或机械装置的帮助下所进行的手淫活动，这些机械装置是为对被试的反应进行清晰的记录而专门设计的。为了避免被试产生情绪困扰，研究者先是在私下里鼓励被试的性活动，然后是在调查组成员在场的情况下，直到被试能对实验环境中的性活动泰然处之。据估计，整个研究共观测了约1万个完整的性反应周期，其中女性和男性的数量之比是3∶1。

根据上述有关人类性反应的研究，马斯特斯和约翰森发现了三个最重要的结果。(1) 男性和女性具有相似的性反应模式。他们认为**人类性反应周期**（human sexual response cycle）分为四个阶段（图7-2）。**兴奋期**（excitement phase）：男性阴茎会勃起，变得坚硬、直立；女性阴道和阴蒂充血、膨胀；身体上出现潮红或性红晕。**高原期**（plateau phase）：两性的呼吸、心跳加快，血压升高，性腺分泌和肌肉紧张度增加；女性阴道分泌更多的润滑液，乳房膨胀，乳晕颜色变深。**高潮期**（orgasmic phase）：男性和女性的呼吸和血压达到最高值，心跳速率加倍；男性在强烈的快感中射精，女性也在性紧张的释放中获得极大的快感，阴道壁可能出现下意识的收缩。**消退期**（resolution phase）：两性的身体逐渐恢复到正常状态，呼吸、心跳和血压也逐渐趋于正常水平。(2) 男性和女性在性反应上存在着重要的差异。虽然两性的性反应周期的时相具有相似之处，但是女性往往反应更慢，变化更多，性唤醒保持的时间也较长。例如，在高潮期之后，男性和女性都迅速进入消退阶段，此时性器官逐渐还原为以前未唤醒的状态，性紧张迅速降低。此时男性出现一个不应期，持续时间从几分钟到几小时，或一天不等，在此期间不论他受到何种类型或程度的性刺激，都不可能再次出现性高潮。但是，女性可以处于持续的性唤醒状态，未出现明显的不应期，在有效的刺激下，女性能够快速而连续地获得多次性高潮。(3) 阴茎的大小并不能决定男性的性能力和性质量。马斯特斯和约翰森指出了人们在性行为方面所存在的诸多误解。例如，男性常常怀疑自己的阴茎太小，无法正常满足女性的需求。这种性担忧称为“性器误解”。他们在研究中对阴茎平均大小进行了测量和讨论，还在阴茎勃起和松弛状态下进行比较。其实，阴道是一种足以容纳不同大小阴茎的极富弹性的器官，女性所得到的性满足程度并不取决于阴茎的大小。

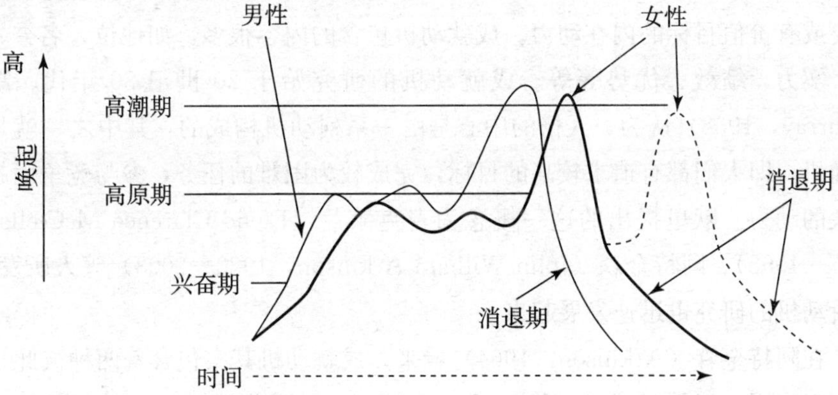

图7-2　人类性反应的阶段

自从《人类的性反应》这部著作问世以来，一直有人对马斯特斯和约翰森把自己的研究发现推论到所有人身上持有异议。例如：有研究发现，并非只有男性具有不应期，一小部分女性也出现不应期，她们在此期间不能体验性高潮；有研究发现，一小部分男性几乎不存在不应期，他们能够多次体验性高潮；虽然人们一向认为射精是男性的专利，但也有尚存争议的证据显示，极少数女性偶尔也会在性高潮时射液（Strong & DeVault, 1997）。无论如何，虽然马斯特斯和约翰森把研究重点集中在性反应的生理方面，但他们的研究仍为我们理解和研究人类性行为做出了难以估量的巨大贡献。并且，他们证实引起性反应的根本原因是心理上的而不是生理上的。最重要的，他们发现了性唤起和性满足的心理过程。马斯特斯和约翰森的名字现在已成为研究人类性行为的同义词，他们的研究不仅经常被有关性知识的教科书所引用，而且几乎所有的性治疗都以他们的研究发现作为基础，如勃起困难、性高潮缺乏、早泄、性唤醒困难等。

第三节 社会性动机

一、成就动机

成就动机（achievement motivation）是指个人追求进步以期达成自认为重要或有价值目标的内在动力。成就动机包含的内容很多，如地位、名誉、声望、实力、绩效、优势等等。成就动机的研究始于20世纪30年代。默里（Murray，1938）认为，人格的中心是由一系列动机构成的，其中之一就是成就动机，即人们都有追求较高的目标，完成较为困难的任务，参与竞争而超过别人的动力。默里提出的这一概念为麦克莱兰（David Clarence McClelland，1917—1998）、阿特金森（John William Atkinson，1923—2003）等人所发展，成就动机的研究也迅速发展起来。

在阿特金森（Atkinson，1964）看来，成就动机其实包含着两种彼此抵消的心理作用，即**希望成功**（hope for success）和**恐惧失败**（fear of failure）。因此，一个人的成就动机越高，希望成功的动机就越强于恐惧失败的动机，并且为了获得成功后的快乐，他倾向于选择较困难的工作；反之，一个人的成就动机越低，对失败的恐惧就越大于对成功的期望，因此为了避免失败的痛苦，只能选择较容易的工作。

实际情况更为复杂。在麦克莱兰（McClelland，1961）的一个实验中，让孩子们用绳圈去套房间中间的一个木桩。孩子们在房间里可以自由选择站立的位置，并且要预测能够套中多少个绳圈。结果发现：追求成功的孩子选择距离木桩适中的位置，避免失败的孩子所选择的站立位置要么距离木桩非常近，要么距离木桩非常远。这是什么原因呢？麦克莱兰认为，追求成功的孩子选择的任务具有一定的挑战性，同时也保证了具有一定的成功可能性，因此他们选择距离木桩适中的位置。该结果在不同年龄、不同的任务中得到印证。避免失败的孩子之所以选择距离木桩很远或很近的位置，是因为他们关注的不是成功与失败的取舍，而是尽力地避免失败和与此有关的消极情绪。

心理学家根据这一研究发现对成就动机的概念加以修正，认为单凭个人所选择的工作的难度并不足以推断其成就动机的高低，还必须考虑其目标取向。从追求成功的角度看，个体主要设定两种追求目标，即**学习目标**（learning goal）和**表现目标**（performance goal）（Dweck，1986）。个人平常所设定的学习目标事实上包含两个层面：追求工作成功和追求自我成长。个人凭借该目标追求从工作经验中学习知识与提高能力。这种人在面临成败未卜的工作情境时倾向于选择较难的工作。困难的工作获得成功，会产生成就感；即使结果失败，仍然学有所获，正可谓“失败乃成功之母”。个人惯于设定表现目标，其实所真正追求的并不是工作成功，而是力图凭借工作表现博取别人的好评。这种人在面临成败未卜的工作情境时倾向于选择极端难度的工作：最容易的或最困难的。这是因为最容易的工作可以确保成功，容易得到别人的赞许；最困难的工作成功率极低，如果成功便成为广受关注的英雄，即使失败也会博得别人的谅解和同情。

二、交往动机

人生来便成为各种社会团体中的一分子。从婴幼儿时期起，人就想与他人亲近和来往，希望得到别人的赞许、关心、爱护、接受、支持和合作。**交往动机**（affiliation motivation）就是个人在社会情境中希望与他人亲近的内在动力。交友、家人团聚、参加各种社会团体的活动等都是交往动机常见的行为表现。与他人绝对隔离也就剥夺了一个人的交往需要。对绝对孤立状态下的人（如一些宗教团体成员、遇难船上的人、隔离实验的志愿参加者）的个案研究表明，长时间的孤独隔离会产生突然的恐惧感和类似忧虑症发作的情感，并且隔离时间越长，产生的恐惧和忧虑就越强烈。

沙赫特（Schachter，1959）的一项研究证明了人们的交往需要。实验过程如下：他请人到一间没有窗户但有空调的房间去住，每小时付给 15 美元的酬金。房内除了一桌、一椅、一床、一灯，别无他物。三餐由人送至门底下的小洞口，住在里面的人伸手就可拿到食物。他把五个自愿应征参加实验的被试分别关进五间与外界隔绝的小房。其中一个被试仅待了 20 分钟就要求出来，放弃了实验。三个被试待了两天。一个被试待了八天，其感受是：再待一分钟就会发疯。该研究说明，脱离人群的人是无法生存的，同时人们对孤独、隔离的容忍力存在相当大的个别差异。沙赫特（Schachter，1959）同期的另一个实验还揭示了交往动机的某种理由。该实验将被试分为实验组和控制组，要求两组被试在约定的时间分别到实验室听主试做研究的相关说明。研究者让实验组的被试看到一些外形丑陋甚至令人望而生畏的仪器，并告诉该组被试，在正式实验中将使用这些仪器对他们实施有痛苦但无伤害的电击。对控制组的被试，既不让他们知晓电击的事，也不让他们看到仪器。研究者这样做的目的是意欲在两组被试心理上制造不同的焦虑程度。实验假设是：实验组的焦虑水平高，控制组的焦虑水平低。然后，分别告诉两组被试，实验前须提前到达实验室等候。前往实验室时可以单独来，也可以结伴而来。最终的结果表明，实验组 32 人中有 20 人选择了与人结伴，而控制组 30 人中只有 10 人做同样的选择。可见，在高焦虑的情境下，个体将会增强与他人亲近的心理需要。

实际上，即使人们能够自立生存时，也仍然会力图与他人保持亲密关系。这有多方面的原因：其一，我们生活在一个大的社会网络中，能否与他人合作共处决定了我们事业的成败，这是为社会文化价值所鼓励的东西；其二，在社会生活中，我们与他人的关系不仅局限于合作共事的关系，还有一些情感因素使我们喜欢与他人在一起；其三，人们总希望自己能成为某一社会群体中的一员，被其他成员所认可。因此，交往需要的满足一方面可以使人格得到健康发展，另一方面交往还可以使团体成员之间、团体与团体之间加深理解，相互信任，有助于创造一个文明、和谐的社会生活环境。

三、权力动机

权力动机（power motivation）即个体欲在某些方面取得一定的支配地位的内在动力。它也是一种常见的社会性动机。人们都有权力动机，只是程度及表现方式不同而已。从狭义上讲，它表现在政治上或组织上的权力欲望，而在广义上，则从上级对下级、长辈对晚辈、专业人员对非专业人员、教师对学生等方面的人际关系中体现出来。还有一种是道义上认可的权力，如盲人需要带路、老人和孩子需要保护等，这些在日常生活方面都是普遍存在着的。权力动机的研究始于麦克莱兰（McClelland，1975），他在自己的研究中发现了一个奇怪的现象，那些工作成就动机高的人似乎对人事问题毫无兴趣。换言之，成就动机强的人支配欲反而不强。这表明，虽然大权在握、位居要职在社会上常常被视为一种成就，但在这种人行为的背后起关键作用的并非成就动机，而是权力动机。因此，凡是支配欲强、希望影响他人，并对社会事务表现出浓厚兴趣的人，均具有强烈的权力动机。

在20世纪，成就动机和交往动机是受到社会肯定的，而权力动机往往不被肯定。特别是女性具有权力动机更不为社会所欢迎。在麦克莱兰早期的研究中，对权力动机的理解和研究也倾向于消极的方面，如认为权力动机强的人焦虑程度高，社会适应能力差，容易生病，饮酒量也比其他人多。但在后期的研究中，他对权力动机的积极方面给予了肯定。他指出，权力动机如果能够被很好地社会化，就能够使人很好地发挥民主精神，成为真正的民主领导人。他这里所说的权力动机的社会化是指，权力动机的表现从利己行为转为利他行为的发展过程。领导者如果具有经过社会化的权力动机，那么他不会随意支配别人，而是让他人把自己看作代表，把所具有的能力发挥出来，主动去帮助别人。在他看来，教育者就是在权力动机的社会化方面发挥较好的典型例子。

研究发现，个人化权力动机和社会化权力动机确实有着截然不同的表现（Lynn & Oldenquist，1986）。**个人化权力动机**（personalized power motive）很强的人，其行为表现可分为三种类型。（1）乐于参与社会活动，善于利用机会表现自己。如果团体中的其他人与自己才能相当或胜于自己，会将其视为假想敌人，直至将其击败为止。这种人表面上对社会事务倾注极大的关注，实际上却是利用社会形象达到一己私欲。（2）热衷于权位追逐，甚至为达目的不惜采用卑劣手段。这种人喜欢参与政治活动，但其参政的主要目标是坐上官位，而非造福于人民。（3）极其看重物质条件，并将其视为最高价值。这种人不仅享受物质生活，还会竭尽全力聚敛财富，并试图凭借这些物质财富炫耀自己的社会地位，从而达到影响他人甚至控制社会的目的。当今社会，很多人都怀有个人化权力动机。然而，心理学家的研究发现，这种人并不能因为拥有了财富或物质条件而在心理上获得充实和满足。**社会化权力动机**（socialized power motive）强的人，其行为表现也有三种类型。（1）关心社会，但并不实际参与社会事务，而是凭借传播知识观念的方式用个人的专长影响他人、造福社会。教师、作家、编辑、记者、画家、音乐家等都属于这种类型。（2）关心社会，也实际参与社会事务，以己之长服务社会大众，如解除别人的痛苦、维护社会安全等，从而达到影响他人、造福社会的目的。社会上凡是不以营利为目的的服务人员均属于这种类型。（3）以服务为目的的团体领袖，他们对社会公益和人民福祉怀有很深的使命感，热爱人类和社会，力图以其才能领导大众，从事改革，以此达到影响他人和造福社会的目的。这种公而忘私的领袖人物不仅在政府机关中受到欢迎，在其他任何团体中也受欢迎。他们虽然身居团体领袖地位，也拥有支配别人的权力，但他们并不以行使权力时得到的个人满足作为目的，而是重视行使权力之后所产生的积极的社会效果，以此来实现自己的理想。

【专栏7-3】

马斯洛的需要层次理论

人类的需要是一个复杂的系统结构。人本主义心理学的发起人马斯洛(Maslow，1943）对需要进行了卓有成效的研究，提出了著名的**需要层次论**(need hierarchy theory)。该理论把人的需要分为五个不同的层次（图7-3），需要的层次越低、越基础，对人的影响也就越大。马斯洛认为，基本需要得以满足，更高层次的需要才能出现。**自我实现**（self-realization）是最高层次的需要，在此阶段人类寻求潜能的充分发展，已经超越了人类的基本需要。

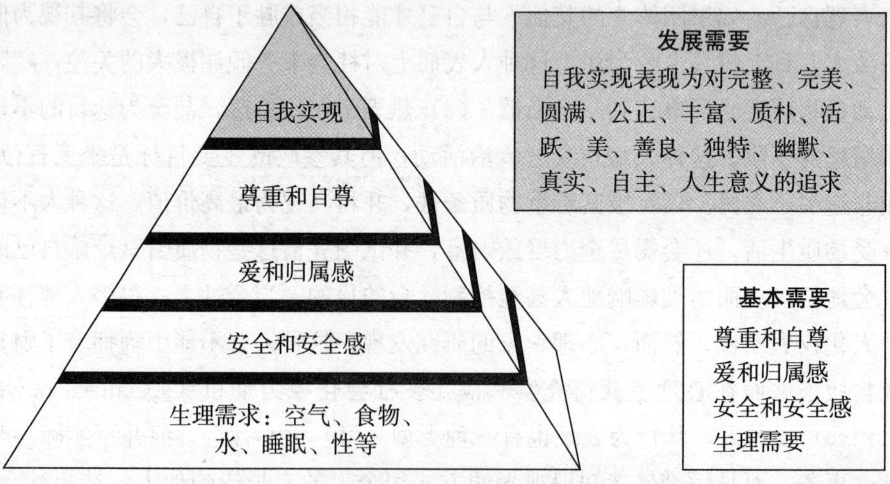

图7-3　马斯洛提出的需要层次金字塔模型

马斯洛的需要层次理论包括以下基本要点。(1) 人是一个一体化的整体，不能像传统的本能研究者那样孤立地、不分主次地研究人类的需要。人类的基本需要是按优势出现的先后或力量的强弱排列成等级的。任何一种需要浮现于意识中的或然性，取决于更具优势需要的满足或不满足状况。占优势的需要将支配一个人的意识，并自行组织去充实机体的各种能量；不占优势的需要则被减弱，甚至被遗忘或否定。当一种需要被平息，另一种更高级的需要就会出现，转而支配意识生活，并成为行为组织的中心，而那些已满足的需要不再是积极的推动力了。人是永远有所要求的动物。(2) 人类的需要是一种**似本能需要**（instinctoid need），这是一种内在的潜能或固有趋势，在某种程度上是由体质或遗传所决定的。因此人类的需要，即使是最基本的对食物的需要，也与动物有很大区别。“当我们沿着种系阶梯上升，口味变得越来越重要，饥饿变得越来越不重要。例如，对于食物的选择，猴子比白鼠更具有变异性，而人又比猴子更具有变异性。”似本能需要只有在适宜的社会条件下才会顺利表现出来。需要的层次越高，其表现和满足就越依赖于外部条件。需要的层次越高，与本能的区别就越鲜明，似本能的性质也就越突出。需要层次越高，其变异性、可塑性也就越大。(3) 人类的需要可分为高级需要和低级需要。生理需要和安全需要是低级需要，是人和动物所共有的；高级类人猿也许有爱的需要；自我实现的需要则是人类独有的。即是说，越是高级需要，就越为人类所特有。在个体发育过程中，高级需要也是较晚的产物。任何个体一出生就有生理需要，也许还有一种初期方式的安全需要，只有几个月以后才初次表现出与人亲近的迹象。至于自我实现，甚至莫扎特式的人物也要等到三四十岁。(4) 低级需要直接关系到个体的生存，因而也称为**匮乏性需要**（deficiency need）。如果这种需要得不到满足，个体将出现疾病或危机。例如，盐或食物的匮乏都会导致疾病。越是高级的需要，对于维持纯粹的生存也就越不迫切。但高级需要也不是与人的健康毫无关系的。这种需要的满足能使人健康、长寿、精力旺盛，产生更深刻的幸福感、宁静感，以及内心生活的丰富感。因而，高级需要也称为**成长性需要**（growth need）。（5）自我实现的需要是人类基本需要中最高层次的需要，但不是每一个人都能自我实现。能自我实现的人是极少数，仅为1%。绝大多数人不能自我实现，其主要原因是：其一，自我实现是很微弱的似本能需要，容易被压抑、控制、更改和消失；其二，许多人不敢正视关于自我实现所需要的那种知识，对那种知识缺乏自知，使自己处于不确定的状态；其三，文化环境用强加于人身上的规范，阻滞一个人的自我实现；其四，自我实现者是由成长性需要而不是匮乏性需要推进的，其发展和持续成长依赖于自己的潜力。

马斯洛把人类的需要看成是一个有组织的系统，这些对于我们深入理解人类的需要是有启发的，并且该理论在教育、管理等实践领域得到了广泛应用。但是，该理论也存在着一些问题，并受到诸多批评。第一，虽然马斯洛用“似本能”来代替“本能”的概念，用以说明人类的需要不同于动物的需要，但是他认为人类的基本需要是由体质或遗传决定的，是与生俱来的，这就把人的生物性需要和社会性需要混同起来了。马斯洛似乎也承认人的需要的社会性，把人和动物加以区分，但是他不是从人的本质的社会历史制约性而是从体质或遗传性出发，因而仍然错误地把人的需要的发展及实现看作人类生物特性的发展和实现。第二，马斯洛十分重视人的潜能和价值，但他所讲的自我实现是个人的自我实现，仅仅是极少数人的自我实现，这种观点是难以让人认同的。不能从抽象的人性出发来谈论所谓自我实现，个人的自我实现应当与理想社会的实现紧密地结合起来，这才是最有价值的。第三，马斯洛把人类的基本需要分为高级需要和低级需要，有其合理的因素。但是，他强调的是需要由低级向高级发展，低级需要没有得到满足，就不会产生较高一级的需要，而没有充分认识到高级需要对低级需要的调节控制作用。第四，在研究方法上，马斯洛突破了弗洛伊德用临床法局限于对精神病人的研究和行为主义者用实验法局限于对动物的研究，采用现象学描述法对有成就的人进行整体分析，这无疑是一个进步。但是，这类研究在信度和效度上都存在不少问题，具有较大的局限性。

第四节 动机理论

一、精神分析的动机理论

弗洛伊德认为，人有两大类本能。一种是**生的本能**（life instinct），他称之为**力比多**，并以此来概括一系列行为和动机现象。像饮食、性、自爱、他爱等个人所从事的任何愉快的活动，都是生的本能。另一种是**死的本能**（death instinct），他称之为塔纳托斯（Thanatos，希腊神话中的死神），像仇恨、侵犯和自杀等都是死的本能。这两种本能在现实生活中都不能自由发展，常常受到压抑而进入潜意识领域，并在潜意识中并立共存，驱使我们的行动。人的每一种动机都是潜意识的生的本能和死的本能的混合物。弗洛伊德把心理比作冰山，露在水面的小部分为意识领域，水下的大部分为潜意识领域。这个潜意识的大部分是冲动、被压抑的愿望和情感。因此，要了解人类行为背后潜藏的动机，如果只分析意识领域是不充分的，也是不恰当的。于是，弗洛伊德采用自由联想、释梦等方法来揭示潜意识的动机过程。

弗洛伊德及其后继者，即新精神分析学家们的观点各不相同，但他们都认为人类最基本的动机是潜意识的，人们有意识地压抑自己的本能冲动（特别是性冲动），但不能消除，也不能完全加以控制，常以梦、失言、笔误等以及许多神经症状显现出来，也会以升华或其他文饰方式表现出来。

二、内驱力降低理论

内驱力降低理论（drive-reduction theory）是美国心理学家、新行为主义代表人物之一赫尔（Clark Leonard Hull，1884—1952）提出的一种动机理论。赫尔（Hull，1943）认为，机体的需要产生内驱力，内驱力激起有机体的行为。内驱力是一种中间变量，其力量大小可以根据剥夺时间的长短或引起行为的强度或能量消耗，从经验上加以确定。但他认为，剥夺的持续时间是一个相当不完善的指标，因而强调用行为的力量来衡量。在赫尔的理论中，内驱力主要有两种：原始性内驱力和继发性内驱力。原始性内驱力同生物性需要状态相伴随，并与有机体的生存有密切的联系。这些内驱力产生于机体组织的需要状态，如饥、渴、空气、体温调节、大小便、睡眠、活动、性交、回避痛苦等。继发性内驱力是指情境（或环境中的其他刺激）而言，这种情境伴随着原始性内驱力的降低，结果就成了一种内驱力。也就是说，以前的中性刺激由于能够引起类似于由原始性内驱力所引起的反应，而具有内驱力的性质。

赫尔认为：要形成学习行为，必须降低需要或由需要而产生的内驱力；为了使被强化的习惯产生行动，必须要有与之相适应的诱因，而且必须引起内驱力。因此，产生某种行为的反应潜能（sE_R）等于内驱力（D）、诱因（K）和习惯强度（sH_R）的乘积。这样，赫尔的理论体系可用下列公式来表示：

$$sE_R = D \times K \times sH_R$$

这个公式表明，反应潜能是由内驱力、诱因、习惯强度的多元乘积决定的。如果 $D=0$ 或 $K=0$，则 sE_R 也等于 0 而不发生反应。同时，不论驱力水平有多高，在未形成习惯的情况下也是没有行为反应的。相反，不论习惯强度多高，驱力水平低，反应潜能也低。由此可以看出，赫尔的动机理论主要有两点：(1) 有机体的活动在于降低或消除内驱力；(2) 内驱力降低的同时，活动受到强化，因而内驱力降低是提高学习概率的基本条件。

三、期望理论

认知论的动机理论认为，人类的动机行为是以一系列的预期、判断、选择，并朝向目标的认知为基础的。主张认知论的早期代表人物是托尔曼（Edward Chance Tolman，1886—1959）和勒温（Kurt Lewin，1890—1947）。托尔曼通过对动物的实验提出行为的目的性，即行为的动机是期望得到某些东西，或企图避开某些讨厌的东西。勒温将生活空间所具有的吸引或排斥的动力性质称为效价，效价分为正效价和负效价。这些是期望理论的雏形。

美国心理学家弗罗姆（Vroom，1964）充分研究了激励过程中的各种变量因素，并具体分析了激励力量的大小与各因素之间的关系，提出了**期望理论**（expectancy theory）。在弗罗姆看来，期望理论必须解决动机的两个问题：期望什么，即实现目的的可能性有多大；目的的价值如何。为此，弗罗姆用**效价**（valence）、**期望**（expectancy）和**力**（force）三者来解释人类的动机作用，认为“力=期望×效价”，即个人想要进行某种行为的动力取决于期望与效价的合力，用公式表示如下：

$$F_i = f_i\left[\sum_{i=1}^{n}(E_{ij}V_j)\right]$$

$$i = n+1\cdots\cdots m$$

$$f_i > 0$$

$$i \cap j = \varnothing$$

其中，F_i为进行i行为的力，E_{ij}为i行为是由j结果所产生的期望强度（$0 \leqslant E_{ij} \leqslant 1$），$V_j$为j结果所具有的效价。

弗罗姆所说的效价是指个人对特定结果的情绪指向，即对特定结果的爱好强度。效价有正负之分。如果个人喜欢其可得的结果，则为正效价；如果个人漠视其结果，则为0；如果个人不喜欢其可得的结果，则为负效价。弗罗姆曾举例说明用各种方法来测定结果的效价。例如，可以根据行为的选择方向进行推测，假如个人可以自由地选择X结果或Y结果，在相等的条件下，如果选择X，即表示X比Y具有正效价，如果选择Y，则表示Y比X具有正效价。也可以根据观察到的需求完成行为来推测。例如，吃喝的数量和质量可以表明需求完成的情况，如果吃得多、吃得快，说明食品具有正效价。效价值可以从+1（最喜爱的），经过0（漠视的），到−1（最不喜爱的）。

弗罗姆所说的期望是指个人预测特定行为在达到特定结果的可能性时的主观认知，而不是客观实在。期望可以用言语报告、实际选择和决定来推测。期望值就是如果进行某种行为必定会达到某种结果的主观概率，其最大值为+1，最小值为0。行为的努力强度是由效价和期望相结合所决定的，其数值范围从+1到−1。由于效价与主观期望概率成反比，因此，主观期望概率等于0.5是最优的。

弗罗姆把期望达到的结果分为两个层次：由特定的努力导致特定的第一层次结果，从第一层次结果产生第二层次结果。图7-4是弗罗姆的动机作用模式图。管理者通过这种动机过程可以改善管理。例如，如果生产低于标准，则工人可能没有看到第二层次结果的价值，或不认为第一层次结果为第二层次结果的工具，或认为自己的努力未能达到第一层次结果。这些主观想法都会导致低动机。

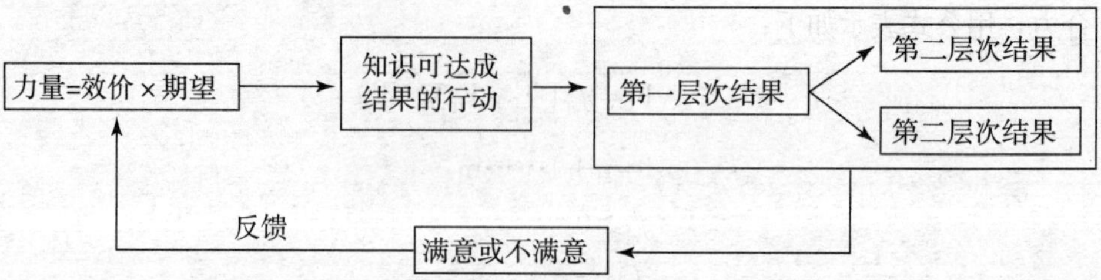

图7-4　弗罗姆动机模式图

人类的动机是很复杂的，心理学家对动机的理论探索也是多侧面的。上述各种动机理论都有一定的合理性，但又不能解释所有的动机现象，而都有其局限性。当代的动机理论已不再是解释各种动机现象的大理论，研究者侧重于探索各种活动领域中的动机作用规律，根据观察实验材料，建立各种小型的动机理论。

【专栏7-4】

努力是把“双刃剑”

在现实社会生活中，父母和教师都鼓励孩子多加努力，并对努力获得成功的孩子给予表扬和奖励。即使在努力后失败的情况下，家长和教师一般都不会责备孩子，对孩子的努力给予充分的肯定。相反，不加努力的孩子是会受到批评的。有的孩子在没有努力的情况下取得了好成绩，教师和家长可能不会用太多的语言夸奖孩子，最多可能会说“还是要努力，否则下次就不会有好成绩”。

但是，对学生们来说，不努力取得好成绩最能表现自己能力之强，也最能获得周围朋友的赏识。努力了而失败的人最让人看不起，也最容易被评价为能力低下。研究表明，人们在失败的时候，会有意识性地削弱努力的程度，这是一种保护自尊心的防御机制（Snyder，1981）。实际上，人们在预测到会失败时也会采取同样的防御措施。这种自我防御机制是为了在失败时不至于给自己造成不利，不至于损害自己的形象而采取的保护措施。

有这样一个实验，以大学生为被试，让被试想象在考试中失败了的大学生的情况，然后让被试推测失败大学生的能力、情感、周围人对其能力的评价、将要受到的来自教师的惩罚、他们如何解释失败等。结果，被试表现出最大否定情感的是在考试中经过了努力而失败，并对自己成败没做解释的大学生，认为他们能力最低。而对于有某种理由（比如有病），虽然没有进行努力而失败了的大学生，被试表现出的否定情感最小，而且并不低估他们的能力。被试认为，既不对考试成败进行解释又不努力的学生最应受到教师的批评。在学生们看来，是否努力决定于是否能够得到教师的奖惩。

可见，学生们对努力和成败的看法与教师截然不同。对学生们来说，不努力要受到教师的惩罚，可是努力了又失败，暴露了自己能力的不足，也会感到耻辱。努力后获得成功，当然是理想的，既能得到教师的称赞，又能得到同伴们的肯定；但努力后失败将面临能力被否定的危险，而对人能力的否定是最伤自尊的。因此，心理学家称努力是把“双刃剑”。你是如何看待努力的呢？

第五节　价　值　观

一、价值观及其特征

（一）什么是价值观

价值观（values）是人们用来区分好坏标准并指导行为的心理倾向系统。价值观往往容易被看作仅属于认知的范畴，其实它通常是充满着情感和意志的。价值观为人自认为正当的行为提供充分的理由，是浸透于整个个性之中支配着人的行为、态度、观点、信念、理想的一种内心尺度。要了解活生生的人的心理规律和机制，心理学就必须要研究人的价值观。人不同于动物，动物只能适应环境，人不仅能认识世界是什么、怎么样和为什么，而且知道应该做什么、要什么和选择什么，发现事物对自己的意义，确定并实现奋斗目标，而这些都是由每个人的价值观所支配的。

（二）价值观的特征

1. 主观性

我们平常所说的区分得与失、荣与辱、成与败、福与祸、善与恶的标准是根据个人内心的尺度进行衡量和评价的，这些标准均可以称为价值观。对于客观存在的客体，个人都是依据主体自身的需要对客体的意义进行评价的。

2. 选择性

价值观是在个体出生后随着社会生活实践的扩展而逐渐萌发和形成的。儿童期的“价值观”是通过对父母和其他亲人言行的模仿而形成的。他们的“价值观”具有明显的感性形式，是对成人价值观的照抄照搬。因此，儿童期还未真正形成价值观，其“价值观”只能称为价值感。在青年期，随着自我意识逐渐成熟，个体开始有意识地选择符合自己的评价标准，从而形成个人特有的价值观。

3. 稳定性

个人的价值观形成之后往往不易改变，具有相当的稳定性，并通过多种方式表现，如人的兴趣、愿望、目标、理想、信念和行为等。以职业兴趣为例，坎贝尔和汉森（Campbell & Hansen，1981）对三个不同的成人样本，分别检验了斯特朗-坎贝尔兴趣量表间隔 14 天、30 天和 3 年的重测信度，结果皮尔逊相关系数分别为 0.91、0.89 和 0.87。达利和哈根（Darley & Hagenah，1955）总结了以斯特朗职业兴趣量表为工具，采用不同初测年龄和不同间隔的重测研究。结果发现，职业兴趣的重测相关略低于文献中智力的重测相关，但稍高于人格或态度的重测相关。因此，研究者认为测得的职业兴趣是相当稳定的。

4. 社会历史性

在不同历史时代、不同社会生活环境中形成的价值观是不同的。例如，计划生育是我国的基本国策，这势必影响到国人的生育价值观（张进辅等，2005）。再如，最近对我国新生代工作价值观的研究表明，它主要包括功利导向、内在偏好、人际和谐、创新导向、长期发展等五个方面。这一结果不仅与改革开放初期显然有了很大的不同，也具有鲜明的文化色彩。尽管国外有研究也表明员工注重社会关系，但他们是出于归属的需要，并非中国员工对和谐的人际关系的认知，既重视关系导向，也重视关系的和谐与长期性（侯烜方等，2014）。

【专栏7-5】

价值观与行为的一致性

一直以来，人们都普遍认为价值观引导行为，个体的价值观与行为之间具有一致性。然而，也有人认为价值观与行为之间没多大关联，并且二者的联系可能只体现在少数个体身上。问题是，如果价值观与行为之间不一致，那么人们试图通过教育和媒体来培养或改变价值观则显得没有意义。个体的行为是否与其价值观相符？价值观的矛盾是否会相应地引起行为上的冲突？价值观影响行为的内在机制又是什么样的？这一系列的问题都有待解决。

价值观与行为的一致性问题在心理学界就存在争议。一些研究者认为价值观具有激发和维持行为的作用，个体的行为是对价值观的表达。例如，有研究发现，那些认为仁爱比权力重要的个体，对慈善事业更加热心（Sagiv & Schwarz，1995）。当个体面临选择，权衡利弊的时候，价值观便开始进入意识并影响决策。另一些研究者则认为价值观对行为只有微弱的影响作用（Kristiansen & Hotte，1996）。价值观表达的是人类的基本需要，这些需要激发个体的行为，是行为的内因，而个体的实际行动是内外因共同作用的结果，所以价值观与行为之间可能存在不一致。

价值观与行为一致性的影响因素主要集中于价值观的属性、价值观的内容、人格以及情境等方面。价值观的属性影响价值观与行为的关联。梅约和奥尔森（Maio & Olson，1998）认为价值观是自明之理，是自证预言的结果，即人们通过打击、压制那些与重要价值观不一致的行为，来证明该价值观的重要性。相关的研究表明价值观缺乏必要的认知因素的支持作用，这使它容易受到外界劝说和社会比较的影响（Hitlin & Piliavin，2004）。

所以，价值观并不像人们想象中的那么稳定，这也影响了它与行为之间的关系。价值观的内容也是重要的影响因素，如研究发现不同类型的价值观与其价值表达行为之间的相关程度也不同（Bardi & Schwartz，2003）。人格也是重要的影响因素，如研究发现理想主义者的价值观与行为之间具有更高的一致性（Wojciszke，1989），还有研究发现与自我的接近程度是价值观与行为关系的调节变量（Verplanken & Holland，2002）。此外，一些研究者还考虑到相关的情境因素的调节作用。例如，巴尔迪和施瓦茨（Bardi & Schwartz，2003）对于自我超越的价值观与利他行为之间低相关的解释是社会规范在其中起到重要的调节作用：尽管自我超越的价值观可以预测利他行为，但是社会压力会削弱这种联系，并使个体表现出与价值观相矛盾的行为。

目前还并没有专门针对价值观与行为关系的理论，但是一些相关的理论模型有助于理解二者的关系，包括目标层次模型、建构水平理论和新的社会分析模型（陈莹、郑涌，2010）。目标层次模型解释了"为什么价值观对行为的预测力不高"的问题。价值观是高抽象水平的目标，价值观与行为之间是由各个逐渐具体化的目标连接起来的。高水平的目标比低水平的目标更难预测个体的行为，价值观与行为从概念层次上看相隔甚远，而且具体行为还受到认知、情绪和意志的影响，所以价值观的预测力不高也是必然的（Roberts et al.，2004）。建构水平理论解释了"在什么情况下价值观与行为具有一致性"的问题。建构水平理论将心理距离与建构水平相结合，并研究二者的关系。在预测行为方面，研究者发现，由于价值观的抽象性，它影响远的未来的行为意图，而不影响近的未来的行为意图。同理，核心价值观影响远的未来的行为决策，次要价值观影响近的未来的决策（Eyal et al.，2009）。最近的研究还发现，当个体对行为进行抽象思考时，更可能表现出与价值观一致的判断和行为（Torelli & Kaikati，2009）。新的社会分析模型则解释了"为什么价值观与行为之间存在着诸多的中介变量和调节变量"的问题。新的社会分析模型统合了人格心理学的几个主要领域，包括特质、价值观与动机、能力、叙事、自我认同、名声、角色、文化、遗传等分析单元。其中，特质、动机、能力和叙事这四个人格领域具有各自的层次组织结构，价值观与动机只是个人心理系统中的一部分（Roberts & Wood，2006）。由于纳入了自我认同、角色等变量，新的社会分析模型解决了特质模型所无法解释的人格发展与变化的问题，同时还有利于更加全面地理解个体的行为以及价值观与行为的一致性。

二、价值观的结构

价值观的结构是一个复杂、多维、多层次的系统。研究者从不同角度对价值观进行研究。在国外，佩里（Perry，1926）最先把价值观分为六类，即认知价值观、道德价值观、经济价值观、政治价值观、审美价值观和宗教价值观。他的研究激起一大批后继者的兴趣。例如，斯普兰格（Spranger，1928）对佩里的分类进行了修正，删除了认知价值观和道德价值观，增加了理论价值观和社会价值观，即分为经济价值观、理论价值观、审美价值观、社会价值观、政治价值观和宗教价值观六种类型。莫里斯（Morris，1956）从另外的研究角度把价值观概括成十三种生活方式：保存人类最好的成就，培养人和物的独立性，对他人的同情和关怀，轮流体验欢乐与孤独，通过参加团体活动来实践与享受人生，经常控制变化不定的环境，将行动、享乐和沉思结合起来，在无忧而卫生的环境中享受生活，在安静的接纳中等待，坚忍地控制着自己，静观内心的生活，从事冒险活动，服从宇宙的旨意。这十三种类型又可简化命名为中庸型、达观型、慈爱型、享乐型、协作型、努力型、多彩型、安乐型、接受型、克己型、冥想型、行动型和服务型。此外，其他一些研究者还从更多角度探讨价值观的结构，从而有不同的分类，如：终极性价值观和工具性价值观（Rokeach，1968）；自我价值观和社会价值观（Heidenreich，1965）；个人取向价值观、集体取向价值观和社会取向价值观（Parsons & Shils，1951）；关于人类本性、天赋特征的概念（恶的、中性的或善恶混合的，可变的或不变的），关于人和自然及超自然关系的概念（人类服从自然，人与自然和谐相处，或人统治自然），关于人类生命的时间取向（过去、现在或未来），关于自我性质的观念（强调现存、变化或行动），对他人关系的观点（直线式的、合作的或个人主义的）（Kluckhohn & Strodtbeck，1961）。

美国社会心理学家、精神病学家罗克奇（Milton Rokeach，1918—1988）对价值观结构的看法具有代表性。罗克奇多年致力于对信仰、态度尤其是价值观的研究，其著述经常被社会科学家引用。在罗克奇看来，各种价值观是按一定的逻辑意义联结在一起的，它们以一定的结构层次或价值系统的形式存在，价值系统是沿着价值观的重要性程度的连续体而形成的层次序列。罗克奇（Rokeach，1973）编制的**罗克奇价值观调查表**（Rokeach Values Survey）是国际上广泛使用的价值观问卷。他提出了两类价值系统。（1）**终级性价值观**（terminal values），指的是个人价值和社会价值，用以表示存在的理想化终极状态和结果。它是一个人希望通过一生而实现的目标。（2）**工具性价值观**（instrumental values），指的是道德或能力，是达到理想化终极状态所采用的行为方式或手段。罗克奇价值观调查表中包含18项终极性价值和18项工具性价值，每种价值后都有一段简短的描述（表7-1）。施测时，让被试按其对自身的重要性对两类价值系统分别排列顺序，将最重要的排在第一位，次重要的排在第二位，依此类推，最不重要的排在第十八位。该量表可测得不同价值在不同的人心目中所处的相对位置或相对重要性程度。这种研究是把各种价值观放在整个系统中进行的，因而更体现了价值观的系统性和整体性的作用。

三、价值观的表现形式

从价值观与动机的关系看，价值观主要是通过对外在诱因的价值评判而起作用的。价值观的作用常见于兴趣、信念和理想这三种表现形式。

（一）兴趣

兴趣（interest）是人的认识需要的心理表现，它使人对某些事物优先给予注意，并带有积极的情绪色彩。例如，对音乐感兴趣的人，总是对乐器以及

表7-1 罗克奇价值观调查表构成

终极性价值观	工具性价值观
舒适的生活（富足的生活）	雄心勃勃（辛勤工作、奋发向上）
振奋的生活（刺激的、积极的生活）	心胸开阔（开放）
成就感（持续的贡献）	能干（有能力、有效率）
和平的世界（没有冲突和战争）	欢乐（轻松愉快）
美丽的世界（艺术和自然的美）	清洁（卫生、整洁）
平等（兄弟情谊、机会均等）	勇敢（坚持自己的信仰）
家庭安全（照顾自己所爱的人）	宽容（谅解他人）
自由（独立、自主的选择）	助人为乐（为他人的福利工作）
幸福（满足）	正直（真挚、诚实）
内在和谐（没有内心冲突）	富于想象（大胆、有创造性）
成熟的爱（性和精神上的亲密）	独立（自力更生、自给自足）
国家的安全（免遭攻击）	智慧（有知识、善思考）
快乐（快乐的、休闲的生活）	符合逻辑（理性的）
救世（救世的、永恒的生活）	博爱（温情的、温柔的）
自尊（自重）	顺从（有责任感、尊重的）
社会承认（尊重、赞赏）	礼貌（有礼的、性情好）
真挚的友谊（亲密关系）	负责（可靠的）
睿智（对生活有成熟的理解）	自我控制（自律的、约束的）

有关音乐的书籍、刊物等优先加以注意。音乐方面的信息，不论是歌剧还是广播或是别人的演奏，甚至报纸上有关音乐的报道、别人议论有关音乐的事，对他都有很大的吸引力，并总是以积极情绪去探究、领会和掌握它。兴趣进一步发展为从事实际活动的需要时，就变成了爱好。所以，兴趣与爱好往往是联系在一起的。

人们的兴趣有相当大的个别差异，这可从下列几个方面加以分析。(1) 兴趣的指向性，是指人对于什么事物感兴趣。有人对数学感兴趣，有人对哲学感兴趣。人们兴趣指向的不同，主要是生活实践不同造成的，受社会历史条件的制约。我们也可以根据社会伦理的观点把兴趣区分为两类：高尚的兴趣和低级的兴趣。前者同个人身心健康和社会进步相联系，后者使人腐化堕落，有碍社会进步。(2) 兴趣的广度，是指兴趣的数量范围。有人兴趣广泛，有多种多样的兴趣；有人兴趣狭窄，除了对自己所从事的专业发生兴趣外，对其他任何事物几乎都不发生兴趣。人们的兴趣广度有相当大的差异。(3) 兴趣的稳定性，指对事物感兴趣持续时间的长短。人们的兴趣可能是经久不变的，也可能是变化无常的。在兴趣稳定性方面，人们有相当大的差异。(4) 兴趣的效能，是指兴趣在推动认识深化过程中所起的作用。有的人的兴趣只停留在消极的感知水平上，喜欢听听音乐、看看绘画，没有进一步表现出认识的积极性；有的人的兴趣是积极主动的，表现出力求认识它、掌握它。因此，后者的兴趣效能高于前者。

兴趣是价值观的初级形式，也是人用来评价事物好坏的一个内心尺度。但是，这个内心尺度稳定性较差，人们往往不一定有意地用这个尺度来评价事物。兴趣的行为表现通常是自发的，是带有积极情绪色彩的认识倾向。要想在事业上有所成就，就必须考虑个人的职业兴趣或职业价值观。

（二）信念

信念（belief）是人对于生活准则的某些观念抱有坚定的确信感和深刻的信任感的意识倾向。例如，人们对于像“人定胜天”“正义必胜”等观念的深信不疑，就是人们的一些信念。信念不仅是一种认识活动，与人的知识经验和以这种知识经验为依据对未来的推断有密切的关系，而且通常是充满感情的。信念是价值观的核心层次，稳定性强，指引着人的思想和行为，是一种被意识到的具有理论性的价值取向。与信念相类似的一个概念是信仰，这是指能调动人的全部身心力量去为之奋斗的一种信念。

（三）理想

理想（ideal）是符合客观规律并同奋斗目标相联系的想象。奋斗目标是人积极向往的对象。作为理想的奋斗目标是符合事物发展规律的。对于这个奋斗目标，人既有生动的想象内容、明确的思想认识，又怀有喜爱、赞扬等肯定的情感体验，并且决心力求加以实现。理想是价值观指向未来的表现形式，因而更具有号召力。

【专栏7-6】

当代中国青年价值观

在我国，价值观研究长期以来被看作哲学、伦理学、品德学的范畴，没有形成自己独立的概念、理论和方法学体系。近年来，随着我国心理学的迅猛发展以及社会转型期青年价值观问题的日益突出，对价值观的心理学研究受到越来越广泛的重视。

彭凯平和陈仲庚（1989）曾用阿尔波特等人编制的价值研究量表对690名北京大学一年级学生进行测试。结果表明，大学生中价值倾向相对强弱顺序依次是政治的、审美的、理论的、经济的、社会的、宗教的，并有性别差异。黄希庭等（1989）用罗克奇价值观调查表对我国五个城市共2 125名青少年学生的调查结果表明：我国青少年学生的价值观总的来说相当一致；在终极性价值观中，有所作为、真正的友谊、自尊、国家安全被列为四个最重要的价值观，内心平静、舒适的生活、兴奋的生活、拯救灵魂被列为四个最不重要的价值观；在工具性价值观中，有抱负、有能力、胸怀宽广被列为很重要的价值观，而整洁、自我控制、服从则被列为很不重要的价值观。这当中也存在着某些团体差异和个别差异。1991年黄希庭在其《心理学导论》中首次将价值观引入心理学教材，而黄希庭等（1994）的《当代中国青年价值观与教育》一书的出版，则被认为是国内首次系统地以实证方法探讨青年价值观问题的专著，涵盖了中国青年在人生、政治、道德、人际、职业、审美、宗教、自我、婚恋、幸福等十大方面的价值观研究。这项研究连续6年在全国各地进行大规模取样，除了大量地翻译、修订及自编问卷以外，还辅以投射法、文献分析法、个案法等多种方法。研究显示，当代中国青年价值观表现出几个鲜明特点。一是传统性与现代化。在当代青年价值观特点研究中，这一特点最具争议性。该研究发现，当代中国青年价值观的每一个方面几乎都在经历着一场深刻而巨大的变动。对这种变动的理解既要强调其中所凸显的时代精神，也要挖掘这种巨变背后深深蕴藏的源于传统的某种稳定力量。二是多元化与整合性。多元化是当代青年价值观的一个突出特点，但也显现出某些整合的趋势。三是开放性或世界性。当今所处的改革开放、全球一体化的大背景使当代青年的价值观表现出这一突出特征。在这一环境下成长起来的当代青年乐于接受新事物，紧跟时代潮流，因此他们的价值观会极大地受到当今世界各种流行风潮、时尚、观念等因素的影响。

价值观研究资料的时效性很强，因此价值观研究必须与时俱进，及时开展调查和总结，在社会迅猛变化的当今中国尤应如此。在《当代中国青年价值观与教育》出版10年之后，黄希庭和郑涌等（2005）完成了《当代中国青年价值观研究》一书，新近又完成了《改革开放30年：中国青年价值观的变迁》一书。总之，从心理学的角度研究价值观问题，不仅能够丰富和深化价值观理论，还可以在实践上避免价值观教育的泛道德化倾向，这对建立具有中国特色的科学价值观教育体系具有重要的意义。

【复习与思考】

1. 解释：动机，需要，本能，内驱力，诱因，耶基斯-多德森定律，自我实现，价值观，兴趣，信念，理想。
2. 动机强度与工作效率关系怎样？
3. 生物性需要有哪些表现？
4. 社会性需要有哪些表现？
5. 评述马斯洛的需要层次理论。
6. 各种动机理论的要点是什么？
7. 讨论当代中国青年价值观。

【扩展阅读书目】

1. 黄希庭、郑涌等著：《当代中国青年价值观研究》，人民教育出版社2005年版。
2. ［美］Herbert Petri、John Govern 著，郭本禹等译：《动机心理学》，陕西师范大学出版社2005年版。

3. [美] Robert Franken著，郭本禹等译：《人类动机》，陕西师范大学出版社2005年版。

4. [英] H. 蔼理士著，潘光旦译：《性心理学》，商务印书馆2004年版。

5. [美] 格雷·凯利著，耿文秀等译：《性心理学》，上海人民出版社2011年版。

第八章　注　意

第一节　概　　述

一、什么是注意

外界作用于我们的刺激是巨量的。想想看，就在此时此刻，我们的视觉、听觉、嗅觉、触觉乃至味觉都正面临难以计数的、各式各样的刺激。但从信息加工的观点来看，我们正在进行的认知过程的加工对象是有限的。事实上，当你现在课堂上用心听讲时，你很可能忽略了窗外的鸟鸣声。**注意**（attention）就是心理活动（意识）对一定对象的选择和集中。

注意的对象既可以是外部世界的对象和现象，也可以是我们自己的身体、行为和观念。任何时候我们周围都有无数的刺激，但是，我们并不是对所有的刺激都加以反应的。只对某些刺激发生反应而对其他所有刺激不发生反应，这就是心理活动的选择性。在注意状态时，心理活动不仅选择、指向于一定的刺激，而且还集中于一定的刺激。心理活动的集中性有两种情况。一是在同一时间内各种有关的心理活动共同集中于一定的刺激。通常我们说的“聚精会神”“专心一致”就是指人的各种有关的心理活动都共同地指向并集中于同一刺激。二是就同一种心理活动不断地深入下去。通常我们说的“注视”“倾听”等，就是指人的某种有关的心理活动不仅指向而且持续地、深入地集中于一定的刺激。因此，与集中性相联系的是注意的强度或紧张度。

由于心理活动对一定刺激的有选择的集中，这些刺激就被我们清晰地意识到，而同时存在的其他刺激，或者被模糊地意识到，或者没有被意识到。因此，在现实生活中有的刺激处于注意的中心，其余的刺激有的处于“注意的边缘”，多数处于注意的范围之外。

二、注意的功能

注意不是一种独立的心理过程，而是带有认知性的心理倾向。因为注意本身并不反映事物及其属性，不同于感知、记忆、思维等心理过程是有其特定的反映内容的。当人在注意着什么的时候，他也就在感知着什么，或记忆着什么，或思考着什么。我们平常所说的“注意铃声”“注意灯光”等，并不是说注意本身就是独立的反映过程，而是由于习惯，把其中的“听”和“看”等字给省略了。在西方心理学中，注意甚至常常被局限为伴随知觉过程，感觉信息被注意到即为知觉。一般而言，注意具有下列功能。

（一）选择功能

对于作用于各种感受器的种种刺激只有加以注意，我们才能选出那些有意义的、重要的、符合需要的刺激。从各种可能的动作中选出与完成当前活动有关的动作，从保存在头脑的大量记忆中选出与当前智力活动有关的记忆，都有赖于注意的作用。由于注意的作用，进入我们意识中的感知、动作和记忆的范围便大大地缩小了，其中一些（强的、重要的或新的）占据优势，另一些（弱的、无关的或很熟悉的）则受到抑制。如果心理活动没有注意的选择功能，我们就不可能将有关的信息检索出来，意识就会处于一片混沌状态。

（二）维持功能

我们从外界获得的感知信息、从记忆中提取的信息只有加以注意才能保持在意识中或进行进一步的加工，转换成更持久的形式存储在记忆中。没有注意的维持功能（即不加以注意），头脑中的信息就会很快在意识中消失，任何智力操作都无法完成。

（三）调节和监督功能

只有在注意状态下，我们才能对自己的行为和活动进行调节和监督。人的生活是有目标的，无论是积极的目标或是消极的目标，对于自我的注意，才使人有可能对自己的行为与特定的目标相比较，注意反馈信息，并相应地调节、监督自己的行为，使之与特定的目标相一致。如果行为与目标不一致，人就进一步加以调节，直至达到目标为止。

三、注意的表现与指标

（一）注意的外部表现

人在注意时，行为上会出现各种**定向反应**（orienting response），如眼睛和头部朝向刺激物以及相应的表情动作。我们常说的“侧耳倾听”“举目凝视”等，就是这种定向反应的典型描述。

与此相应，是无关运动的停止。例如，听演讲到入神时，原来进行的各种活动都停了下来，只是紧盯着演讲者，听得津津有味。而且，人在注意时，呼吸会变得轻微而缓慢，在紧张时，甚至出现呼吸暂时停止的现象，即所谓“屏息”。

虽然从注意时的适应性反应和表情动作容易看出人的注意状态，但是，注意的外部表现和注意的内心状态也有不一致的情况。上课时有的学生貌似注意听讲，其实走神儿了，有经验的教师对此是不难发现的：这时，学生注意的外部表现不是随着教师讲课内容的进展或教学方法的变化而变化，或者与教师讲课的变化不合拍，或者毫无表情地坐在那里。

（二）注意的生理指标

注意的生理指标很多，心跳、血管血流量、呼吸率、内分泌腺分泌量、皮肤电反应、瞳孔大小以及脑电的变化等都可以作为注意的生理指标。下列是一些典型的情况。

（1）肾上腺素分泌量的变化。集中注意时，肾上腺素的分泌量增加。林文娟和汤慈美（1985）在一个研究中，比较了正常儿童和多动症儿童在非注意—注意—非注意三种状态下肾上腺素分泌量的变化。结果表明，正常儿童在三种状态下，肾上腺素分泌量的变化幅度大，注意状态和测试前后休息状态相比较，尿内肾上腺素含量均有极显著差异。而多动症儿童在三种状态下肾上腺素分泌量变化幅度较小；注意状态与测试前休息状态相比，有显著差异，而与测试后休息状态相比，则无显著差异。

（2）瞳孔直径的变化。在一项研究中要求被试在记忆中保持一列数字，并测量其瞳孔直径（Kahneman et al.，1967）。结果表明，随着被试力图把每一个数字存入记忆，其瞳孔变得越来越大。随着被试回忆这些记住的数字，将记忆库“倒空”，其瞳孔逐渐恢复到原来直径的大小。该研究表明，瞳孔直径的变化可以用来测量一个人在操作一项任务时使用了多少注意能量。

（3）诱发电位的变化。例如，**关联负变化**（contingent negative variation，CNV）是一种与注意活动密切相关的脑诱发电位，最早由沃尔特（Walter，1964）发现，称为“期待波”。CNV可分为早晚两种成分：早成分在顶叶处最显著，与随意运动密切相关，是注意水平、反应定势的良好生理指标；晚成分在额叶处最显著，对警告刺激起反应，是期待的表现（Rohrbaugh，1976）。再如，不少研究发现，P300是在刺激之后300毫秒才出现的一种正向波，与注意密切相关（Pritchard，1981）。当被试全神贯注地读书时，每两秒一次的嘀嗒嘀嗒声没有诱发P300（图8-1a）；一旦被试的注意离开书本而指向嘀嗒声，P300就会变大（图8-1b）。因此，P300被认为是分心的一个指标（姜德鸣等，1987；张武田，1988）。

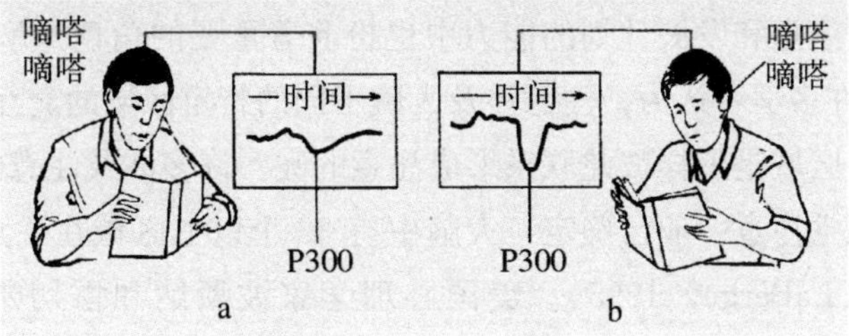

图8-1　P300与注意

四、注意的神经机制

注意的脑科学研究者往往关注这样一个问题：当人们注意一个刺激或事件时，大脑的哪些区域活跃起来？长期以来，学者们一直推测大脑的顶叶就是这样的一个区域。临床神经学已证实，顶叶损伤的患者中会有**偏侧疏忽**（hemi-neglect）现象：向这类患者呈现各类示范图并要求他们加以复制，结果如图8-2所示，患者的临摹图画都缺失了左半部分，表明患者没有注意到这部分信息（Posner & Raichle，1994）。研究显示，偏侧疏忽是一种注意的缺损，而不是感觉障碍。如果患者只是感觉缺陷，那么可以预期他会将其视线转向他所疏忽的视觉领域，一旦他觉察到视觉信息不完整后就会加以弥补。的确，有些患者有感觉缺陷，会用这种策略加以弥补。而偏侧疏忽症患者却不会运用此种策略加以弥补，他们似乎没有意识到自己身体另一边的存在，根本不注意另一边的信息。极端的偏侧疏忽症患者甚至否认某些肢体属于自己身体的一部分。有一个患者认为医护人员残忍地将一条锯断了的腿放到了他的床上，并试图将它扔到地上，其实这条腿是与其身体的其他部分相连的（Banich，1997）。

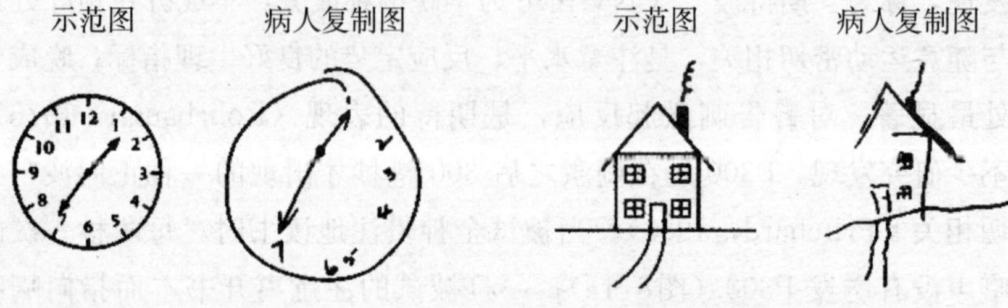

图8-2　给右顶叶损伤患者的示范图及其复制图

虽然大脑顶叶与注意有关，但它并不是与注意有关的唯一区域。大脑额叶在人们选择性注意和发展计划的能力中也扮演着重要的角色（Milham et al.，2001）。因此许多学者认为，注意涉及大脑不同的特定区域的交互作用。那么，大脑中的各个区域是怎样彼此联系形成注意的呢？许多涉及注意的大脑加工研究都集中于视觉注意。业已确定，大脑中有 32 个以上区域在注意视刺激时趋于活跃状态（LaBerge，1995）。美国心理学家波斯纳和雷切尔（Posner & Raichle，1994）提出的视觉注意的三个脑系统模型最为有名。在他们的一系列研究中，让一个被试坐在视觉显示器前，盯住一个中心点看。在点的两边各有两个盒子，每次测试时，一个盒子变亮或一个箭头出现就指示被试应该注意屏幕的哪一边，接着就能看见一个刺激。提示这一线索的目的是激励被试将其注意集中于一个特定的区域。被试的任务是察觉到提示刺激后便尽快做出反应。在实验中，有时没有提示线索出现，有时会出现错误线索，因此可以评估注意集中于正确位置或集中于非正确位置的效应。在执行上述实验任务时，被试需要执行三种不同的注意操作，并且其脑区也有相应活动（图8-3）。(1) 被试必须将注意从先前指向的事物中“脱离”出来。在这一

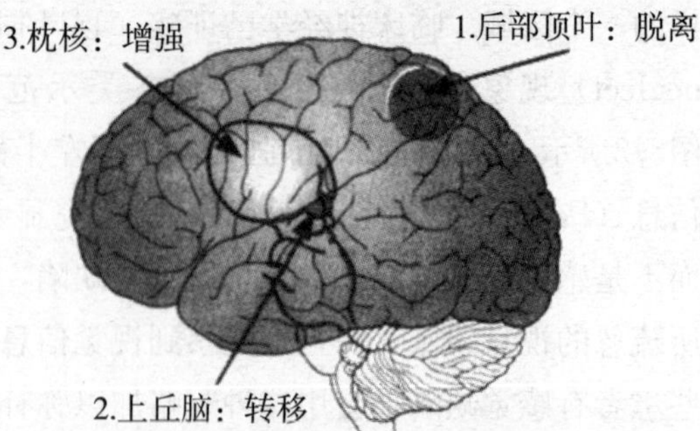

图8-3　视觉注意三种功能的脑系统

过程中，大脑顶叶后部的活动性提高了。（2）从先前的注意一旦“脱离”出来，再次集中于新的、将要注意的刺激所在的空间区域，这叫作操作转移。上丘脑损伤患者出现注意转移的障碍。（3）一旦注意又有新的指向，新区域的神经加工增强；凝视在即将被注意区域中呈现的刺激信息时，大脑环路（枕核，位于丘脑中）变得活跃起来。可以想见，枕核损伤患者即使在特殊区域里注意到刺激，也不会像正常人那样表现出增强性的加工。看来，大脑中的注意系统既不是单个脑区的属性，也不是整个大脑的属性。注意大多涉及大脑不同的特定区域的交互作用。

第二节　注意的种类

注意是一种很复杂的心理倾向，可以从不同的角度对它进行分类。根据注意的功能，可以把注意分为选择性注意、集中性注意和分配性注意；根据产生和保持注意时有无目的性和意志努力程度的不同，可以把注意分为不随意注意、随意注意和随意后注意；根据注意指向与集中的加工方向，可以把注意分为内源性注意和外源性注意。

一、选择性注意、集中性注意和分配性注意

选择性注意（selective attention）是指个体在同一时刻只对有限的信息给予注意而忽视其他信息。个体在任何时候都被无数刺激所围绕，他总是不断地关注某些刺激并做出反应，同时忽视或至少弱化某些刺激，对它们不发生反应。选择性注意使我们把注意指向于一项或一些工作和事件而不是许多工作和事件。

集中性注意（concentrated attention）是指我们的意识不仅指向于一定的刺激，而且还集中于一定的刺激。集中性注意包含警觉和搜索。**警觉**（vigilance）是指在相对较长时间内个体对某种或某些试图检测到的特定刺激保持注意。在警觉的时候，个体警惕地注视、倾听随时可能出现的刺激信号。特别是，在特定刺激很少出现而一旦出现就需要立即注意的情况下，个体就更需要

警觉。在执行高风险的警觉任务时，人们最担心的是漏掉有关的信息。警觉是个体被动地等待特定刺激的出现，而**搜索**（search）则是主动、积极地寻找目标。个体要从许多不确定事物中寻找出特定的刺激，就需要聚精会神、专心致志，需要集中注意，如从琳琅满目的货架上试图找到你所要的特定品牌的麦片。在搜索的时候，人们最担心的是搜索到的信息是否会出错。

分配性注意（divided attention）是指个体能对几项不同的任务给予关注或能操作几项任务。训练有素的驾驶员可以一边驾车，一边谈话，甚至摆弄门把手和吃东西。很多任务通过大量的练习就会变得简单、容易，只需稍加注意就可以，这时任务的操作已经自动化了。个人在操作自动了的任务的同时还可以操作其他任务。

二、不随意注意、随意注意和随意后注意

不随意注意（involuntary attention）也称无意注意，是事先没有预定的目的，也不需要做意志努力的注意。例如：上课时，教师在讲台上展出一台新仪器，学生们自然地注意这台仪器；在安静的阅览室里，突然传来一声巨响，大家都不由自主地转过头去注意那个声音。这些都属于无意注意。无意注意是人和动物都具有的初级注意。无意注意的产生既取决于刺激物的强度、新颖性等特点，同时也取决于主体的需要、兴趣、情绪等内部状态。

随意注意（voluntary attention）也称有意注意，是服从于预定目的、需要做意志努力的注意。这种注意是人向自己提出一定的任务，且自觉地把某些刺激物区分出来作为注意的对象。当我们决定要做某件事（如写作、做作业）之后，在做这件事的过程中有意地把注意集中在我们认为要干的事情上。这时我们所注意的那个刺激物的特点，不论是否强烈、新异、有趣，我们都必须集中注意，同时排除各种无关刺激的干扰。因此，有意注意必须付出意志努力。有意注意是人类独具的高级的注意形式，是在人的实践活动中发展起来的，其中言语（外部言语和内部言语）调控起着重要作用。

不随意注意和随意注意虽然有区别，但是在人的活动中往往是不能截然分开的，因为任何一件工作都需要有这两种注意的参加。倘若单凭无意注意去从事某种工作，那么，不仅工作会显得杂乱无章，缺乏计划性和目的性，而且也

难以持久。同时，任何工作总会有困难或干扰，总会有单调乏味的过程，因此有有意注意的参加，工作才能完成。然而单凭有意注意从事工作，就要进行紧张的努力，付出巨大的能量，时间久了，会使人感到疲劳，所以必须有无意注意参加，工作才能持久。人的每项具体活动往往既需要无意注意，也需要有意注意。

不随意注意和随意注意在活动中是可以互相转化的。例如，一个人偶尔为某种活动所吸引而去从事这种活动，后来才意识到它具有重大的意义，于是自觉地、有目的地去从事这种活动，并且在遇到困难和干扰时仍保持对该活动的注意，这就是无意注意转化为有意注意。相反，有意注意也可以转化为无意注意。例如，在刚开始做某件工作时，由于对它不熟悉，不感兴趣，往往需要一定的努力才能把自己的注意保持在这件工作上。经过一段时间后，对这件工作熟悉了，产生兴趣了，就可以不需要意志努力或不要求有明显的意志努力而继续保持注意。这就是有意注意转化为无意注意。但是，这种不随意注意仍然是自觉的、有目的的，只不过不需要意志努力罢了。这种注意形式被称为**随意后注意**（post voluntary attention），也称有意后注意，即事先有预定的目的，但不需要意志努力的注意。

三、内源性注意和外源性注意

内源性注意（endogenous attention）是一种自上而下的、由知觉者控制的注意，也称为**目标指向控制注意**（goal-directed control of attention）。**外源性注意**（exogenous attention）则是一种自下而上的、自动发生的、与当前知觉目标无关的注意，也称为**刺激驱动注意**（stimulus-driven control of attention）。例如在实验中，被试被要求辨认出现在屏幕中央的图形时，他就会注视着屏幕中央，期待目标的出现。这种注意属于内源性注意。此时，如果在屏幕的边缘突然呈现一个刺激，则该刺激会迅速自动地引发被试的注意。这种注意属于外源性注意。

内源性注意是根据观察者的行为目标或意图来分配注意，外源性注意是观察者的视野外部的信息所引起的注意定向（Posner，1980）。内源性注意的发展是渐进的，一开始是宽泛的注意，然后是狭窄的集中。外源性注意更少受认知负荷的影响，被试可以忽略内源性提示，但无法忽略外源性提示。外源性注意能够引起立即的、快速的、狭窄的集中。

早期研究认为外源性注意干扰了内源性注意的集中，因为突现的视觉事件自动捕获了注意。最近的研究表明，外源指向是自发的，并独立于自上而下的控制（Theeuwes et al.，2000）。认知神经科学研究也显示，外源性注意加工快于内源性注意加工（Eimer et al.，2000），而且内源性注意和外源性注意代表两种注意系统，并以不同的方式影响着脑内的信息加工（Hopfinger et al.，2006）。

【专栏8-1】

注意的人格特点

不同人格类型的人的注意特点有明显的差异，这种差异表现出个人在注意的风格和中心方向上的稳定特点。有人将个人自我意识的稳定特点区分为**公我意识**（public self-consciousness）和**私我意识**（private self-consciousness）。公我意识强的人将注意集中在社会场合中别人怎样看自己这个焦点上，注意自己的外部言行和他人对自己的看法。当他知道将和不同意自己意见的人交往时，更容易调整自己的表达态度，以便友好平静地与人相处，在外部压力下易受暗示。而私我意识强的人则把注意集中在自己的能力、性格和感受上。当与不同意自己意见的人交往时，他更可能始终如一地表达自己的态度，而不顾及他人的态度反应，在外部压力下不易受暗示（Fenigstein et al.，1975）。

人们在归因方式上有差异，有的人常常将成败归因于外部的东西，如工作难度、运气等，有的人则经常归因于内部的东西，如性格、能力、态度、努力等。许多研究表明，内部控制者比外部控制者更善于控制自己的注意方向，更积极地选择和构造输入的信息（Wolk & Ducette，1974）。因而，内部控制者更敏感地注意手头的工作，而外部控制者更倾向于被新异的无关刺激所分心（Davis & Phares，1967）。

有人观察到人们对待危险刺激时控制注意在忍受—敏感维度上的两种

行为方式（Byrne，1964），敏感者可能更主动地观察环境中是否有危险物，而忍受者则倾向于避开危险物。对于心理上的危险（如不愉快、矛盾心理），敏感者通过对它进行仔细的考察形成理智的解释，而忍受者则企图不去想它，寻找借口忘掉它，以回避心理上的危险。当忍受者接收到与自己态度相对立的信息时，其反应是：集中注意于支持自己的信息，而回避与自己态度对立的信息，还回避注意自己疾病的最初症状，甚至还回避关键性反馈信息。这样，忍受者的注意风格使得他们愈益与多数人不同，更不愿意正视生活中不愉快的方面（Olson & Zanna，1979）。

注意的另一人格差异是对刺激的需求（Sales，1971）。有一种人寻求复杂的、奇异的和强烈的刺激，这种人称为感觉衰减者或高感觉寻求者。他们对输入的感觉刺激的神经传递的衰减水平很高，他们的耳朵好像塞了棉花，眼睛好像蒙上了毛玻璃似的，因此，要维持经验到的刺激水平，就要增加外部刺激的强度。当环境缺乏刺激时，高感觉寻求者就以各种可能的方式寻求刺激，如吹口哨、绕着床转圈、摸墙壁或陶醉于丰富的幻想世界里等。相反，感觉扩大者或低感觉寻求者的内部加工器似乎一直在放大输入的刺激，因而对外部刺激的需求低，喜欢细微的刺激，喜欢轻音乐和宁静的环境（陈仲庚、张雨青，1988；Zuckerman，1974）。

A型人格（type A personality）者争强好胜，有很强的时间匆忙感和紧迫感，总是催促自己更多更快地完成工作。他们的注意总是集中于与手头工作有关的刺激，而较少注意工作之外的边缘刺激（Matthews & Brunson，1979）。他们的注意具有很强的抗干扰性，甚至在飞机上能安心地写作，并能很好地完成。由于忽视边缘刺激，包括忽视自己身体的不适，他们往往会延误对自己疾病的觉察。甚至当医生建议其适当休息以消除疲劳时，他们可能很少照办。这样，长年累月集中注意于工作的觉醒水平，导致心血管系统过度紧张，因而可能危及寿命。

形成注意的人格差异的原因是很复杂的。按照巴甫洛夫学派的观点，人的神经系统活动的一般类型特征是注意的人格差异的基础。能长时间集中注意是神经过程强度的表现。注意转移既依赖于神经过程的灵活性，也依赖于兴奋与抑制交替的速度。神经过程的惰性使注意难以转移。然而，与人格的其他特征一样，注意的人格差异也是在人的生活实践中形成的，并且注意的稳定特点与人的需要、职业有密切的联系。因此，注意的人格差异是人在生活实践中与社会环境交互作用的结果。

第三节　注意的特征

一、注意范围

注意范围（attention span）也称为注意广度，是指同时能清楚观察到的对象的数量。最早进行注意广度实验的是汉密尔顿（Hamilton，1859）。他在地上撒一把石子儿让被试即刻辨认，结果发现被试很不容易立刻看清 6 个以上；如果把石子儿以 2 个、3 个或 5 个放成一堆，被试能看清的堆数和一个个的石子儿数差不多。后来，心理学家用速示器在 0.1 秒的时间内呈现彼此不相联系的数字、图形、字母或汉字。结果表明，成人注意的平均广度是：黑色圆点 8～9 个，外文字母 4～6 个，几何图形 3～4 个，汉字 3～4 个。

注意广度的另一种形式是感知在时间上分布的刺激物的广度。例如，在接收电码中常常要求感受高速度连续呈现的刺激物，这就涉及注意在时间上的广度问题。陶布曼（Taubman，1950）用计时器连续呈现一个短促的音或闪光，每次呈现的刺激数量不等，呈现速率也有变化，然后让被试说出每次呈现的数量。视觉刺激呈现的速度过快，会产生融合现象。听觉却可以感受更高的频率。一般地说，刺激物数量越多，呈现速度越快，判断的错误就越多，而且越趋向于低估。这种倾向对于视觉刺激物来说更加明显（表8-1）。

注意广度受下列两方面因素的影响。一是知觉对象的特点。在知觉任务相同时，由于知觉对象的特点不同，注意广度会有很大的变化。例如，让被试注意用速示器呈现的不同特点的外文字母，结果发现：对颜色相同的字母要比对

表8-1　对连续刺激物的注意广度

闪光		声音	
每秒钟闪光次数	注意广度	每秒钟声音次数	注意广度
2	大于 10	8 或 10	大约 10
3	大约 6	12	大约 7
4	大约 4	14	大约 5
5	大约 4	16	大约 4
7	大约 3		

颜色不同的字母的注意广度要大一些，对排列成一行的字母比对分散在各个角落的字母所能注意的数量要多一些，对大小相同的字母比对大小不同的字母所能注意的数量要多得多，对组成词的字母比对孤立的字母所能注意的数量要多得多。即是说，知觉对象越集中，排列得越有规律，越能成为相互联系的整体，注意广度就越大。二是知觉者的活动任务和知识经验。知觉对象相同，如果人的活动任务不同或知识经验不同，注意广度也会有变化。用速示器呈现不能构成词的一些字母，要求被试说出字母写法上的错误。这时，被试能知觉到的字母的数量比单纯说出有些什么字母的数量要少得多。这是因为要说出字母写法上的错误，就要更仔细地辨别每个字母的细节，其任务要困难得多。又如，对于用速示器呈现中文句子，我们的注意广度就远比不懂中文的外国人要大得多。这是知识经验不同之故。

二、注意稳定性

注意稳定性（stability of attention）是指注意保持在某一对象或某一活动上的时间久暂特性。它是衡量注意品质的一个重要指标，在人们的工作和生活中具有重要意义。学生只有保持一定的注意稳定性，才能保证知识的有效吸收；外科大夫只有保持长久的注意稳定性，才能保证手术的顺利进行；职员也必须保持一定的注意稳定性，才能完成自己的工作。可以说，没有注意的稳定性，人们就难以完成任何任务。

要使注意持久地集中在一个对象上，其实是很困难的。例如，对于一种微弱的刚刚能听见的声音（如钟表的嘀嗒声），我们时而能听见这个声音，时而又听不见，尽管我们这时仍集中注意在听。短时间内注意周期性地不随意跳跃现象称为**注意起伏**（fluctuation of attention）。例如，请注视图8-4a，你时而会把它看成是顶端向着你，时而又会把它看成是底端向着你，很难稳定下来。注意起伏的周期一般为2～12秒。研究表明，对于不同的刺激，注意起伏的周期是不同的，声音刺激的周期最长，其次是视觉刺激，而触觉刺激的周期最短。注意周期性的短暂的变化，我们主观上一般是觉察不到的，也不至于影响我们活动的效率。对注意起伏现象的解释，一种观点认为是感觉器官对单一刺激局部适应的结果，另一种观点认为与有机体一系列机能（如血压、呼吸、神经元以及感觉过滤）的节律性变化有关。图8-4b是有名的花瓶—人脸双关图，一旦你形成了两种对象知觉的解释，就难以抑制注意起伏的效果，这也说明了注意与知觉的密切关系。在西方心理学中，注意经常被视为伴随于知觉。再看图8-4c，你又有什么发现呢？

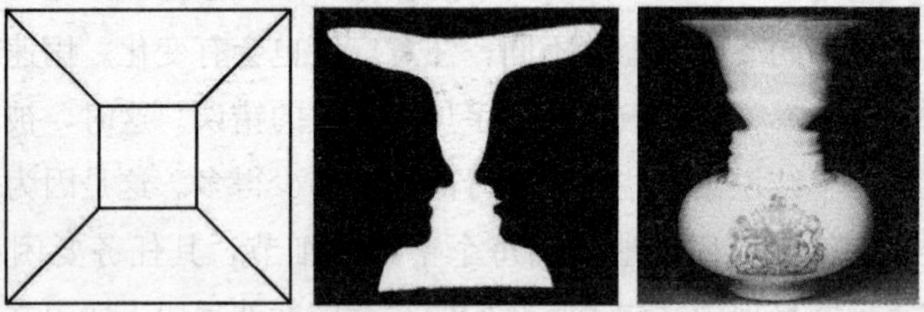

图8-4　在知觉两可图形时注意的起伏

虽然我们不能长时间地使注意集中在一个对象上，但我们能长时间地集中注意于一定的工作，并能完成该项工作。因此，广义的注意稳定性是指注意保持在对一定活动的总的指向上，而行动所接触的对象和行动本身可以发生变化。例如，学生在完成作业的过程中，可能要看教科书，要写字或演算，虽然他所接触的课文、所写的字句或数字时刻在变化着，但是他的注意仍集中于完成作业这项总的任务上。这时，他的注意是稳定的。

注意稳定性与注意对象的特点有关。如果注意的对象是单调的、静止的，注意就难以稳定；如果注意的对象是复杂的、变化的、活动的，注意就容易稳定。更重要的是，注意稳定性与人的积极性有关。如果人对所从事的活动持积极的态度，有浓厚的兴趣，并借助有关动作维持知觉或思想进程，或从各种不同的角度进行观察和思考，那么注意就容易稳定、持久；相反，如果人对所从事的活动持消极态度，缺乏兴趣，注意就容易分散。

注意不稳定表现为注意分散，也叫分心。**注意分散**（distraction of attention）是指注意不自觉地离开当前应当完成的活动而被无关刺激所吸引。注意分散的原因，主要是无关刺激的干扰，或单调刺激长时间的作用。干扰注意的无关刺激，既可以是外部的，也可以是内部。那些与当前活动任务无关的突然的、意外的附加刺激以及与个体情绪有关联的干扰都能引起注意分散。研究表明：与注意对象相类似的刺激，比不同种类的刺激干扰作用大；同样的干扰刺激对思维活动的影响大，对知觉的影响小；在知觉过程中，听觉受附加刺激的影响而分心的现象比视觉所受的影响更明显。在长时间从事单调的工作时，疲劳的增加会使附加刺激的作用得到加强。在这种情况下，头脑中可能浮现各种杂念，引起注意分散。事实上，在外界缺乏刺激的情况下要保持注意也是很困难的。因为外界缺乏刺激，大脑的兴奋性就难以维持较高的水平，这样就容易导致注意分散。

三、注意分配

注意分配（distribution of attention）是指在同一时间把注意分配到两种或两种以上的对象或活动上。注意分配是指人在进行两种或多种活动时能把注意指向不同对象的现象。据史料记载，最早论述这个问题的是我国北齐时文学家刘昼（514—565）：“使左手画方，右手画圆，令一时俱成。虽执规矩之心，回剟劂之手，而不能者。由心不两用，则手不并运也。”[①] 首创智力测验的法国心理学家比内（Binet，1890）也观察到，要两手同时会做不同的动作是困难的。不过，他认为，如果两手的动作能组合成像扫地、劈木头或其他类似的协调动作，就不会有干扰作用。

注意分配是有条件的。同时进行的几种活动的复杂程度、熟悉程度和自动化程度都会影响注意分配的难易程度。同时进行的几种活动越复杂，越不熟

① 《刘子新论·专学》。

悉，越不习惯，注意分配就越困难；相反，注意分配就容易一些。既进行智力活动又进行动作操作，智力活动的效率可能比动作操作的效率明显低。两种生疏的、复杂的智力活动是无法同时完成的。注意分配的最重要条件是，在同时进行着的几种活动中，必须每一种活动是相当熟悉的，其中一种是自动化了的或部分自动化了的。人对于自动化或部分自动化了的活动，不需要更多的注意，而把注意主要指向于较不熟悉的活动上。这样，同时输入的两种信息才不会超过人脑的信息加工容量，因而都能进行反应活动。同时进行的几种活动如果建立起联系，形成了某种反应系统，这样注意分配也就能够实现。例如，司机驾驶汽车的复杂动作，通过训练后形成一定的反应系统，因此司机就可以不费力气地完成各种驾驶动作，并且把注意分配到其他与驾驶有关的事情上。

在注意分配的实验中，并没有排除注意迅速转换的可能性，因为严格地同时给被试以两种不同的刺激，注意分配其实是很困难的。因此，同时完成的两种活动所需要的注意很可能既有注意转移，也有注意分配，是注意转移和注意分配的结合。用复合器做的实验表明，严格地同时给被试两种不同的刺激，注意分配很难。复合器的构造是在一个划分为100°的圆刻度盘的表面，有一根迅速转动着的指针，当指针经过某一刻度时就响起一下铃声。要求被试在听到铃声的同时，指出指针所指的刻度数。结果表明，被试所指的刻度数总是或大于或小于铃声响时的度数。这说明，人通常先注意一个刺激，经过短暂的时间间隔后再注意另一个刺激。

四、注意转移

注意转移（shifting of attention）是指根据一定目的，主动把注意从一个对象转移到另一个对象上，或从一种活动转移到另一种活动上。例如，在考试前复习的时候，我们安排了前一个小时读英语，后一个小时做数学题。我们读完了英语，就把注意转移到了做题上。这就是注意转移。注意转移和注意分散有根本的不同，前者是有意而为之，而后者则是在需要注意稳定的时候，不随意地改变了注意的对象。

注意转移的测量指标，可以是从一种活动过渡到另一种活动所花费的时间，也可以是单位时间内工作的转换次数和工作的正确性。例如，普拉托诺夫

(Платонов，1949) 设计的一个实验中，向被试呈现一张有 49 个方格的纸 (大小为 60 平方厘米)，方格内随机地印有黑色字体的阿拉伯数字 1 至 25 和红色字体的罗马数字 Ⅰ 至 XXIV。要求被试找出阿拉伯数字并以递增某数（如 1 或 2）的顺序排列，同时对罗马数字以递减某数（如 1 或 2）的顺序排列。例如，以递增 1 排列的阿拉伯数字和以递减 1 排列的罗马数字如下：1，XXIV，2，XXIII，3，XXII，4，XXI，等等。记录和分析被试寻找并排列数字的速度、错误数和运用的策略，就可以探明其注意转移的特点。

注意转移的快慢和难易主要依赖于两方面的因素。一是原来注意的强度。原来注意强度越大，注意转移就越困难、越缓慢；反之，注意转移就比较容易。有的教师喜欢一上课就测验或发试卷，然后进入新课，这样教学效果往往不好，其主要原因是学生对测验或试卷上的分数十分在意，以致很难把注意转移到新课上来。二是新注意的对象的特点。新注意的对象越符合人的需要和兴趣，注意转移越容易；反之，注意转移就越困难。

上述注意的四个方面的特征，平常人们关注较多的是注意稳定性，这也是注意品质最为重要的体现。其实这几个方面也是相互关联的，活动的效率不仅取决于注意的某一特征，而且取决于在完成一定活动时如何把这些特征整合起来。同时，通过生活实践的训练，人们的注意品质是可以得到改善和提高的。

第四节　注意理论

注意的实质是什么？什么原因引起注意和不注意？对于这些问题给予理论上的说明，曾经是早期实验心理学的兴趣中心。冯特的《心理学导论》(1911) 一书开章就是“意识与注意”，认为注意的焦点就是统觉，而统觉又是冯特心理学的核心概念之一。詹姆斯（James，1890）认为“注意的实质是意识的聚焦和集中”，把注意看作他创造的“意识流”的一个重要特性。但是，从 20 世纪 20 年代起，由于行为主义和格式塔心理学派的兴起，注意完全被排斥于实验心理学的研究之外。直到 50—60 年代，心理学家才对注意理论的研究又重新产生了浓厚的兴趣。这是由于科学技术在发展过程中提出了许多与注意有关的问题，需要心理学家给予解答，同时也由于认知心理学迅速发展，积累了许多实验资料，人们对注意这种心理现象有了更为深入的理解。

一、注意选择的过滤器模型

过滤器模型的基本思想是，注意受人的信息加工系统的结构的限制，某些特定类型的输入信息可以通过过滤器得到进一步的加工而得到识别，而其他的信息则不能通过。因此，过滤器模型一般要解决下列几个问题：信息加工系统中有多少个过滤器？过滤器处于信息加工系统的什么位置？过滤器以什么原则来选择信息？

（一）早期选择模型

英国心理学家布罗德本特（Donald Broadbent，1926—1993）最先提出注意的**过滤器模型**（filter model）。布罗德本特（Broadbent，1958）认为，信息加工受通道容量的限制。来自外界输入的信息是大量的，这些感觉信息将通过大量的平行的感觉通道进行加工。但人的高级认知加工能力是极有限的，于是在信息加工的某一阶段就出现了瓶颈。为了避免系统超载，就需要过滤器加以调节，选择一些信息进入高级分析阶段，通过过滤器的信息受到进一步的加工而被识别或存储，而其余的信息则迅速衰退。这种加工机制按"全或无"的方式进行，一个通道通过信息的同时就关闭其他通道。当环境需要的时候，过滤器又转换到另一个通道，使有关信息通过，同时阻断其他通道，不让信息通过。布罗德本特认为，过滤器位于语义分析（知觉）之前（图8-5a）。对输入信息的通过或拒绝完全是由刺激的物理属性决定的，不需要信息加工系统的高级分析阶段参与活动，即不需要已有知识经验对输入信息的作用。因此，该模型也称为单通道模型、早期选择模型。

布罗德本特的过滤器模型是基于**双耳分听**（dichotic listening）实验提出的。在他设计的一个双耳分听实验中，向被试的双耳同时呈现一定的刺激，例如：

右耳：8，5，2

左耳：1，7，6

呈现速度为每秒两个数字，要求被试以两种方式进行再现：（1）以耳为单位分

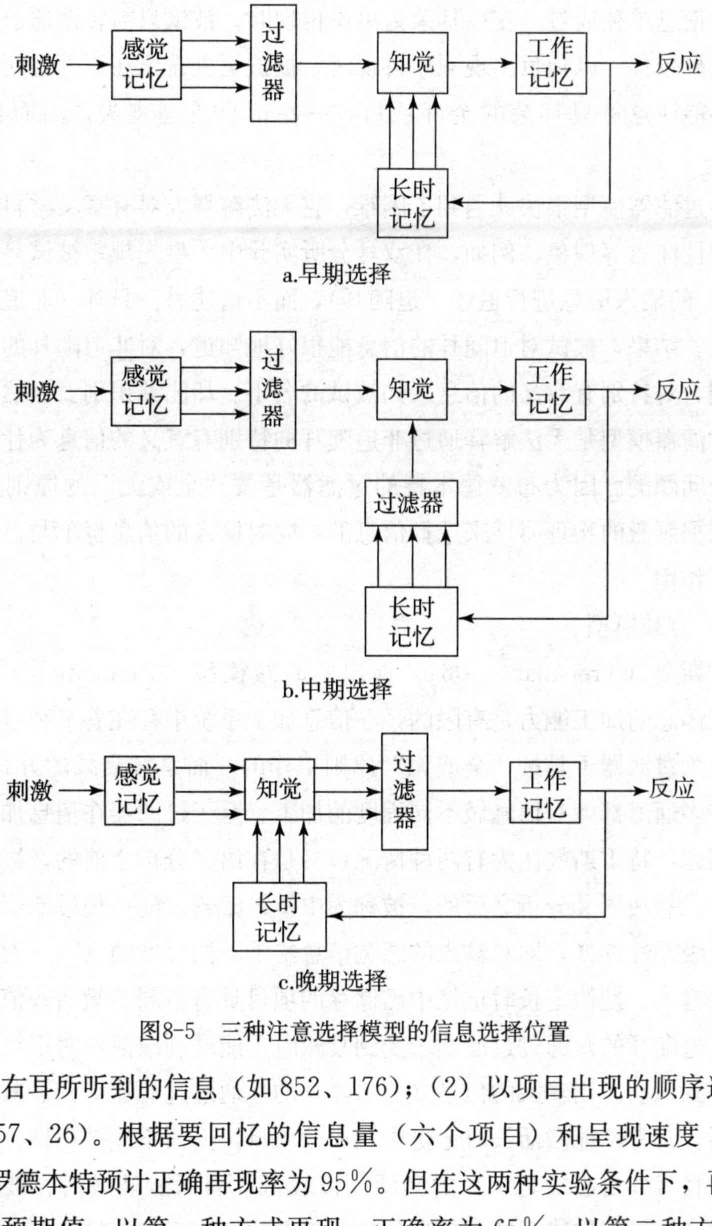

图8-5　三种注意选择模型的信息选择位置

别再现左右耳所听到的信息（如852、176）；（2）以项目出现的顺序进行再现（如81、57、26）。根据要回忆的信息量（六个项目）和呈现速度（每秒两个），布罗德本特预计正确再现率为95％。但在这两种实验条件下，再现正确率都低于预期值：以第一种方式再现，正确率为65％；以第二种方式再现，正确率仅为20％。如果事先不对被试规定再现方式，多数被试选用第一种方式。布罗德本特对实验结果的解释是，每只耳朵是一个通道，过滤器只允许一个通道的信息单独通过。在以耳朵为单位再现时，被试只需转换通道一次，因而再现效果较佳。以项目出现顺序再现时，被试至少需要在双耳之间做三次转换，而不能注意每只耳朵的全部项目，一些信息迅速丧失，因而再现效果较差。

这种过滤器模型很快就遇到了困难，它无法解释人对有意义材料的信息加工和分配性注意等现象。例如，在双耳分听实验中，事先规定被试只对一只耳（如左耳）的输入信息进行追述（追随耳），而不追述另一只耳（非追随耳）的输入信息。结果，被试对追随耳的信息能很好地知道，对非追随耳的信息常常不能识别，对特别有意义的信息（如被试的名字）却能够识别。显然，布罗德本特的过滤器模型是无法解释通过非追随耳的特别有意义的信息为什么能得到识别这个问题的。因为布罗德本特的过滤器是按“全或无”的原则进行工作的，是依据刺激的物理属性来选择信息的，同时输入的信息也不与已有的知识经验相互作用。

（二）衰减模型

特雷斯曼（Treisman，1964）提出的**衰减模型**（attenuation model）认为，有机体总的加工能力是有限的，在信息加工系统中存在着某种过滤器。但是，她认为过滤器不是按“全或无”原则工作的，而是按衰减的方式工作的，并认为许多通道都能对信息做不同程度的加工。至于过滤器在信息加工系统中的位置问题，特雷斯曼认为有两种情况：一是在语义分析之前的，被称为外周过滤器；二是在语义分析之后的，被称为中枢过滤器。前一种过滤器对刺激的特点进行级差性选择，即对输入的感觉信息给予不同程度的衰减，而不是完全阻断感觉输入。她假定长时记忆中已储存的项目具有不同的激活阈值。当输入的信息（追随耳的）通过过滤器未受到衰减时，能顺利激活长时记忆中有关的项目而得到识别。当输入的信息（非追随耳的）通过过滤器受到衰减时，由于强度减弱，常常不能激活长时记忆中相应的项目，因而不能被识别；但特别有意义的项目（如自己的名字）的激活阈值较低，因而能被激活、被识别。因此，选择注意不仅取决于感觉信息的特征，而且取决于中枢过滤器的作用。中枢过滤器在信息选择中起积极作用，它是根据在回答反应组织中起巨大作用的范畴、语义特征进行选择的。由于强调了中枢过滤器的作用，人们把这种模型称作中期选择模型（图8-5b）。

（三）晚期选择模型

晚期选择模型（late selective model）首先由多伊奇和多伊奇（Deutsch & Deutsch，1963）提出，后来由诺曼（Norman，1968）加以修订。该模型认为，所有的选择注意都发生在信息加工的晚期，过滤器位于知觉和工作记忆之间（图8-5c）。注意的选择以知觉的强度和意义为转移。事实上，该模型假定信息到达了长时记忆，并激活其中的项目，然后竞争工作记忆的加工。这个模型强调中枢控制过程，选择注意就是加工系统中这个控制的一部分。通过它，某些信息的编码被选择出来做进一步的系列加工。诺曼把这个机制称为**相关性**（pertinence），即对相关刺激做出反应。选择性注意就是这个控制机制用来使人集中加工特定信息的结果，是一种主动的过程。这个模型能很好解释注意分配现象，因为输入的所有信息都得到了加工，也能很好解释特别有意义的信息易引起人的注意，因为储存在长时记忆中的这些项目激活阈值很低。但是，这个模型看来是不经济的，因为它假设所有的输入信息都被中枢加工，这就不能很好地解释早期选择现象。

二、注意集中的可变焦距模型

当我们看一个视觉景象时，其中一部分极其清晰，其他部分则模糊不清。有研究者把视觉注意比拟为聚光灯，提出了**可变焦距模型**（zoom-lens model），认为注意聚光灯的光柱是可调节的（Eriksen & James，1986）。在一个实验中，向被试呈现五个字母组成的单词，要求被试或注视整个单词，或只注视中间的字母。与该模型预期相一致，当被试执行前一任务时注意范围较大，而在后一任务中注意范围较小（LaBerge，1983）。

但是，可变焦距模型不能解释奈塞尔和贝克伦（Neisser & Becklen，1975）的实验结果。在该项研究中，用两张不同的照片构成一幅图画作为刺激物，要求被试进行选择性注视。在这一实验中，刺激物包含两种不同的事件（图8-6）：a 为击手游戏照片，b 为三人传球照片，c 由 a、b 两张照片重叠而成。要求被试只注视图 c 中的一种动作，一旦注意到其中某种有意义的情节时，被试便通过按一个电钮指出自己在看哪样东西。结果表明，被试可以无困难地看出一种视觉情节，而极少注意到另一情节，要注视两种情节则是非常困难的。这个实验表明，视觉注意可被引导到特定的物体上，而不是像可变焦距模型所认为的特定区域。

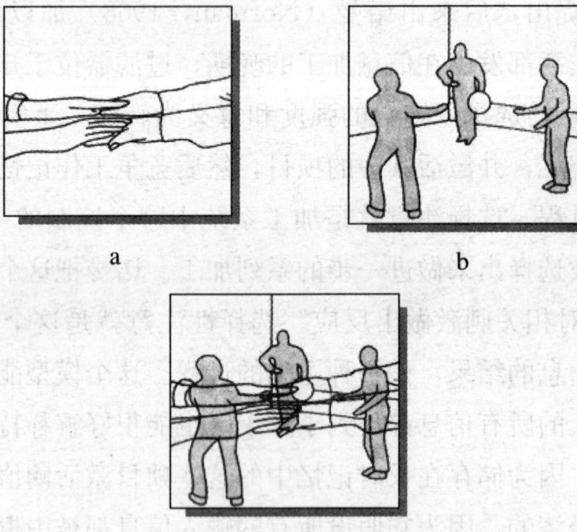

a　b

c

图8-6　视觉集中性注意实验所用照片

可变焦距模型的一个缺点是没有对视觉集中性注意的加工机制给出解释。特雷斯曼（Treisman，1980）试图用她的**特征整合理论**（feature integration theory）来弥补这一缺点。该理论假设物体由各种特征组成，如大小、形状和颜色。视觉的集中注意有两个阶段：在第一个阶段，加工是前注意的或自动的，我们对环境中的所有物体的特征进行快速登记；在第二个阶段，加工以一种缓慢、序列的方式操作，包括组合各种特征以形成物体，如把物体的各种特征——红色的、圆的、小的等“黏合”在一起，确定这是一个苹果。特雷斯曼还认为，第一阶段对个别特征的辨别只需很少的心理努力，而第二阶段将特征“黏合”在一起，使之成为完整的事物，则需要更多的努力和注意。特征整合理论得到错觉性结合研究的支持，但有人认为，该理论只考虑到了注意阶段的捆绑，忽略了前注意阶段捆绑，进而提出了捆绑双阶段理论，即特征捆绑分为前注意捆绑和注意捆绑两个阶段（Humphreys et al.，2000）。在第一阶段，客体整体特征先得到捆绑，从而对客体有一整体形象。在第二阶段，对客体细节特征进行捆绑，再结合第一阶段捆绑，便形成客体的具体完整的形象。该阶段捆绑需要注意参与，顶叶起关键作用。

三、资源限制模型

资源限制模型（resources limitation model）是由卡内曼（Kahneman，1973）提出的。他把注意看作心理资源，认为人的心理资源总量是有限的，注意的有限性不是过滤器作用的结果，而是受到了从事操作的有限心理资源的限制。注意的功能就是资源分配（因此该理论也称为资源分配理论）。如果一个任务没有用尽所有的资源，那么注意可以同时指向另外的任务。

后来，诺曼和博布罗（Norman & Bobrow，1975）通过对资源限制的区分，进一步明确了心理资源的概念。他们提出了“材料限制”和“资源限制”的划分。所谓材料限制，是指作业受到任务的低劣质量或不适宜的记忆信息的限制，因而即使分配较多的资源，也不能改善其作业水平。例如，在强噪声背景下觉察某一特定声音，如果该声音过弱，那么即使分配较多的资源，也是难以觉察的。而资源限制是指作业受到所分配资源的限制，一旦得到较多的资源，这种过程便能顺利进行。因此，两个同时进行的作业，若对资源的总需求量超过中枢能量，就会发生干扰。这时两个作业水平受互补原则决定，即一个作业应用的资源增加多少就会使另一个作业可得的资源减少多少（图8-7）。对

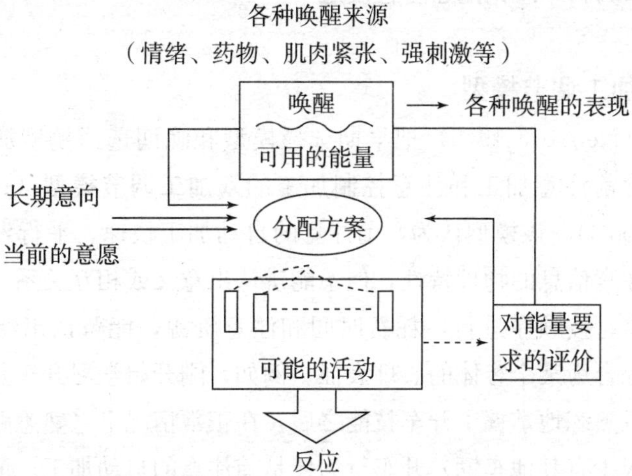

图8-7　资源限制模型图解

此，研究者在双耳分听实验中做出了证明（Johnson & Heinz，1979）。实验中，要求被试追随靶子词（不固定在某一只耳朵中出现），自变量为靶子词与非靶子词之间的感觉可辨度（高/低）和语义可辨度（高/低），因变量为被试对非靶子词的回忆情况。结果发现，不管语义可辨度的高低，非靶子词回忆的数量在低感觉可辨度的条件下多于在高感觉可辨度的条件下。其原因在于，在低感觉可辨度的条件下，非靶子词应用了较多的资源，进行了较深的加工。

人可以灵活地调节认知资源的分配，可以把有限的资源转移到重要的刺激上。资源限制模型强调了我们对注意的控制。该模型既可以用来描述几个刺激之间的资源分配，又可以描述几个任务间的资源分配，还可以解释某些特定的不需要有限注意资源的任务，这类任务包括一些似乎不需要注意的任务（如呼吸）和经过一段时间的训练后需要的注意日益减少的任务（如打字）。但是，人是根据什么原则来调控注意？何时调控注意？资源有限模型并没有解决这些问题。更严重地说，资源限制模型是不能被证伪的：按照资源分配理论，如果两个任务无法在任务作业水平不下降的情况下被同时执行，那么它们需要同一个资源；但如果没有观察到任务作业水平下降，那么它们不需要同一个有限资源。这样一来，似乎所有注意机制都是资源分配机制，没有哪种数据不能用这种理论来解释。可见，该理论并未达到可证伪的标准，而可证伪性一向被科学实验研究者奉为科学理论的必备性质之一。

四、双加工调节模型

奈塞尔（Neisser，1976）把早期选择模型和晚期选择模型加以综合，提出了一个包含前注意加工和注意控制加工的**双加工调节模型**（two-processes governing model）。该模型认为，前注意的自动加工快速、平行发生，这种加工能觉察非注意信息的物理特性，但不能辨认出意义或相互关系。注意的控制加工较晚发生，按顺序进行，耗费时间和注意资源，能辨认出特性之间的关系，把片段综合为某个客体的心理表征。例如，刚开始学习开车是注意的控制加工，而一旦熟练地掌握了开车技能之后，在正常情况下（熟悉路段，天气晴朗，没有或很少有其他车辆）开车行为便是前注意的自动加工。前注意的自动加工是无意识的，或者在很大程度上是在没有觉知的情况下进行的，几乎不消耗注意资源，也不需要有意努力。完全的自动加工与完全的控制加工之间是一个认知加工的连续体。新的、难度大的任务通常需要控制加工，而经常做的简单而熟悉的任务一般属于前注意的自动加工。表8-2列出了注意的控制加工和前注意的自动加工在觉知水平、注意投入、有意努力等方面的特点。

表8-2 注意的控制加工和前注意的自动加工

特点	注意的控制加工	前注意的自动加工
注意资源的投入	投入较多注意资源	不消耗注意资源
有意努力程度	需要有意努力	几乎不需要有意努力
觉知水平	觉知水平高，需要完全的觉知	意识水平低，通常不被觉知
加工速度	与自动加工相比相对费时	相对较快

双加工调节模型可以解释我们日常生活中的许多注意现象。后来，不少学者以此为基础，集中探讨注意的有意识控制层面，发现注意的控制加工受兴趣、期望、目标和定势等许多因素的影响。

总的说来，上述理论模型都有其合理和可取之处。但是，注意机制是十分复杂的。莫瑞（Moray，1969）曾指出，注意包括选择性、集中性、搜索、激活、定势和警觉六个方面。斯滕伯格（Sternberg，1997）则用警觉及信号检测、检索、选择性注意和分配性注意等术语来组织关于有意注意机能的研究资料和理论模型。当前的注意研究已不仅仅是认知心理学的实验，而是更加重视生态效度，而且由于脑科学技术的发展，研究者已迅速积累了注意的认知神经机制方面的大量资料。

【复习与思考】

1. 解释：注意，定向反应，选择性注意，集中性注意，分配性注意，不随意注意，随意注意，有意后注意，内源性注意，外源性注意，注意范围，注意稳定性，注意起伏，注意分散，注意分配，注意转移，过滤器模型，衰减模型，可变焦距模型，资源限制模型，双加工调节模型。

2. 概述注意的功能及神经机制。

3. 注意有哪些外部表现和生理指标？

4. 如何对注意进行分类？

5. 分析自己的注意特点。

6. 注意的品质特征受哪些因素的制约？

7. 阐述注意理论的基本要点。

【扩展阅读书目】

1. 王甦、汪安圣著：《认知心理学》，北京大学出版社 2006 年版。

2. 彭聃龄、张必隐著：《认知心理学》，浙江教育出版社 2004 年版。

3. 丁锦红等编著：《认知心理学》，中国人民大学出版社 2014 年版。

4. ［美］Robert Sternberg 著，杨炳钧等译：《认知心理学》，中国轻工业出版社 2011 年版。

5. ［美］Michael Gazzaniga、Richard Ivry、George Mangun 著，周晓林、高定国等译：《认知神经科学——关于心智的生物学》，中国轻工业出版社 2011 年版。

6. ［美］E. Bruce Goldstein 著，张明等译：《认知心理学——心智、研究与你的生活》，中国轻工业出版社 2015 年版。

第九章 感 觉

第一节 概 述

一、什么是感觉

感觉（sensation）是个体的感受器（如眼、耳等器官中的结构）接受刺激而产生感觉经验的过程。在日常生活中，外界的许多刺激作用于我们的各种感受器，经过加工在我们的头脑里就产生了各种各样的感觉，如看到某种颜色、边界、线段，听到某种音响，闻到某种气味，等等；同时，我们也能觉知到机体内部的刺激，如觉察到自身的姿势和运动，感受到内部器官的工作状况——舒适、疼痛等。

感觉和知觉总是协同加工的。当我们对感觉信息进行选择、组织和解释时，知觉也就产生了。在日常生活中没有纯粹的感觉，还因为它总是与个体的过去经验联系在一起。例如：当我们看到某种颜色时，我们就知道“这是白纸的白色”，“这是红旗的红色”；当我们用手接触某个物体时，就会识别出“这是又硬又冷的东西”，“这是一块玻璃”。这些回答都说明，感觉信息通过感受器传达到脑，知觉也就随之产生了。事实上，感觉与知觉之间是很难划界的。

感觉是一种最初级的经验，但是它在人的心理活动中起着十分重要的作用。只有通过感觉，我们才能分辨事物的个别属性，了解自身的运动、姿势以及内部器官的工作情况。感觉是我们认识客观世界的第一步，是我们关于世界一切知识的最初源泉。一切较高级、较复杂的心理现象，如知觉、思维、情绪、意志等，都是在感觉的基础上产生的。

二、感觉的种类

可以根据各种不同的标准，对感觉进行分类。根据感觉刺激是来自有机体外部还是内部，可把各种感觉分为外部感觉和内部感觉。**外部感觉**（external sensation）接受机体外的刺激，觉知外界事物的个别属性。属于外部感觉的有视觉、听觉、嗅觉、味觉、皮肤感觉。**内部感觉**（internal sensation）接受机体内的刺激，觉知身体的位置、运动和内脏器官的不同状态。属于内部感觉的有肌肉运动感觉、平衡感觉、内脏感觉等。

根据刺激能量的性质，可把感觉分为电磁能的、机械能的、化学能的和热能的四大类。视觉感受器对光波的电磁能发生反应，听觉感受器对声波的机械能发生反应，味觉和嗅觉感受器对化学能发生反应，皮肤上的感受器对触压的机械能和热能发生反应。

临床上把感觉分为四类：(1) 特殊感觉，包括视觉、听觉、味觉、嗅觉和前庭觉；(2) 体表感觉，包括触压觉、温觉、冷觉、痛觉；(3) 深部感觉，包括来自肌肉、肌腱、关节的感觉及深部痛觉和深部压觉；(4) 内脏感觉。

【专栏9-1】

虚拟现实

没有驾驶过飞机的人，不知道驾机飞行的感受；未当过宇航员的人，体会不到太空飞行中失重的滋味；若不是潜水员，也很难想象深沉的大海中那种神奇炫目的景观。虽然现实并不允许我们每个人都成为飞行员、宇航员或潜水员，但是依靠目前正在迅速发展的虚拟现实技术，能让我们每个人不必亲身实践，都有可能体验到那种逼真的感受。比如，美国好莱坞环球影视城里的“回到未来”，能让来自世界各地的游客亲身经历一回太空旅行的感受。当然，其中的太空是虚拟的，游客连游乐园都没有出，更谈不上星际旅行了。但是，游客所经历的感受是逼真的。这就是虚拟现实技术的强大力量所在。

虚拟现实（virtual reality）是20世纪90年代兴起的高新技术，又称灵境技术。这是一项综合集成技术，它以计算机技术为主，综合利用计算机三维图形技术、模拟技术、传感技术、人机界面技术、显示技术、伺服技术等，来生成一个逼真的三维视、听、触等感觉世界，使人作为参与者通过适当装置，自然地对虚拟世界进行体验和交互作用。虚拟现实主要有三方面的含义：第一，虚拟现实是借助于计算机生成逼真的“实体”，“实体”是对于人的感觉（视觉、听觉、触觉、嗅觉）而言的，可谓“真实的幻觉”；第二，用户可以通过人的自然技能与这个环境交互，自然技能是指人的头部转动、眼动、手势等动作；第三，虚拟现实往往要借助于一些三维设备和传感设备来完成交互操作。

正是由于虚拟现实技术的上述特性，它在许多不同领域的应用可以大大提高项目规划设计的质量，降低成本与风险，加快项目实施进度，加强各相关部门对于项目的认知、了解和管理，从而为用户带来巨大的经济效益。例如：波音公司完全使用虚拟现实技术设计波音777新型客机获得成功；加拿大政府使用虚拟现实技术进行多伦多市的城市规划与管理，并把它作为申办2008年奥运会的重要宣传资料。在某种程度上，虚拟现实系统其实就是通过计算机系统仿真的数字化沙盘，但比传统沙盘和模型功能更多、性能更强、应用更广，目前在军事、航天、建筑设计、旅游、医疗和文化娱乐及教育方面的应用正在全面展开。

三、感觉信息的神经加工机制

感觉信息的神经加工包括三个主要环节：对感受器的刺激过程；传入神经的活动；中枢神经系统特别是大脑皮质的活动，从而产生感觉经验。

（一）对感受器的刺激过程

感觉信息加工的第一个环节是对感受器的刺激过程。机体的感受器也是过滤器，它们只对某种类型的刺激产生反应，而对其他种类的刺激不产生反应。例如，眼睛对光波敏感，对声波不起反应，而耳朵则相反。对某一感受器来说，感受敏感的那种能量刺激，叫适宜刺激。由刺激引起感受器产生相应变化的整个过程，叫刺激过程。刺激过程的实质是感受器把刺激的能量（机械的、物理的、化学的等）转化为神经冲动的过程。不同类型的刺激能量，如光的、声的和机械的，由不同的感受器转化为神经冲动，并反映刺激的不同性质和强度。

但是，感受器并不是消极的受纳器。在感觉信息加工过程中，感觉器官不断进行探索，并依据先行的感觉效应对感受器进行反馈调节，这样才使我们获得清晰准确的感觉经验。如果感觉器官不进行探索活动或被限制进行探索活动，感觉的信息加工就会终止。在一个实验中，把一个微型投影器固定在被试的眼球角膜上，使视像随着眼球的转动而转动（图9-1）。这样，无论眼球如何转动，视像始终固定在一定点上。不可思议的是，经过几秒钟，被试就完全看不见这个投影了。可辨认的碎片或完整的图像一点一点地消失了，一会儿再出现，然后又消失（Cornsweet，1970）。为什么平常当我们目不转睛地凝视一个物体时，它不会从我们的视线中消失呢？这是因为我们的眼睛始终处在不为人觉察的颤动中，这足以保证视网膜上刺激的持续变化。这说明，感觉器官的主动探索活动是感觉信息加工的必要条件之一。

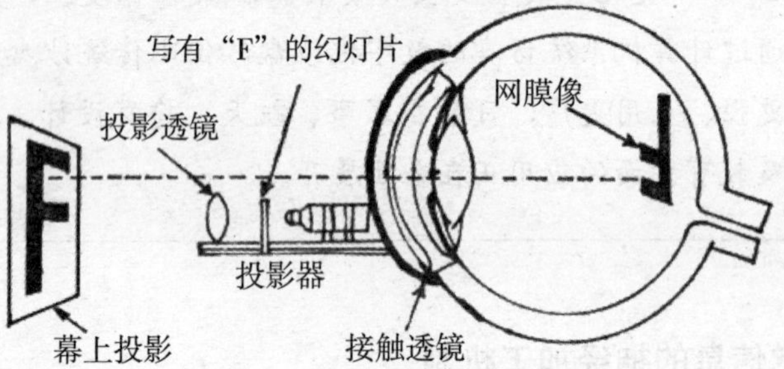

图9-1　视像固定仪装置示意

（二）**传入神经的活动**

感觉信息加工的第二个环节是传入神经的活动，它把神经冲动传递到中枢。体内外的信息在传入神经通路中是以单个神经元或一群神经元的电位形式呈现的。神经细胞的电事件以某种方式代表或表示作用于机体身上的刺激，这一过程称为编码。编码包含着把一种形式的信息转变为另一种形式的一套法则。感觉信息可用几种方式的“全或无”的动作电位来编码。例如，以冲动发放的频率、节奏（如每隔一秒一次或两次），冲动的串长等来编码。刺激的强度在神经通路中是由一个或多个神经细胞中的冲动发放频率来表示的。不同类型的刺激由不同的感觉道进行信息加工。由于神经冲动在多个神经元之间的传递主要是借助于神经介质而进行的，因此，在传入通路中感觉信息的加工既有电编码，也有化学编码。

由于微电极技术的应用，在研究神经系统的感觉信息加工时，现代神经生理学家经常采用呈现某种刺激，同时记录感觉通路及大脑皮质各水平上单个神经元的放电的方法，试图确定引起某些类型神经细胞的最高放电频率的刺激形式。其目的是想画出引起单个神经细胞充分反应的刺激区域和特征，这个区域就称为该细胞的**感受野**（receptive field）。例如，在记录网膜中一个节神经细胞放电时，最先我们在示波器上看到的是细胞的自发电活动。当光或暗刺激呈现于视野的不同部分时，细胞放电频率或增加，或减少。如果一个刺激呈现在一个地点不能改变该细胞的放电频率，说明这个刺激在该细胞的感受野之外。移动刺激的位置引起了该细胞放电频率的改变，说明这个刺激已进入该细胞的感受野。如图9-2所示，视网膜神经节细胞的感受野有两种形式不同的同心圆（Frisby，1980）：一种是中心反应光，周围反应暗（即 on-center，off-surround，图9-2a）；另一种是中心反应暗，周围反应光（即 off-center，on-surround，图9-2b、c）。此外，还有一种只对中心及大半边缘亮和小半边缘暗有最大反应（图9-2e）。其他感觉系统中的神经细胞也有感受野。例如，躯体感觉系统中的一些神经细胞只对身体表面一定部位的刺激产生反应。至于大脑皮质（如视皮质）中细胞的感受野，就更为复杂了。

（三）大脑皮质的活动

感觉信息加工的最后环节是大脑皮质的活动，从而产生感觉。从感受器经脑的各部最后到达大脑皮质是由一系列神经元连接起来的。感觉信息在到达大脑皮质之前都要经过皮质下中枢的各个中继核。中继核不是一个简单的接力站，它们都有进一步加工信息的作用。感觉传导系统中较低水平上的简单信息加工为复杂的皮质水平上的信息加工准备好适当的输入。最后，皮质的感觉代表区接受丘脑传来的信息，将信息再输送至联络区进行更高级的加工，这样就产生了感觉经验。

关于皮质的感觉信息加工的见解，近年来有了明显的改变。不少研究发

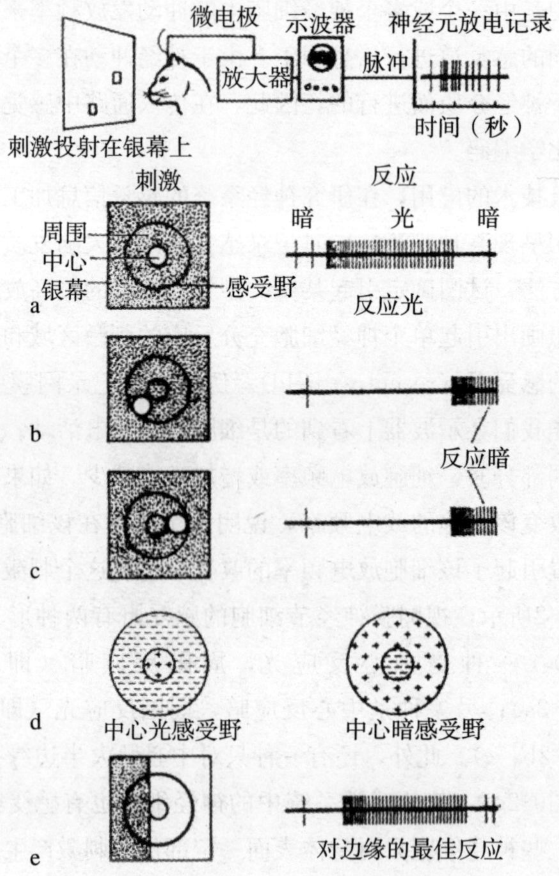

图9-2　猫视网膜神经节细胞的感受野

现，每一感觉系统都有几个皮质代表区，并有空间位置的代表点（但不一定与面积大小相关）。现代神经心理学的研究发现：枭猴（一种新大陆猴）的大脑皮质至少有六个视觉区，每一个都是视网膜的一个地域图式的代表区，体表感觉的皮质代表区至少有七个。研究还发现，皮质上的每一个感觉区都接受丘脑的一个或多个部位传来的冲动。丘脑的某些部分投射到一个皮质区，另一部分则投射到其他几个皮质区。不仅皮质与丘脑之间有往返的信息交流，不同感觉区之间有复杂的纤维相互联系，而且不同感觉区之间也有相当多的重叠。目前这方面的研究正在深入进行。

虽然感觉是在脑中发生的，但我们意识不到感觉是发生在脑中的，相反，我们感觉到的是在外部世界或身体表面发生刺激的地方，甚至刺激大脑皮质所引起的感觉也是如此。感觉的这种投射现象是习惯和过去经验作用的结果。

第二节 感觉的基本规律

一、感觉阈限

我们生活在能量的世界中。此时此刻，你和我正在受到 X 射线和无线电波、紫外线和红外线、高频声波和低频声波的作用。对上述所有这些事件而言，我们是既盲又聋的。其他动物对世界的觉察不同于人类的经验。鸟利用它们的磁性指南针。蝙蝠和海豚用声呐获取食物。在一个多云的天气里，蜜蜂通过探测来自我们看不见的太阳的偏振光而飞行。可以说，到目前为止，我们对于这个辽阔的能量世界的认识还是非常有限的。**心理物理学**（psychophysics）是关于物理能量与心理体验之间关系的研究，感觉敏感性则是心理物理学最早研究的课题。**感觉阈限**（sensory threshold）是指在刺激情境下感觉经验产生与否的界限。我们可以觉察到什么刺激？刺激有多强才能被我们觉察到？我们对变化的刺激有多敏感？

（一）绝对阈限

并不是任何强度的刺激都能引起我们的感觉。一般来说，过弱的刺激，如落在皮肤上的尘埃，我们是觉察不到的。那种刚刚能觉察到的最小物理刺激量称为**绝对阈限**（absolute threshold）。

绝对阈限并不是单一的刺激值，而是统计学上的一个概念。阈限是一个逐渐过渡的强度范围。测量绝对阈限时，随着刺激量逐渐增加，被试对刺激从完全觉察不到，到有时能觉察到有时不能觉察到，再到完全能觉察到。心理学家通常把有 50%的次数被觉察到的那个刺激值规定为绝对阈限。如图9-3所示，随着刺激量的增加，被试报告觉察到刺激次数的百分数随之增加。这种曲线叫**心理测量函数**（psychometric function），它表明心理量（感觉经验）与物理量（刺激的物理强度）之间的关系。因此，在我们对一个特定刺激有感觉和无感觉之间显然是不存在着一个特殊的值起作用的。

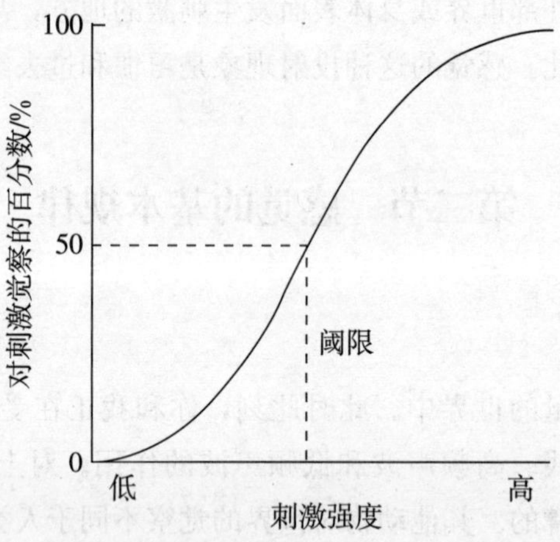

图9-3 刺激强度与觉察概率之间的典型关系

在一定条件下，人的感觉阈限是很低的。例如：在晴朗的夜晚，人可以看见50公里远的一支烛光；在非常寂静的环境中，人可以听见6米远的手表秒针转动的声音。当然，不同个体或不同的感觉通道，其绝对阈限也存在相当大的差异。即便是同一个体，绝对阈限也会因机体状况和动机水平的不同而有所差异。

低于绝对阈限的刺激，虽然我们感觉不到，却能引起一定的生理效应。近来的研究表明，察觉不到的短暂呈现的刺激能够引起唤起情绪的微弱反应。因此，有意识的感觉阈限并不完全等同于生理上的刺激阈限。一般来说，生理上的刺激阈限要低于意识到的感觉阈限。因为一个人说出“我觉察到它”之前，一定的生理过程已经发生了。

（二）**差别阈限**

在已有感觉的基础上增加或减少刺激量，并不都能被我们觉察出来。例如，在100克的质量基础上再增加或减少1克，我们一般觉察不出质量的变化，一定要增加或减少2克或更多，才能觉察出前后两种质量的差别。为了引起一个差别感觉，刺激的增量和原刺激量必须达到一定的数量。刚刚能觉察出两个刺激的最小差异量称为**差别阈限**（difference threshold）或**最小可觉差**（just noticeable difference）。

在心理物理学研究上，最小可觉差是最早被研究的问题之一。1834年，德国生理学家韦伯（Ernst Heinrich Weber，1795—1878）在研究感觉的差别阈限时发现，如果以 R（源自德文 reiz）表示原初的刺激强度，以 ΔR 表示刚刚觉察出有差别感觉的刺激差异量，那么在一定范围内，ΔR 随原初刺激强度的变化而有所不同，但其相对值是一个相对的常数，用数学公式表示即为：

$$\Delta R/R=K$$

这种定比关系即为**韦伯定律**（Weber's law），即当 R 的大小不同时，ΔR（最小可觉差的物理量）的大小也不同，但 $\Delta R/R$ 则是一个常数。这一常数称为**韦伯常数**（Weber's constant）。例如：原初声音强度是 100 分贝，其差别阈限是 10 分贝，那么至少是 110 分贝的声音强度才被我们觉察出比原先稍强一些；如果是 150 分贝的强度，那么至少是 165 分贝才被我们觉察出比原先稍强一些；如果是 200 分贝，至少是 220 分贝才被我们觉察出比原先稍强一些。可见，在这里，10/100＝15/150＝20/200＝0.1。这一韦伯常数表明，必须在原初声音强度的基础上再增加 10%，才能觉察出比原初声音强度稍强一些。

不同感觉系统的韦伯常数相差很大。要使一般人觉察到刺激差别，两束光的强度差要达到 8%，两个物体的质量差要达到 2%，而两个音调的频率只需要有 0.3%的差异（Teghtsoonian，1971）。表9-1是在中等强度刺激的条件下不同感觉系统的韦伯常数。韦伯常数越小，则差别感觉越灵敏。各种感觉系统的韦伯常数在中等强度刺激范围内是有效的，但在极端条件（刺激过强或过弱）下会失效。

表9-1　不同感觉系统的韦伯常数（中等强度范围）

感觉系统	韦伯分数
视觉（亮度、白光）	1/60
动觉（提重）	1/50
痛觉（皮肤上灼热引起）	1/30
听觉（中等音高和响度的音）	1/10
压觉（皮肤压觉）	1/7
嗅觉（橡胶气味）	1/4
味觉（咸味）	1/3

韦伯定律发表之后不久，德国另一位物理学家费希纳（Gustav Theodor Fechner，1801—1887）在1860年对韦伯定律做了修正。费希纳确定了接近绝对阈限时韦伯常数所发生的变化，并假设一个最小可觉差为一个感觉单位，进而在韦伯定律的基础上推导出**费希纳定律**（Fechner's law）：

$$S=K\log R+C$$

这里，S 是感觉强度，R 是刺激强度，K 和 C 均是常数。该公式说明，刺激强度按几何级数增加，而感觉强度只按算术级数增加。和韦伯定律一样，费希纳定律也只是一个近似值，仅适用于中等刺激强度范围。

【专栏9-2】

阈下说服

1957年，市场研究者詹姆斯·维卡里（James Vicary）发表了一项研究报告，声称通过向观众反复呈现“喝可口可乐”和“吃爆米花”的阈下信息，影院6周内爆米花及可口可乐的销量分别增长了58%和18%。“阈下说服”一词从此正式进入了人们的视野，并引发了一场漫长的争论。尽管几年后维卡里的研究结果被证实是伪造的，但时至今日，阈下说服依旧为人所津津乐道。

阈下说服（subliminal persuasion）是指通过阈下刺激或者信息的呈现，试图引导个体采用某种观点、态度或者行为的过程。据调查，74.3%的美国人都曾听说过阈下说服，并且这些人中有72.2%的人相信阈下说服的作用（Rogers & Smith，1993）。人们认为：广告客户通过在饼干上印不易察觉的与性有关的文字和在酒类广告中嵌入色情图片的方式来操纵消费者；摇滚唱片包含“邪恶的信息”，如果倒着播放唱片，就可以听到这些信息，甚至当唱片正常播放时也可以使不知情的听者无意识地被说服。为了渗透我们的无意识，企业家提供磁带来帮助我们减肥、戒烟或改进我们的记忆。这些磁带包含温柔的海浪声掩盖下的信息，如“我很瘦”，“烟味不好闻”，或者“我在测验中做得不错，我能回忆所有信息”。这些说法表明两个假设：其一，我们可以有不知不觉的**阈下感觉**（subliminal sensation）；其二，在无意识的状态下，这些阈下刺激具有特别的暗示作用。

我们会受到微弱得几乎注意不到的刺激的影响吗？一些实验暗示，在某种条件下答案可能是肯定的。在一个实验中，被试观看人物幻灯片前，研究者安排在其阈下水平上很快地闪现正性情绪场面（如小动物或浪漫的情侣）或负性情绪场面（如狼人或尸体）（Krosnick et al.，1992）。尽管被试有意识察觉到的只是一道光，但是他们对紧随正性情绪场面的人物相片的评价要更好。另有研究表明，不熟悉的汉字如果出现在阈下水平的笑脸之前似乎比出现在阈下水平的闷闷不乐的脸之前要好些（Murphy & Zajonc，1993）。还有，研究生在不知不觉地感觉到导师闷闷不乐的表情后对自己研究设想的评价会比较消极，好像导师的不赞成态度已潜伏在研究生的无意识中（Baldwin et al.，1990）。

但是，广告真的能够用“隐藏的说服”来操纵我们吗？大多数在这方面有研究的心理学家否定了这种说法。他们的结论与天文学家评论占星家类似：是的，他们是对的，恒星和行星在那里，但是天体并没有直接影响我们。实验表明，录有阈下广告词的磁带的效果与安慰剂的作用相当(Pratkanis et al.，1994；Smith & Rogers，1994)。加拿大广播公司曾在一个很受欢迎的电视节目中闪现一个阈下信息 352 次。在对信息内容的竞猜中，将近五百个回答者中没有人能猜出这个信息的内容，却有将近一半的回答者报告他们在节目进行中感到强烈的饥饿或口渴。但这仅仅是期望的作用，实际的信息内容是马上打电话。这个出现 352 次的阈下信息对加拿大电话使用有影响吗？没有。考虑到所有的证据，可以认为，采取阈下措施给销售者带来的价值非常小或根本没有。

阈下说服似乎已经成了心理学界少有的不显著的结果比显著的结果更具价值和信度的领域。即使研究得到了某些支持性的结果，也往往被研究者自己轻易地忽视了（Trappey，1996）。导致争议的主要原因，在于觉知、阈下语义激活、动机、习惯等诸多方面（陈真真等，2012）。目前，仍有不少研究者呼吁不应该忽视或者放弃阈下说服的可能性，尽管这种影响与行为之间的对应关系可能比人们期望的要少很多。

二、感觉适应

“入芝兰之室，久而不觉其香；入鲍鱼之肆，久而不闻其臭。”刚走进花园，你会闻到一股花香味，但过了几分钟，就闻不到了。这种现象就是感觉适应。由于刺激对感受器的持续作用从而使感受性发生变化的现象，叫**感觉适应**（sensory adaptation）。这是在同一感受器中，长时间的刺激作用导致感受性发生变化的现象。感觉适应既可引起感受性的提高，也可引起感受性的降低。

所有感觉都存在适应现象，但适应的表现方式和速度不尽相同。视觉的适应可分为暗适应和明适应。在夜晚由明亮的室内走到室外时，开始时我们的眼前一片漆黑，什么也看不清楚，隔了一段时间后，眼睛就能分辨出黑暗中物体的轮廓了。这种现象叫**暗适应**（dark adaptation）。相反，由漆黑的室外走进明亮的室内时，开初感到耀眼发眩，什么都看不清楚，只要稍过几秒钟，就能清楚地看到室内物体了。这种现象叫**明适应**（light adaptation）。视觉适应是环境刺激由强（或弱）向弱（或强）过渡时，由于一系列相同的弱（或强）光刺激的持续作用，导致对后续的弱（或强）光刺激感受性的不断提高（降低）。现代神经生理学的研究表明，暗适应产生的原因是由于视网膜的视杆细胞的视紫红质被分解，在突然进入暗处时尚未恢复，所以人不能立即看清物体。进入暗处后需要等待一段时间来恢复，即视紫红质的合成增多，含量逐渐增加，对弱光刺激的感受性逐渐提高，这样人就能逐渐看清物体了。反之，明适应是由于感光物质被大量分解，人对强光刺激的感受性很高。此时神经细胞受到过强的刺激，因而人感到眼前一片光亮，甚至产生疼痛，睁不开眼，同样看不清物体。几秒钟后，感光物质被分解掉一部分后，人对强光的感受性就迅速降低，从而能看清物体了。在视觉适应过程中，除视网膜的感光细胞发生变化外，还有中枢机制参与。

与视觉适应相比，听觉适应就不那么明显。在听觉适应问题上一般存在两种观点。一种观点认为：一般的声音作用之后，听觉感受性有短暂的降低；听觉适应具有选择性，即一定频率的声音的持续作用，只降低对该频率声音（包括邻近频率的声音）的感受性，而不降低对其他频率声音的感受性。另一种观点认为：即使是一个普通强度的声音的持续作用，也不存在听觉适应现象。但是，如果用较强的声音刺激，如工厂机器的噪声，持续作用于人的双耳，则确实会引起听觉感受性降低的适应现象，甚至会丧失听觉感受性。

嗅觉的适应速度因刺激性质的不同而有所不同。一般的气味 1～2 分钟后即可适应，而强烈的气味则要经过 10 多分钟。特别强烈的气味，如引起痛觉的气味，则令人厌恶，难以适应甚至完全不能适应。与听觉适应一样，嗅觉适应也具有选择性，即对某种气味适应后，并不影响其他气味的感受性。味觉适应较慢。长时间接受辣味刺激，导致对辣味的感受性降低，以至后来吃辣的食物时感到不是很辣；厨师由于连续地品尝咸味，到后来做出来的菜越来越咸。这些都是味觉的适应现象。

触压觉的适应较明显。例如，我们平时几乎觉察不到身上的衣服对自己皮肤的接触和压力，经常看到有些人帽子戴在自己的头上却到处寻找他的帽子。实验表明，只要经过 3 秒，触压觉的感受性就下降到原始值的 25%左右。温度觉的适应甚为明显。例如，用冷水洗澡时，开始觉得水是冷的，经过几分钟后，就不再觉得水冷了。用手触摸热水，开初觉得水很热，慢慢地就不觉得热了。但要注意的是，对于特别冷或特别热的刺激，则很难适应甚至完全不能适应。痛觉的适应是很难发生的。例如，只要用针稍微扎一下，你马上就会感到痛。正是痛觉适应的这一特点，它才成为伤害性刺激的信号而具有保护作用。

感觉适应能力是有机体在长期进化过程中形成的。适应机制有助于我们精确地感知外界的事物，从而调整自己的行为。外界环境的变化幅度十分巨大。例如，在夜晚的星光下和白天的阳光下，亮度相差达百万倍，如果没有适应能力，人就不能在变动着的环境中精细地分析外界事物，以做出较准确的反应。

三、感觉后效

对感受器的刺激作用停止以后，感觉印象并不立即消失，仍能保留短暂的时间。这种在刺激作用停止后暂时保留的感觉现象称为**感觉后效**（sensory aftereffect）。感觉后效在视觉中表现尤其明显，称为**后像**（after-image）。

视觉后像有两种：正后像和负后像。请你先看一下强光刺激物一两分钟，然后把眼睛闭上，这时你会看见眼前有一个与强光刺激差不多亮的像。因为后像和强光刺激一样，都是亮的，即品质相同，所以叫**正后像**（positive after-image）。正后像出现以后，如果此时把眼睛转向白色的墙壁，就会看到一个比墙壁还要暗的像，因为后像和强光刺激在品质上是相反的，所以叫**负后像**（negative after-image）。彩色视觉也有后像，不过正后像很少，一般都是负后像。彩色的负后像在颜色上与原颜色互补，而在明度上则与原颜色相反。例如，注视一个红色菱形几分钟后，再看一白色背景时，在白色的背景上就会看到一蓝绿色菱形，这就是颜色视觉的负后像。

在视觉中，如果让断续的刺激达到一定的频率，则后像可以使这些断续的刺激引起连续的感觉。刚刚能引起连续感觉的最小频率，叫**临界闪光融合频率**（critical flicker fusion frequency）。这时产生的心理效应就是**闪光融合**（flicker fusion）现象。例如，使用交流电的日光灯，如果每秒钟闪动100次，我们看到的就不再是断续的闪光而是融合的不闪动或连续的光。在中等光强度下，视觉后像能保留大约0.1秒。因此，如果一个闪烁的光源每秒钟闪动超过10次，就会产生闪光融合现象。但是，临界闪光融合频率还要受许多因素的影响。例如，光的强度、波长、光落入视网膜的位置以及机体的身心状态等都会影响临界闪光融合频率。

四、感觉对比

对某种刺激的感受性不仅决定于该刺激的性质，同一感受器接受的其他刺激也会对这一刺激的感受性产生影响。不同的刺激作用于同一感受器而导致感受性发生变化的现象称为**感觉对比**（sensory contrast）。感觉对比分两类：同时对比和先后对比。

几个刺激物同时作用于同一感受器产生的对比现象称为**同时对比**（simultaneous contrast）。这在视觉中表现得很明显。视觉对比可分为无彩色对比和彩色对比。无彩色对比的结果是引起明度感觉的变化。例如，同样两个灰色小方块，一个放在白色背景上，一个放在黑色背景上。结果，白色背景上的小方块看起来比黑色背景上的小方块要暗得多，同时在相互连接的边界附近，对比特别明显。彩色对比的结果是引起颜色感觉的变化，而且是向着背景色的补色方向变化。例如，两个绿色正方形，一个放在蓝色背景上，一个放在黄色背景上。结果，黄色背景上的正方形略带蓝色，蓝色背景上的正方形略带黄色，同时在两色的交界附近，对比也特别明显。

刺激物先后作用于同一感受器产生的对比现象称为**先后对比**（successive contrast）。例如：吃梨会觉得梨很甜，但吃了糖之后接着吃梨，会觉得梨很酸；喝了苦药后接着喝口白开水，会觉得白开水有点儿甜味；凝视红色物体之后再看白色的东西，会觉得白色的东西有点儿青绿色。

第三节 视 觉

一、视觉的物理刺激

宇宙间充满着各种电磁波。从波长小于几个微微米的宇宙射线，到波长达上千米的无线电波都属于电磁波的范围。在这些波长的范围内，只有很小一部分才能产生视觉。**视觉**（vision）的适宜刺激是波长 380～780 纳米的电磁振荡，即**可见光谱**（visible spectrum）（图9-4）。

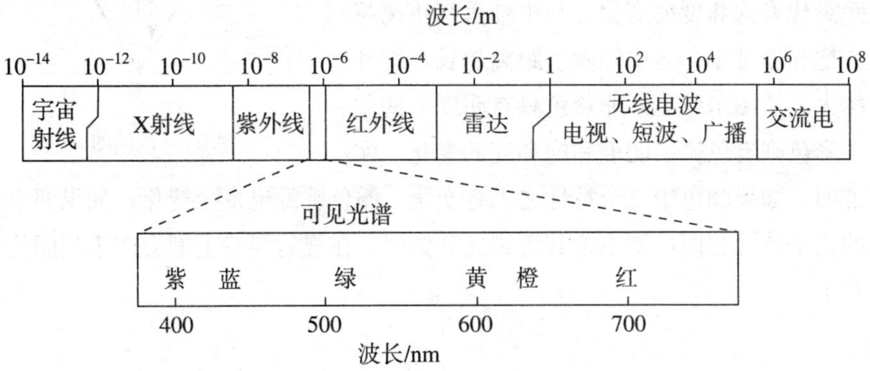

图9-4 电磁波与可见光谱

可见光谱具有三维特点：波长、强度和纯度。这些特征与我们视觉经验的色调、明度、饱和度有密切关系。不同波长的光引起不同的**色调**（hue）感觉：700 纳米为红色，580 纳米为黄色，510 纳米为绿色，420 纳米为紫色。光的强度可用照在平面上的光的总量来测量，这叫照度。光的物理强度引起的视觉经验是**明度**（brightness）。通常一个强烈的光看上去会比一个较弱的光明亮。但由于某些原因，这种光的物理强度与主观感觉的明度之间的关系并不总是一样的。纯度是指光的成分的纯杂性，它引起的色觉反应是**饱和度**（saturation)。例如，紫红色、粉红色、墨绿色、浅绿色都是饱和度较小的彩色，而真红色和鲜绿色则是饱和度较大的彩色。饱和度取决于光线中优势波长所占的比例。决定色调的优势波长所占比例越大，该色调的饱和度就越大，反之就越小。

也可以把光刺激分为两大类：彩色和非彩色。非彩色，包括白色、黑色和各种不同程度的灰色；彩色，指除白、灰、黑以外的一切颜色。为了便于理解光刺激引起视觉经验中色调、明度和饱和度的相互关系，可以用色轴图加以说明。图9-5中垂直中轴代表白、灰、黑系列的明度化：顶端是白色，底端是黑色，中心是中灰色。绕中轴四周的是不同的色调：红、橙、黄、绿、蓝、紫等。四周与中轴的垂直距离代表饱和度的变化：与中轴垂直距离越短，饱和度越小；与中轴垂直距离越长，饱和度越大。从图示可见，非彩色只有明度上的差异，彩色则有色调、明度和饱和度的变化。实验证明：如果颜色中三个特性之一有变化，颜色感觉也发生变化；如果两个颜色的三个特性相同，则不论其组成成分如何，在视觉经验上都会产生相同的颜色感觉。

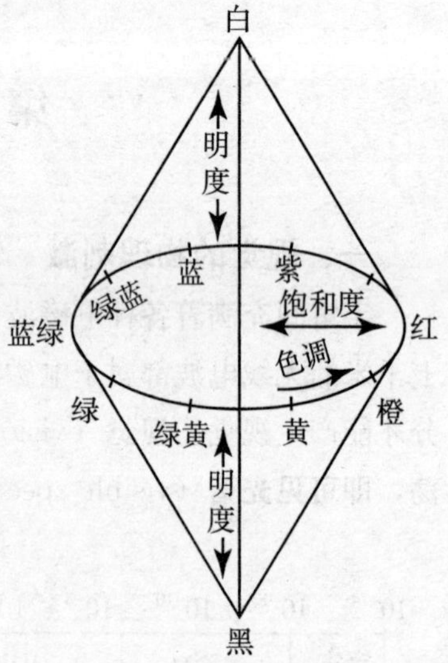

图9-5　色轴图

二、视觉的生理机制

光刺激引起视觉的过程，首先是光线透过眼的折光系统到达视网膜，并在视网膜中形成物像，同时兴奋视网膜的感光细胞，然后冲动沿视神经传导到大脑皮质的视觉中枢，从而产生视觉。视觉过程的生理机制包括折光机制、感光机制、传导机制和中枢机制。

（一）折光机制和感光机制

眼睛是我们的视觉器官，其构造颇似照相机，具有较完善的光学系统及各种使眼球转动并调节光学装置的肌肉组织。眼球由眼球壁和折光系统两部分组成。图9-6是人类眼球的剖面图。眼睛的折光系统由角膜、房水、晶状体和玻璃体组成，它们具有透光和折光作用。当眼睛注视外物时，由物体发出的光线通过上述折光装置使物像聚焦在视网膜的中央凹，形成清晰的物像。眼的折光系统与凸透镜相似，在视网膜上形成的物像是倒置的、左右换位的。由于大脑皮质的调节和习惯的形成，我们仍把外物感知为正立的。

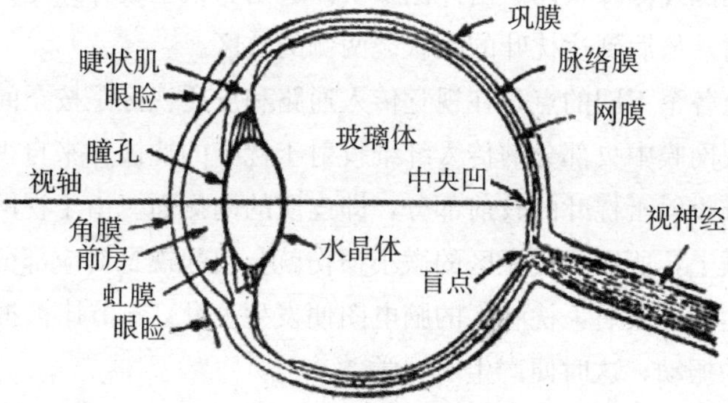

图9-6　人眼的构造

视网膜是眼睛最重要的部分，由感光细胞（视杆细胞和视锥细胞）、双极细胞和神经节细胞形成三层。感光细胞组成视网膜的最外层，离光源最远。光线到达感光细胞前，必须通过视网膜的所有各层。视杆细胞约一亿二千万个，主要分布在视网膜的周围部分；视锥细胞约七百万个，主要分布在视网膜中央部分。特别是中央凹，全是视锥细胞。视神经穿出眼球的地方没有感光细胞，叫盲点。由于视杆细胞和视锥细胞结构不同，它们的机能也不同。视杆细胞对弱光很敏感，但不能感受颜色和物体的细节；视锥细胞则专门感受强光和颜色刺激，能分辨物体颜色和细节，但在暗光时不起作用。视杆细胞含有视紫红质的感光物质。视紫红质在弱光作用下，分解为视黄醛和视蛋白，并使视杆细胞去极化，产生神经冲动，把信息传向大脑，产生暗视觉。视锥细胞中的感光色素叫视紫兰质，能感受强光。有三类视锥细胞分别含有感红色素、感绿色素和感蓝色素，它们各自对红、绿、蓝光最为敏感。

（二）传导机制和中枢机制

视觉传导通路有三级神经元。视网膜的感光细胞接受刺激后，将冲动传至双极细胞（第一级神经元），再传至视网膜的神经节细胞（第二级神经元）。神经节细胞的轴突集合成视神经，入颅腔后延续为视交叉。在视交叉处，来自两眼的视神经纤维，每侧有一半交叉至对侧，余者不交叉。其结构是，凡来自两鼻侧视网膜的纤维（即接受颞侧光刺激的部分）均交叉至对侧，并上行至对侧外侧膝状体，而来自两颞侧视网膜的纤维（即接受鼻侧光刺激的部分）则不交叉，上行至同侧外侧膝状体。由外侧膝状体起始为第三级神经元，其细胞的轴突组成视放射，最后到达枕叶的距状裂两侧的纹区。

视网膜上各个不同的点，在视觉传入通路和皮质视区是按空间对应原则投射的。来自视网膜中央部分的传入纤维投射于枕叶的枕极，来自视网膜周围部分的传入纤维投射于枕叶的较前部分，即皮质的内侧面。由于视网膜是点对点地投射在皮质上，所以皮质视区的微小损伤就会引起视野对应部分的盲。当视网膜的兴奋达到皮质后，枕叶区的脑电图便发生变化，α节律被抑制，产生带有断续频率的振动，这时便产生了视觉。

在视觉过程中各级视觉中枢还有传出性的神经支配，对视觉器官进行反馈性调节，如瞳孔的变化、眼朝光源方向转动、水晶体曲度的改变等，以保证在视网膜上形成清晰的物像。

三、视觉感受性

（一）对光强度的感受性

在适当的条件下，视觉对光的强度具有极高的感受性，其感觉阈限是很低的。人眼能对 2～7 个光能量子起反应。视觉对光的强度的差别阈限在中等强度时接近 1/60。但在光刺激极弱时，比值可达 1，光刺激极强时，比值可缩小到 1/167。

视觉对光强度的感受性与眼的机能状态、光波的波长、刺激落在网膜上的位置等因素有关。眼睛对暗适应越久，对光的反应越敏感。波长 500 纳米左右的光比其他波长的光更容易被觉察到。光刺激离中央凹 8°～12°时，视觉有最高的感受性；刺激盲点时，对光完全没有感受性。

（二）对光波长的感受性

视觉对光波长的感受性不同于对光强度的感受性。一般来说，看见哪里有光总比说出光的颜色要容易些。在任何一种确定的波长中都有这样一段强度区域，在这一区域中，人眼只能看出光亮，却看不出颜色。

视网膜的不同部位对色调的感受性是不同的。视网膜中央凹能分辨各种颜色。从中央凹到边缘部分，视锥细胞减少，视杆细胞增多，对颜色的辨别能力逐渐减弱：先丧失红、绿色的感受性，最后黄、蓝色的感受性也丧失，成了全色盲。

人对颜色的辨别能力在不同波长是不一样的。在光谱的某些部位，只要改变波长 1 纳米就能看出颜色的差别，但在多数部位则要改变 1～2 纳米才能看出其变化。在整个光谱上，人眼能分辨出大约 150 种不同的颜色。

（三）**视敏度**

视觉辨别物体细节的能力叫**视敏度**（sight），也称视力。一个人辨别物体细节的尺寸越小，视敏度就越高，反之视敏度越差。视敏度与视网膜物像的大小有关，而视网膜物像的大小则决定于视角的大小。所谓**视角**（visual angle）就是物体的大小对眼球光心所形成的夹角。同一距离，物体的大小同视角成正比；同一物体，物体距离眼睛的远近同视角成反比。视角大，在视网膜的物像就大。分辨两点的视角越小，表示一个人的视敏度越高，视力越好。常用来测定视敏度的视标有“C”形和“E”形。视角的度数等于 1 分（圆周为 360 度，1 分为 1/60 度）时，正常的眼睛是可以分别地感受这两个点的。因为 1 分视角的视像大小是 4.4 微米，相当于一个视锥细胞的直径。从理论上说，物体的两点便分别刺激两个视锥细胞，因而能把它们区分开来。如果视角小于 1 分，物体的两点便刺激同一视锥细胞，这样就觉察不出是两个点了。正常人的视力为 1.0，但有的人可达 1.5，甚至更大。这不仅取决于中央凹视锥细胞的直径，也取决于大脑皮质视区的分析能力，即对于两个相邻视锥细胞产生不同程度兴奋的分析能力。

影响视敏度的因素较多，起决定作用的是光线落在视网膜的哪个部位。如果光线恰好落在中央凹，这一部位视锥细胞密集且直径最小，因此视敏度最大。光线落在视网膜周围部分，视敏度大减。此外，明度不同，物体与背景之间的对比不同，眼的适应状态不同等，也都对视敏度有一定的影响。

（四）**颜色混合和色觉缺陷**

映入我们眼帘的光线很少是一种波长的光，因为照在物体上的光线主要是来自像太阳那样发出不同波长的光源。我们看见的几乎都是许多波长的混合光。而这种混合效应下所得到的色觉经验，称为**颜色混合**（color mixture）。从牛顿时代起，人们就开始研究颜色的混合，并企图找出颜色混合的规律。现已确定的颜色混合规律主要有下列三条。(1) 互补律。每一种颜色都有另一种同它相混合而产生白色或灰色的颜色，这两种颜色互为**补色**（complementary color）。例如，红色和浅青绿色、橙黄色和青色、黄色和蓝色、绿色和紫色等，都是互补色。(2) 间色律。混合两种非补色，可以产生一种新的介乎它们之间的中间色。例如，红色与蓝色混合产生紫色，红色与黄色混合产生橙色。(3) 代替律。相混合的两种颜色，都可以由不同颜色混合后产生的相同颜色来代替。如果颜色 A ＝颜色 B，颜色 C＝颜色 D，那么，颜色 A＋颜色 C＝颜色 B＋颜色 D。代替律说明，不管颜色原来的成分如何，只要感觉上颜色是相似的，就可以互相代替，产生同样的视觉效应。应当注意，这里所讨论的是不同波长的光在视觉系统中的混合，而不是颜料在调色板上的混合。这两种混合有本质上的区别：前者是两种不同波长的色光同时作用于视网膜时所产生的色觉，称为**加色混合**（additive color mixture）；后者是由于某些波长的光线被吸收而引起的，是一种**减色混合**（subtractive color mixture）。最常用的颜色混合的实验仪器是**色轮**（color wheel）。用红、绿、蓝三种基本色以适当的比例加以混合，可以得到光谱上的各种颜色。如果在这三种基本色中适当加上白色，就可以得到各种不同色调、明度和饱和度的颜色。

色觉缺陷包括色弱和色盲。**色弱**（color weakness）主要表现为对光谱的红色和绿色区的颜色分辨能力较差。**色盲**（color blindness）又分为两类：局部色盲和全色盲。局部色盲包括红绿色盲和蓝黄色盲。前者是最常见的色盲类型，后者则少见。红绿色盲的人在光谱上只能看到蓝和黄两种颜色，即把光谱的整个红、橙、黄、绿部分看成黄色，把光谱的青、蓝、紫部分看成蓝色。在500 纳米附近，他们看不出它的颜色，只觉得是白色或灰色的样子。蓝黄色盲的人把整个光谱看成是红和绿两种颜色。**全色盲**（achromatism）的人把整个光谱看成是一条不同明暗的灰带，没有色调感。在他们看来，整个世界是由明暗不同的白、灰、黑所组成的，正如同正常人看到的黑白电视那样。全色盲的人是极为罕见的。

四、色觉理论

（一）三色说

三色说是英国物理学家扬（Thomas Young）于1801年提出的，后为亥姆霍兹（Helmholtz，1860）所发展，合称为**扬-亥姆霍兹三色说**（Young-Helmholtz trichromatic theory）。这个学说从红、绿、蓝三原色按不同比例混合可以产生各种色调及灰色这一事实出发，假定在视网膜上红、绿、蓝三种神经纤维的兴奋都能引起一种原色的感觉。三种神经纤维对光谱的每一波长都有其特有的兴奋水平，其峰值见图9-7。当光刺激同时引起三种纤维不同程度的兴奋时，便按相应的比率产生各种色觉。例如，当光刺激同时引起三种纤维同样强烈的兴奋时，便产生白色或无彩色的感觉。如果红、绿、蓝三种纤维的兴奋比为5∶7∶11，那么，红、绿、蓝三种纤维五个单位的同时兴奋产生的是白色。色调将由绿纤维两个单位兴奋和蓝纤维六个单位兴奋来决定，其结果看到的将是明度较大的绿蓝色。

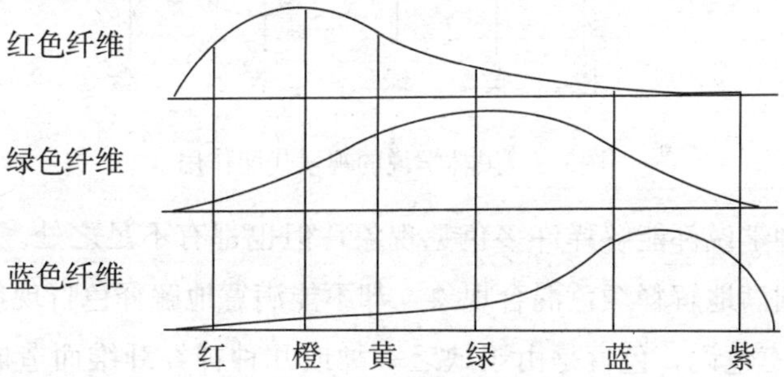

图9-7　神经纤维兴奋曲线

（二）拮抗过程说

色觉的**拮抗过程说**（opponent process theory）是由德国生理学家黑林（E. Hering）于1878年提出的。他假定视网膜中具有三对拮抗的视素：白-黑视素、红-绿视素、黄-蓝视素。这三对拮抗的视素的同化和异化过程就产生各种颜色。光刺激下异化白-黑视素，引起的神经冲动产生白色感觉；没有光刺激时，白-黑视素起同化作用，引起的神经冲动产生黑色感觉。红光刺激下异化红-绿视素，产生红色感觉；绿光刺激则同化红-绿视素，产生绿色感觉。黄光刺激异化黄-蓝视素，产生黄色感觉；蓝光刺激同化黄-蓝视素，产生蓝色感觉。由于各种颜色都含有一定的白色成分，因此每一种颜色除了影响其本身的视素活动外，还影响白-黑视素的活动。图9-8表示三对视素的同化和异化作用：XX'线以上表示异化作用，以下表示同化作用。a、b、c 三条曲线分别表示白-黑视素、黄-蓝视素和红-绿视素的异化作用和同化作用。曲线 a 的形状表明光谱饱和色的明度成分，从曲线 a 可见黄绿色是光谱中最明亮的颜色。各种色觉取决于这三种视素活动相对幅度的大小。黑林的理论认为视锥细胞能感受红、绿、黄、蓝四种颜色，因而也称为**四色说**（tetrachromatism）。

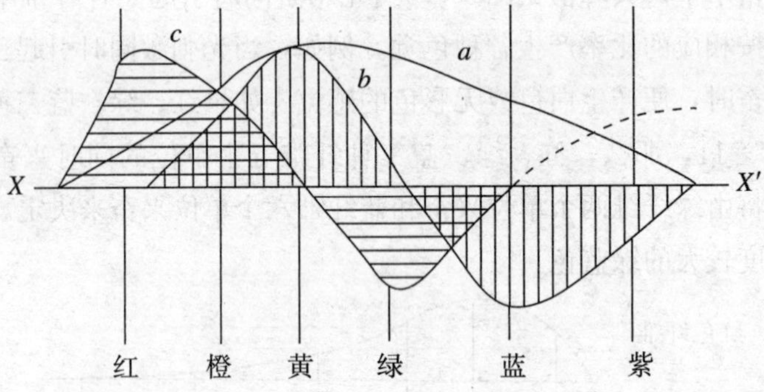

图9-8　黑林学说的视素代谢作用

上述两种学说都能解释许多色觉现象，但也都有不足之处。扬-亥姆霍兹三色说虽能圆满地解释颜色混合现象，却不能满意地解释色盲现象。因为根据扬-亥姆霍兹三色说，色盲是由于缺乏一种或几种神经纤维而造成的。三种神经纤维同时以同等强度的兴奋才能产生白色或灰色感觉，色盲的人既然缺乏一种或几种神经纤维，就不应该有白色或灰色的感觉，但事实并非如此，所有色盲的人都有白、灰、黑的感觉。黑林的拮抗过程说也能解释许多色觉现象，但不能解释用三原色混合产生光谱中的一切颜色这种现象。这两种学说曾长期对立，争论不休，似乎很难统一。

现代神经生理学研究表明，在视网膜中确实存在三种视锥细胞，分别对530纳米、570纳米和440纳米光谱很敏感。同时，在视觉通路中还发现对白/黑、绿/红、蓝/黄三类反应起拮抗作用的神经细胞。赫维奇和詹姆森（Hurvich & Jameson，1974）将现代神经生理学的研究成果概括为图9-9。从中可见，色觉的信息加工可分为两个阶段：第一阶段，视网膜有α、β、γ三种视锥细胞分别对440纳米、530纳米、570纳米最为敏感。它们有选择地吸收光谱不同波长的辐射，同时又可单独产生白/黑反应。第二阶段，在神经兴奋由视锥细胞向视觉中枢传导过程中，这三种反应又重新组合，最后形成三对拮抗的神经反应，即蓝/黄、绿/红和白/黑反应。总之，色觉信息是按层次加工的：在视网膜水平上是按扬-亥姆霍兹三原色而发生的，冲动在视觉通路上的编码传递过程是按黑林的拮抗过程说而进行的。色觉神经机制的最后阶段发生在大脑皮质视区，目前这方面我们仍知道得很少。

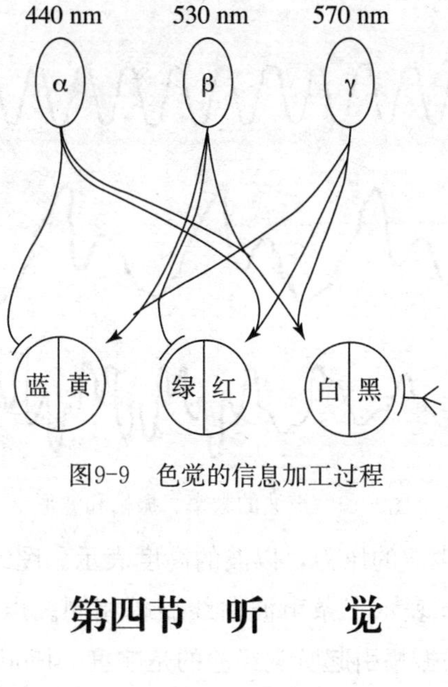

图9-9　色觉的信息加工过程

第四节　听　觉

一、听觉的物理刺激

声音的物理基础是振动。在弹性媒质中物体振动所激起的纵波叫声波。**听觉**（audition）是声波物理特征的反映。声波的物理特征可用频率、振幅和波形来描述；与此相应，听觉经验有音高、响度和音色的区别。

声波有频率的不同，用每秒的周波，即赫兹（Hz）来表示。图9-10a表示三条声波曲线振幅不同，但频率相等；图9-10b表示三条声波曲线振幅相同，但频率不等。声波的频率决定着我们听觉的**音高**（pitch）。声波的频率越高，我们听到的声音越高；相反，频率低，听起来就低。但一个音的音高也会受声波振幅的影响。

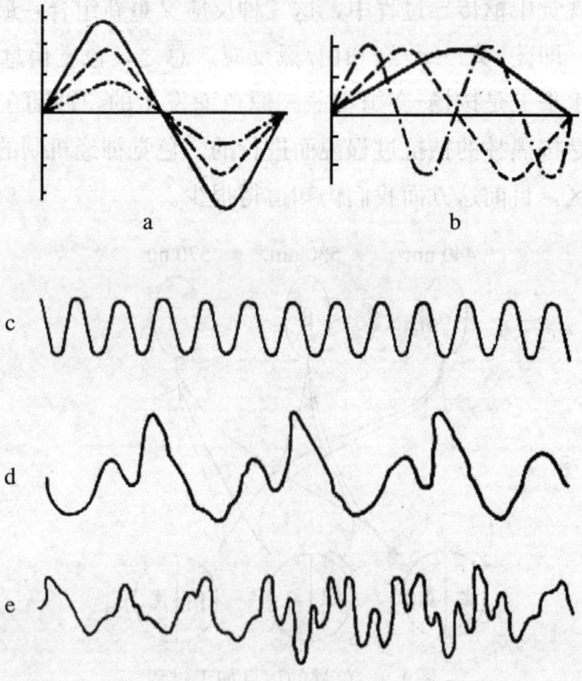

图9-10　声波的频率、振幅和波形

声波的振幅就是声波的压力，以波的高度表示。图9-10a 表示三条声波曲线振幅不同，图9-10b 表示三条声波曲线振幅相同。声波的压力大小以分贝（dB）来表示。声波的振幅引起听觉经验的是**响度**（loudness）。一般来说，声波的振幅越大，听到的声音就越响。但由于我们的耳对于所有频率的声音并非同等敏感，所以响度也取决于声音的频率。

不同的发音体所发出的声波都有自己的特点，即使发出同样响度和音高的音，我们听起来在**音色**（timbre）上是不同的。音色的不同是由于各发音体所发出的声波都有自己的特殊波形。最简单的声波是纯音，是单一的正弦曲线形式的振动（图9-10c），如由音叉所产生的声音。在日常生活中，绝大多数的发声体所发出的声音都是复合音，如音乐声、语言声和噪声。任何复合音又都可分解为几个频率不同的纯音。根据波形和振幅是否有周期性的振动，可把声音分为乐音和噪音。乐音是周期性的声波振动（如图9-10c、d，其中图 d 是一种管风琴的乐音）；噪音是不规则的声波，且无周期性（图9-10e）。

二、听觉的生理机制

耳由外耳、中耳、内耳三部分组成。外耳包括耳廓和外耳道。中耳主要由鼓膜、鼓室和听小骨组成。内耳由前庭器官（它与听觉无关，将在后面讨论）和耳蜗组成（图9-11）。耳蜗形似蜗牛壳，是一个绕蜗轮盘旋两圈半的骨管。骨管内部被骨质螺旋板和基底膜分隔成上、下两半，上半叫前庭阶，下半叫鼓阶。前庭阶通向中耳的小孔叫卵圆窗（又名前庭窗），鼓阶通向中耳的小孔叫蜗窗。耳蜗内部充满着淋巴。听觉的感觉细胞（毛细胞）排列在基底膜上，毛细胞上有盖膜。

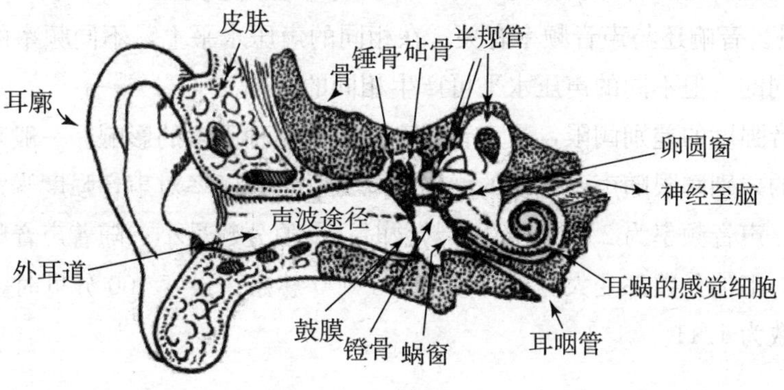

图9-11　人耳的构造

声波经外耳道撞压鼓膜，引起三块听小骨（锤骨、砧骨、镫骨）的机械振动，从而增强声波压强，把振动传向卵圆窗，推动耳蜗中的淋巴，振动在液体中传导，最后传向中耳的蜗窗。这是声传导的全过程。此外，声波还可以通过颅骨直接传入内耳，这叫声波的骨传导。

当耳蜗的淋巴液振动时，基底膜就发生振动。基底膜的振动便引起基底膜上的毛细胞同盖膜冲击，引起毛细胞的兴奋，由听觉系统传导通路（有同侧通路，也有对侧通路）经四级神经元将冲动传向大脑。

三、听觉感受性

（一）对声音频率的感受性

音高主要由声音频率而定。人能听到的声音频率最低不能小于16赫兹，最高不超过20 000赫兹，各人的情况也不完全相同，疾病会改变这个范围。年龄也会改变音高听觉。随着年龄的增长，个体对声音频率的感受性逐渐降低。

关于音高的差别阈限，不少研究表明，差别阈限作为音调的频率和它的强度的函数而变化。一般来说，频率越低，耳对频率的变化越敏感。频率达到2 000赫兹（强度在40分贝）时，约3赫兹的频率变化即能觉察出来。随着频率增高，差别阈限大为增加。例如，约10 000赫兹时，要觉察出音高的变化，需约30赫兹的差异。但有趣的是，频率在1 000赫兹以上时，能觉察出频率变化的差异是相当恒定的，相当于约0.3%。频率的变化符合韦伯定律。

（二）对声音强度的感受性

音响主要由声音强度决定。对声音强度的绝对感受性，下阈为0，上阈约130分贝。音响还与声音频率有关。在相同的声压水平上，不同频率的声音响度是不同的，但不同的声压水平可产生相同的音响。

声音强度的差别阈限，受声音强度和频率两种因素的影响。一般来说，声音强度的差别阈限随声音强度的增加而降低。声音频率对声音强度辨别的影响较复杂。声音频率为2 500～3 000赫兹时，韦伯分数最小；随着声音频率升高或降低，韦伯分数都变大。声音频率在1 000赫兹、强度100分贝时，响度的韦伯分数为1/11。

四、听觉理论

（一）地点说

地点说（place theory）的基本假设是基底膜的不同地点感受不同频率的声音刺激，所产生的神经冲动传达到脑便产生不同的音高感觉。地点说又分为共鸣说和行波说。**共鸣说**（resonance theory）由亥姆霍兹在1863年提出。亥姆霍兹在考察内耳结构时，观察到耳蜗中包含很多神经感觉单位，它们依次排列在基底膜上。耳蜗底部的基底膜窄，顶部基底膜宽；基底膜上，底部的横纤维短，顶部的横纤维长。他认为，由卵圆窗传来的振动迅速传遍前庭阶，但基底膜的横纤维只是有选择地对一定的频率发生共鸣，就像竖琴的琴弦对不同频率的声波发生共鸣那样：短纤维对高频率发生反应，长纤维对低频率发生反应；一条纤维只对一种声波频率发生反应。由于横纤维的振动转化为神经兴奋，传到听觉中枢便产生不同音高的听觉。共鸣学说把基底膜上大约 24 000 条横纤维看成是对 16～20 000 赫兹声波的共鸣要素。晚近的研究表明，这个理论有严重的缺陷。第一，按共鸣说的要求计算，蜗顶部的纤维应比蜗底部纤维长 1 000 倍，但实际情况并非如此，蜗顶处仅 352～430 微米，蜗底为 64～128 微米。第二，贝克西（Békésy，1960）对新鲜尸体的耳蜗进行直接观察，没有发现基底膜的横纤维有足够的共振张力（而这对于共鸣说是必不可少的）。他发现，基底膜受到运动液体振动时是以行波的形式发生振动的，基底膜横纤维很少是孤立起作用的，于是他提出了**行波说**（traveling-wave theory）。根据他的行波学说，声波的振动作用于卵圆窗时，基底膜便产生相应的振动。振动从蜗底开始，逐渐向蜗顶推行，振动的幅度也随着逐渐加大，到基底膜的某一个部位，振幅达到最大值，然后振动停止前进而消失。随着外来声波频率的不同，基底膜最大振幅的所在部位也不同。声波频率越低，最大振幅部位越靠近蜗顶；频率越高，最大振幅部位越接近蜗底。耳蜗底部的基底膜对高、低音都能发生振动，而顶端只对低音刺激发生振动。这就是听觉的行波说。这个学说认为，基底膜对不同频率的声音的分析决定于最大振幅所在的位置。

（二）频率说

频率说（frequency theory）是由拉瑟福德（Rutherford，1886）提出的。他认为声音的频率是由听神经中神经元发放的速率来编码的。例如，听到一个频率为 2 000 赫兹的声音，听神经的第一级神经元每秒钟必须发放 2 000 个动作电位。但生理学的研究表明，听觉通路中的单一神经元冲动发放速率根本不能快于 1 000 赫兹，也就是说，单一的听觉神经纤维是不能传递人类听觉范围的所有频率的。为此，温弗尔（Wever，1949）提出了**齐射说**（volley theory）。他认为，声音频率在 400 赫兹以内时，单一神经纤维以符合频率的发放速率发放冲动，但当频率增高时，由于神经纤维之间存在着合作和相互联系，就产生神经齐射现象。这样，神经纤维发放冲动的总效应就能体现声波的频率。对声波频率的听觉编码很可能像色觉理论一样，既包括地点说，也包括频率说。听觉信息在基底膜上依行波说编码，在神经传导路上依频率说编码，然后神经冲动传到大脑皮质听区，就产生音高听觉。现在已有一些研究结果证明了这种猜想。

【专栏9-3】

失聪

耳朵复杂且精密的结构使它很容易受到损伤。把声波传导到耳蜗的机械性连接系统的问题会导致**传导性耳聋**（conduction hearing loss）。如果鼓膜被刺破或者中耳的小骨失去振动能力，耳朵传导振动的能力会变小。数字式助听器用放大一个人听力最差的频率（通常是高频率）的振动和提炼声音（放大轻柔的而不是响亮的声音）来改善听力。

耳蜗的毛细胞感受器或者与它们相连的神经的损伤会造成**感觉神经性耳聋**（sensorineural hearing loss）。造成神经性耳聋的原因除了疾病而外，更常见的罪魁祸首是与年老化相关的生物学变化和持续暴露在震耳欲聋的噪声或音乐中。在发现人类耳蜗中毛细胞再生的方法之前，恢复神经性耳聋的人的听觉的最好方法是一种仿生耳朵——耳蜗移植。这种电子装置把声音转化为电信号，传送到耳蜗的神经，再把有关声音的信息传递到大脑。移植有助于儿童逐渐精通口语交流，而且也使得儿童变得较少分心和冲动。最新的耳蜗移植同样可以帮助大多数成人恢复听觉（尽管不能恢复年幼时从未有过声音加工经历的成年聋人的听觉）。

耳蜗移植的应用引起激烈的争论。超过90%的聋童父母的听力是正常的，大多数家长希望他们的孩子可以体验有声音和能交谈的世界。但是，一些极端的聋人培训者坚持认为，聋不是残疾，手语本就是一种完整的语言，有它自己的文法、句法和语义，他们反对在聋童学习说话前使用移植。他们还进一步主张，聋人“听觉损伤”的同时能够获得“视觉增强”作为补偿。**感觉补偿**（sensory compensation）是指某种感觉通道的机能丧失后而由其他感觉系统的机能增强来弥补。尽管聋人通常没有出众的阅读能力，但是视觉补偿可以解释为什么很多聋人成为具有熟练视觉能力的工程师、建筑师和数学家。宇宙学家霍金（Stephen William Hawking，1942— ）曾经说过，一种机体功能的丧失会迫使他的大脑接受其他的活动，使他的思想更新颖。

对于那些听力因年龄或疾病而减弱的人，由于他们没有接受过聋人培训，而且知道将会失去听觉，他们更可能认为自己是有损伤或有残疾的。而这些体验到失聪的人中，大约只有1%的人是先天耳聋。对于从未学习过手语的个体来说，失去听觉确实会造成很大的社交障碍。终生失明和耳聋的海伦·凯勒（Helen Keller）说，她“发现聋是比失明更严重的障碍……失明把人和事物隔开，聋把人和人隔开”。

第五节 其他感觉

视觉和听觉是我们的主要感觉，我们关于外部世界的信息大都来自视听。虽然其他感觉不像视觉和听觉那样丰富多彩，但它们对于机体的生存仍然是很重要的。

一、嗅觉和味觉

嗅觉（smell）的适宜刺激是能溶解的、有气味的气体分子。它作用于鼻腔上部的嗅细胞而产生嗅觉。我们很难对嗅到的气味进行分类，目前常用的分类法是将气味分为芳香味、果酸味和辛酸味。嗅觉阈限受许多因素的影响。作用的气味物质不同，嗅觉的绝对阈限也不同。例如，每公升空气中含0.000 000 66毫克的乙硫酸（烂白菜味）就能嗅到，而四氯化碳（甜味）则需每公升中含4.533毫克才能嗅到。机体的某些疾病，如感冒、鼻炎，会降低嗅觉感受性。环境中的温度、湿度、气压等也会影响嗅觉感受性。几种气味同时作用时，会产生气味的混合，或产生一种新的气味，或原先两种气味相继被嗅到，或一种气味掩盖了其他气味。

味觉（taste）的适宜刺激是能溶于水的化学物质。它作用于分布在舌面、咽喉的黏膜和软腭等处的味蕾而产生味觉。一般认为有四种基本味觉：苦、酸、咸、甜。味觉感受性受多种因素的影响。舌面的不同部位，味觉感受性是不同的。虽然舌面对甜味、酸味、苦味、咸味四种滋味都有感受性，但舌尖对甜味最敏感，舌根对苦味最敏感，舌的两侧对酸味最敏感，舌的两侧前部对咸味最敏感。味觉感受性往往受食物温度的影响。在 20～30 ℃时，味觉感受性最高。此外，味觉的感受性还与机体的需求状态有关。饥饿的人对甜、咸的感受性增高，对酸、苦的感受性降低。肾上腺皮质功能低下的病人，由于氯化钠排出量增加，对咸味的感受性提高。味觉对维持有机体内环境的动态平衡起重要的作用。

二、皮肤感觉

皮肤受到刺激能产生多种感觉。一般把**肤觉**（skin sense）分为触压觉、冷觉、温觉、痛觉和振动觉等。触觉、冷觉、温觉和痛觉的感受器在皮肤上呈点状分布，称为触点、冷点、温点和痛点。身体的不同部位，各种点的数目各不相同。皮肤是人类最大的感觉系统，皮肤的表面面积约为 2 平方米，皮肤感觉最重要的机能是对可能出现的有害刺激发出信号。

物体接触皮肤表面（不引起皮肤变形）而产生**触觉**（touch）。当物体接触皮肤表面并引起皮肤变形时便产生**压觉**（pressure sense）。身体不同部位的触压觉感受性有很大差异：活动频繁的部位，如指尖、嘴唇、眼睑等特别敏感，而背腹部的感受性却很低。振动物体（如音叉）与身体接触会产生**振动觉**（vibration sense）。人所能接受的振动频率是 15～1 000 赫兹，其中振动频率为 200 赫兹左右最为敏感。振动觉可能是触压觉反复刺激的结果。另外，手的皮肤感觉和动觉紧密结合，会产生触摸觉，这是人类认识世界的一种特殊感觉。

皮肤表面温度的变化会引起**温度觉**（temperature sensation）。皮肤上有些点对温敏感，有些点对冷敏感，也有些对两者都敏感。用烫刺激冷点引起的冷觉叫诡冷觉，用冷刺激温点引起的温觉叫诡温觉。一种温度刺激会引起什么样的感觉，视刺激温度与皮肤温度之间的关系而定。与皮肤温度相同的刺激温度，不能引起冷觉感受器或温觉感受器的兴奋，不会产生温度觉。低于皮肤温度的刺激温度，产生冷觉。高于皮肤温度的刺激温度，产生温觉。温度觉的感受性因身体不同部位而异。面部对冷热有最大的感受性，而下肢对冷热的感受性最小。身体经常被遮盖的部位对冷有较大的感受性。温暖的感觉和热的感觉是不同的，温暖的感觉使人感到舒适，热的感觉使人难受。当刺激温度超过45 ℃时，就会产生热甚至烫的感觉。这是一种复合的感觉，是温觉和痛觉同时产生的结果。

机械的、物理的、化学的、温度的、放射能的以及电的各种刺激对皮肤组织起破坏作用时，都会产生**痛觉**（pain）。痛觉感受性因身体不同部位而异：背部、颊部最敏感，脚掌、手掌最不敏感。影响痛觉阈限的因素很多，其中心理因素，如过去的经验、暗示、情绪状态、注意等都会对痛觉阈限发生影响。痛觉是有机体内部的警报系统，它对有机体的生存有重要意义。除皮肤外，全身各处包括肌肉、关节、内脏组织的损伤都会产生痛觉。

三、动觉和平衡觉

动觉（kinesthesia）是身体活动时所产生的感觉。动觉的感受器位于肌肉、肌腱和关节中。肌肉运动、关节角度的变化等都是这些感受器的适宜刺激。在人感知外界事物的过程中，几乎都有动觉的反馈信息参加。例如，在注视物体时，大脑不仅接受来自视网膜感觉细胞的信息，而且还接受来自眼球肌肉的动觉信息，这种信息是我们看清物体的必要条件。言语器官肌肉的动觉信息同语音听觉和字形视觉相联系，是言语活动和思维活动的基础。

平衡觉（equilibratory sense）是反映头部运动速率和方向的感觉。平衡觉的感受器是内耳的前庭器官。内耳中的三个半规管里充满了淋巴液。机体的加速、减速或改变方向，使淋巴液冲击前庭器官的毛细胞而发生兴奋。前庭器官兴奋常使人产生晕眩。平衡觉和视觉、内脏感觉有密切的联系。当前庭器官受到刺激时，人仿佛看到视野中的物体在移动，会头晕，同时内脏活动剧烈变化，使人恶心和呕吐。因此，对从事航空、航海、舞蹈职业的人要进行平衡觉的检查。

四、内脏感觉

反映内脏各器官活动状况的感觉叫**内脏觉**（visceral sensation）**或机体觉**（organic sensation）。内脏感觉的感受器分布于各脏器（如食道、胃、肠、膀胱、肺、血管等）壁内。它可以把内脏的活动及其变化的信息，经传入神经传向中枢，从而产生各种内脏感觉，如饥、渴、饱、胀、便意、恶心、疼痛等。内脏感觉的特点是感觉不精确，分辨力差。许多内脏的感受器根本不能引起主观感觉。在病变时，有些脏器的感受器才产生痛觉（放射痛）。内脏觉在调节内脏活动中起很重要的作用，没有内脏感觉系统，有机体的生存是难以想象的。

【复习与思考】

1. 解释：感觉，感觉阈限，绝对阈限，差别阈限，韦伯常数，费希纳定律，感觉适应，暗适应，明适应，感觉后效，后像，正后像，负后像，闪光融合，感觉对比，同时对比，先后对比，视觉，听觉，嗅觉，味觉，肤觉，触觉，振动觉，温度觉，痛觉，动觉，平衡觉，内脏觉，机体觉。
2. 概述感觉信息的神经加工机制。
3. 感觉有哪些基本规律？试举例说明。
4. 视觉感受性有何表现？
5. 颜色感觉是如何产生的？
6. 听觉感受性有何表现？
7. 听觉系统是如何对声音频率进行编码的？

【扩展阅读书目】

1. 林仲贤编著：《颜色视觉心理学》，中国人民大学出版社 2011 年版。
2. ［美］托马斯·贝纳特著，旦明译：《感觉世界——感觉和知觉导论》，科学出版社 1983 年版。

第十章 知 觉

第一节 概 述

一、什么是知觉

知觉（perception）是个体将来自感觉器官的信息转化为有意义对象的心理过程。在日常生活中，纯粹的感觉是不存在的，感觉信息一经感受器系统传达到脑，知觉便随之产生。以视觉为例，来自感觉器官的信息为我们提供了某种颜色、边界、线段等个别属性，经头脑的加工我们认出了“这是一个香蕉”，“那是一个墨水瓶”。这种把感觉信息转化为有意义的、可命名的经验过程就是知觉。知觉是个体借助于过去经验对来自感受器的信息进行组织和解释的过程。

知觉是个体对感觉信息的组织过程。外部世界的大量刺激冲击我们的感官，我们倾向于有选择地输入信息，把感觉信息整合、组织起来，形成稳定、清晰的完整印象。在日常生活中，我们的头脑总是不断地对感觉信息加以组织。例如，一个复杂的听觉刺激序列被我们知觉为言语，或流水声，或汽车声，即组织成有意义的声音。对于其他感觉信息，我们也是将其组织成有意义的事物。这种组织功能主要依靠我们的经验。人类学家特恩布尔（Turnbull，1961）曾调查过居住在刚果枝叶茂密的热带森林中的俾格米人的生活方式，描述过下面的一个实例：有些俾格米人从来没有离开过森林，没有开阔的视野。当特恩布尔带着一位名叫肯克的俾格米人第一次离开居住地来到一片高原时，他看见远处的一群水牛时惊奇地问：“那些是什么虫子?”当告诉他那是水牛时，他哈哈大笑，说不要说傻话。尽管他不相信，但还是仔细凝视着，说：

"这是些什么水牛，会这样小?"当越走越近，这些"虫子"变得越来越大时，他感到不可理解，说这些不是真正的水牛。

知觉是人对感觉信息的解释过程。在知觉一个客体时，我们总是根据自己的经验把它归为某一类，说出它的名称或赋予它某种意义。我们对感觉信息的解释，通常采取假设检验的方式，即从提出假设到检验假设的过程。为了说明这个问题，现在请看图 10-1b 并回答是什么。绝大多数人可能会回答："左半部是三齿，是一个三齿叉?不像，因为右半部是两齿的。是两齿叉?也不像，因为左边是三齿的。那它到底是什么呢?"最后只好说："是一个**不可能图形**(impossible figure)。"从这个例子中，可以清楚地看到，人们运用"三齿叉""两齿叉"的假设（命名）对感觉信息进行检验，但都没有成功，因而困惑不解。不过，平常我们对熟悉对象的知觉假设检验过程都是压缩的，是一种无意识推论的过程。只是在知觉困难时，假设检验过程才显现出来，才被我们觉察到。请再看图 10-1a 和图 10-1c，你是否也遇到这样的问题?

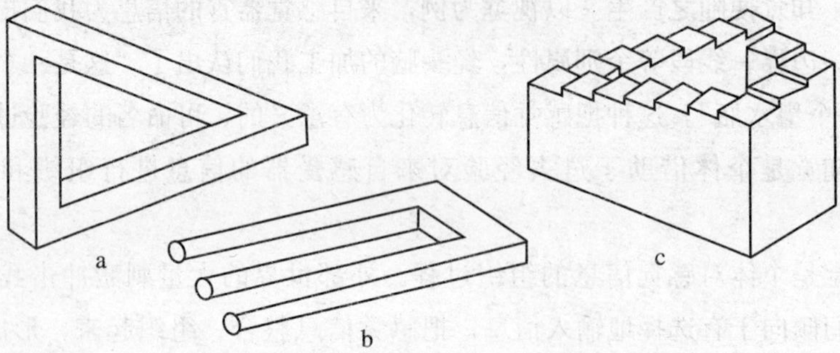

图 10-1　三个不可能图形

总之，从感觉到知觉是一个连续的过程，但感觉和知觉在性质上是不同的。感觉是感性认识的初级阶段，各种感觉都是刺激作用于感受器所产生的神经冲动的表征。知觉虽然以感觉为基础，却不以现实的刺激为限，它还牵涉到记忆、思维等多种心理成分。知觉属于高于感觉的感性认识阶段。

二、知觉的种类

根据知觉对象是否属于人，可以把知觉区分为**社会知觉**（social perception）和**物体知觉**（object perception）。社会知觉是对人的知觉，涉及印象形成等问题；除对人的知觉外，其他各种知觉都可称为物体知觉。

根据事物都有空间、时间和运动的特性，可以把知觉区分为空间知觉、时间知觉和运动知觉。空间知觉就是我们对物体的形状、大小、深度、方位等空间特性的知觉。时间知觉就是我们对客观现象的持续性和顺序性的知觉。运动知觉就是我们对物体的静止和运动以及运动速度的知觉。

另外，根据知觉中哪一种感受器的活动占主导地位，还可以把知觉分为视知觉、听知觉、嗅知觉，以及视听知觉、触摸知觉等。

【专栏10-1】

超感知觉

以感觉为基础研究知觉现象，是科学心理学诞生以来的一贯做法。但很多人对知觉现象一直存有另外的想法，认为人类可能有某些特殊潜能，无须通过感觉器官接受信息即可获得知觉经验。历来的预言家、星象家、占卜家，无不宣称他们具有这种特异功能。这些大体上属于**心灵学**（parapsychology）的范畴，研究人类如何单凭精神或心灵活动就能有效支配其行为。心灵学的特点是不遵循自然科学法则，不承认传统科学心理学一向主张心理现象以生理历程为基础的看法。

超感知觉（extrasensory perception）指不以感觉器官为基础即能获得知觉的心理现象。超感知觉研究主要包括以下三方面。（1）**传心术**（telepathy），指两人之间不通过任何沟通工具或交流通道就能够彼此传递信息的过程。例如，在两人互不见面的情况下（如两人之间隔着布帘），其中一人在一边用心注视一张绘有图形的卡片，另一人在另一边静坐，静坐者如果能够知道对方所注视的是何种图形，就可推论他们之间确有心电感应。（2）**灵觉**（clairvoyance），俗称“千里眼”，是一种不靠眼睛即可看到物体的特异功能。例如，能“看到”未打开的钱袋里的钱数，能“看到”未翻开的扑克的图形，即表示具有超感视觉特异功能。（3）**预知**（precognition），指在别人意见尚未表达之前即已知道，或事件尚未发生之前即可预卜的超人能力。例如，电话铃响起时，还未接听即可预知对方是何人。

早期实验者莱茵（Joseph Banks Rhine，1895—1980）经常被称为“超心理学之父”，他在美国杜克大学建立了第一个心灵学实验室，并一直致力于用实验结果证实超感知觉的存在。他在一项实验中，采用了一套包括五组不同图形的卡片，如图10-2所示，每组卡片各5张，全套合计25张。实验开始时，两个被试对面而坐，中间隔上布帘，彼此间不通信息，也看不到对方的动作和表情。每人面前各放置一套卡片，先让一方被试以随机方式抽出一张卡片，并注视它（视为心灵发送者），然后将卡片反面向上置于桌上，接着要求对方被试（视为心灵接收者）凭其直觉指出该张卡片上的图形。如果指认正确，即表示两个被试之间有心电感应。按上述程序实验时，被试如果毫无心电感应能力，纯属猜测答对的机会是1/5，即25张卡片中可能猜对5张。莱茵根据其本人以及其他学者的实验研究，收集了数以万计的研究结果，发现数万名被试总平均得分是7.1，即在超感知觉实验情境下，被试答对的概率是28.4%，比猜中的概率20%高出很多（Rhine，1934）。也就是说，人类的超感知觉能力可能是存在的。

图10-2　超感知觉实验用卡片

对此，支持者认为，即使超感知觉研究不能像一般知觉实验那样，有刺激就会有反应，以至无法根据少数被试的反应得到验证，但从大量实验资料的统计结果看，不否定此类研究仍有价值。但是，反对者主张，所谓超感知觉纯属无稽之谈，对于人类何以会有这种能力更是无从解释。迄今从未发现一个可重复的超感知觉现象，也没有找到一个具有超常能力的人，实验室中的超感知觉实验方法都不是产生任何超感知觉效应的可重复的方法（Milton & Wiseman，2001）。纵观科学与伪科学的斗争史，任何伪科学的东西一度也都似乎可以用某种方法加以“证明”。具体到这里讨论的超感知觉，一些西方学者提供的某些所谓统计学上的依据就是表现之一。真正的科学心理学应该在破除迷信、揭露伪科学方面发挥积极作用。

三、知觉的信息加工机制

知觉使我们周围的世界变得有意义，它包含了若干相互联系的作用或过程，如检测、分辨和识别等。从信息加工的观点看，我们是如何将刺激的个别部分或属性组合在一起，形成特定知觉物的心理表征的呢？对这个问题的回答牵涉到自下而上的加工和自上而下的加工及二者的交互作用。

（一）自下而上的加工

自下而上的加工（bottom-up processing）也称**数据驱动加工**（data-driven processing）(Lindsay & Norman，1977)，是指知觉者从环境中一个个细小的感觉信息开始，将它们以各种方式加以组合，便形成了知觉。持这种理论的心理学家认为，感受器所获得的感觉信息就是我们知觉所需要的一切，无需复杂的思维推理等高级认知过程的参与，我们直接知觉周围环境。而这种直接知觉环境的能力是由人的生物性决定的，这可以由视崖实验中很小的婴儿就能够形成深度知觉而知（Gibson，1979）。这种**直接知觉**（direct perception）理论又如何解释我们对感觉环境的识别呢？主要有这样几种理论假说。

第一种称为**模板假说**（template hypothesis），认为人们在头脑中储存有无数的模板集，这些模板非常详细，从而使我们有可能辨认出各种客体。也就是说，把观察到的客体模式与头脑中的模板集进行比较并选出与之匹配的最佳模板，我们就识别了该客体。但是，模板匹配理论难以解释字母知觉中的问题。我们能辨认一个字母在大小、方向和形式上的种种变化，很难想象在我们头脑里会储存有那么多的模板而不感到累赘！这个假设显然是很不经济的。

第二种是与模板假说相对的**原型假说**（prototype hypothesis），认为原型不同于模板，它不是一个具体的特定样式，而是一类事物最典型（最常见）的例证。知觉的识别过程不是与模板精确、等同的匹配，而是与原型相一致。研究发现，即使人们从来没有见过完全与原型匹配的样例，人们也能够形成一种原型，识别出该客体。

第三种称为**特征假说**（feature hypothesis），认为人们对事物的知觉，就是把事物的特征与记忆中所储存的特征相匹配，而不是把整个事物与模板或原型相匹配。研究者不仅区分出不同的特征，还区分出不同类型的特征，如整体特征和局部特征等。在复杂三维物体和场景的表征中还可能包含局部特征的某种组合或结构。例如，**成分再认理论**（recognition by components theory）提出所谓**几何子**（geon）的概念，即所有物体都可以分解为诸如砖块体、圆柱体、楔形体、锥体等少量具有某种结构的几何子或部件。通过对少数的几何子的识别，人们就能够快速精确地辨认出物体的一般分类而不必去识别局部细节（Biederman，1987）。

上述这些直接知觉的假说虽能解释知觉形成的部分机制，并且也有部分的研究证据，如已发现在大脑皮质中有对特定的线段、颜色、形状、方向特别敏感的被称为**特征检测器**（feature detector）的神经元（Hubel & Wiesel，1974），但还不能解释知觉形成的全部机制。

（二）自上而下的加工

知觉表征的形成还包含自上而下的加工。所谓**自上而下的加工**（top-down processing），也称**概念驱动加工**（conceptually driven processing），指知觉者的经验、期望、动机引导着知觉者在知觉过程中的信息选择、整合和表征的建构，也称为**建构知觉**（constructive perception）理论。看图 10-3a 的上部，你将被遮住下部的这串符号知觉为什么呢？可能你很容易想到它是 SCIENCE 这个词，但实际上它是一串车牌号码。基于先前经验、假想和期望所做假设而产生的知觉定势有时会导致极大的偏差。在知觉中，我们快速形成并测试关于知觉对象的各种假设，这些都以所感觉到的（感觉数据）、所知道的（记忆中储存的知识）以及所能推断的（利用高级认知加工）为根据。但这种假设或推论往往是无意识的。自上而下的加工可以很好地解释图 10-3b 中所示的**情境效应**（context effect）：在不同情境中，同样的符号或被解释成字母 H，或被解释为字母 A（上图）；字符串中的字母 B 放到数字串情境中就被知觉为 13（下图）。这些例子都可以说明知觉受动机、期望、经验或具体情境的影响。

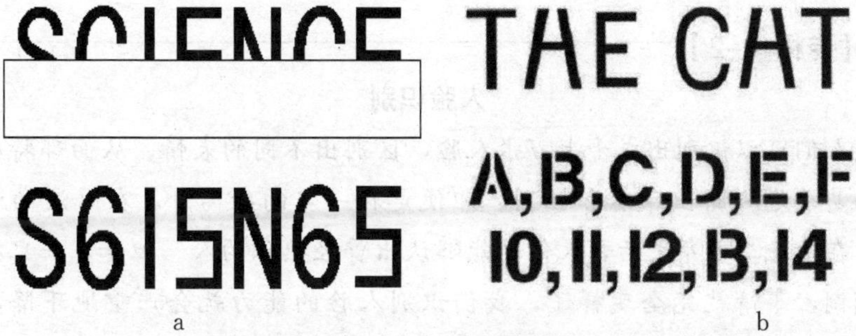

图 10-3　自上而下的加工图示

总之，在知觉表征的形成中，既有自下而上的加工，又有自上而下的加工，这两种机制之间存在复杂的交互作用（Humphreys et al.，1997；Corbetta & Shulman，2002）。以音乐知觉为例，脑成像研究的元分析结果表明（图 10-4）：音程分析主要的激活分布在双侧颞上回和右侧额下回，在中央前回、角回和脑岛等脑区也有分布（其中在颞上回激活最多，可能表明颞上回为音程分析的核心区域）；结构分析激活分布较广，主要激活颞上回、颞横回和前额叶区域，此外还激活了下顶叶、缘上回和舌回等顶枕区域（其中在前额叶激活最多，可能表明前额叶为结构分析的核心区域）。对比两层级激活的脑区，二者仅在后侧颞上回存在重合，而在绝大部分脑区则表现出分离，这暗示了音程分析和结构分析通过颞上回进行交流，并负责音乐不同层面的加工（赖寒等，2013）。

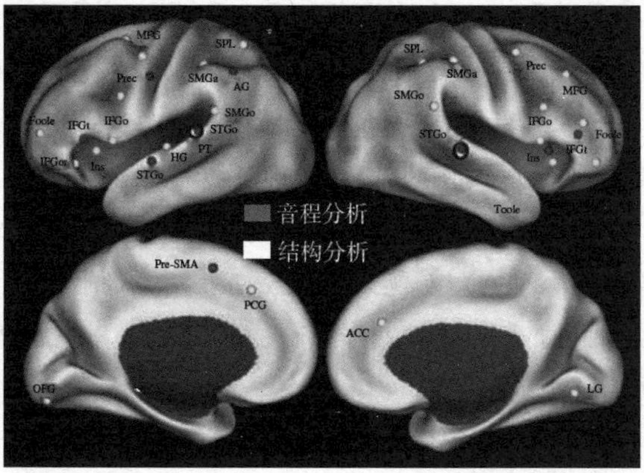

图 10-4　音程分析和结构分析的大脑激活脑区分布图

【专栏10-2】

人脸识别

人们可以识别出成千上万张人脸，区别出不同的表情，从面部特征中轻而易举地判断出年龄和性别。即便是在一定的距离外，在暗淡的灯光下，在十几二十年之后，人们也能够认出曾经熟识的人。但是，一旦把人脸颠倒，事情就完全变样了，我们识别人脸的能力就会严重地下降，图10-5中两幅倒过来的照片有什么不妥吗？再倒过来看看！

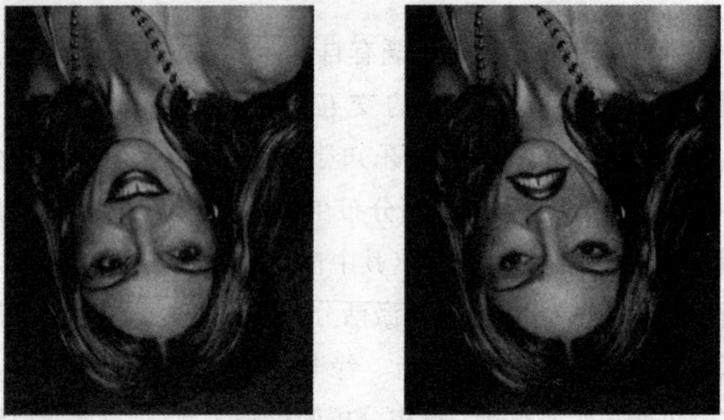

图 10-5　倒置的照片

物体识别的一般理论很难解释人脸识别的表现。研究者大多认为，人脸识别与普通物体的识别不同，它并不是基于局部特征的分析，而是基于人脸整体的结构的获取，人脸的构成部分，即眼睛、鼻子、嘴巴间的相互空间关系对识别非常重要。这种观点有多方面的证据，例如：人在出生2小时后即表现出对人脸结构图形的偏好；由各种原因导致的大脑双侧颞叶（少数为右侧单侧颞叶）损伤的病人表现出特异的面孔失认症状，而保持相对完好的物体识别能力；在脑成像研究中，在右侧梭状回面孔识别区（fusiform face area，FFA）发现只对正立面孔反应的脑区；事件相关电位分析表明，在右侧颞叶区域发现了对人脸刺激特异性的早期脑电成分N170（彭小虎等，2002）。

然而，人脸与普通物体的识别过程并非完全没有共通之处。在卡通人物像识别的有关研究中发现，尽管识别卡通人物像和普通线条画的准确率一样高，但是在要求学生说出那些著名人物的面部特征时，对卡通人物像的反应速度要比对普通线条画的快整整一倍，这是由于卡通人物像对这些人物面部的区别性特征进行了夸张。这个实验的结果表明，部分特征确实在人脸识别时起了作用。最近有研究分析了面孔知觉中特征加工、结构加工和整体加工三种不同加工方式对应的眼动模式，发现特征加工表现为对面孔各特征内更长的凝视时间，结构加工表现为对面孔各特征间高频的眼跳，而整体加工表现为更多的注视点落在测试面孔中央区的鼻子部位以扩大注视范围，进而把握整张面孔信息（樊倩等，2014）。

因此，人脸的识别仍是一个谜，在某些方面，人脸与普通物体的识别相似，而在另外一些方面，却又截然不同。要用统一的理论整合这些看上去矛盾重重的证据并不容易。近年来，**专家系统理论**（theory of expertise system）的影响越来越大。该理论认为，人脸之所以呈现出不同于一般物体的识别过程，并不是因为人脸作为一个模式是特殊的，而是因为人脸的识别任务是特殊的——必须是在一类物体中做个体区分，而且还因为人们在漫长的成长过程中，不间断地学习而成为区别人脸的专家。专家与新手的区别，类水平与个体水平的物体识别的区别，正是人脸与普通物体识别过程不同的地方（Gauthier et al.，1999）。目前，专家系统理论得到一些研究结果的支持。例如，专家在识别专长领域内的物体时出现和人脸类似的倒置效应，新手在 FFA 有显著的激活，而且激活程度与专家化水平相关（Gauthier et al.，2000）。采用双任务设计的实验也发现面孔识别和专长领域内的物体识别存在着竞争（Gauthier et al.，2003）。然而，要统合现有的实验证据，并对人脸识别做出完整的理论解释，还有很长的路要走。

第二节 知觉的特性

一、知觉的对象性

感觉系统为我们提供的是关于光、色、声等个别刺激特征或属性，但我们知觉到的是一个对应着某种形状、质地、大小和位置的完整而具体的图形，是那些个别属性的统一体。知觉的这种特性称为知觉的对象性或选择性。

产生统一体的知觉，首先是要把知觉图形从背景中区分出来。只有当刺激物之间有某种差别时，刺激物中的一部分区域被组织成对应着某种对象或其部分的形状，即被知觉为**图形**（figure），而其他区域便成为**背景**（ground），从而使知觉图形从背景中分离出来。这是产生知觉的必要条件。这其中的关键就是区分出边界。在经典的**空虚视野**（ganzfeld）实验中，如果被试所观察的半球体内部被漆成均匀的灰色或白色，被试无法看出半球内的细微结构时，就完全没有知觉的分化，也就没有图形知觉。而如果在两个亮度的分界线上加上一条线，这时被试就会看到视野分成了两部分：一部分亮些，另一部分暗些，两者之间有了明显的界线（Metzger，1930）。这说明：当视野中没有界线，形不成轮廓时，知觉倾向于均匀化，没有图形知觉；当视野中刺激有差别，可以区分出某种形式的边界或轮廓时，才会产生图形知觉。

大多数情况下，人们总能够在刺激模式中区分出特定的图形，这几乎是一种不依赖于自由意志的自动化的过程。一旦特定的图形知觉形成，它就会“突出”在背景的前面，而背景则好像退到它的后面，变得模糊不清。如上所述，从背景中区分出知觉图形，依赖于图形与背景之间的差别。图形与背景之间的差别越大，图形从背景中区分出来就越容易；反之，则越困难。在某些特殊情境下，我们也能体验到上述实验室中制造出的空虚视野效应。例如，飞行在海天一色的茫茫海洋上的战斗机飞行员在找不到地标的情况下，有时会无法分辨出远处的天空和海洋的分界线，甚至会觉得是在头朝下飞行，即产生倒飞错觉。此外，对象知觉还依赖于下列两个条件。其一，注意的选择作用。当注意指向某个事物时，该事物便成为知觉的图形，而其他事物便成为知觉的背景。

当注意从一个图形转向另一个图形时，新的图形就会“突出”而成为前景，原来的知觉图形就退化成为背景。在第一次看图 10-6a 时，图形中部区域既可能被知觉为一群飞行中的大雁（黑色），也可能被知觉为一群鱼（白色）。这取决于你注意到的是图形上方还是下方的对象。因此，支配注意选择性的规律，也决定着知觉图形如何从背景中分离出来。其二，早期感觉经验也会影响有机体的对象知觉。对一些先天白内障患者的个案研究表明（Gregory，1978），从未有过具体的视觉经验的患者在“恢复”视觉后，甚至无法通过视觉辨认出曾经触摸过的熟悉物体。对幼年的猫、猴和人类的视觉经验的研究结果表明，正常感觉和知觉发展存在一个关键期。早期的感觉经验缺失或受限会导致难以弥补的损伤，而如果在成年之后再施加感觉限制，则不会造成持续性损害（Myers，2006）。

a

b

c

图 10-6　可逆图形

知觉的图形和背景相互依存，不可分离，但图形和背景的地位可以相互转化。在观看**可逆图形**（reversible figure）时很容易体验到这种图形和背景的相互转化。图 10-6中的几幅图，不同区域可以被知觉为不同的对象：图 b 可以知觉为翘鼻子的少妇，又可以知觉为一位老太婆；图 c 这幅达利的名画中，拱门下的白色天空可以看成是伏尔泰的前额和头发，两位女士服装上白色的部分是他的两颊、鼻子和下巴。图形的对象意义是明确的，却存在相当的竞争关系，因此也称之为**两可图**或**双关图**（bistable figure）。

二、知觉的整体性

知觉的对象有不同的属性，由不同的部分组成，但我们并不把它感知为个别孤立的部分，而总是把它知觉为一个有组织的整体。甚至当某些部分被遮盖或抹去时，我们也能够将零散的部分组织成完整的对象。知觉的这种特性称为知觉的整体性或知觉的组织性。格式塔心理学家曾对知觉的整体性做过许多研究，提出知觉是按照一定的规律形成和组织起来的，在知觉任何给定的刺激模式时，我们易于以稳定且连贯的形式把不同的元素简单加以组织，而不是把这些元素当成不可理解的、孤立的一堆混乱感觉。格式塔心理学家和后来的研究者提出了以下知觉组织的主要原则。

（1）**邻近原则**（law of proximity）。在空间上彼此接近的刺激物更容易被知觉为一个整体（图 10-7a）。因此，同样的六个“●”排成不同的空间模式，“●● ●● ●●”更倾向于被组织为三组，而“●●● ●●●”倾向于被知觉为两组。

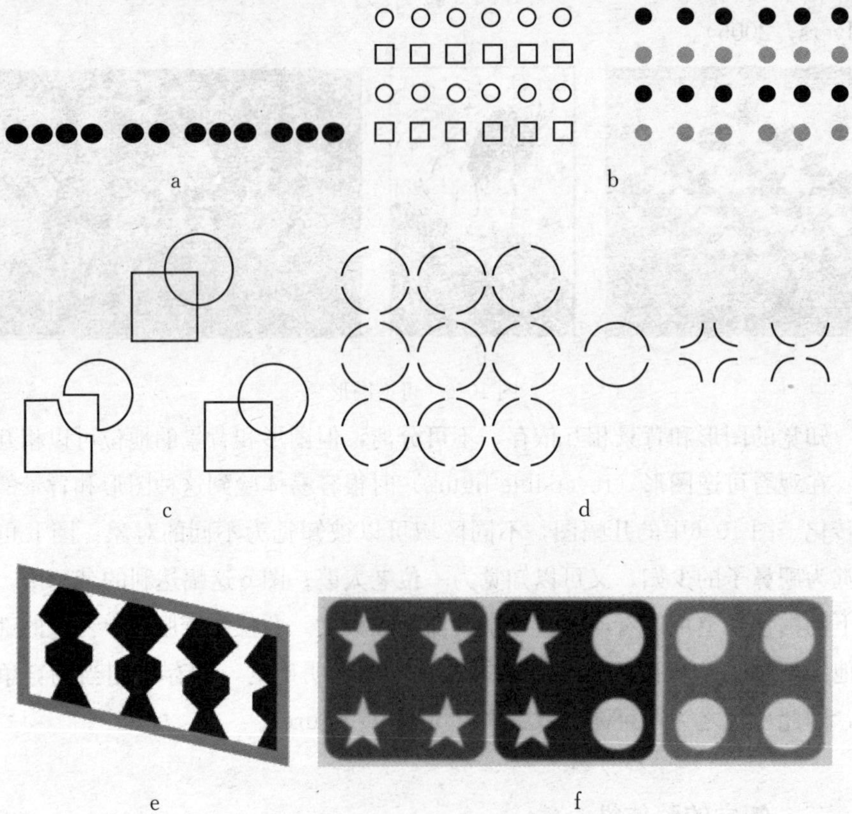

图 10-7　知觉组织原则图解

（2）**相似性原则**（law of similarity）。在大小、形状、颜色或形式上相似的刺激物更容易被知觉为一个整体。如图 10-7b 所示，同色的或同样形状的区域看起来更像一个整体。在这些不同属性中，颜色的作用又更加重要。

（3）**连续性原则**（law of continuity）。知觉的另一个原则是简单和连续性。我们一般会把图 10-7c 中的图形看成是一个圆圈和一个矩形重叠在一起，而不是看成更复杂的两个图形的拼接。知觉倾向于将刺激组织成我们最熟悉的某种模式。

（4）**闭合原则**（law of closure）。乍一看，我们会将图 10-7d 左边的图形看成是一组圆圈，尽管每个圆圈上都有缺口。这是因为知觉有将缺口加以“弥补”而成为一个连续、完整的形状的倾向。

（5）**好图形原则**（law of good form）。单纯的、规则的、左右对称的图形容易被知觉为一个整体。图 10-7e 中，黑色区域更容易被看成一个整体，因为其对称性相比白色区域更好。同样，图 10-7d 中，完整的圆圈形状是大脑所熟悉的简单模式，也是符合好图形原则的图形，相比而言，圆圈比最右边另外两个形状更易成为知觉的元素。

（6）**同域原则**（law of common region）。知觉的组织过程远不是上述规则的简单相加。在图 10-7f 中，如果根据经典的相似性原则和邻近原则，星形和圆形应各被视为一组，但是，背景着色后划分出三个区域，看起来更像是三组物体，中间一组由两个星形和两个圆形组成。根据同域原则，处于同一地带或同一区域的刺激物更容易被视为一个整体，这是心理学家后来提出的一种知觉组织原则（Palmer，1992）。

早期的格式塔心理学家强调，知觉的组织性是刺激本身的自然特点，是人的先天的完形倾向，与过去经验无关。但是，大量的研究（包括一些跨文化研究）表明，知觉的组织性与人的知觉经验有直接的联系。知觉系统可以通过训练而日趋精细，从而完成通常情况下非常困难的物体识别和知觉组织任务（Biederman & Shiffrar，1987；Olson & Chun，2002）。

【专栏10-3】

大范围首先？

视觉过程是从哪里开始的？先看见树木还是先看见森林？这是知觉研究中一个一直争论不休的基本问题。长期以来国际主流观点都认为视觉是从点、线等简单图形开始的，从局部到整体。而30年前，一个名不见经传的中国人在国际权威学术刊物《科学》杂志上发表了一篇论文，独创性地提出了“大范围首先”的拓扑性质知觉理论，向主流的“局部首先”理论发起了挑战。这是改革开放后中国学者在《科学》上发表的第一篇论文，作者陈霖（Chen，1982）当时既没有学位，也没有职称。

图10-8的结果强有力地证明了视觉对拓扑结构觉察的敏感性（Chen，1982）。在三对刺激中，圆圈带有一个洞，其拓扑性质不同于实心方块、实心三角形和实心圆，但后三者在拓扑性质上是等价的。实验中要求被试辨认每对刺激中两者是否相同，呈现每对刺激的时间为5毫秒。结果表明，拓扑结构有差别的圆圈与实心圆的辨认率最高，并且与其他两对刺激的结果达到显著差异。

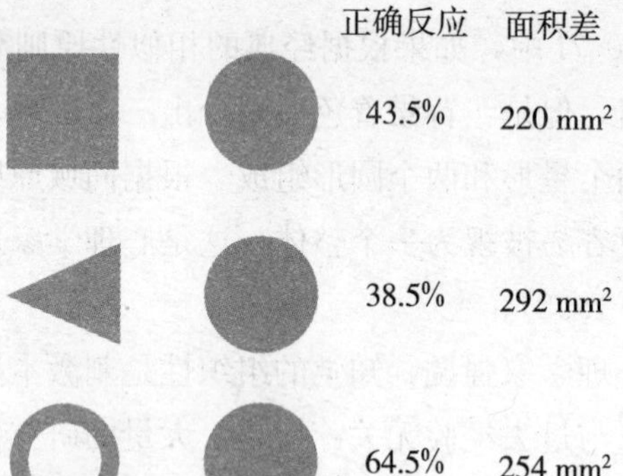

图10-8　测量视觉对拓扑结构觉察的敏感性的三对刺激

已有很多新的证据不断支持拓扑知觉理论。例如，蜜蜂虽然脑子很小，但它能够知觉到图形之间的拓扑性质差别。这是陈霖等人在《美国科学院学报》上发表的研究所证实的（Chen et al.，2003）。蜜蜂被放置在一个Y形迷宫里，圆圈图形在一侧出口，S形图形在另一侧出口。虽然在面积、周长和其他非拓扑特征上两者类似，但它们在拓扑结构上是不同的：圆圈有一个洞，而S形则没有。首先训练蜜蜂对圆圈做反应，即飞向圆圈可得到糖水作为奖赏。然后，在测验中改变图形，放置叉形与正方形，或空心圆与实心圆，或空心圆与有四个小洞的圆，每对图形的拓扑性质都是不同的。蜜蜂顺利地通过了测验，仍然表现出对“洞”（包括空心正方形）的偏向。最后放置圆圈与空心正方形（两者都有一个洞）让蜜蜂辨认，这时它犯糊涂了，没有表现出任何偏好。蜜蜂的实验结果表明，蜜蜂能辨别拓扑结构上的差别。蜜蜂的脑子很小（如第二章所述，其心智发展水平尚处在感觉阶段），因而有理由推测拓扑知觉对所有视觉系统来说都是基本的。

多年来，“大范围首先”理论的证据来自十多种不同的心理科学实验方法，来自从视觉直到意识和情绪的几乎所有的认知层次，来自大脑损伤的病例，来自初生婴儿、高龄老人的发展实验，来自蜜蜂、斑马鱼、鼠、猴的进化实验，还来自磁共振成像、脑磁图、脑电图、经颅磁刺激、光遗传技术等各种脑成像方法的神经表达实验。陈霖说，“大范围首先”理论的实验证据已使得说它“不对”比说它“对”还要困难。2004年，著名知觉杂志《视觉认知》以专辑的形式刊载了陈霖团队的成果，并配发了大量国际著名学者的评论性文章。在与持不同学术观点学者的争论与交流中，陈霖用令人信服的实验不断完善和论证这一假说，使之被越来越多的同行所接受，成为中国学者对认知科学重大基础问题的原创性贡献。（采自朱滢，2005）

三、知觉的理解性

知觉过程的主要目标之一是根据自己的经验对知觉的对象加以解释，并用词汇或概念对其进行命名或归类，即赋予对象一定的意义。知觉的这一特性称为知觉的理解性。即便在非常困难的条件下，人也能够依据特别微小而零散的

图 10-9 能看出什么吗?

线索试图将刺激物命名，并把它归入到熟悉的一类事物之中。请看图 10-9，对这些看似无规律的斑点，你能看出什么吗？如果给你一点提示，图中有我们比较熟悉的动物，你能看出来吗？如果你能看出来，就是过去经验参与知觉对象理解的结果。

在言语知觉中，知觉的理解性是很明显的。在一个音素填补实验中，通过听觉呈现下列句子：

It was found that the * eel was on the axle.

(* eel 被听成 wheel)

It was found that the * eel was on the shoe.

(* eel 被听成 heel)

It was found that the * eel was on the orange.

(* eel 被听成 peel)

It was found that * eel was on the table.

(* eel 被听成 meal)

每个句子的“ * ”位置都被咳嗽声所代替而使得单词不完整。结果发现，即便上述四个句子甚至关键词都相同，但被试根据上下文的理解都宣称完整地听到了整个句子，并将不完整单词分别报告为“wheel”（车轮）、“heel”（脚后跟）、“peel”（果皮）和“meal”（膳食）（Warren & Warren，1970）。被试对不完整单词的知觉显然不是依据刺激本身，而是基于经验和上下文信息做出的主观理解。这种听觉填充效应在我们欣赏音乐或听别人说话时也常能体验到。

所以说，知觉过程就是无休止地在我们真正知觉到的与我们想要知觉到的差异之间做修正的过程。知觉的理解性有助于我们从背景中区分出知觉对象，有助于我们形成整体知觉，从而扩大了知觉的范围，使知觉更加迅速。

四、知觉的恒常性

当知觉对象的刺激输入在一定范围内发生变化的时候，知觉形象并不因此发生相应的变化，而是维持恒定。知觉的这种特性称为**知觉恒常性**（perceptual constancy）。例如，就视觉而言，随着观察的距离、角度和明暗条件不同，视网膜上的物像各不相同，但视觉系统发展出维持物体的知觉表征的倾向，从而使得我们能够根据不同的观察条件来校正信息的输入，不至于面对复杂多变的外部环境而疲于奔命。知觉恒常性现象在视知觉中表现得很明显、很普遍，主要表现为下列几种。

（1）大小恒常性。在一定的范围内，不论观看距离如何，我们仍倾向于把物体看成特定的大小。从远处开来的一辆车很小，但大小恒常性仍然能够使我们知觉到它的大小足以载人。知觉物体的距离为我们提供它的大小线索；反过来，知道了它的大小，如一辆汽车，也为我们提供距离线索。大小和距离在知觉上的这种相互关系发生误用就可能会产生错觉。图 10-10 是有名的**埃姆斯歪曲房间错觉**（Ames distorted-room illusion），房间被设计成变形的，但如果用单眼从窥孔往里看，它的形状是正常的。要求观察者 m_4 透过窥视孔用单眼观察屋内的情形，m_4 看到的是一个形状正常的房间。房间后墙边站着看上去身高差异很大的三个人 m_1、m_2、m_3。事实上，室内墙壁的高度是不相等的，后墙（即图中的 $BCDE$）是一面倾斜度很大的墙，而主观感觉后墙是 $B'C'DE$。屋内靠后墙站着的三个人的身高是完全相等的，但由于后墙是斜的，BC 的距离小于 ED 的距离，观察者 m_4 离 m_3 较近，而离 m_1 较远，所以看上去 m_3 要比 m_1 高得多。

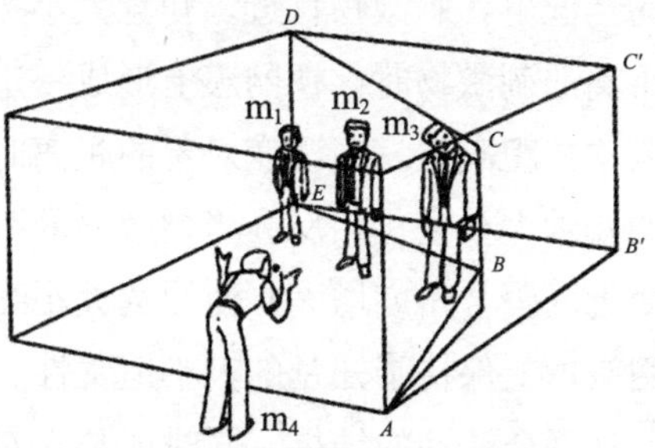

图 10-10　埃姆斯歪曲房间错觉

对象大小的视知觉，一方面取决于物体的大小，另一方面也取决于对象的距离。根据几何学的透视原理，对象在视网膜上的视像随着距离的增加而减小。如果要保持视网膜像的大小不变，随着距离的增加，对象本身的大小必须增加。这个关系称为欧几里得定律，可用方程式 $a=A/D$ 表示，其中 a 为视网膜像的大小，A 为对象大小，D 为对象和眼睛的距离。这个公式也是计算大小知觉恒常性的基本公式。如果对被观察物体不熟悉，不知道其实际大小，也就难以依靠视网膜像的大小来知觉其远近了。第一节所举的俾格米人的例子就是这个道理。计算大小知觉恒常性，还可以使用**布伦斯维克比率**（Brunswik Ratio，BR）：$BR=(R-S)/(A-S)$。其中，R 为物体的知觉大小，S 为 1 米远处的网膜影像大小，A 为物体的实际大小。BR 为 1 时表示完全恒常性，即知觉大小与物体实际大小相等。另一个和布伦斯维克比率相似的公式是**索利斯比率**（Thouless Ratio，TR），区别是后者使用对数替代了布氏比率中的三个参数。

荆其诚和方芸秋（1963）利用偏振镜片改变两眼辐合角度，发现当刺激物的大小保持不变，只改辐合时，知觉大小随辐合距离的改变而变化，即在视网膜像不变的情况下，辐合角度越大（辐合距离越小），对象的知觉大小越小，辐合角度越小（辐合距离越远），对象的知觉大小越大。在两眼辐合角度不变的情况下，刺激物移近，知觉大小按视网膜像的几何学规律增大。当知觉一定距离的刺激物时，视网膜上形成一定大小的视像，同时两眼视轴也辐合在该刺激物的距离上。当改变对象的距离时，视网膜像大小的变化与两眼辐合所引起的知觉大小变化相反。当刺激物的距离变近时，视像就增大，但是辐合距离的变近（辐合角度增大）使知觉大小缩小，二者的作用相互抵消了。这种调节作用基本上保持了知觉的大小恒常性。实验证明，大小恒常性是视网膜像和眼肌运动联合活动的结果，同时还与人对知觉对象的理解有关。

（2）形状恒常性。尽管观察物体的角度发生变化，但我们仍倾向于把它感知为一个标准形状。图 10-11 中所绘的三扇门，由于开闭状态不同，在我们视网膜上的像的形状差异很大，但我们主观上仍倾向于视其为长方形的，这就是形状恒常性现象。

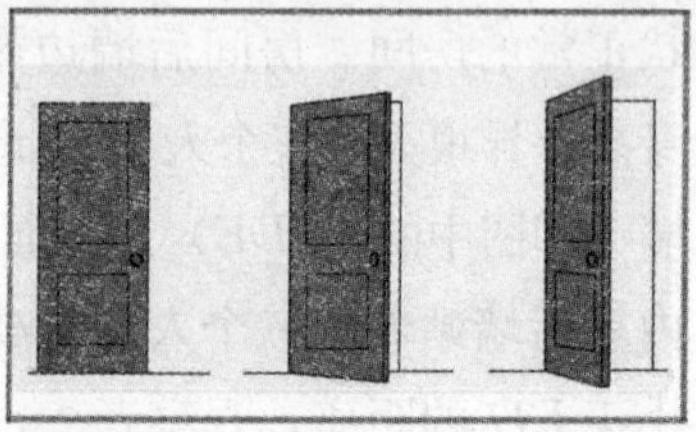

图 10-11　看上去总是长方形的门

（3）明度恒常性。或称亮度恒常性，指尽管照明的亮度改变，但我们仍倾向于把物体的表面亮度知觉为不变。白纸能够反射落在它上面的 90%的光线，而黑纸只能反射 10%。在太阳光下，黑纸反射光线是屋内白纸的 100 倍，但看上去黑纸仍然是黑的（McBurney & Collings，1984）。请看图 10-12，你能相信A和B是同样的灰色方块吗？事实就是这样！其中的原理与对图10-10的解释一样，你能解释吗？另外，这个图也可以用来说明大小恒常性、形状恒常性、颜色恒常性。

图10-12　A和B是一样的？

（4）颜色恒常性。尽管物体照明的颜色改变了，我们仍把它感知为原先的颜色。当光线发生变化时，水果盘里的一个红苹果仍被知觉为原来的红色，因为大脑计算的任何物体的光线都是相对于周围物体而得到的。图10-12中不管光线照射如何，圆柱体的逆光面和向光面都看成同一种颜色，这是颜色恒常性现象。

与其他知觉特性一样，除视知觉外，知觉恒常性还表现在其他知觉领域中。例如，当我们转动头部的时候，虽然声音对听觉器官的作用条件发生了变化，但我们感到声音的方位并没有变化，这是方位知觉恒常性现象。同样是声源方位知觉，**哈斯效应**（Haas effect）说的是若两个不同声源发出同样的声音，其中一个有5～35毫秒的延迟，则所有声音听起来似乎是来自未延迟声源。只有延迟时间超过50毫秒时，第二个声源才能被听到，像清晰的回声。音响系统中利用这一效应，能够产生更加丰富的立体声效果（Haas，1972）。知觉的恒常性在人的生活实践中具有重大意义，它使人能在不同的情况下，按照事物的实际面貌做出反映。

【专栏10-4】

眼见为实？

我们都见过日落，而事实上，我们都知道太阳是不会“落”的，是地球本身的转动使我们的视角发生了变化，使太阳在地平线上逐渐从视野中消失。就像人在经验中获得的大多数概念一样，我们所见到的日落是对于一个外部事件的**知觉重组**（perception reconstruction）。知觉本身包含着感知者的需要、期望、价值观和信念等主观成分，因此，“眼见为实”常常是靠不住的。

在法庭上，目击者的证言对于证明被告有罪或无罪是很重要的。当目击者说“这是我亲眼所见”时，会对审判者有很大的影响。但是，目击者的证言经常是错的，而审判者则会被那些自信的证人和“肯定性”的证言所误导。事实上，不少人就是因为目击者的错误证言而被冤判的。在一个典型的案例中，一个警官做证说，他看见被告在门廊处向受害者开枪，当时他与被告和受害者之间的距离约 40 米远。心理学家的实际测量结果显示，在这一距离条件下，门廊上昏暗的灯光比一支蜡烛光亮的 1/5 还要弱，目击者根本不可能看清谁是谁。现在，心理学研究的结果正在逐步使律师、法官和警官们相信，目击者的证言难免会有错误。表 10-1列出了可以影响目击者知觉准确性的因素（Kassin et al.，1989）。

表 10-1　影响目击者知觉准确性的 12 个因素

影响因素	研究结果与发现
压力	极高的压力水平会降低目击者知觉的准确程度
凶器	凶器的出现会降低目击者准确识别罪犯面孔的能力
目击时间	目击者观察事件的时间越短，对事件感知和记忆的准确性越低
主观自信	目击者的自信程度与其证词的准确程度无关
种族知觉	目击者识别同种族者比识别其他种族者更准确
事后信息	目击者的证词不仅反映他当时看到了什么，而且还包含事后获得的信息
颜色知觉	在单色光（如橙色的路灯灯光）下做出的颜色判断，可信程度极低
提问方式	目击者的证词受对他询问时的提问方式和措辞的影响
无意识转移	有时目击者会把在另一场合见到的人误认为罪犯
观察训练	警察和其他受过训练的观察者作为目击者时，他们提供的证词并不比一般人更准确
时间估计	目击者趋向于过长地估计事件持续的时间
态度和愿望	目击者对事件的知觉和记忆受其态度和期望的影响

总之，日常的、带情绪色彩的以及目击者的知觉都可能是不准确的，甚至会是完全错误的。要记住，“眼见”但“不实”的情况经常发生。这种认识能帮助你容忍其他人的观点，并更加谨慎地考察自己观点的客观性。

第三节 空间知觉

你是否会在下楼梯时走着走着——咣当一声，毫无知觉地跨一大步便下到楼底？你是否会糊涂到想把杯子放到桌上，却反而把它甩到了空中？这样的经历是罕有所闻的。我们生活在三维空间里，必须具有了解自己与空间事物之间的关系及其变化的能力。视、听、嗅等各种感官为我们提供了来自空间的各个点的信息，如果不能把这些信息组织起来，在这个变幻莫测的世界里就无法适应生存。我们对自身和周围事物的空间关系的知觉以及对位置、方位、距离等各构成空间关系要素的觉察即**空间知觉**（space perception），空间知觉包括形状知觉、大小知觉、距离知觉、方位知觉等。

一、空间知觉的参考系

在知觉事物的时候，我们总是要使用一个标准才能进行判断，这个标准叫知觉的参考系。空间知觉的参考系可分为两类：以知觉者自己为中心的参考系和根据知觉者以外的事物所建立的参考系。

在一定的时间和空间里，知觉者总占据着空间的一个位置，对于感觉信息往往是以个人为参考系而获得的，对上下、左右、前后的判断通常是以知觉者自身为参考系而做出的。

对于知觉者自身与物体以及物体之间空间关系的判断，除根据知觉者自身所建立的参考系外，也经常把自身以外的事物作为参考系。东、南、西、北的方向是以太阳出没的位置和地磁为参考系所建立的方位。日出处为东，日没处为西，地磁的南极为北，地磁的北极为南。有了这个参考系，我们就可以在此基础上，以环境中熟悉的物体为参考体进行定向。在特殊的条件下，没有熟悉的地面物作为定向的参考体，也可以用星象、罗盘或其他仪器来定向。对于大小、形状等空间知觉，我们也是使用某种参考系才能加以判断的。

二、视空间知觉

在视空间知觉的问题上，心理学家一直在探索下面两个问题。(1) 我们的视网膜是二维的，同时我们又没有“距离感受器”，那么在二维空间的视网膜上如何形成三维的视觉，我们又通过哪些线索来把握客体与客体、客体与主体之间在位置、方向、距离上的各种空间关系呢？(2) 如果说视空间知觉的获得是双眼协调并用的结果，那么为什么在很多时候使用单眼仍然可以获得准确的空间知觉？根据已有资料，空间知觉需要依靠许多客观条件和机体内部条件或线索并综合有机体的已有视觉经验。有时我们甚至无法意识到这些线索的作用。概括起来，视空间知觉的线索包括单眼线索和双眼线索。单眼线索主要强调视觉刺激本身的特点，双眼线索则强调双眼的协调活动所产生的反馈信息的作用。

(一) 单眼线索

单凭一只眼睛即可利用**单眼线索**（monocular cue）而相当好地感知深度。艺术家们就特别擅长利用单眼线索制造作品中的深度等空间关系。单眼线索很多，其中主要的有如下几种。

(1) 对象的相对大小。对象的相对大小是距离知觉的线索之一，如图10-13a所示，小圆点好像离我们远些，大圆点好像离我们近些。对于熟悉物体的判断则有所不同，高矮不同的两个熟人，如果现在你看到那个本来矮小的人显得高大些，而那个本来高大的人看起来矮小些，那么，你便会觉察到前者离你近些，后者则离你远些。

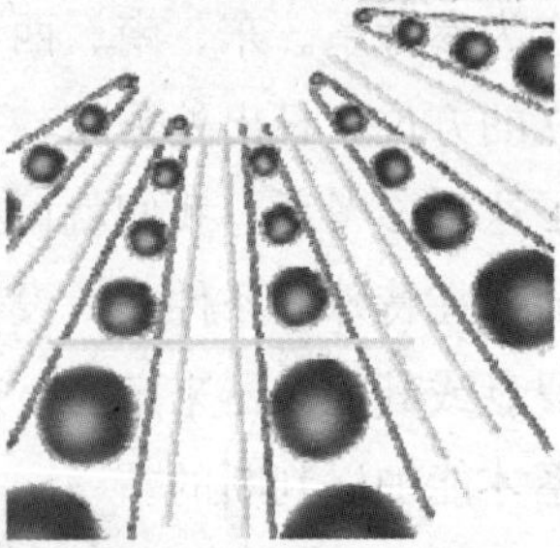

a

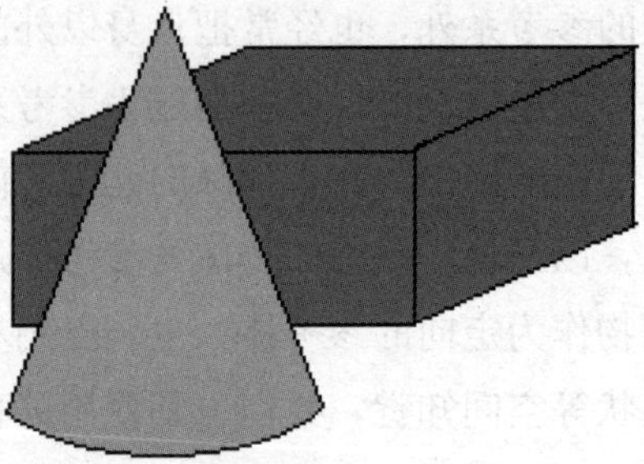

b

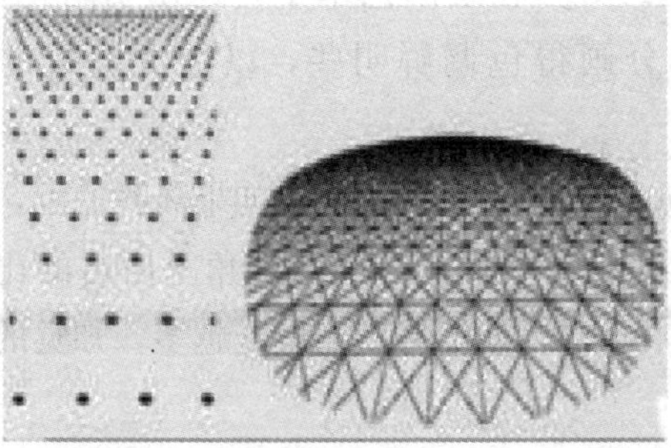

c

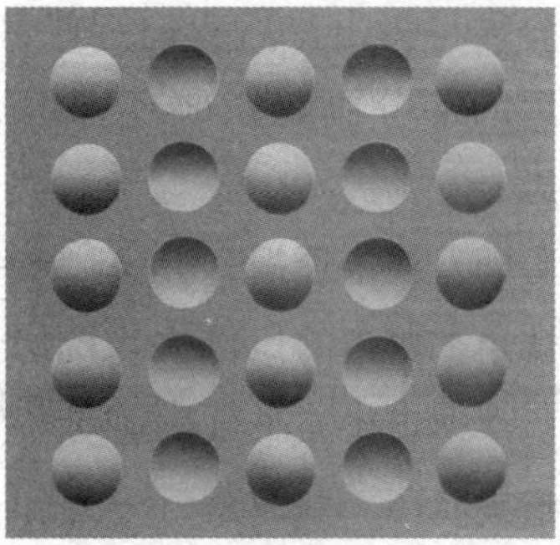

d

e

f

图 10-13　深度知觉的几种重要线索

（2）遮挡。如果一个物体被另一个物体遮挡，遮挡物看起来近些，而被遮挡物则看起来远些。物体的遮挡是距离知觉的一个线索（图 10-13b）。如果没有物体遮挡，远处物体的距离就难以判断。例如，高空的飞机倘若不与云重叠，人们就很难看出飞机和云的相对高度。

（3）**质地梯度**（texture gradient）。视野中物体在视网膜上的投影大小及投影密度上的递增和递减，称为质地梯度。当你站在一条砖块铺的路上向远处观察，你就会看到越远的砖块显得越小，即远处部分每一单位面积砖块的数量在视网膜上的像较多。图 10-13c 中的两个图形，上部质地密度较大，下部质地密度较小，于是产生了向远方伸延的距离知觉。

（4）明亮和阴影。我们生活在一个光和阴影的世界里，它帮助我们感知体积、强度、质感和形状。黑暗、阴影仿佛后退，离我们远些；明亮和高光部分显得突出，离我们近些（图 10-13d）。在绘画艺术中，运用明暗色调，把远的部分画得灰暗些，把近的部分画得色调鲜明些，以造成远近的立体感。

（5）**线条透视**（linear perspective）。同样大小的物体，如果离我们近，则在视角上所占的比例大，视像也大，如果离我们远，则在视角上所占的比例小，视像也小。平行线，如火车轨道，会在远处汇聚。汇聚线越多，知觉的距离越远（图 10-13e）。

（6）**空气透视**（atmosphere perspective）。由于空气的散射，当我们观看远处物体时都会感受到：物体离我们越远，能看到的细节就越少；物体的边缘越来越不清楚，越来越模糊；物体的颜色变淡，变得苍白，变得灰蒙蒙的。远处物体在细节、形状和色彩上的这些衰变现象，称为空气透视。当然，空气透视和天气的好坏很有关系。天高气爽，空气透明度大，看到的物体就觉得近些；阴雾沉沉或风沙弥漫，空气透明度小，看到的物体就觉得远些。如图 10-13f所绘的"布里斯托尔的宽码头"，其中不仅利用了空气透视原理，还综合运用了质地梯度、遮挡、线条透视及相对大小和相对高度等线索。

（7）**运动视差**（motion parallax）。头只要稍微一转动，物体与视野的关系就变了。这种由于头和身体的活动所引起的视网膜物像上物体关系的变化，称为运动视差。当我们运动时，原来静止的物体看上去也在运动。坐过火车的人有这样的经验：在火车上注视窗外的一个物体，如一座房子，那么，比房子近的物体向后运动，物体越近，运动得越快，而注视点远处的物体则和你同时运动，物体越远，运动速度越慢。

（8）眼睛的调节。人在看东西的时候，为了使视网膜获得清晰的物像，水晶体的曲率就要发生变化：看近物时，水晶体较凸起；看远物时，水晶体比较扁平。这种变化是由睫状肌进行调节的。睫状肌在调节时产生的动觉，给大脑提供了物体远近的信息。不过，调节作用只在几米的范围内有效，且分辨力较差。

（二）双眼线索

利用**双眼线索**（binocular cue）是深度和距离知觉的主要途径，其效果要比利用其他线索精细准确得多。双眼线索主要包括视轴辐合和双眼视差。

（1）**视轴辐合**（binocular convergence）。看远物时，两眼视线近似于平行；看近物时，双眼视线会向正中聚合以对准物体。眼睛肌肉在控制视线辐合时所产生的动觉，会给大脑提供物体远近的线索。不过，辐合作用所提供的距离线索只在几十米的范围内起作用。物体太远，视线趋于平行，已不能提供有效的辐合信息。

（2）**双眼视差**（binocular disparity）。人的两只眼睛相距约 65 毫米。当我们看立体物的时候，两眼从不同的角度看这一物体，视线便有点儿差别。尝试一下将手指放在离鼻尖较近的位置，分别用两只单眼观看，会发现手指位置发生了明显的移动。观察物体时两眼视网膜上的物像差异就是双眼视差。双眼视差在深度知觉中起着至关重要而又不为人所觉察的作用，由双眼视差来判断深度的过程即**立体视觉**（stereopsis）（Anderson & Nakayama，1994）。利用这一原理，人们可借助计算机制图，可借助特制的**实体镜**（stereoscopes）观察三维实体图。图 10-14a 示意了双眼视差与深度知觉形成的原理。图 10-14b 是简单的立体图，你可以尝试在放松状态下让视轴发散、平行，仿佛在看一个远处的物体而一直保持对图形的注视，这时就能看到仿佛浮在背景圆圈上面的立体图。图 10-14c 是基于同样的原理用计算机编排的立体图，你会看吗？能看见一个菱形方块悬浮在背景之上。立体视觉的研究表明，在排除了其他所有深度线索的条件下，只要具备视差条件，一组完全无意义的视觉刺激就能让人产生深度知觉。这在一定程度上验证了吉布森的直接知觉理论，并在艺术创作和计算机视觉领域得到广泛的应用。

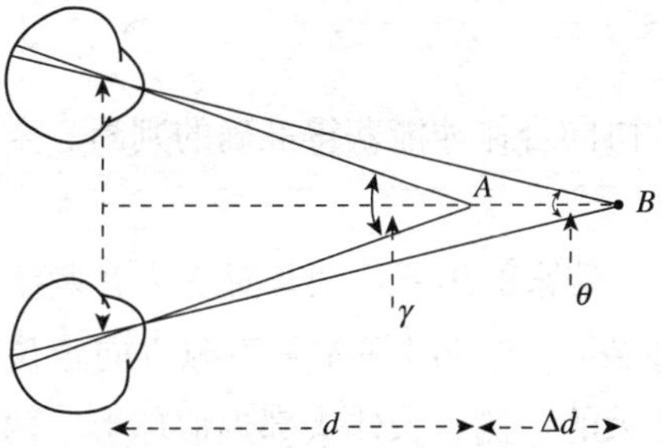

a

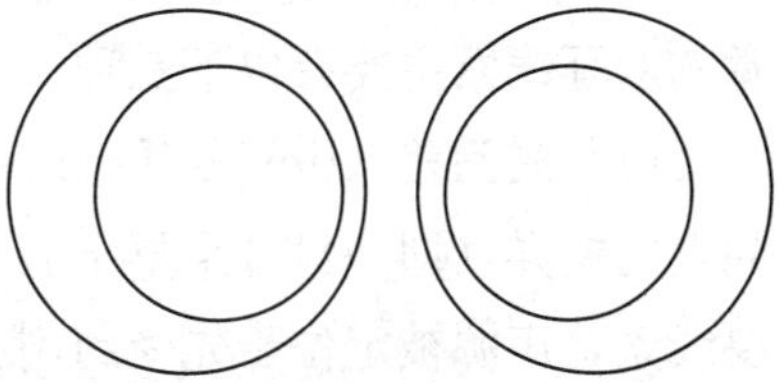
b

c

图 10-14 双眼视差与立体视觉

三、听空间知觉

关于空间的感受，除了视觉之外还能从听觉器官获得，耳朵能提供声音的方向和声源远近的线索。视觉线索有单眼和双眼的区别，听觉线索也有单耳和双耳的区别。

（一）单耳线索

由单耳所获得的线索，虽不能有效地用于判断声源的方位，却能有效地用于判断声源的距离。平时我们往往以声音的强弱来判断声源的远近：声音强则声源近，声音弱则声源远。特别是熟悉的声音（如汽车、火车的声音），按其强弱来判断声源远近较为准确。

（二）双耳线索

对声源远近和方向定位，靠双耳的协同合作才能获得准确的判断。空间知觉的双耳线索主要有以下三种。

（1）**时间差**（time difference）。从一侧来的声音，两耳感受声音刺激有时间上的差异（即一只耳朵早于另一只耳朵）。这种时间差是声源方向定位的主要线索，声源被定位于先受到刺激的耳朵的一侧。人体头部近似球形，两耳间的距离为 15～18 厘米，声音到达两耳的时差的最大值约为 0.5 毫秒。

（2）**强度差**（intensity difference）。声音的强度随传播远近而改变，即越远越弱。与声源同侧的耳朵获得的声音较强；由于声波受头颅阻挡，对侧耳朵得到的声音较弱。这样，声源就被定位于较强的一侧。

（3）**位相差**（phase difference）。低频声音因波长较长，头颅的阻挡作用较小，两耳听到的强度差也较小。这时，判定方位主要靠两耳感受声音的位相差，即同一频率声波的波形的不同部位作用于两耳，因而内耳鼓膜所受声波的压力也就有了差别。虽然这种差别很小，但它是低频声源定位的主要线索。

高于 3 000 赫兹的声音，两耳强度差较大，易于定位。两耳感受刺激的强度差是高频声音方向定位的主要线索。声速为 344 米/秒，当声源从正中偏向 3°时，刺激两耳的时间差仅为 0.03 毫秒，人便能感觉到声音偏向一侧。时间差越大，感到声音偏向侧面的角度越大。偏向身体左右两侧的声音，到达两耳强度差和时间差较大，人们易于辨别其方向；处于两耳轴线垂直平分面上的声音，到达两耳的强度差和时间差相等，人们难以分辨其方向。在听觉方向定位时，人经常转动身体和头部的位置，使两耳的距离差不断变化，以便精确地判断声音的方向。这样，即使是一只耳朵，借助头部和身体转动的线索也能够确定声音的方位。

在通常的情况下，正常人的空间知觉主要依靠视觉和听觉。嗅觉也能起作用，由于气味到达两只鼻孔的时间、强度不同，人们也能分辨出气味的来源和位置。在特殊情况下，人们还可以用其他感官来感受空间。例如在黑暗中，靠触摸觉和动觉来确定周围物体与人之间的方位关系。

第四节 时 间 知 觉

时间不像光和声那样有专门的感受器，我们没有专门的时间感受器。**时间知觉**（time perception）实际上是对事件和运动的知觉（Hanke，2000）。我们对时间的知觉是建立在对周期性和非周期性变化的经验基础之上的。

一、时间知觉的参考系

时间既没有开始，也没有结束，从无穷的过去直到无穷的将来。要判断时间，就必须以某种客观现象作为参照。以下几个方面为我们提供了时间知觉的主要参考系。

（一）**宇宙环境所提供的信息**

太阳的东升西落、月亮的盈亏变化、星座的向西移动、季节的变化等，都可以成为我们感知、判断时间和调节活动的客观依据。从古至今，自然界的这些周期性现象对人测量时间和调节活动都起过积极的作用。古人根据自然界的周期性现象计算时间，制定历法，耕耘狩猎。现今我们对时间的不严格计量，如上午、下午、一天等，还是以太阳的变化位置为参考系的。

（二）**计时工具**

人类发明了钟表和日历等后，就以此来计量时间和调节活动。较长的时间，以年、月、日计量；较短的时间，以小时、分、秒计量。以生活中的重大事件进行时间定向也是以日历为参考系的。

（三）**生物钟信息**

科学家已经发现许多有机体内存在各个时间梯度上的周期性节律，也即所谓的**生物钟**（biological clock）。这些生物钟控制着从季节性迁移、细胞增殖等长时间维度的生命活动到进食、睡眠、消化、排泄、心跳、呼吸等短时间维度的行为和生命过程，甚至还作用于毫秒级的神经活动，其作用范围从基因水平直到行为水平。以我们最熟悉的**昼夜节律**（circadian rhythm）来说，哺乳动物的生物钟位于大脑的下丘脑中，通过视网膜中的光感受器对光线做出反应以调节生物钟维持 24 小时的周期。这种调节甚至可以在少量或完全自然光暴露条件下顺利实施（King & Takahashi，2000；Klein et al.，1991）。尽管尚不能回答其中的缘由，但各种周期性节律为人类的活动提供了丰富的时间信息。

二、时点、时序与时距

（一）**知觉到的现在**

时间是瞬息即逝的，我们不能像空间知觉那样进行反复的感知。因此，真正意义上的时间知觉和时间记忆有所不同。时间知觉是对时间的“直接”反映，依赖于同质刺激的自发组织，即在大约几秒钟的限度内，把一些相继事件知觉为相对来说是同时的。这些事件排列有序，并被知觉为一个单元，如一个电话号码、一个节律结构、一个曲调的主旋律、一个简单的句子等（Fraisse，1963)。可见，时间知觉的内涵和所谓**心理的现在**（psychological now)、**知觉到的现在**（perceived present）相同。通常，时间知觉包含对时间持续性和顺序性的知觉。超过了上述限度，我们对持续时间的认知就不是对现实的复制，而只能靠同长时记忆中的体验或钟表和日历所衡量的时间来加以认知，这是**时间估计**（time estimation）或时间记忆（Fraisse，1984)。实际上，不论时间知觉或时间估计，都不能理解成是对纯粹时间的加工，时间信息必然不能脱离非时间信息。

知觉到的现在的上限是按照一个刺激序列可以被知觉为整体所持续的时间来衡量的。因此，这个时限不仅取决于人的客观认知加工能力，也取决于刺激材料和环境的属性。早期的一些研究表明，知觉到的现在的上限是有差异的：对英语诗句的平均持续时间为 3 秒，对光刺激的平均持续时间约为 6 秒，对乐音的平均持续时间为 2～5 秒。弗雷斯（Fraisse，1981）总结了这方面的研究，认为知觉到的现在可以持续 3～5 秒。波佩尔和威特曼（Pöppel & Wittmann，1999）甚至提出这个时限的内涵就是意识的限度，因为系列事件只有通过某种时间整合机制被整合成一个个单元或时间上的“格式塔”，才能成为主观的“现在”的内容。作为意识内容维持时限的证据，在双关图知觉、反应时分布甚至言语等基本动作作业中先后发现了上限约为 3 秒的低频周期性振荡机制，而对时间顺序阈限的研究则发现还存在另一个时距大约为 30 毫秒的高频加工系统。从功能上讲，后一个系统产生间隔约 30 毫秒的时间量子，为离散事件的建立和识别提供可能，它不受感觉道换能作用的影响，而只取决于脑的功能；前一个系统则产生持续约 3 秒的时间整合窗口（Pöppel，1997，2004)。

（二）顺序和持续

作为时间知觉的基本研究内容，顺序和持续并不能完整概括所有的时间经验。在弗雷斯（Fraisse，1963）建立的时间知觉研究框架中，从瞬时体验过渡到持续体验的延续性组织和从同时体验过渡到相继体验的顺序性组织是绵延事件的基本结构。对这两类组织中的时间知觉阈限的测定揭示出二者之间的分离：顺序阈限略高于持续阈限，但二者并非一个连续体；持续阈限在视觉通道上比在听觉通道上要高（视觉通道的换能速度慢于听觉），而顺序阈限则不受换能作用的影响，表现出跨通道的一致性。

（三）对持续时间的估计

经验告诉我们，不同于绵延而连续的物理时间，心理时间是离散和分段的。持续知觉即时距知觉也因此受到研究者的关注。一般认为，人们对于接近1秒的时间（0.5～0.7秒）既不高估也不低估，少于这个时间则倾向于高估，超过这个时间则倾向于低估。对持续时间的估计会受到很多因素的影响。例如，实验发现，年幼的儿童可以对5秒以下的短时间高估，对15～30秒的较长时间低估（黄希庭、张增杰，1979；张增杰、黄希庭，1963）。已有大量研究围绕时距估计的准确性及其变异源展开。

（1）刺激的物理性质。刺激的类型、复杂度、强度、呈现时间、感觉道的类别和个数等刺激或情境性质会极大地影响时距知觉。已有的研究发现：较强的刺激比不太强的刺激显得时间长一些，被分段的时距比空白的时距显得长些，延伸于两个空间的时距比延伸于一个空间的时距显得长一些，信息编码复杂的时距比信息编码简单的时距显得长一些，不熟悉刺激的时距比熟悉刺激的时距显得长一些。最近有一项研究探讨了拓扑性质对视觉新异刺激时距知觉的影响，发现：当标准刺激与新异刺激表现出拓扑性质的差异时，被试更倾向于高估新异刺激的呈现时间；相对于其他几何性质的变化，拓扑性质的变化能够导致更大程度的新异刺激效应（李宝林等，2013）。这一结果也为知觉“大范围首先”的拓扑学定义提供了新的证据。

（2）生物属性。早期的时间知觉理论基于生物钟假设，将时距知觉解释为节拍器（生物钟）发放脉冲，累加器记录脉冲数量并通过比较机制得出时距估计的过程。研究者试图辨明刺激属性和心理反映间的一般联系，也尝试建立了一些心理物理法则，被认为是时间知觉研究的生物取向。其代表性成果**梯度期望理论**（scalar expectancy theory）至今仍有影响（Gibbon，1977）。根据该理论，凡可能对生物钟工作频率产生影响的机体变量都是时距知觉的变异源。例如：体温的升高、年龄的增长会导致高估时间；女性倾向于高估短时间和低估长时间，男性则相反；其他如药物注射、智商、疲劳、脑损伤、异常的精神状态都会对时距知觉产生影响。

(3) 认知与人格因素。随着认知科学的兴起，注意、记忆、认知能力等认知因素对时间知觉的影响日益得到研究，而动机和情绪、经验、社会环境等人格与文化因素的影响也受到重视。例如，**注意闸门模型**（attentional-gate model）整合了内部时钟模型和注意模型，指出人们对时间的认知受到闸门开放程度的影响，分配给时间任务的注意资源越多，闸门开放得越频繁，开放的程度越宽广，更多的脉冲进入累加器（Zakay & Block，1997）。该理论可以很好地解释时间错觉现象，即对持续时间的注意会使知觉到的时距变长。

三、时间知觉与空间事件

时间和空间是一种相互依赖的关系，彼此很难分割。时间对空间产生影响的经典例子是 **Tau 效应**（Tau effect）。在赫尔森和金（Helson & King，1931）的实验中，如图 10-15a 所示，在被试的前臂安排了三个等距离的受刺激点，组成一个触觉的等边三角形。当刺激 *A* 点和 *B* 点之间的时间间隔大于刺激 *A* 点和 *C* 点的时间间隔时，被试觉得 *AB* 的距离似乎要大于 *AC* 的距离，即时距越长，知觉到的距离也越长。Tau 效应在视觉领域也得到了证明（Bill & Teft，1969）。

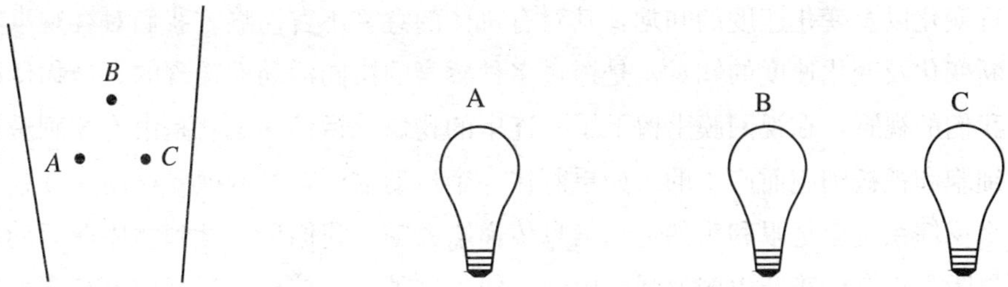

a. Tau 效应的实验安排　　　　b. Kappa 效应的实验安排

图 10-15　Tau 效应和 Kappa 效应

反过来，时间知觉受空间事件的影响称为 **Kappa 效应**（Kappa effect）。在科恩等（Cohen et al.，1953）的实验中，将三个灯泡排成一行，如图 10-15b所示。开 A 灯泡和 B 灯泡之间的时间间隔等于开 B 灯泡和 C 灯泡之间的时间间隔，但由于 A 灯泡和 B 灯泡的距离大于 B 灯泡和 C 灯泡，被试觉得开 A 灯泡和 B 灯泡之间的时间间隔要长些，表现出空间知觉对时间知觉的影响。Kappa效应只在特定的时间间隔条件下才会发生，在刺激难以区分时更容易发生（Jones & Huang，1982）。有实验表明，Kappa效应在儿童身上表现得特别明显（黄希庭等，1980）。

对于这类时空相互作用现象，安德森（Anderson，1975）用速度、时间和空间距离这三者关系的整合在时空判断中的作用来解释，而琼斯和黄（Jones & Huang，1982）则用背景性错觉来解释。还有研究发现，当被试形成利用时间间隔作为空间距离估计线索的定势时，更容易发生Tau效应，而当其形成利用图像运动的速度作为距离估计线索的定势时，则发生**逆Tau效应**（anti-Tau effect），即时距越长，距离估计越短（Matsuda et al.，2000）。此外，时空相互作用现象还广泛渗透在内隐的层面。最近就有研究揭示了空间隐喻和形状变化对物体内隐时间概念加工的影响（宋宜琪、张积家，2014）。

第五节 运动知觉

运动知觉（motion perception）也就是对客体或客体的部分在空间上的位置变化以及变化速度的知觉，其对有机体的意义不言而喻。我们对客观事物不断变化及变化速度的知觉，是透过多种感官的协同活动而实现的。当物体通过我们的视野，在视网膜上留下了一连串的物像，运动知觉就是由连续刺激视锥细胞和视杆细胞而产生的。如果盯住一个运动物体，我们就要移动头和眼，那么反馈系统会把眼和头的运动信息传递给大脑，我们仍知觉到物体在运动。如果听到火车的声音由弱变强或由强变弱，这种声音信息告诉我们火车正由远及近或由近及远地运动。如果我们自己在行走，或视线从一个固定的物体转移到其他固定的物体，虽然视网膜上留下了一连串的物像，但我们并不觉得外物在运动。这是因为身体的平衡觉、头部的动觉抵消了视网膜上连续刺激所产生的兴奋。我们时常会陶醉于技术娴熟的网球手、羽毛球手或乒乓球手对运动着的物体的准确判断，其中的运动知觉是很复杂的，因为知觉对象和知觉主体都处于瞬息万变之中。运动牵涉到时间和空间的交互作用，因此运动知觉与时间知觉和空间知觉密切相关。

一、运动知觉的参考系

任何事物都处在不断的变化和运动之中。运动与静止，运动速度的快与慢，都是相对而言的。人观察某一物体是运动还是静止，以及运动速度的快慢，都要用另一物体来做比较。这个被比较的物体，就是运动知觉的参考系。例如，我们在公路上看到行人来来往往、汽车南来北去，这种运动知觉是以它的背景（地球）静止作为参考系的。

生活实践使我们形成了一条基本经验：知觉对象是活动的，而背景是固定的。平时我们就是按这条基本经验行事的。坐火车时，另一条轨道上的并行列车开动了，本来没动的你却感到自己坐的车子开动了。因为窗外的景物被感知为背景，你以为背景是固定不动的，结果背景的活动反倒使你感到自己在反方向运动。类似这样的知觉对象和背景的相互关系为我们提供了物体运动变化的许多信息：(1) 出现位移时，往往倾向于把知觉对象看作运动的，而背景则被当作固定的；(2) 一个小物体在大背景中运动，比起大物体在小背景中运动看起来要慢得多；(3) 一个物体通过一个平滑不变的背景时看起来显得慢，而通过一个多样化的背景时由于提供了较多的参考点，看起来就显得快；(4) 靠在一起的两个物体同时发生位移，较小的物体易被看作是运动的；(5) 明暗不同的物体发生位移时，较暗的物体易被看作在运动；(6) 被注视的物体易被看作是运动的，不被注视的、模糊不清的部分易被当作固定的背景。

二、真动知觉

运动知觉可分为真动知觉和似动知觉。**真动知觉**（real movement perception）是对物体本身真正在空间发生的位移及移动速度的知觉。虽然事物都在不断变化，但并不是任何种类的运动变化都能被我们察觉到。有些运动太慢，如钟的时针和分针的移动、花的开放，我们无法看清；有些运动大快，如飞行中的子弹、白炽灯的闪烁，我们也看不出来。我们刚刚可以辨认出来的最慢的运动速度，即是运动知觉的下阈限；运动速度加快，超过一定的限度，我们看到的只是弥漫性的闪烁，这种刚刚能看到闪烁时的速度，即是运动知觉的上阈限。据测定，距离为 2 米时，运动知觉的下阈限为 0.66 毫米/秒，上阈限为 605.22 毫米/秒。运动知觉的差别阈限符合韦伯定律，在速度为 200～400 毫米/秒的情况下，韦伯常数约为 0.2（荆其诚、叶绚，1957）。如同前面提到的专业球手的例子，对运动的知觉受到经验和训练的影响。在运动知觉的生理机制方面，现代神经成像研究表明大脑的某些区域可以对运动进行检测（Tootell et al.，1997）。对脑损伤病人的神经心理学研究也发现运动知觉损伤的个案，如有病人无法“看到”咖啡倒入杯子的连续过程，而只能知觉到一串静态图像（Zihl et al.，1983）。

三、似动知觉

似动知觉（apparent motion perception）是指在一定的条件下人们把客观上静止的物体看成是运动的，或把客观上不连续的位移看成是连续运动的。似动知觉主要有下列几种形式。

（一）动景运动

在格式塔心理学的创始人韦特海默（Wertheimer，1912）的实验中，不同位置的 A、B 两条线段相继呈现。当时间间隔过短（低于 0.03 秒），看到的是 A、B 两线同时出现；而时间间隔过长（长于 1 秒），看到的是 A、B 两线先后出现；如果间隔时间适当（0.06 秒），便会看到 A 向 B 的运动。像这种物体本身并未移动，而只是刺激在特定的时间间隔和空间间距条件下连续交替呈现所产生的似动现象，称为**动景运动**（stroboscope motion），也称 **Φ 现象**（phi phenomenon）。电影、卡通片的制作，都采用了这一原理。这是视觉后像的作用，使我们把断续的刺激融合知觉为一个整体连续刺激。

（二）自主运动

在暗室中注视一个静止的亮点（如烟灰缸里一支点燃的香烟，或一个不透光的盒子里放一个亮着的灯泡，在盒子壁上戳一个小孔），注视一段时间后，光点会古怪地动荡起来，此即自主运动。造成**自主运动**（autonomic motion）的原因并不完全清楚。一种观点认为，自主运动是由于人的眼睛总是不随意地运动着，即使在注视时仍有微弱的颤动，这些眼动信息的输入反而使人觉得亮点在运动。另一种观点认为，自主运动是视野中缺乏参照物之故，因为一旦视野里有某个参照物，自主运动随即消失。看来，这两方面的原因都可能起作用。

（三）诱导运动

周围其他物体运动，使本来静止的物体看上去在运动，这样一种错觉叫作**诱导运动**（induced motion）。在没有更多的参照物的条件下，两个物体中的一个在运动，人们可能把它们中的任何一个看成是运动的。我们可以把月亮看成在云彩后面移动，也可以把云彩看成在月亮前面移动。其实，相对于人来说，月亮并没有移动，只是运动着的云彩“诱导”出静物月亮好像在运动。

（四）运动后效

大多数运动都会产生朝相反方向的**运动后效**（motion aftereffect）。典型的情况是，当我们注视瀑布一会儿后，将视线移至旁边的悬崖上时，悬崖看起来像是在往上运动似的，这也称瀑布效应（Waterfall effect）。此外，日常生活中我们也可能有这样的经验，就是快速旋转的车轮或风扇在某个速度上会让人产生反转知觉。

第六节　错　觉

一、错觉及其种类

知觉系统仅根据输入刺激的部分属性就可以不断地根据记忆或经验创造出知觉形象，这种知觉形象往往是关于知觉物的某种最合理、最可能的解释。在特定条件下，这种解释产生偏差，就形成错觉。**错觉**（illusion）指在特定条件下对事物必然会产生的某种固有倾向的歪曲知觉。错觉不同于幻觉，它是在一定条件下必然产生的正常现象。严格来说，任何知觉都带有某种错觉，因为眼睛不同于照相机，耳朵不同于录音机，知觉是对客体再加工的心理历程，而不是机械的复制。错觉现象很早就被人们所认识。例如，《列子·汤问》中所载“两小儿辩日”的故事，所谓“日初出大如车盖，及日中则如盘盂”，就是错觉的一例。日月错觉是一个十分常见而有趣的例子，太阳或月亮接近地平线时，看起来比其位于正当空时要大50%左右，虽然在这两个位置时太阳或月亮的视网膜投像是一样大的。

错觉的种类很多。对错觉的研究可以追溯到19世纪中叶，早期研究侧重于黑白色调的**视错觉**（visual illusion），近来由于技术的发展特别是计算机制图技术的发展，**颜色错觉**（color illusion）和**运动错觉**（motion illusion）的研究成为焦点。错觉中研究得最多，也最具代表性的是**几何错觉**（geometric illusion）。最经典的有以下一些（图 10-16）。（1）方向错觉：一条直线的中部被遮盖住，看起来直线两端向外移动部分不再是直线了，也称为波根多夫（Poggendorff）错觉；由于背后倾斜线的影响，看起来棒似乎向相反方向转动了，也称为策尔纳（Zöllner）错觉；画的是同心圆，看起来却是螺旋形，也称为弗雷泽（Fraser）错觉。（2）线条弯曲错觉：两条平行线看起来中间部分凸了起来，也称为黑林（Hering）错觉；两条平行线看起来中间部分凹了下去，也称为冯特（Wundt）错觉。（3）线条长短错觉：垂直线与水平线是等长的，但看起来垂直线比水平线长，也称为菲克（Fick）错觉；左边中间的线段与右边中间的线段是等长的，但看起来左边中间的线段比右边的要长，也称为米勒-莱尔（Müller-Lyer）错觉。（4）面积大小错觉：中间的两个圆面积相等，但看起来左边中间的圆大于右边中间的圆；中间的两个三角形面积相等，但看起来左边中间的三角形比右边中间的三角形大，也称为艾宾浩斯（Ebbinghaus）错觉。

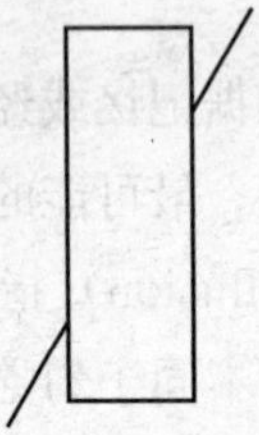
波根多夫错觉

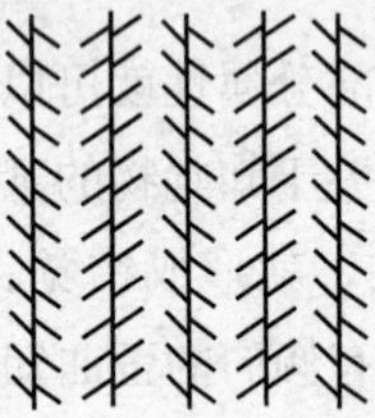
策尔纳错觉

弗雷泽错觉

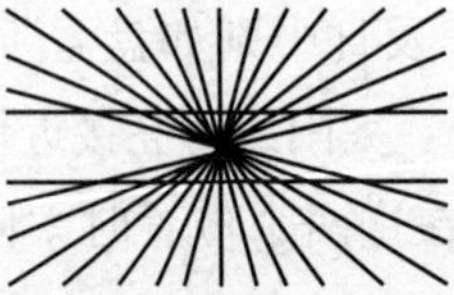
黑林错觉

冯特错觉

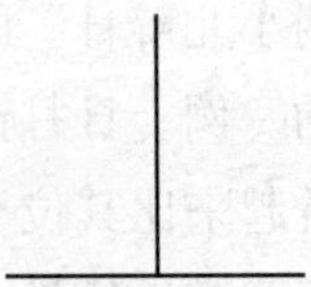
菲克错觉

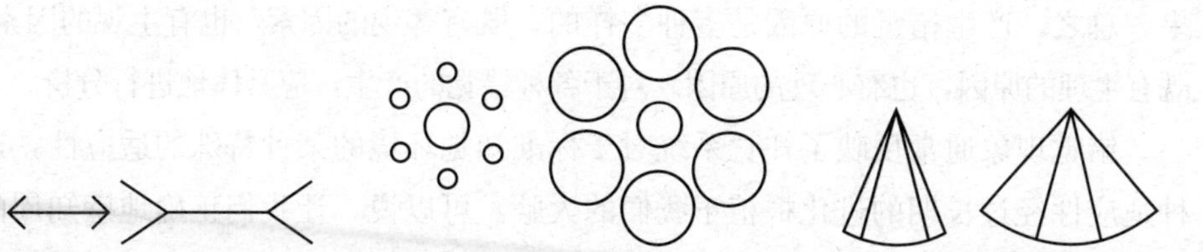

米勒-莱尔错觉　　艾宾浩斯错觉　　艾宾浩斯错觉

图 10-16　几何错觉

二、错觉产生的原因

关于错觉产生的原因虽有多种解释，但至今都不能完全令人满意。这是一个相当复杂的问题。从现象上看，错觉的产生可能既有客观的原因，也有主观的原因。客观上，错觉的产生大多是在知觉对象所处的客观环境有了某种变化的情况下发生的。有的是对象的结构发生了某种变化，如垂直水平错觉，有的是对象处于某种背景之中，如太阳错觉等。知觉的情境已经发生了变化，人却以原先的知觉模式进行感知，这可能是错觉产生的原因之一。主观上，错觉的产生可能与过去经验有关。人对当前事物的感知总是受着过去经验的影响，错觉的产生也受到过去经验的影响。例如，我们生活在地球上，习惯把小的对象看成在大的静止背景中运动，如人、车辆在静止的大地上运动。所以，月夜观月，人们习惯把大片白云看成是静止的，误以为月亮在云后移动。

情绪、态度也会使人产生错觉。例如：焦急企盼、彻夜失眠、百无聊赖、无事可干等都会使人感到时间过得很慢，有所谓“度日如年、一日三秋”之感；全神贯注于自己的事业或愉快的活动，会使人感到时间过得很快，有所谓“光阴似箭、日月如梭”之感。再如，战败了的士兵由于恐惧而产生“风声鹤唳、草木皆兵”的错觉。

错觉也可能是各种感觉相互作用的结果。例如，形重错觉的产生很可能是因为平常我们获得的视觉信息大大多于肌肉动觉信息，在提一定质量的物体时，我们却首先倚重视觉提供的信息，会准备用大力气去提大物，用小一点儿的力气去提小物，结果便感到原本质量相同的两个物体质量不同，总觉得较小的物体重些。又如，听报告时声源移位的错觉可能是视觉和听觉相互作用的结果。总之，产生错觉的原因是多种多样的，既有客观的因素，也有主观的因素，既有生理的原因，也有心理的原因。对于各种错觉的产生，应具体地进行分析。

错觉现象通常反映了知觉系统对于标准知觉环境的某种特殊的适应性，这种适应性经过长期的进化根植于我们的大脑。可以说，让我们正确地感知周围世界的知觉机制也就是导致知觉解释发生错误，产生错觉的机制。了解错觉对于我们解释知觉具有重要的意义。同时，错觉现象在艺术、工程设计以及军事上有着广泛的应用。

【专栏10-5】

月亮错觉

这是一种壮观而又迷惑人的错觉：月亮刚刚在地平线上升起时看起来比在正当空时要大！但实际上我们都知道，月亮还是同一个月亮，它并没有改变大小，也没有改变与地球之间的距离。如图 10-17 所示，不管月亮位于天空的那个位置，它的大小都是相同的。该图是拍摄的一张时序影像，每隔 2.5 分钟对月亮进行一次短暂曝光，而最后一次的曝光时间较长，以带出西雅图的美丽全景。从中可见，月亮的直径实际上未曾变化。如此说来，照相机做了忠实的记录，人眼却不能“眼见为实”了。那么，是什么导致了**月亮错觉**（moon illusion）呢？自古以来人们就试图解释它，但至今仍无定论。心理学上最具代表性的有以下两种理论。

图 10-17　月出西雅图

（1）**表面距离假说**（apparent distance hypothesis）。这是美国心理学家考夫曼和罗克（Kaufman & Rock，1962）提出的月亮错觉理论。该假说认为，当远近不同的两个物体在视网膜上形成的像大小相同时，人们就会根据经验判断远者较大，近者较小（远处的牛和近处的羊看起来一样高时，人们却知牛比羊大）。月亮接近地面时，由于空气透视等原因，人们在心理上就会觉得它比在正当空时较远。于是，根据远者较大、近者较小的心理原则，人们自然就会判断正当空的月亮较小。

（2）**相对体积假说**（relative size hypothesis）。这是美国心理学家雷斯特勒（Restle，1970）提出的月亮错觉理论。该假说认为，人所见到物体体积的大小，并不完全以视网膜上的像为根据，要在参照物体周围环境中其他物体后才做出判断。除了附近物体的大小外，物体本身所在地周围的空间大小也是重要的参照标准。月亮接近地面时，其周围空间小，所以显得月亮特别大（形成对比）；月亮当空时，因为周围空间开阔，相对地就显得月亮较小。

多年来，有关月亮错觉的研究一直持续不断（Hershenson，1989）。

【复习与思考】

1. 解释：知觉，不可能图形，可逆图形，知觉恒常性，知觉重组，空间知觉，双眼视差，时间知觉，知觉到的现在，Tau效应，Kappa效应，运动知觉，似动知觉，Φ现象，自主运动，诱导运动，运动后效，错觉。

2. 根据知觉的信息加工原理分析知觉与感觉的不同。

3. 知觉有哪些基本特性？试举例说明。

4. 双眼视差在空间知觉中起什么作用？

5. 双耳线索在空间知觉中起什么作用？

6. 如何看待心理时间与物理时间的不同？

7. 讨论错觉产生的原因。

【扩展阅读书目】

1. 高湘萍著：《知觉心理学》，人民教育出版社 2011 年版。

2. ［美］D. 沃尔克、H. L. 小皮克主编，喻柏林等译：《知觉与经验》，科学出版社 1986 年版。

3. ［英］E. H. 贡布里希著，林夕等译：《艺术与错觉——图画再现的心理学研究》，湖南科学技术出版社 1999 年版。

第十一章　学　　习

第一节　概　　述

一、什么是学习

当问到什么是学习这个问题时，许多人可能会想到在学校读书和学到东西，想到怎样学会预见潜在的危险，想到怎样在适当的时候向他人表达或隐藏感情，还可能想到怎样学会感恩、同情以及表现文明的行为举止。所有这些都是学习，都是个体获得经验的过程。**学习**（learning）是在经验的基础上形成的相对持久的行为或行为潜能的变化。这个定义蕴含了三层意思。

首先，学习是行为或行为潜能的变化。例如，当我们观察到一个人的行为发生了变化，如会骑自行车或使用计算机了，这表明是学习的结果。虽然我们无法直接观察到学习本身（通常我们不能看见这个人脑内的变化），但从其外在的行为改善就可以看出学习已经发生了。当然，外在的行为改善也不能说明学习的全部内容。有时我们所习得的对事、对人的态度，如对饮食口味的偏爱或对人生真谛的领悟，这些不一定在个人可测量的行为中表现出来，但我们可以从这个人的饮食行为、如何对待工作、如何打发时间以及如何待人接物中，推断出这个人行为潜能的改变。

其次，学习是行为相对持久的变化。一旦我们学会了某种行为，这种行为或行为潜能的变化就会相对持久地表现出来。我们都有这样的体验：一旦学会了游泳或骑自行车，以后似乎就不会忘记了，即使过了很长的时间，恢复起来也相当容易。学习的这种特性也被称为行为的相对一致性变化，指的是在不同的场合都会这样做。但是，另一些行为则不具有这一特性。例如，工作时间过长而导致疲劳，疲劳又导致工作效率下降，看似因经验而导致的行为改变，实则是行为的暂时改变，一旦行为的原因（疲劳）消失后，行为改变的结果（效率低下）就不复存在了。因此，疲劳现象不能称为学习。

最后，学习是基于经验的过程。学习只能建立在经验的基础之上，没有经验就无所谓学习。个体的经验包括吸收信息（以及评价和转换信息）和做出反应来影响环境。学习既不包含因机体成熟及大脑发育所带来的行为变化，也不包含因疾病和脑损伤而引起的行为变化。例如，婴幼儿到了一定的年龄会爬、会站、会走、会跑，还可以进行大小便训练，这是机体发育的一种自然变化的过程，不能称作学习。疾病和脑损伤会引起行为变化，如感冒会引起咳嗽，脑损伤会引起偏瘫，这些行为变化都不是基于经验过程，因而也不能称作学习。学习心理学家感兴趣的是，行为的哪些方面是基于经验而改变的，以及这些改变是如何发生的。

二、学习的基本问题

（一）学习的产生

行为论把学习看成行为或反应速度、发生频率或形式的改变，这种改变主要是各种环境因素作用的结果。该理论认为学习的发生就是刺激与刺激或反应与结果联结的形成，因而也称为**联结学习论**（theory of associative leaning）。两个刺激（S）在时间和空间上紧密相连时，如刺激1（S_1）紧接着刺激2（S_2），人们在头脑里就会把这两种心理表征联结起来。例如，在经历了天黑了下来与紧接着的暴雨之后，人们通常会将天黑了下来和暴雨联结起来。当人们学会了这两种刺激之间的联结，其适应价值是能够预测暴雨什么时候会来临。然而，如果人们仅学会预测，而没有学会如何采取行动，那么S-S联结的学习也就失去了其适应的价值。因此，人类在适应环境的过程中还形成了行为（R）与结果（O）之间的联结。例如，我们在野外看到天黑下来了（S_1），知道暴雨（S_2）将要来临，如果还待在野外，将会遭雨淋。此时，我们学会回家（R），以达到安全美好的结果（O），也就说习得了R-O联结。在行为论看来，一旦建立了大量的这种简单联结，人类就能够更好地调整行为以适应环境的变化：S-S联结学习使人类能够预测环境，R-O联结学习使人类能够更好地改变行为以适应环境。行为论认为，研究学习的主要目的就是分析联结是怎样建立起来和被使用的。

与之相对，**认知学习论**（theory of cognitive learning）着重研究知识和技能的习得、心理结构的形成、信息加工及信念等。该理论认为，即便是刺激与刺激的联结、反应与结果的联结会产生学习，但这种学习也含有心理成分。用联结学习不能解释刺激与反应之间形成联结的内在原因。根据认知论，学习是一种内部的心理现象，可以从人们说出的话和做过的事情中推断出来。认知论研究的中心课题是信息的心理加工，具体内容包括心理加工的结构，信息的获得、组织、编码、激活、储存、提取和遗忘等。认知理论家们一致认为，在学习过程中，心理过程的作用是非常巨大的。不过，他们对哪些过程起重要作用却有不同的看法。

（二）学习的影响因素

当代的行为论和认知论都赞同学习者之间及环境的差异会影响学习，但在学习者重要还是环境重要这个问题上，两种理论却有着不同的主张。行为论强调环境的作用，具体而言，注重刺激的安排和呈现、对反应的强化等。行为论虽然也提及与学习者有关的变量，如先前的强化史（个体在过去做出相同或相似的行为时被强化的程度）和发展状况（按个体目前的身体和心智发展水平，他能做什么）对学习有影响，如心理有缺陷会妨碍学习复杂技能，肢体有残疾就不能习得某些运动技能，但行为论不如认知论那样看重学习者之间的差异。当代的行为论者并不否认心理活动的存在，但他们认为没有必要用这些东西来说明学习过程。

认知论也承认环境对学习有促进作用。例如，对概念的解释和演示会促进学习者对信息的输入，在技能练习时加上一定的矫正反馈信息能提高学习的效果。但是，认知论认为仅用教学因素不能完全解释学习者的学习（Pintrich et al.，1986）。学习者怎样加工信息，即如何注意、激活、转换、编码、储存和提取才是最重要的。学习者加工信息的方式决定了他们学什么、什么时候学、怎样学以及如何应用等。认知论把学习者的思想、信念、态度和价值观等看得非常重要（Winne，1985）。例如，一个人如果怀疑自己有学会做某件事情的能力，他就不会对这件事情予以足够的注意或全身心地投入，结果会阻碍学习。学习者的自我管理和意志品质等都会影响学习。

三、学习稳定性的神经机制

当我们出生时，大脑并不是非常具有组织条理性的，那时每一个大脑细胞都在同附近的细胞进行“交流”，它们通过突触来互相发送和接收神经信号。随着我们的成长和学习，我们的大脑会变得更加稳定，此时低活性或者不充足的神经元突触将会被关闭。这其中的分子机制是什么呢？新近有研究对此做出了解释（Toth et al.，2013）。该研究揭示了大脑神经元如何和其他细胞之间保持最高的活性联系，一种在机体多种细胞表面存在的、名为 SIRPα 的蛋白质在维持大脑细胞之间最为活跃的突触联系上扮演着重要角色。SIRPα 参与了机体神经元发生的多种途径，最终形成突出前神经末梢。它也对机体其他部分非常重要，可以帮助机体免疫细胞进行检测等。研究发现，SIRPα 在大脑中的具体功能对于理解突触的稳定性非常重要。大脑接收到来自附近细胞的信号时，会释放 SIRPα 到细胞间的空间里，这是通过细胞中两种名为 CaMK 和 MMP 的分子来完成的。SIRPα 的一部分可以“漂浮”到突触的缺口处，从而锁闭一种名为 CD47 的受体。越多的 SIRPα 被释放到突触中，就可以锁闭越多的 CD47。

研究人员计划下一步厘清，当 SIRPα 不能够分裂时机体的变化。研究该蛋白质的分裂对于理解机体功能性的神经网络非常重要，将来科学家有可能基于此前的数据来治疗与突触形成缺失有关的疾病。

第二节 经典条件作用

经典条件反射的形成取决于一个反应之前所发生的事情（前因）。有些刺激会引起动物的无条件反射（如食物反射、防御反射、眨眼反射）。例如，一阵风（刺激）吹到眼睛上，会使你眨眼（反应），眨眼是一种无条件反射。所谓**无条件反射**（unconditioned reflex）或**反射**（reflex）是一种自动化的、非习得性的反应。号角声不会使你眨眼，但它会使你产生朝向反应。后来，如果在每阵风吹向你的眼睛之前，你都会听到号角的声音，会出现什么情况呢？过了一段时间后，即使没有风，你只要一听到号角声也会眨眼。这时你学会了听到号角声将预示着另一个刺激（风）就要来临。

一、巴甫洛夫的实验范式

巴甫洛夫（Иван Петрович Павлов，1849—1936，图 11-1）是俄国著名生理学家，最突出的贡献是关于高级神经活动的研究。他是用条件反射方法对动物和人的高级神经活动进行客观实验研究的创始人，也是现代唯物主义高级神经活动学说的创立者。他发展了谢切诺夫（И. М. Сеченов）关于心理活动反射本性的学说，把反射解释为有机体与外部世界相互作用的要素。他的条件反射理论是后来行为主义发展的奠基石，华生借此构成行为主义纲领。

图 11-1 巴甫洛夫（左三）在实验室

巴甫洛夫最先发现了动物的条件反射现象。所谓**条件反射**（conditioned reflex）是指在无条件反射的基础上，通过中性刺激与无条件刺激的多次结合，动物在条件刺激下产生与无条件刺激下相似的反应。他的这一发现在心理学史上具有十分重要的意义，并被后继者所发展，称为**经典条件作用**（classical conditioning）。巴甫洛夫发现经典条件作用的过程来自一次意外的事件。1904年，他在一次实验中，试图通过他所设计的一种技术来研究狗的消化过程。他在狗的面颊部做了一个小手术，将一根导管插入狗的腮部，狗分泌的唾液可以通过导管流入一个容器中，这样便可以观测到狗分泌唾液的数量。为了观测狗在进食时唾液分泌的现象，巴甫洛夫的助手把肉末放在狗的嘴里。这种程序重复几次后，巴甫洛夫观察到肉末没有放进狗的嘴里之前，它看见食物，甚至听见助手走近的脚步声，就开始分泌唾液了。这是非常有趣的现象，说明狗已经产生了学习。巴甫洛夫因此放弃了原来对消化功能的研究，而转向对条件反射进行深入的研究，试图透过条件反射以揭示动物高级神经活动的规律。

在巴甫洛夫的实验中，有两样东西扮演着重要的角色：肉末和铃声。将肉末放入狗的嘴里，可以观测到狗在分泌唾液；单独使用铃声，不喂给肉末，狗不会分泌唾液。这说明此时铃声相对于唾液分泌来说是一个**中性刺激**（neutral stimulus）。接下来，在铃响后立即将肉末放在狗的嘴里，它分泌唾液；将这一程序重复多次之后，狗一听到铃声，还没有尝到肉末，就开始分泌唾液。这表明，铃声已成为食物即将来临的**信号**（signal）。这一过程可用图 11-2加以说明。虽然铃声和肉末都能够导致唾液的产生，但这一机制是完全不同的。狗在尝到肉末时分泌唾液，是一个对**无条件刺激**（unconditioned stimulus，UCS）即肉末的**无条件反应**（unconditioned response，UCR），它是一种无条件反射

图 11-2　经典条件反射示意图

行为，是非习得的反应；而铃声之所以能够引起唾液的分泌，是因为铃声已经从中性刺激转化为一个**条件刺激**（conditioned stimulus，CS）。狗在这一过程中已经把铃声与肉末联结起来了，从而导致了**条件反应**（conditioned response，CR）。这样，CS-UCS的联结学习便产生了。

二、经典条件作用原理

（一）强化

强化（reinforcement）是指在经典条件作用中，中性刺激和无条件刺激在时间上的结合，或者指与条件刺激同时呈现、交替呈现或比条件刺激稍后呈现无条件刺激。在上述经典条件作用的实验中，安排与中性刺激同时或稍后呈现肉末，增强了以后条件反应的出现频率，这就是强化。在此情况下，由于强化是因肉末而产生的，故肉末也称为**强化物**（reinforcer）。

（二）习得与消退

条件作用的**习得**（acquisition）是指条件反应首次被诱发出来并随着试验的重复而不断增强其频率的过程。在条件作用习得的过程中，条件刺激和无条件刺激必须经过多次匹配后，才能形成可靠的条件作用。在条件作用习得后，条件刺激的出现便预示着无条件刺激的来临，成为无条件刺激即将来临的信号。巴甫洛夫还系统研究过条件刺激和无条件刺激之间的时间间隔对条件作用习得的影响。通常，条件刺激在无条件刺激之前很短的时间内出现最有利于习得条件作用。此外，条件作用的习得还与其他的一些因素（如条件刺激的强度和被条件化的反应）有关。从被条件化的反应看，对于肌肉反应来说，如眨眼，1秒或再短一点儿的时间间隔也容易习得条件作用。但是，对于内脏反应而言，如心跳和唾液分泌，5～15秒的时间间隔效果最好。条件性恐惧通常需要更长的时间，甚至几分钟，才能形成条件作用（Zimbardo，2003）。

消退是和习得相对应的过程。铃声和食物结合使狗习得条件作用之后，如果多次呈现条件刺激（铃声）而不呈现无条件刺激（食物），狗分泌的唾液就会越来越少，直至最后没有唾液分泌。这种现象称为消退。所谓**消退**（extinction）是指条件作用习得之后，由于条件刺激的多次呈现而没有伴随无条件刺激，条件刺激和无条件刺激之间的联结逐渐削弱，从而使个体对条件刺激反应的强度和频率逐渐减弱直至消失的过程。条件作用的消失并不意味着这一联结已经消失，再过一段时间，条件作用还会自动恢复。例如，在第二天再次给狗呈现铃声而不给予食物时，狗又开始分泌唾液。巴甫洛夫将这一现象称为**自动恢复**（spontaneous recovery）。但这种自动恢复并不是完全的，即不可能达到原先条件作用的强度。而且，自动恢复的条件作用，只要再有几次不伴随无条件刺激，就会迅速消退，如图 11-3所示。消退发生的速度，一般是条件作用越巩固，消退速度就越慢，条件作用越不巩固，消退就越容易。

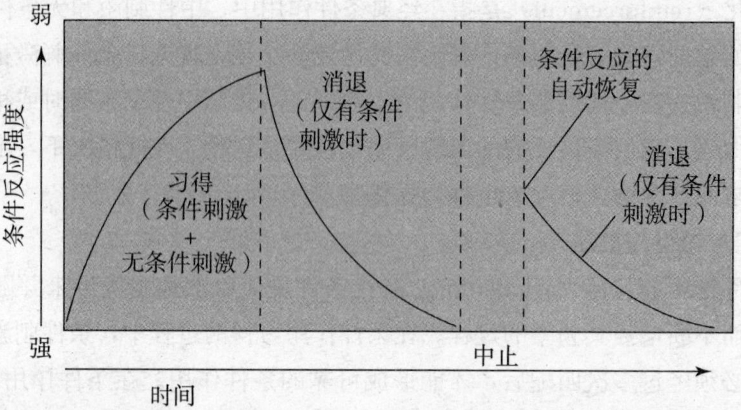

图 11-3　经典条件作用的习得、消退与自动恢复

（三）**泛化与分化**

在条件作用习得之初，除条件刺激本身外，那些与条件刺激相似的其他刺激也或多或少具有条件刺激的效应。例如，用 500 赫兹的音调与食物相结合来建立食物分泌条件作用。在实验的初期阶段，许多其他音调同样可以引起唾液分泌条件反应，只不过它们跟 500 赫兹的音调差别越大，所引起的条件反应就越小。这种现象称为条件反射的**泛化**（generalization）。以后，只对条件刺激（500 赫兹的音调）进行强化，而对近似的刺激不给予强化，这样泛化反应就逐渐消失。动物只对经常受到强化的刺激（500 赫兹的音调）产生食物分泌条件作用，而对其他近似刺激则产生抑制效应，这种现象称为条件反射的**分化**（discrimination）。

（四）次级条件作用

如果一种条件作用已经巩固，再用另一个新的中性刺激与这个条件刺激相结合，还可以形成**次级条件作用**（second-order conditioning）。例如，铃声同食物相结合已经形成了巩固的食物分泌条件作用，再用灯光和铃声相结合，也可以形成食物分泌条件作用。同样，在已巩固的次级条件作用的基础上，还可以建立第三级条件作用。在人身上可以建立很多级数的条件作用。

（五）第一信号系统和第二信号系统

人类和动物都可以习得条件作用，但是人类所习得的条件作用不同于动物。巴甫洛夫通过对比人类和动物的条件作用，根据信号刺激的特点，提出了第一信号系统和第二信号系统的概念。第一信号指直接作用于感官的具体刺激物，如声音、光等，以第一信号为条件刺激而建立起来的条件作用系统称为**第一信号系统**（first signal system）。这是人类和动物所共有的条件作用机制。对于人类而言，还有能代替第一信号而引起条件作用的语言和文字。这种以语言和文字为条件刺激而建立起来的条件作用系统称为**第二信号系统**（second signal system）。这是人类特有的条件作用机制。语词是对具体事物的抽象和概括，具有一定的含义。人类的第二信号系统是以语词的意义，而不是以它的物理性质（说话的声音和文字的形象）作为刺激而引起信号活动的。这是人类和动物的条件作用的根本区别。虽然，人们可以用一些词使动物形成条件作用，但动物对这些词的意义并不理解，而只是对词的声音刺激或视觉刺激的直接作用发生反应。

由于人类有了语言文字，形成了第二信号系统，两种信号系统就密不可分地联系在一起，因而人类的第一信号系统也就在本质上不同于动物的第一信号系统。动物条件作用的形成决定于刺激的生物学意义，人类的条件作用的形成往往与刺激物的社会意义有关。

三、经典条件作用原理的运用

（一）情绪学习

华生曾根据巴甫洛夫经典条件作用的实验设计程序，以一个 11 个月的男孩阿尔伯特为对象进行情绪学习研究。阿尔伯特是一个安静、很少哭闹的孩子。当华生及其助手给阿尔伯特一只白鼠（白鼠是活的，不是玩具）时，他很高兴，并不害怕。但是当研究者用锤子敲打钢棒发出很大的噪声时，小男孩害怕得跌倒在床垫上。锤子制造的噪声是恐惧反应的无条件刺激。研究者重复了几次白鼠与噪声结合的实验程序，小男孩开始啜泣和发抖。后来，只给他白鼠，不发出噪声，小男孩也会害怕、大哭，很快爬走。白鼠成了恐惧的条件刺激。几天后的实验表明，阿尔伯特的恐惧已经泛化到其他有毛发的物体，如白兔、棉毛衣、圣诞老人的面具等。

后来华生还用经典条件作用来消除一个3岁幼儿对兔子的条件性恐惧。这个孩子非常害怕兔子，华生用所谓的**逆条件作用**（counterconditioning）加以消退。该程序是把兔子（条件刺激）与牛奶点心、饼干相结合，点心产生了不同于恐惧条件反应的喜悦感。起初，研究者把兔子放在远离这个孩子的地方，这时孩子的恐惧水平较低，然后在几天的时间里研究者渐渐地把兔子移近孩子。最后，这个孩子学会了喜欢兔子，甚至当研究者把兔子放在这个孩子的腿上时，孩子可以一只手吃东西，另一只手和它玩。这种程序的变式后来称为系统脱敏法。

（二）药物成瘾研究

像其他条件作用形成一样，药物成瘾也是通过经典条件作用而形成的。一个人在吸毒时，作为无条件刺激的毒品所引起的无条件反应就是试图重建体内的动态平衡以对抗药物的反应。随着使用毒品时间的增加，与使用毒品相联系的情境（如朋友或某个地点）成了吸毒者的条件刺激，它所引起的条件反应就是对药物的预期效应做好生理准备。因此，随着使用毒品时间的增加，这种条件性补偿效应也增大了，因而所需药量也越来越大。这就是**药物成瘾**（drug addiction）的一个原因。

在一项实验中，在一种情境下给老鼠注射海洛因，在另一种情境下给老鼠注射安慰剂。在训练的第一阶段，使所有老鼠都对海洛因形成抗药性。在进行测试时，将所有老鼠分为两组，一组置于先前注射海洛因的情境中，另一组置于先前注射安慰剂的情境中，然后给所有老鼠都注射比以前海洛因用量大两倍的剂量。结果发现，以前注射安慰剂情境下的老鼠死亡率比以前注射海洛因情境下的老鼠死亡率高两倍（Siegel et al.，1982）。这一结果表明，注射海洛因情境的条件刺激，使老鼠做出了生理准备以对抗大剂量药物所产生的后果，而注射安慰剂情境则没有这种作用。这一结果同样对药物成瘾的治疗有着正面的启示，吸毒的情境是一种引起吸毒的条件刺激，从而导致戒断者复吸。因此，如果能够消除引发复吸条件反应的情境因素，则毒品的复吸率就可以降低到最少。

（三）经典条件作用与免疫功能

通常情况下，当血液中有毒物质侵入时，有机体会产生抗体以反击侵入和威胁有机体的物质。历史上曾认为免疫反应是一种自动反应，不由神经系统控制。事实上，这一观点并不成立。在一项研究中，训练一组老鼠在有甜味的糖精和一种削弱免疫反应的药物之间建立联结。控制组仅仅得到糖精。后来，当两组老鼠都只得到糖精时，过去在糖精与一种削弱免疫反应的药物之间已形成条件作用联结的老鼠对外来细胞所产生的抗体显著地少于控制组老鼠。习得的这种联结导致免疫系统的抑制，使实验组老鼠更容易患多种疾病。在后来的研究中，那些实验组老鼠仅仅是喝了糖精溶液便死掉了（Ader & Cohen，1981）。这一结果表明，经典条件作用是可以调节免疫系统功能的。这也导致一个研究领域——**心理神经免疫学**（psychoneuroimmunology）的产生，这是对心理、神经系统和免疫系统研究成果加以综合的一门学科。

第三节　操作条件作用

经典条件作用是一种刺激-刺激（S-S）的学习。操作条件作用却是另一种形式的学习，它不是学习环境事件间的关系，而是学习有机体自身行为与周围环境的关系。

一、斯金纳的实验范式

操作条件作用的学习理论是由美国心理学家斯金纳（Burrhus Frederic Skinner，1904—1990，图 11-4）根据动物学习实验提出的。斯金纳将饥饿的动物（老鼠、鸽子）置于**斯金纳箱**（Skinner box）中，刚开始动物胡乱地碰碰这儿、碰碰那儿，偶尔前肢拨弄到了杠杆，这时自动装置就送来食物对它的适宜反应进行强化（奖赏）。在几次偶尔的按压杠杆后，白鼠会频繁地按压杠杆，每次都获得一粒食丸。食物奖赏强化了白鼠按压杠杆的行为，并减弱了其他行为（如在箱子四周乱转）（Skinner，1948）。对于该装置，实验者还可以添加其他设施。例如，装配电控的杠杆和食物分发器，以控制白鼠必须按压几次杠杆才可获得食丸，或者某些按压反应可以获得食丸，而其他的按压反应则不能获得食丸，或者按压活动不再出现食丸。每次实验都能记录白鼠的行为。斯金纳箱的最大优点是研究者在可控的环境中对行为进行细致的科学研究（Delprato & Midgley，1992）。任何人使用这种装置都可以重复斯金纳所做的实验。斯金纳研究发现，有机体做出的反应与随后出现的结果对行为起着控制作用，它能影响以后反应发生的概率。**操作条件作用**（operant conditioning）是指在一定的刺激情境中，有机体的某种反应结果能满足其某种需要，以后在相同的情境中其反应概率就会提高的现象。

图 11-4 斯金纳在实验中

二、操作条件作用原理

（一）结果的作用

操作条件作用的S-O联结学习与经典条件作用的S-S联结学习在产生的方式上几乎是相同的。但是，操作条件作用的联结学习的第一个事件不是环境事件（如CS），而是有机体的行为，其后紧跟着的也不是一个条件刺激，而是行为的结果。行为反应后带来愉快的结果（如食物或奖励）会提高有机体做出这种反应的频率，而不愉快的结果则会降低该反应的频率。这种行为结果称为强化物。因强化物的出现而增加有机体以后在相同情境下重复表现该反应的过程称为强化作用。强化物有多种类型，它们所产生的强化作用也不同。主要的强化类型有下列四种。

（1）正强化和负强化。凡是有机体的反应带来的结果能强化该反应的，称为**正强化**（positive reinforcement）。在通常动物的实验中，食物就是正强化物。凡是有机体的反应能使厌恶的结果停止，因而强化该反应的，称为**负强化**（negative reinforcement）。在动物实验中，电击通常就是负强化物。应当注意，不能把负强化物误解为惩罚。无论是负强化物或正强化物，都是增强行为反应的，负强化也是强化某种反应使之继续出现，而惩罚则是减弱或阻止某种行为反应的。

（2）一级强化和次级强化。由于直接满足有机体基本需要的刺激物（如食物、水、安全、温暖和性等）的出现，而对反应所起的强化作用称为**一级强化**（primary reinforcement）。而由于经学习而间接使有机体满足的刺激物（如奖品、金钱等）的出现，而对反应所起的强化作用称为**次级强化**（secondary reinforcement）。就人类的学习而言，次级强化物有三种基本类型：社会强化物，如表扬、微笑、关注等；活动强化物，如玩玩具、做游戏或从事有趣的活动等；代币（或符号）强化物，如小红花、分数等。次级强化物之所以具有强化作用，是由于它是以前条件作用学习得来的。

（二）**强化程式**

在操作条件作用的学习中，强化物的安排是影响学习效果的一个重要因素。**强化程式**（schedule of reinforcement）是指在操作条件作用学习实验中强化物出现的方式。强化程式有多种变化，其中最重要的有两类方式。（1）立即强化与延迟强化。**立即强化**（immediate reinforcement）是指有机体表现出正确反应后立即提供强化物，而**延迟强化**（delayed reinforcement）是指在有机体表现出正确反应后过一段时间才提供强化物。实验结果表明，立即强化效果优于延迟强化（Kulik & Kulik，1988）。（2）连续强化与部分强化。最简单的、最有规律的强化是**连续强化**（continuous reinforcement），即每一次特定的正确反应出现后都给予强化。在采用斯金纳箱的实验中，老鼠每按动一次杠杆就得到一粒食丸，就是连续强化。不过，这种强化通常只存在于实验中，现实生活中的强化很少如此。例如，某个儿童对人有礼貌，因而会得到成人的赞许，但他的有礼貌行为并不是每次都会得到成人的表扬，这就是**部分强化**（partial reinforcement），即并非每一次正确反应出现都给予强化，而是仅仅选择部分正确反应之后提供强化物。实验表明，部分强化的效果优于连续强化。

部分强化又有如下四种基本的程式（图 11-5）。(1) **固定时距程式**（fixed interval schedule），指要经过一段固定的时距后才给予强化。也就是说，前一次强化后，中间的间隔时间不给予强化，等到预定的时距到了，出现正确反应才给予强化。在固定时距程式中，个体通常会表现出这样的行为模式：在紧随着强化呈现后的时间里反应频率会降低，而一旦时间临近强化时反应会逐渐增强，出现一种扇形效应（scalloping effect）。学生在期终考试前临时抱佛脚就证明了这一点。(2) **不定时距程式**（variable interval schedule），指在不定的时间间隔后对正确的反应予以强化。例如，上级不定期地检查下属的工作，就是典型的不定时距程式的强化。从结果来看，不定时距程式对反应的形成较为缓慢，但其产生的反应率较为稳固，因而能很好地抑制消退的产生。(3) **固定比率程式**（fixed ratio schedule），指在做出了几个正确的反应之后才给予强化。固定比率程式就是每隔固定的正确反应次数后予以强化。例如，白鼠在按压了 10 次杠杆之后才给予强化，在这种情况下，白鼠会表现出快速、有规律的行为。在学会了固定比率程式后，白鼠会快速地完成所需的几个反应，然后获得食物强化，之后又去按几次杠杆，如此反复。(4) **不定比率程式**（variable ratio schedule），指在不固定正确反应次数的情况下给予强化物。例如，有时在白鼠按压了 5 次杠杆后予以强化，有时在它按压了 3 次杠杆后给予强化，有时在它按压了 6 次杠杆后才给予强化。不定比率程式会产生很高的反应率，这是因为个体知道频繁的反应会带来强化物，却不清楚强化物会在何时出现。赌博就是不定比率程式的典型事例，赌博几次没有赢钱，就在你准备放弃的时候，赢了一次，于是你赌博的行为被强化了，接着再赌，可是输多赢少，最后可能输得精光。由此可以看出，不定比率程式不仅难以预测，而且很难消退，这也可以说明为什么赌博上瘾的人很难戒赌。

要想有效地形成一种反应，最好是先进行连续强化，然后过渡到固定比率程式，最后施以不定比率程式。这种将不同强化程式混合使用的方法可以达成最好的学习效果。

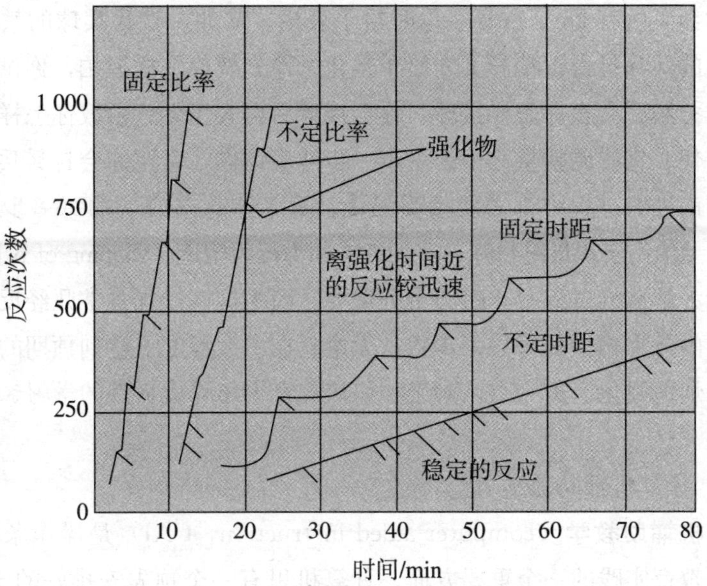

图 11-5　四种强化程式的行为反应特点

（三）惩罚

惩罚（punishment）的目的与强化相反，强化是为了让有机体增加某种行为，而惩罚是为了减弱或消除有机体的某种行为。与强化有正负之分一样，惩罚也有正惩罚和负惩罚之分。当不希望出现的行为出现时，给予行为者一个不愉快的刺激称为**正惩罚**（positive punishment）。例如，当学生不按时完成作业时，教师可能批评学生或罚学生完成加倍的作业。为了维护公共卫生，对随地吐痰者给予批评教育或罚款也属于正惩罚。**负惩罚**（negative punishment）是指当不希望出现的行为发生时，取消本来应给予的愉快刺激，如取消本来答应给孩子买的玩具。

三、操作条件作用原理的运用

（一）行为塑造

及时强化对于教学是很重要的。教汉语拼音的教师都知道，并不是非要等到孩子能背出整个拼音字母表后才给予强化。最好的强化方式是：在孩子刚认得一个拼音字母时就给予表扬，然后在孩子认得了几个字母时给予表扬，最后在孩子学会了所有26个拼音字母时给予表扬。又如，教乒乓球的教师也不是等到学生的乒乓打得很精彩了才给予强化。他先教你怎样握拍，你试着握拍后就表扬你；然后会教你怎样接球，你会接球后再表扬你；再教你怎样击球、怎样移动步伐、怎样调整重心……一步一步地表扬你，直至你会打乒乓球。大多数学生在前进的过程中都需要接受强化。对个体趋向成功的每一步都给予强化，以引导他们实现最终目标，这种方法称为**行为塑造**（shaping of behavior）。

在行为塑造的过程中，耐心十分重要。因为这一过程常常几经反复，对于向着期望的行为靠近的每一个步骤，无论它在多大程度上达到预期的目标，都要不厌其烦地强化。这一点，对于如何培养青少年养成良好的学习、生活习惯很有意义。

（二）计算机辅助教学

计算机辅助教学（computer-aided instruction，CAI）是操作条件作用原理应用于教育实践的一个重要方面。计算机里有一个预先安排好的学习计划，学生学习时与计算机处于对话状态，计算机能指出学生在学习过程中的错误，并按照学生的回答来选择下一个学习课题或进入下一个学习阶段，使每个学生按其学习能力循序渐进。它既改进了传统的教学方式，使学生享用计算机丰富的教学资源，又提高了教师的教学效果和效率。

计算机辅助教学的突出特点包括以下几点。一是即时强化。多媒体CAI课件不仅能够呈现多媒体教学信息，还能针对学习者对指定问题的回答做出判断和评价，提供反馈信息，给予强化。二是双向交流。学生和媒体都是教育传播中信息的发出者。三是小步子的呈现方式。学生可以根据自己的学习进度随时打断信息的呈现。

目前，计算机辅助教学已经拓展为远程面授教育、桌面视频会议以及网络培训，可以使相隔很远的学习者和指导者通过高速通信技术实现面对面的交流，达到强化效果。对计算机辅助教学的主要批评是它没有充分考虑到学习者的认知结构、成就动机等因素。

（三）生物反馈

生物反馈（biofeedback）是指借助于传感器把采集到的身体内部的生理过程、生物电活动信息加以放大，以视觉或听觉形式呈现出来，让个体了解自身的机体状态，并学会在一定程度上随意加以控制。生物反馈仪可以反馈给个体的信息包括肌肉的紧张度、皮肤表面的温度、脑电波活动、皮肤导电量、血压和心率等。例如，可以在一个头痛者头部的特定肌肉上安放电子传感器，不断反馈肌肉状态的信息，使其学会控制那些肌肉的收缩和放松。以后头痛时，他就可以放松相关的肌肉以制止头痛。所以，生物反馈仪不能直接治病，它只是告诉你身体的状态，改变或维持这种状态则需要你自己寻找适当的方法。

在通过生物反馈控制生理活动的过程中，除了患者的练习和探索，强化也起着十分重要的作用。强化体现在以下两个方面。(1) 仪器发出的信号可以成为一种强化物。例如，因缓慢的腹式呼吸，反馈仪的反馈声由强变弱，直至消失，此信号变化就成了一种强化物（一种慰藉），使高血压患者了解缓慢的腹式呼吸是降低自己血压的有效方法，也有助于腹式呼吸习惯的形成。(2) 医生在指导患者使用仪器时对患者的正确反应给予言语强化；如果是儿童，还可以用物质奖励来强化。

现在，生物反馈已经被成功地用于治疗诸如头痛、高血压、肌肉痉挛、慢性腰疼、酒精抑郁症，甚至性功能障碍等多种疾病。

【专栏11-1】

该不该惩罚？

赞成使用惩罚者认为，坏习惯和反社会行为比比皆是，不用惩罚难以消除。有时惩罚显然是有效的。例如，一些严重自闭症儿童会咬自己的手指直至露出骨头，用东西刺自己的眼睛或揪扯自己的头发。如果你忽视了这样的行为，儿童就会严重自残；如果给予关注和爱怜，可能又在无意中奖励了该行为。但是，及时惩罚这种自毁行为，如往脸上喷水，并坚定地说“不能这样做!”，常常是很有效的。惩罚还可以挽救一些年轻的罪犯不再犯罪。一项对出生于1944—1947年近3万名丹麦男性犯罪记录的研究，考察了在26岁时再次被捕（再犯）的情况。结果发现，尽管重犯率仍相当高，但惩罚降低了以后因轻微犯罪和严重犯罪的再捕率（Brennan & Mednick，1994）。

反对使用惩罚者认为惩罚常常是失败的，并且往往给人带来痛苦。人们常常是在气昏了头的情况下给错误行为者以惩罚，于是大吼大叫，不知所言，把惩罚泛化到与错误行为不相关的事情上。这种惩罚不仅没有传递教育信息，反而使被惩罚者产生焦虑、恐惧或愤怒。严重的惩罚可能会导致十几岁的少年反击或离家出走。长期被虐待的配偶可能会故意报复。儿童期遭受体罚是导致个体逃避学习，产生抑郁、攻击、低自尊和其他问题行为的危险因素。

惩罚的效果常常是短暂的。人们大概都可能记得童年时犯过的一些错误，父母在场时小孩从来不敢承认犯了错，但是父母一走，小孩又继续犯错。所有这些小孩学到的就是不被抓到。此外，大多数不良行为也很难立即受到惩罚。惩罚也像奖励一样，及时惩罚的效果最佳。但及时惩罚常常很难做到。在延迟期间，行为很可能已被多次强化了。如果坏习惯已养成，再加上愚蠢的、乱发脾气的惩罚，这实际上是对不良行为的无意奖赏。

那么，对于不良行为和反社会行为该不该加以惩罚？如果应该惩罚，又该如何进行惩罚呢？

第四节 认知学习

一、经典条件作用中的认知因素

经典条件作用学习并非只是一个联结的形成过程，这里包含有认知因素。例如，把一个中性刺激与无条件刺激相结合，使个体习得条件作用。在条件作用习得的过程中，如果个体能通过条件刺激（如铃声）来预期无条件刺激（如食物），则条件作用较容易习得。**预期**（predictability）就是一个认知因素，指了解到尚未发生但将要发生的心理。预期在经典条件作用中起着十分重要的作用。已有研究表明，如果无条件刺激与中性刺激以随机的方式匹配，个体无法准确预期条件刺激之后是否有无条件刺激出现，在这种情况下就无法习得条件作用（Rescorla & Wagner，1972）。因此，要习得经典条件作用，必须使条件刺激与无条件刺激的匹配保持一致。

阻滞（blocking）也是经典条件作用学习中的一个认知因素，指由于对无条件刺激的先前经验，先呈现的条件刺激可能会阻断后呈现中性刺激的信息，从而妨碍后呈现中性刺激形成条件作用。在一个实验中，对实验组和控制组老鼠的刺激呈现做如下两种安排：先给实验组老鼠呈现中性刺激（声音），然后施以电击（无条件刺激），在老鼠对声音形成条件作用之后，第二个中性刺激（闪光）也在电击之前呈现；给控制组老鼠呈现声音—闪光—电击序列。然后测验这两组老鼠对声音和闪光的反应。结果表明，实验组老鼠仅对声音有条件反应，却对闪光没有条件反应，控制组老鼠则对声音和闪光都有相同的条件反应。这表明对于实验组老鼠，在闪光与电击匹配之前，已形成的声音与电击的条件作用联结阻断了闪光与电击的条件作用联结的形成。换言之，先前的声音经验阻滞了灯光与无条件刺激联结的形成，灯光没有比声音提供更多的信息。对于控制组老鼠，灯光和声音两者同样都具有电击即将来临的信息，因为老鼠对两个刺激先前都没有经验，不存在一个信息会削弱另一个信息的问题（Kamin，1969）。

想象也是经典条件作用学习的一个认知因素。**想象**（imagination）是一种将过去经验的记忆与先前形成的心象重新组合成新结构的认知过程。例如，个体对物理刺激的想象能够代替经典条件作用中的物理刺激。在一项实验中，给一组被试呈现一个中性刺激，然后施以轻度电击，对另一组呈现中性刺激后不给予电击，而是让他们在头脑中想象这种刺激。实验结果表明：两种情况下都产生了条件作用，只不过亲自经历电击的被试的条件反应更强一些；在条件刺激后不再施以电击（不论是真电击或想象的电击）后，两组被试都表现出相似的消退模式（Holzman & Levis，1991）。对物理刺激的想象之所以能够发挥此种作用，是因为想象这一认知过程能在大脑里产生鲜明的物理刺激视觉形象。这已被脑成像技术所证实，视觉想象时大脑中与视觉有关的部位特别活跃（Farah，1988）。

二、操作条件作用中的认知因素

早期的行为主义心理学家否认心理因素包括认知因素在操作条件作用学习中的作用。现在越来越多的心理学家都认识到认知过程在操作条件作用中所起的作用。以习得性无助为例。所谓**习得性无助**（learned helplessness），是指个体经多次痛苦的折磨所形成的绝望心态，即使有摆脱痛苦的机会也没有勇气去争取。在实验中，将一只狗放在一个穿梭箱里，穿梭箱中央有一个不高的障碍物。当狗在穿梭箱的一侧受到电击时，它就会到处逃窜，最后跳过障碍物到另一侧（未通电）以逃避电击；以后改变实验程序，穿梭箱两侧都通电，狗进入穿梭箱后无论怎样逃窜，都要受到一连串无法逃避的电击；经重复多次无法逃避的电击之后，狗听到信号后不再来回逃跑以避免电击了，而是躺下来低声呜咽（Overmier & Seligman，1967；Seligman & Maier，1967）。在日常生活中，我们可以看到有些人屡屡失败，长期受挫折折磨后心灰意冷，即使有机会也不愿去争取了。对于习得性无助的成因，如果只从个体的反应与其结果的关系去考虑，似乎很难加以解释。因为许多迹象表明，个体在形成了无助的期望之后，即使面对能够改变的环境，也不愿意再去尝试。这说明，习得性无助的部分原因是知觉控制，而不完全是强化。在日常生活中，有的人虽屡遭失败，反而意志更加坚强，而有的人几次挫折便心灰意冷，选择了对生活的放弃。

再如，操作条件作用理论认为奖赏的水平影响个体的行为，但是，奖赏水平并不是影响个体行为的唯一因素。如果个体以前经历过奖赏，那么他会把当前的奖赏与之联系起来进行评价，从而影响到他的行为，这就是**比较效应**（contrast effect）。例如，当把给动物的奖赏由小变大时，动物的行为表现会比总是给它们大的奖赏时要强，这叫**正比较效应**（positive contrast effect）。同理，当把动物的奖赏由大变小时，动物的行为表现会比总是给它们小的奖赏时要弱，这叫**负比较效应**（negative contrast effect）。比较效应说明，只凭奖赏的水平实际上不能很好地解释个体的行为，个体的经历和期望也会影响其行为。这也表明认知因素参与操作条件作用的习得。

三、潜伏学习

美国心理学家托尔曼（Edward Chace Tolman，1886—1959）是新行为主

义代表人物之一，力图客观了解行为的目的性，其认知学习理论促进了认知心理学及信息加工理论的产生和发展，被认为是认知心理学的起源之一。托尔曼观察到，即使在没有任何强化的情况下，有时动物也会学习。他和其他研究者设计了一个有关方位学习的复杂迷宫，训练三组老鼠走迷宫。对第一组老鼠走迷宫给予食物强化（在迷宫的出口放置食物），对第二组不给强化，对第三组在头十天不给食物强化，第十一天开始像第一组那样给予强化。实验结果显示，第一组老鼠的表现比第二组好。第三组老鼠在头十天里的表现和第二组没有多少差异，但只经过第十一天的强化，它们在第十二天的表现就和一直受到强化的第一组几乎一样好（Tolman & Honzik，1930）。为什么以前从未受到强化训练的第三组，一经强化训练就表现出与一直受到强化训练的第一组一样的成绩呢？很明显，仅用强化理论是不能解释这一现象的。托尔曼认为，未受到强化的老鼠在迷宫中到处游走，也在学习，并且已学到了整个迷宫的**认知地图**（cognitive map）。所以，它们一旦受到强化物的引发，很快就表现出与第一组几乎一样好的学习成绩，只是在未找到食物之前没有表现出来而已。这种学习称为**潜伏学习**（latent learning），是一种不立即表现出外显成绩的学习。此外，有研究发现，鸟、蜜蜂和其他动物也具有形成认知地图的能力。例如，有一种乌鸦在夏末把松子埋藏在美国西南部的山坡上至少 6 000 个不同的地方，直到第二年春天，它们仍然能找到这些食物，用以抚育后代（Shettleworth，1993）。

人类的许多学习也保持着潜伏状态，直到环境允许或需要时才表现出来。例如，过去从未打过乒乓球但看过打乒乓球的人在需要时也会打几下，过去从未洗菜做饭但看过妻子洗菜做饭的男士在需要时也会下厨做饭。即使没有强化，学习也能够发生。我们人类有更高的智力水平，能够预测未来的强化，也可能产生更多的潜伏学习。

四、观察学习

观察学习是美国心理学家班杜拉（Albert Bandura，1925—　）在 20 世纪 60 年代提出的一个概念。所谓**观察学习**（observational learning），是指个体不必直接参与学习活动，只凭对他人行为及其行为后果的观察，就可以学到类似的行为。在一项经典实验中，让儿童观看一个成人攻击一个充气塑料娃娃的行为。有三组儿童：第一组是现场观察，看那个成人时而坐在娃娃身上，时而打它，用锤子砸它，或把它在房间里踢来踢去；第二组看与上述相同攻击行为的彩色电影；第三组看与上述相同内容的卡通片。之后，让孩子们去玩刚才看到的那种塑料娃娃。结果发现，许多孩子都重复了成人的攻击行为，甚至还加上一些新的攻击行为（图 11-6）。其中真人榜样的影响力最大，电影榜样位居第二，卡通片中的榜样名列第三（Bandura et al.，1963）。

图 11-6　一个学前儿童在模仿电影中成人的攻击行为

我们的许多行为都是通过模仿而学得的。**模仿**（modeling）就是通过观察，有意或无意地仿效他人的行为。被模仿的对象称为**榜样**（model）。家庭中的父母与学校里的教师，都是被儿童模仿的榜样。我们大多数生活技能是通过**直接模仿**（direct modeling）习得的，这是一种依样画葫芦的模仿。还有一些行为则是通过**综合模仿**（synthesized modeling）而学会的，这种模仿行为不是直接来自某一种行为，而是综合多次所见而习得的。

班杜拉认为观察学习由如下四个相互关联的过程组成（Bandura，1986）。（1）注意过程。注意过程决定了观察者从榜样那里观察什么、吸取什么。在制约注意过程的诸因素中，观察者的经验和榜样的特征起着重要的作用。那些成功的、有名气的、有地位的、时尚的榜样容易引起观察者的注意。（2）保持过程。把从榜样那里习得的经验进行组织、复述、编码和转化，以心象或言语符号储存在记忆中。其中，编码和复述在知识保持中占有重要地位。（3）动作复现过程。把榜样的心象和符号转化为外显的行为。许多简单动作通过观察就可学会，但是复杂行为光靠观察是不能学会的，还必须通过综合应用模仿、有指导的练习和正确的反馈才能习得（Bandura，1977）。（4）动机过程。动机是观察学习的一个关键因素。观察者之所以模仿榜样的行为，是因为他们相信这样做能增加被强化的机会。在教学中，教师往往用激发学习兴趣、对学习行为给予反馈、强调学习的重要性等方法来提升学生的学习动机。

近来，神经科学家发现，**镜像神经元**（mirror neuron）是观察学习的神经基础。当猴子进行某种活动如抓、抱、撕时，甚至当一只猴子看到另一猴子做同样的事情时，镜像神经元都会被激活（Rizzolatti et al.，2002）。当猴子观察时，这些神经元将映射出它在做什么。研究还发现，与猴子相比较，人脑的更多部位（如运动前皮质区、下顶叶区、后顶叶区、上颞叶沟和脑岛）具有更多种类的镜像神经元，这些脑区的机能对应着我们领会别人的感情、理解他人的意图和使用语言的能力。这些神经元可能使儿童通过观察他人嘴唇和舌头的活动学习新词，可能使儿童产生同理心和对他人心理状态的推测（Dimberg et al.，2002）。

【专栏11-2】

媒体暴力

自20世纪中叶以来，人们对媒体暴力内容与青少年行为之间的关系进行了大量的研究。结果表明，青少年长期暴露在含有暴力内容的环境中，其身心健康会受到严重的不良影响。对个体心理的影响包括攻击性思维方式、反社会价值观、对他人的敌意和敌对行为、对暴力产生的过敏作用、恐惧、抑郁，睡眠障碍等。对很多儿童来说，暴露于媒体暴力中会导致焦虑、抑郁，以及创伤性经验或睡眠障碍、夜惊等（Singer et al.，1998）。

过去数十年中，有3 500多项研究对媒体暴力内容和真实的暴力行为之间的关系进行了探讨，仅有18个没有得出肯定的结果。在媒体的发展和基于总人口进行的攻击行为社会调查之间存在着高度的相关。跨文化研究、实验室研究以及自然状态下的实验研究，还有过去十年来的长期跟踪研究都揭示：媒体暴力内容的接触和攻击行为之间存在着必然联系，而且两者之间的相关程度之高是毋庸置疑的（Grossman & DeGaetano，1999）。

儿童的学习性和可塑性越高，过多接触媒体内容对他们的影响就越大，甚至会超过教师和家长的影响。儿童会依据媒体中的角色形成自己的世界观，学到这些角色的行为方式。长期暴露在涉及暴力内容的媒体中会导致人们把暴力作为一种解决问题和达到目的的理所当然的方法。据调查，喜欢玩电子游戏的儿童更容易使用暴力反抗他人，而他们大打出手的方式很可能就是在游戏里学到的。低龄儿童最易受到不良内容的影响，因为8岁以下儿童很难描述现实和幻想之间的区别，他们更容易学习和接受周围环境中的内容，当然也包括娱乐媒体中描写的暴力态度和行为（Wright et al.，1994）。

除了对儿童的影响，这些带有暴力内容的娱乐媒体还增加了现实世界中暴力的流行程度，在众多观众中培养起了“卑鄙世界”综合征，让他们觉得这个世界是危险的，人们解决冲突的唯一办法就是以暴制暴。与野生动物打交道的经验表明，感觉受到威胁的野兽是最危险的，其实人亦如此，感觉身处险境的人，其行为具有攻击性，更容易铤而走险。因此，害怕被人施暴成为很多年轻人携带凶器的原因，而携带凶器进入学校则是很多校园暴力的发端，这些暴力行为反过来又加深了大家对暴力的恐惧，使得以暴抗暴的想法在恶性循环中不断滋生。

尽管有以上诸多证据，仍有某些媒体暴力的辩护者声称：媒体中虚拟的暴力可以用来发泄现实情境中的敌对情绪，可以避免敌对行为在现实世界中的发生。这种说法毫无根据，恰恰相反，通过对这种“宣泄假说”的研究发现：在经历了媒体暴力的宣泄（尤其是暴力游戏的宣泄）后，儿童的自我克制性会降低，而且情绪更加激动，从而会表现出更高的攻击性。众多的研究都表明，媒体暴力最恶劣的影响就是让人对现实世界中的暴力行为更向往，对其后果更加麻木（Thomas et al.，1977）。最近屡见不鲜的少年暴力刑事案件中，施暴者年龄的低龄化、手段的残酷性、施暴后的坦然，令人震惊。通过调查发现，他们的行为在很大程度上是暴力媒体长期渲染的结果，最常见的例子就是某部动作片热播之后，常会出现若干盲目模仿导致恶果的案例。为了避免这些严重后果，家长、教育工作者都必须正视媒体中的暴力因素对儿童的不利影响，采取适当措施对这些内容加以限制，并给予儿童以适当的引导。（采自赵永乐等，2004）

第五节 学习迁移

一、学习迁移及其种类

（一）什么是学习迁移

在日常生活中，我们常常会发现：如果学会了骑自行车，再去学习骑摩托车，会比较容易；如果学会了打羽毛球，再去打乒乓球的话，可能难度比较大。在两种学习中，一种学习会影响另一种学习，这种影响可能是易化，也可能是干扰。**学习迁移**（transfer of learning）是指一种学习结果对另一种学习的易化或干扰现象。学习迁移广泛存在于知识、技能的各种学习活动中。

（二）学习迁移的种类

1. 正迁移和负迁移

前一种学习有助于后一种学习的现象称为**正迁移**（positive transfer）。例如：学会了打羽毛球，会有利于学习打网球；学习了数学，会有利于学习计算机。前一种学习反而阻碍了后一种学习的现象称为**负迁移**（negative transfer）。例如，学习了汉语拼音会不利于学习英文字母。在我们的学习中，正迁移往往很难发生。这是由于大多数学习都是与特定情境紧密联系的，因而难以迁移。如果给人们提供有关前一种知识原理的更多例子，并且明确要求将这种知识迁移到新情境中去，正迁移就可能较容易发生。

2. 低路迁移和高路迁移

低路迁移（low-road transfer）是指自然而然、自动发生的迁移。一个非常熟练的技能从一种情境迁移至另一种情境，通常不需要思维或只需要很少思维，这时就发生了低路迁移。例如，学会了骑一辆变速自行车或学会了使用一台计算机之后，就很容易把这些技能迁移到学骑另一辆自行车或使用另一台计算机上。那些熟练的、能够在多种情境下使用的技能，最有可能发生低路迁移。例如，开车的经验越丰富，开过的汽车类型越多，就越可能容易学会驾驶其他汽车，即越容易发生低路迁移。但是，如果情境间的差异很大，低路迁移就可能受阻。例如，已经习惯了驾驶自动挡汽车，如果再去学习驾驶手动挡汽车，低路迁移就会受阻。**高路迁移**（high-road transfer）是指需要有意识地将某种情境中学到的知识应用到另一种情境中去的迁移。例如，在驾驶学校学习了一些驾车知识，并开过驾驶学校里的汽车，但如果你把所学的这些知识运用于驾驶你自己的汽车时，就需要发生高路迁移。因此，为了能够发生高路迁移，就需要把抽象的知识具体化，这样才有可能将其应用于另一种情境之中。要想使练习或训练有成效，就必须用心：留意自己正在做什么，认真找出并改正错误，还要想到今后如何去运用。

3. 水平迁移和垂直迁移

水平迁移（lateral transfer）是指个人将所学的经验，扩展到其他类似且难度相同的情境中去。例如，学生在课堂上学会新的词语后，将其应用到课外书的阅读上。**垂直迁移**（vertical transfer）是指个人在遇到新情境时会把习得的经验重新加以组合，形成比旧经验更高一层次的学习。例如，儿童最初以具体的事物学习算术的加减运算，而后经过垂直迁移，会以抽象的概念求解包括四则运算的应用题。

有时候迁移是不对称的。例如，数学原理在物理学习中的迁移要多于物理原理在数学学习中的迁移，这可能是由于人们在学习数学时的期望就是要将数学原理迁移到其他学科中去，但在学习物理时就不会有这样的期望。

二、迁移理论

以前学习的知识、技能为什么能迁移到新的学习情境呢？行为论和认知论的解释是不同的。

行为论认为迁移有赖于情境之间的相同元素或相似的特征（刺激）。当新旧情境具有共同的元素，行为就产生了迁移（或推广）。这种解释称为**相同要素说**（identical element theory）。该理论是美国心理学家、联结主义的创立者桑代克（Edward Thorndike，1874—1949）和机能主义的代表人物之一伍德沃思（Robert Sessions Woodworth，1869—1962）提出的。例如，学会加法运算的规则可促进乘法运算的掌握。反之，只要有学习迁移，就必然存在相同的因素，且两者基本成正比，即相同因素越多，则迁移量越大。该理论的主要实验依据是知觉训练迁移实验。实验要求被试练习估计大小不同的长方形面积

（如 10～100 平方厘米），直至达到准确估计为止。然后要求被试估计面积稍大或面积相同而形状不同的长方形面积，结果被试的进步仅是原来的三分之一左右。以长度和质量为内容所做的实验也得到类似结果。据此该理论认为，任何一种心理机能的改善未必使其他的机能得到改善，只有当两个机能有相同因素时，一个机能的变化才能改变另一机能。这种理论曾在西方流行三十余年。但该理论忽视了其他因素，特别是学习者的主动性和认知因素的作用，也没有看到相同因素对迁移的干扰作用。

认知论则认为，学习者只有懂得如何把知识应用于不同的情境中，迁移才会产生。例如，**概括说**（generalization theory）认为，迁移的发生主要不是因为任务之间的表面相似性，而在于被试是否获得对有关知识的概括化理解，只有在两种任务中概括出它们之间的共同原理才是迁移产生的关键。又如，格式塔学派心理学家认为学习迁移的关键在于对情境中各种关系（或完形）的顿悟及转换。如果两个情境具有相同的深层结构关系，那么在一个情境中发现或顿悟到的关系可以应用于另一个情境，这一过程就称为关系的转换，而关系的转换的过程就是迁移的过程。当代认知心理学家则认为，如何把信息储存到记忆中是学习迁移的关键。知识应该和知识的使用方法储存在一起，或者由一个记忆的储存点可以很容易地达到另一个记忆储存点，情境之间不必有什么相同元素。

【专栏11-3】

自我调节学习

自我调节是社会认知学习中的一个重要概念。所谓**自我调节学习**（self-regulated learning），是指学习者系统地引导自己的思维、情感和行为，使其指向目标实现的学习。例如，我们都有这样的经验：不管别人怎么评价，我们都很清楚自己出色地完成了某项工作，并感到欣慰。同样，当我们的表现不尽如人意时，自己也很清楚。要做出这些判断，我们有一个学习目标，并需要对自己的行为表现有所预期和监控。对于自我调节学习，不同理论家的关注点是不同的。认知论强调心理活动，如注意、复述、学习策略的使用、理解监控，以及对自我效能感、结果和学习意义的认识等。而行为论则关注外显反应：自我监控、自我指导和自我强化。但是二者都认为，自我调节学习包含许多因素，如目标指向的认知、行为的激活与维持。较普遍的看法是，自我调节学习包含自我观察、自我判断和自我反应的过程（Bandura，1986；Kanfer & Gaelick，1986；Zimmerman，1990）。

学习中的**自我观察**（self-observation）是指学习者依据标准对自己行为的诸方面进行考察和判断，或关注自己学习行为的某些方面。如果学习者发现自己的学习有问题或不充分，那么他就有可能寻求帮助或采取行动改变自己的现状。同时，学习指导者也可能对学习者传授更有效的学习策略，让学习者使用这些策略来促进自己的学习。研究表明，学习策略和自我调节技能是可以教给学习者的（Paris et al.，1983；Zimmerman，1989）。

学习中的**自我判断**（self-judgement）是指将当前学习的作业水平和自己的目标进行比较。自我判断的目标是个体自己定的。个体所定的目标可分为绝对目标和常模目标。绝对目标是固定的。例如，一个学生可能的自定目标是在30分钟内完成6页作业，这就是绝对目标，即他是按照绝对目标来衡量自己的进步的。常模目标是基于他人成绩而定的。例如，学习者以所观察到的榜样来确定目标，将自己的行为和他人的行为进行比较而确定成为全年级的前十名。学习者还可能把绝对目标和常模目标结合在一起使用。例如，一个学生要在30分钟内完成6页作业，同时他还和同伴进行比较，以判断谁将最先完成作业。将行为和目标进行比较可以了解自己距目标的进展。在10分钟内完成10页作业的学习者可能会意识到，他在不到一半的时间里已完成了一半以上的工作。取得进步的信息会提高其自我效能感，从而维持其完成任务的动机。和能力相同的人比较，而不是和比自己能力高得多或低得多的人比较，会有助于自我效能感的提高。因为学习者认为，他人可以成功，自己也是可以成功的（Schunk，1987）。

学习中的**自我反应**（self-reaction）是指通过证明成绩是否突出、是否令人满意等来对学习中的自我判断做出自我反应。积极的自我评价会使学习者增强学习的效能感，并更加努力学习。如果学习者认为自己有能力获得成功，只是当前方法不当，这种较低的自我判断和消极的自我反应不一定会降低其自我效能感和动机。他将改变自我调节过程，努力将学习活动导向成功。

齐梅尔曼（Zimmerman，1998）还认为，自我调节学习是一个循环过程：在实际操作之前的预先考虑阶段，是个人为实际学习做准备的过程；操作或意志控制阶段，是指学习过程中个人对影响注意和行为的操作和意志控制过程；自我反思阶段，是在操作行为之后个人对自己所做努力的反思。这三个阶段都有许多认知活动，每一次循环都会使学习得到提升。

【复习与思考】

1. 解释：学习，条件反射，经典条件作用，无条件刺激，无条件反应，条件刺激，条件反应，强化，习得，消退，自动恢复，泛化，分化，第一信号系统，第二信号系统，操作条件作用，正强化，负强化，惩罚，正惩罚，负惩罚，潜伏学习，观察学习，学习迁移，自我调节学习。

2. 经典条件作用的原理是什么？

3. 举例说明操作条件作用的运用。

4. 讨论使用和不能使用惩罚的理由。

5. 讨论媒体暴力问题。

6. 迁移有哪些种类？

7. 如何做到有效的自我调节学习？

【扩展阅读书目】

1. 刘儒德主编：《学习心理学》，高等教育出版社 2010 年版。

2. 莫雷著：《学习的机制——阅读与学习心理的认知研究》，北京师范大学出版社 2013 年版。

3. ［美］戴尔·申克著，何一希等译：《学习理论：教育的视角》，江苏教育出版社 2012 年版。

4. ［美］简妮·爱丽丝·奥姆罗德著，汪玲等译：《学习心理学》，中国人民大学出版社 2015 年版。

第十二章　记　　忆

第一节　概　　述

一、什么是记忆

记忆（memory）是原先的刺激不复存在时所保持的有关刺激、事件、意象、观念等信息的心理机能，是个体对其经验的识记、保持、回忆或再认。从信息加工的观点来看，记忆就是对信息进行编码、储存和提取。感知过的、思考过的、体验过的和行动过的事物都可以成为个体的经验。例如，从前见过的人，现在不在面前，我们能想起他的姿态相貌，见到他时能认出来，这就是记忆。不仅感知过的事物能保持于头脑中，思考过的问题、理论，体验过的情绪、情感，练习过的动作也都能保持于头脑中。在生活实践中见过、学过、做过的事情以及体验过的情绪，都可以成为我们的经验而保持在我们的头脑中，在以后适当的时候回想起来，或当它们再度出现时能认出来，这些都是记忆。

记忆是一个主动的过程，识记、保持、回忆和再认都有这一特点。识记是记忆的开初阶段，是获得知识经验的记忆过程。识记具有选择性。环境中的各种刺激只有被个体注意才能被识记。从信息加工的观点来看，识记是信息的**编码**（encoding）。在编码时，人试图将当前经验同某一名称相联系。这一过程通常是自动而迅速的，因而未被意识到。进一步的编码过程是使新输入的信息同已有的知识经验建立广泛的联系，从而形成知识网络。保持是识记过的经验在头脑中的巩固过程，也就是信息的**储存**（storage）。储存也是一个积极的过程，储存的信息在内容和数量上都会发生变化。回忆和再认是恢复经验的过程，也就是信息的**提取**（retrieval），是指在需要的时候将编码储存在记忆中的信息予以解码输出并通过反应表现出来的历程。经验过的事物不在眼前，能把它重新回想起来的过程，称为**回忆**（recall）。经验过的事物再度出现时，能把它认出来的过程，称为**再认**（recognition）。回忆和再认不是原先识记材料的简单再现，而要经历重建和重整的过程。

二、记忆系统

记忆是一个系统，可分为三个不同的部分：感觉记忆、短时记忆和长时记忆。**感觉记忆**（sensory memory）保持感觉刺激（光、声、气味和触压等）的瞬时映象，其保持时间很短，只有一两秒，因而也称为**瞬时记忆**（immediate memory）。虽然信息在感觉记忆中保存的时间很短，却很有用。在看电影和电视时，由于有感觉记忆，眼动和眨眼的时间并不影响我们知觉的连贯性。在与他人交谈时，由于有感觉记忆，我们才能把别人的话语知觉成连贯的谈话。**短时记忆**（short-term memory）保持的时间约为 20 秒，一般不超过 1 分钟，除非积极加以复述，否则信息会很快在短时间内遗忘。**长时记忆**（long-term memory）保持信息的时间极长，超过 1 分钟，甚至伴随人的终生。关于这两种记忆，我们都有经验：从电话簿上找一个号码，用过之后，很快就忘掉了，这就是短时记忆；而孩提时代的某些经验我们至今记忆犹新，这就是长时记忆。长时记忆中的信息构成了我们关于世界的各种知识。

感觉记忆、短时记忆和长时记忆这三种记忆不仅在信息保持时间和信息保持量上有区别，而且在记忆系统中有着不同的结构和功能，并处于记忆信息加工的不同阶段。如图12-1所示，进入长时记忆的信息，首先必须经过感觉记忆

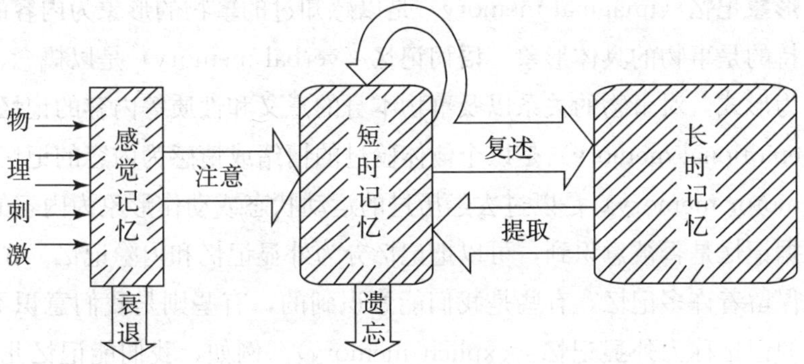

图12-1　记忆系统模式图

和短时记忆的加工，进入短时记忆的信息则来自感觉记忆和长时记忆。关于记忆系统的这些方面正是本章的主要内容，我们将在后面各节详细讨论。

三、记忆的种类

可以从不同的角度对记忆进行分类。前已述及，根据记忆中信息储存时间的不同，可以把记忆分为感觉记忆（瞬时记忆）、短时记忆和长时记忆。感觉记忆的保持时间最短。短时记忆中的信息可以保持得长久些。长时记忆指的是保持时间超过1分钟的记忆，其中不少信息可以保持多年甚至终生。长时记忆又可以分为程序记忆和陈述记忆两类。**程序记忆**（procedural memory）是对习得行为和技能的记忆，包括基本条件反射和各种习得的动作，如打字、拼图、打球时的动作等，这些记忆以动作来表达，也称为动作记忆。**陈述记忆**（declarative memory）是对事实信息的记忆，包括各种特定的事实，如姓名、人脸、单词、日期、观点等。陈述记忆以单词和符号来表达，它又可分为语义记忆和情景记忆。**语义记忆**（semantic memory）是关于世界的基本事实知识的记忆，如我们对各种物体的名称、年月日的表达法、加减乘除、春夏秋冬、单词和语言等知识的记忆。它就像一本心理字典或一本基础知识的百科全书。**情景记忆**（episodic memory）是每个人的“自传性记录”，存储着个人在特定时空情景中发生的各种事件。例如，你能记起自己接到大学录取通知书的情景，记起自己第一次约会时的情景，记起上周一的早餐你吃了些什么，这些记忆都属于情景记忆。

根据记忆的内容，可以把记忆分为形象记忆、语词记忆、情绪记忆和动作记忆。**形象记忆**（imaginal memory）是以感知过的事物的形象为内容的记忆，它所保持的是事物的具体形象。**语词记忆**（verbal memory）是以概念、判断、推理等为形式，对事物的关系以及事物本身的意义和性质等内容的记忆。**情绪记忆**（emotional memory）是以个体体验过的情绪或情感为内容的记忆。**运动记忆**（motor memory）是以过去经历过的运动状态或动作形象为内容的记忆。

根据记忆是否被意识到，可以把记忆分为外显记忆和内隐记忆。在我们的头脑里保留着许多记忆，有些是我们能意识到的，有些则是我们意识不到的。意识到的记忆称为**外显记忆**（explicit memory）。例如，我们能记忆儿时背过的“九九表”，记得今天早餐吃什么，记得去年植树节的活动。而无意识的记忆称为**内隐记忆**（implicit memory），即我们没有意识到但确实存在着的过去经验或记忆。例如，一些人能熟练地打字，但是要求他们立刻正确地说出键盘上字母的位置，许多人往往做不到，这说明他们有字母位置的内隐记忆。

【专栏12-1】

内隐记忆与虚假记忆

沃林顿和韦斯克兰茨（Warrington & Weiskrantz，1970）曾设计了一个经典实验，被试包括4名遗忘症患者（其中3人酒精中毒，1人颞叶受伤）和16名正常人。实验者先给所有参加者看一些词语，然后安排了两种测验：一种是直接回忆所学的词语；另一种是进行残词补全，即在字母组合（如__ab__）中补进字母，使之成为完整的词（如cable）。结果发现，遗忘症患者的回忆成绩远比正常人差，但在残词补全测验中，与正常人不相上下。遗忘症患者所具有的这种记忆，就是我们所说的内隐记忆，即在不需要人们有意识回忆的情况下，个体的经验自动地对当前任务产生影响而表现出来的记忆。这与我们平时所说的有意识记忆是不同的。也可以这样说，内隐记忆的内容无法被有意回忆，但可以在需要时被使用。正常人从语词认知、技能学习到社会认知诸方面，都存在内隐记忆现象。

20世纪80—90年代，心理学中关于“内隐”的研究很热门，如内隐记忆、内隐学习等。脑的活动除了有可以知晓、有意识的信息加工方式外，还可能有未被知晓、潜意识的但确实存在的信息加工方式。前者由于是可知的，常被称作信息的“外显加工”方式；后者由于是不知不觉的，常被称作信息的“内隐加工”方式。尽管目前科学家对人脑内隐加工的认识还不是很深入，但研究者普遍认为，人有相当大的一部分信息加工过程属于内隐加工方式，它无时无刻不在发挥作用，却又无法被人察觉或有意提取出来。自20世纪80年代开始，国内外许多学者对内隐记忆做了大量研究，将内隐记忆视为在不需要对特定的过去经验进行有意识或外显回忆的测验中表现出来的对先前获得信息的无意识提取（Graf & Schacter，1985）。

研究内隐记忆的实验大都包括两个阶段：学习阶段和测验阶段。从所用的研究材料来看，内隐记忆研究主要可分为两类：一类以语言材料为实验材料，主要形式有词干补笔、残词补全、词汇确定、词的确认以及偏好判断等；另一类以非语言材料为实验材料。鉴于以往研究中以语言材料为实验材料的很多，但以汉字作为语言材料的则很少，杨治良等以汉字为实验材料率先进行了这方面的研究（杨治良等，1994；杨治良、叶阁蔚，1995；叶阁蔚、杨治良，1997）。

在大脑中保存的信息可以被潜意识地调用、整合，也可以说，信息在大脑中即使没有被意识到，它们也不是一成不变的。信息之间自动的组合，导致不真实的回忆，就是**虚假记忆**（pseudo memory）。虚假记忆最早被注意是由于发现犯罪现场的目击者证人的证词并不一定可靠，虽然证人自己确实认为他当时看到的情况就是这样，但常常会因为情景信息的混淆，而导致对罪犯的错误指认或对情景的错误描述。例如：证人并没有看清罪犯的长相，但在回忆时会把以前看到过的并不熟悉的人脸指认为罪犯；证人对犯罪现场的细节根本没有看清，但在回忆时会根据自己的经验填充，而且确认是当时看到的情景。虚假记忆的成因有内隐记忆成分，但是否属于内隐记忆目前尚不能确定。

四、记忆的神经生理机制

记忆加工是在我们的大脑中进行的。以前对记忆的储存或组成因素的讨论很容易使人觉得记忆似乎位于大脑的某个地方——大脑有一种保存记忆痕迹的神经“公文柜”。但事实上，神经心理学的研究发现，记忆并非只储存在一个地方。

（一）脑损伤的证据

拉什利（Lashley，1929）训练大鼠走迷宫，然后切除它们大脑的不同部分，接着再测验它们对迷宫的记忆。结果发现，由大脑损伤引起的记忆损失程度与切除组织的数量成正比，皮质损伤得越多，记忆损害就越严重。可见，记忆痕迹并不存在于特定的脑区，而是广泛分布于整个大脑中。

德斯蒙（Desimone，1992）对脑损伤病人的研究表明：小脑损伤会损坏经典条件作用动作反应的获得，影响程序记忆；纹状体是习惯的形成和刺激与反应间的联系的基础，它的损伤和病变会影响习惯的刺激-反应学习；大脑皮质负责感觉记忆以及感觉间的关联记忆，其中颞下回皮质的损伤会影响视觉的辨识和联想记忆，颞上回皮质的损伤会损害听觉识别记忆。杏仁核与海马组织负责事件、日期、名字等的表象记忆，也负责情绪记忆。脑的其他部位，如丘脑、前脑叶基部和前额叶也都与不同种类的记忆有关。

神经心理学研究中有一个著名案例：一个27岁的癫痫病人H. M.，手术前其智力正常。手术中切除了大脑两侧颞叶内部的许多组织，包括大部分的海马体、杏仁核，以及一些连接区。手术明显减轻了H. M.的病情发作，但他丧失了形成新的情景记忆的能力。H. M.能记住语义信息和手术前几年经历过的事情，却再也不能形成对新事件的记忆（Schacter，1996）。

长期酗酒会导致科尔萨克夫综合征（Korsakoff syndrome），这种病人的海马严重受损，患有遗忘症。给这种病人和正常被试对照组呈现一列词表，让他们判断是否喜爱这些单词。线索回忆测验表明，遗忘症病人的成绩显著低于正常组被试。但在词干补笔测验中，遗忘症病人的成绩与正常组被试的成绩相当。这一结果表明，科尔萨克夫综合征的脑损伤影响了病人的外显记忆，但其内隐记忆保存完好（Cave & Squire，1992）。即使是在海马组织持久性损坏以后，内隐记忆仍能很明显地表现出来。

当代神经科学的研究表明，尽管不同类型的知识是分开加工且分别定位于大脑的限定区域，但复杂信息的记忆分布于很多神经组织中（Markowitsch，2000；Rolls，2000）。

（二）脑成像的证据

采用正电子成像术的研究表明，情景记忆的编码和提取过程在大脑两半球之间的活动有显著的不同。情景记忆的编码过程在左前额叶表现出不对称的高度脑活动，而情景记忆的提取过程在右前额叶表现出高度脑活动（Nyberg et al.，1996）。还有研究表明，右大脑前额叶更多地涉及情景信息提取，左大脑前额叶则更多地涉及语义信息提取（Buckner，1996）。

在一项研究中，要求被试看一些场景或单词，并做一些简单的判断（如这个词是具体的还是抽象的）。在被试做这些任务的时候，对他们进行 fMRI 扫描。结果发现，前额叶皮质和旁海马皮质（离海马很近的一个皮质区）在扫描中的激活越剧烈，被试对所呈现的场景或单词的再认就越好。被试在语义信息编码过程中，左前额叶有很高的激活水平，而只进行知觉判断时却观察不到这种现象（Brewer et al.，1998）。伊登等（Eden et al.，1996）对比了诵读困难的儿童和正常读者阅读时的大脑激活情况。诵读困难的儿童激活了大脑的听觉区以及视觉区，好像他们很吃力地将字母转化为声音，再把声音转化为意义，而熟练的读者则完全省略了听觉这一步。将儿童刚刚学习阅读时的大脑激活情况与他们成为熟练的读者时的大脑激活情况相比，也存在类似的差异。

（三）**记忆的神经过程**

当记忆形成时，大脑的活动是如何改变的？目前离全面回答这个问题还很远。一般认为，突触在神经细胞持续活动影响下可发生特异性的结构和功能变化，称为**突触可塑性**（synaptic plasticity），它在神经系统发育和学习、记忆中起着至关重要的作用。

加拿大心理学家赫布（Donald Olding Hebb，1904—1985）的看法具有代表性。赫布提出**细胞联合理论**（cell-assembly theory）来解释知觉及在大量脑组织损伤条件下仍能保持一定智力水平的现象，强调早期经验对智力发展的重要性，并为人工智能研究的神经网络理论做了铺垫。关于记忆的神经过程，赫布认为，短时记忆的活动过程只持续短暂的一段时间，而长时记忆则涉及神经系统结构上的改变，故较持久。它们有不同的神经生理机制。脑部有大量的神经元彼此连接，互通信息。一旦神经元 a 被激活，就依次传递到 b、c、d……最后又返回神经元 a，如此循环，形成神经回路，往返于皮质的不同区域，也可以通往皮质下的结构（如丘脑、海马）。任何心理过程都可以看作某特定神经回路的活动。回路的活动由感觉刺激所引起，在刺激消除后会持续短暂的时间。这个短暂的活动属于回路的反响。**反响回路**（reverberation circuit）可以使神经活动在一段时间里循环和“自我维持”，以引发巩固过程。反响回路可能是短时记忆的生理基础。如果两个神经元间的一个突触一再被激活且大约在同时向突触后神经元传递神经冲动，突触的结构或化学成分就会发生改变，一种更复杂的机制，即**长时程增强**（long-term potentiation，LTP）就起作用。在这个过程中，受到重复强烈电刺激的海马体神经回路会激发更为敏感的海马细胞，导致这种作用能持续数周甚至更长的时间，这可能就是长时学习和保持的机制。研究表明，如果破坏长时程增强作用（比如通过不同的药物），就会破坏学习和记忆。因此，海马在形成长时记忆中起着重要的作用，海马损伤的病人在将短时记忆的信息转入长时记忆的过程中有相大的困难。

科学家证实了我们有能力对记忆进行选择性删除，通过以特定频率来刺激神经元的方式，来加强或者减弱神经元之间的连接（突触），从而有目的性地重建记忆。研究者利用光信号刺激大鼠体内的一组神经元，这些神经元经过了基因工程的改造，对光信号非常敏感；与此同时，研究者对大鼠的脚部进行电击。大鼠们很快便学会将光信号的刺激与被电击的痛苦联系起来——当它们感受到光信号刺激的时候表现出恐惧。分析发现，当光信号刺激神经元的时候，其中的化学物质发生了改变，说明神经突触的连接增强了。在第二阶段的实验中，再以一种一列低频的光脉冲信号刺激同一组神经元，来削弱神经回路，从而起到擦除记忆的作用。经过该处理之后的大鼠在感受到光信号时，不再表现出之前恐惧的状态，这说明大鼠之前与痛有关的记忆已经被擦除了。然而，该研究最令人感到吃惊的发现在于：在大鼠擦除记忆后，使用一列高频率光脉冲信号再次刺激同一组神经元，它们就能够恢复之前的记忆。经过这种“记忆重建”的大鼠在感受到光信号时，又会再次表现出恐惧的状态（Nabavi et al.，2014）。

第二节　感 觉 记 忆

感觉记忆也叫**感觉登记**（sensory register），是指感觉刺激停止之后所保持的瞬间映象。它是记忆信息加工的第一个阶段。进入各种感觉器官的信息，首先被登记在感觉记忆中。例如，视觉信息通过眼睛被登记在图像记忆中，听觉信息经由耳朵被登记在音响记忆中。信息在感觉记忆中保存的时间很短，视觉刺激停止后，视觉映象仅保存十分之几秒。它发生在模式识别的意义分析之前。关于感觉记忆，研究得较多的是图像记忆和音响记忆。

一、图像记忆

视觉刺激停止后，视觉系统对信息的瞬间保持叫**图像记忆**（iconic memory）。图像记忆的存在是由斯珀林（Sperling，1960）首创的部分报告法实验证实的。开始时，他用速示器以 50 毫秒的极短时间向被试呈现如图12-2左侧的一套符号（字母或数字），要求被试把他看到的符号尽可能报告出来（全部报告法），结果被试仅能回忆 4～5 个符号。后来，斯珀林修改了实验程序，仍以 50 毫秒的时间加以呈现，但以不同的音调作为提示：高音表示要回忆上面一行符号，中音表示回忆中间一行，低音表示回忆下面一行。这种实验程序叫**部分报告法**（partial report procedure）。部分报告法极大地改变了被试所能回忆出的字符数量。因为被试只要求回忆呈现刺激的三分之一，而且事先并不知道要回忆三行中的哪一行，因此，斯珀林便把在这种程序下被试回忆的字符数乘以 3 作为被试的回忆量。利用部分报告法，斯珀林发现，如果在字符呈现之前或是之后立即出现提示线索，那么，被试大概可以提取 9～12 个字符。然而，如果提示出现在 1 秒以后，他们的回忆量将降至 4～5 个，这与整体报告法中获得的数字相当。这些数据表明，图像记忆消失得很快（图12-2右侧）。事实上，只要声音有 0.3 秒的延迟，部分报告法的优势将急剧下降，如果声音延迟 1 秒出现，则优势基本上全部消失了。根据这个实验结果，斯珀林认为，人的记忆系统有一个短暂的感觉储存阶段，输入的信息这时是以感觉痕迹的形式暂且被登记下来的。

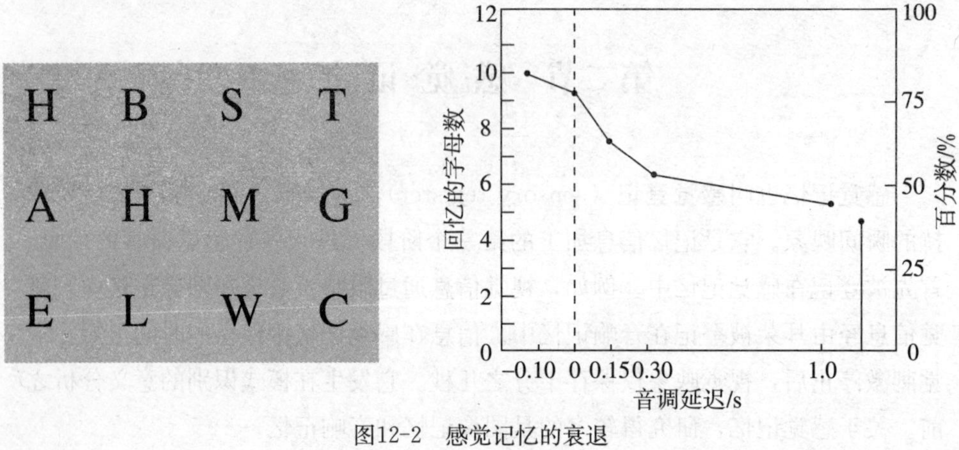

图12-2　感觉记忆的衰退

二、音响记忆

听觉系统对刺激信息的瞬间保持叫**音响记忆**（echoic memory）。莫瑞等(Moray et al.，1965）仿照斯珀林的部分报告法实验程序证实了音响记忆的存在。其后，研究者改进了方法，实验简便易行（Darwin et al.，1972）：让被试戴上立体声耳机，将预先录制在立体声录音带上的符号在立体收录机上播放，调整平衡器，从被试左侧传出 3 个符号如"2、T、F"，从右侧传出 3 个符号如"M、5、3"，从头部正中传出 3 个符号如"X、4、5"。当被试听完这 9 个符号录音后，以延迟 0～4 秒的时间呈现回忆信号，令其报告左声道、全声道或右声道的符号，回忆的指令信号是投影在屏幕上的左、中、右的线条(部分报告法)。如果不呈现出指令信号，就是要被试把听到的所有符号都报告出来（全部报告法)。结果发现，当听觉刺激呈现后 2 秒给予指令信号，部分报告法的成绩仍优于全部报告法，而当延迟 4 秒给回忆信号时，这两种方法所得到的成绩就相同了。因此，音响记忆的消退时间约为 4 秒。

三、感觉记忆的特征

经不少研究证实，感觉记忆具有以下一些特征。(1) 感觉记忆在瞬时能储存大量的信息。进入感受器的信息几乎都被储存。(2) 感觉记忆中的信息保持时间很短。视觉信息约在 1 秒内衰退，听觉信息约在 4 秒内衰退。(3) 感觉记忆中的信息是未经任何加工的，是按刺激的物理特征原样直接加以编码和储存的。(4) 感觉记忆中的一部分信息由于模式识别而被传送到短时记忆中，并在那里被赋予意义。所谓**模式识别**（pattern recognition)，就是从感觉记忆向短时记忆传递信息并赋予它意义的过程。确定选择哪些信息传输到短时记忆，而让哪些信息从感觉记忆中衰退，是由于注意的作用。注意使信息从感觉记忆传输到短时记忆，从而使信息得到进一步的加工。因此，感觉记忆中的信息是我们觉察不到的，一旦其中的一些信息被我们觉察到了，这些信息也就被传送到短时记忆之中了。

第三节 短时记忆

一、双重记忆理论的证据

把记忆区分为短时记忆和长时记忆，最早是由詹姆斯（James，1890）提出的。他认为记忆由两个要素组成。第一个要素叫**初级记忆**（primary memory），它包含尚未从意识中消失的那些材料（相当于短时记忆）。与此相对的是**二级记忆**（secondary memory），它储存着当前虽然未被意识到，但一有必要就能被意识到的材料（相当于长时记忆）。这种理论称为双重记忆理论。

对双重记忆理论最有说服力的证据之一是在自由回忆实验中得到的。在这种实验中，先把排列有序的一系列无关联的单词如“肥皂、章鱼、火星、种子、岩石……”以视觉或听觉方式呈现给被试，紧接着要求被试不按顺序尽可能多地回忆出来。图12-3给出的是典型的自由回忆实验结果（Murdock，1962）。其中，横坐标表示各单词呈现的顺序（系列位置），纵坐标表示回忆率，这条曲线表示各单词输入的系列位置与回忆率的关系，被称为**系列位置曲线**（serial position curve）。其中，处于词表开头部分的单词回忆率较高，这称为**首因效应**（primary effect）。词表末尾部分的单词回忆率也较高，这称为

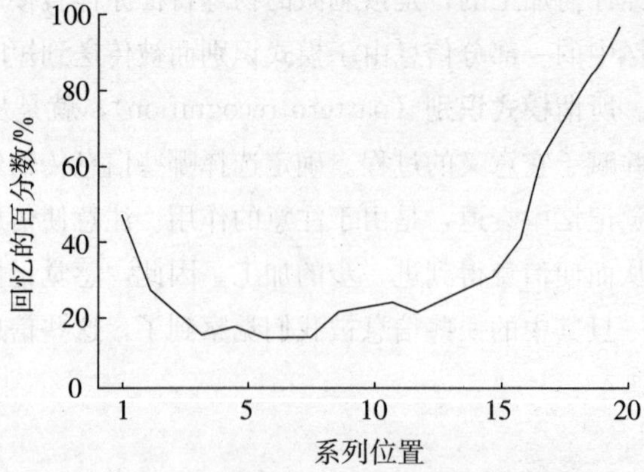

图12-3　自由回忆中的系列位置曲线

近因效应（recency effect）。根据双重记忆的理论解释：从开头到中间位置（即近因效应产生前的位置）上的那些单词是从长时记忆中回忆出来的；离词表结束位置越近的单词进入短时记忆的概率越高，因而回忆率就增加了，因为短时记忆中的单词是可以完全回忆出来的。不主张区分短时记忆和长时记忆的单一记忆说者认为，回忆率取决于从呈现到回忆之间的时间间隔，离词表结束位置越近的单词，时间间隔就越短，自然也就越难以遗忘了。

该如何鉴别这两种理论呢？在自由回忆实验中，呈现一系列单词之后，不让被试立即回忆单词，插入30秒的数字逆运算，然后再自由回忆，结果得到图12-4中的曲线a。曲线c是呈现后立即回忆得出的结果。曲线b是根据单一记忆说预期得出的结果。因为插入了运算，各单词从呈现到回忆的时间都延迟了，因此预期回忆率要普遍下降。但事实与单一记忆说的预期相违背，插入逆运算的结果是近因效应消失了。这正好符合双重记忆说的解释：系列位置后面的那些单词正处于短时记忆阶段，插入逆运算作业就干扰了短时记忆的储存；而单词一旦进入了长时记忆，回忆率是不受逆运算作业影响的，这正好与曲线a的结果一致。这些结果都说明，开头位置上的单词和最近位置上的单词是从不同的记忆中回忆出来的。

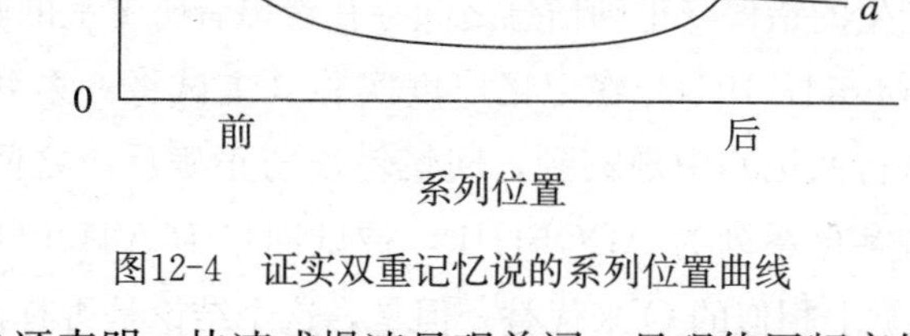

图12-4 证实双重记忆说的系列位置曲线

此外，实验还表明，快速或慢速呈现单词、呈现使用频率低或高的单词以及呈现无关联或有关联的单词，这些实验变量虽然对系列位置曲线的首因效应发生影响，却对近因效应没有影响（图12-5），这也是双重记忆说的有力证据。

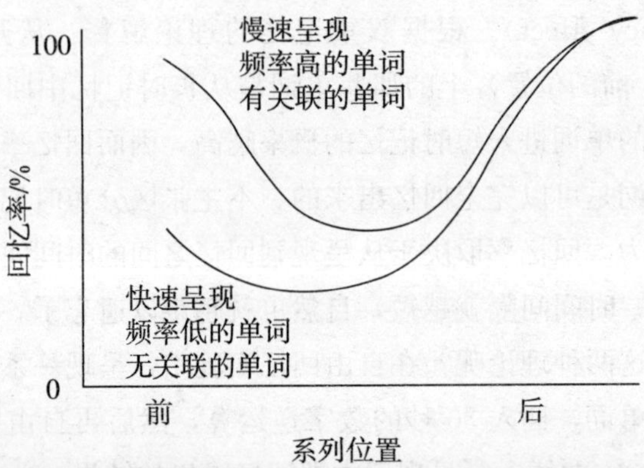

图12-5 影响首因效应但不影响近因效应的实验变量

二、短时记忆的特征

与感觉记忆、长时记忆相比较，短时记忆具有一些有趣的特征。短时记忆的容量是有限的，较之记忆的其他两个阶段，它储存的信息要少得多。信息在短时记忆中储存约 20 秒后消失。但是，短时记忆又是唯一对信息进行有意识加工的记忆阶段。如果加以注意，信息在短时记忆中的保持同注意的时间一样长，可以远远超过 20 秒。感觉记忆和长时记忆中的信息是我们意识不到的，这两种记忆中的信息只有被传送到短时记忆中才能被执行、控制和加工，所以短时记忆也叫**工作记忆**（working memory）（Baddeley & Hitch，1974）。

（一）短时记忆的编码

储存在短时记忆中的信息，传统的观点认为主要是语音听觉编码。这是根据短时记忆中产生的错误与正确信息之间存在着语音听觉上的联系而推测出来的。康拉德（Conrad，1964）在记忆广度实验（主试将一系列项目呈现一次后，被试立即进行回忆）中观察到，回忆错误与正确反应之间有语音上的联系。例如，呈现字母系列为 ADQFHJP，被试回忆为 ATQFHJP，以 T 代替 D，而不是以视觉上相似的 O 来代替。但是，这个结论是否有普遍性受到了怀疑。因为康拉德的实验是以英文字母为记忆材料，而英文是拼音文字，读音是它的最突出特征。莫雷（1986）以汉字为材料的实验表明，汉字的短时记忆以形状编码为主。对于绘画、脸、身体动作以及视觉观察事件所属范畴的短时记忆，倾向于用视觉编码和语义编码。还有实验发现，不同双语经验的被试对英文词的短时记忆的编码方式是不同的（郑涌，1991）。因此，短时记忆的编码方式随记忆材料及主体经验的不同而不同。

（二）短时记忆的容量

短时记忆的信息容量可用组块作为单位来测量。所谓**组块**（chunk）是指人们在过去经验中相当熟悉的一个刺激独立体，如一个字母、一个单词、一个数字、一个成语等。美国心理学家、认知心理学的奠基者之一米勒（George Armitage Miller，1920—2012）在记忆方面的研究很有名，他发表的论文《神奇的数字 7±2：我们信息加工能力的局限》对于短时记忆的研究具有里程碑意义。米勒（Miller，1956）认为短时记忆的信息容量为 7±2 个组块，这个数量是相对恒定的。这就是短时记忆的组块理论。可以用下面的小实验来验证这个理论：请读一遍随机数字 71863945284，然后合上书，按照原来的顺序，尽可能多地默写出来；接下来再读一遍随机字母 HJMROSFLBTW，然后用上述相同的方法来测试自己的记忆。跟大多数人一样，你可能回忆出 7 个数字或字母，至少能回忆出 5 个，最多回忆出 9 个，即 7±2 个。

许多研究支持米勒提出的组块理论。西蒙（Simon，1974）的研究表明：说英语的人阅读一些无关联的词一次后能正确回忆 5～7 个词，而与词的音节无关；对以短语和句子为组块的记忆容量略小于词的记忆容量。喻柏林等（1985）、张武田等（1986）对汉语语词短时记忆容量的研究结果也对组块理论提供了一定程度的支持。不过，组块的大小、复杂性和熟悉性等都会影响短时记忆的容量。对汉语语词的短时记忆广度的研究表明，双音合成词和四字成语的短时记忆容量不如单音词大，而四字成语又不如双音词大。随着组块复杂性的增加，短时记忆容量倾向于逐渐降低。高频词的短时记忆容量比低频词大。视听通道的短时记忆容量有差异，总的来看，视觉较听觉的短时记忆容量大。

组块化（chunking）是将项目组织成熟悉的、有意义的单元，这个过程通常是自动发生的。因此，组块的大小、复杂性都是因人而异的。例如，记数字 748539，你可能按 74、85、39 记忆，他可能按 748、539 记忆。看一幅图片，我可以以地点关系为组块，你可以以色彩的特点为组块。但不论人们储存的组块是什么，短时记忆的容量为 7±2 个组块。

（三）短时记忆的加工

信息在短时记忆中的主要加工方式是复述。**复述**（rehearsal）就是出声或不出声的重复。对一个电话号码进行复述，只要没有其他干扰，它就可以保持在短时记忆中。如果让被试识记由不容易发音的三个辅音字母（如 KBF）组成的字符串，哪怕过上 20 秒后大都能回忆出来，因为他们进行了复述。研究者改变了实验程序：给被试呈现字符串后，立即令其做减 3 逆运算（例如 376、373、370、267……），直到要求开始回忆的信号出现，被试才进行回忆。这样做的目的是防止被试在记忆保持时间内进行复述。实验结果如图12-6所示，随着保持时间的延长，回忆成绩急剧下降：当信号延长到 15 秒才出现时，回忆率约为 10%；到 18 秒之后，记忆保持近乎消失（Peterson & Peterson, 1959）。可见，复述可以使信息保持在短时记忆中，以防止被其他信息排挤掉，一旦停止复述，信息在短时记忆中将迅速消失。

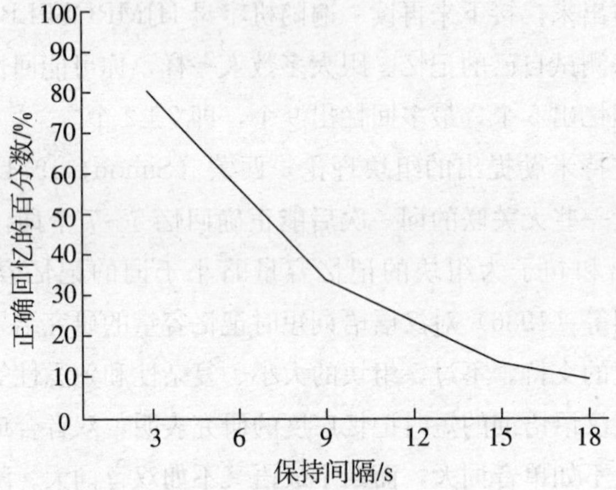

图12-6　短时记忆的遗忘

复述不仅具有在复述期间将信息保持在短时记忆中的功能，还能作为信息的传输机制将信息从短时记忆送入长时记忆。在一系列实验中，向被试呈现单词的过程中要求他出声复述（Rundus & Atkinson，1970）。主试用录音机记录，然后算出每个单词的复述次数。同时，根据自由回忆的结果算出各单词的正确回忆率。结果如图12-7所示，复述次数越多，再认率越高。实验还发现，词表开头的几个单词比其他的单词复述次数较多。如果把处于不同系列位置上但复述次数相等的单词提取出来，并比较其回忆率，结果发现首因效应消失了。这也说明，词表靠前位置的单词能较好地回忆，其原因是得到了较多的复述。

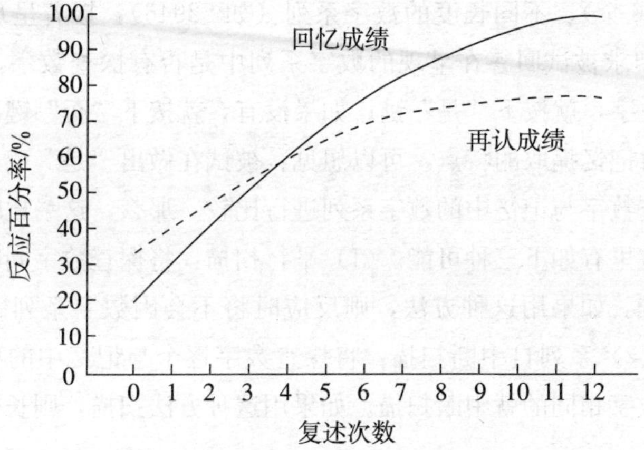

图12-7　复述次数与再现率的关系

但是，并非所有的复述都能把信息传送到长时记忆。在克雷克和沃特金斯（Craik & Watkins，1973）的一个实验中，由主试诵读一个相当长的单词词表给被试听，被试的任务是在主试诵读后报告出词表中最后一个以特定字母（如p）开头的单词。由于被试不知道这样的词在词表中有几个，所以他必须复述每一个这样的单词，直到下一个这样的单词出现为止。在词表结束时，被试几乎都能正确回忆出词表中最后一个以特定字母开头的单词。但是在呈现12个这样的词后，出其不意地让被试对所有这样的词进行自由回忆。结果表明，复述时间长短不等的单词的正确回忆率几乎没有什么差别，说明复述并不能自动地把信息传送到长时记忆。

因此，复述至少有两种主要的类型：一种是**维持性复述**（maintenance rehearsal），即从感觉记忆中抽取某种信息并使该信息适应于短时记忆的编码方式，保持在短时记忆中；另一种是**精制性复述**（elaborative rehearsal），即将获得的信息进行精细结构的编码，包括联想编码、组织编码、心象编码等，经过这种编码，信息就可能在长时记忆中稳定地储存（Craik & Lockhart，1972）。

（四）短时记忆的提取

人们怎样从短时记忆中提取信息？斯滕伯格（Sternberg，1969）的一项设计巧妙的实验对这个问题进行了探讨。实验中向被试呈现在短时记忆容量以内的（如1～6个）、不同长度的数字系列（如52946），接着呈现一个探查数字（如4），要求被试回答在呈现的数字系列中是否有探查数字。如果数字系列中有探查数字，就按下“是”键；如果没有，就按下“否”键。以反应时为指标分析短时记忆提取的特点。可以想见：被试在做出“是”或“否”的反应前必须将探查数字与记忆中的数字系列进行比较。那么，这一比较过程是如何进行的呢？这里有如下三种可能。（1）平行扫描：将探查数字同时与记忆中的所有项目比较。如果用这种方法，则反应时将不会因数字系列的长短而变化（图12-8a）。（2）系列自中断扫描：将探查数字逐个与记忆中的项目比较，发现有与探查数字相同的就中断扫描。如果用这种方法扫描，则长数字系列的反

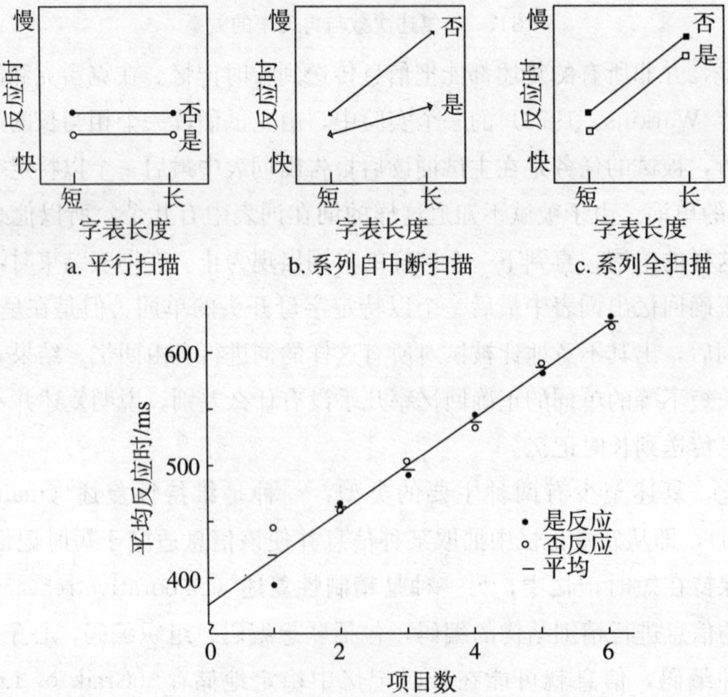

图12-8　短时记忆的提取

应时就比短数字系列的要长，同时，做出“否”反应比做出“是”反应的反应时长。因为做出了“是”反应，被试即可停止扫描，但要做出“否”反应，需扫描记忆中的所有项目（图12-8b）。(3) 系列全扫描：将探查数字逐个与记忆中的所有项目进行比较，不论记忆中有或没有探查数字。如果用这种方法，扫描长数字系列的反应时就比短数字系列的要长，并且做出“是”或“否”的反应时是相等的（图12-8c）。实验结果如图12-8所示，说明短时记忆中信息的提取是以系列全扫描方式进行的。

第四节 长时记忆

现在我们知道，并不是所有的经验都能保存在记忆中，许多信息在短时记忆中已被遗忘。虽然有人把长时记忆称为**永久性记忆**（permanent memory），但至今没有多少证据支持长时记忆中的信息会永久保持的观点。确切地说，长时记忆的内容是保持时间相对较久的信息。在这一节中我们将讨论下列问题：长时记忆的信息是怎样构建的，是怎样被保持和变化的？怎样测量记忆？怎样提高记忆力？

一、记忆的构建

长时记忆的内容是如何形成的？加拿大神经外科医生彭菲尔德和贾斯珀（Penfield & Jasper，1954）认为，我们对过去事件的记忆就像一卷“连续的、载有声音的电影胶片”。但事实上，记忆的构建是一个主动的过程。我们在形成新的长时记忆时，原有的记忆常常发生变化，有些信息丢失了，有些则通过逻辑推理、猜想或新的信息加以弥补。在一项研究中，让被试一边观看呈现的图片，一边听主试对它们的命名。拿走图片后不久，要求他们根据自己看到的图片画出图形。两组被试看到的刺激图形是相同的，但他们听到的命名不同。结果如图12-9所示，被试画出的回忆图形更接近于命名所代表的图形，而不是原刺激图形（Carmichael et al.，1932）。这表明，听到命名使被试对刺激图形的理解不同，对图形的记忆便发生了变化。记忆的这种改变既可能发生在识记阶段，也可能发生在保持和回忆阶段。

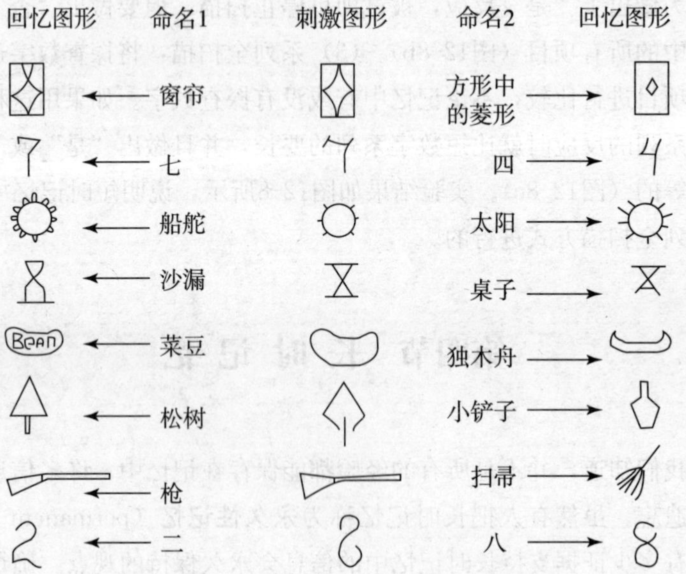

图12-9　命名引起回忆图形的变化

洛夫特斯和帕尔默（Loftus & Palmer，1974）的实验将被试分为两组，先是共同观看一段录像，该录像描述了一场汽车相撞的意外事故。看完后，实验者向被试发放的问卷中有这样一个问题：“据你们估计，当两辆汽车____时，汽车时速约是多少英里[①]？”对于不同测试组，下画线处的动词不同。当问题中的动词为“碰撞”时，被试估计时速为 34 英里；而当动词为“撞毁”时，被试对时速的估计为 41 英里。经过一星期以后，所有看过录像的被试再回到实验室，实验者向他们提同样的问题：“根据你们的记忆，上次录像中的交通意外事故现场是否有撞碎的玻璃？”结果发现：在上次用动词“碰撞”提问的一组被试中，有 14%的人做了肯定回答；用动词“撞毁”提问的一组被试中，有 32%的人做了肯定回答。事实上，在看过的录像中，现场根本没有碎玻璃。理解、推论使被试对撞车事故的记忆编码和组织方式发生改变，导致他们后来更可能“记得”有碎玻璃。这表明人们总是试图理解周围世界。我们的记忆也

① 1 英里＝1.609 344 公里。

总是力求与周围情境相协调，如果信息不够协调，我们就会改变它，直到它完全符合周围的环境。而这一过程人们是没有意识到的。

记忆总是力图与个人的周围情境相协调，这在巴特利特（Bartlett，1932）的一项研究中表现得很清楚，他把这个过程称为追求意义的努力。巴特利特用的一个故事叫作《幽灵之战》，内容讲的是北美印第安人两个部落之间的战争，其中还包含部落祖先的幽灵。巴特利特让同一个被试在不同的时间间隔的条件下进行多次回忆，结果显示，被试（剑桥大学的大学生及其朋友）复述故事时，往往会忽略幽灵，只记得那些符合自己思维方式的片段，而不是自己听到的整个故事。通常，被试在记忆过程中会改变信息，其目的是使它们对自己更有意义。这表明我们设法使自己的记忆与个人的已有图式相一致，从而使记忆变得很有个性特点。那些不符合被试特有图式的细节往往会被忽略，因此故事逐渐变得更短，更有“意义”。到了第四次或第五次回忆时，同一个故事已经面目全非。在我国的传统游戏“说悄悄话”中，也可以看到同样的事情发生。在游戏中，第一个人通过耳语向第二个人传达一条信息，然后第二个人再通过耳语告诉第三个人……传到最后一个人的耳朵时，让他大声说出自己所听到的信息。结果，这条信息传到最后时差不多完全走样了。

情绪也会影响我们的记忆。我们在快乐、悲伤、醉酒等情况下学会的东西，往往也是在同样的状况下更容易回忆起来。这种现象称为**状态依存记忆**（state-dependent memory）。记忆往往与心境一致。抑郁、苦闷心境会给记忆蒙上暗灰色，而欢乐心境会给记忆蒙上玫瑰色。又如，在遇到一位多年不见的朋友时，我们所能回忆起来的事情往往是有过强烈情绪体验的事情。

总之，记忆的构建不是对个人所经历的事情一成不变的复制，而会受到个人的理解、知识背景、情绪和个性特点等许多因素的共同影响。它是一个主动的、具有高度个性化的加工过程。

【专栏12-2】

自传体记忆与记忆扭曲

自传体记忆（autobiographical memory）指关于个体自己历史的记忆。自传体记忆是建构性的：一个人不能准确地记忆所发生的事情；相反，个体的记忆是自己的建构或是对所发生的事情的重构。人们的自传体记忆一般都很好，尽管它们很容易扭曲。然而，对不同生活阶段，记忆的好坏不尽相同。例如，有人发现，中年人经常对自己年轻时候和成年早期的事情比刚刚过去的几年的事情记得更清楚（Rubin，1982）。

研究自传体记忆的一种方法是日记研究。在这类研究中，个体（经常是研究者本人）保存了详细的自传。例如，林顿（Linton，1982）保存了6年的日记，索引卡上记录着每天至少两件事情。她每个月随机选出两张卡片，并试图回忆记在卡片上的事情以及事件发生的日期，进而根据每段记忆的特点和情绪内容将其排序。令人惊讶的是，她对事情的遗忘速度是线性变化的，而不是像通常出现的遗忘速度先快后慢。她的遗忘速度在6年的时间间隔内基本上是相同的。她还发现，她对记忆的特点和情绪的排序与事件的重要性之间没有什么关系。因此，她很惊讶自己到底记得什么和不记得什么。在另一项关于自传体记忆的研究中，有人试图回忆25年间在首都歌剧院观看过的248场表演。研究结果符合经典记忆模式的预期：对25年间开头和末尾几年所看的歌剧记忆得更好，重要的表演比不大重要的表演记忆效果更好（Sehulster，1989）。

人们往往会扭曲自己的记忆。例如，仅仅是嘴上说说你身上发生了什么事情就可以让你倾向于认为它真的发生了，不管它事实上发生与否（Ackil & Zaragoza，1998）。根据沙克特（Schacter，2001）的观点，这些**记忆扭曲**（memory distortion）可以通过七种独特的方式出现，好比“记忆的七宗罪”。

（1）短暂。记忆消退得很快。比如，尽管大部分人知道辛普森在谋杀妻子的犯罪指控中被宣判无罪，但他们并不记得自己是从何处得知他被宣判无罪的。他们曾经说得出来，但是后来再也想不起来了。

（2）心不在焉。人们有时在刷过牙之后又会去刷牙，或者进房间去找东西时，结果却忘了要找什么东西。

（3）阻滞。人们知道，有些事情应该记得，却回忆不起来。比如，遇见某个自己认识的人，却想不起名字，或者在努力回想一个单词的同义词时，虽然知道有一个很明显的同义词，但就是不能回忆起来。

(4) 错误归因。人们经常记不住是在哪儿听见他们听说的事情，或者在哪儿读到他们阅读过的东西。有时，人们会认为他们看见了自己并没有见过的东西，或者听见了他们并没有听到的事情。例如，目击者的证词有时是不完全真实的，因为我们会把自己所想的事情而不是我们事实上所看见的，认为是我们看见的事情。

(5) 暗示。人们很容易受到暗示的影响，因此，如果有人暗示说他们见过某事，那么他们可能会认为自己记得见过它。比如，在荷兰，当人们被问及是否看见过一架飞机撞上一栋公寓大楼的电视片时，许多人回答见过，但实际上根本没有这样的影片。

(6) 偏见。人们经常在回忆中带有偏见。例如，目前正经历着生活中巨大悲痛的人们很可能会回忆过去的痛苦，不管他们是否真的经历过这些痛苦。那些没有处在这类痛苦中的人们回忆过去的痛苦经历的可能性较小，这也几乎无关他们真实的过去经历。

(7) 固执。人们有时候把某些事情当作非常重要的事情记住了，但从更广的角度看，这些事情并不那么重要。比如，有人有许多次成功，但只有一次重大的失败，或许他对这唯一一次的失败比这许多次成功记忆得更牢固。

二、记忆的组织

在我们的长时记忆中，浩如烟海的信息是如何组织起来的呢？先让我们看看在长时记忆中怎样才能快速地提取信息。要在长时记忆里快速提取信息必须借助于一定的线索，这种线索很多，包括规则、心象、类别和相似性等。例如，要记住下列数字：149162536496481。如果找不出这些数字间的规则，就很难记。如果看出了这些数字的一种规则：1，4，9，16，25，36，49，64，81，即“从1到9的整数的平方”，那就容易记了。又如，在记忆故事、诗歌、单词时，如果我们能在头脑中形成心象（image)，就比较容易记忆。再如，我们在记一系列项目时总是倾向于将它们按一定的类别来记忆。在一个实验中，向被试呈现 60 个单词，它们分属于动物、人名、职业、蔬菜四个类别（不是按每种类别分别呈现，而是随机呈现）。要求被试进行自由回忆。结果发现，被试倾向于将属于同一类别的单词集中在一起回忆。在另一个实验中，以很短的时间向被试呈现 16 个无关联的单词（如帽子、照片、羊、祖父……），让他们自由回忆，然后让被试再次学习相同的词表并再次回忆，如此反复多次。结果发现，随着重复次数增加，成绩逐渐提高。第一次学习词表后只能回忆出约 6 个单词，第十六次学习后已能回忆出 15 个单词。同时还发现，被试在连续各次实验中有以相同顺序回忆单词的倾向。这种以相同顺序回忆单词的倾向是由于被试在头脑中把词表中的单词按照某种相似性进行归类而造成的。可见，规则、心象、类别、相似性可能都是长时记忆中信息储存的一些线索。看来，长时记忆中的信息不是杂乱堆放的，而是以联想网络的形式储存的。长时记忆就像是一个高度组织化的索引系统。

当代大多数心理学家倾向于用网络模型（network model）来解释长时记忆中信息的储存。该模型认为头脑中的记忆信息是按网络结构组织起来的。例如，请你在听到下面的一个句子后立刻做出“是”或“不是”的判断：

金丝雀是一种动物。

金丝雀是一种鸟。

你对这两个句子的判断，哪一句的回答较快？科林斯和奎利恩（Collins & Quillian，1969）发现，对“金丝雀是一种鸟”的肯定判断比对“金丝雀是一种动物”的判断速度快。其原因是什么呢？可以用记忆网络模型来解释。根据该模型，长时记忆组织结构是一个由许多节点按层次连接起来的网络，节点与节点之间的连接链有长有短。如果两个项目之间的连接链长，提取时反应时就较长；如果两个项目之间的连接链短，提取的反应时就较短。从图12-10 中可以看到，在我们的记忆结构中，金丝雀离“鸟”较近，而离“动物”较远。

用网络模型可以解释记忆的重整作用。例如，当你找到一张老照片时，你一边看，一边浮想联翩。那是你 6 岁上学时拍摄的照片，看着这张照片，许多似乎已经忘记了的往事一件接一件像潮水一般涌入你的脑海。这个过程称为记忆的**重整作用**（redintegration）。可以用网络模型来解释这种现象。**重整性记**

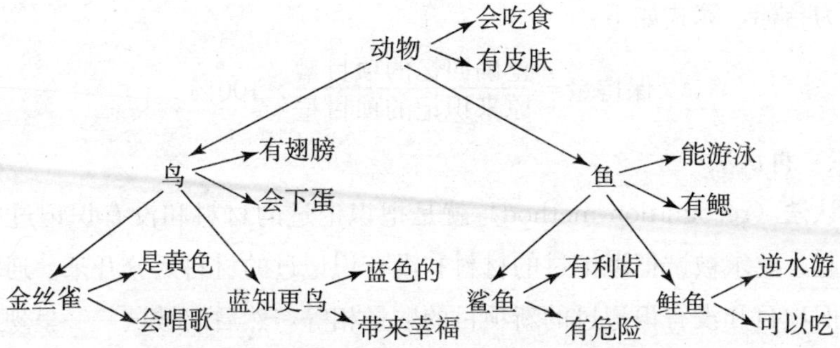

图12-10 记忆网络模型

忆（redintegrative memory）是通过在记忆网络的分支上不断扩散而实现的。许多从前经历过的一些小事都可以激活这种记忆，如我们上小学时用过的书包、吃过的点心、读过的连环画、街旁的小店等，都可能使我们想起许多当时的往事。记忆重整作用的关键是网络中的一个节点被激活后又作为“线索”去激活另一个节点，这样，整个记忆就可能在一个节点的回忆基础上得到重整。

三、记忆的测量

记忆不是以“全或无”的形式存在的。我们对某人或某事的记忆可能已不清楚了，但也没有完全遗忘。例如，过去曾见过一个人，早已记不起该人的模样，但后来相见时一下子就认出来了。由于记忆不是一种“全或无”现象，因而就需要用一些方法来测量记忆的保持量。最常用来测量记忆的方法有回忆法、再认法、节省法和重建法。

（一）回忆法

回忆法（recall method）就是在被试识记了某种材料之后，经过一段时间，让其把所识记过的材料以口头或书面的形式再现出来，然后把回忆结果与原材料加以比较，就可推测出保持量。考试时的问答题和填空题，其性质就是用回忆法来探测你对知识的保持量。在具体运用上，回忆法可分为自由回忆法和线索回忆法两种。前者是对被试所要回忆的材料不加任何提示，只要求被试把识记过的材料写出来或说出来；后者是向被试提示一部分识记过的材料，要求被试以此为凭据，回忆出其余的材料。保持量的计算，以正确回忆的项目的百分数为指标，算式如下：

$$保持量=\frac{正确回忆的项目量}{原来识记的项目量}\times100\%$$

（二）再认法

再认法（recognition method）就是把识记过的材料和没有识记过的材料混在一起，要求被试把识记过的材料和没有识记过的材料区分开来。通常是识记过的旧项目和没有识记过的新项目的数量相等，然后向被试一一呈现，由被试报告每个项目是否识记过。保持量按下列公式计算：

$$保持量=\frac{认对数-认错数}{呈现材料的总数}\times100\%$$

再认测验和回忆测验的保持量是不同的，再认测验的保持量优于回忆测验的保持量。这里的原因是两者在完成水平上是不同的。首先，回忆和再认在推测率上不同。例如，让你回忆《水浒传》一百零八将中绰号为“病关索”的姓名，恐怕你回答不出来。这样，在回忆测验中你的记忆成绩为0。但是，对于这一信息的再认测验，情况便不同了。例如，给出下列选择题，《水浒传》一百零八将中绰号为“病关索”的姓名是：A. 杨雄；B. 杨虎。这里，推测的正确率至少是50%。显然，再认比回忆要容易。其次，再认和回忆所依据的信息不同。要实现回忆，必须或多或少记住有关刺激的整体信息。例如，要记住“病关索杨雄”，只了解他是《水浒传》一百零八将之一还不够，还必须了解杨雄的为人，他在梁山泊中的作用，他的绰号的来历、意思等，即掌握整体信息。而再认则不同，只要有能够辨别目标刺激（即以前学过的待再认的刺激）和干扰刺激的信息就可以了。例如，上例中只要知道水浒一百零八将中没有一个叫杨虎的，那就可以确定“病关索”一定是杨雄了。最后，回忆和再认的操作过程不同。回忆某个信息，首先必须在识记中搜寻目标刺激，然后再对目标刺激加以确认。再认某个信息则不同，目标刺激是直接呈现给被试的，用不着在记忆中搜寻。因此，再认的成绩就优于回忆的成绩。

（三）节省法

节省法（saving method）也叫**再学法**（relearning method），就是要求被试在学习了一种材料之后，经过一段时间再以同样的程序重新学习这一材料，以达到原先学习的程度为准。用原先学习所需要的时间（或次数），减去重新学习时所需要的时间（或次数），两者的差数就是重新学习时节省的数量，这个指标就是节省法测得的记忆保持量。其计算公式是：

$$保持量=\frac{初学时的时间或次数-重学时的时间或次数}{初学时的时间或次数}\times 100\%$$

（四）重建法

重建法（reconstruction method）就是要求被试再现学习过的刺激次序。具体做法是，给被试呈现按一定顺序排列的若干刺激，呈现后把这些刺激打乱，置于被试前让其按原来次序重新建立起来。该方法除适用于记忆文字材料外，还适用于记忆形状、颜色或其他非文字材料。

四、信息储存的动态变化

图12-11　记忆实验的开创者艾宾浩斯

德国心理学家艾宾浩斯（Hermann Ebbinghaus，1850—1909，图12-11）最早对记忆保持量的变化进行了系统的实验研究。在这之前，冯特曾宣布过学习和记忆等高级心理过程不能用实验研究，加之当时艾宾浩斯既没有大学教职，也没有实验条件，但他还是受费希纳研究心理现象的数学方法的启发，决心像费希纳研究心理物理学那样，通过严格的系统的测量来研究记忆。1885 年，艾宾浩斯撰写的《论记忆》一书出版了。心理学史家波林（Edwin G. Boring）评论道："这是划时代的，不仅由于它所涉及的范围和写作风格的新颖，而且因为它立即被看作是实验心理学突破了研究高级心理过程的障碍。艾宾浩斯开创了一个新的领域……"

艾宾浩斯以自己为被试，以**无意义音节**（nonsense syllable）为记忆材料（在他的实验中，记忆材料是由三个字母构成的无意义"单词"，如 WOL、GEX、CEF），以再学法的节省率为保持量的指标。用再学法测量保持量时，他先让自己把无意义音节字表学习到一个标准（如百分之百正确），然后隔 20 分钟、1 小时、9 小时、1天、2 天、6 天、31 天后，再学习该材料，并求出各阶段的节省率。其结果如图12-12 所示，学习后的不同时间里保持量是不同的，刚学完时保持量最大，在学后的短时间内保持量急剧下降，然后保持量渐趋稳定地下降，最后接近水平（Ebbinghaus，1885/1913）。这条曲线称为**保持曲线**（retention curve）。由于传统上保持也被看作是遗忘的反面，因此这条曲线也常常被称为**遗忘曲线**（forgetting curve）。这条曲线表明，我们记忆的信息，大多数在记忆之后便立刻遗忘了。事实上，随着时间的推移，不仅记忆的保持量会发生变化，产生遗忘，而且记忆内容也会发生变化。

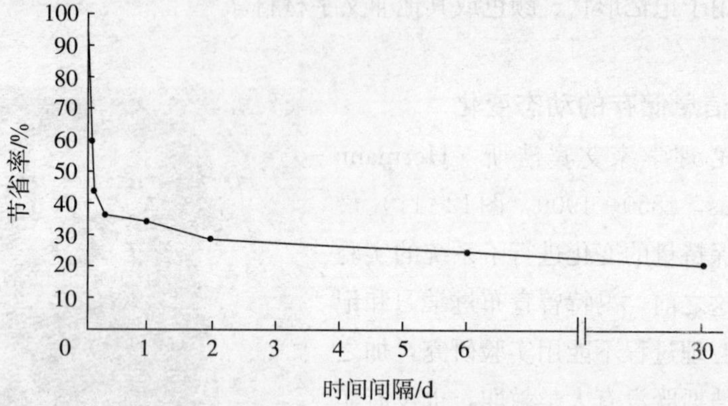

图12-12　艾宾浩斯保持曲线

（一）测量方法的影响

如果用不同的测量方法和指标检查保持量，所得的结果有所不同。陆志韦（1922）用再认、再学、重建和自由回忆四种方法测量被试学习无意义音节后的保持量，所得结果如图12-13 所示（转引自曹日昌，1963）。这个结果表明，用再认法测得的保持量最多，用回忆法测得的保持量最少，用再学法或重建法测得的保持量居于再认法和回忆法之间。其他人的研究大多也得到类似的结果。

（二）学习程度的影响

学习程度的不同对保持进程也有影响。对一种材料的学习如果没有达到一次完全能背诵的标准，我们说这是低度学习的材料；如果达到恰能背诵之后还

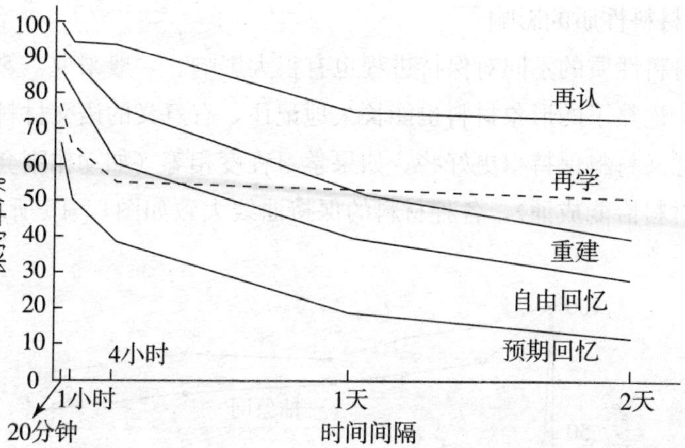

图12-13 用不同的测量方法得出的保持曲线

继续学习下去，这种材料就是过度学习的。显然，低度的学习材料容易遗忘，过度学习的材料要比恰能成诵的材料保持得好一些。在一个实验中，让三组被试练习手指迷宫，第一组被试练习到完全正确完成手指迷宫，第二组被试多练习 50%，第三组多练习 100%。以后检查三组的保持量，结果如图12-14 所示，超出 100%的过度学习保持量最高，但 50%的过度学习效率最佳。这说明过度学习对记忆是很有好处的。

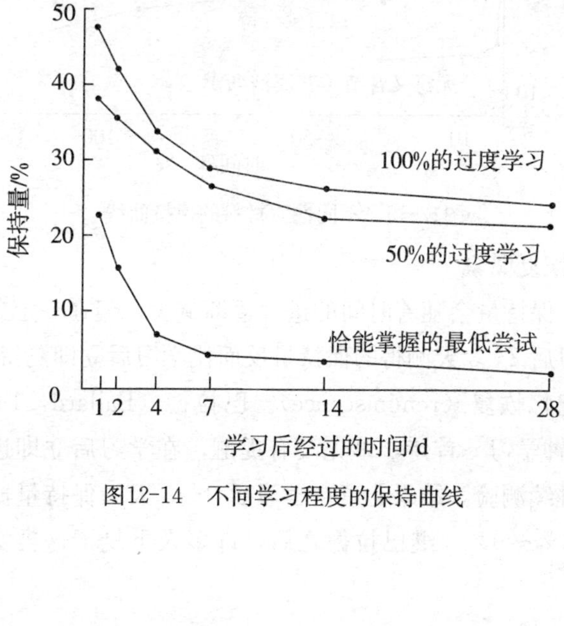

图12-14 不同学习程度的保持曲线

（三）材料性质的影响

记忆材料性质的不同对保持进程也有很大影响。一般来说，熟练的动作保持得最好，记熟了的形象材料也能长久地记住，有意义的语文材料，特别是诗歌，比无意义材料保持得更好些。如果学习程度相等（如动作刚会正确地做一次，语文材料恰能成诵），各种材料的保持曲线大致如图12-15所示（曹日昌，1963）。

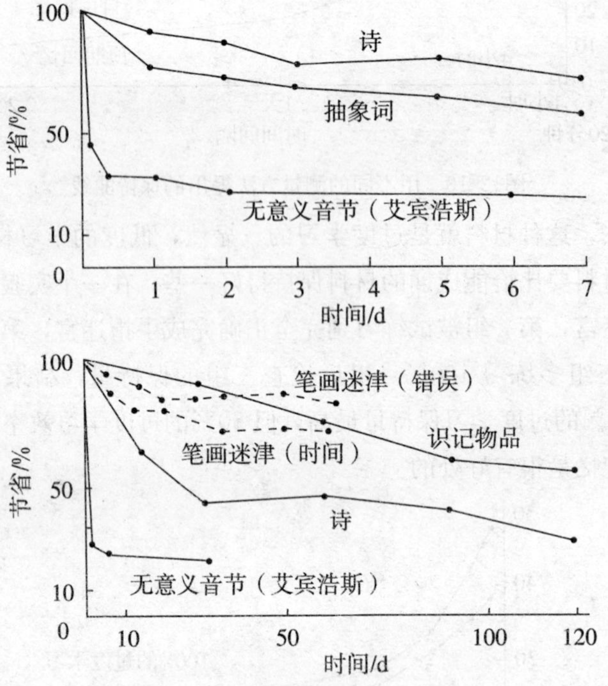

图12-15　不同性质材料的保持曲线

（四）记忆恢复现象

一般而言，保持量会随着时间的进程逐渐减少。但在一定条件下，也有例外的情况，学习后2～3天测得的保持量反而比学习后立即测得的保持量要多。这种现象叫作**记忆恢复**（reminiscence）。巴拉德（Ballard，1913）让一组12岁儿童用15分钟学习一首诗，事先没有提醒，在学习后立即进行测验，之后在几天间隔中继续测验，结果儿童在学习后2～3天的保持量比学习后立即测得的保持量高6%～9%。继巴拉德之后，许多人重复了这类实验，都得到类似的结果，证明儿童在学习后的 2～3 天保持会有所发展。保持的发展不是被试在这段时间进行复习的结果，在这类实验中这个条件是控制了的。记忆恢复现象，儿童比成人更普遍，学习较难的材料比学习较易的材料更明显，学习程度较低的比学习纯熟的更容易看到。对记忆恢复现象有不同的解释。一种观点认为，识记后立即进行回忆，学习者对学习材料还没有形成一个统一的整体，对材料的储存是零散的，因而回忆成绩低；之后学习者采用了某种较为有效的解决任务的方法，把学习材料作为一个整体来考虑，这样回忆的内容就较详尽。另一种观点认为，由于识记时有**累积抑制**（cumulative inhibition），影响了识记后的立即回忆成绩，过了一定的时间，抑制解除了，记忆的成绩也就可能提高。这些解释都有待进一步的研究。

（五）动机作用与记忆效率

根据学习者是否按预定的目的进行识记，可把识记分为**有意识记**（intentional memorization）和**无意识记**（unintentional memorization）。在一个实验中，向两组被试呈现相同的材料，如在相同的时间播放一个单词词表的录音，要求有意识记组记住单词并告诉他们学习后要进行测验，要求无意识记组评价每个单词的发音（被试注意到词表，但没有记忆任务）。识记完后，两组都进行回忆测验，结果表明，有意识记组的回忆成绩明显优于无意识记组（Gleitman & Gillett，1957）。进一步的研究表明，这是因为学习动机使有意识记组对学习材料进行了复述并将它们构成较有意义的大组块。没有预定的目的，也不用专门的方法的识记，称为无意识记。例如，在日常生活、学习和工作中，人们偶然感知过的事物、阅读过的小说、在一定情况下体验过的情绪、仓促间做过的动作，当时并没有预定的目的去记它们，也没有考虑过如何去记住，只是自然而然地记住了。我们不少的知识经验是由无意识记积累起来的，因此，也不能完全否定无意识记的作用。无意识记有很大的选择性，与主体的需要、兴趣有密切联系的材料，往往容易被记住。

在识记某种材料时试图回忆，即在学习过程中不断自问自答，可以促进长时记忆。在盖茨（Gates，1917）的实验中，五组被试在同等时间内背诵无意义音节材料和课文，但分别有不同比例的时间用于试图回忆。实验结果表明，无论是识记无意义音节或是传记文，无论是立即回忆或是 4 小时后回忆，试图回忆都有助于记忆，并且将高达 4/5 的时间用于试图回忆的记忆效果最好。试图回忆之所以能提高记忆效率，其原因是在整个学习的过程中，学习者都处于积极进取状态。每次试图回忆后，学习者能及时地了解自己的成绩，从而激起进一步学习的动机。试图回忆有助于学习者了解材料的特点和难点，从而对材料进行进一步的组织加工。这样，信息也就更容易储存到长时记忆中。

【专栏12-3】

记忆术

任何牢记材料或改善记忆的技术均可称为**记忆术**（mnemonics），这些技术可以帮助你记忆一系列单词等材料。从本质上讲，记忆术就是给一些原本是无意义的或任意组合的材料赋予意义，使新材料同熟悉的已编码的信息相联系，从而便于回忆。记忆术主要有自然语言媒介法、地点法和视觉心象法。

自然语言媒介法，是指把要记的材料同长时记忆中已有自然语言的某些成分（如词义、字形、音韵等）相联系以提高记忆的效率。例如，在记对偶的无意义音节“PAB—LOM”时，把它读成“Pabulum”（食物），在学习“小狗—香烟”，把它说成“小狗吃香烟”，就很容易记住。甚至更为复杂的材料或一串单词，如果把它们编成有韵律的顺口溜或一个故事来记，也很有助于记忆。例如，孤立地去记 12 对脑神经的名称——第一对叫嗅神经，第二对是视神经……是相当困难的，但如果把它们编成有韵律的顺口溜——“一嗅二视三动眼，四滑五叉六外展，七面八听九舌咽，迷副舌下在后面”，就很容易记了。我国传统的乘法口诀、珠算口诀等都是借助于自然语言媒介来帮助记忆的。

地点法，是指把要记的材料想象为放在自己熟悉地方的不同位置上，回忆时在头脑里对每一个位置逐个进行检索。例如，为记住某次开会遇见的几个人的姓名，可以在心里想着将他们按顺序放在卧室的各个位置：门口，左墙边，书桌……回忆时想象着走进卧室的各处，找出与之相联系的人的姓名。在一个实验中，有关 40 名女服务员和 40 名大学生记住 7 种、

11种和15种饮料并将其分送到顾客面前的记忆效率的研究结果发现：分送7种饮料的记忆效率，两组间没有多大差别；分送11种和15种饮料，女服务员的记忆效率明显高于大学生（Bennett，1983）。究其原因是女服务员采用了将每种饮料同特殊的面孔和特殊的地点联系起来的方法。

视觉心象法，是指把要记的材料同视觉心象联系起来记忆，视觉心象越清晰，记忆效率越好。在一个实验中，向被试呈现10个无关联单词词表，要求实验组形成心象并编成故事来记（例如，在学习“桌子、电灯、烟灰盒、青蛙……”这一词表时，有些被试编成这样的故事：“厨房里有张桌子，桌子上放着电灯，还有烟灰缸，青蛙在电灯和烟灰缸之间跳来跳去……”）。而控制组则孤立地识记。结果发现，隔了一段时间进行回忆，实验组平均能回忆出93%的单词，而控制组平均只能回忆出13%的单词，差异十分显著（Bower & Clark，1969）。

识记一种材料，一般并不只限于用一种组织加工方式，而往往可以采用多种方式。有时可以用材料的已有结构（如本章中的大小标题）组织加工；有时也可以对材料进行圈点，画出重点和次重点，然后组织加工。对于难懂难记的部分，或许用心象化方式加工更有助于记忆。这就要靠人的主观能动性了。

第五节 遗　忘

我们的头脑中储存了以往所识记过的大量材料，从所经历的事情、学习过的书本知识到所掌握的技能等，其中很多信息甚至可以保持终生。但同时，任何人在日常生活中肯定也都碰到过回忆不出以前曾经记住过的信息的情况。例如：在大街上碰到一位久未见面的老同学，却怎么也想不出他的名字；考前复习的时候明明已经记住了某个公式，但考试的时候绞尽脑汁也回忆不起来。那么，是什么原因造成了**遗忘**（forgetting）呢？综合起来，可能存在着编码缺失、记忆痕迹衰退、干扰、提取失败等原因。

一、编码缺失

我们无法回忆起某件事情，往往是对信息的**编码缺失**（encoding failure）所致。我们住楼房的人天天上楼下楼，但是问你上三楼的楼梯有多少级，大多数人都回答不出来。我们经常在校园林荫道上散步，但是问你这林荫道两旁有多少棵树，你也可能答不出来。这是因为没有编码，从一开始信息就没有存入长时记忆中。这是遗忘的一个重要原因。在一项实验（Nickerson & Adams，1979）中，要求一些大学生正确画出一美分硬币中的人头像。他们天天使用这种硬币，但几乎没有人能够完成任务。让被试从一堆真真假假的一美分图像中找出真的一美分图像，结果同样是几乎没人能够正确认出来（图12-16 中 a 是正确的，但很少被人认出，大多数人错误地选择 g 或 j）。原因是很少有人有意识地去记一枚硬币上的文字和人脸的朝向等细节。虽然有些信息是自动编码的（如闪光灯记忆），但有些信息则必须有意识地进行加工。

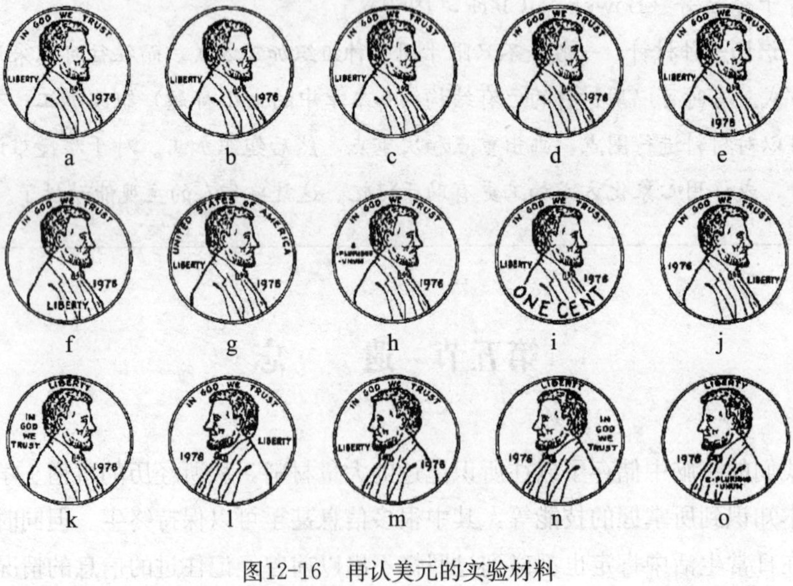

图12-16　再认美元的实验材料

【专栏12-4】

闪光灯记忆

美国心理学家布朗和库里克（Brown & Kulik，1977）首次提出**闪光灯记忆**（flashbulb memory）这个概念，并认为它是自传体记忆的一种，指的是围绕一个特殊、重要或令人吃惊的事件的记忆，事件出现时的图像非常生动，具有鲜明性、准确性和持久性的特点。闪光灯记忆是一种不随时间消逝的记忆。通常，记忆的内容会随着时间的延长变得难以回忆。有的情况下，如果提供一定的线索，个体还是可以提取出任何几乎已经回想不起来的事情；有的时候，无论如何也无法回忆。但是，有些事情是我们一辈子都不会忘记的。这些事情发生时你在干什么，你都一清二楚，甚至当时的情感，现在回想起这件事情的时候都会一并引发，它就像是被永远定格了的照片一样，长久鲜明地保留在我们的脑海里，不需要线索就能马上浮现在脑子里。例如，"9·11"事件、奥运会、世界杯、伊拉克战争等，亲身经历过这些事件的人10年、20年甚至30年以后让他们再次回忆时，仍然很清楚地记得当时的情景。在大学生中，有些闪光灯记忆很常见。例如，遇到一场交通事故，第一次见到室友，高中毕业的那晚，都是典型的闪光灯记忆。

闪光灯记忆反映了一种很普遍的记忆现象：比起对平常事件的记忆，异常的记忆更容易提取（虽然不一定准确）。刺激越与众不同，那么以后我们就越容易回忆起它。但是，即便是一个特殊的刺激，我们也可能记不得信息的来源。如果个体对某个材料有记忆，但是回忆不起在哪儿遇到的，就发生了**源遗忘**（source amnesia）。例如，你可能遇到一个很熟悉的人，但是你不记得最初是在哪儿遇到的。可以说，闪光灯记忆是一种非常有趣的记忆现象，目前可以用照片模型、理解模型和情感模型等理论加以解释（Finkenauer et al.，1998）。

二、衰退

即使进行了有意识加工，我们记忆的信息有时也会遗忘。有一种理论认为，遗忘是记忆痕迹随着时间的推移而逐渐消退的结果。所谓**记忆痕迹**（memory trace）是指记忆活动使脑神经细胞或大脑活动所产生的变化。**衰退理论**（decay theory）比较符合人们的常识，在日常生活中随处可见物理或化学痕迹随时间推移而衰退的现象，因而这种理论比较易于被接受。

但是，用衰退来解释长时记忆中的信息因为长期不使用以至最终减弱而不能被提取的做法会受到一些质疑。第一，一些似乎已经被遗忘的记忆可以通过再认、重建、重学和启动而获得。第二，无法解释为什么一些不用的记忆会衰退，而另一些同样不用的记忆却能保持终生。第三，为什么老年人记不住一两天前发生的事情，却能把昔日的琐事和多少年前很少提及的往事回忆得清清楚楚？

尽管衰退理论存在着上述问题，有关的实验证据也不够充分，但该理论仍有其可取之处。可以推测，任何事物都有发生、发展和衰亡的过程，记忆痕迹应该也不例外。目前比较一致的观点是：衰退是感觉记忆和维持性复述被阻断时短时记忆中的信息丧失的重要原因；至于长时记忆，随着时间的流逝，回忆量会逐渐减少，回忆内容会越来越模糊、不准确甚至被遗忘，这其中很可能也有痕迹衰退的原因。

三、干扰

干扰是指记忆项目或内容间造成的提取和恢复障碍。在排除了这些干扰之后，记忆往往就能够提取和恢复。关于睡眠对记忆促进作用的研究为干扰理论提供了大量的实验证据。在一项实验中，被试分别在早晨和晚上学习若干词对。其中，早晨学习过后继续一天的正常生活，晚上学习后则即行入睡。研究者分别在 24 小时和 36 小时后测量被试的回忆成绩，在控制了其他可能引起混淆的因素后，发现两种间隔条件下早晨学习的词对回忆成绩都要显著低于晚上学习的词对。这说明，白天的日常工作干扰了对早晨所学习的词对的记忆，因而早晨学习的材料回忆效果都低于晚上学习的材料（Gais et al.，2006）。另有一项研究则发现，有梦睡眠（快速眼动睡眠）比无梦睡眠的保持效果差，也表明了干扰对记忆的影响（Yaroush et al.，1971）。

沃和诺曼（Waugh & Norman，1965）曾设计了一个非常巧妙的实验来分离干扰和衰退这两个因素。具体的做法是，给被试呈现一个数字序列，最后一个数字呈现时伴随一个高频纯音，这被称为探测数字。要求被试一旦听到声音，就要把探测数字在前面出现位置出现时的后面一个数字回忆出来。例如，呈现“931758643735628 *”（星号表示纯音），那么“8”就是探测数字，它在前面出现在第六个位置上，被试听到纯音后就应该将它后面的数字“6”报告出来。从应报告的数字的后面一个数字起，到最后一个探测数字，称为间隔数字。很明显，它们起着干扰的作用。研究者操纵了不同数量的间隔数字和间隔时间，因为根据痕迹衰退的观点，随着时间的延长，保持的信息量会减少。而根据干扰的观点，随着间隔数字的增加，信息量会逐渐减少。通过改变数字的呈现速度来调节间隔时间，分为快速（4 个/秒）和慢速（1 个/秒）。例如：间隔时间都是 1 秒时，快速呈现的间隔数字是 4 个，而慢速呈现的是 1 个；相对应的是，如果间隔数字都是 4 个，快速呈现的间隔时间是 1 秒，慢速呈现的时间是 4 秒。研究者通过这样的设计，来探讨间隔时间和间隔数字对遗忘的不同作用。结果发现，回忆的正确率并不随着间隔时间的不同而有所差异，而是随着间隔数字的增加而明显地降低了（图12-17）。本实验很好地说明了遗忘主要是因为干扰而非记忆的痕迹衰退。不过，由于不能排除在慢速呈现、间隔时间延长时可能会存在更多复述与加工的因素，在 1 个/秒的情况下可能是产生了更大的遗忘，只不过与开初更好的学习平衡了。

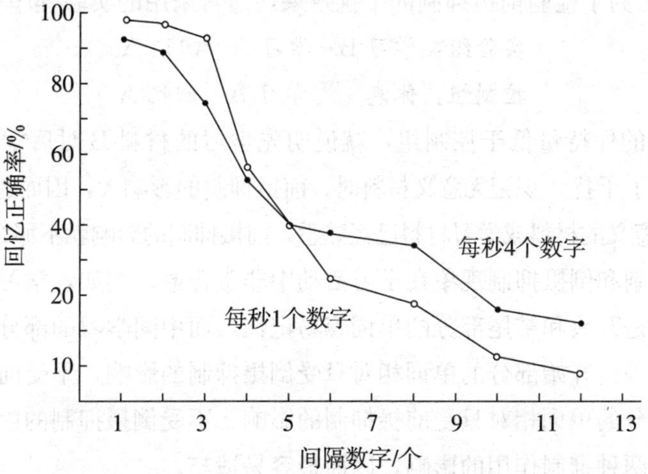

图12-17　干扰项目数对记忆信息保持的影响

除了上述研究外，倒摄抑制和前摄抑制现象的存在也为干扰理论提供了佐证。所谓**倒摄抑制**（retroactive inhibition），指的是后学习的材料对再现先学习的材料的干扰作用。为了检验倒摄抑制的效果，通常采用的实验程序如下：

实验组：学习 A　学习 B　回忆 A

控制组：学习 A　休息　　回忆 A

如果实验组的保持量低于控制组，就说明后学习的材料 B 对先学习的材料 A 的回忆产生了干扰。研究表明，先后学习的两组材料之间的相似性、两者的学习巩固程度、先后两次学习及回忆测试之间的时间间隔以及后学习的材料的难易程度等因素都会影响倒摄抑制的效果。如果两组学习材料之间既有相似，又有不同，倒摄抑制的影响最大；两组材料很相似或很不相似，倒摄抑制的影响会较小。先学习的材料巩固程度越低，倒摄抑制的影响会越大；先学习的材料巩固程度越高，倒摄抑制的影响会越小。后学习的材料难度越大，倒摄抑制的影响越大；后学习的材料越容易，倒摄抑制的影响越小。在学习完第二组材料后马上回忆第一组，倒摄抑制的影响最大；学习完第一组材料后立即学习第二组，倒摄抑制的影响次之；学习两组材料及回忆测验之间都有一定时间间隔的话，倒摄抑制的影响最小。

先学习的材料对再现后学习的材料的干扰作用，叫**前摄抑制**（proactive inhibition）。为了检验前摄抑制的干扰效果，通常采用的实验程序如下：

实验组：学习 B　学习 A　回忆 A

控制组：休息　　学习 A　回忆 A

如果实验组的保持量低于控制组，就说明先学习的材料 B 对后学习的材料 A 的回忆产生了干扰。识记无意义材料时，前摄抑制的影响大，因而造成大量的遗忘。识记有意义的材料或学习材料已经熟悉，前摄抑制的影响就不那么明显了。

前摄抑制和倒摄抑制现象在学习活动中非常普遍。例如，学习一组英文单词，通常总是开头和结尾部分的单词容易记住，而中间学习的部分则最容易忘记。其原因是：开始部分的单词相对只受倒摄抑制的影响，不受前摄抑制的影响；结尾部分的单词相对只受前摄抑制的影响，不受倒摄抑制的影响；中间部分则同时受两种抑制作用的影响，因而最容易遗忘。

根据上述多方面研究结果可以看出，干扰在遗忘中起着相当大的作用。不过，干扰说的理论依据仍然是刺激-反应学说。关于遗忘的内部机制，则还需要进一步从信息加工的角度来进行考察。

四、提取失败

很多人都曾碰到过的情况，在大街上遇到久未见面的老同学，却想不出他的名字，在和对方聊过一些往事后，往往就会想起对方是谁。另外，日常生活中还有一种所谓**舌尖现象**（tip of the tongue），指的是明明知道某件事，但一时就是回忆不出来。例如：有时我们明明知道某人的姓名或某个字，可是就是想不起来，事后却能忆起；明明知道试题的答案，但考试的时候就是想不起来，事后正确的答案便出现在脑海中。这些情况都说明，所谓的遗忘可能只是暂时性的，所记忆的信息仍然保存在那里，只是一时提取不出来而已，就像把物品放错了地方怎么也找不到一样。一旦有了正确的线索，经过搜寻，所要的信息就能被提取出来。有些人在催眠状态下能回忆起他们在清醒状态时完全没有意识到的细节，潘菲尔德的研究也表明人确实有未被意识到的记忆。所有这些研究结果都说明，被“遗忘了”的材料仍然被保持在记忆中，只是没有被提取出来而已。

从提取失败的角度看来，遗忘与否取决于信息的易得性，而不是可得性。这里，可得性是指在长时记忆中储存的信息的存在性，易得性是我们能够获得那些可用信息的难易程度。加拿大认知心理学家塔尔文（Endel Tulving，1927—　）认为，我们叫作记忆的东西，乃是在人们的头脑中重现无意识内容的能力，并且它还是我们可以清晰地辨别我们的意识和无意识之间内容联系的一种功能。在一个实验中，让被试学习48个单词（分属于12类，每类有4个单词）。进行回忆测验时，对一组被试给予线索提示（给出类别名称），对另一组不给任何提示。结果发现，提供线索组平均可以回忆出30个单词，而无线索组平均只能回忆出20个单词。此后，向无线索组提示类别名称，这时他们的回忆成绩可以达到28个单词（Tulving & Pearistone，1966）。显然，给予线索后额外回忆出的这8个单词是储存在被试记忆中的，但要把它们提取出来就必须有适当的提取线索。据此也可以认为，遗忘是提取失败所致。他们还发现，与常识的看法不同，再认与自由回忆之间只有令人吃惊的微弱联系，可用于自由回忆测验的信息与可用于再认测验的信息几乎毫不相干（Tulving & Flexser，1992）。这一发现从提取线索的特异性角度说明了提取的重要。

可以在记忆和图书馆之间做一个类比。图书馆中储存有大量藏书，但如果没有合理地进行存放或编制索引，可能会很难找到某本我们想要的图书。我们头脑中也储存有大量的“图书”——记忆信息，如果没有合适的编码和提取线索，同样也可能会在需要的时候无法检索出这些信息。因此，很多记忆的失败可能只是编码不准确或缺乏提取线索，而非真正的遗忘。

五、动机性遗忘

有些研究者发现，许多人对快乐和正面的事情记忆得多，对痛苦和负面的事情记忆得少，临床心理学家把这种倾向称为**动机性遗忘**（motivated forgetting），即由一定的动机驱使所出现的主动性遗忘。这种遗忘可以将某些痛苦或令人尴尬的记忆排除在意识之外，使人忘掉过去的这些经历，从而保护自己。弗洛伊德在对精神病人进行催眠治疗时发现，许多人能回忆起童年生活中的许多琐事，而这些事情平时是回忆不起来的，它们大多与罪恶感、羞耻感相联系。据此，弗洛伊德提出了**压抑**（repression）的概念。他认为记忆系统会对让人痛苦的信息进行监控，并抑制住这些信息（实际并未消失，而会通过某些线索或者治疗被重新诱发出来），从而缓解焦虑，保护个人的自我同一感。从这一角度来说，遗忘不是保持的消失，而只是记忆被压抑了。

有研究发现，在成年人所能回忆出的儿童期经历中，伴随愉快体验的经历约占30%，其次是让人感觉恐惧的经历，约占15%，再次则是引发愤怒、痛苦等情绪的经历（Waldvogel，1948）。总之，不愉快的事件较愉快的事件更容易遗忘。另一项研究则发现，虽然被试所回忆出的很多经历在研究者看来都是创伤性的，但其本人往往会将这些经历判断为中性甚至是令人愉快的（Kihlstrom & Harackiewicz，1982）。由此看来，我们似乎能重新组织自己的童年经验，以便记住过去的“美好时光”。但实际生活并非如此，只是“应当如此”而已。在一项实验中，一组被试在学习完无意义音节表后，研究者故意安排其经历某种“失败”的挫折。结果发现，这部分被试的回忆测验成绩比未经历失败挫折的控制组要差得多。在接下来的实验中，让“失败”组的这些被试学习新的词表，并让其获得成功体验，结果这一成功使他们的回忆成绩大为提高。这些结果说明，如果消除造成压抑的原因，阻断记忆材料与消极情绪的联系，那么遗忘也就能够得到克服。

虽有上述研究发现，美国心理学家洛夫特斯（Elizabeth Fishman Loftus，1944— ）却不这样解读。洛夫特斯早期研究学习和问题解决，后来转而研究人类的记忆活动，并致力于将自己的研究与社会生活实际结合起来。她在过去事件的信息是怎样塑造人类记忆的研究方面很有名。在洛夫特斯（Loftus，1998）看来，所谓被压抑的记忆的说法并没有科学依据，有充分理由证明它们反映的只是**伪记忆**（imaginary memory）而已。例如，当人们回忆不起特定事件记忆的来源而只有模糊记忆时，就可能会产生伪记忆。当记忆的来源变得不清楚、不明确时，人们就会开始怀疑自己是真的经历了这一事件还是只是自己的想象，最终就可能会相信这一事件的确曾经发生过。当然，也有不少心理学家，尤其是那些为人们提供治疗的心理学家为被压抑的记忆的真实性提供了强有力的证据。目前看来，关于被压抑的记忆究竟是虚构还是事实的争论还会持续下去。

【专栏12-5】

定向遗忘

情绪性记忆的主动遗忘，是指人们有意识地主动遗忘带有情绪色彩的记忆内容，特别是一些负性情绪性记忆（如经历地震后的惨痛记忆）。这些记忆会给人们带来心理创伤，如何有效地淡化这些痛苦记忆，对于帮助人们从创伤中恢复有很大的作用。研究者们在实验室中采用项目法定向遗忘范式（item-method directed forgetting）对情绪性记忆的主动遗忘进行研究。该范式的主要流程是在每个学习项目之后立即给予被试一个“记”或“忘”的指令，在最后的记忆测试中，如果要求记住的（to be remembered，TBR）项目的成绩显著好于要求遗忘的（to be forgotten，TBF）项目，即显示出现了**定向遗忘**（directed forgetting）。目前对定向遗忘有**选择性编码**（selective encoding）和**抑制控制**（inhibitory control）两种解释。前者认为，定向遗忘出现的原因是在信息编码阶段，TBR项目比TBF项目得到了更多的精细编码；后者认为，定向遗忘出现的原因是在信息编码和提取阶段，被试利用抑制控制机制对TBF项目进行抑制（衰减其激活或阻断其提取通道），最终导致了两种项目在记忆成绩上的差异。目前已有越来越多的研究证明，是两种机制的共同作用导致了定向遗忘。

人们能否主动遗忘情绪性记忆一直是研究者们关注的焦点。大量研究表明，记忆具有**情绪增强效应**（emotional enhancement effect），情绪通过抓取注意、增强信息的编码和巩固，从而达到记忆效果的增强（Ohman et al.，2001）。因此在同等情况下，情绪性记忆应该更加持久而强烈。那么，人们能否克服情绪性记忆的优势，主动遗忘这种优势记忆呢？以正常个体为被试，有研究采用情绪词语作为实验材料，发现被试能按照指令要求定向遗忘正性和负性词语（Tolin et al.，2002）。也有研究者发现，无论采用带情绪色彩的词语还是自传体记忆内容作为实验材料，都出现了定向遗忘效应（Wessel & Merchelbach，2006）。研究者们还对临床个体进行了研究。有研究发现，童年期经历过性侵害的创伤后应激障碍个体，能够按照指令的要求忘记正性或与灾难经历相关的负性词（McNally et al.，1998）。另有研究发现，抑郁被试能和正常被试一样，按照指令的要求选择性遗忘正性、中性或是与抑郁或危险相关的负性词（Dumont，2000）。还有研究者甚至发现相对于中性材料，被试能遗忘更多的情绪性材料（Depue et al.，2007）。这些研究说明，被试能有效地利用抑制控制机制，主动遗忘情绪性记忆。

自我在记忆的编码、组织和提取过程中扮演着重要的角色。**自我参照效应**（self reference effect）就是自我对记忆影响的一个典型效应，表现为自我参照的回忆成绩优于其他参照加工（杨红升、黄希庭，2007；杨红升、朱滢，2004；Hepper et al.，2010；Symous & Johnson，1997）。那么，自我参照是否影响主动遗忘呢？鲍尔等（Power et al.，2000）发现，如果要求被试在学习情绪性材料的时候将这些材料与自身相联系，抑郁组和正常组被试都出现了定向遗忘效应，但抑郁组被试回忆出了更多的负性

TBF 项目。研究者们认为，虽然自我参照加工会导致记忆加工上的优势，但这并不能阻止遗忘指令激活的抑制机制对情绪性材料的记忆进行抑制。李文娟等（2005）采用字表法定向遗忘范式考察了自我参照对字表法定向遗忘的影响，结果发现自我参照条件下出现了定向遗忘，而他人参照条件下没有发生定向遗忘。杨文静等（2014）采用项目法定向遗忘范式考察了自我参照对情绪性记忆定向遗忘的影响，发现自我参照对不同效价的情绪性记忆定向遗忘产生了不同的影响，而自我提升动机在其中起着重要的调节作用。（采自杨文静等，2014）

【复习与思考】

1. 解释：记忆，表象，识记，保持，回忆，再认，情景记忆，语义记忆，外显记忆，内隐记忆，感觉记忆，短时记忆，工作记忆，图像记忆，音响记忆，系列位置曲线，状态依存记忆，记忆术，保持曲线，前摄抑制，倒摄抑制，舌尖现象，定向遗忘，情绪增强效应，自我参照效应。

2. 概述记忆系统的基本结构及神经生理机制。

3. 证明感觉记忆存在的实验设计有何巧妙之处？

4. 揭示短时记忆提取方式的实验设计有何巧妙之处？

5. 艾宾浩斯的经典记忆研究给后继者什么启示？

6. 有哪些方法可以用来测量记忆？

7. 讨论遗忘的原因。

【扩展阅读书目】

1. 杨治良、孙连荣、唐菁华著：《记忆心理学》，华东师范大学出版社 2012 年版。

2. 鲁忠义、杜建政著：《记忆心理学》，人民教育出版社 2005 年版。

3. ［美］Eric Kandel 著，罗跃嘉等译校：《追寻记忆的痕迹》，中国轻工业出版社 2007 年版。

第十三章 思　维

第一节 概　述

一、什么是思维

思维是很复杂的认知过程，包含着广泛的心理活动。例如，我们想订个学习计划，想办法摆脱一些烦心事，以及在下棋、猜谜语、估计事件发生的可能性的时候，都在思维。**思维**（thinking）是指在超出现实的情境下分析有关条件以求得问题解决的高级认知过程。例如，早晨起来，推开窗户，看见对门屋顶是湿淋淋的，于是便推断“昨夜下雨了”。这时，我们并没有直接感知到下雨，而是在超出现实情境下，通过分析其他条件（屋顶湿了），间接推断出来的。思维是大脑在解决问题时的高级认知过程。在心理学中，思维这个术语不是用来解释老鼠学习简单迷津之类的行为，而是指运用观念、表象、符号、语词、命题、记忆、概念、信念的内隐的认知操作或心智操作。这种心智操作既可以从正在思考着的个体的口头报告中推论出来，也可以从正在思考着的个体解决问题的行为中推论出来。我们之所以把思维称为高级认知过程，是因为它不同于感觉、知觉和记忆这些相对低级的认知过程。这是认知心理学家从 20 世纪 60 年代起对认知过程所采用的分类。其实，在现实生活中，所谓的高级过程并非必然是发生在所谓的低级过程之后的：知觉的结果会成为思维的基础，而思维也会渗透到知觉之中。信息加工的顺序是缠结在一起的，是不断交叉的。把思维称为高级认知加工的提法是指相对于感知觉、记忆而言的另一种更为复杂的认知加工。

二、思维的种类

思维有多种形式，可以从不同的角度对思维进行分类。根据思维的抽象水平，可将思维分为命题思维、心象思维和动作思维。由概念组成命题的思维是最为常见的，这种思维形式称为**命题思维**（propositional thought）。也有许多人喜欢用心象，特别是视觉心象来思维，我们可以在自己的心中“看见”它们，这种思维称为**心象思维**或**形象思维**（imaginal thought）。还有一种叫**动作思维**（motoric thought），是以实际操作来进行的思维。例如，半导体收音机不响了，先用电表检查，看看是否电池已经用完了。如果电池还有电，再检查线路是否接触不良，三极管是否出毛病了……最后找出了收音机不响的原因。修理工人、工程师经常运用动作思维解决实践中遇到的问题。在认知发展的研究中，对儿童的动作思维已有相当的研究，而对于成人思维的研究，则主要侧重其他两种思维，特别是命题思维的研究。

根据思维的探索方向，可把思维区分为聚合思维和发散思维。**聚合思维**（convergent thinking）是把问题所提供的各种信息聚合起来，得出一个正确的答案（或一个最好的解决方案）。只有当问题存在一个正确的答案或一个最好的解决方案时，才会有聚合思维。在开始进行这种思维时，思维者并不知道这个答案，但通常人们是知道这个答案或赞同这个答案的。因此，聚合思维不过是把提供的各种信息重新加以组织，找出人们已知的一个答案。**发散思维**（divergent thinking）是一种沿着各种不同的方向去思考，去探索新的远景，去追求多样性的思维。只有存在着几种解决方案，或只有一个正确的答案但没有人知道，或不是所有人都同意这是最好的答案，在这样的情况下才会有发散思维。发散思维和聚合思维是紧密联系的。例如：当我们分析火灾发生的原因时，会产生许多联想，做出种种假设，这是发散思维；通过调查检验，并一一放弃若干假设，最后找到唯一正确的答案，这又是聚合思维。

根据思维的独创性，可把思维区分为常规思维和创造性思维。**常规思维**（normative thinking）就是运用已获得的知识经验，按现成的方案进行问题解决的思维。例如，学生运用已学会的数学知识解同一类型的题目的思维，这种思维缺乏独创性，是运用已获得的知识的过程，不会产生新的思维成果。**创造性思维**（creative thinking）是产生新的并有社会价值成果的思维，具有独创性。在从事文艺创作、科学发现、技术发明等创造性活动时，创造性思维的表现特别典型。

【专栏13-1】

表象加工

心象思维中的心象也称为**表象**（image），是指当对象不在面前时，我们的头脑中浮现出的形象。我国古籍《列子·汤问》中用“余音绕梁三日不绝”来描写歌女韩娥歌声高亢回旋，使听众产生了生动的听觉表象。表象的种类繁多，可分为视觉表象、听觉表象和运动表象等。当今心理学家大多集中在对视觉表象的研究。表象信息在头脑中是怎样储存加工的呢？有三种观点。

双重编码假说（dual-coding hypothesis）认为大脑有两种编码和储存系统：言语的和表象的。有关不同名词所唤起的表象的研究表明，信息的编码和储存在其中一个系统（或两个系统）中进行（Paivio et al.，1968）。

概念命题假说（conceptual-propositional hypothesis）认为信息是以一种抽象命题形式储存的，这种储存方式详细记录了物体、事件和它们之间的关系。不论是以言语形式或是视觉方式，我们储存的都是对事件的解释，而不是它们的表象成分（Andreson & Bower，1973）。

功能等价假说（functional-equivalency hypothesis）认为表象和感知是高度相似的。谢泼德和梅茨勒（Shepard & Metzler，1971）用**心理旋转**（mental rotation）的实验来加以证明。在他们的实验中，被试要判断第二个刺激（图13-1b）与原始刺激（图13-1a）是否相同（不考虑旋转）。在有些例子中，b图是a图的镜像，因而与原始刺激不相同；而在另外的例子中，b图与原始刺激完全一样，即是经过旋转的，旋转的角度从0°到180°。因变量是做出判断所用的时间。实验结果显示：反应所需时间和旋转的角度呈线性函数关系（图13-1c），即是说旋转的角度越小，所需要的判断时间越短，旋转的角度越大，所需时间越长。反应所需时间和旋转角度之间的关系，体现了内部加工是转换量的一个有序函数，似乎一个特定的心理旋转所需的时间和真正的旋转角度之间有着密切的关系。谢泼德认为表象即便不是在结构上等同于客观物体，至少在功能上是相关的。后来，有研究者研究了表象的空间特征，包括采用脑成像技术的研究，结果证明心理表象与真实刺激的感知是相似的（Kosslyn，1980；Kosslyn & Koenig，1992）。

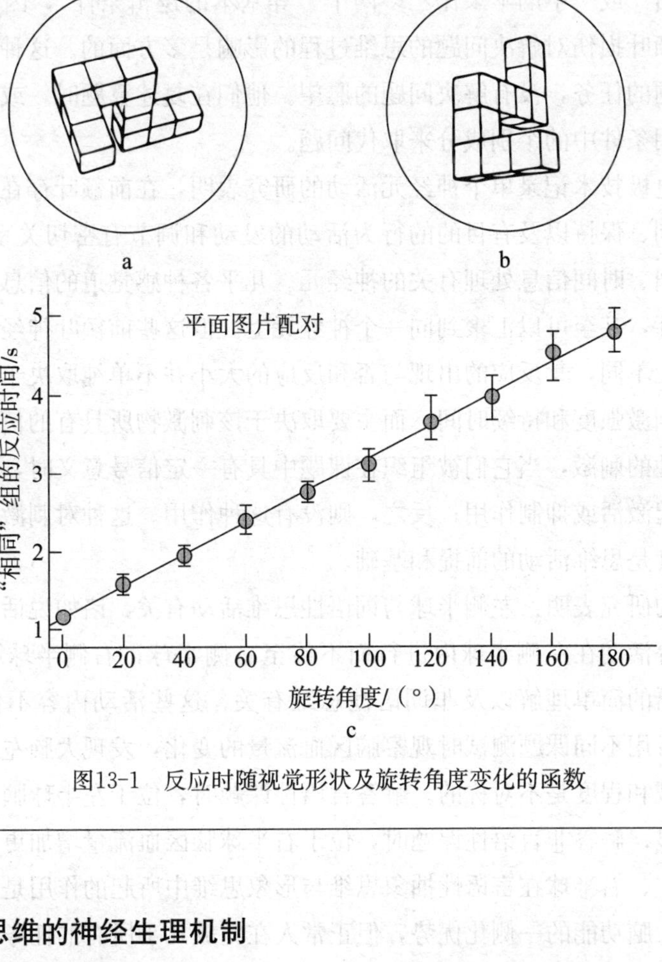

图13-1　反应时随视觉形状及旋转角度变化的函数

三、思维的神经生理机制

极其复杂的思维活动是脑的三个机能系统整体性活动的结果。神经病理学的研究表明，左侧半球颞上回后部是管理词句记忆的，这一部位的损伤会导致言语听觉记忆障碍，病人记不住用口语表达的问题，因而连很简单的口头算题都很难解决。如果算题以书面方式呈现，情况稍微好些，但是由于在解决问题时仍然需要中间的言语环节，病人要完成解题的整个推理过程仍然非常困难。左侧顶—枕区系统的损伤会引起同时性（空间的）综合的严重破坏，这既表现在直接的、直观的行为中，也表现在运用符号方面。病人虽然能记住算题并主动尝试解题的方法，但由于不能理解逻辑—语法结构（如不能理解“甲的苹果是乙的两倍”或“甲的苹果比乙多两个”等基本的逻辑条件），因而仍不能解答算题。额叶损伤对解决问题的思维过程的影响是多方面的。这种病人意识不到解决问题的任务，没有解决问题的愿望。他们在复述算题时，或者把问题漏掉，或者用条件中的个别成分来取代问题。

用微电极技术记录单个神经元活动的研究表明，在前额叶存在与视觉暗示信息的识别、保持以及有目的的行为活动的发动和调节有密切关系的神经元，还有与空间、时间信息处理有关的神经元。几乎各种感觉道的信息，都可以汇聚到前额叶，甚至可以汇聚到同一个神经元上。但这些前额叶神经元与一般的感觉神经元不同，其反应的出现与否和反应的大小并不单纯取决于刺激物的物理属性、刺激强度和持续时间，而主要取决于该刺激物所具有的信号意义。同样物理特性的刺激，当它们被组织在课题中具有一定信号意义时，可以对前额叶神经元起激活或抑制作用；反之，则没有这种作用。这种对刺激物信号意义的反应无疑是思维活动的前提和基础。

裂脑的研究表明：左侧半球与词语性思维活动有关，诸如说话、阅读、书写和计算等活动在左侧半球内进行而不传至右侧半球；右侧半球则与空间概念、对言语的简单理解以及非词语性思维有关，这些活动内容不传至左侧半球。研究者用不同课题测试时观察脑区血流量的变化，发现大脑左、右半球所激活的区域和程度是不对称的。解答言语性课题时，位于左半球脑区的血流量增多较明显；解答非言语性课题时，位于右半球脑区血流量增加更明显些。看来，大脑左、右半球在言语性抽象思维与形象思维中所起的作用是不同的。尽管存在着大脑功能的一侧化优势，但正常人在完成几乎所有的任务时，都需要两半球的参与，大脑的许多部位都是协同起作用的（Byrnes & Fox，1998）。

随着个人知识、技能的积累，大脑解决问题变得越来越有效。索尔索

(Solso，2001）对比了画家和新手的大脑激活情况。让画家从事一项非常熟悉的活动（如画人的面孔），这种活动仅仅激活了他大脑的很小部分，而新手从事这项活动时却激活了大脑的许多区域。如图13-2所示：a列显示新手大脑右半球活动大量激活；b列显示在对面孔进行加工时，新手似乎比画家需要付出更多的努力；在c列和d列中，画家右前额叶部分的血流量有所增加，表明对信息进行了较高层次的抽象。最近一项艺术设计中创造性思维的fMRI研究推测，内侧前额叶可能更多地与即兴自由创作中对自我信息的表征有关，颞叶可能与不断产生和输出新颖性的观点有关，边缘系统则可能主要与创造性活动中的动力驱动作用有关。总的来说，创造性思维是多个脑区同时参与的高度分布式加工的结果（范亮艳等，2014）。

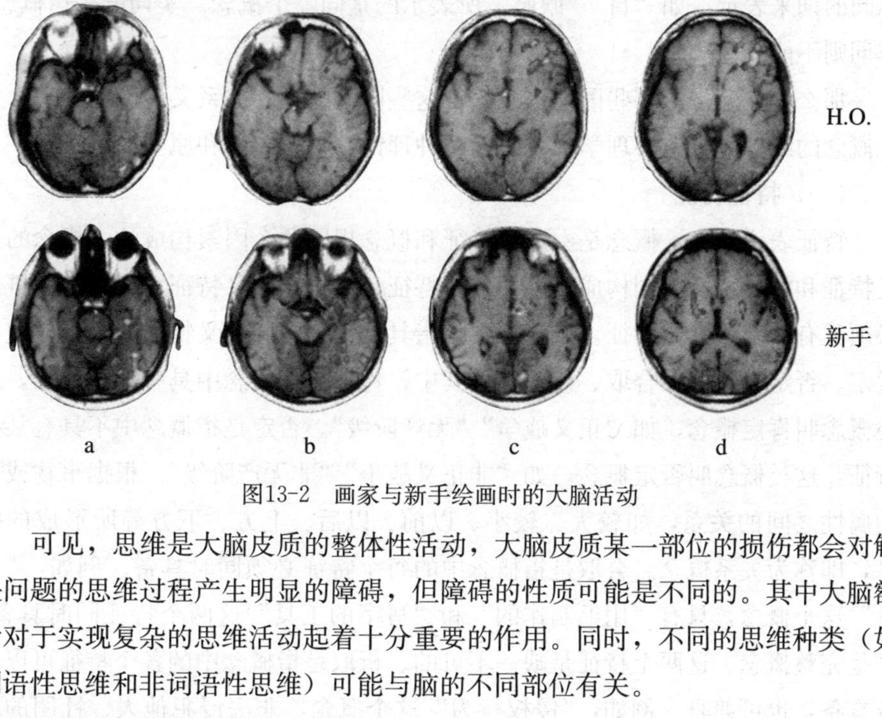

图13-2　画家与新手绘画时的大脑活动

可见，思维是大脑皮质的整体性活动，大脑皮质某一部位的损伤都会对解决问题的思维过程产生明显的障碍，但障碍的性质可能是不同的。其中大脑额叶对于实现复杂的思维活动起着十分重要的作用。同时，不同的思维种类（如词语性思维和非词语性思维）可能与脑的不同部位有关。

第二节 概念形成

一、概念及其结构

概念（concept）是指某类事物的概括。由于有了概念，人类的思维才更为抽象，才能摆脱事物中零散的细枝末节的干扰。因此，概念是思维的最基本的单位。概念与词关系密切，词是概念的语言形式，概念是词的思想内容。但是，概念和词也不完全等同。一个词（多义词）可以代表不同的概念，如“杜鹃”既可以是一种植物的概念，也可以是一种鸟的概念。相同的概念也可以用不同的词来表示，如“目”“眼睛”所表示的是同一个概念。实词能表达概念，虚词则不能表达概念。

那么，概念是由哪些因素构成的？这些因素的相互关系又是怎样的呢？关于概念的结构，目前心理学中主要有两种理论：特征表说和原型说。

（一）特征表说

特征表说认为，概念是由定义特征和概念规则两个因素构成的。概念的定义特征和特异特征共同构成概念的语义特征，但只有定义特征才代表一个概念必须具有的那些本质特征。概念规则是指具体整合这些定义特征的规则，包括肯定、否定、关系、合取、析取等。其中，肯定是指概念中具有某种特征，这类概念叫肯定概念，如“正义战争”“无产阶级”。否定是指概念中不具有某种特征，这类概念叫否定概念，如“非正义战争”“非无产阶级”。根据事物或事物属性之间的关系，如较大、较小、以前、以后、上方、下方等所形成的概念，即称为关系概念。合取是指概念中的每个特征必须同时具备。例如，“毛笔”这个概念，只有“用毛制作的”和“写字的工具”这两个特征同时具备，才是完整概念。这两个特征是缺一不可的。析取是指概念中的各个特征可以部分具备，也可兼具。例如，“侵权行为”这个概念，非法侵犯他人、社团的权益的行为是侵权行为，非法侵犯国家的权益的行为也是侵权行为，当然以上几种情况兼具时，也是侵权行为。可以认为概念规则在抽象程度上要高于定义特征，对概念规则的学习也更为困难。特征表说认为人们头脑里的概念就是由定义特征和概念规则有机结合而成的。

（二）**原型说**

原型说认为，概念是由原型和范畴成员的代表性程度构成的。**原型**（prototype）是指最能说明概念的典型实例。例如，在想到“鸟”这个概念时，我们往往会想到麻雀，而不大会想到鸵鸟和企鹅。这说明麻雀的代表性程度是最高的，它就是“鸟”概念的原型。范畴成员代表性的程度是指属于同一概念的同类个体可容许的变异性，亦即其他实例偏离原型的容许距离。例如，鸵鸟、企鹅与麻雀尽管都属于鸟类，但它们并不能在同等程度上代表“鸟”这个概念，麻雀的代表性程度要高于鸵鸟和企鹅。罗施（Rosch，1975）曾经做过一个实验，向被试呈现属于不同语义概念的许多语词实例，要求他们就其代表相应概念的程度做出等级评定，结果得出了概念的原型和范畴成员代表性的程度。例如，椅子和沙发是家具概念的原型（或最佳实例），而柜橱和床则是偏离原型距离较远的实例。当然，这里也有文化背景不同的影响。此外，用反应时作指标的实验还发现，被试对语句“椅子是家具”回答“对”所需的时间少于回答语句“床是家具”所需的时间。可见，概念的原型是概念的这样一种实例，与同一概念的其他成员相比，它具有它们中更多的共同属性，也就是说有更多的属性是其他成员共用的。概念容许其实例在一定范围内发生变异，但原型是核心。原型为这些各具特点的众多实例组成一个整体提供了基础。概念就是由原型和范畴成员代表性的程度这两个因素构成的。

从表面上看，特征表说和原型说是矛盾的，但可能分别有利于说明不同的概念：特征表说对于说明科学概念可能是合理的，原型说对于说明日常概念或前科学概念显然更加合理。

二、概念形成的过程

概念不是与生俱来的，它必须经过后天学习而获得。**概念形成**（concept formation）也称概念掌握、概念学习等，是指个体掌握概念本质属性的过程。关于概念形成的心理机制，有两种不同的看法，有的学者认为概念形成是一个不断提出假设与验证假设的过程，而另一些学者则认为概念形成是一个对概念样例的记忆过程。为了探索概念形成的基本规律，心理学家们开展了一系列实验研究，其中最典型的是研究**人工概念**（artificial concept）的形成过程。

美国心理学家、教育学家布鲁纳（Jerome Seymour Bruner，1915—　）对认知过程进行过大量研究，在词语学习、概念形成和思维等方面有诸多著述，推动了认知心理理论的系统化和科学化。布鲁纳等（Bruner et al.，1956）就人工概念形成的一项实验很有特色。该实验设计了81张图片（图13-3）。所有图片分为四个维度，每一维度包含三个值：（1）形状，有圆形、方形、十字形三种；（2）图数，每张图片上图形的数目有一个、两个、三个三种；（3）颜色，分红（斜纹图）、绿（素图）和黑图三种；（4）边数（包围图形的方框数），每张图片上的边数分别为一条、两条、三条三种。用这81张图片上的属性的不同组合可以构成许多概念。例如，“三个绿色方形”包括图形（方形）、图数（三个）和颜色（绿）三个属性，另一属性未包括在内。由于这三个属性必须同时具备，因此这个概念属于合取概念。又如，“一条边的图片”这个概念，既可以指不同形状和数量的一条边的图片，也可以指不同颜色的一条边的图片，还可以上述两者兼具，因而它属于析取概念。再如，“两条边红色图形上方的图片”这个概念表示属性的关系属于关系概念。在实验时将81张图片放在被试面前，说明图片都有哪些属性和怎样将这些属性结合成概念，然后主试指着一张图片对被试说：“现在我心中有一个概念，概念的属性可以在这张图片上看到。请你按自己的想法，每次指出一张图片给我看，我随时告诉你对或错。继续找下去，看看能否发现我所想的概念。”如果主试当时指的是“两条边、三个、红色、方形”的图片，而他心目中的概念又只是“红色方形”，这时被试的任务是如何发现主试概念中必不可少的那些属性而排除其他无关的属性。例如，某一被试的实验进程是：

被试的选择	主试的判定
（1）两条边、三个、黑色、圆形	错
（2）一条边、三个、红色、方形	对
（3）三条边、一个、红色、方形	对
（4）两条边、一个、绿色、方形	错
（5）两条边、两个、红色、方形	对
（6）一条边、一个、红色、方形	对

直到被试说出“你心中想的概念是‘红色方形’”，被试的概念就算形成了。

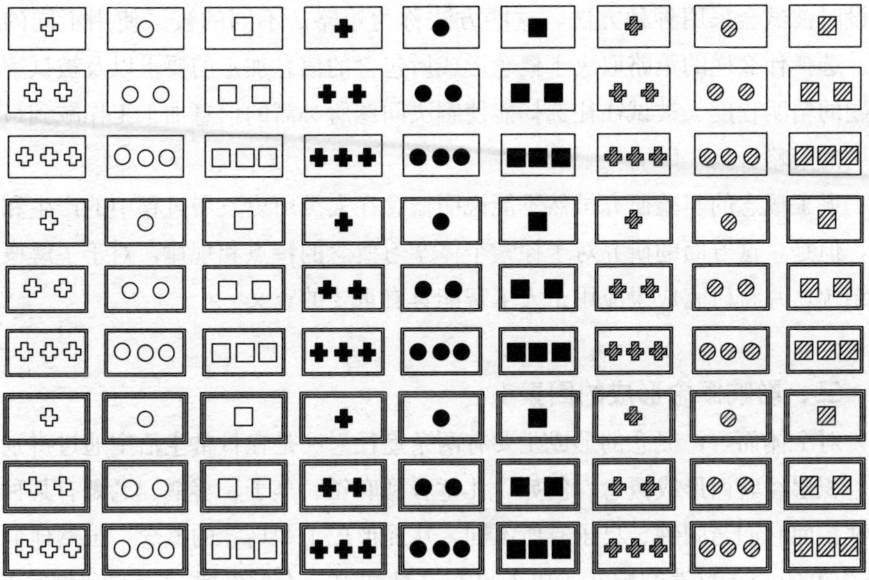

图13-3　布鲁纳用于概念形成的实验材料

虽然人工概念形成的实验有不同的变式，但这类实验设计都包括以下四个方面。(1) 要确定刺激的维度和值。上述布鲁纳等人的实验中刺激分为四个维度、三个值，如“形状”这个维度，分为圆形、方形、十字形三个值。(2) 要确定样例。样例就是由各个维度的各个值具体结合而成的东西，如上例中主试心中确定的“红色方形”。(3) 要选择样例。由被试自己选择下一个呈现的样例比由主试决定呈现的样例更容易形成概念。因为由主试提出样例时，被试得到的信息少，不一定能解决不确定性的问题。(4) 要确定概念的不同性质。对于不同性质的概念，如合取概念、析取概念等，考察概念形成时被试会有哪些特点。

在概念形成过程中，被试是一个积极的问题解决者。他必须先有一个假设，再根据这个假设对具体样例进行归类，并检验他的归类是否符合主试心中的归类。如果符合，就肯定自己的假设；如果不符合，就得提出新的假设。被试综合各方面的信息提出假设，他可以根据主试提出的样例和反馈信息，也可以根据自己的假设选择样例和反馈信息。概念的形成就是一个假设、检验、再假设、再检验……直至发现根据哪些特征对样例进行分类的规则为止。在形成假设时被试会采用种种方法，这些方法称为策略。不同的被试使用不同的策略。选择什么样的策略取决于概念形成所包含的信息加工的要求以及被试解决问题的精明程度。被试往往选择能使解决问题所必需的信息加工工作减到最低限度的策略。

人工概念的实验研究虽然不能说明概念在人类历史发展过程中的产生和发展，但是，这方面的研究对于探索个体学习概念的特点和规律，对于了解概念的结构，并将研究成果应用于人工智能具有重要的意义。

三、影响概念形成的因素

对个体而言，概念的形成主要有两条途径。一是在日常生活中通过辨别学习、积累经验而形成概念。例如，儿童看到麻雀、燕子、喜鹊、老鹰有某种共同性，而它们与闹钟、桌子有所不同，从而形成了“鸟”的概念，虽然他们对“鸟”并不会下科学的定义。成人也有这种情况，人们经常运用“动物”“道德”“桌子”等概念，却不一定知道其科学定义。这一类概念称为日常概念或前科学概念。二是在教学过程中，通过揭露概念的本质而形成概念。这类概念，一般属于科学的概念。在教学过程中，学生形成科学概念主要受下列因素的影响。

（一）过去经验的影响

个体通过日常经验获得的概念叫作日常概念，其形成只是根据经验而不根据逻辑法则。日常概念对科学概念形成的影响可能是积极的，也可能是消极的。当日常概念的含义与科学概念的内涵基本上一致时，日常概念会促进科学概念的掌握。例如，学生有了对称现象的生活经验，他对几何中“对称”的概念就比较容易掌握。当日常概念的含义与科学概念的内涵不一致时，就会产生消极作用。例如，“垂”在日常概念中总是下垂的，是自上而下的，所以，当学生在几何课中接受“自线外一点向直线作垂线”时，就只能理解点在上方、线在下方的情况，而认为点在下方时作垂线是不可能的。在心理学中，诸如“记忆”“情绪”“动机”等概念与日常概念基本一致，但像“感觉”“气质”“人格”等概念则与日常概念有很大的不同。要克服日常概念的消极影响，必须专门组织新的经验或在反复比较的基础上准确确定概念的内涵。

（二）提供概念所包括事物的变式

在提供概念所包括的事物的变式时，不充分或不正确的变式会引起缩小概念或扩大概念的错误。因为不充分或不正确的变式，会使概念的内涵不仅包括事物的本质特性，也包括非本质特性，也就不合理地缩小了概念。例如，有的儿童认为鸵鸟不属于鸟类，竹笋不属于植物，就是因为把非本质特征（鸟必须能在天上飞行，植物要有绿的叶子）归入概念的内涵中。消除这种错误的有效方法，是多提供包括非本质特征的变式。当概念的内涵中包含的不是事物的本质特征而是其他特征时，就有可能不合理地扩大概念。例如，有的儿童没有把鸟的本质特征（羽毛等）归入鸟的概念的内涵中，认为鸟是会飞的动物，因而把蝙蝠、蝴蝶都看成是鸟。要消除这种错误，一方面要多提供具有本质特征但不具有显著特征的正例，另一方面要提供具有显著特征但不具有本质特征的反例，同时根据注意的规律以前者为主，让个体更多接触概念的本质特征。

（三）下定义

在对事物属性进行反复分析与综合的基础上，用准确的言语揭露事物的本质，给概念下定义有助于科学概念的形成。对概念形成有积极作用的定义，必须以丰富的感性材料为基础。关于具体事物的概念，其定义可以在演示直观材料时提出，也可以在唤起相应的表象时提出。对于抽象的概念，学生要在熟悉广泛多样的事物基础上才可以形成，因而在这种概念形成的初期，教师不能提出定义，最好等学生积累了足够的知识经验后提出定义。例如，只有当学生了解整数、分数和小数等各种数后，给数下定义，学生才能掌握"数"的概念。

（四）在实践中运用概念

在实践中运用概念，会让学生觉得概念更加亲切，掌握概念的积极性就会更高。运用概念于实际，是概念的具体化过程，而概念的每一次具体化，都会使概念进一步丰富和深化，对概念的理解就更加全面、更加深刻。

（五）概念系统

概念与概念之间存在着各种各样的关系，并因此形成了不同的概念系统。例如，有相反的概念系统（如白与黑、美与丑、敌人与朋友），有并列的概念系统（如直角三角形、锐角三角形），有相邻的概念系统（如操场、教室、办公室、实验室)，有从属的概念系统（如生物、动物、鸟类、麻雀）等。概念系统的形成有助于知识的系统化，也有助于更深刻、更全面地理解新概念。

科学概念主要是在有计划的教学过程中形成的。在这一过程中，学生也不是消极地接受知识，他总是根据自己的理解把别人传授的知识纳入自己的经验系统中，从而按照自己的方式掌握概念。

第三节　推　　理

一、推理及其种类

推理（reasoning）是从一个或几个已知的判断出发，推出另一个新判断的思维形式。推理是由判断构成的，并依据判断之间的真假关系，由已知确立未知的思维过程。在推理中，我们把由其出发进行推理的已知判断叫作前提，把由已知判断所推出的判断叫作结论。要保证推出的结论正确，推理必须具备两个条件：一是前提要真实，即前提应是正确反映客观事实的真实判断；二是推理形式要符合逻辑规则，亦即推理的前提和结论间的关系应有一定的必然联系，而不应是偶然的凑合。推理的种类很多，主要有演绎推理和归纳推理两种。

（一）演绎推理

演绎推理（deductive reasoning）是从一般性知识的前提到特殊性知识的结论的推理。例如，从“所有金属都是导电的”，“铁是金属”这两个前提出发，推出“铁也是导电的”结论。演绎推理的前提反映的是一般性知识、蕴含着结论的知识，因而其结论所断定的知识范围不会超出前提所断定的知识范围。演绎推理的结论具有必然性。只要我们在演绎推理过程中遵循正确推理的两个基本条件，其结论必然是真实的。演绎推理有以下三种形式。

1. 三段论

三段论是指由两个性质判断作前提而推出另一个性质判断的结论的推理。例如，所有的哺乳动物都是以乳哺育幼体的，而鲸鱼是哺乳动物，所以，鲸鱼是以乳哺育幼体的。三段论推理只能由三个概念所组成（如例中“哺乳动物”“以乳哺育幼体”“鲸鱼”）。在三段论推理中，结论中作为主项的概念（“鲸鱼”）称为小项，结论中作为谓项的概念（“以乳哺育幼体”）称为大项，在前提中出现而在结论中没有出现的概念（“哺乳动物”）称为中项。中项虽在结论中不出现，但结论中的小项和大项正是由于中项在前提里起了桥梁作用才发生联系，组成了新的判断。在两个前提中，含有大项的称为大前提（“哺乳动物都是以乳哺育幼体的”），含有小项的称为小前提（“鲸鱼是哺乳动物”）。

2. 线性系列

线性系列是指由一定关系的句子系列所组成的推论。线性系列推理问题的前提指出了几个逻辑项之间的可传递的关系。例如，黄金的密度比水银大，水银的密度比白银大，这些物质中哪种物质密度最大？哪种物质密度最小？对于这个问题的推论是根据这些判断句有一种线性系列的逻辑关系而做出的。

3. 条件推理

条件推理又叫假言推理，指人们利用条件性命题进行的推理。这种推理在日常生活中随时可见。例如：如果明天下雨，则比赛取消；如果比赛取消，则我队必然要失掉小旗；明天会下雨，我队必然要失掉小旗。只有肥料足，菜才长得好；这块地的菜长得好，所以，这块地肥料足。在这两个推理中，结论都是根据前提假定的条件做出的。

（二）归纳推理

归纳推理（inductive reasoning）是从特殊性知识的前提到一般性知识的结论的推理。《黄帝内经》记载了这样一个故事：有一个患头痛病的樵夫上山砍柴，一次不慎碰破了足趾，出了一点儿血，头却不疼了。当时他没有注意，后来头疼复发，又偶然碰破原处，头疼又好了。这次引起了他的注意，以后头疼时，他就有意刺激该处，都有治好头疼的效果（这个樵夫碰的地方，即现在称为“大敦穴”）。这个樵夫之所以在以后头疼时就想到要刺破足趾原处，是因为他根据自己以往的个别经验得出了一个有关碰破足趾能治好头痛的一般性结论。这里，他所用的归纳推理是这样的：

第一次碰破足趾A处，头痛好了。

第二次碰破足趾A处，头痛好了。

…………

所以，凡碰破足趾A处，头痛都会好。

归纳推理的前提是其结论的必要条件。首先，归纳推理的前提必须是真实的，否则，归纳就失去了意义。其次，归纳推理的前提是真实的，结论却未必真实，而可能为假。

归纳推理和演绎推理既有联系，也有区别。其区别在于：(1) 演绎推理是从一般性知识的前提推出一个特殊性知识的结论，即从一般到特殊的过程，而归纳推理是从一些特殊知识的前提出发，推出一个一般性的结论，即从特殊到一般的过程；(2) 演绎推理的结论一般不超过前提所断定的范围，其前提与结论之间的联系是必然的，而归纳推理的结论一般超出前提所确定的范围，其前提和结论之间的联系具有或然性。归纳推理和演绎推理也是密切联系、互相依赖、互为补充的。因为演绎推理的一般性知识的大前提必须借助于归纳推理从具体的经验中概括出来，从这个意义上来说，没有归纳推理也就没有演绎推理。同时，归纳推理也离不开演绎推理。因为在归纳推理的过程中，人们常常需要运用演绎推理对某些归纳的前提或结论加以论证，从这个意义上说，没有演绎推理也就不可能进行正确的归纳。

二、影响推理的因素

推理的正确性除了受前提的真实性和是否符合逻辑规则的影响外，还受到其他许多因素的影响。影响推理正确性的主要因素有下列几种。

(一) 推理材料的性质

一般来说，推理的材料具体，推理就比较容易，对于抽象材料，推理比较困难。沃森和约翰逊-莱尔德（Wason & Johnson-Laird，1972）的实验可以说明这一点。向被试呈现四张卡片。在一类问题中，每一张卡片的一面为字母，而另一面为数字（图13-4的上半部）。被试必须决定翻转哪些卡片，才能推断下述命题是否正确：如果一张卡片的一面为元音，另一面则为偶数。虽然大多数被试正确地选择写有“E”的卡片，但同时正确地选择写有“7”的卡片的人不到10%。因为写有“E”的卡片背面出现奇数，写有“7”的卡片背面出现元音，就会使这一命题失效。大约一半的被试翻看了写有“E”的卡片和写有“2”的卡片，这种选择是错的。写有“E”的卡片是必须翻看的，写有“2”的卡片却不必翻看，因为它的背面不论是元音或是辅音，都不会使这一命题失效。然而在另一类问题中，被试的操作有了很大的改进。如图13-4的下半部，此时的命题是：如果一个人在喝啤酒，他必定已超过 19 岁。每一张卡片一面写有一个人的年龄，另一面是他正在喝什么。这类问题在逻辑上相当于上类问题（“啤酒”相当于“E”，“16”相当于“7”），但是现在大多数被试都做出了正确的选择（他们翻转了写有“啤酒”的卡片和写有“16”的卡片）。可见，如果是与人的某种具体活动情景相联系的课题，推论的正确性就会大为提高。

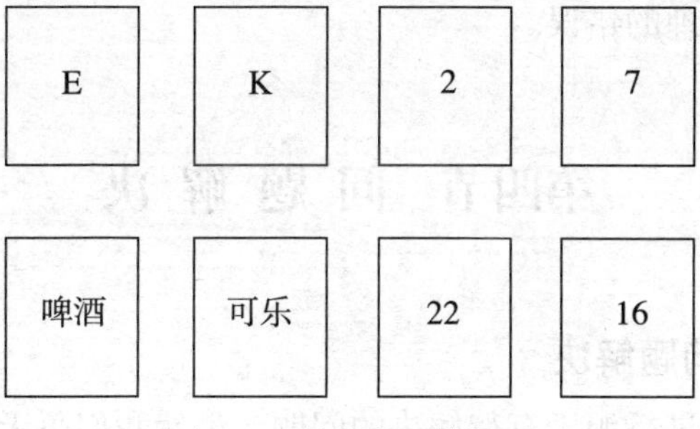

图13-4　抽象与具体推理

（二）前提气氛效应

前提的气氛会促使人按照这个气氛来接受或推出不正确的结论，这种现象称为**前提气氛效应**（premise-atmosphere effect）。例如，在伍德沃思和塞尔斯（Woodworth & Sells，1935）的一个实验中，用下列一类习题：如果所有的 X 都是 Y，如果所有的 Z 都是 Y，则所有的 X 都是 Z。让未受过形式逻辑训练的被试对题中的结论表示赞同或不赞同。结果有 58%的被试表示赞同。稍微改变习题的性质：所有的 X 都是 Y；所有的 X 都是 Z；所以，____Y____Z。让被试填写题中的结论，结果 78%的被试得出的结论是“所有的 Y 都是 Z”。前提中所使用的逻辑术语（“有些”“所有”“没有”“不”）产生了一种前提气氛，促使被试容易接受包含同一术语的结论。

（三）赌徒谬误

研究发现，不少被试会出现类似赌徒的惯常想法，即“赢多了就要输，输多了就要赢”。这种**赌徒谬误**（gambler's fallacy）是人们在做概率推断时的一种常见现象。举例来说，如果以一元硬币为赌具，随便一丢，正面向上的概率是 50%。假如连丢三次的结果，全是正面向上，无论这三次下注的结果是输是赢，在对第四次可能结果推理时，赌徒们大多不再下正面的赌注。显然，这种只凭经验的概率推理方式是错误的，因为事实上第四次出现正面的概率仍然是 50%。

（四）题外知识的介入

题外知识的介入，往往会使人偏离逻辑规则，产生不正确的推理。此外，不能冷静地估量事实的结果，从数量过少的事例或不典型的情境中仓促下结论等，都可能导致推理的错误。

第四节　问 题 解 决

一、问题与问题解决

思维的产生和进行源于有待解决的问题。虽然我们每天都会碰到各种各样的问题，但这里所讲的**问题**（problem）是指疑难问题，也称难题，而不是指个人仅凭经验就可直接加以处理的问题。例如，像“你做过早操吗?”这类问题，你只需从记忆中提取出信息即可，无须有思维活动的参加。但像“早操为什么有利于身体健康?”这类问题，你记忆中未必有现成的答案，于是你感到困惑，并设法寻求问题的答案。可根据问题规定的方式将问题分为两大类。一类是清楚规定的问题，对问题的条件和要求均有清楚的说明。如：如何计算平行四边形的面积？另一类是含糊规定的问题，对问题的条件和要求没有清楚的说明，带有很大的不确定性。如：有两根悬吊着的绳子，绳子不够长，当你抓住任何一根时无法碰到另外一根，此时，你如何将两根绳子系在一起？

问题解决（problem solving）就是由一定的问题情境引起，经过一系列具有目标引向性的认知操作，使问题得以解决的心理历程。问题解决者的最初状态称为当前状态，而所要达到的目标称为目标状态，而问题解决就是从当前状态，经过一步一步的中间状态，最后达到目标状态。对问题解决的过程，斯滕伯格等人用**问题解决循环**（problem-solving cycle）来加以描述（Bransford & Stein，1993；Hayes，1989；Sternberg，1986）。当我们面临一个需要解决的问题时，一般要经历下列几个步骤。(1) 确定问题。这是问题解决的第一步，是要认定有问题。(2) 定义问题。一旦有了问题，下一步是要定义和表征这个问题。(3) 形成策略。一个解决问题的策略可以是**分析**（analysis）的，也可以是**综合**（synthesis）的，还可以是其他类型的。(4) 组织信息。一旦策略（至少是暂定的策略）形成后，就要把有用的信息组织起来以实现这个策略。(5) 分配资源。除某些特殊问题外，大多数问题都是有限资源（包括时间、金钱、设备、空间等）的问题。(6) 监控。从问题解决一开始，问题解决者就应进行监控，即检查自己正在做的事是否一步步地接近目标，还包括对耗时的监控。(7) 评估。在解决问题的过程中还要对答案进行评估。当然，上述这些步骤不是刻板的，各个步骤之间可以交叉，有时可以改变顺序，甚至可以跳过或增加某些步骤。

二、问题解决的策略

在问题解决过程中，问题解决者会使用各种策略。**问题解决的策略**（strategy of problem solving）是指使问题发生某些变化并由此提供一定信息的处理、试验或探索。问题解决中所用的各种策略可以分为两大类：算法式和启发式。

（一）算法式

算法式（algorithm）是一种按逻辑来解决问题的策略。它是一定能得出正确答案的特定程序。例如，解一个 6 个字母的字谜（如 source），假如确实有这样的一个词存在，你只要系统地改变这 6 个字母的次序，每次到词典中去查字母构成的排列，最终就能找到一个匹配的词（如 course 或者 source）。运用这种策略，问题解决者可能需要做出 720 种排列。因此，算法式的最大缺点就是很费时间。

（二）启发式

启发式（heuristics）是由以往解决问题的经验形成一些经验规则。如果你曾经换过汽车轮胎，当你的汽车轮胎在公路上出毛病时，你可能会想到用千斤顶抬起车来换轮胎这种有用的启发式策略。与算法式不同，启发式并不能保证得到答案，但这种缺点可以通过其容易且速度快的优点而得到补偿。在以往的研究中，心理学家已经发现人类经常使用的几种有效的启发式策略：手段-目的分析、顺向工作、逆向工作和假设检验。

1. 手段-目的分析

手段-目的分析（means-ends analysis）是指问题解决者不断地将当前状态和目标状态进行比较，然后采取措施尽可能地缩小这两个状态之间的差异。当问题可分成若干个各自具有目标的更小问题时，人们常常采用手段-目的分析来解决问题。例如，我在重庆，要到武汉去开会。这时，我首先想到重庆与武汉之间有什么差异。这个差异主要是距离上的差异。我用什么操作手段去缩短这一空间的距离呢？我可以乘火车去，也可以乘轮船去，还可以乘飞机去，运用任何可行的操作方法去缩短这个距离。如果时间紧迫，我决定乘飞机去，但还要考虑怎样才能买到机票。这里又产生了一个“距离”，要消除这个差异，我得根据现有的条件，再决定是打电话买机票还是步行去售票处买机票。总之，解决问题的手段-目的分析的关键是把大目标分为下一级的子目标。这种分析有两种方式：一种方式是把当前状态转化为目标状态，另一种方式是找出消除差异的操作手段。

2. 顺向工作

顺向工作（working forward）也称顺向推理，是指从问题的已知条件出发，通过逐步扩展已有的信息直到问题解决的一种策略。例如，解下面这个密码算题：

$$\begin{array}{r} \text{DONALD} \\ +\text{GERALD} \\ \hline \text{ROBERT} \end{array}$$

已知：D=5。任务要求：(1) 把字母换成数字；(2) 字母换成数字后，下面一行数字答案必须等于第一行和第二行之和。

问题解决者往往采用顺向推理的策略，先从 D=5 这一信息出发，找出可能性最小的一列，从中获得最多的信息，再利用加法中的某些规则进行推理，一步一步地找到正确答案。研究表明，顺向工作是专家问题解决行为的一个重要特点。专家在看到问题时，首先是发现问题提供了什么信息，就立即想到用哪些方法能从这些信息中推论出新的信息，从而对问题中各要素的相互关系增进了解，达成问题解决。

3. 逆向工作

逆向工作（working backward）也称逆向推理，是指从问题的目标状态出发，按照子目标组成的逻辑顺序逐级向当前状态递归的问题解决策略。其主要特点是将问题解决的目标分解成若干子目标，直至子目标按逆推途径与给定的条件建立直接联系或等同起来，即目标—子目标—子目标—现有条件。在求解数学证明题时，逆向工作常常成为特别有用的探索策略。逆向工作与手段-目的分析都要考虑目标，并且确定运用何种操作去达到目标。手段-目的分析要考虑目标状态与当前状态之间的差别，逆向工作却不用考虑这一点。因此，手段-目的分析在搜索问题空间时受到的约束较大。当从初始状态可以引出许多途径，而从目标状态返回到初始状态的途径相对较少时，用逆向工作就相对容易些。

4. 假设检验

假设检验（generate and test）一般分为两步进行：（1）产生一个"候选"答案；（2）检验它是不是答案。如果被否定，则另产生一个"候选"答案，并再度检验，直到找出真正的答案为止。这一途径的缺点：一是没有提供如何尽快选择"候选"答案的方法，对答案的选择可能较费时；二是解决问题的答案要求是完整的，否则难以检验，而要完整列出所有"候选"答案也较困难。

总之，在问题解决时，人们可以选择不同的策略。但是，人们一般不会去寻求最优的策略，而是找到一个较满意的策略即可。因为即使是解决最简单的问题，要想得到次数最少、效能最高的问题解决策略也是很困难的。

【专栏13-2】

人工智能

美国心理学家、人工智能专家西蒙（Herbert Alexander Simon，1916—2001）和纽厄尔（Alan Newell，1927—1992）（图13-5）把心理学与计算机科学结合起来，开创了人工智能的研究，并致力于人类思维的计算机模拟。20世纪50年代，他们首先设计了计算机模拟下象棋的程序，这一工作在当时被认为是开创性的。西蒙学识渊博，研究领域广泛，曾于

图13-5 人工智能的创始人西蒙（右）和纽厄尔

1978 年获诺贝尔经济学奖。20 世纪 70 年代以来，他多次到访中国，又名司马贺，1983—1987 年还担任美中学术交流委员会主席。

纽厄尔和西蒙（Newell & Simon, 1972）把出声思考用于问题解决的研究，并提出了问题行为图的概念。问题行为图使人们直接地看到在问题解决过程中所进行的各种操作的序列。他们认为，认知系统是一种模块化的结构，它由许多模块组成，每个模块负责解决不同类型的问题，不同功能的模块相互结合，采用和解决简单问题一样的解题策略，就能解决复杂的问题。**通用问题解决者**（General Problem Solver，GPS）就是他们对河内塔问题解决的计算机模拟。所谓**河内塔问题**（Tower of Hanoi problem），如图13-6所示，在一块木板上有三个立柱，在柱 1 上放着三个圆盘，小的在上面，大的在下面（初始状态）。让被试将柱 1 上的三个圆盘移到柱 3 上（目标状态）。条件是：每次只能移动任何一个柱子上面的一个圆盘，但大的圆盘不能放在小的圆盘上。通用问题解决者的解决过程即是手段-目的分析的策略，具体是这样的：

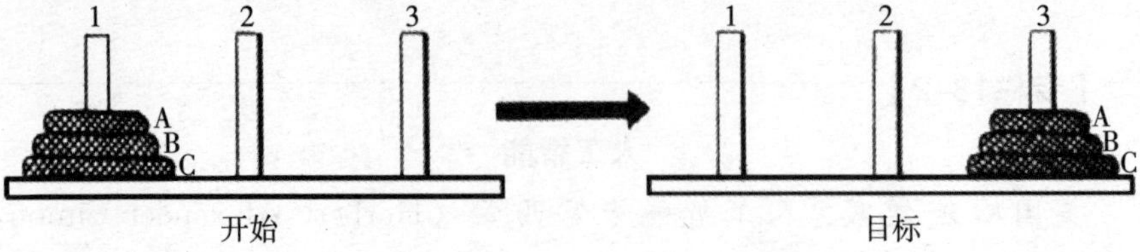

图13-6 三个圆盘的河内塔问题

（1）目的：移动圆盘 A、B、C 到柱 3 上。

（2）差异是圆盘 C 不在柱 3 上。

（3）子目的：放圆盘 C 到柱 3 上。

(4) 操作是移圆盘C到柱3上。

(5) 差异是圆盘A和B在圆盘C上。

(6) 子目的：从圆盘C上移走圆盘B。

(7) 操作是移圆盘B到柱2上。

(8) 差异是圆盘A在圆盘B上。

(9) 子目的：从圆盘B上移走圆盘A。

(10) 操作是移圆盘A到柱3上。

…………

“通用问题解决者”是世界上第一个问题解决的人工智能程序。如今，人工智能已经取得了长足的进步，并在需要速度、大容量记忆和较长时间的智力活动情境中充分体现出其价值，在某些任务中比人类做得更好。

1997年，一场国际象棋比赛令全世界瞩目，计算机“深蓝”挑战国际象棋世界冠军卡斯帕罗夫。“深蓝”是世界上国际象棋下得最棒的一台计算机，能够在一秒内计算两亿步棋，而且每走一步棋之前能够核查下一步棋的数十亿个可能的棋局。卡斯帕罗夫棋风凌厉，招数多变，常令对手在开局不久就阵脚大乱。而这次的挑战者“深蓝”，是卡斯帕罗夫遇到的真正的对手。看着“深蓝”走出最后制胜的一步棋，卡斯帕罗夫万般无奈，这是自1985年他成为世界冠军以来第一次在比赛中输给对手。与此同时，“深蓝”成为在真正的国际象棋比赛中击败世界冠军的第一台电脑。假如卡斯帕罗夫能赢得这场比赛，他会获得30万美元的奖金。

“深蓝”的胜利似乎使人类思维的能力黯然失色。然而，这实际上恰恰证明了人类智慧的巨大能量。仅一个卡斯帕罗夫，仅为了对付他思维能力中用于象棋比赛的有限部分，居然需要500名程序设计者花费如此大量的时间编写程序才能达到目的！实际上，正是由于有了人类的思维，才有了计算机的诞生。“深蓝”能写小说吗？能创作打击乐曲吗？能主动地去思考有关意识起源的问题吗？不能。无论计算机的功能将来会有怎样的发展，电脑在适应能力、推理能力和创造性思维能力等方面是不可能超过人脑的。

三、影响问题解决的因素

问题解决的思维过程受多种心理因素的影响。有些因素能促进思维活动对问题的解决，有些因素则妨碍思维活动对问题的解决。下面讨论其中主要的几种。

（一）问题表征

问题表征（problem representation）是在头脑中对问题进行信息记载、理解和表达的方式。解决一个问题，不仅有赖于我们分解该问题的策略，也有赖于我们对该问题如何进行表征。如图13-7所示的九点方阵和火柴排图两个问题，看似简单，做起来并不容易，不容易的原因是受到知觉情境的限制。左图中的九个点，很容易使人在知觉上构成一个封闭的四条边，从而让人难以突破知觉经验，但四条直线必须延伸到九个点构成的区域之外才能达到目的；右图中的六根火柴是在平面上排列的，但想在平面上排成四个连接的三角形，六根火柴无法达到目的，唯一的可能是将六根火柴架成立体的。

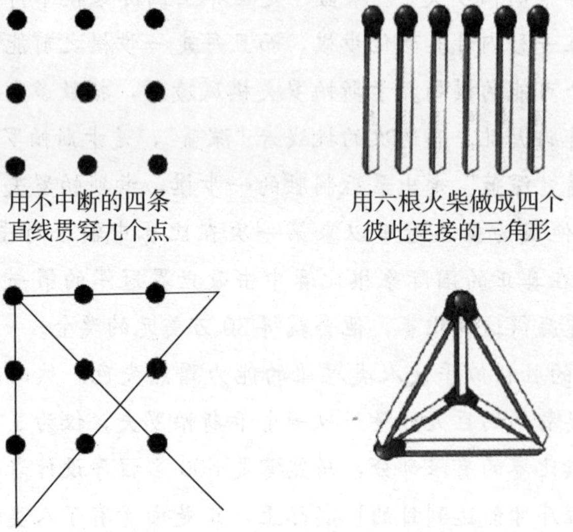

图13-7　两个问题及其解法

再看下面的一个问题（Adams，1990）："一天清晨日出时，一个修道士开始沿着盘旋的山路爬山，要去山顶的一个寺庙。山路狭窄，只有一两步宽。这个修道士爬山时，时快时慢，一路上多次停下来休息。他在日落前不久到达寺庙。在寺庙停留几天后，他开始沿原途返回山下，也是日出时启程，以变化的速度行走，同样在路上休息多次。当然，他下山的平均速度要比上山时快。试证明修道士在往返途中将于一天中的同一时间经过同一地点。”对于这个问题，许多人开始时都想用符号，试图列出方程式来解答，但很快便觉得步入了歧途，难以解答。如果能巧妙表征这个问题，则很容易了。你只要想象出：有两个修道士同时启程，一个从山脚向上爬，而另一个从山顶往下走。无论他们的行走速度如何，他们都会在路途中某一地点相遇。因而，路途中必有一个地点是这个修道士往返途中在一天的同一时间经过的（注意，这个问题并没有要求你回答这个地点在什么地方）。可见，问题表征对于问题解决很重要，有时甚至是决定性的。

（二）思维定势

思维定势（set of thinking）是个体先前的思维活动形成的心理准备状态对后继同类思维活动的决定趋势。定势常常是意识不到的，它有时有助于问题的解决，有时会妨碍问题的解决。最初研究定势在解决问题中的作用的是美国心理学家梅尔（Maier，1930）。在他的实验中，对部分被试利用指导语给予指向性的暗示，对另一些被试不给予指向性暗示。结果，前者绝大多数被试能解决问题，而后者则几乎没有一个能解决问题。

定势对问题解决的妨碍作用可以从陆钦斯（Luchins，1942）的实验中看到。在实验中，告诉被试有三个大小不同的杯子，要求他利用这三个杯子量出一定量的水。其实验程序见表13-1。实验结果表明，通过序列 1—5，被试形成了利用 B－A－2C 这个公式的定势，结果，对序列 6 和序列 7，也大都用同样方式加以解决，竟然没有发现原本应该显而易见的简单办法（即 A－C 和 A＋C）。在这个例子中，定势使问题解决的思维活动刻板化。

（三）功能固着

功能固着（functional fixedness）指一个人看到某个物品有一种惯常的用途后，就很难看出它的其他新用途。如果初次看到物品的用途越重要，也就越难看出它的其他用途，这是一种特殊类型的定势。这个概念是德国心理学家东克尔（Duncker，1945）首先提出的。他在一个实验中，让学生们想办法在一块垂直的木板上放置蜡烛，并使蜡烛正常地燃烧。东克尔给每个学生三支蜡

表13-1 陆钦斯的量水问题实验序列

序列	三个杯的容量			要求量出水的容量
	A	B	C	
1	21	127	3	100
2	14	163	25	99
3	18	43	10	5
4	9	42	6	21
5	20	59	4	31
6	23	49	3	20
7	15	39	3	18

烛，以及火柴、纸盒、图钉和其他东西。被试中有一半人分到的是放在纸盒里的材料，另一半人分到的东西都散放在桌面上。东克尔发现，把东西放在盒子里提供给被试，会使问题解决变得更困难，因为此时盒子被看作是容器，而不是能够参与解决问题的物体。在这个实验中，解决问题的方法是要先将盒子钉在木板上，把它当烛台用。

梅尔（Maier，1931）设计了一个摆荡结绳的实验。该实验设计的问题情境是在一个房间内，由天花板上垂下两条绳子，要求被试设法将它们连接在一起。房间里还摆放有一把椅子、一把钳子和其他东西（图13-8）。问题是两条绳子间距太远，被试无法同时用手将它们连接起来。实验设计的目的是观察被试能否突破功能固着，利用现场所陈列的材料以解决问题。这一问题的解决办法是把钳子拴在一条绳子上，使绳子摆动，摆动期间有时两绳间的距离缩短，被试就可以同时抓住两条绳子，把它们连接起来。实验结果发现，只有39.3%的大学生被试能够想到用上述方法来解决问题。显然，大多数被试没想到钳子可以用作摆锤，在他们看来，钳子就是拔钉子或剪断铁丝之类的工具。

功能固着也是思维活动刻板化现象。在日常生活中，硬币好像只有一种用途，我们很少想到它还能用于导电，衣服好像也只有一种用途，我们很少想到它可用于扑灭烈火。这类现象使我们趋向于以习惯的方式运用物品，从而妨碍

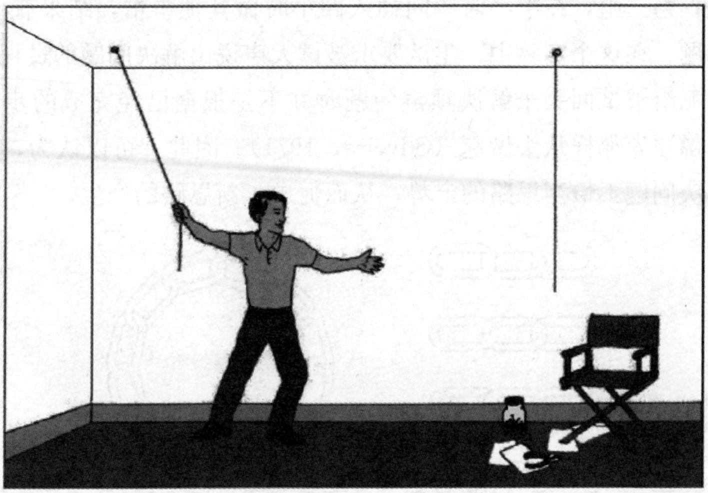

图13-8　结绳问题

以新的方式去运用它们来解决问题。

（四）酝酿效应

当反复探索一个问题的解决而毫无结果时，把问题暂时搁置一段时间，如几小时、几天或几个星期，然后再回过头来解决，反而可能很快找到解决办法。这种现象称为**酝酿效应**（incubation effect）。在酝酿期间，个体虽在意识中终止了解决问题的思维过程，但其思维过程并没有完全终止，而仍然在潜意识中断断续续地进行着。通过酝酿，最近的记忆和已有的记忆被整合在一起，弱化了心理定势的效应，并容易激活比较遥远的思维线索，因而容易重构出新的事物，产生对问题的新看法，使问题得以顺利解决。

有人用实验说明了这种效应。给被试提出经济项链问题（图13-9）："你面前有四条小链子，每条链子有三个环。打开一个环要花 2 分钱，封合一个环要花 3 分钱。开始时所有的环都是封合的。你的任务是要把这 12 个环全部连接成一个大链子，但花钱不能超过 15 分钱。"（这个问题的解法是：把一条小链的三个环都打开，用这三个环把剩下的三个小链连接起来。）实验中的三组被试都用半小时来解决问题。第一组，半小时中有 55％的人解决了问题；第二组，在半小时解决问题的过程中插入半小时做其他事情，结果有 64％的人解决了问题；第三组，在半小时中间插入四小时做其他事情，结果有85%的人解决了问题。在这个实验中，主试要求被试大声说出解决问题的过程，结果发现第二、三组被试回头来解决项链问题时并不是根据已经完成的步骤接着去做，而是像原先那样从头做起（Silveira，1971）。因此，可以认为，酝酿效应打破了解决问题不恰当思路的定势，从而促进了新思路的产生。

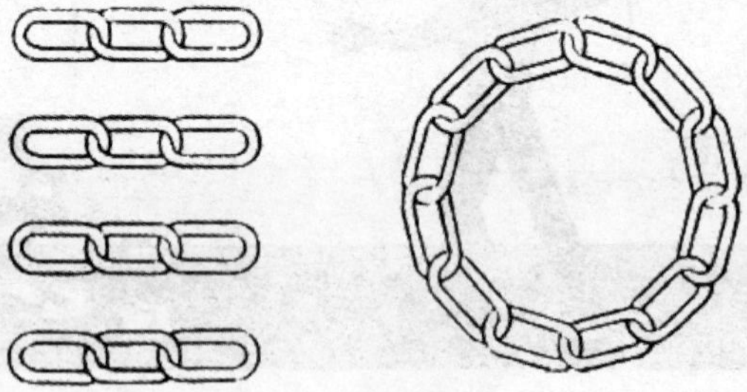

图13-9　经济项链问题

（五）知识经验

解决问题的知识经验越丰富，越有利于问题的解决。善于解决问题的专家和新手的区别，在于前者具备有关问题的知识经验，并善于运用这些知识经验来解决问题。例如，一个老医生和一个刚参加工作的年轻医生，在面对一个具有很多症状的患者时就采取了不同的处理方式。年轻医生不确定病人患了什么病，于是便为病人开出了各种各样的医学检查单，在有了一套几乎完整的症状信息之后，才可能做出正确的诊断。有经验的老医生很可能立即认定这些症状符合某种或少数几种疾病的诊断模式，仅仅对病人做了有限的检查后便很快做出了相当准确的诊断。

那么，知识经验为什么能促进问题的解决呢？蔡斯和西蒙（Chase & Simon，1973）对这个问题做过研究。他们把有25个棋子的国际象棋盘以5秒的时间（被试完全能看清棋盘，却不能存入长时记忆）向国际象棋大师和棋艺不太好的一般棋手呈现。实验条件分两种：第一种，把象棋好手下到一半的真实棋盘布局呈现给这两组被试；第二种，把在棋盘上随机摆上25个棋子的布局呈现给这两组被试。呈现的棋盘撤走后，要求被试把刚才看过的棋盘布局在另一棋盘上摆出来。结果发现：对于真实的棋盘布局，象棋大师能恢复25个棋子中的23个，而一般棋手只能恢复6个左右；对于随机排列的棋盘布局，象棋大师和一般棋手能恢复的数量是相等的，都是6个。研究还表明，专家在看棋盘上有规律的25个棋子时，并不是看25个孤立的东西，而是以组块及组块之间的关系为依据。根据对国际象棋大师的研究，西蒙认为，任何一个专家必须储存有5万～10万个组块的知识，而要获得这些知识不得少于10年。由于专家储存有大量的知识以及把这些知识运用于各种不同情况的丰富经验，因而他能熟练地解决本领域所遇到的各种问题。新手需要冥思苦想才能解决的问题，对专家来说也许只要检查一下储存的解法就可以了。

总之，影响问题解决的心理因素是多方面的。它们不是孤立地起作用，而是综合地影响着问题解决的思维过程。

【专栏13-3】

直觉

先看两个问题。

问题一：一种传染病的爆发可导致600人死亡。医生有两种选择：若使用A药，可救活200人；若使用B药，有1/3的机会是600人全被救活，2/3的机会是600人全部死亡。医生应选择哪种药？

问题二：有600人生命垂危。医生必须做出选择：若使用A药，400人会死亡；若使用B药，有1/3的机会是无一人死亡，2/3的机会是600人全部死亡。医生应选择哪种药？

大多数人在问题一中选择A药，在问题二中选择B药。这很奇怪，这两个问题其实是一样的，但为什么会出现不同的选择呢？唯一的不同之处在于对问题表述的角度，问题一是讲有多少人能活，而问题二则是讲有多少人会死。然而，甚至那些意识到先后答案有矛盾的人们也很难做出一致的选择。

可见，人们在判断与决策时经常依赖直觉而不是逻辑。**直觉**（intuition）是一种不依赖清晰推理的、快速的、冲动性的思维方式。它可以很快得出答案，但也可导致错误，有时甚至是十分严重的错误。心理学家卡尼曼和特韦尔斯基（Kahneman & Tversky，1972，1982）花了大量时间研究人在面对不确定问题时如何进行决策、如何进行预测，结果发现，人在判断时有着下列带有普遍性的严重缺陷。

(1) 代表性启发错误。人们在进行判断时常会因为直觉而落入陷阱。例如，下面有两种可能发生的情况，请你判断哪种情况更有可能发生：一种情况是格拉芙将输掉第一局，但最终会赢得比赛的胜利；另一种情况是格拉芙将输掉第一局。卡尼曼和特韦尔斯基发现，大多数人选择第一种可能性。但是，这种凭直觉做出的回答忽视了一个重要的事实，那就是概率结果。例如，我们抛一枚硬币，图案面朝上的概率是50%，而抛两枚硬币时，它们都是图案面朝上的概率只有25%。因此，真正发生第二种情况的可能性比第一种要小。卡尼曼和特韦尔斯基相信，人们选择“格拉芙将输掉第一局，但最终会赢得比赛的胜利”是基于一种叫作**代表性启发**(representativeness heuristic) 的直觉错误。也就是说，当一种选择若看上去更能代表我们已知的东西时，我们就会赋予这种选择更多的权重。因此，人们会把有关一个职业网球手应有行为的心理模型与格拉芙的信息进行比较，而第一种情况中的信息似乎与这种心理模型更为接近，所以，尽管第一种情况离事实更远，但看上去显得更可能发生。

(2) 忽略基础比率错误。凭直觉判断容易犯的第二种错误是忽略**基础比率** (base rate) 或事件发生的潜在可能性。在一个实验中，研究者告诉被试，将向他们介绍100个人的情况，其中有70名律师和30名工程师。然后，在那100个人中随便抽出一个人，让被试猜这个人是律师还是工程师。所有被试都回答，此人70%可能是律师，30%可能是工程师。接下来，研究者给被试一段如下描述：“迪克是一位30岁的男士，已婚但没有孩子。他有很高的成就动机，能力很强，在他工作的那个领域将会十分成功。他的同事们都很喜欢他。此人的职业是什么？”注意，这个描述并未给出任何关于迪克职业的新信息，律师和工程师的比率仍是70%对30%。然而，此时大多数被试的答案却成了50%对50%，直觉上，似乎他是工程师或律师的可能性是相等的。这种猜测完全忽视了潜在的基础比率。有时候，对基础比率的忽视可能是一件好事。例如，目前美国的离婚率约为50%，如果对此念念不忘，还有多少人愿意结婚呢？此外，对于许多高风险的工作，人们宁愿忽视事故发生的基础比率，认为自己将是特例，否则有多少人会去从事高风险的工作呢？但有时候，对基础比率的忽视也可能是一件坏事。例如，那些吸烟、酒后开车或不系安全带的人之所以为所欲为，就是因为他们不去考虑吸烟致病的潜在可能性或相当高的交通事故发生率。

(3) 问题建构方式引起的直觉错误。卡尼曼和特韦尔斯基的研究结论表明，导致直觉错误的最普遍的原因是问题表述的**建构方式**（framing）或问题的组织方式对判断的影响。正如我们在选择用药的例子中所看到的那样，一个问题的表述方式稍有不同，就可使人们给出不同的答案。一般来说，看问题越全面，就越有可能做出最合理的决策。但现实的情况是，许多问题并没有一个明显的正确答案，人们常会片面地看待这些问题。例如，在选择职业时，明智的做法是综合考虑收入、工作条件、工作满意度、所需技能、未来前途等因素，但在现实中，人们在进行决策时往往只是考虑某一个方面，比如，“我喜欢写作，所以我要当记者”，“我想挣钱，当律师挣得多”，“我在照相方面有天分，我要当摄影师”。如此片面和狭隘地建构问题，必然增大出现决策错误的可能性。

以上讨论了在不确定情况下的一些直觉错误。目前，有关直觉决策的研究结果被广泛应用于医学、商业、军事、投资、金融和国际关系等领域，即训练人们在做决策时三思而后行，以减少失误。另外，诺贝尔经济学奖获得者、著名心理学家西蒙提出人的“有限理性”的观点，认为人们的认识是有限的，因此往往会以更简单、更节省脑力的“满意原则”取代“最佳原则”。这很有道理，平常我们的种种判断与决策往往是有时间限制的，很多时候容不得我们反复斟酌，只能追求让自己满意就行了。无论如何，请记住，简捷清晰的思维才是解决问题的捷径。

第五节　创造性思维

创造是人类最高智慧的表现。创造性思维是一种新颖的、独特的并具有社会价值意义的思维活动。科学中新概念、新理论的提出，新机器的发明，文学艺术作品的创作，都是不同实践领域中的创造活动，它们在人类文化的传承中起着极为重要的作用。创造性思维是创造活动中的一种思维，它具有一般思维的特点，但又不同于一般思维，它是人类思维的高级形式。首先，创造性思维往往以创造活动作为其产生的基础。创造活动是一种提供独特的、具有社会价值产物的思维活动。人在创造活动中进行的思维就是创造性思维，而且创造性思维与创造活动都具有独特性和社会价值意义。其次，创造性思维是多种思维的结晶。它既是发散思维和聚合思维的统一，也是形象思维和抽象思维的统一。例如，自然科学家提出新假设时，开始运用发散思维提出各种各样的观点，然后运用聚合思维归纳成假设。形象思维对创造性思维来说是非常重要的。例如，有些化学家想象自己变成了运动着的分子，自己亲身感受到分子遇到的情况，这就是形象思维。但创造活动中的形象思维还得通过抽象思维加以验证和确认。

一、创造性思维的过程

创造性思维伴随着创造过程。了解创造性思维过程有助于我们理解人类的创造性成果是怎样产生的，影响因素有哪些，怎样培养学生的创造性思维能力。而对创造过程的分析，最有影响的理论是英国心理学家沃拉斯（Wallas，1926）提出的四阶段理论。这个理论把创造性思维过程分成准备期、酝酿期、豁朗期和验证期四个阶段。

（一）准备期

准备期（preparation）是指创造性思维形成之前，对问题相关知识的理解与累积。在这一阶段，最重要的是明确创造目的，掌握丰富的经验，收集广泛的信息，掌握必要的技能。创造活动中的准备，分一般性的基础准备和为了某一特定目的的准备。为了发展创造性思维，不能将准备工作只局限于狭窄的专门领域，而应当有相当广博的知识和技术准备。这一阶段的持续时间往往是相当长的。据说大科学家爱因斯坦的相对论，在撰写时虽只花了五周时间，但动笔前花在准备和探索上的时间有七年之久。诗圣杜甫有言“读书破万卷，下笔如有神”，由此可知创造前准备的重要性。

（二）酝酿期

酝酿期（incubation）指在准备期得不到结果而将问题暂时搁置，等待有价值的想法自然酝酿成熟而产生出来。对问题努力钻研而难获结果，会感到身心疲惫，此时可以将问题暂时搁置，转而从事其他较轻松的活动（如听音乐、钓鱼、散步等），也就是将问题引起的心理困惑暂时排除在意识之外。在这种情形下，问题引起的创造性思维从表面上看似乎停止了，但事实上它仍在潜意识中酝酿进行。

（三）豁朗期

豁朗期（illumination）是指经过潜伏性酝酿期之后，具有创造性的新观念可能突然出现，也就是常说的**灵感**（inspiration）。灵感的来临，可能是戏剧性的、突如其来的：它可能产生在半睡半醒中，可能产生在沐浴时，也可能产生在旅行途中。总之，灵感多半是在与创造无直接关系的活动中产生的。灵感可遇而不可求，它是创造性思维导向创造结果的关键。

（四）验证期

灵感产生的新观念并不一定是正确的，**验证期**（verification）就是对豁朗期提出的想法给予评价、检验或修正。此时的创造性思维表现在通过逻辑推理把提出来的思想观点确定下来，并通过实验或调查加以验证，或者根据这些思想观点，通过绘画、音乐、诗歌、发明等，用作品或产品的形式具体表现出来。直到反复验证无误，创造性思维的历程才算结束。

沃拉斯的创造历程四阶段理论，虽然在心理学界广为流传，并且从创造发明卓有成就的著名人物的访问或传记中可以得到证实，但仍有待通过科学实验得到更多证据。

【专栏13-4】

“啊哈”体验

创造性是人类文明的源泉，而创造性思维发生的一个重要特征就是它的突然性，所以顿悟成为心理学的一个重要研究领域。**顿悟**（insight）被认为是突然地、直觉性地以及清晰地获得问题解决方法的过程（Bowden et al.，2005）。它包含三个要素：一是旧的无效的思路被抛弃（即打破思维定势）；二是新的有效的问题解决思路的实现（新异联系的形成）（罗劲，2004）；三是会有一种恍然大悟的感觉，伴随着强烈的“啊哈”体验（Bowden et al.，2005）。这三个要素是判断顿悟发生的标准（罗俊龙等，2012）。

最近，托波林斯基和雷伯（Topolinski & Reber，2010）还就“啊哈”体验提出了新的假说，试图解释获得灵感的快感。灵感一来，大脑中突然闪现出一个解决问题的方法——这就是有名的**“啊哈”体验**（“Aha”experience），也是人们在解决问题时常有的一种特殊认知经历。这种经历包括下列四个主要特征。（1）突然性：这种经历是突然闪现的，且稍纵即逝。（2）轻松：与以往遭遇障碍的经历相比，这种解决问题的过程非常轻松顺利。（3）积极效应：灵感能够产生积极效应。（4）自我感觉良好：在灵感闪现后，当事人认为这种解决问题的方法是可行的，并对之深信不疑，即使是在做出可行性评估之前。最近的研究结果表明，经历的即时性能够引发良好感觉。此外，当信息处理过程很顺利时，人就会感觉到一种积极效应，并认为这种信息是真实可靠的，尤其是在这种轻松处理信息的过程突如其来时。

人脑是怎样产生顿悟或者灵感的，多年来一直是心理学家、生物学家甚至是普通民众感兴趣的题目。顿悟式的问题解决具有突发、直接和持续的特点，这给顿悟的实验研究，特别是神经科学研究带来很大的限制。经典的顿悟问题，如蜡烛问题、九点问题、双绳问题、水罐问题等都很难直接用于认知脑成像实验（罗跃嘉，2004）。这方面，我国学者的研究颇有特色。

罗劲等人首先采用传统的谜语作为实验材料，通过向被试呈现标准答案来“催化”顿悟的过程（Luo & Niki，2003；Luo et al.，2004）。结果发现，前扣带回、左腹外侧前额叶以及海马等脑区参与了顿悟过程。其中，他们2003年在《海马》杂志上报告的结果是第一项有关人类顿悟过程的脑成像研究。随后，他们采用汉字组块破解任务进一步对顿悟问题进行探讨，发现早期的知觉过程对问题解决有至关重要的作用（Luo et al.，2006）。邱江和张庆林等采用字谜作为实验材料，在“学习—测试”范式下通过提供启发信息探讨了被试主动获取答案的顿悟过程，发现楔前叶、左侧额下/中回、枕叶下回和小脑等脑区参与了顿悟过程（Qiu et al.，2010）。在该研究基础上，田芳等人进一步分析了测试字谜谜面出现之前的准备状态对顿悟问题解决影响的脑机制，发现左侧额中/前回、左颞中/上回、右小脑以及左侧中央后回等脑区参与了对顿悟问题正确解决的准备状态（Tian et al.，2011）。

在答案催化顿悟范式下，买小琴等人同样以谜语作为实验材料，考察了谜语问题解决中答案呈现后的脑内时程动态变化，发现答案呈现以后，“有顿悟”比“无顿悟”诱发了一个更加负性的ERP成分（N380）。研究者认为这可能反映了顿悟过程中思维定势的打破（Mai et al.，2004）。邱江等（2006）考察了字谜问题解决过程中顿悟的脑内时程动态变化，发现“有顿悟”和“不理解”比“无顿悟”诱发了一个更加负性的ERP成分（N320）。研究者认为这反映了新旧思路之间的认知冲突。沈汪兵等（2011）考察了三字字谜问题解决中谜底所诱发顿悟的时间进程以及半球差异，发现谜底出现后，“有顿悟”和“不理解”比“无顿悟”诱发了一个更加负性的ERP成分（N380）。研究者认为这可能反映了顿悟中舍弃强外显意义而选择弱内在隐喻意义的认知抉择过程，而且右半球在顿悟中表现出优势效应。

我国学者采用传统谜语作为刺激材料的设想的确能产生“啊哈”体验，而答案在屏幕上出现的时间点又可作为实验记录的起始点，从而可以确切地锁定顿悟的心理事件发生的时间，这点对于ERP以及事件相关fMRI记录尤为重要。不过，尽管在实验范式上采用谜语很有创意，并且也在一定程度上保持了顿悟式问题解决的基本特征，但谜语问题的解决毕竟不是真正意义的顿悟，标准答案呈现所产生的“顿悟”和真正意义的顿悟尚有一段距离（罗跃嘉，2004）。

二、创造者的思维特点

（一）思维的流畅性

思维的流畅性（fluency of thinking），也叫思想的丰富性，是指在限定时间内产生观念数量的多少。在短时间内产生的观念多，思维流畅性大；反之，思维缺乏流畅性。吉尔福德（Guilford，1954）把思维流畅性分为四种形式：（1）用词的流畅性，是指一定的时间内产生含有规定的字母或字母组合的词汇量的多少；（2）联想的流畅性，是指在限定的时间内从一个指定的词当中产生同义词（或反义词）的数量的多少；（3）表达的流畅性，是指按照句子结构要求排列词汇的数量的多少；（4）观念的流畅性，是指在限定时间内产生满足一定要求的观念的多少，也就是提出解决问题答案的多少。前三种流畅性必须依靠语言，后一种既可借助语言，也可借助动作。

（二）思维的变通性

思维的变通性（flexibility of thinking），也叫思维的灵活性，是指摈弃旧的习惯思维方法，开创不同方向的那种能力。例如，让被试"尽可能说出报纸的用途"，他会有"学习用""包东西""当坐垫""折玩具""剪成碎片扬着玩""裹在身上取暖""用来引火"等各种各样的答案。富有创造力的人想法多，思维范围大，而缺乏创造力的人通常只想到一个方面，思维缺乏灵活性。

（三）思维的独特性

思维的独特性（originality of thinking），是指产生不寻常的反应和不落常规的那种能力，此外还有重新定义或按新的方式对我们的所见所闻加以组织的能力。例如，在吉尔福德的命题测验中，向被试提出一般的故事情节，要求他们按照自己的意思给出一个适当的题目，富有创造力的人给出的题目更为独特，而缺乏创造力的人常常被禁锢在常规思维之中。

（四）思维的敏感性

思维的敏感性（sensibility of thinking），是指及时把握住独特新颖观念的能力。创造性观念并不处于我们随心所欲的控制之中，它要求我们有敏锐的感受性。独特新颖的观念就如歌德所说的那样，像一位陌生的客人来到思想者身边。思维的敏感性，就是对这位"陌生的客人"的评价并及时加以把握的能力。富有创造力的人的思维具有高度的敏感性。

三、创造性思维的测量

创造性思维的表现是多种多样的，个体在一个领域没有表现出创造性，却可在另一个领域表现出创造性，在言语上没有表现出创造性，却可在操作上表现出了较高的创造水平，因此鉴别个体的创造性思维水平应坚持多样性的形式。创造性思维测验一般采用标准化形式，按规定程序实施，根据个体思维的流畅性、变通性和独特性来评分，然后将测验成绩与个体所在年龄段的平均成绩做比较。创造性思维测验的形式可分为投射测验和非投射测验，其中投射测验可较好地测量个体思维的独特性，非投射测验可较好地测量个体思维的流畅性和变通性。比较有名的创造性思维测验有：**南加利福尼亚大学测验**（University of Southern California Testing，USC Testing）（Guilford，1957）、**托兰斯创造性思维测验**（Torrance Tests of Creative Thinking，TTCT）（Torrance，1966）、**远隔联想测验**（Remote Association Test，RAT）（Mednick，1962）等。下面试举几例。（1）在物品的非常规性用途测验中，要求被试尽可能多地想出使用某一物品的方式。例如，旧轮胎能有哪些用途？（2）在推论测验中，要求被试说出如果世界上发生了某种变化，可能产生的后果。例如，如果每个人都突然失去平衡感且不能再直立，将会产生什么样的后果？被试要尽可能多地列出各种可能的后果。（3）在火柴问题测验中，让被试用火柴棍组成一定的图形，要求移动指定数量的火柴棍，使剩下的图形达到指定的要求。（4）在隐蔽图形测验中，向被试呈现印有简单几何图形的图片，要求找出隐藏在这些简单图形中的复杂图形。图13-10是一些发散思维测题。

但是，创造力的研究者通常认为，发散思维测验与传统的智力测验太过接近，还不足以说明真正的创造力。另一种判断个体是否有创造力的方法是作品分析法，即要求被试提供体现创造力的作品，包括绘画、诗和短故事等，然后评判者对每一件作品进行创造力的评价。研究发现，评判创造力等级的一致性是相当高的。还可用实验法来评判个体的创造力水平。通过给被试设置一定的问题情境，控制和改变一些条件，记录其行为表现，然后进行创造力水平的评价，其结果的可靠性也是很高的。但要真正评判一个人的创造力，几次测试是不够的，需要长期追踪研究，多方面进行考察。

创造力必须以知识、技能为基础，以一定的智力水平为前提。许多研究表

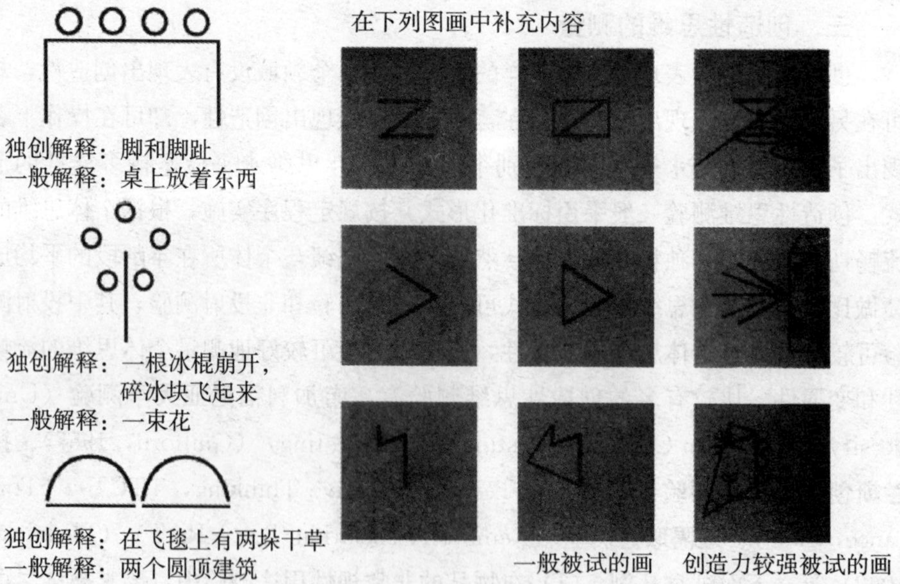

图13-10 发散思维测验题例

明，智商与创造力分数之间是正相关，但相关低。也有研究认为智力与创造力之间的相关高低是由创造力测验的性质而定的，某种创造力可能要求较高的智力，而另一些创造力可能与智力相关不高。尽管在智力和创造力的相关上还有不同的看法，但比较一致的意见是：高智商并不能保证较高的创造性，而低智商的人肯定只能得到较低的创造力分数；低创造性者可能具有较低的智商，但也可能有较高的智商，高创造性必须有中等以上水平的智商；创造性和智力具有一定程度的相关。一定程度的智商（一般认为最低阈限智商约为120）对于从事文化教育、科学技术或艺术上的创造革新是必要的。

【专栏13-5】

创造力

“创新是一个民族的灵魂，是一个国家兴旺发达的动力。”自20世纪50年代吉尔福德和托兰斯等人开始对**创造力**（creativity）进行心理学研究以来，这方面的研究工作越来越丰富。这些研究不仅触及个体因素，如创造性人格、创造性思维过程、创造性思维的测量和阶段等问题，也已逐渐扩展到创造性思维的脑科学基础、创造潜能的开发以及创造性思维的训练等文化和社会因素更为深入的问题。

美国心理学家加德纳（Gardner，1993）曾调查分析20世纪有着杰出创造的重要人物，其中包括弗洛伊德（心理学家）、爱因斯坦（物理学家）、毕加索（画家）、葛兰姆（舞蹈家）、艾略特（诗人）、甘地（思想家）等，发现有以下相似之处：(1) 有反传统倾向，对众人所信守的传统规范存疑，因而在个人作为上不墨守成规，总想有所改进而臻于更新更好的境界；(2) 对自己关心的问题肯深入钻研，在展现超人的杰出成就之前，对相关问题研究所付出的心力至少持续了10年甚至20年；(3) 在年轻时多半受到前人思想的启发及师长的指导与鼓励，因而立志上进，历经无数挫折失败，而终告成功；(4) 个人生活较少感情层面，多半时间用于潜心研究，甚少享受安适的家庭生活。

国内的研究中，童秀英和沃建中（2002）的研究发现我国高中生创造性思维水平发展比较平缓，其中创造性思维最重要的品质即独特性在高一和高二期间发展较为平稳，但高三比高二有显著提高。谢光辉和张庆林（1995）曾对32名中国大学生实用科技发明大奖赛获奖者的人格特征进行研究，发现了低乐群性、高敏感性、高独立性和高自律性的特征。最近，李金珍等（2004）以9～16岁的中小学生为研究对象，采用实用创造力测验任务，研究了儿童创造力的发展特点。结果发现：儿童的创造力随年龄增长逐渐提高，但创造力新颖性、流畅性和变通性三个维度的发展并不均衡，流畅性和变通性在9～11岁比其他年龄阶段发展得更快。另外，家庭环境对于儿童的创造力有直接影响，也有间接影响，其中间接影响是通过影响创造性态度而得以实现的。胡卫平等（2004）将中学生科学创造力测验施测于英国六所中学的1 190名青少年和中国两所中学的1 087名青少年，对中英青少年科学创造力的发展进行了比较研究。结果发现：(1) 青少年的科学创造力存在显著的年龄差异。随着年龄的增长，青少年的科学创造力呈持续上升趋势，但在14岁时要下降；11～13岁、14～16岁是青少年的科学创造力迅速发展的关键时期。(2) 青少年的科学创造力存在性别差异。英国女生的科学创造力比男生强，差异显著；中国男生的科学创造力比女生强，差异不显著。(3) 中英青少年的科学创造力存在显著的差异。在创造性的问题解决能力方面，中国青少年明显高于英国青少年，但中国青少年在其他方面的科学创造力及总成绩则明显低于英国青少年。(4) 中国青少年的科学创造力存在显著的学校类型差异。重点中学学生的科学创造力显著高于普通中学学生的科学创造力。

在研究儿童的创造力发展时，有许多心理学家试图将创造活动纳入认知活动的范畴，把创造活动看成是智力活动的一个维度。但是，又有越来越多的研究者认识到活动主体的个性因素在创造活动中起着关键的作用，例如，斯滕伯格(Sternberg，1988)认为，个性中兴趣和动机是人们从事创造活动的重要驱力，可以驱使个体集中精力于所从事的作业上。施建农(1995)认为，个体对创造性作业的态度对个体的智力导入量起到了一种开关作用。一个人的创造性态度越高，越容易投入更多的智力和精力，从而表现出更高的创造性。关于创造力的研究，还有人提出：普通人的创造力与天才的创造力是一个连续的整体，任何具有正常认知能力的人都有可能在某个领域有所创造，或者说常人都具有一定的创造力；所有个体的工作中都包含着某种程度的创造力；虽然每个领域都存在着创造力的个体差异，但这种差异不是一成不变的，人的创造力可以通过一定途径得到培养和提高。

在当今全球化的背景下，随着以组织化方式展开的团队创造行为日渐普及，激发和提升**团队创造力**(team creativity)，以便从成功向创新转化成为决定现代组织成功的关键要素。研究者们注意到，仅从个体认知和人格视角研究创造理论已无法满足应用研究的需要，必须重视群体的作用(Paulus & Nijstad，2003)。例如，知识型团队的创造力不仅受到团队知识异质性和成员创造力的影响，同时还取决于团队成员之间的认知互动过程。最近国内一项采用多层线性模型的研究表明：当任务知识协调水平高时，知识异质性与团队及其成员的创造力之间的关系均正向显著；当任务知识协调水平低时，知识异质性与团队创造力之间呈倒U字形关系，但与个体成员创造力之间的关系并不显著（吕洁、张钢，2015）。目前，研究发生于多样性个体成员间的创造力，探索以团队水平为中心的创造力表现，正逐渐成为创造力研究领域的新焦点（王黎萤、陈劲，2010）。

【复习与思考】

1. 解释：思维，聚合思维，发散思维，创造性思维，表象，原型，推理，前提气氛效应，赌徒谬误，算法式，启发式，手段-目的分析，顺向工作，逆向工作，假设检验，问题表征，思维定势，功能固着，酝酿效应，直觉，灵感。

2. 影响概念形成的因素有哪些？

3. 哪些因素会影响推理的正确性？

4. 问题解决有哪些策略？

5. 举例说明影响问题解决的有关心理因素。

6. 创造性思维要经历怎样的过程？

7. 讨论创造力的激发。

【扩展阅读书目】

1. 张庆林、邱江主编：《思维心理学》，西南师范大学出版社2007年版。

2. 邵志芳著：《思维心理学》，华东师范大学出版社2001年版。

3. 林崇德著：《教育与发展——创新人才的心理学整合研究》，北京师范大学出版社2004年版。

4. ［美］罗伯特·斯滕伯格著，施建农等译：《创造力手册》，北京理工大学出版社2006年版。

5. ［美］米哈里·希斯赞特米哈伊著，黄珏苹译：《创造力——心流与创新心理学》，浙江人民出版社 2015 年版。

6. [美] Ronald Beghetto、James Kaufman 主编，陈菲等译：《培养学生的创造力》，华东师范大学出版社 2013 年版。

第十四章 言 语

第一节 概 述

一、语言与言语

（一）语言及其特征

语言（language）是人类用各种有组织的方式将词汇组合起来以便于沟通的符号系统，也是人类进行思维、抒发情感、传递知识的工具。语言是一种符号系统，包括语音系统、词汇系统和语法系统。现在世界上使用的语言有五千多种，约有一半的语种被不到一万人所使用。从表面上看，各种语言差异甚大，它们的发音不同，似乎还有不同的语法规则。有时候，从一个讲一种完全不熟悉的语言的人口中发出的言语，听上去简直像一阵阵连续的声音激流，而不像有独立的词汇。但是在这些表面差异之下，所有的语言都具有下列基本特征。

（1）能产性。语言的**能产性**（productivity）包含两方面的意思：一方面，每一种语言都能够产生出无数的各不相同的句子，它能产生的新句子数没有一个固定的上限；另一方面，同样的观点或思想可以用多种不同的语言来表达。

（2）结构性。语言的结构性是指每一种语言都是受规则支配的。就口语而言，就需要音素、词素和语法（包括词法和句法）三大构件。说同一种语言的人们都是以相同的语言规则而不是以偶然的方式来说话的。

（3）意义性。一种语言里的每一个词都有某种意义。例如，表示某物（钢笔、房屋），表示行为（做工、跑步），表示关系（以前、并且），表示性质（温暖的、潮湿的），表示抽象概念（公正、道德），等等。同时，词的各种不同组合——句子，可以表示更为复杂的意义。每一种语言都用词来表示简单意义，用句子来表达复杂意义。词和其意义之间的结合是约定俗成的，使用同一种语言的人们都知道哪些词指的是世界上的哪些事物、事件和情境。

(4) 社会性。语言是在社会中产生的，它只能在社会中生存和发展。语言是一种社会现象，它是作为人们交际（传递知识、沟通情感、表达意愿）的工具而服务于社会的。

（二）言语及其与语言的关系

语言存在于人们的言语活动中。**言语**（speech）是人们在交际和活动中应用语言的过程和产物。例如，我们用汉语进行交谈、讲演、做报告、写文章等都是不同方式的言语活动。语言与言语是有区别的。其一，语言是工具（交际的工具、思维的工具），言语则是对这种工具的运用。其二，语言是社会现象，语言的语音系统、词汇系统和语法系统是从全体社会成员的语言交际中抽象概括出来的，因而具有较大的稳定性；言语则是心理物理现象，具有个体性和多变性，不仅每个人都有自己的言语风格，而且同一个人在不同的场合，其言语方式也不同。其三，研究语言的科学是语言学，而言语活动则是心理学的研究对象。

语言与言语又是密切联系的。一方面，言语不可能离开语言而存在。离开语言这种工具，人就无法表达自己的思想或意见，也就无法进行交际活动。另一方面，语言也离不开言语。任何一种语言都必须通过人们的言语活动才能发挥其交际工具的作用；一旦某种语言不再被人们用来进行交际，终究会成为“死”的语言而从社会上消失。正因为语言与言语关系十分密切，难以分割，包括心理学在内的诸多学科常常混用这两个概念。

【专栏14-1】

语言决定思维吗？

“言，心声也。”即是说，言语表达并反映了心理。我们心理的表达不外乎两种形式：一种是言语，另一种是动作。在语言和思维的关系问题上，一般认为，语言是表达思维的重要工具之一，语言受思维的支配。

但是，语言和思维的关系还有另一个不为人们所注意的方面，即语言影响思维。萨丕尔（Edward Sapir）和沃夫（Benjamin Lee Whorf）通过跨语言的研究发现，是语言上的差异造成了思维上的差异。于是萨丕尔（Sapir，1941）断言："我们现在所看到的、所听到的和所经历过的，主要都来自我们社会的语言习惯。"沃夫（Whorf，1956）更进一步说："我们对世界的印象是通过我们大脑来组织的，主要是通过我们大脑中的语言系统来组织的。"他们都认为语言决定我们的思维方式，这称为**萨丕尔-沃夫假设**（Sapir-Whorf hypothesis）。该假设的一些证据来自颜色命名领域。世界上的各种语言在所使用的基本色的术语数上有很大的差别。例如，英语中，基本色的术语有11个（黑、白、红、黄、绿、蓝、褐、紫、粉红、橙和灰）。而另一些语言，如巴布亚新几内亚的达尼人所说的语言中，只有两个基本色术语，简单地在黑白（或明暗）之间做出区分。因而，沃夫认为讲英语的人与达尼人对颜色的认知和思维是不同的。沃夫还认为，霍皮人的语言中动词没有过去时，因此霍皮人思考和追忆往事不是件容易的事。

语言有助于思维，甚至会影响知觉和记忆。我们只有有限的方式来加工非言语心象，这种限制使人要用语言来加工心理表征。要让人回忆并重新画出无意义的图画（涂鸦）是很困难的，但如果给这个图画加上语词标签就方便了。请看图14-1，如果现在将它命名为"珠帘"，你可能会越看越像。一旦给定了一个特定的标签，要从不同的角度来看相同的图形就会很困难（Glucksberg，1988）。请再看知觉一章中的图10-6，一旦给定了一个特定的标签，你就会发现与这个标签相似的结构。还可以看记忆一章中的图12-9，由于给出的命名不同，被试回忆出的图形与给定标签很相似。

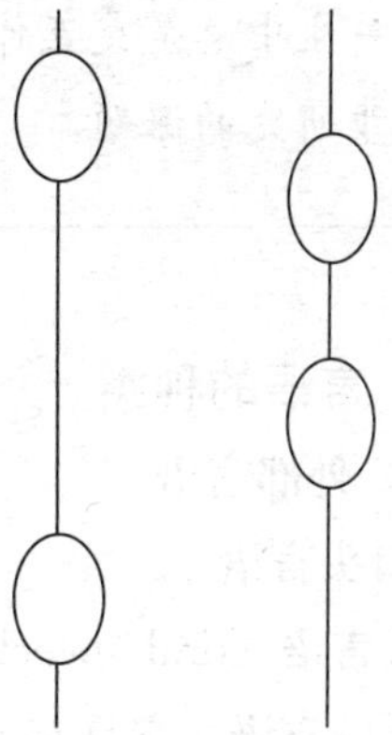

图14-1　是爬树的小熊还是珠帘？

语言还会以其他方式影响着我们在记忆中对信息的编码、储存和提取。例如，法庭上的证词会受到针对证人的提问中特定措辞的有力影响(Loftus & Palmer，1974)。即使被试形成了自己的语言描述，也会影响其后继目击证词的准确性（Schooler & Engstler-Schooler，1990)。在一项研究中，让会汉语和英语的留美中国大学生用英语或汉语来描述自己。当用英语进行自我描述时，他们简直是典型的加拿大人，其自我陈述带有非常积极的情绪。而用汉语进行自我描述时，他们完全是典型的中国人，言谈中有更多的中国人的价值观念，积极情绪和消极情绪几乎各占一半。他们对语言的使用似乎塑造了其自我思维的方式（Ross，Xun，& Wilson，2002)。

语言对思维是有影响的，但不像萨丕尔和沃夫所说的那样极端。语言决定我们思维方式的论断显然有些过头。有人做过调查，虽然在巴布亚新几内亚人的语言中没有像我们那样表述形状和颜色的词语，然而，他们也和我们一样能感知到各种各样的颜色和形状（Rosch，1974)。语言和思维在人的一生中总是交互作用的。它们是怎样交互作用的？这确实是一个需要进一步研究的课题。

二、言语的种类

（一）外部言语

1. 口头言语

口头言语（oral speech）是指人凭借自己的发音器官发出语音，来表达思想和情感的言语。它具有下列特点。(1) 词和句的发音必须在一定的时间里进行。每个语音一般经过不到一秒钟，就要被另一个语音所代替，这样才能组成整个的词。词的个别部分过于延长，句子中发音的间歇或迟滞不适当，都会使识别和理解感到困难。(2) 说出整个句子前，必须对全句的结构进行综合，选出恰当的词连贯地加以表达。(3) 句和句之间的联系也要在较短时间内进行预先考虑，使言语连贯流畅地进行。(4) 言语的听觉反馈对口头言语的进行起着重要的作用。如果言语听觉反馈受阻或有意加以延迟，就引起口吃、说话不清楚等现象。

口头言语大体可分为会话言语和独白言语两种形式。**会话言语**（conversational speech）是指人们在聊天、座谈、辩论、质疑等情境下的言语活动。会话言语是一种简单的言语形式。（1）会话言语是一种相互支持的言语。在会话过程中，参与者既是听众，也是发言者。（2）会话言语是在交谈者彼此互相感知的条件下进行的。在对话过程中，交谈者通过手势、表情、音调等相互作用。他们常常彼此观察，关心共同讨论的问题。因而，这种言语在文法结构和逻辑性上都不够完善，也不够严谨，有许多意思不是用言语表达出来，而是靠彼此意会。（3）会话言语具有情境性。在对话过程中，有些事情以前已经谈过，或者当前正在议论，并且每个人都充分利用表情、动作、声调来表达自己的意思。所以，交谈者只要针对当前的情境，用省略了的简短语句表达，别人也会明白。

个体在做报告、讲演、讲课时独自进行的言语活动叫作**独白言语**（monologue speech）。独白言语是在同听众的接触中进行的，它是在对话言语的基础上发展起来的。但是，独白言语和对话言语有所不同。首先，独白言语把其他人都作为自己的听众，没有交谈者的应答来支持。这种言语的支持物是自己说话的主题和自己吐露的词句。其次，独白言语是一种展开性的言语。这种言语是连贯的、前后呼应的。它服从于逻辑思维的要求，表达的意思要完善，语法结构要严谨。最后，独白言语是一种有准备、有计划的言语活动。要使报告、讲课富有吸引力，说话人不仅在言语内容上要有准备和计划，而且在言语速度和语调等方面也应有一定的修养。

2. 书面言语

书面言语（written speech）是一个人用文字来表达思想、情感的言语。书面言语的产生晚于口头言语。它具有独白言语的性质，但不同于独白言语。首先，书面言语不能像口头言语那样借助于表情和动作来加强表现力。作者的情感（激动、爱慕、仇恨等）是以充分展开的形式和适当的修辞来表达的，读者必须从整个上下文中才能体会到。其次，口头言语一瞬即过，但在书面言语中，作者和读者都可以重新返回到先前的文字上再行推敲和琢磨，从而使表达和理解更为精确。书面言语大大开阔了我们的眼界。通过书面言语，古代的文化遗产、外域的思想观念和先进科技成果才有可能被我们了解和吸收。

（二）**内部言语**

内部言语（inner speech）是产生于大脑内部的未经发声器官发出声音的言语。内部言语的最大特点是言语发音的隐蔽性。默默思考时，我们听不到发音器官发出的声音，但言语器官的肌肉仍在活动着。这时，言语器官的动觉冲动执行着和出声说话时相同的信号功能，不断向大脑皮质发送信息。实验证明，当被试出声地或不出声地解答简单的数学题和背诵诗篇时，用微电极从发音器官上记录到的动作电流的节律都是相同的。这说明，出声思考和默默思考都有言语器官的活动，并且性质是相同的。内部言语的另一个特点是片断性和压缩性。在内部言语里，一个词或一个词组就可以代替一系列完整的句子。

内部言语是在外部言语的基础上形成的，二者又是相互转化的。外部言语向内部言语的转化叫内化。这种转化可在3岁左右的儿童身上看到。这时，儿童开始对自己说话。这种自己对自己的说话既有外部言语的交际功能，又有内部言语的自我调节功能。随着儿童年龄的增长，这种自言自语的自我调节功能逐渐被内部言语所代替。内部言语向外部言语的转化叫外化。个体进行内部言语时，思想对于他本人来说是明白的，但他不一定能清楚地向别人讲述自己的思想。这是因为内部言语是片断的、压缩的，而外部言语则是展开的，文法和逻辑结构较严谨。因此，如果没有经过必要的训练，外化就会遇到困难。在教学中，既让学生默读课文也让学生朗读课文，既布置口头回答也布置书面作业，这样可以促进学生外化技能的形成。

除了上述我们经常使用的言语外，还有用动作运动序列、身体姿势、面部表情等符号传达意思的身体语言，以及聋人所用的手语等。

三、言语的生理机制

（一）**言语链**

言语有多种形式，涉及人的活动的许多层面。仅以最简单的两人交谈为例。首先，说话人要整理自己的思想，决定要说的内容，并将这些内容变为言语——要表达意思的话语。这时，说话人的大脑中进行复杂的信息加工，然后用适当的指令以脉冲的形式沿着运动神经传到舌、唇、声带等发音器官的肌肉，引起这些发音器官肌肉的运动，从而产生言语声波。言语声波通过空气在说话人与听话人之间传播，它作用于听话人的听觉器官所产生的神经冲动沿着听神经传达至听话人的大脑。这时，听话人的大脑里本来已在进行着的复杂信息加工，对来自耳的神经冲动进行解码，从而辨认出说话人发出的信息，听懂他的言语。也就是说，言语交际是一条联结说话人头脑与听话人头脑的许多事件的链条，这个由一系列事件串联而成的链条称为言语链（图14-2）。言语链还有一个重要的侧链，即说话人不仅在说着话，而且同时也听着自己的声音。这种反馈信息不断地将他实际发出的声音与他想象发出的声音做比较，因此，说话人可以随时进行必要的调整，使说话效果符合自己的意图。

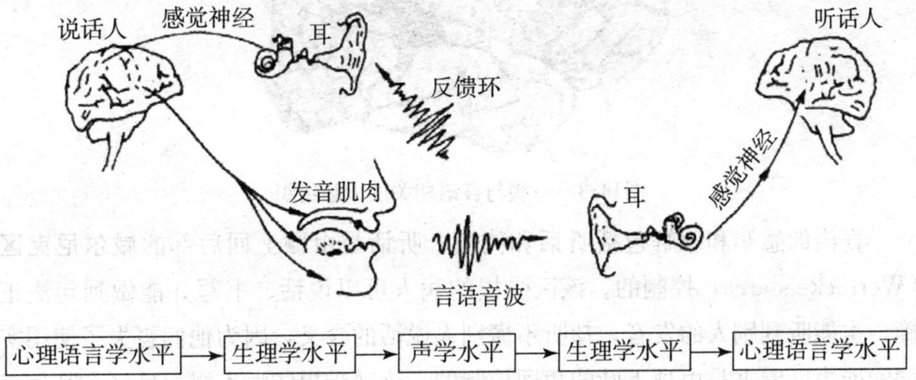

图14-2　言语链

（二）言语加工的神经机制

言语活动受大脑皮质的调节和控制，是大脑整合的结果，同时大脑的某些特殊部位对言语又具有特殊的功能（图14-3）。言语表达包括说话和书写。说话是由中央前回下方的44区即**布罗卡区**（Broca's area）控制的。该区受损的病人虽能看懂文字，听懂别人的谈话，甚至能唱歌，却丧失了说话能力，话语中缺少语法成分，语法小品词、名词和动词的结尾变化往往说不出来。这说明布罗卡区主要和句法有关。而书写则是由额中回后部的**艾克纳尔区**（Excuer's area）控制的。该区受损的病人能听懂别人的话，看懂文字，自己也会说话，手部肌肉虽能活动，却丧失了书写能力。说话和书写开始于意图或思想，因而大脑额叶必然参与言语表达。正如鲁利亚所指出的："大脑额叶一方面是产生复杂动机的器官，另一方面是构成主动的意图或形成构思的器官。如果没有表述的动机，而构思也不能主动发生，很自然，即使重复性言语和对象的命名仍然保持下来，自发的主动言语也是不会发生的。"大脑额叶严重损伤（涉及两半球）的病人缺少言语的意图或思想。言语表达的神经冲动是通过锥体系统和锥体外系统而传达到效应器（发音器官和手部的肌肉）的。锥体系统控制言语活动的随意动作，锥体外系统则起着调节言语器官肌肉紧张度的作用。

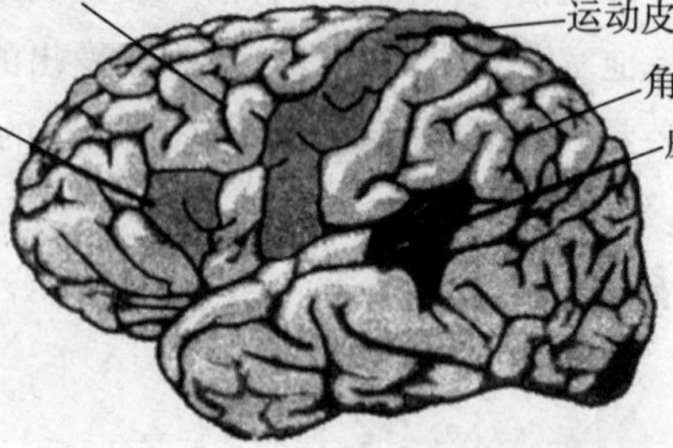

图14-3　一些与言语相关的大脑组织

言语的感知和理解包括听话和阅读。听话是由颞上回后部的**威尔尼克区**（Wernicke's area）控制的。该区受损的病人可以说话、书写并能做到句法正确，也能听到别人的发音，却听不懂别人说话的含义，因为他们丧失了使用实词的能力。看书是由顶下叶的角回控制的。该区受损的病人视觉良好，其他言语活动的功能也健全，却看不懂文字的含义（字盲症）。听话、阅读不仅要理解话语的意义，而且还要理解言外之意。在这方面，大脑额叶起着决定性的作用。额叶受损伤虽然不影响理解词和简单句子的能力，却严重影响理解复杂句子的能力，特别是无法理解复杂话语的弦外之音。

脑损伤研究业已表明，言语功能受比威尔尼克区要大得多的皮质后部区域的支配。格施温特（Geschwind，1970）曾提出一个专门的模型来解释大脑是如何加工言语的。该模型认为，言语的声音信号先传到内耳，接着，听神经将这些信号输送到颞叶的初级听皮质。从这里，信号被输送到大脑的一个联合区，颞叶、枕叶和顶叶在这个区交会。在这里，所说话语的意义被整理出来，换言之，意义在该区被赋予。从这里，加工过的信息先被送到威尔尼克区，再被送到布罗卡区。这个模型在最初形成时将理解言语定位在威尔尼克区，而将产生言语定位在布罗卡区。现在看来，这种观点过于简单化了。威尔尼克区似乎也对言语产生有所参与，而布罗卡区也参与了言语理解（Zurif，1990）。一些皮质下结构（如基底神经节和丘脑后部）也涉及言语功能（Kolb & Whishaw，1990）。

对比音乐加工可以更好地认识和理解言语加工。基于脑成像研究元分析的结果表明（图14-4）：语音分析和音乐加工的重合发生在听觉—运动环路，和音程分析的重合节点在左侧中央前回，和结构分析的重合节点在左侧额盖区；语义分析和音乐加工的重合发生在核心环路，重合节点分别是左侧颞上回和左侧额下回（音程分析），以及右侧额下回（结构分析）；句子分析和音乐知觉的重合发生在认知—情绪环路中的右侧脑岛。此结果暗示，音乐旋律分析和词义加工的关系可能是音乐、语言共享神经基础的核心部分。同时，分别计算音乐两层级和语言簇的重合率发现，音程分析和语言加工重合更多，在大脑左侧有50%的重合，而结构分析和语言加工重合较少，在大脑双侧分别只有7%和14%的重合。此结果暗示，在较为低层级的加工阶段，音乐和语言更可能存在共享的神经基础，而在更为高层级的加工阶段，二者更多地表现出各自独特的特点（赖寒等，2014）。

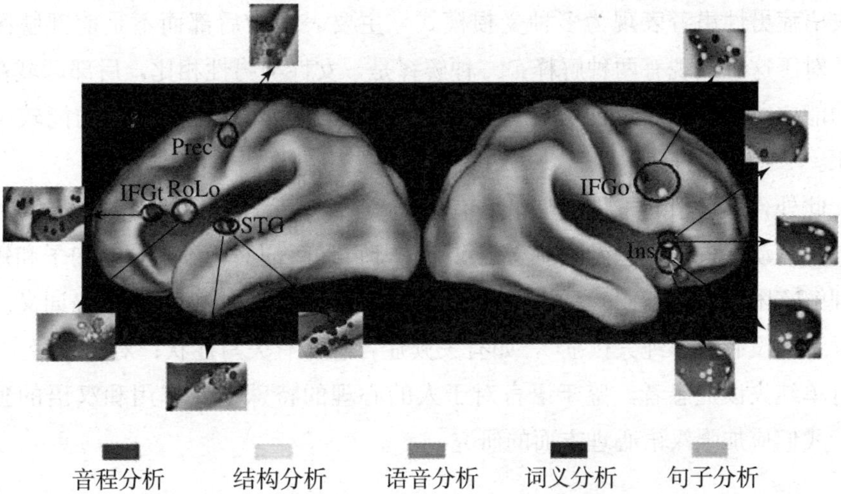

图14-4　音乐和语言各层级加工的重合

（三）言语功能单侧化

早先，对失语症患者的研究发现言语功能在左半脑，而非右半脑。这种两侧半球功能特定化的现象称为**单侧化**（lateralization）。也就是说人的大脑左半球产生和理解言语，而右半球负责对复杂空间关系的加工。但是，晚近的研究发现，并不是所有人都由左半球管理言语。大约96%的右利手者是符合上述情况的，另外4%的人则呈现出一种镜像图模式：右半脑控制言语。在左利手者中的情况是：70%的人用左半脑管理言语，15%的人用右脑管理言语，剩下15%的人由两个大脑半球共同管理言语（Banish，1997）。还有研究发现，言语学习与言语使用具有不同的脑机制（Stiles et al.，1998）。成人使用熟练的常规言语，大脑左半球可能起主要作用，而加工新言语则右半球起作用（Mills et al.，1994）。

（四）性别差异

男性和女性的大脑对言语的加工有功能组织上的差异（Shaywitz et al.，1995）。脑损伤的研究发现，男性似乎比女性在言语功能上表现出较强的左半球优势，而女性则主要表现为双侧的、对称的言语功能模式（Kimura，1987）。男性和女性在与失语症有关的脑定位上似乎也不同：虽然有些失语症女性患者颞区受损伤，但大多数失语症女性患者前部脑区受损伤。相反，大多数失语症男性患者表现为多种受损模式，主要表现为后部而不是前部脑区受损。对于这一发现有两种解释：一种解释是，女性与男性相比，后部区域在言语功能中所起的作用可能有所差异；另一种解释是，女性的言语功能较少单侧化。

此外，还需引起重视的是，已有研究表明，汉语信息加工有自己的特点。例如：运动性失语症患者不能念出汉字，却可理解词义（不过，对句子和短语的理解有困难）；拼音文字的一般情况是，不能读音，也就不能理解词义。对于汉字，没有“单纯失读症”，如有失读症，总伴有失写症状；对于拼音文字，却有单纯失读症患者。鉴于语言对于人的心理的特殊重要作用和汉语的独特性，我们应加强汉语心理方面的研究。

第二节　言语获得

对不同语言的研究发现，全世界的儿童都以某种类似的顺序获得他们的母语。虽然儿童开始学讲话的时间略有先后，却都经历本质上相同的发展阶段。大多数儿童在他们出生后的第一年末说出了第一个词；2岁以前已具有250个以上的主动词，并且能够说出简单的短句；3～4岁儿童获得了他们的语言的语法。当然，不同语言的儿童在言语获得上也存在一些现象上的差异。例如，在很多不同的语言中，名词和动词都是儿童最早习得的两类实词。一般认为，名词比动词更容易习得。研究者考察了英语、日语、德语、法语、西班牙语等不同语言，均发现名词在儿童早期词汇中占优势地位，因而提出语言发展中存在普遍的“名词优势”。但是，来自汉语和韩语等语言的研究对这一观点提出了挑战。研究发现，与英语儿童相比，汉语儿童很早就习得了大量动词（Tardif，1996）。对此，国内有研究揭示，汉语儿童早期习得动词与身体区域有较一致的联结关系，且联结强度通过提高动词的可表象性而影响习得年龄（陈永香、朱莉琪，2014）。该结果对解释为何汉语儿童早期习得大量动词具有一定的启示作用。

一、儿童言语发展的基本阶段

据许政援（1996）的研究，我国儿童言语发展的大致情况是：从出生到3个月，简单发音阶段；4～8个月，重复连续音节阶段；9个月到1岁，不同连续音节阶段，学话准备期；1岁到1.5岁，单词句阶段，正式开始学话（1岁到1岁3个月，简单模仿发音，词开始较快地发展，但连续音节的比例仍处于较高水平；1岁3个月到1岁4个月，词成为主要的发音和交际手段，连续音节退居次要地位；1岁5个月到1.5岁，词成为唯一的发音类型和交际手段，还产生了简单句）；1.5岁到2岁，简单句阶段，掌握最初的语言。

（一）从前言语到言语

婴儿从呱呱坠地的那一天开始，就有学习言语的许多前提条件，他不但自己能够发出声音，而且能接触到包括人类语言在内的各种声音。很久以来，人们一直认为新生儿的听觉感受性很差，是在学习和具有经验之后才能区分差别很小的语音。这无疑是正确的。但是，婴儿对一些重要语音的区分很早就已开始。心理学家用一种装有记录婴儿吮吸率的人工奶嘴对婴儿进行听辨语音的实验，结果表明，1个月的婴儿就能区别辅音的清浊，如［ba］和［pa］，4个月的婴儿区分这两个音节就与成人完全一样了（Eimas et al.，1971）。到了6个月，婴儿开始注意言语中的语调和节奏。

婴儿发出语音比语音知觉发展得要晚。从出生到6周，婴儿的发声基本上属于反射性的：哭叫、打喷嚏和咳嗽。从6周至6个月，婴儿开始把这些声音与咕咕声、喀喀声这种类似言语的声音结合起来。这些声音与辅音、元音有某种类似，并且常常是对着看护者说的。约4个月时，婴儿发音系统的形状和结构已经成熟，婴儿开始发出各种类似言语的声音。6个月前后，婴儿进入**咿呀学语阶段**（babbling stage），发出一连串的声音（典型的是由一个辅音、一个元音组成），而且是有节奏地、有语调地加以重复。吴天敏和许政援（1979）的观察发现，4到8个月的婴儿开始发近似词的音，如ba－ba（爸爸）、ge－ge（哥哥）、ma－ma（妈妈）等。

在人生的第一年，婴儿与成人之间的言语交往在各种非言语交往（如游戏、喂食、穿衣、洗澡、睡觉等）背景下进行。婴儿和父母开始理解相互间的意图和行动。人与人之间的这种理解是掌握词汇意义、学习真正的言语的必要条件。

（二）单词句

儿童在一周岁左右说出了最早的词，这是真正的言语的开始。从一周岁左右到两周岁是**单词句阶段**（one-word stage），前后不超过几个月。这一阶段的特点是，儿童一次只会说一个词，但他们常常用一个词来表达整个句子的信息，从而起着一个句子的作用。这种词的词义是过分扩展了的。例如，儿童把所有的四脚动物都叫作“狗狗”，把所有男人都叫作“爸爸”。不仅如此，他们在不同的情境下伴随不同的情绪和动作，还往往用同一个词表达不同的含义，如“妈妈”可以表示“这是妈妈”“要妈妈抱”“妈妈帮我捡东西”“我肚子饿了”等。这种单词句也称为**全息短语**（holophrastic）。

在单词句阶段初期，儿童的词汇量只有几个词，但随着年龄的增长，词汇量增加也日趋迅速。有人研究过18个儿童最初出现的10个词，结果表明，都是些动物、食物、玩具的名称。在他们最早习得的50个词中，范围已扩大到人体器官、衣服、家庭用具、运载工具、人物等方面，却没有出现过像“尿布”“裤子”“汗衫”之类父母经常使用的词。一般而言，儿童说出的词是他们直接摸到的、玩过的东西的名称，或做出的一些动作（如移动或发出响声）的名称。而对于那些立在那里不动的东西，如家具、树木或商店，儿童是叫不出它们的名称的（Nelson，1973）。

（三）双词句

在单词句阶段的中后期，约十八个月，儿童的全息短语逐渐被一种新的句子——双词句所取代，进入了**双词句阶段**（two-word stage）。开始时，儿童把两个单词连起来说，中间还有停顿，如“妈妈，饭饭”，再进一步发展为双词句，如“妈妈饭饭”。世界上不同文化、不同语言的儿童，在言语发展的这个阶段的表现都十分相似。他们用双词句指出一个对象（如“看狗狗”），表明注意到一个对象（如“书在这里”），表达某件重要事情（希望某种东西再次出现，如“要牛奶”；某种重要东西消失，如“饼饼没了”），指出情境的某些关系（动作者与动作的关系，如“奶奶开开”；动作与对象的关系，如“送送妈妈”；动作者与对象的关系，如“妈妈书”；动作与接受者的关系，如“给爸爸”）。与单词句一样，儿童的双词句有时也用来表达各种不同的意思，如“妈妈饭饭”这句话可用来表达“饭是妈妈的”“妈妈在吃饭”等。

在双词句之后是否有三词句阶段，心理语言学家有不同的说法。弗罗姆金和罗德曼（Fromkin & Rodman，1983）认为，不存在三词句阶段，因为儿童一旦越过了双词句阶段，在他们的话语中就会很快地出现较长的句子。美国心理学家布朗（Roger Brown，1925—1997）对儿童是如何学习语言的以及词语是如何指代事物的等方面的研究很有名，他则称这一时期的言语为**电报式言语**（telegraphic speech）（Brown，1973）。早期电报式言语的特征是句子简短，基本上是由实义词构成的简单句，通常是名词和动词。这种言语之所以称为电报式的，是因为这些句子中没有功能词，即没有动词时态词尾，没有名词复数词尾，没有前置词、连词、冠词等。随着电报式言语阶段的发展，功能词便逐渐加入句子之中。吴天敏和许政援（1979）的研究表明，2.5岁到3岁儿童的言语中复合句（如“爸爸走，宝宝睡觉了”，“阿姨不要唱歌，宝宝睡觉了”）占30.5%～42.3%。这时衡量儿童言语发展的一个指标是句子的平均长度(即句子中所用的词或词素的平均数)。随着认知的发展和言语的复杂性的增加，儿童句子的平均长度也逐渐增加。这至少反映了儿童两种能力的发展变化，即产生更长的词语序列的能力和学习更加复杂的语法形式的能力在发展。

（四）从句子到会话

从3岁到6岁，儿童已学到了大量的会话行为。4岁儿童基本上能理解并列复句（“不是……就是……”），6岁儿童基本上能理解递进复句（“不但……而且……”）和条件复句（“只有……才……”，“如果……那么……”）(缪小春、朱曼殊，1989)。他不仅懂得一句话的字面意义，而且懂得说话者的意图。例如，有人敲门问：“你妈妈在家吗?”一个3岁儿童就会去叫妈妈来开门，而不只是回答“妈妈在家”。在人际交往中，儿童懂得用言语来满足自己的物质需要（“爸爸，我要吃，我可以吃一块巧克力吗?”），控制他人的行动(“喝你的牛奶”，“不要扯猫的尾巴”），陈述自己或自己对别人的关系（“我爱妈妈”），让别人对自己做出评价（“我是个好孩子，是吗，妈妈?”），满足自己的好奇心或表示怀疑（经常爱问“什么”“为什么”等问题），等等。

随着言语和社会交往的进一步发展，儿童逐步学会根据他们的听者是谁，在什么时候用什么方式来调节自己言语的内容，逐步学会以恰当的方式加以表述。绝大多数4岁儿童已经知道在一些明显的情境下应如何调节自己的言语。例如，他们在与成人谈话时，要比与2岁孩子交谈时使用的句子更长，语法结构更为复杂。这种言语的进一步发展，使他们能够在与成人的日常交往中进行更准确、更协调的交谈。

二、言语获得的理论

（一）后天学习决定论

这类理论包括巴甫洛夫学派的两种信号系统学说、斯金纳的操作条件反射学说以及莫勒（Orval Hobart Mowrer，1907—1982）的模仿说。它们并非专门的言语获得理论，而是从一般行为塑造的观点解释儿童言语的获得。巴甫洛夫学派认为，儿童获得言语包括两个方面：首先是第二信号刺激与第一信号系统形成暂时神经联系，即语词的声音和具体事物的形象建立起联系；接着是第二信号刺激物之间形成暂时神经系统，即语词之间建立起联系。而这种暂时神经联系则是通过强化（具体事物的强化或语词强化）建立起来的。这一理论虽然指出了人类的条件反射与动物的条件反射有质的区别，但仍然强调儿童获得言语是学习、强化的结果。斯金纳把言语看成是一种行为，认为儿童习得言语行为就像老鼠按门闩形成操作条件反射一样，即儿童的言语行为是通过食物或别人的言语声音、手势的强化而习得的。儿童在与成人相互作用时，所做出的言语行为（如说出一个词）如果受到听话人的奖赏（赞许、微笑），儿童就会再做出这种言语反应，所做出的言语行为如果受到听话人的惩罚（气愤或不高兴的评论），儿童就会回避这种言语反应。与条件反射理论相类似的模仿说则认为儿童是靠模仿成人的言语来学话的。

毫无疑问，后天学习在儿童言语获得中是起作用的。词汇意义的一些方面可以通过经典条件反射而获得。例如，如果一些词与某种愉快或不愉快事件的反复结合，那么这些词就有可能变成愉快或不愉快的。操作条件反射技术已被用于向智力落后儿童教授简单的词义。如果一个儿童发出一个适当的声音而受到正强化（如在玩皮球时说出“皮球”一词），那么这个儿童就可以逐渐学会把这个词与它所指的对象联系起来。模仿在儿童语音习得中起作用，这是众所周知的。

然而，后天学习论难以解释儿童言语获得的全过程。儿童在 3 岁至 3.5 岁就基本上掌握了母语的基本语法结构，会自由地说出各种句子。如果儿童说出的每一个句子都是通过强化（奖励或惩罚）而获得的，那么把词组合起来成为有意义的句子的数量就太大了。例如，米勒（Miller，1965）对英语中 20 个词组合成的句子数目做了一个保守的估计，其数目为 10^{20}。一个人仅仅去听所有这些句子就要花费比地球的估计年龄多一千倍的时间。显然，强化论是无法解释儿童言语获得的。又如，平时父母和幼儿交谈时，父母的注意主要集中在思想交流方面，而很少对言语进行有意的训练。一般来说，父母是顺着孩子说话的，不管孩子所说的话多么不完善，多么词不达意，父母总是根据其意思表示赞许或不赞许。即使儿童偏离成人的语法，成人有意加以纠正，儿童甚至全然不注意与自己语言规则相违背的言语形式（McNeill，1966）。再如，对不同民族的儿童学习母语过程的比较研究发现，尽管英语、德语、俄语、芬兰语等语种的语法规则很不相同，但各民族儿童开始学话时都表现出某些共同的特点。他们不仅经历大致相同的发展阶段，而且常犯类似的语法错误。这似乎说明言语的发展是不受外部学习条件影响的。

（二）**先天遗传决定论**

在言语获得的问题上，心理言语学家乔姆斯基（Noam Chomsky，1928—　，图14-5）在20世纪50年代创立的**转换生成语法理论**（transformational-generative theory of grammar）与后天学习论针锋相对。按照乔姆斯基（Chomsky，1972）的生成语法的观点，语言基本上不是习得的，而是天赋的。儿童天生具有一种加工语言符号的大脑内在机制，随着儿童的发展，这种内在机制在一定的条件下被激发，儿童即能自然获得语言。他还进一步假设，语言是一种结构，人有一种天生的**语言获得装置**（language acquisition device，LAD）。成人结构完整的语言材料输入儿童的这一装置，经加工建立起该种语言的语法规则，这样儿童就能在听到少量语言的情况下理解和说出大量合乎语法的新语言。这种装置就像生理上其他装置（器官），如眼、耳、口、鼻的功能一样，不需经过训练即能发挥其基本功能。乔姆斯基的转换生成语法理论还涉及句法结构的层次和言语生成的方式等问题，将在后面阐述。

图14-5　转换生成语法理论的创立者乔姆斯基

乔姆斯基的语言天赋论很难获得直接的证据。从理论上说，要想确证儿童是否生来就有所谓语言获得装置，就必须观察那些既没有生理缺陷又没有接触过言语的儿童。实际上这两个条件是很难同时具备的。狼孩似乎能满足这两个条件，但有限个案的观察结果无论对后天学习论还是对先天遗传论都未见得有利。因为这些儿童刚被发现时都不会说话，这似乎说明说话能力并非天生的；但是在发现后经过教育仍不能像正常人那样说话，这又似乎说明仅靠学习是不能习得言语的。不过，乔姆斯基的语言天赋论可以得到下列几方面的旁证。

（1）言语发展的顺序基本一致。比较语言学的研究结果发现，不同语言的民族，尽管生活方式不同，学习语言的方式方法也不尽相同，但儿童掌握本民族语言的发展规律是一致的，包括什么时候开始学说话、什么时候基本掌握、经过的步骤都大体一致。(2) 儿童言语的独创性。在言语发展过程中，儿童往往会说出一些成人也不曾说过的句式，而且较常见到的情况是，成人模仿儿童的句式来和儿童交谈，并不总是要求儿童模仿成人的句式。(3) 儿童对待不规则变化的情况。讲英语的民族中有些 3 岁的孩子跟着大人已经学会了按通行规定来讲话，可是到了 4.5 岁时（即一年以后），他们又要按英语的一般语法去变复数和时态。(4) 儿童言语获得的关键期问题。儿童在特定年龄段很快能学会任何一种语言，过了这个年龄再学就很不容易了。而就学习而言，儿童的学习能力一般都是随年龄的增长而提高的，不会随年龄的增长而降低。

人脑不同于动物的脑，只有人脑才能获得语言。最新研究表明，在人类获得语言交流能力的进化历程中，FOXP2 基因发挥了重要作用。虽然实验显示这个基因的人类版本和黑猩猩版本仅有两点小小的不同，却因此赋予人类独特的语言能力。在同样的培养环境下，该基因的人类版本会增强 61 个基因的作用，同时抑制另外 51 个基因的作用。在这些受影响的基因中，一些与大脑发育有关，进而影响大脑中的语言功能区和神经网络，另一些则与咽喉部位的软组织发育有关，进而影响与语言功能有关的器官结构（Konopka et al., 2009）。我们不能不承认言语获得是受先天遗传和成熟因素制约的，但也无法否定经验对言语获得的深远影响。言语的表达和接受的方式是由于说话人、听话人同语言社会相互交往而形成的。事实表明，儿童言语的获得既依赖于人脑独特的生理机制，也依赖于后天的学习条件，是两者相互作用的产物。

【专栏14-2】

言语获得的关键期

关键期（critical period）是从生物学上确定的一段时间，指一个有机体做好最佳准备以习得某种特殊反应的时间。关键期的研究源于印刻现象的发现。**印刻**（imprinting）是动物习性学的奠基人、1973 年诺贝尔生理学奖得主洛伦茨（Konrad Zacharias Lorenz，1903—1989，图14-6）首先提出的（Lorenz，1937）。他曾用鸭子做实验，验证了这一事实。洛伦茨发现在刚孵化出的小鸭面前，自己像鸭子那样摆动自己的双臂，摇摇摆摆地走路，小鸭子则像爱母鸭那样地爱他，在幼小时跟在他身后走，到了性成熟期，则向人类而不是自己的同类求爱。印刻现象和一般的反应不同，它只在一定的时期内发生，小鸡"母亲印刻"的发生是在出生后的10～16小时，小狗则是在出生后的3～7周。印刻发生的时期称作关键期。在关键期内形成的印刻行为作为动物的习性保存下来，并且是不可逆的，即一旦形成就不能修正和还原。倘若幼小动物的印刻过程遭到阻碍和中断，母亲与幼小动物就不会相互认识。

图14-6　动物习性学的奠基人洛伦茨

在人类身上目前还没有发现典型的印刻现象，没有发现错过某一时期就完全不能进行的学习。就儿童的学习而言，某些学习在某一特定的时期内学习效果更好，更容易发挥个体的学习潜力，却是事实。发展心理学家将动物的关键期概念引入儿童学习行为的研究领域，认为儿童心理的发展同样存在关键期。这是个体生命早期一个比较短暂的时期，在这期间，个体对某种刺激特别敏感，过了这一时期，同样的刺激对之影响很小或没有影响。大致说来，2岁是口头语言发展的关键期，4岁是形状知觉形成的关键期，4～5 岁是学习书面语言的关键期，少年期以前是第二语言（主要是语音方面）学习及音乐听觉训练的关键期。其中，儿童言语获得显示出最为突出的关键期现象，成了研究者们关注的焦点。

不到 1 岁的婴儿能辨别任何语言的音素，但在第一年末即已丧失了这种能力。出生后头几个月是磨炼母语音素的关键期。获得第二种语言的发音系统有一个关键期。与成年期习得第二种语言的发音相比较，幼儿期获得第二种语言，在几年之后所讲话语较少带某种口音，在喧闹情境中听起来较容易理解（Lenneberg，1967；Snow，1987）。

学习句法也有一个关键期，其重要证据是某些不幸儿童的遭遇。他们被禁止学习任何语言，直到十几岁时为止。有个名叫珍妮的女孩，被人发现时已经 14 岁了。她从出生后 20 个月起就被绑在椅子上，一直没有人对她说话，也基本上没有社会交往。她的瞎了双眼的母亲匆忙给她喂食。她如果发出声音，就要受到惩罚。她不会说话，被发现以后就由语言学家和心理学家们教她语言，但从未习得熟悉的句法。珍妮虽然学会了词，并把一些词结合成简单句，却不能构成灵活的句子。这是因为她错过了学习句法的关键期（Curtiss，1977）。

对一种语言句法结构的理解也似乎有一个关键期。最有力的证据是对成人使用美国手势语的研究。在使用美国手势语 30 年以上的成年人中，研究者可以清楚地区分出哪些人是在 4 岁前习得的，哪些人是 4～6 岁习得的，哪些人是在 12 岁后习得的。尽管经过了 30 年的使用，那些在儿童期以后习得美国手势语者对美国手势语中有区分性的句法结构的理解还是显得相对肤浅些（Meier，1991；Newport，1990）。

人类的婴儿有专司语言功能的特殊结构，对语言有特殊的敏感性，但如果出生后就与世隔绝，没有听到过说话，没有获得语言的机会，其专司语言功能的特殊结构便发挥不了作用。见诸报端的被人类救回的“狼孩”“猪孩”“狗孩”不会说话，只会像狼、狗、猪一样吼叫。他们回到人类社会后，虽能学会一些词汇，但基本不能习得语言。这也表明言语获得有一个关键期。

第三节 言语产生

一、言语产生的过程

言语产生（speech production）也叫**言语表达**（speech expression），包括说话和书写，是将思想转化为具体言语的过程。人类表达语言的过程是非常迅速的，言语产生的过程可以在600～700毫秒完成（Levelt et al.，1998）。这一过程是非常复杂的，大体可分为下列几个阶段。

（一）言语动机和意向阶段

动机和意向是言语产生的起点。属于这类的动机很多，如要求得到某物的愿望、传达知识或某事件的愿望、表达自己情感的愿望、调节他人行为的意向，以及探求知识或将事物归入某种知识系统的动机等。如果没有这种动机，人的头脑里的思想就无从产生，也就不会由思想形成言语表达。

（二）内部言语阶段

当人有了言语的动机和意向后，言语产生先进入的是内部言语阶段。前已提及，内部言语的特点是片断性和压缩性，思想可以用一个词或词组来代替一系列完整的句子。认知心理学的研究表明，人脑中长期储存的知识是以一定的关系按网络形式组织的。人脑中储存字词、概念的网络是按语义联结的（也有形和音的联结）。网络中表征有关联的字词、概念的节点相距较近，表征无关联的字词、概念的节点相距较远。按照流行的扩散激活理论，可以推测，当内部言语以某个词（或词组）表达某种思想时，网络中这个词处于兴奋状态，同时，兴奋会沿着网络的通路自动扩散到邻近的节点，提高这些节点的激活水平，降低它们被接通的阈限。这可能是由压缩的内部言语向深层句法结构，最后到展开的外部言语转化的基础。在这一阶段，说话者所挑选的是词和结构中能真实地表达所传递信息、具体思想的语义。

（三）形成深层句法结构阶段

在这一阶段，语义表象要转化为言语的深层句法结构。乔姆斯基（Chomsky，1957）认为，每个句子都有深层结构和表层结构。**深层结构**（deep structure）显示基本的句法关系，决定句子的意思；**表层结构**（surface structure）则表示用于交际中的句子的形式，决定句子的语音。句子的深层结构通过转换成分变为表层结构。例如，“小女孩被黑狗咬了”这句话的表层结构，就是由“狗是黑色的”“狗咬了女孩”“女孩是小的”三部分组成的深层结构转换而来的。图14-7表示在乔姆斯基提出的转换生成结构中，句法、语义和语音之间的联系。图中有两种不同的句法成分：一是基本成分，它含有对深层结构的重写规则；二是转换成分，它含有由深层结构到表层结构的转换机制。基本成分产生深层结构。深层结构有两个加工方向：一是转换成分把深层结构转换成表层结构，表层结构又利用语音成分转换成发出的声音；二是深层结构由语义成分确定出意思。从图14-7可见，深层结构比表层结构更接近于语义（意思）。在这一阶段，语义网络中表现的关系及赋予言语的句法形式已经出现。

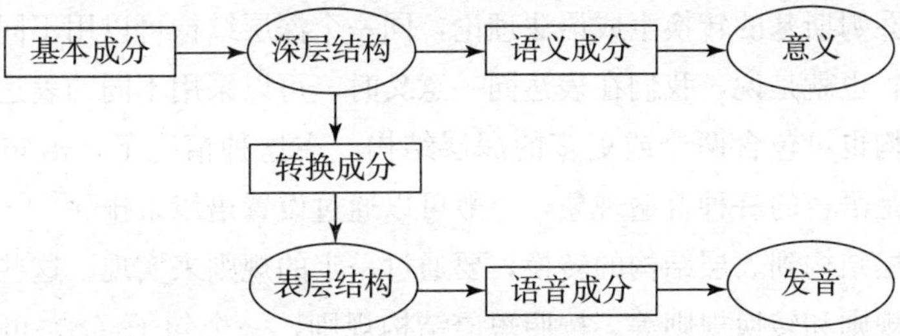

图14-7　在转换语法中的结构关系

（四）形成外部言语阶段

言语产生的最后一个阶段是扩展成为以表层句法结构为基础的外部言语。储存在记忆中的“发音程序”控制发音器官的肌肉活动，发出语音，以有声语言的形式把思想感情表达出来。这需要借助发音器官的特殊运动。

其实，心理语言学家对言语产生阶段的见解并不一致。有人把言语的产生分为七个阶段：选择需要表达的意思，为分句选择句法结构，把内容插入句法结构中，确定词的词法形式，确定代表分句的音素，选择运动要求，分出分句（Fromkin，1973）。有人则认为，言语的产生包含语音、构词法、句法、语义四种加工水平，并且这四种水平的加工会相互作用（Dell，1986）。不过，大部分的言语产生模型都包括三类心理加工：第一是概念化过程，即讲话者明确要用言语表达什么概念；第二是言语组织阶段，即为所表达的概念选择适当的词汇，建立词汇的语法结构和发音结构；第三是发音阶段，即将选择的词汇通过一定的肌肉运动程序用外显的声音表达出来（Roelofs，1992）。近年来，国内有关汉语言语产生的研究取得很大进展，如：赵黎明和杨玉芳（2013）考察了汉语口语句子产生中的语法编码计划单元，发现词汇选择是严格递进的，而概念激活的计划单元可能是功能短语；章玉祉和张积家（2014）考察了汉语言语产生中的词长效应，发现其既与概念激活阶段有关，也与语音编码阶段有关；岳源和张清芳（2015）考察了汉语口语产生中音节和音段的促进和抑制效应，发现音段在运动执行过程中的作用相对重要，支持了口语产生中词汇表征准备阶段和运动阶段分离的观点。

二、言语产生的转换机制

根据乔姆斯基的转换生成语法理论，同一个深层结构可以用不同的表层结构来体现，也就是说，我们在表达同一意义时，可以采用不同的表达方式。一个表层结构也可包含两个或更多的深层结构。在这种情况下，语句就出现歧义。歧义是语言的一种普遍现象，一般可以通过设置语境来排除。

从深层结构到表层结构的转换，要通过一定的规则来实现。这些规则包括短语结构规则和转换规则等。按照短语结构规则，一个句子（S）可以转换为“名词短语（NP）＋动词短语（VP）”（规则1），一个名词短语又可转换成“限定词（Art）＋名词（N）”（规则2）；一个动词短语可转换成“动词（V）＋名词短语（NP）”（规则3）……。按照这些规则，可以将句子“The boy will hit the ball”构成一个树形图，如图14-8所示。运用短语结构规则可以把某些表面结构相同而深层结构不同的句子区别开来。例如，歧义句“They are cooking apples”，可以用不同的树形图来表示。当cooking是一个分词，它和系词are联系在一起，整句的意思是“他们正在烹调苹果”。而当cooking是形容词，它修饰后面的名词，整句的意思就是“它们是正在烹调中的苹果”。转换规则是说明句子的深层结构与表层结构转换关系的规则。例如，我们可以把句子“The boy hit the ball”转换成“The ball was hit by the boy”。这种转换关系可用被动的转换规则来描写：$NP_1+V+NP_2 \rightarrow NP_2+was+V+by+NP_1$。通过转换，相同的深层结构就可用不同的表层结构表达出来。

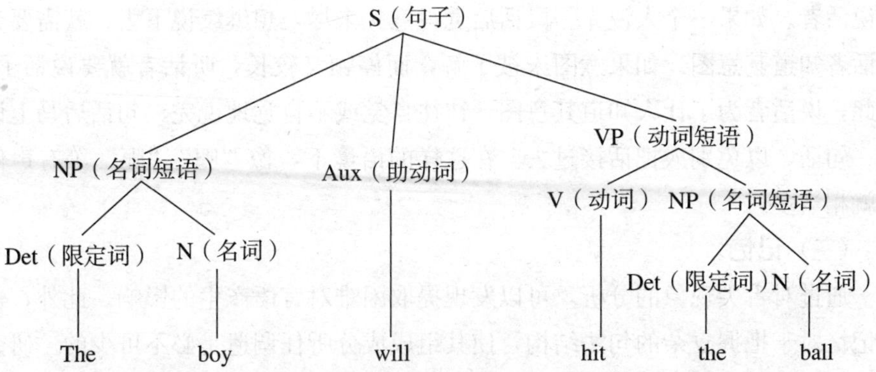

图14-8　短语结构规则的树形图

乔姆斯基的语言学理论，特别是他的句法结构理论加深了人们对语言实质的理解。当前，各种语言学理论大都以乔姆斯基的理论为参照，乔姆斯基的理论对语言学、哲学、心理学等产生了深远的影响。

三、影响言语产生的因素

（一）话题

话题（topic）即谈论的主题，制约着言语产生的方方面面。有人给被试看诸如“汽车、快乐、万花筒、优势”等词，让他们以一个词为题目说出一句话。结果发现，以具体词（如“汽车、万花筒”）为题目产生的语句比以抽象词（如“快乐、优势”）为题目产生的语句耗时少（Taylor，2003）。还有人发现，自然的独白言语是按圆周式的周期来发展的。每一圆周式周期出现一些新的言语内容，而每一圆周式周期开始时总有些停顿、口吃和速度放慢等现象，说明自然的独白言语的产生有其自身的特点（Henderson，1974）。

（二）语境

语境（context）是言语交际的环境，主要是指言语语境，即书面言语的上下文和口语的前言后语。语境因素对言语活动的参与者所产生的影响将系统地决定话语的形式、话语的合适性或话语的意义。不能结合语境或在交际中不了解双方的文化背景差异往往会造成遣词造句失当，出现语用失误，影响交际效果。语境对言语产生的影响在交谈时表现得特别明显。交谈时人们交替充当着说话者。如果一个人说完一段话后觉得意犹未尽，想继续说下去，就需要让听话者知道其意图。如果意图未被了解，而停顿又较长，听话者就要说话了。因此，说话者为了让人知道其意图，往往自觉或不自觉地说完一句话后马上说另一句话，以免别人把话接过去。在这样的语境下，像“嗯”“呃”等有声停顿就相当多。

（三）记忆

通过对舌尖现象的分析，可以发现提取困难对言语产生的影响。此外，短时记忆对于把握复杂的句法结构，使其组成成分听任调遣是必不可少的。研究表明，句法结构包含的环节越多，对短时记忆容量的要求也越大，言语失误也越多。另外，在外语学习中，外语单词常常使短时记忆负荷过度。学习者对外语输入的记忆广度小于本族语输入的记忆广度。这使得外语学习者虽然在长时记忆中能够识别外语中的每一个单词，但在交谈和听外语材料时，往往不能及时对这些单词进行提取、应用和做出反应（Rivers & Temperley，1978）。

（四）情绪

人在紧张、焦虑、激动、暴怒等情绪状态下，言语中会出现无声的停顿或其他言语失误。在情境性焦虑或情绪唤起的状态下，更容易出现口误或口不择言的现象。弗洛伊德把失言、笔误看成是无意识动机的泄露，这也说明动机对言语会产生影响。

总之，言语的产生受到话题、语境、记忆以及情绪等诸多因素的影响。人们所产生的言语各有不同，言语失误也不尽相同：有的人爱用有声的停顿，有的人常用无声的停顿；有的人常常发错音，有的人常常用错词。这些也反映了人们在言语风格上的差异性。

第四节　言 语 理 解

一、言语理解及其水平

言语理解（speech comprehension）就是根据语音或书面文字来确立意义的过程。例如，当你听到“车子”这个词的语音时，你知道这是指陆地上有轮子的交通工具，像汽车、马车等。这表明你理解了这个词的意义。又如，当你听到“请打开窗子吧”这句话的语音时，你知道这是一个开窗的请求。这表明你理解了这句话。言语的理解也就是确立语义的过程。

言语理解有不同的水平。词是言语材料中能独立应用的最小意义单位，各种复杂的语义都是借助词来表达的。言语的理解必须以正确理解词的意义为基础。因此，对单词的理解是言语理解的初级水平（第一级水平）。如果对单词都不理解，就谈不上言语的理解。

但是，对各个单词的理解并不意味着能理解由个别单词所构成的短语和句子。例如，知道“一、针、见、血”这四个字的意义，未见得懂得这个成语的意义。因为成语不是个别单词的简单堆积，它在言语交际中是作为一个整体的意义而被使用的。句子的理解就更为复杂，它不仅有一定的语法关系，并因语法关系的不同而语义不同，就是同样一句话，在不同的语境中也有不同的意义。因此，对短语和句子的理解是言语理解的较高水平（第二级水平）。

言语理解的第三级水平是对说话人的意图或动机的理解。例如，上述请求打开窗子这句话，有人不这样说，而是说：“这房子里闷热！”这时你也懂得这句话不仅是对室内气温的评论，其言外之意是表达开窗户的请求。与前述两种理解水平相比较，听出言外之意，难度要大得多。

二、言语理解的过程

（一）感知阶段

对言语的感知包括口语感知和阅读中的感知。听懂别人的话对人们的正常交往是至关重要的。言语知觉中有一些有趣的现象。我们能够以惊人的速度知觉言语，即能以每秒 50 个音素的速度知觉他人流利的言语（Foulke & Sticht，1969）。而我们对非言语声音，每秒仅能知觉三分之二个音素（Warren et al.，1969）。不懂外语的人理解外语之所以很困难，其中的一个原因是，我们听到外国语的字母和字母组合的读音与我们母语中相对应的相同的字母和字母组合的读音有很大的差异。不懂英语的中国人听到美国人讲话就像听到非言语声音似的。

在阅读时，我们观察到书写的文字字体，如宋体、楷体、黑体等，会将所有这些视觉符号转换成语音并形成单词；接着，辨识单词并理解单词的意思。随后，我们转向下一个单词，并重复上述过程，直至一个句子结束。阅读时，有两种基本的知觉加工：词汇加工和理解加工。**词汇加工**（lexical processes）是用来辨别偏旁部首和单词的，也用以激活记忆中和这些单词有关的信息。**理解加工**（comprehension processes）是将文本作为意义整体来了解，从而使我们了解文本的含义及言外之意。

（二）分析阶段

分析阶段即把感知到的信息转换成意义的过程。语义的建立首先是从理解词义开始的。当听话人听到一个词的音或看到一个词的形状后，他必须从这个词的音或形状出发，在大脑里的心理词典中检索出它所代表的意义。通常这种检索过程是很快的，从语音听辨到检索出一个词需150～200毫秒。但是，检索不同的词所需要的时间是不同的。例如，高频词汇比低频词汇容易检索，最近听过的词比较早听过的词容易检索。接着，听话人便根据检索出的词来建立句子结构，然后从表层结构深入到意义。不少心理语言学家认为，句子结构可以切分为成分，而意义结构则可分为命题。因此，在分析阶段，句子理解的过程就是根据表层结构来建立深层的命题。那么，人们是如何建立深层的命题的呢？按照乔姆斯基转换生成语法的观点，既然言语表达是由深层结构通过转换规则而形成表层结构，那么言语的理解就是一种“倒转换”的过程，即从表层结构倒转换成深层结构。例如，当听话人听到“The ball was kicked by the boy”（球被男孩踢）这样的表层结构，就可以倒转换为“The boy kicked the ball”（男孩踢球）这样的深层结构。表层结构中的某些词素可以对倒转换起触发作用，如在上句中，“was＋动词＋by”就有这样的作用。根据这种理论假设，研究者做了许多实验，证明转换越多，理解越困难（费时越多）。然而，这类研究只注重句子结构，忽视了语境和语义的作用。

（三）使用阶段

使用阶段是听话人对心象的实际应用。如果是一个请求，听话人不是听到就完了，他还必须决定是否照此请求去做；如果是一个问句，他也不是听到就完了，他必须对此问句做出回答。因此，理解还包括使用过程。当人理解了对方话语的意义后，就要根据对话语的理解而有所行动。这种行为可以是外显的，也可以是内隐的。如果听到的话语是一个判断，听话人就会根据需要将新信息储存在记忆中。如果听到的话语是一个要求用“是”或“非”作答的问句，听话人会把新信息和储存在记忆里的信息相比较，然后根据比较的情况，回答“是”或“非”。如果听到的话语是一个请求，听话人会从记忆库里检索出实现该请求的行动，并考虑实现该请求的主客观条件，然后决定是否实现该请求。

在使用阶段，听话人的反应并不总是顺着说话人的话语内容的。他可能根据听到的一些判断、问句或请求来推断说话人的个性特点，他可能用疑问来回答疑问，甚至还可能有意做出与说话人的要求正好相反的事情。但是，如果不是有意做出的答非所问，行动与听到的话语内容完全相反或毫无关系，像对牛弹琴似的，这只能说明听话人对别人的话语没有理解。

言语理解的三个阶段是按时间顺序发生的，但也可有部分的重叠。听话人在感知一个句子的后一部分时，可能正在对句子的前一部分做出判断。

三、影响言语理解的因素

（一）语境

在语言交流时，语境提供了各种背景的知识，因而能帮助人们迅速、准确地理解语言。研究者曾让被试等候在实验室内，并用录音机录下他们之间的谈话。随后，将谈话中的个别单词播放给他们听，结果发现，被试只能确认其中的一半左右（Pollack & Pickett，1963）。这说明，脱离了具体的语境，即使是对自己说过的话，也难以理解。在汉语的语境研究中，彭聃龄和谭力海（1987）研究了词语境对双字词识别的影响。他们按照语境与目标词语义联系的程度分成强语境（如牢房—监狱）、弱语境（如田野—碧绿）和无关语境（如软禁—细菌），被试的任务是词汇判断。结果发现，语境对高频目标词的促进作用不明显，对低频目标词的促进作用非常显著。朱晓平（1992）对汉语句子语境的研究也发现，句子语境能够促进词汇的识别。鲁忠义和马红霞（2011）采用移动窗口技术探讨了情境模型加工中主角情绪与时间转换因素对情境模型加工的影响。张金璐等（2014）通过实验证实，读者在阅读理解的过程中，能够推断出故事主角的情绪状态，并能随着语篇中的情绪变化做出情绪更新。陈双等（2015）通过眼动实验考察了语篇背景对不同类型句子语义整合过程的影响，发现语境对当前信息的整合是动态的过程，并不是只在某个固定阶段起作用。

（二）**推理**

推理可以在已有语言信息的基础上对新信息进行加工，并通过整合新旧信息来更新记忆，或者在言语的不同成分间建立联结。因此，推理有助于建立语义联系，从而加速我们对言语的理解。例如，对下列两个相同长度的目标句进行理解：

a. 我们从车中拿出了一些啤酒。啤酒是温的。

b. 我们检查了野餐的食物准备。啤酒是温的。

实验证明，被试阅读和理解 a 句所花的时间要多于 b 句的时间。这可能因为在理解 b 句的过程中，被试可以做出这样的推论：野餐所准备的食物中含有啤酒（Haviland & Clark，1974）。其他研究也表明，读者在阅读时通过推理形成的语义关联数量和关联强度会影响他们对所阅读内容的记忆和理解（Goldman & Varnhagen，1986；Trabasso & Broek，1985）。

（三）**图式**

图式（schema）是知识表征的心理组织形式。它说明了一组信息在头脑中最一般的排列或可以预期的排列方式，是关于世界的一般知识和关于当前事件信息的结合。言语理解的过程也就是图式具体实现的过程。有人对文本阅读进行研究后指出，“一个好的表征是一致连贯的”，符合图式的文本更容易理解和回忆（Ainsworth & Baumann，1995）。因为图式这类结构可以将文本中的信息结合在一起，使其形成联系和建立逻辑关系。研究表明，对初中生进行说明文形式图式阅读策略训练，能显著提高学生的阅读理解水平（刘电芝等，2004）。这和我们的日常经验也是吻合的。例如，我们平时所听到或看到的故事，都是按照故事图式的一般规律组织起来的。它通常包括事件发生的背景、主题、情节和结局等内容。当语言材料的结构与故事图式一致时，故事图式能提高理解言语的速度与质量；相反，当语言材料的结构与故事图式不一致时，人们对故事图式的预期会使理解的速度变慢，甚至会影响对故事内容的理解。

（四）策略

言语理解是运用一系列心理策略的过程。其中，储存在头脑里的语法手段就是一些常用的心理策略。在汉语中表达句法结构有以下的一些语法手段。（1）词序不同，句法结构也不同。例如，“我追狗”，“狗追我”，这两句话用语序区别主语和宾语，意思恰好相反。（2）词的构形形态是表示句法结构的一种语法手段。例如：“我忙着做作业”，其中“着”字表示动作的持续；“他受到了表扬”，其中“了”字表示动作（或变化）已经完成；“他去过美国”，其中“过”字表示某种行为（或变化）曾经发生。（3）语调（包含句调、重音和停顿）也是表示句法结构的重要语法手段。例如，民间流传的趣话“下雨天留客天留我不留”，用不同的语调去读，意思就大不相同。再如，在听外语新闻时，采取自下而上的加工策略，就是老老实实地辨认听力材料中的语音、词汇和句子，从而最终理解整个语篇内容，而采取自上而下的加工策略则是尽量调动已有的知识背景，对听到的内容进行补充和整理，从而通过推理、分析掌握新闻内容。聪明的学者往往能将几种策略有机结合起来，从而更快更好地理解言语的意义。

总之，言语理解不仅依赖于对语言材料的正确感知，而且还依赖于人们已有的认知结构和各种形式的知识经验。人们根据自己的知识经验去接受、加工所获得的言语信息，通过推理建立材料之间的联系，补充所缺少的信息，最后达到对言语材料的合理解释。因此，言语理解过程是一种积极主动的思维过程，是多种认知策略综合作用的过程，是根据所获得的言语材料去建构意义的过程。

【专栏14-3】

言语知觉

将言语知觉过程等同于其他声音的听知觉过程的一类理论观点认为，言语知觉过程与其他声音听知觉过程一样，有神经系统加工的明显阶段：在一个阶段，对言语发音进行分析，将其分为各个成分；而在另一个阶段，对这些成分的组合形式进行分析，并将其与原型或模板进行匹配（Kuhl,

1991；Massaro，1987；Stevens & Blumstein，1981)。此类理论中有一种叫**语音净化理论**（phonetic refinement theory)。它认为，我们从分析听觉开始，然后转换到更高水平的加工，通过不断与我们记忆中已知的各个音素和单词相匹配来识别单词。我们组建所听到的单词系列不一定需要开初的音素，正像看电影或听讲座时，只听到一些杂音，过一会儿我们仍能断定说话者可能说了些什么。这个到底听到的是什么的过程就是一个有意识的语音净化过程（Pisoni et al.，1985)。也有学者认为，言语知觉可分为三个水平，即声学特征水平、音素水平和单词水平，这三个水平之间是交互作用的，较低水平会影响较高水平，较高水平也会影响较低水平（McClelland & Elman，1986)。这些理论的共同特点是，用一般的知觉理论（如对象与背景的关系）以及视知觉原理（如对称性、接近性、相似性、闭合性）来对言语知觉现象加以解释。

把言语知觉视为一种特殊知觉的理论，是依据发现言语发音的**类别知觉**（categorical perception）而提出的。事实上我们所听到的言语发音由一个音波变调的连续体组成，但我们知觉到的言语发音是不连续的类别。这一现象可以在对辅音—元音组合，如 ba、da 和 ga 的知觉中表现出来。这些音节间声音的差异集中在言语信号中截然不同的变调形式上：有的知觉为 ba，有的知觉为 da，还有的知觉为 ga。每个音节类别在不同场合的发音方式也有不同。然而这种不同不会影响言语知觉：我们昨天说的 ba 和今天说的 ba 并不相同，但不会被知觉为不同的音。而对非言语声音的知觉却完全不同，如一种音调，音高（音调有多高或多低）的连续不同听起来则是连续且清晰的。把言语视为一种特殊知觉的理论中，有一种叫**言语知觉的运动理论**（motor theory of speech perception）认为，言语是通过一种含蓄的、隐蔽的系统而被知觉到的，这个系统以一组理想化发音动作的深层运动表象为背景，“描绘出”输入的语音特性。人对这种深层的表象水平上的语音特别敏感，这些同时发音的片段便导致类别知觉现象（Liberman et al.，1967，Liberman & Mattingly，1985)。对该理论的有力支持是所谓的麦格克效应的发现（McGurk & MacDonald，1976）。**麦格克效应**（McGurk effect）是指言语知觉中的视知觉和听知觉的同步性现象。请回想一下你看过的电影，当电影的音带与说话者的嘴唇动作相一致时，你不会有任何问题。但是，如果音带显示的是一回事（如 da），而与此同时演员的嘴唇清楚表达的是另一个音（如 ba）的动作，你可能就会听到一个折中的音（如 tha），这个音既不是所说的那个音，又不是所看到的那个音。你综合了听觉和视觉的信息，得到了一个与两者都不一样的结果。那些译制得很差的外国电影往往会把人弄迷糊。

在正常的交谈中，我们利用读唇来增加我们对言语的知觉，特别是在噪声背景下知觉言语较困难时更是如此。言语知觉的运动理论能够很好地解释这种综合，因为发音信息包含视觉和听觉信息。然而，另一种理论则将这些发现解释为对更一般的知觉过程的支持，把言语知觉视为跨感觉道信息的综合。言语知觉是一种很复杂的知觉，它既涉及言语的属性，又涉及认知的属性。言语知觉的不同理论反映了研究者看待言语的差异：是将其视为常见的声音信号还是将其视为较特异的语音信息？

第五节　非言语交流

虽然在人与人的交往过程中，言语交流是很重要而突出的，但是**非言语交流**（nonverbal communication）也不容忽视。因为非言语交流本身是非常普遍的，而且，现实生活中人们出于种种考虑而在言语上有所顾忌，非言语交流所传递的信息反而更为可靠。

一、目光接触

眼睛是心灵的窗户。眼神在人们的交流中起着极其重要的作用，人类几乎所有的交流都需要眼神的相互沟通。从物种演进的角度看，只有人类拥有确切且分明的眼白部分。这是因为，人类的祖先从树上来到地上之后，学会了使用火和各式工具，被其他动物捕猎的危险大大减少，而且共同狩猎、觅食、劳作时也需要更有效地沟通意见，所以眼白部分便渐渐进化成白色，使得视线变得更加明白易懂。眼睛的动作可以表达惊讶、引诱、警告、不同意等，强烈的目光注视、头朝下和反复点头可以表明十分感兴趣等。泰戈尔曾说过，一个人“一旦学会了眼睛的语言，表情的变化将是无穷无尽的”。

目光接触（eye contact）在人际交流中的作用主要表现在以下几个方面。（1）目光接触直接表示对他人的注意，使交流得以实现。也就是说，眼神交流能表示我们注意倾听他人的话语，而且对听到的内容感兴趣。例如，目光接触经常用于调整谈话，使交流得以继续进行。如果在谈话过程中没有或只有极少的目光接触的话，谈话就会终止。（2）目光接触可以实现各种情感的交流。例如，人们常用“眉开眼笑”表示高兴的情绪，用“怒目而视”表达愤怒的情绪。国外有实验研究证明，延长的目光接触可以解释为威胁、恐吓，并且会促使人们逃脱或者做出调和的样子。当然，在交谈时把目光长时间转向其他地方或走神儿，同样也是在表达某种情绪。（3）目光接触可以直接调整和控制沟通者之间的相互作用水平。一个人在不能充分地表现自己或者不适应某种环境时，常常避开众人的目光，将自己的视线收回来。例如，在非常拥挤的公共汽车上或商店里，人们无法回避这样的环境，但可以控制自己的视线。所以，通过目光接触的次数和每次保持的时间，人们就能够判断个体间的关系。（4）目光接触可以传达肯定或否定、提醒、监督等信息。目光在表达这些方面的意思时，常常会伴随着轻微的点头或摇头。（5）目光接触能够反映人们彼此之间的关系。长时间的、温和的目光接触，能够传达积极的情感，而目光支配则是高地位的人常用的一种方式。

目光接触之所以具有这样一些功能，其奥秘主要是在瞳孔上。瞳孔大小的变化既与光线的强弱有关，也与心理活动机制有关，而且瞳孔的变化是个体无法有意识控制的，即人的瞳孔是根据个体的情绪、情感、态度自动发生变化的。因此，瞳孔大小的变化就如实地反映了人们当前的某种心理状态。

二、体态语

体态语（body language）是由人体发出的具有表情达意功能的一套图像性符号，包括人的面部表情、身体姿势、肢体动作和身体位置的变化。在人际交往中，人的体态不仅仅反映一个人的外表，而且反映一个人内在的品格和素养。先哲苏格拉底说："高贵和尊严，自卑和好强，精明和机敏，傲慢和粗俗，都能从静止或者运动的面部表情和身体姿势上反映出来。"社会心理学家沙莲香（1987）将体态分为静态和动态两种。静体态是一个人恒常的、相对稳定的外在状态，包括形体和附着于固有形体的装饰、体魄、相貌、风度、做派等。所有静体态因素都有一定的含义，表示一定的意义。动体态是一个人通过动作表现出来的、随时随地改变着的躯体外在形态，包括点头、姿势、手势、步子、握手、拍肩、拥抱等。无论静态的还是动态的体态，都意在表达心态。

心理学家萨宾（Sarbin，1954）通过对生活的细致观察，将一些经常使用的姿势做了总结。图14-9是其中的一些示意图，不难发现，西方对这些示意图的定义与我们的解释大多是一致的。这说明通过姿势实现的沟通，有着广泛的适应范围，全然不像不同语言间交流那样不可逾越。虽然也有一定的文化差异，但很多姿势都是世界性的。事实上，也正因为不同文化中存在着如此众多的共通的沟通方式，跨文化、跨国度的人际交流才成为可能。

图14-9 各种身体姿势及其意义

三、空间语

空间也会说话。一个人对空间需求的欲望是有限的。当一个人的个人空间大于他所需要的空间时，他就会感到孤独和寂寞；当一个人的空间小于他所需要的空间时，或当他的空间范围受到侵犯时，他就会感到烦躁不安。人际交往中，双方之间距离发生的动态变化，就是很值得注意的一种语言。因为**空间语**（space language）表示出人际交往的关系变化，传达出某种信息。

空间语是人们交往的重要线索，表现在以下几个方面。（1）个体空间距离与交往者的感情亲疏有密切的关系。一般来说，空间距离的接近与情感的接纳水平成正比，即情感上接纳水平越高，能够与别人分享的自我空间也越多，对空间距离接近的容忍性也越高。所以，一个人的自我空间只允许已经在心理上建立了安全感、情感上已经被接纳的人来分享。如果没有情感上的相应接纳，则任何人闯入一个人的自我空间，都会被认为是严重侵犯，使人在心理上感受到很大压力，并产生强烈的焦虑体验。（2）通过人际空间距离的大小，可以推测一个人的性格特征。在同样亲密的关系下，性格内向的人比性格外向的人保持稍远的距离。(3) 人际空间距离状况可反映出交往者之间的地位关系。通常，社会地位相差较大时，交往者的空间距离比较大，而交往者社会地位相近时，其沟通距离就比较小。在我国传统文化中，有以东为首、以西为从，主位在东、宾位在西的说法。(4) 通过人际交往的空间距离，可以了解交往者的文化背景。不同国家，不同民族，甚至在同一个国家的不同地域，个体空间往往是不同的。例如，欧美国家的人在人际交往时距离较近，中国人异性之间进行交谈时，彼此的距离要大于欧美人。(5) 通过观察人们所选择的空间位置，可以把握人们彼此之间的交往愿望。空间有“情的空间”和“知的空间”之分。肩并肩的、坐在身边的横向空间就是“情的空间”，而面对面而坐的纵向空间就是“知的空间”。前者使人感到有合作、进行情感交流的需要，后者使人有竞争、压迫之感觉。(6) 个体所拥有的个人空间，在一定程度上反映了个体所处环境的状况。影响人们自我空间大小的最重要因素，是单位空间内的人员密度。在单位空间密度很低的情况下，人的自我空间很大，需要与别人保持相当大的距离。

总之，空间的变化可以传达出各种信息，尤其和人际关系的远近与特点密切相关，所以我们要充分认识和利用空间语，使其与自己的有声语言和体态语相配合、相协调。这不仅是交际礼仪的需要，也是取得良好的交际效应的需要。

【专栏14-4】

个人空间

每个人都生活在一个无形的空间范围圈内，这个空间范围圈就是他感到必须与他人保持的间隔距离。我们也称这种伴随个人的空间范围圈为**个人空间**（personal space）。这方面，美国人类学家霍尔（Hall，1963）对人类交往的空间距离问题所进行的研究很有名，并由此提出了“近体学”的概念。霍尔认为，人们在沟通时互动双方的空间由近及远可以分为如下四个层次。

(1) 亲密区（0～46 厘米），又称亲密空间，其空间语义为“亲切、热烈、亲密”。在这个距离内可以感受到对方的体热和气味，沟通更多依赖触摸觉。在通常情况下，只允许父母、夫妻、情侣或孩子进入这一范围。其中 0～15 厘米为近位亲密距离，常用于恋人和夫妻之间，表达亲密无间的感情色彩；16～46 厘米为远位亲密距离，是父母与子女、兄弟、姐妹间的交往距离。

(2) 个人区（46～120 厘米），又称为身体区域，其空间语义为“亲切、友好”。这种距离是朋友之间沟通的适当距离，如鸡尾酒会、朋友聚会中的人际距离。其中 46～75 厘米为近位个人区域，在这一区域人们可以保持正常的视觉沟通，又可以相互握手。陌生人进入这个距离会构成对别人的侵犯。76～120 厘米为远位个人区域，熟人和陌生人都可以进入这一区域。

(3) 社交区（1.2～3.6 米），其空间语义为“严肃、庄重”。这种距离的沟通不带有任何个人情感色彩，用于正式的社交场合，如同陌生人交往、官员会谈、贸易谈判等。在这个距离内，沟通需要提高谈话的音量，需要更充分的目光接触。

(4) 公众区（3.6 米以上），又称为大众界域，其语义为“自由、开放”。这是人们在较大的公共场所保持的距离，是一切人都可以自由出入的空间距离，常出现于大型报告会、演讲会、迎接旅客、小型活动等场合。

当然，人们对人际空间距离的处理，除了受相互了解和亲密程度的影响外，还受文化背景、社会地位、性别等因素的影响。

【复习与思考】

1. 解释：语言，言语，内部言语，单侧化，咿呀学语阶段，单词句阶段，全息短语，双词句阶段，电报式言语，转换生成语法理论，关键期，言语产生，深层结构，表层结构，言语理解，非言语交流，体态语，空间语。

2. 如何看待语言和思维的关系？

3. 儿童言语的发展经历哪些基本阶段？

4. 试述关于言语获得的理论争议。

5. 分析言语产生的过程及影响因素。

6. 分析言语理解的过程及影响因素。

7. 讨论个人空间的运用。

【扩展阅读书目】

1. 陈永明著：《言语与智能——心智活动的探索》，北京师范大学出版社 2013 年版。

2. [美] D. W. 卡罗尔著，缪小春等译：《语言心理学》，华东师范大学出版社 2007 年版。

3. [英] 亚伦·皮斯、芭芭拉·皮斯著，王甜甜、黄俊佼译：《身体语言密码》，中国城市出版社 2007 年版。

4. [澳] 约瑟夫·福加斯著，张保生等译：《社会交际心理学——人际行为研究》，中国人民大学出版社 2012 年版。

第十五章　情　　绪

第一节　概　　述

一、什么是情绪

“人非草木，孰能无情?”各种情绪，如喜悦、愤怒、悲哀、恐惧、苦恼、烦闷、赞叹等，人人都有过切身的体验。虽然我们给出一个情绪的例子相当容易，但是用概括的方式给出情绪的定义非常困难。因为情绪涉及我们生活的各个方面，十分复杂。为了揭开情绪的神秘面纱，心理学家把它看作由许多关键成分所组成的复杂心理现象，分别加以研究。**情绪**（emotion）是一种复杂的心理现象，它包含情绪体验、情绪行为、情绪唤醒等复杂成分。

需要是情绪产生的重要基础。依需要是否获得满足，情绪具有肯定或否定的性质。凡是能满足已激起的需要或能促进这种需要得到满足的事物，便引起肯定的情绪，如满意、愉快、喜爱、赞叹等；相反，凡是不能满足这种需要或可能妨碍这种需要得到满足的事物，便引起否定的情绪，如不满意、苦闷、哀伤、憎恨等。事物总是复杂的，它与人的需要的关系也是复杂的。一种事物可能满足人的某种需要，而不能满足另一种需要，甚至和第三种需要相抵触。因此，不少事物可能引起很复杂的甚至相矛盾的情绪，所谓百感交集、啼笑皆非即是。事物是否符合个人的需要有赖于认知的评估作用。同一事物，由于人们认知上的差异，对它的评估可能不同：如果把它判断为符合自己的需要，就产生肯定的情绪；如果把它判断为不符合自己的需要，就产生否定的情绪。同一个人在不同的时间、地点和条件下对同一事物的认知和评估可能不同，因而产生的情绪也有所不同。例如，同是一杯酒，同是一个人，在不同的境遇下，唤起的情感可能不同："呼儿将出换美酒，与尔同销万古愁"，是愉快的情感；"酒入愁肠，化作相思泪"，是不愉快的情感。

除了情绪的概念外，在心理学上还经常使用情感这一概念。**情感**（feeling）就是情的感受方面，即情绪过程的主观体验。因此，情绪这个概念既用于人类，也用于动物，情感这个概念通常只用于人类，特别在描述人的高级社会性情感时。此外，心理学中也用感情这一术语。**感情**（affection）通常是用来表示情绪、情感这一类心理现象的笼统称谓。它既包含与生理需要相联系的低级情绪，也包含与社会需要相联系的高级情感。这个概念在日常用语中很常见。在心理学中，精神分析学派在谈到情绪时常用"感情"这个词，而情绪则被看成是无意识的表现。

二、情绪的功能

（一）适应功能

情绪是有机体适应生存和发展的一种重要方式。例如，动物遇到危险时产生害怕，从而发出呼救信号，就是动物求生的一种手段。人类婴儿出生时，还不具备独立的维持生存的能力，这时主要依赖情绪来传递信息，与成人进行交流，得到成人的抚养。成人也正是通过婴儿的情绪反应，及时为婴儿提供各种生活条件。在成人的生活中，情绪直接反映人们生存的状况，是人们心理活动的晴雨表，如愉快表示处境良好，痛苦表示处境困难；人们还通过情绪进行社会适应，如用微笑表示友好，用移情维护人际关系，通过察言观色了解对方的情绪状况，以便采取相应的措施。也就是说，人们通过各种情绪了解自身或他人的处境与状况，适应社会的需要，求得更好的生存和发展。

（二）动机功能

情绪是动机的源泉之一，是动机系统的一个基本成分。它能够激励人的活动，提高人的活动效率。适度的情绪兴奋可以使身心处于活动的最佳状态，进而推动人们有效地完成工作任务。研究表明，适度的紧张和焦虑能促使人积极地思考和解决问题。同时，情绪对于生理内驱力也可以起到放大信号的作用，成为驱使人们行动的强大动力。例如，人在缺氧的情况下会产生补充氧气的生理需要，但这种生理驱力本身可能没有足够的力量去激励行为，而此时所产生的恐慌感和急迫感会产生强烈的驱动力。

（三）组织功能

情绪是一个独立的心理过程，有自己的发生机制，并对其他心理活动具有组织作用。这种作用集中表现为积极情绪的协调作用和消极情绪的破坏、瓦解作用。一般而言，中等强度的愉快情绪有利于提高认知活动的效果，而消极情绪如恐惧、痛苦等会对作业效果产生负面影响。情绪的组织功能还表现在人的行为上，当人们处在积极、乐观的情绪状态时，更容易注意事物美好的一方面，行为也比较开放，愿意接纳外界的事物；而当人们处在消极的情绪状态时，则容易失望、悲观，放弃自己的愿望，甚至产生攻击行为。

（四）信号功能

情绪在人与人之间具有传递信息、沟通思想的功能。这种功能是通过情绪的外部表现，即表情来实现的。表情是思想的信号，在许多场合，人们只能通过表情来传递信息，如用微笑表示赞赏，用点头表示默认。表情也是言语交流的重要补充，如手势、语调等能使言语信息表达得更加明确或确定。从信息交流的发生上看，表情的交流比言语交流要早得多，如在前言语阶段，婴儿与成人相互交流的唯一手段就是表情，情绪的适应功能也正是通过信号交流的作用来实现的。

三、情绪的生理机制

（一）下丘脑与情绪

许多种动机和情绪行为的中枢在下丘脑。研究者用尖端埋藏在下丘脑内的电极对未麻醉的动物进行逐点刺激，发现动物有两类行为反应：（1）争斗，像发怒的模式（怒吼或发出嘶嘶声，耳朵向后倒，毛竖立起来，以及其他交感神经的反应）；（2）逃避，像恐惧的模式（扩瞳，眼射来射去，头左右转动，最后逃走）。因此，下丘脑被认为有支配愤怒和恐惧的中枢。

（二）边缘系统与情绪

边缘系统包括边缘皮质（眶额区、扣带回、海马回和梨状区）以及相关的主要结构，如视前区、中隔、杏仁核等。刺激边缘系统不同部位所引起的情绪反应是很复杂的，可以表现为愉快或愤怒，血压升高或降低，呼吸加快或变慢，胃肠运动加强或减弱，瞳孔扩大或缩小等。用埋藏电极刺激边缘系统的某些部位（如中隔区和下丘脑），可产生“奖赏感觉”，动物有强烈的自我刺激行为；而刺激其他邻近部位时，可产生“惩罚感觉”，动物有躲避行为。因此，边缘系统和下丘脑的这些部位分别被称为“快乐中枢”和“痛苦中枢”（Olds & Milner，1954）。

边缘系统中的杏仁核在调节情绪行为中起着重要的作用。研究者发现，高位去皮质而保留下丘脑的动物的愤怒反应，实际上是失去杏仁核的调节作用之故。因为切除新皮质而保留杏仁核的猫不产生愤怒反应，保持安静状态，如果去皮质的猫被切除杏仁核，则安静状态消失了（Bard & Mountcastle，1948）。由此推论，杏仁核似乎起着漏斗的作用，大脑额叶通过它来对负责愤怒反应的下丘脑施加抑制影响。

（三）大脑皮质与情绪

大脑皮质在情绪、情感中起着重要的作用。这种作用首先表现在对各种情绪具有广泛的统整功能。例如，厌恶作为一种与威胁相关的情绪有着帮助有机体躲避有害刺激的进化意义。脑电结果表明，厌恶加工确实存在独特的加工机制，表现为皮质活动先抑制，后增强（金熠等，2014）。再如，有研究探讨了中国文化背景下采用表达抑制和认知重评调节负性情绪的效率，结果发现，对中国被试而言，表达抑制比认知重评能更快地降低负性情绪唤起水平，但同时也消耗了更多的认知资源（袁加锦等，2014）。

对于人类情绪而言，大脑皮质的功能更体现在言语的参与上。有研究发现，和左半球言语中枢相对称的右半球相应区域受损伤的病人能够理智地说话，却缺乏言语的情绪色彩，说话时就像受计算机支配似的（Ross & Mesulam，1979）。这似乎说明言语的内容和结构由左半球加工，而言语的情绪色彩由右半球控制。另有一项个案研究发现：右脑皮质前部受损伤的病人不能用面部姿势和语声变化来表达情绪，但能理解他人的表情；右脑皮质后部受损伤的病人能表达情绪，却不能识别他人的表情；这两部分都受损伤的病人既不能表达情绪，也不能识别情绪（Ross，1981）。由此说明，情绪识别和情绪表达在大脑皮质上可能有定位。

去大脑动物的情绪反应是盲目的、无目标的。正常动物的情绪反应必须有大脑皮质参与。研究表明，边缘系统也是处于大脑皮质的神经回路控制之下的。因此，情绪的脑机制可概括如下：对情绪刺激的认知在大脑皮质的相应区域产生，然后将冲动传给下丘脑和边缘系统，导致自主神经系统的生理反应并产生某种特殊类型的情绪行为；同时，对自己情绪状态的认知（感受）也就在大脑皮质中产生了。

（四）自主神经系统的功能

当处于情绪状态时，体内由自主神经系统支配的内脏器官和内分泌活动会发生变化。例如：愤怒时血压上升；恐惧时呼吸和脉搏加快，胃的活动会暂停活动，消化液也停止分泌，甚至发冷汗，汗腺分泌发生变化等。大多数伴随情绪而发生的生理变化，是由自主神经系统支配的。自主神经系统的交感和副交感神经系统共同支配着同一个器官，但起着拮抗的作用（表15-1）。来自自主神经活动的变化可以成为情绪研究的敏感指标。例如，以女大学生为被试，记录其完成任务时皮电、指温和指脉率上的变化，结果表明情绪标注可以抑制负性情绪（白学军、岳鹏飞，2013）。最近一项研究发现，在挫折情境下，无意识接受策略不仅能有效降低与情绪相关的生理活动水平，且相比有意识接受策略对主观情绪体验具有更好的调节效果（袁加锦等，2015）。

表15-1　自主神经系统控制生理唤醒

交感神经系统（唤醒作用）		副交感神经系统（镇静作用）
瞳孔扩张	眼睛	瞳孔收缩
减少	唾液分泌	增加
排汗	皮肤	干燥
增加	呼吸	减少
加快	心跳	减缓
抑制	消化	活跃
分泌应激激素	肾上腺	减少应激激素的分泌

总之，情绪的生理机制是十分复杂的，它是大脑皮质和皮质下部位协同活动的结果。皮质下部位在情绪行为中起着重要作用，而情绪认知、情绪体验、

情绪控制则是大脑皮质的功能。大脑皮质在人的情感中起着主导作用。例如，爱情就是一种牵扯强烈动机的、五味杂陈的复杂情绪，新近一项静息态 MRI 研究显示（图15-1），恋爱中人的大脑各个区域之间功能连接显著增强，主要体现在涉及奖赏、动机、情绪调控的系统（主要包括背侧扣带前回、脑岛、尾状核、杏仁核和伏隔核）和社会认知系统（主要包括颞顶联合区、后扣带回、内侧前额叶、颞叶下回、楔前叶和颞叶）的功能连接（Song et al.，2015）。

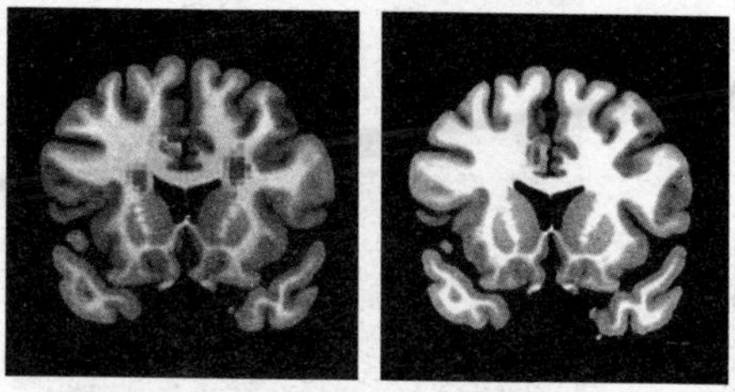

图15-1 爱（左）与不爱的大脑

【专栏15-1】

测谎仪

运用多道生理记录仪可以记录伴随情绪的生理变化。多道记录仪俗称**测谎仪**（lie detector），实质上是一种"情绪检测器"，测量与情绪状态相联系的某些生理指标。人在说谎时往往感到内疚和焦虑，从而导致心率、血压、呼吸和皮电反应等的变化，因而用测谎仪可以进行检测。

操作测谎仪的标准程序是：先在被试放松时做一个记录，这些记录作为计算随后反应的基线；然后，测验者提出一系列经过仔细措辞、要求用"是"或"否"来回答的问题。鉴定性问题也称**相关问题**（relevant question），中性问题也称**无关问题**（irrelevant question），前者分散在后者之中。为了使测量回到常态，问题与问题之间通常有 1 分钟的时间间隔。在司法心理学中运用测谎仪的假设是，由于犯罪的被试对鉴定性问题的生理性反应增强从而被揭露出来。图15-2是测谎仪上显示的呼吸、汗腺及心跳记录曲线随问题性质变化的情形（Raskin，1982）。

测谎仪的运用是有争议的。（1）说谎不一定伴随着独特的、容易区分的生理反应，皮电反应和其他生理反应变化并不必然地意味着说谎。各种情绪之间的生理唤醒在很大程度上是相同的。测谎仪不能区分焦虑、激怒

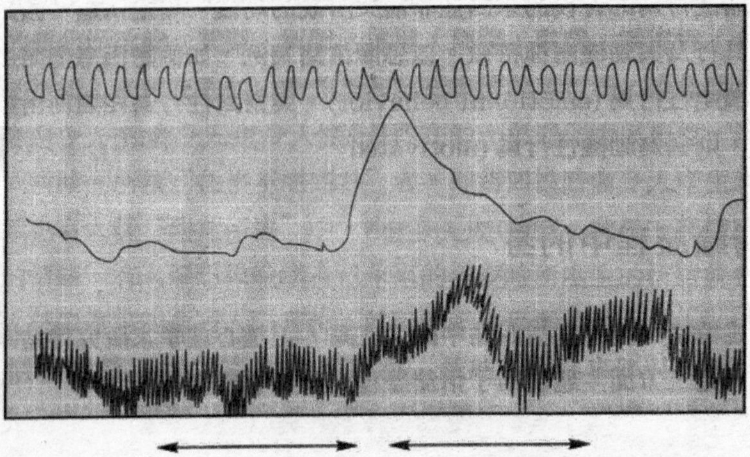

图15-2 测谎仪记录图

和内疚引起的相似的生理反应，因此，测谎的错误率大约为三分之一。相关的问题也使诚实的人紧张不安。例如，一个无辜的人担心受牵连也会出现异常的生理变化，这种测验也容易将无辜的人定为有罪。(2) 被测者（如罪犯）可能通过把所有问题都和犯罪事实联系起来，以此来搅乱“基线”，使得调查者找不到比较的标准，不能区分出由犯罪说谎所引起的情绪反应。据 2002 年美国国家科学学会报道，美国联邦调查局、中央情报局和国防部花了数百万美元测验了几万名雇员，尽管对一名埋伏在中央情报局的俄国间谍做过很多测谎测试，但他从来没有被测谎仪识别出来。在最近的调查中，90%的心理生理学家和心理学家一致认为：狡猾的罪犯和间谍往往容易蒙混过关，他们可以通过增加对无关问题的唤醒，如咬紧舌头，来通过测试。

由于许多条件会引起生理唤醒，特别是皮电反应的变化，因此测谎仪的运用必须慎重。一个更有效的方法是用犯罪情节的知识来测试，即测试犯罪嫌疑人在回答只有警察和其本人知道的犯罪细节时的生理反应。比如，钱财被偷盗，测谎专家就以贵重财物的名称、钱的数额来测试犯罪嫌疑人的情绪反应。如果这种具体的探查足够多，一个无辜的人就不会被错误指控。尽管有90%以上的心理学家认为测谎能被罪犯和间谍顺利通过，但仍有很多学者认为用犯罪情节的知识进行测试是科学而合理的（Ben-Shakhar & Bar-Hillel，2002；Iacono & Lykken，1997）。

第二节 情绪体验

情绪体验（emotional experience）是指情绪发生时的主观感受。情绪发生时并非所有的内部体验都是情绪，但直接的主观体验是情绪现象不可或缺的组成部分，而且每种具体的情绪体验在主观感受上是相对稳定的。

一、基本情绪

基本情绪（basic emotion）或**初级情绪**（primary emotion）是人类和动物共有的，是人们与生俱来的，并且具有特定的生理模式和相应的表情。在任何地方，悲伤都与丧失的知觉相关，恐惧都与受到惊吓和身体受到伤害的知觉相关，生气都与侮辱或不公平的知觉相关。与基本情绪相对的是**复合情绪**（complex emotion）或**次级情绪**（secondary emotion），它包括情绪的各种变化及混合情绪，随着个体认知的成熟而逐渐发展，并随着文化的不同而变化。

通常，把快乐、悲哀、愤怒和恐惧看作四种基本情绪，其中快乐与悲哀相对，愤怒与恐惧相对。(1) **快乐**（happy）是盼望的目的达到、紧张解除后随之而来的情绪体验。快乐的程度，取决于愿望满足的意外程度。如果目的无足轻重，则只能引起些微的满足；如果目的极为重要，并且是意外达到，则会引起极大的快乐。(2) 与快乐相对，**悲哀**（sad）则是失去所盼望的、所追求的东西或有价值的东西而引起的情绪体验。悲哀的强度依存于失去的事物的价值。(3) **愤怒**（angry）是由于目的和愿望不能达到或顽固地、一再地受到妨碍，逐渐积累而成的。挫折如果是由于不合理的原因或被人恶意造成时，最容易产生愤怒。(4) 与愤怒导致攻击不同，**恐惧**（fear）是企图摆脱、逃避某种可怕的情景。恐惧往往是由缺乏处理或缺乏摆脱可怕的情景（事物）的力量和能力造成的。恐惧比其他任何情绪更具有感染性。上述四种最基本的情绪在体验上是单纯的、不复杂的，在此基础上，可以派生出许多不同情绪的组合形式，也可以赋予不同含义的社会内容。例如，由疼痛引起的不愉快是比较单纯的情绪，而悔恨、羞耻这些情绪则包含着不愉快、痛苦、怨恨、悲伤等复杂因素，是一些复杂的情绪体验。

我国古代思想家对基本情绪的种类早有各种说法（燕国材，2004）。其中“七情”说大概是流传最广的，所谓“喜、怒、哀、惧、爱、恶、欲”（《礼记·礼运》）。林传鼎（1944）从《说文》中，找出 9 395 个正篆字，发现其中有 354 个字是描述人的情绪的，并按它们的意思分为 18 类，即安静、喜悦、恨怒、哀怜、悲痛、忧愁、忿急、烦闷、恐惧、惊骇、恭敬、抚爱、憎恶、贪欲、嫉妒、傲慢、惭愧、耻辱。孟昭兰（2005）从情绪的发生角度，认为人类婴儿有六种基本情绪：快乐、兴趣、厌恶、恐惧、痛苦（悲伤）和愤怒。基本情绪随着个体的成熟而出现，它们的出现有时间的顺序，但个体显现的时间是有差异的（孟昭兰，1989）。谢弗等（Shaver et al.，1987）选取了 135 个情绪词，让大学生被试将其中类似的情绪划归为一类，结果发现了六种基本的情绪类别，分别是爱、喜悦、惊奇、愤怒、悲伤和恐惧，而其他的情绪皆可根据其含义和性质划归为这六种基本情绪中的一种。

在心理学界，不仅哪些情绪属于基本情绪有分歧，而且文化心理学家还不认为初级情绪和次级情绪之间有多大的区别。因为在他们看来，任何一种情绪都深受文化的影响。愤怒可能是一种基本情绪，但是对这种情绪的感受是好还是坏，是有用的还是有害的，不同文化背景的人的体验和感受是不同的。文化甚至会影响人们对基本情绪的界定。在崇尚个人主义的西方心理学家看来，生气是一种初级情绪；但在崇尚集体主义的文化中，羞愧和丢脸是更为基本的情绪（Kitayama & Markus，1994）。在密克罗尼西亚的一个环形珊瑚小岛上，人人都认为 fago 是最基本的情绪。fago 可译作“爱、悲伤、同情”，它所反映的是当所爱的人离去了或处于危难中时人们所产生的悲伤感，以及能够给予他们帮助、照顾和同情的愉快感（Lutz，1988）。

二、情绪体验的维度

（一）强度

情绪体验可以在强度上有由弱到强的不同等级的变化。例如：喜，可以从适意、愉快到欢乐、大喜、狂喜；哀，可以从伤感到难过、悲伤、哀痛、惨痛；怒，可以从轻微的不满、生气、愠怒、激愤到大怒、暴怒；惧，可以从害怕、惧怕、惊恐到惊骇。情绪的强度越大，整个自我被情绪卷入的程度也越深。

情绪体验的强度首先取决于对象对人所具有的意义。意义越大，引起的情绪就越强烈。而这种意义的大小，是由该对象在个人生活中所占的地位来决定的。其次，情绪体验的强度还取决于人对自己所提出的要求。人们对一幅画的不良评价，可能不会使业余绘画者产生强烈的情绪，但可能引起专业画家的强烈情绪反应。最后，情绪体验的强度也取决于人的需求状态。食物的气味，对饥饿者和不感到饥饿的人来说，情绪体验的强度是不同的。

（二）紧张度

在紧张度方面，情绪体验的变化是很大的。紧张的情绪体验通常与活动的紧要关头、最有决定性意义的时刻相联系。在考试、讲演、运动比赛之前，人们都可以体验到这种紧张情绪。在活动进行的过程中，通常存在着关系到活动成败的关键时刻，当这种时刻在实际上或想象中临近时，情绪体验的紧张水平就会逐渐增加。如果活动成败对人越重要，则关键时刻到来时情绪就越紧张。关键时刻过去之后，人们则可以体验到轻松或紧张的解除。如果以前的紧张水平越高，则关键时刻过去之后，人们就感到越轻松。

紧张一般有助于全身精力的动员和注意的集中，可能对活动产生有利的影响，也可能起抑制作用而使动作失调，从而妨碍活动的正常进行。紧张对活动的不同作用，除了取决于紧张的程度外，也与活动的难度、人对活动的准备以及是否具有必要的知识、技能有关。

（三）快感度

快感度是指情绪体验在快乐或不快乐的程度上的差异。悲伤、羞耻、恐惧、悔恨等有明显不快乐的感受，而欢喜、骄傲、满意等有明显快乐的感受。还有一些情绪在快感度上应处于什么位置，显得十分模糊，如怜悯、惊奇既不是明显的快乐，也不是明显的不快乐。

快感度在根本上与需要是否得到满足有关。事物能满足人的需要，就会引起快乐的体验；事物不能满足需要或与需要相抵触，则会引起不快乐的体验。情绪的强度会影响快感度。微愠不一定是特别不愉快的，而强烈的愤怒则显然是不愉快的。渴望通常伴有快乐的感受，但当它过于强烈而持久时，就可能产生不快乐的感受。

（四）复杂度

各种情绪的复杂程度是很不一样的。爱，包含柔情和快乐的成分；恨，包含愤怒、惧怕、厌恶等成分。惊喜悲叹、惊喜疑惧这两种情绪就比快乐要复杂得多，悲喜愧惧、悲恨爱悔这两种情绪就比悲哀要复杂得多。有时，情感的成分非常复杂，我们甚至很难用言语来描述它到底是一种什么样的体验，而有的情感是很单纯的。

三、情绪维度与分类

情绪总是在一定的情境中产生的，而人所处的情境又是变化无穷的，因而我们很难对情绪体验做较细致的分析。但是，如果撇开具体情境和情绪所指向的对象，仅就情绪体验的性质来看，我们可以从不同的维度进行分析。冯特（Wundt，1896）最早提出**情绪维度**（emotional dimension）的观点，认为情绪是由愉快—不愉快、激动—平静和紧张—松弛等三个维度组成的，每一种具体情绪分布在三个维度的两极之间的不同位置上。他的这种看法为后来情绪的三维模式（three-dimensional pattern）奠定了基础。

施洛伯格（Schloberg，1954）通过对面部表情的研究，提出了自己的观点：情绪的维度有愉快—不愉快、注意—拒绝和激活水平等三个维度。他建立了情绪的一个三维模式（图15-3），其中椭圆切面的长轴为快乐维度，短轴为注意维度，而垂直于椭圆面的轴则是激活水平的强度维度，三个不同水平的整合就可以得到各种情绪。

普拉切克（Plutchik，1970）提出的情绪三维模型则主张情绪具有强度、相似性和两极性等三个维度。他采用一个倒锥体来形象地描述情绪三个维度之间的关系（图15-4），其中锥体的截面被划分为八种原始情绪，相邻的情绪是相似的，对角位置的情绪是对立的，锥体自下而上表明情绪由弱到强的变化。

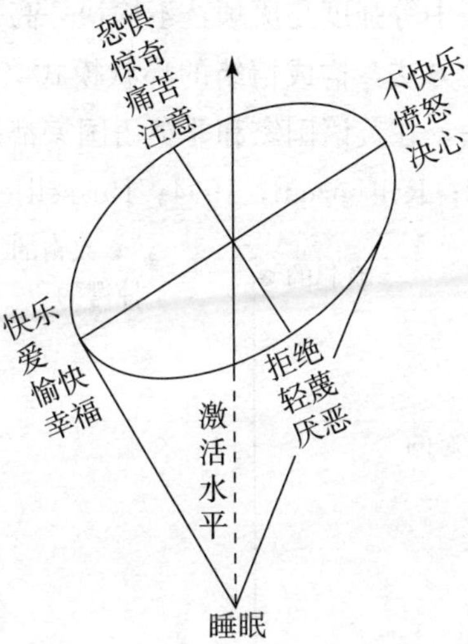

图15-3　施洛伯格的情绪三维模式

这个模型的特点是描述了不同情绪之间的相似性及对立性特征，这在情绪的实验研究中对于情绪的界定是很有用的。

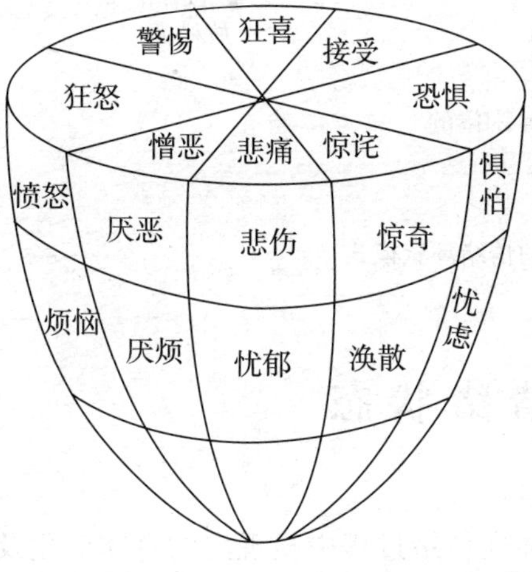

图15-4　普拉切克的情绪三维模型

罗素（Russell，1980）提出了情绪分类的环状模式。他认为情绪可划分为两个维度：愉快度和强度。其中愉快度分为愉快和不愉快，强度分为中等强度和高等强度。由此可以组合成四种类型：愉快—高等强度是高兴，愉快—中等强度是轻松，不愉快—中等强度是厌烦，不愉快—高等强度是惊恐。这种分类用评价情绪词或归类的方法，构成情绪的环状模式（图15-5）。这种分类用评价情绪词或归类的方法，在英语国家和非英语国家都得到了一致的研究结果（Larsen & Diener，1992；Reisenzein，1994；Russell et al.，1989）。

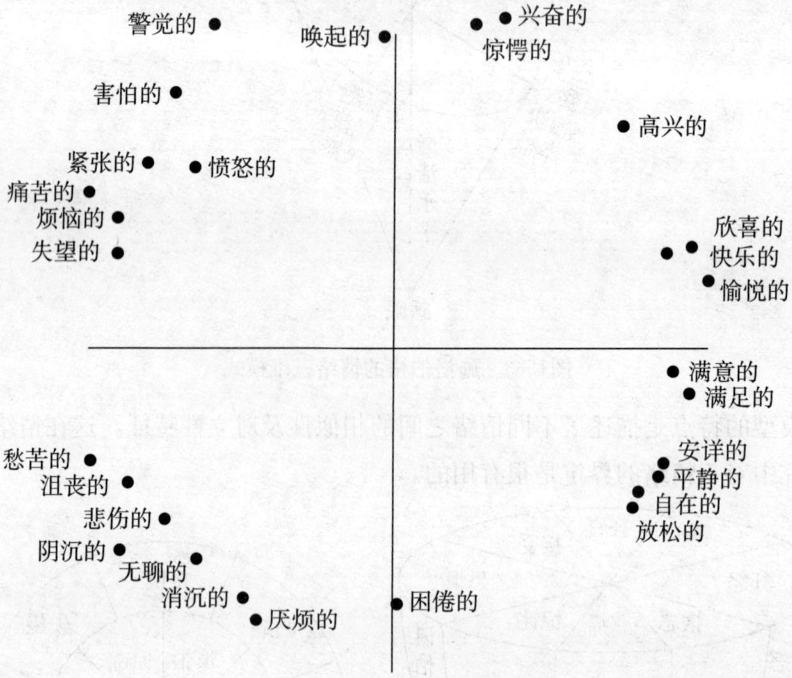

图15-5 罗素的情绪环状模式

第三节 情绪状态

情绪状态（emotional state）是个体在情绪过程中显现出的身体变化及自觉或不自觉的意识状态，具有持续性、外显性、情境性和个体性等特点。情绪状态有下面一些表现形式。

一、情调

情调（feeling tone）是一种伴随着感觉而产生的情绪状态。例如，当我们感知到红橙黄绿、酸甜苦辣、冷热痛痒、气味香臭、光线明暗、乐音噪音等的同时，往往也体验到某种情绪。这种情调是伴随着感觉的，似乎感受物本身就带有特殊的情感负荷。当我们说“甜蜜的嗓音”“凄怆的夜晚”“愤怒的波涛”“厌恶的气味”等的时候，这里人所感知到的“嗓音”“夜晚”“波涛”“气味”都带有一种特殊的情感色调。

颜色不仅给我们提供了各种感觉信息，而且涉及我们的情感体验。不同文化传统的人的颜色情调既相同，又有不同。例如，德国人认为纯红色表现崇高性、尊严性和严肃性，黄色是一种愉快的、软绵绵的和迷人的颜色，绿色给人以“真正的满足”，红色中加入蓝色会显得令人难以忍受。苏联的青少年觉得红色表示非常兴奋、活跃的心情，橙色表示快乐、温和，黄色表示明亮、愉快，绿色表示安静、沉着，蓝色表示忧郁、悲伤，紫色表示焦虑、不满意，黑色则与深深的苦闷、颓废联系在一起。张耀翔（1948）的研究表明，中国人的颜色情调特点是：红为喜色，使人兴奋；黄色能使人兴高采烈；绿为凉色，绿在我国为一种羞辱颜色；黑使人烦闷、丧气；等等。黄希庭等（1991）的研究表明，国人的颜色情调是：红色表示兴奋、喜悦，橙色表示愉快、兴奋，黄色表示愉快、舒适，绿色表示舒适、愉快，蓝色表示沉静、舒适，紫色表示厌恶、忧郁，黑色表示悲哀、厌恶、恐惧。最近有研究考察了红色和蓝色对中国汉族大学生情绪的启动效应，结果发现：红色引发了高唤醒、高优势情绪，蓝色引发了低唤醒、低优势情绪，这与国外的研究基本一致；但在愉悦度上，红色既能引发高愉悦情绪，也能引发低愉悦情绪，而蓝色只引发了高愉悦情绪，这是一个不同于国外研究的特点（王婷婷等，2014）。此外，情调不仅因刺激的性质和强度而异，而且受个人所受教育特点、年龄和性别等的影响。有研究采用横断设计，要求7～90岁被试从同形异色的蝴蝶形、上装形、正方形三种形状十种颜色卡片中选择一种最喜欢的颜色。结果发现，不同年龄组被试对不同图形颜色的选择不同，除橙色外，颜色选择随年龄的增长都有变化，并受具体形状的影响（李京，2007）。

研究不同刺激所引起的情调，具有重要的应用价值。如何使菜肴的色、香、味更能引起愉悦情调，是饮食业的课题；对颜色偏好的研究，有助于服装业流行色的预测；对房屋、车床、运输工具的颜色情调的研究，则对于人们的生活和生产都具有实际意义。

二、心境

心境（mood）是一种比较微弱、持久、具有渲染性的情绪状态。俗话说“人逢喜事精神爽”，这时被喜事所引起的愉快心情按其强度来说并不强烈，但这种情绪状态并不在事过之后立即消失，往往会持续一段时间。一般的情绪反应持续时间短则几秒，长则几小时，但一种心境可以持续很多小时，甚至很多天。在这段时间里，这种愉快、喜悦的心情仍影响着个体各方面的行为，在他看来，仿佛周围的一切事物都染上了快乐的色彩。相反，心境忧伤的人，在这段时间里所看到周围的一切都带有忧伤的色彩。心境不同于其他情绪状态的显著特点是：它不具有特定的对象性，即不针对任何特定事物。它是一种带渲染性的情绪状态。

引起心境的原因是多方面的。人的心境跟生物节律有着密切关系。当体温处于一天中的低点时，人也倾向于感到情绪低落；当体温处于高峰时，即使你一夜没睡觉，也可能有一个积极的心境。心境还表现出周期。对于上班族或学生族来说，星期一恐怕是他们心境的最低点。与周末相比，人们在工作日的心境的确要差一些。个人生活中的重大事件、与周围人们相处的关系等都可能引起某种心境。健康状况与心境的关系尤为密切。健康状况不同会引起人的不同心境，同时心境也影响健康状况。如果心境开朗，人就会感到身体健康，而心境不佳，人就觉得一切都惹人讨厌。因此，从某种意义上来说，心境是健康的晴雨表。周围的景物，如时令季节、环境污染源等，也会影响人的心境。此外，对往事的回忆、无意间浮现的某种观念，有时也会导致与之相联系的心境的重现。虽然心境的产生是有原因的，但人自己并不一定都能意识到。经常可以听到人们这样说：不知道为什么变得忧郁、心情不快，或变得喜不自禁。

心境有积极和消极之分。积极的心境使人振奋乐观，朝气蓬勃。在乐观快活的心境下，甚至遇到巨大的困难时人们也不会灰心丧气。消极的心境使人颓丧悲观。此外，愤怒的心境则使人易于激怒，迁怒就是在这种心境中产生的。

惧怕的心境使人疑神疑鬼，如草木皆兵。这些消极的心境都不利于活动的顺利完成。

三、激情

激情（intense emotion）是一种短暂的、爆发式的情绪状态。如果说情绪是心理的波浪，那么激情就是暴风骤雨。激情状态下自我卷入的程度很深，失去了心身平衡，伴有明显的生理和身体方面的变化。例如：盛怒时，拍案大叫，暴跳如雷；狂喜时，捧腹大笑，手舞足蹈；绝望时，心灰意冷，麻木不仁。激情状态不同，自我控制力丧失的程度也不同。在激情发生的初始阶段，人还是有自我控制的。

激情通常是由强烈的欲望和明显的刺激引起的。生活中的重大事件、对立意向的冲突、失恋、受人侮辱、突然的危险情景等都会引起激情。其生理机制是皮质下神经中枢的兴奋失去了大脑皮质的控制和调节，皮下神经节和间脑的活动占了优势。这时人很难克制强烈的愤怒感、绝望感、喜悦感以及极度的悲痛感。所以，激情总伴有机体状态的剧烈变化和明显的表情动作，有时甚至发生痉挛。激情状态下，人常常不能意识到自己在做什么，不能控制自己，不能预见到行为的后果，不能评价自己的行为及其意义。

激情有积极的和消极的两种。凡能激发人积极向上、符合社会要求的激情是积极的，这种激情通常与冷静的理智和坚强的意志相联系；凡对有机体有害的、不符合社会要求的激情是消极的。激情的意义是由它的社会价值所决定的。

四、应激

应激（stress）是指出乎意料的紧张情况所引起的情绪状态。在不寻常的紧张状况下，人体把各种资源（首先是内分泌资源）都动员起来，以应付紧张的局面，这时所产生的复杂的生理和心理反应就属于应激状态。应激的概念是由加拿大内分泌学家塞里（Selye，1936）提出来的。他认为，适应外部环境是有机体维持生命所必需的反应，在危急状态下的应激反应会导致适应性疾病。现代科学已经证明，人在各种紧张刺激的影响下会导致一系列激素分泌的增加，引起人体全身性反应。这种反应持续一定时间就会产生全身性适应综合征。

在应激状态下，人会产生一系列的生理反应、情绪体验和心理反应。其生理反应大致如下：当紧张刺激作用于人脑时，下丘脑产生兴奋，肾上腺髓质释放肾上腺素和去甲肾上腺素，从而增加通向脑、心脏、骨骼肌等的血流量，提高机体对紧张刺激的警戒能力和感受能力，并做出适应性反应。在这些生理变化的同时，人往往还出现焦虑、烦躁、恐惧、情绪波动、好激动、发脾气，也有自卑、自罪、害羞等情绪体验。由于精神紧张，一些人常表现为注意力不集中、思维中断、记忆不佳、对外界事物过于敏感和难以做出决策等。应激影响健康的研究，已受到学者们的高度重视。

【专栏15-2】

应激评定量表

对人来说，紧张源是很多的。霍尔姆斯和瑞赫（Holmes & Rahe, 1967）编制了**社会再适应评定量表**（Social Readjustment Rating Scale, SRRS），也称**霍尔姆斯和瑞赫应激量表**（Holmes and Rahe Stress Scale）。这个量表包括43种常见的生活事件，有不愉快的经历，如丧偶、离婚等，也有愉快的经历，如结婚或杰出的个人成就。所有这些事件都意味着个人生活的变化，并要求人们适应这些变化。如表15-2所示，这些事件产生不同水平的应激。根据疾病的发生与各种生活应激事件的相关研究，霍尔姆斯和瑞赫把一年中个人所经历应激事件的总和达到150分或更高的值定为生活转折点。如果一年的生活事件变化值为150～199，那么下一年有37%的可能患病；若分值为200～299，则下一年患病的可能性为51%；若分值在300以上，则下一年患病的可能性为79%。这就是说，应激程度越大，患病的可能性也越大。该研究的方法极为简单和直接，虽有助于其应用推广，但也引发了很多批评。其中受到批评最多的一个问题是，量表中既包括积极的生活事件，也包括消极的生活事件，而且既包括那些个人可以控制的事件（如结婚），也包括那些你无法控制的事件（如密友亡故），但突发性的、消极的、不可控制的生活应激事件显然对疾病更有预测力。

表15-2　霍尔姆斯和瑞赫应激量表

排列等级	生活事件	平均分值	排列等级	生活事件	平均分值
1	配偶亡故	100	23	子女成年离家	29
2	离婚	73	24	官司缠身	29
3	夫妻分居	65	25	个人有杰出成就	28
4	坐牢	63	26	妻子新就业或刚离职	26
5	亲人亡故	63	27	初入学或毕业	26
6	个人患病或受伤	53	28	改变生活条件	25
7	结婚	50	29	个人改变习惯	24
8	失业	45	30	得罪上司	23
9	夫妻破镜重圆	45	31	改变工作时间或环境	20
10	退休	45	32	搬家	20
11	家庭中有人生病	44	33	转学	20
12	怀孕	40	34	改变消遣方式	19
13	性关系适应困难	39	35	改变宗教活动	19
14	家庭又添新成员	39	36	改变社交活动	18
15	改变买卖行当	39	37	借债少于万元	17
16	经济状况改变	38	38	改变睡眠习惯	16
17	密友亡故	37	39	家庭成员团聚	15
18	跳槽从事新的行业	36	40	改变饮食习惯	15
19	夫妻争吵加剧	35	41	休假	13
20	借债超过万元	31	42	过圣诞节	12
21	抵押被没收	30	43	涉及轻微的诉讼事件	11
22	改变工作职位	29			

五、情操

情操（sentiment）是人对具有一定文化价值的东西（如道德、学问、艺术等）所怀有的带有理性的深沉情感，包括道德感、理智感和美感等。情操受个人的生活经验、受教育水平、社会生活条件等因素的制约，是构成个人价值观和品行的重要因素。

（一）道德感

通俗地说，道德就是做人的规矩。道德不仅是调整人们的关系的行为规范，同时又是评价人们行为善恶的标准。**道德感**（moral feeling）则是人根据道德规范来评价社会现象时所体验到的情感。例如，人们对忘我奉献精神的钦佩，对遭遇不幸者的同情，对自己过失行为的羞愧，对家庭的爱，等等，都属于道德感。由于在不同的历史时代、社会制度及阶级阶层中，道德标准是不同的，所以道德感总是受制于社会历史生活条件的。

当人们用善与恶、正义与非正义、公正与偏私、诚实与虚伪等道德观念来评价社会现象时，所产生的道德感是复杂多样的。大体上，道德感可以分为三类。(1) 政治道德感。包括对祖国、人民、集体、阶级、社会制度、政党、社会团体等的情感，如爱国主义情感、国际主义情感、集体事业的义务感和责任感等。(2) 对他人行为及人际关系的道德感。例如，我们赞赏真挚的同志情谊，鄙视对同志幸灾乐祸的态度，对虐待妇女、儿童的残暴行径义愤填膺，等等。(3) 个人行为的道德感。这是指个人对于自己作为某种社会角色进行活动时所产生的情感体验，如个人作为同事、领导、下级、朋友、配偶、家长等社会角色在活动中所怀有的情感。

道德感总是和道德评价密切结合在一起。但是，道德感并非一个纯知识的问题，它不仅要求人们从道理上懂得什么是好，什么是坏，什么是道德，什么是不道德，更重要的是在行动中自觉地遵守所掌握的道德规范。只有人根据已掌握的道德规范来评价社会现象时所体验到的情感，才是这个人真实的道德感。

（二）理智感

理智感（rational feeling）是人在获取知识的活动中所产生的情感。它与人的求知欲、认识兴趣、解决问题的需要相联系。人在认识过程中，当有新的发现时会产生愉快或喜悦的情感，在突然遇到与某种规律相矛盾的事实时会产生疑惑或惊讶的情感，在不能做出判断、犹豫不决时会产生疑虑的情感，在做出判断而又感到论据不充分时会产生不安的情感。上述这些情感都属于理智感。理智感是在认识过程中产生和发展起来的。它又反过来推动着人的认识的进一步深入，成为认识世界和改造世界的一种动力。热爱真理，摒弃偏见和迷信，乃是科学研究取得成功的重要条件之一。

（三）美感

美感（aesthetic feeling）是人在欣赏自然景物和文学艺术时所体验到的崇高、优美的情感。美感与道德感一样，是受社会生活条件制约的。在不同的社会历史发展阶段，不同的社会制度、不同的风俗习惯和不同的阶层中，人们的审美标准是不同的，因而对各种事物的美的感受也不同。美感的成分非常复杂。但从主观体验来看，它具有两个明显的特点。其一，美感是一种愉悦的体验。大自然的美景使人心旷神怡，高尚的行为使人在震惊中享受美的愉悦，喜剧艺术使人在笑声中享受美的欢乐，悲剧艺术使人在悲哀、痛苦以至流泪的同时享受着美的愉悦。其二，美感是一种倾向性的体验。美感的这种愉悦，表现为人对于美好事物的肯定，促使人一而再、再而三地去欣赏它，对它感到迷恋，而对丑的事物则产生强烈的反感。

【专栏15-3】

人类信仰与情感

古希腊先哲苏格拉底说：“未经审视的生命不值得活。”**信仰**（faith）是指对某种主张、主义、宗教或某人极度相信和尊敬，并将其奉为自己的行为准则。信仰跟信念有所不同，信念是一种确信感，含有较多的理性成分，而信仰是在表达一种不可更改的精神追求，更具感性色彩。当今社会被认为是一个信仰普遍缺失的社会，人们信仰的内容也是林林总总，五花八门，如天人合一信仰、上帝信仰、佛信仰、科学信仰等，对权利、地位、金钱、声誉、美色等的痴迷和崇拜也可以是信仰，甚至及时行乐、得过且过等也可能成为信仰。但从本质上说，信仰应是人们对生活所持的某些长期的和必须加以捍卫的根本价值，伴有深厚的情感体验。人类的信仰活动与情感有着天然的联系，其中关系最为密切的是三种深层情感——依赖感、神秘感和神圣感。

依赖感（feeling of dependence）可以说是人与生俱来的一种情感，表现为对父母及其他被依赖者的依赖、依恋、恭顺等。依赖感是一切信仰不可或缺的心理基础。西方一些神学家和唯心主义思想家针对依赖感根深蒂固的状况，称之为人的“宗教天性”，认为它是由上帝安置在人的心中，用以适应人的宗教信仰的。这种说法显然是错误的。人类依赖感的形成与发展经历了漫长的社会历史过程，因而成为人性中极为深刻、稳定的组成部分，并在人的自然生活和社会生活中日益复杂与扩展，由儿童式的对某一具体对象的依赖扩展为为整个生命寻找某种根本的庇护和归宿的愿望，由生存中的客观需要变为一种心理上的主观需要。这种愿望和需要成为各类信仰的情感基础。

神秘感（feeling of mystery）是人类在面对未知、陌生现象以及死亡时的一种普遍心理感受，就像儿童孤独地身处黑暗时的反应一样，人类极易产生惊讶、焦虑、惊恐的紧张情绪和探知其究竟的好奇心以及想迅速告诉他人的强烈欲望。“神秘”一词，顾名思义，即神的秘密，也即人所不能知晓的秘密。人类的神秘感是伴随着人类的认识能力和知识积累一同产生和发展起来的。科学，尤其是近代科学极大地消解了人类的神秘感，对于人类的心灵是一次伟大的解放。人们在现代科学提供的知识基础上为宇宙和自身的存在重新作画，并认为其中的秘密已经不多，而这不多的秘密的揭示也只是时间的问题；甚至在一段时期内，人们认为科学能解决一切问题。这样一来，科学就代替了信仰，甚至其本身就成了信仰。

神圣是人类社会中最高尚、最伟大的荣誉；凡被称为神圣的一切，无论思想、人物、事物还是事件，都被罩上极其崇高庄严的光环，令人崇敬，令人神往，而不容有丝毫的冒犯和亵渎。信仰的神圣性乃建基于人的神圣感。**神圣感**（feeling of holiness）是恐惧与崇敬的混合与升华，也是精神对人类自身的净化与超越。这种情感形成于人类漫长的自然生活、社会生活及道德生活中。在这一过程中人类不仅过上了有道德的生活，而且也养成了道德的天性——神圣感。在神圣感的驱使下，人可以摒弃世俗的私利，甚至牺牲性命去完成艰苦卓绝的使命。

要指出的是，上述三种主要情感与信仰的关系，每一种都有二重性，既可以指向所谓天国的信仰，也可以指向人世的“自由王国”的信仰。在一定的意义上，可以说它是人生历程的“双刃剑”，且在社会转型期表现突出。这是个远远超出自然生理的范畴的，需要哲学、心理学、伦理学、社会学等多种学科研究的一大难题。（采自冯天策，2004）

第四节 表 情

情绪总是或隐或现地有行为表现。人的许多情绪体验可能有明显的外部表现，如高兴时笑容满面，悲哀时哭丧着脸，但有些情绪可能只有内心的感受而无明显的行为表现。特别是人通过学习对情绪的表现具有自我控制能力后，许多情绪往往不表现在明显的外部行为上。情绪在有机体身上的外显行为称为情绪表现，也称**表情**（emotional expression）。它包括情绪在面部、言语和身体姿态上的表现，分别称为面部表情、语调表情和身段表情。在高等动物的种属内或种属间，表情起着通信的作用，如求偶、顺从、维持接触行为的信号，以及警告、求救和威胁的信号等。在人类社会中，表情，特别是面部表情，是人际交往的一种重要工具。

一、文化与表情

（一）表情的先天遗传性

情绪表现具有先天遗传模式。世界上所有的儿童在受伤或悲哀时都哭泣，快乐时都发笑。刚出生就双目失明的盲童不可能通过学习来模仿别人的表情，对他们的研究表明，随着成熟，和不同情绪有关的面部表情、姿势和手势自然会显现出来。

图15-6　表情的原始意义

达尔文（Darwin，1872）在其《人和动物的表情》一书中认为，人类的情绪表达是从其他动物的类似表达进化而来的。如图15-6所示，我们的情绪表达有着许多原始的印记，显示了某些生存价值的遗传模式。达尔文通过仔细观察自己孩子的表情，并比较世界上各种隔离文化中不同人们的表情，来论证自己的论点。他的基本逻辑是，全世界的人，不论相互多么隔离，如果都表现出相同情绪的面部表情，那么这种表情一定是遗传的，而不是习得的。比如，在彼此遥远且相互隔离的不同文化背景下，人们发展出不同的语言，因此，语言是人为的产物，是习得的。而不同文化的人表达相同情绪的表情却相当一致，这说明表情是遗传的。

有些面部表情似乎全世界都是一样的，代表着相同的意义，而与个人的文化背景无关。在埃克曼和弗里森（Ekman & Friesen，1975）的一项研究中，把几种面部表情的照片给五种不同文化背景（美国、巴西、智利、阿根廷和日本）的被试观看。结果表明，他们很容易指出每种表情所代表的情绪（表15-3）。关于表情是天生固有的观点，还可以从婴儿的情绪表现中得到证明。观察发现，出生不久的婴儿，不但面部表情丰富，而且也能辨认甚至会模仿别人的表情。一般心理学家的看法是，人类这种与生俱来的情绪表达能力是与生存需要紧密相关的。婴儿微笑会讨人喜欢，从而获得成人的关爱；婴儿有恐惧、厌恶的表情，会引人注意，从而保护其免于危险。伊扎德等（Izard et al.，1995）的研究发现，当母亲和出生 10 周的婴儿进行愉快或不愉快的交流时，婴儿会出现愉快、感兴趣或悲伤、发怒等表情。孟昭兰（1989）的研究也表明，成人基本情绪的面都表情在很大程度上保持了自儿童时期以来的原始模式，人们的面部表情具有一致性和继承性。

表15-3　不同被试对表情判断的符合百分数　　单位：%

	愉快	厌恶	惊奇	悲哀	愤怒	恐惧
美国（99 人）	97	92	95	84	67	85
巴西（40 人）	95	97	87	59	90	67
智利（119 人）	95	92	93	88	94	68
阿根廷（168 人）	98	92	95	78	90	54
日本（29 人）	100	90	100	62	90	66

甚至与世隔绝的前文化部族人，与西方文化毫无接触，也能正确地判断西方人的面部表情。埃克曼和弗里森（Ekman & Friesen，1971）以新几内亚偏远部族的弗尔人为被试，他们没有接触过西方文化（没有看过电影，也没有为其他文化的人干过活）。研究中采用描述情绪的小故事来代替关于情绪的词汇。先告诉被试一个短小的故事，然后呈现三张西方人不同情绪的面部表情的照片，让他们选择。结果表明，除惊奇和恐惧易混淆外，他们都能相当准确地鉴别面部表情（表情鉴别的准确度为：愉快 92%，悲哀 79%，愤怒 85%，惊奇 68%，恐惧 43%）。在第二项研究中，埃克曼和弗里森先要求弗尔人设想如果遇到故事里的情境会产生什么情绪，并做出相应的面部表情。然后，对这些表情进行录像，带回去让美国大学生辨别。结果，除了惊奇和恐惧外，美国大学生也能相当准确地鉴别面部表情（Ekman，1980）。

在情绪心理学家看来，面部表情是最敏感的情绪发生器和显示器。其基本假设是，情绪的完整机制是脑的各级水平的神经活动，面部肌肉运动、面部—

脑反馈、情绪体验的整合活动这三种成分是相对独立的，同时又有机地结合在一起，从而产生情绪活动。汤姆金斯（Tomkins，1970）假定存在八种原始的情绪，即兴趣、欢乐、惊奇、痛苦、恐惧、羞愧、轻蔑、愤怒，并假定每种情绪都是在皮质下神经（丘脑）的控制下出现的一种面部肌肉反应，因而有相应的**面部表情模式**（pattern of facial expression）（表15-4）。这种模式被认为是先天预存的，不仅在不同文化背景下均可见到，在先天盲者中也有基本相同的表现。

表15-4　不同情绪的面部模式

情绪	面部模式
兴奋	眉眼朝下，眼睛追踪着看，倾听
愉快	笑，嘴唇朝外、朝上扩展，眼笑（环形皱纹）
惊奇	眼眉朝上，眨眼
悲痛	哭，眼眉拱起，嘴角朝下，有泪、有韵律的啜泣
恐惧	眼发愣，脸色苍白，脸出汗，发抖，毛发竖立
羞愧—羞辱	眼朝下，头低垂
轻蔑—厌恶	冷笑，嘴唇朝上
愤怒	皱眉，眼睛变狭窄，咬紧牙关，面部发红

（二）表情的社会制约性

基本情绪的表现具有先天遗传性，但它们的具体表露受社会文化因素的制约。例如，西欧和美国人以亲吻表示亲切，中国人吐舌头表示惊奇，日本人以微笑表示抱歉，世界上很流行以V字形手势表示胜利的决心，可北美人竖起大拇指和表达OK的手势在某些特定的文化中则表示侮辱。这类例子俯拾即是，充分说明了情绪表现受文化因素的影响。而且，似乎情绪越复杂，这种影响就越明显。

我们的情绪表现能被他人识别，且情绪表现又具有一定的社会价值，因此，人们在何种场合表现出何种情绪是后天学会的。有时我们力图掩盖自己的真正情绪，有时力图夸大或修饰我们的表情，有时我们甚至故意表现出与内心情绪完全相反的表情，这些现象称为情绪的“表露规则”。于是，决定特定情绪之面部肌肉运动模式的因素除了生理因素之外，还有社会文化因素，即这种运动模式受表露规则控制。例如，微笑就是一种情绪反射的社会现象。投球手投球得分时面无笑容，但当他们转向同伴时露出了微笑。甚至奥运会冠军在等待颁奖仪式时也是面无笑容，当与奥委会官员交流，或面对公众和镜头时，他们却笑了。

表情的性别角色社会化也很说明问题。首先，女性更为情绪化。一项对来自全世界 26 个不同文化背景的 23 000 个被试的研究表明，女性相对男性更多地报告她们对情感的开放性（Costa et al.，2001）。再者，女性也更容易表达移情。研究者让男女学生观看关于悲伤（父母将死的孩子）、快乐（喜剧）或恐怖（一个男人从高楼上摔下）的电影短片，然后把他们的表现拍成录像，从中观察发现，女生对每一种短片都反应得更明显（Kring & Gordon，1998）。在表达情绪时，男性和女性也是不同的。研究者要求学生回忆和叙述他们愉快、悲伤和愤怒的时光，结果发现女生在回忆快乐时几乎用了三分之二的时间，而男生只用了不到一半的时间，同时男生传达愤怒情绪略超过女生（Coats & Feldman，1996）。有研究结果表明，男女对特定情境有不同的情绪感受。例如，描述毕业与朋友分别时的感受，更多的男性简单地说“我感觉不好”，而女性表达了更为复杂的情绪，“我感到苦乐参半，我既高兴又难过”（Barrett et al.，2000）。还有研究抓拍了一组大学生在读笑话时的面部表情（傻笑，头摇摆，眉毛上扬），再把它们剪辑成没有性别特征线索的头部特写，观察者通常还是能从表情中发现性别的不同（Hill & Johnston，2001）。

不同文化背景的人，尽管其基本情绪都有一致的面部表情，但是在情绪表达上表现出程度上的不同。在鼓励个性化的文化中，如西欧、澳大利亚、新西兰和北美，人们关注自己的目标和态度，并据此表达他们自己，他们的情绪表现通常是强烈而持久的。当看到电影中有人的手被切割时，美国人做出痛苦的表情（不管是独自一人还是有其他的观看者）。而当有人在场时，日本的观众则会隐藏他们的情绪（Triandis，1994）。亚洲人通常不表现负性的和自我扩张的情绪，因为这可能损害与亲密群体共有的情感。此外，亚洲及其他文化强调人与人之间的社会关系和相互依存，因此像同情、尊敬和羞耻这样的情绪都表现得比西方普遍（Markus & Kitayama，1991）。

二、情绪识别

当我们与他人相互交往的时候，不管是不是面对面，我们都在不断地表达情绪，同时也在观察并解释对方做出的表情。**情绪识别**（recognition of emotion）就是通过分析表情及其发生的情境来了解表情的性质和含义。情绪识别实际上并不是针对表情本身，而是针对它背后的意义。例如，皱眉可能是一种情绪表现，我们见到这种**面部表情**（facial expression），就试图解释它背后的情绪。尖锐、短促、声音嘶哑可能是一种情绪表现，我们听到这种**语调表情**（intonation expression），就试图解释它背后的情绪。捶胸顿足可能是一种情绪表现，我们见到这种**身段表情**（body expression），就试图解释它背后的情绪。在人际交往过程中，情绪的表达和识别十分迅速及时。那么，人是借助于哪些线索来识别他人情绪的呢？

俗话说“眼睛是心灵的窗户”，这句话有两层含义：其一，个人借助于眼神的变化把内心的情绪变化表露出来，其二，别人从他的眼神变化中了解到他内心的情绪感受。当然，眼神再伴随着面部表情时，将更明确地表露出情绪。以面对面的谈话情境为例：如果对方目光向你正视并面带微笑，就表示他对你态度友善，且欣赏你谈话的内容；如果对方只是目光正视你而对你的谈话毫无反应，就有可能表示他对你不太欢迎。当然在目光相对的情形之外，也会有侧目而视的表情。侧目而视的表情可能有三种含义：一是表示敬畏，二是表示嫉视，三是表示怒视。虽然眼睛似乎是面部最能传达情感的部位，但也很难孤立地起作用。如果用一张硬纸挡住你的面部，只露出两只眼睛，然后让别人来识别你所做出的各种表情，结果会很难识别。可见，情绪识别是要借助许多线索的，单说面部表情的识别就还要借助面部那些活动性更大的肌肉群的运动来实现。通过考察不同情绪脸谱的差异，研究者发现人们容易从眼睛中看出恐惧和愤怒，从嘴巴中看出愉快（Kestenbaum，1992）。

根据一般经验，有人面部表情比较丰富，有人面部表情比较呆板，于是就产生了“喜怒不形于色”的人是否善于情绪自我控制的问题。心理学家研究发现，人脸两边的表情是不一样的，左半脸要比右半脸的表情来得明显而多变化，较为自然（Best & Queen，1989）。这是大脑两半球交互控制所致。右半脸表情之所以较为刻板，是因为受到大脑左半球神经系统的控制，而对一般人而言，左半球的控制力较右半球为大。因此，在面对面谈话时，要想根据对方面部表情推测他内在的情绪，不妨多注意对方的左脸，以了解他说话时的真正心情。

面部表情的识别如果能和身段表情结合起来，那就更有利于准确地判断情绪状态。识别身段表情，其中双手的表情占着很重要的地位。人们识别双手表达情绪的准确度可以达到和识别面部表情一样的水平。在日常生活中，即使我们看不清一个人的面孔，但只要能看清他的身体动作，也能了解其情绪状态。曾有心理学家做过这样一个实验，让大学生在暗室看一个舞蹈的录影带。舞者所穿的衣服上挂满了小灯泡，起舞时在全暗的舞台上表演，台下人看不到舞者的面部表情，只看到灯光活动所代表的身体动作。舞蹈本来就是借助于身体动作表达内心的感情。结果发现，在这种消除了面部表情和舞者体态状貌等影响因素的情境下，大学生们仍然能够根据舞者的身体动作正确辨别其所表达的情绪（Walk & Homan，1984）。

语调表情的重要性也不可低估。同样一句话，由于说话者口气腔调的不同，往往可以使人就说话人的情绪做出相当准确的识别，而听话人的感受也因之而有很大差异。歌唱家、演说家主要就是靠他们的声音来打动听众的。

正常成年人的情绪表现是可以随意调节的，可以加强它，也可以抑制它。情绪可以在没有表情的情况下产生，表情也可以在没有情绪体验的情况下出现。例如，在并不喜爱的情况下可以满脸堆笑，在真正气愤的情况下可以装出心平气和。不过，人们想掩盖强烈的情绪体验往往是难以完全做到的。埃克曼和弗里森（Ekman & Friesen，1974）研究过这一现象。他们安排被试观看一部让人产生不愉快感的影片，内容涉及一个女生被截肢。接着，研究者要求一部分被试在交谈时假装看了一部愉快的影片，同时录制他们交谈时的表情（面部或身体）。然后，再要求另外的人判断录像中的这些被试哪些是诚实的，哪些是虚假的。结果发现，观察身体姿势比观察面部表情更容易判断出谁是虚假的，谁是诚实的。这项研究表明，面部是言语信息最好的传递者，脚和腿是最坏的传递者，手和手臂处于二者之间。可能的原因在于人们在日常生活中会更加注意和学习面部表情的控制，而很少对脚和腿的运动控制加以注意。

情绪识别是一种复杂的认知过程，包含观察、分析、判断、推理等。而情绪识别的准确度受多种因素的影响。一般来说，人们最容易识别快乐和愤怒，而识别恐惧、哀痛、厌恶等则显得比较困难。根据情绪行为的前后关系来识别情绪，准确度高；而孤立地识别情绪，准确度低。情绪识别还容易受暗示的影响。经验也对情绪识别起作用。呈现一系列的面部表情，包括悲伤、恐惧和愤怒，受过生理虐待的儿童比其他儿童更快地看到愤怒的表情。呈现一张60%恐惧和40%愤怒的脸谱，生理上受过虐待的儿童比未受过虐待的儿童更容易将它感知为愤怒（Pollak & Kistler，2002）。对情绪的识别存在着个体差异。罗森塔尔等（Rosenthal et al.，1979）通过给被试呈现上百组关于人们面部表情和身段表情的电影剪辑，有时还加上一些混淆是非的声音，发现在观察情绪方面一些人要好过另一些人。内向的人能较好地解读他人的情绪，而外向的人的情绪更容易被察觉（Ambady et al.，1995）。在解读人的情绪线索时，女性一般都优于男性（Hall，1987），这种优势还使得她们更善于识别谎言（DePaulo，1994）。儿童对情绪的识别，准确度不及成人，但随年龄增长，准确度会提高，12～14岁似乎有一个显著的发展变化时期（黄希庭、张庆林，1991；彭聘龄等，1985；王垒、孟昭兰，1986）。

【专栏15-4】

识破欺骗

很多人都发现识别欺骗性的表情很难。那么，我们能通过学习而更好地识破欺骗吗？

埃克曼和奥沙利文（Ekman & O'Sullivan，1991）要求39名大学生、67名精神病学者、110名法官、126名警察和90名测谎专家去识别谎言。前四组的结果都接近50%。只有作为有经验的测谎专家的第五组突破了50%，但是也只有64%的正确率。在后续研究中，埃克曼等（Ekman et al.，1999）又发现了三种擅长识别谎言的人。当观看人们陈述对某一问题，如死刑所持观点的录像时，联邦法官识别谎言的正确率达到73%，临床心理学家达到68%，洛杉矶的司法陪审员也达到了近67%。凭借个人经验和接受训练，人们可以捕捉到说谎者内疚、失望和恐惧时所泄露的细微表情。

研究发现，通过教会观察者观察说谎时所流露的征兆，比如音调的提高，可以提高他们对情绪判断的准确性。先让部分大学生观看风景片，部分大学生观看惊悚片，然后要求所有大学生都谈论和表现出他们似乎正在观看和欣赏自然风光片。通过训练，观察者区分出说谎还是说实话的正确率达到 86% (Ekman & O'Sullivan,1991)。从道理上说，有很多线索有助于人们识破谎言，因为难以控制的面部肌肉揭示了可能试图隐藏的情绪征兆：仅仅轻轻地上挑眉毛，这一潜意识的动作就揭示了忧伤和烦恼；眉毛上扬并挤到一块儿意味着害怕；眼下部的肌肉活动和面颊的上升表达了一个自然的微笑。假笑，就像我们对一个摄影师的微笑，通常会持续 4～5 秒。假笑时，大多数真实的表情消失了。假笑也比真实的微笑转变和消失得更快。此外，我们还可以通过身体动作和姿态来解读其中蕴藏的情感。比如，坐立不安可能揭示了焦虑或厌倦。研究者已经提出了许多与说谎相关的非直接线索，如在回答之前长时间的停顿、快速的说话、犹豫和很少的说明等 (Vrij et al.，2001)。

如果人们不是设法欺骗我们，我们是能够较好地识别谎言的，因为我们的大脑是相当神奇的情绪探测者。有研究发现了这一神奇的现象：实验是观察教师与以前未曾见过面的儿童的谈话。给被试呈现仅仅 10 秒有关教师与儿童对话时的声音和表情的录像剪辑，这就给年轻或老年的观察者提供了足够的线索，以确定这位教师是否喜欢和爱护这个儿童。教师可能认为自己能隐藏自己的情感，并保持客观，但学生能感觉到教师的表情和姿态所蕴含的意义 (Babad et al.，1991)。

情绪的细微面部特征可能会促使产生测谎的新方法。比如，给予轻微的情绪刺激，与你面部肌肉相连接的电极就可能测出你隐藏的反应 (Tassinary & Cacioppo，1992)。你的脸可能看起来没什么不同，但是皮肤的电压变化揭示了潜在的微小肌肉的微笑或不满，并能揭示出皱眉反应是坏的心境还是聚精会神。

如今，网络欺骗也成了一个新问题。体态、面部表情和语调在以电脑文字为基础的网络交流中是不存在的，因而在通过网络来传达严肃的、愚弄的或者是讽刺的信息时，就缺乏了语调表情上的细微差别。研究表明，交流者常常认为不管是邮件或是聊天，他们原本“仅仅开个玩笑”，但事实上经常发生由于没有预见到非言语线索而导致误解（Kruger & Dunning, 1999）。虽然电子邮件和网络讨论等也可以运用“情绪”符号，比如“：—）”表示高兴，而“：—（”表示不悦，但是缺乏对于身份、人格和年龄的非言语线索。没有人知道你的长相、声音及背景，仅仅通过你的语词来判断你，结果，当网友第一次见面时，人们常常会觉得受骗了。

第五节　情绪理论

情绪、情感问题，早先被哲学家、文学家，后来被神经生理学家、心理学家所重视。我国古代思想家曾有过许多论述。例如：“性之好、恶、喜、怒、哀、乐谓之情”，“性者，天之就也；情者，性之质也”（荀子）；“情，波也；心，流也；性，水也”（关尹子）；“性之有动者谓之情。性之有喜怒犹水之有波浪”（程颐）；“性是未动，情是已动，心包含已动未动”（朱熹）。他们都把情绪、情感看作性或心的波动状态。在心理学上，除格式塔心理学家外，几乎所有心理学派别都很重视情绪的研究，并以自己的理论观点来解释情绪。构造主义把感觉和情感作为心的基本元素，机能主义把情绪定义为“机体再调整”，行为主义把情绪看作“遗传的模式反应”，而精神分析学派则把注意力集中在本能和焦虑问题上。由于情绪问题的复杂性以及研究者的观点和方法上的不同，现代心理学家对情绪的解释是多种多样的。这里仅讨论几个较有影响的情绪理论和当前的某些研究趋向。

一、詹姆斯和兰格的外周情绪理论

心理学上最早对情绪提出系统理论解释者，当推 19 世纪末美国先驱心理学家詹姆斯。差不多在同一时期，丹麦生理学家兰格（C. G. Lange）提出了与詹姆斯类似的情绪理论。后来把他们的理论合称为**詹姆斯-兰格情绪理论**（James-Lange theory of emotion）。詹姆斯（James，1884）说："常识告诉我们：我们失去财产，觉得难过并哭泣；我们碰上一只熊，觉得害怕而逃跑；我们受到一个敌手的污辱，觉得发怒而打起来。这里我们要为之辩护的假设是：这样的序列是不正确的，这一心理状态不是直接由另一状态引起的，在两者之间生理表现必须首先介入。更合理的说法是：我们觉得难过是因为我们哭泣，发怒是因为我们打人，害怕是因为我们发抖。而并不是因为我们难过、发怒或害怕，所以才哭、打人或发抖。没有随着知觉的生理状态，则知觉便纯粹是认知性的，是苍白无彩色的、缺少情绪温度的。于是，我们或许会看到熊而决定最好是逃跑，受了侮辱而认为去打击对手是对的，但我们并不真正觉得害怕或发怒。"在詹姆斯看来，情绪就是对外周机体变化的觉知。兰格（Lange，1885）认为："血管运动的混乱，血管宽度的改变，以及与此同时各个器官中血液量的改变，乃是激情真正的最初的原因。"他认为，随意神经支配加强和血管扩张的结果，就产生愉快，而随意神经支配减弱，血管收缩和气管肌肉痉挛的结果，就产生恐惧。兰格说："假如把恐惧的人的身体症状除掉，让他的脉搏平稳，眼光坚定，脸色正常，动作迅速而稳定，语气强有力，思想清晰，那么，他的恐惧还剩下什么呢？"在兰格看来，情绪就是对机体状态变化的意识，只不过与詹姆斯看重骨骼肌肉系统的活动不同，兰格看重的是血液及内脏系统的变化。詹姆斯和兰格的情绪理论引起了一系列的实验研究，因为这一理论起码有如下三方面的含义需要实验证明。

（1）如果对外周生理反应的知觉就是情绪，那么每一种情绪都应有不同的生理唤醒模式。例如，愤怒的生理反应模式应当不同于惧怕的生理反应模式。因为如果生理反应模式无差别，那就无法区分两种情绪。近来的研究资料表明，自主神经系统的生理反应模式有可能随不同情绪状态而异。例如：愤怒和惧怕虽然都导致心率加快，但愤怒时手脚血流量增多，惧怕时手脚血流量减少；当人心理上"解除"不同的情绪体验时，自主神经系统的生理反应也不同（Ekman et al.，1983）。然而，反过来，对不同外周反应的知觉是否就导致人产生不同的情绪体验呢？这方面，西方心理学家曾做过许多实验，但无法得到明确的结论。

（2）如果对外周生理反应的知觉就是情绪，那么剥夺身体的外周生理反馈，人就不应该体验到情绪。有人通过对脊髓受损伤士兵的研究，探讨了这一问题。脊髓被截断后，损伤点以下部位的感觉就不能传递到脑。因此，脊髓损伤部位越高，反馈感觉就越少。研究表明，脊髓受伤者仍有情绪体验，但强度降低了。脊髓高位损伤的那些病人说，他们能做出情绪行为，但感觉不到情绪（Hohmann，1966）。这一结果说明，没有外周生理反应的广泛反馈，情绪照样出现，但反馈量与情绪强度密切相关。

（3）如果对外周生理反应的知觉就是情绪，那么倘若有人有意识地使外周生理反应出现，则与这种反应相联系的情绪也应该出现。关于**面部反馈**（facial feedback）的研究对这一问题做了某种回答。埃克曼等（Ekman et al.，1983）要求职业演员移动特定的面部肌肉或五官位置，结果发现，面部结构的不同形状导致和正常情绪反应相似的自主神经系统的生理反应，并且面部结构的不同形状导致不同的反应模式。在另一项研究中，90%的非演员被试也报告他们体验到了与面部表情相应的情绪。有趣的是，惧怕、愤怒、厌恶、悲伤的表情起作用，而笑容并不产生这种效应。或许还是因为人们平时经常把笑容作为社会交往的工具，与其他表情相比，笑容较少和情绪体验相联系（Ekman，1985）。这些研究看来是支持詹姆斯和兰格的理论的。但是，面部表情总是和以往的情绪体验相联系的，这些结果很可能是通过记忆的激活来唤醒与此表情相联系的情绪的。

看来，事实并非像詹姆斯和兰格的理论所断言的，除去对外周生理反应的知觉，情绪就不会产生。外周生理反应显然不是情绪的唯一来源。

【专栏15-5】

“笑”对人生

图15-7是本章多次提到的美国情绪心理学家埃克曼（Paul Ekman，1934—），美剧《别对我说谎》就是以他为原型创作的。请看图，哪个“微笑”是假的，哪个是自然的？不难看出，右边的微笑呈现了自然微笑的面部表情。如果假装露齿而笑，你能感受到“微笑治疗”的效果吗？

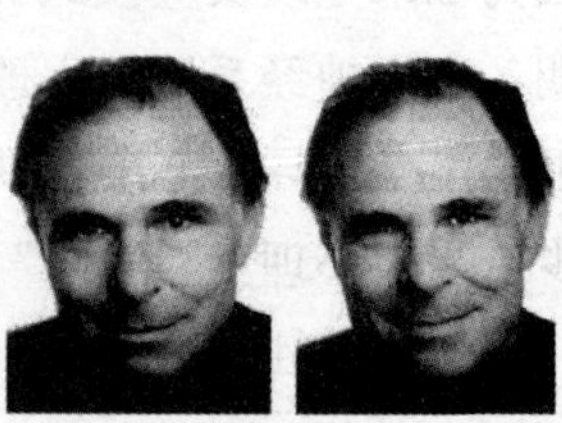

图15-7　埃克曼的微笑

在许多实验中，被试切实感到了不同。比如，研究者要求学生被试“收紧面部肌肉”和“把眉毛聚在一起”，就会巧妙地致使他们做出皱眉的表情（假设是帮助研究者做面部电击）。其结果是，学生报告说感觉到有一点儿愤怒（Laird et al.，1989）。与此相似，学生报告，微笑会使他们感到更快乐，会觉得卡通片更幽默，并比皱眉者回想更多快乐的记忆。要求被试用面部肌肉模拟其他基本表情时，他们也能体验到这些情绪。比如，让被试做一个恐惧的表情，“眉毛上扬，眼睛睁大，头靠后，以使你的下巴微微收起，并且让你的嘴放松，同时微微张开”，被试报告感受到更多的恐惧而不是愤怒、厌恶或悲伤（Duclos et al.，1989）。因此，通过动作能够唤醒情绪。

研究表明，同时控制表情和姿态，行为反馈的效果更好（Flack et al.，1999）。比如，要产生愤怒的情绪，就可以按照研究中的指导语行事：“使你的眉毛聚拢并朝下。咬紧牙关，并紧闭双唇。在你的膝盖下方，把你的脚放平在地板上，将你的前臂和手放在椅子的扶手上。现在握紧拳头，并使你的身体前倾。”按下述要求做则会感觉更快乐：“使你的嘴角向上并收回，使你的嘴略微张开。在椅子上尽可能坐直。把你的手放在扶手末端，确保你的腿放在你前方，膝盖弯曲，脚正好在你的膝盖下。”

如果表情和姿态能引发情感，那么模仿别人的表情是否有助于我们感同身受呢？实验证明了这一点。研究者要求一些学生当看到他们所观察的人遭到电击时做出痛苦的表情，而对另一些学生不做要求。结果，呈现电击时，做表情的观察者比不做表情的观察者出汗更多，心跳更快（Vaughn & Lanzetta，1981）。所以，要使我们更具同情心，就要去体验他人的感受，而一种巧妙的方法是，让你自己的脸去模仿他人的表情。

达尔文（Darwin，1872）认为，情绪的外显特征的自由表达会强化情绪本身……表现暴力的手势将会增强其愤怒。詹姆斯（James，1890）说：“拒绝表达一种激情，它就会消失……如果我们想控制我们不期望的情绪倾向，我们必须……通过做一些想要形成的相反情绪的外部活动而达成。”回到最初的问题，以微笑面对生活吧！

二、坎农和巴德的丘脑情绪理论

最先对詹姆斯和兰格的理论提出批评的是坎农（Cannon，1927）及其弟子巴德（P. Bard）。他们关于情绪的理论称为**坎农-巴德情绪理论**（Cannon-Bard theory of emotion）。他们认为：（1）内脏是相对不敏感的器官，其反馈很差，仅依靠内部器官的反馈，我们不可能区分所体验到的多种情绪；（2）在非常不同的情绪状态下会出现相同的内脏变化；（3）人为地引起某种强烈情绪的典型内脏变化，并不产生相应的情绪；（4）内脏变化太慢，不能成为情绪体验的来源，因为情绪变化是爆发性的；（5）使内脏完全脱离中枢神经系统并不改变情绪行为。与此同时，他们认为，自主神经系统的生理反应无助于情绪的发生，情绪的产生是大脑皮质解除丘脑抑制的功能，即激发情绪的刺激由丘脑进行加工，同时把信息输送到大脑及机体的其他部分。输送到大脑皮质的信息产生情绪体验，输送到内脏和骨骼肌的信息激活生理反应。身体变化和情绪体验是同时发生的，而情绪体验是由大脑皮质和自主神经系统共同激起的结果。

坎农和巴德的理论强调大脑皮质解除丘脑抑制的机制，对将情绪的外周性研究推向中枢机制的研究具有积极意义。后来，人们也确实发现下丘脑有所谓"快乐中枢"和"痛苦中枢"。

三、沙赫特和辛格的激活归因情绪理论

美国心理学家沙赫特（Stanley Schachter，1922—1997）和辛格（Jerome Everett Singer，1934—2010）提出的**情绪归因论**（attribution theory of emotion）认为，情绪既来自生理反应的反馈，也来自对导致这些反应的情境的认知评价。因此，认知解释两次起作用：第一次是当人知觉到导致内脏反应的情境时，第二次是当人接受到这些反应的反馈时把它标记为一种特定的情绪。沙赫特认为，脑可能以几种方式解释同一生理反馈模式，给予不同的标记。生理唤醒本来是一种未分化的模式，正是认知过程才将它标记为一种特定的情绪。标记过程取决于归因，即对事件原因的鉴别。人们对同一生理唤醒可以做出不同的归因，产生不同的情绪，这取决于可能得到的有关情境的信息。

不少实验支持沙赫特的观点，生理反应和对这种反应的标记都在情绪中起作用。沙赫特和辛格（Schachter & Singer，1962）做过一个很有名的实验。他们给被试注射一种药物，并告知这是一种复合维生素，目的是测定这种新药对视力的影响。但实际上注射的是肾上腺素和食盐水。注射肾上腺素能引起心跳加快、血压升高、手发抖、脸发热等情绪生理反应。被试分为三组，即正确告知组、错误告知组和无告知组，分别给予不同的指示语。对于正确告知组，主试告诉他们注射这种新药会出现心跳加快、手发抖、脸发热等反应。对于错误告知组，主试有意错误地告诉他们注射这种新药可能无感觉，也可能会发麻、发痒、头痛等。对于无告知组，主试什么也没有告诉他们。注射食盐水的所有被试都列为无告知组。然后，人为地安排了两种实验情境：一种是欣快的环境，另一种是愤怒的环境。所谓欣快的环境，指主试的助手（这个助手是受过训练的，他和被试在一起，被试以为他也接受同样的注射，在同样的情况下参加实验）同被试一起唱歌、玩耍和跳舞。所谓愤怒的环境，指主试的助手当着被试的面对主试要他填写的调查表表示极大的愤怒，不断咒骂、斥责并把调查表撕得粉碎。实验后，主试向被试询问当时的内心体验。结果如表15-5所示，错误告知组的反应最容易受助手的高兴所感染，正确告知组的反应不容易受环境气氛的影响，无告知组的反应则介于上述两组之间。同样，他们对愤怒的环境的反应也是一样的。该实验说明：注射肾上腺素虽然引起了典型的情绪唤醒状态，但它的单独作用不能引起人的情绪；同样，环境因素也不能单独决定人的情绪。在这里，认知对人的情绪的产生起着决定性的作用。处于生理唤醒状态的错误告知组，因对其自身的生理状态不能做出恰当的说明，他们环视周围环境，以求得某些说明的线索，同时又认为自己之所以体验到这种生理反应，乃是由环境的气氛所致，于是就把自己的生理状态与环境线索相适应说成是欢乐或愤怒。正确告知组由于已经具有说明自己生理反应的信息，便不去寻找环境中的线索。无告知组从主试那里什么信息也没有得到，完全按自己的评价做出反应。

表15-5　沙赫特和辛格的实验设计及结果

被试		行为反应	
		欣快气氛	愤怒气氛
注射肾上腺素	正确告知组	几乎不受影响	几乎不受影响
	错误告知组	高度受影响	未研究
	无告知组	一定程度上受影响	一定程度上受影响
注射食盐水	无告知组	稍微有点儿受影响	稍微有点儿受影响

于是沙赫特和辛格认为，情绪是认知因素和生理唤醒状态两者交互作用的产物，因而沙赫特和辛格的情绪理论又称**情绪二因论**（two-factor theory of emotion）。实际上，在上述实验中，认知对情绪可能有三种作用，即：对情绪刺激的评价和解释，对引起唤醒原因的认知分析，对情绪的命名以及对所命名情绪的再评价。

四、阿诺德和拉扎鲁斯的认知评价情绪理论

认知评价情绪理论（cognitive evaluation theory of emotion）是由美国心理学家阿诺德（Arnold，1950）提出的，后又为美国应激理论的现代代表人物之一拉扎鲁斯（Richard Stanley Lazarus，1922—2002）进一步扩展。该理论也称认知-评估理论、情绪评估-兴奋学说，强调认知评价在情绪中的作用。

阿诺德（Arnold，1950）认为，我们总是直接地、自动地并且几乎是不由自主地评价遇到的任何事物，情绪就是一种朝向评价为好（喜欢）的东西或离开评价为坏（不喜欢）的东西的感受倾向。她认为，评价可以对知觉加以补充，并产生去做某种事情的倾向，任何评价都带有感情体验的成分。其中，记忆是评价的基础。任何新的事物都是按照过去的体验来进行评价的。想象是评价的重要环节。在开始行动之前，当前的情境和有关的感情记忆使我们推测未来。整个评价的复杂过程几乎是在瞬间发生的。拉扎鲁斯（Lazarus，1968）进一步把阿诺德的评价扩展为评价、再评价过程，这一过程包括筛选信息、评价、应付冲动、交替活动、身体反应的反馈、对活动后果的知觉等成分。他建议，对个人所处情境的评价也包括对可能采取什么行动的评价。只要事物被评

价为与个人生活的重要方面有联系，他就会有情绪体验。每一种情绪均包括生理的、行为的和认知的三种成分。它们在每种特定的情绪中各自起着不同的作用，而又相互作用、互为因果。这三种成分的不同组合便构成各种具体情绪模式的特定标志。拉扎鲁斯还强调，个性心理结构（如信仰、态度、人格特征等）是认知因素的一个决定性条件。

阿诺德和拉扎鲁斯的认知评价情绪理论既承认情绪的生物因素，具有进化适应的价值，也承认情绪受社会文化情境的制约，受个体经验和人格特征的制约，而这一切又随时发生在对任何事物的认知评价中。这种理论把现象学的研究、认知理论和情绪生理学的研究结合起来考虑，是较为合理的，有助于推进情绪及情绪与认知关系的研究。

情绪现象极其复杂，心理学家们从情绪的各个不同的侧面，如情绪行为、情绪生理、情绪认知、情绪表现和情绪识别等方面进行研究，并提出了各自的理论解释。当代情绪研究的总趋势是，力图将各种研究成果加以综合，形成一个完整的情绪理论。例如：伊扎德（Izard，1977）认为，情绪这一概念必须包括情绪体验、脑和神经系统的活动、面部表情三个方面，情绪对个性整合提供动机作用；布克（Buek，1985）研究了认知和情绪的相互作用，提出了启动模型；鲍尔（Bower，1981）研究了心境与认知系统相互作用的各个方面，提出了情绪网络模型。

【复习与思考】

1. 解释：情绪，情感，感情，情绪体验，基本情绪，情调，心境，激情，应激，情操，道德感，理智感，美感，表情，面部表情模式，情绪识别。
2. 概述情绪的功能及生理机制。
3. 情绪体验有哪些维度？
4. 如何对情绪进行分类？
5. 情绪状态受哪些因素的影响？
6. 怎样理解表情的先天遗传性和社会制约性？
7. 评述情绪的几种主要理论。

【扩展阅读书目】

1. 孟昭兰主编：《情绪心理学》，北京大学出版社 2005 年版。

2. ［新西兰］K. T. Strongman 著，王力主译：《情绪心理学——从日常生活到理论》，中国轻工业出版社 2006 年版。

3. ［美］保罗·艾克曼著，杨旭译：《情绪的解析》，南海出版公司 2008 年版。

4. ［英］Aldert Vrij 著，郑红丽译：《说谎心理学》，中国轻工业出版社 2005 年版。

第十六章　意　志

第一节　概　述

一、什么是意志

意志（will）是人为了一定的目标，自觉地组织自己的行为，并与克服困难相联系的心理过程。人要达到自己预定的目的，就一定要克服种类各异和程度不同的困难。由于需要克服的困难的差异，意志活动的表现也不同。例如，早上为了按时上课必须起早，为了减轻体重每天少吃一顿饭，高考填报志愿时对选择哪个学校犹豫不决，为了改变家乡的面貌而致力于农村的教育事业，这些行为本身包含有意志活动。

意志活动是有目标的行为。人的有目标行为与动物的行为迥然不同。虽然，动物在适应环境的过程中也作用于周围环境，但它对环境与人对环境的作用，其性质是截然不同的。恩格斯说："如果说动物对周围环境发生持久的影响，那么，这是无意的，而且对于这些动物本身来说是某种偶然的事情。而人离开动物越远，他们对自然界的影响就越带有经过事先思考的、有计划的、以事先知道的一定目标为取向的行为的特征。"① 并进一步指出："一切动物的一切有计划的行动，都不能在地球上打下自己意志的印记。这一点只有人才能做到。"②意志是意识的能动作用，只有人才有意志活动。

但是，也并不是所有自觉的、有目标的行为都有内心意志努力的性质。例如，平时我们随便吃几块饼干，这是有意识的行为，但谈不上意志努力。然而，在著名的上甘岭战役中，我们的战士几天几夜喝不上水，这时吃饼干充饥

①②《马克思恩格斯选集》第4卷，人民出版社1995年版，第382、383页。

就会口干舌燥难以下咽，就要做出巨大的意志努力。所以，意志活动总是与克服困难相联系的。

二、意志与自由

人的意志是不是自由的？在这个问题上，哲学及心理学史上有过两种极端的见解。唯意志论者叔本华和尼采认为，人的意志行为是不受任何东西约束的，可以绝对自由，为所欲为。所谓**自由意志**（free will）是指行为在任何情况下都是受个人意志控制的。行为主义者华生则否认人的意识，否认意志自由，认为人的行为完全是由外界刺激所决定的。前者是极端的唯心论，后者是极端的机械论，都是错误的。

辩证唯物主义认为，人的意志是自由的，但又是不自由的。说它是自由的，因为在一定的条件下，人可以根据自己的意愿自主地选择目的，发动或制止某种行为，按某种方式、方法行事；说它是不自由的，因为人的一切愿望、一切行动都必须符合客观规律，否则，将一无所成。正如恩格斯所说："自由不在于幻想中摆脱自然规律而独立，而在于认识这些规律，从而能够有计划地使自然规律为一定的目的服务。……因此，意志自由只是借助于对事物的认识来作出决定的那种能力。"①

意志自由是有条件的、历史的。恩格斯说："最初的、从动物界分离出来的人，在一切本质方面是和动物本身一样不自由的；但是文化上的每一个进步，都是迈向自由的一步。"②从开始懂得使用火和石头工具的那一天起，人类就向自由迈进了第一步。随着对客观规律的认识越多，越能运用客观规律，人类的意志也就越自由。人类掌握了更多自然界的规律和社会发展的规律，才有可能获得更大的自由。意志的社会历史制约性主要表现在两个方面：一是人的意志的自由度是受社会历史条件制约的，二是人们对意志品质的评价是以具体的社会历史条件为转移的。

一个人掌握的自然科学和社会科学的知识越多，越善于运用客观规律，他对世界的改造也就越主动、越自由。而这种能力的获得又依赖于人的主观努

①②《马克思恩格斯选集》第3卷，人民出版社1995年版，第455、456页。

力，即需要勤奋学习、勇敢探索、不断实践。

三、意志过程

意志过程（willed process）是指意志行动的发生、发展和完成的历程。这一过程大致可以分为两个阶段：采取决定阶段和执行决定阶段。前者是意志行动的开始阶段，它决定意志行动的方向，是意志行动的动因；后者是意志行动的完成阶段，它使内心追求的目标得以实现。

（一）采取决定阶段

采取决定阶段一般包含选择目标、设定标准、制订计划、心理冲突和矛盾、做出决策等许多环节。目标是人的行动所期望的结果。在行动中，个人追求的目标是多样的，有时是明确的，有时则是模糊的，有时是眼前的，有时是较长远的。有时行动追求的目标只有一个，无选择之余地，这时确定目标不会产生内心冲突；有时则有好几个可供选择的目标，选择目标会产生心理冲突，需要做出意志努力。目标确定之后，就要选择达到目标的行动方式和方法，拟订行动计划。对于行动的方式、方法的选择，也有各种不同情况。有时只要一提出目标，行动的方式、方法便可以确定，这无需意志的努力。在通常的情况下，达到目标的方式、方法也要进行选择，比较各种方式、方法的优缺点及可能导致的结果。这时也可能犹豫不决：时而想采取这种方式、方法，时而想采取那种方式、方法，难以下决心。因而，在确定行动计划、做出决策时也会产生矛盾心理，也需要做出意志努力。

（二）执行决定阶段

在做出决定之后，便过渡到执行决定，进入实际行动。执行决定是意志行动的最重要环节。因为即使在做出决定时有决心，有信心，如果不见诸行动，这种决心和信心依然是空的，意志行动也就不能完成。

从做出决定过渡到执行决定，在时间上往往因具体情况的不同而有所不同。有时，在做出决定之后就立即过渡到执行决定阶段。这通常在下列情况下发生：行动的目标和实现行动的方式、方法比较明确具体，完成行动的主客观条件已经具备，而行动又要求不失时机地去完成。例如，在战斗中，做出军事行动的决定必须立即执行。有时，决定是比较长期的任务或是未来行动的纲领，这样的决定并不立即付诸行动，而仅是将来行动的企图。例如，我们准备在暑假完成一篇论文，目标、计划都明确了，决心也下了，但并不立刻行动，因为条件还不完全具备，只是一种打算。

在执行决定的过程中，已经确立起来的决心和信心也可能会发生动摇。这通常发生在下列情况下。一是执行决定时遇到困难，要付出较大的努力，而这与个体已形成的消极的人格特征（如懒惰、骄傲、保守、坏习惯等）或兴趣爱好发生矛盾，从而使决心和信心发生动摇。二是在做出决定时虽然选择了一种目标，其他目标仅受到暂时的压抑，但仍然很有吸引力。在执行决定的过程中，暂时受到压抑的期望又可能重新抬头，产生了新的心理冲突。三是在执行决定的过程中，还可能产生新期望、新意图和方法，它们也会同预定的目标发生矛盾，令人踌躇，干扰行动的进程。此外，有时在做出决定时没有充分考虑到各种主客观条件，没有预见到事物的发展变化，在执行决定时遇到新情况，出现新问题，而人又缺乏应付新情况、解决新问题的知识和技能，也可能使人犹豫不决。这些矛盾都会妨碍意志行动贯彻到底。只有解决了这些矛盾，才能将意志行动贯彻到底，达到预定的目标。

当意志行动达到预定目标时，又会增强克服困难的毅力，提高克服困难的勇气。优良的意志品质正是在克服困难的过程中锻炼和培养起来的。

四、意志的生理机制

意志行动是通过一系列随意运动来实现的。控制机体运动的皮质主要在中央前回。运动区对一定部位肌肉的支配，具有精细的机能定位。大脑皮质运动区由许多呈纵向柱状排列的多细胞单元（“运动柱”）组成。运动区的细胞与皮质的其他部位有广泛的神经联系：来自皮肤、肌肉和关节的冲动以及来自额叶和颞叶等部位的信息，为运动区调节运动提供了所需的信息；“运动柱”内细胞之间的环路使不同层次的细胞广泛作用，对输入信息和指令信息的总和发生反应。大脑皮质的随意运动是通过锥体系统和锥体外系统的协同活动完成的。其中锥体系统的机能是对敏捷灵活的活动进行精细调节，而锥体外系统的机能则主要与调节肌肉紧张、肌群的协调性运动有关。

大脑额叶在意志行动中具有非常重要的意义。大脑额叶是形成意志行动的目的的器官，它随时将活动的结果与预先拟订的计划、目的进行比较。研究表明，额叶损伤的患者丧失了形成行动的愿望，不能独立地产生行动计划，行动的意识调节受到严重的破坏（鲁利亚著/汪青等译，1983）。患者不能借助语言所形成的动机而产生某种行动。例如，用言语指示要求额叶受伤的患者抬起手来，如果这时患者的手放在被子下面，他只是模仿地重复"是，是抬起手……"，却不会先从被子下面把手抽出来，然后再抬起来，不能对自己的动作进行调节。额叶严重损伤时，随意运动程序的机制遭到破坏。这与运动区损伤时，运动的执行环节遭到破坏是不同的。

此外，网状结构在行为的意志调节中也有重要的意义。因为行为的意志调节必须以大脑皮质的优势兴奋中心为前提，要使大脑皮质建立优势兴奋中心必须有高于正常的动力供应，而网状结构则是皮质动力供应的特殊电池和操纵台。

总之，意志行动是大脑许多复杂的神经过程相互作用的结果，其中中央前回运动区和额叶起着十分重要的作用。但是，由于意志活动的复杂性，其生理机制还远未探明。

【专栏16-1】

生存"实验"

这是一项非同寻常的"研究"。它算不上严格意义上的心理学实验，却比任何一个心理学实验都激动人心，因为"实验者"准备付出的代价是自己的生命！

1956年10月20日，一位叫林德曼（Hannes Lindemann，1922— ，图16-1）的精神病学家独自一人架着一叶小舟驶进了波涛汹涌的大西洋。在这之前，已经有不少勇士相继驾舟横渡大西洋，结果均遭失败，遇难者众多。林德曼认为，这些死难者不是从肉体上败下阵来，主要死于精神上的崩溃，死于恐怖和绝望。一个人只要对自己抱有信心，就能保持精神和机体的健康。为了验证自己的观点，他要亲自进行"实验"。

林德曼驾驶的船只有5米长，是目前所知载人横渡大西洋的最小的船。

它设计得适合湖泊、没有急流的河流、平静的沿海水域，有一点儿像远洋航行的帆船。虽然如此，林德曼的小船顽强地抵抗了大西洋的浪涛，尽管曾两次倾覆，他仍数次在飓风中死里逃生。出发前，林德曼装了60罐食物、96罐牛奶和72罐啤酒在这个27千克的小船上。食物和装备把船塞得太满了，没地方放得下一个炉子。旅程中食物不够时，他就只好抓鱼来生吃。在海上航行期间，他的体重减轻了50磅（1磅＝0.453 6千克）。最终林德曼用了72天成功横渡大西洋。

图16-1　首次成功驾舟横渡大西洋的林德曼

林德曼驾着这艘弱不禁风的小船横渡大西洋的时候没有做任何记录，他感兴趣的是我们应对极限条件下的精神紧张的方式。他靠自我催眠和他发明的一种“心理卫生”系统来克服恐慌和想要自杀的绝望。独自在波涛中拼搏了两个半月，不充足的食物，仅能伸直双腿的空间，这些给了林德曼一个机会去试验和改进他的方法。在航行中，林德曼遇到了难以想象的困难，多次濒临死亡，甚至出现了幻觉，有时真有绝望之感。但只要这个念头一升起，他马上就大声自责：“懦夫，你想重蹈覆辙，葬身此地吗？不，我一定能够成功！”生的希望支持着林德曼，最后他终于成功了。他在回顾成功的体会时说：“我从内心深处相信一定会成功，这个信念在艰难中与我自身融为一体，它充满了身体的每一个细胞。”

美国国家航空和宇宙航行局（NASA）的医学专家也对林德曼的经历

感兴趣：人可能比他所使用的装备更快“出问题”，不管是小船还是太空船。林德曼的经历表明，人只要对自己不失望，充满信心，精神就不会崩溃，就可能战胜困难而存活下来，并取得成功。

第二节　意志的心理结构

意志的心理结构是很复杂的，由于研究工作的薄弱，在心理学上至今尚无统一的看法。这里讨论意志结构中几种主要的心理成分。

一、目标

目标（purpose）是个人确立并指导其行为的内部心理表征。个人订出计划来实现目标，并以目的的心理表征来检验行为，了解到自己是否要继续维持某种行为，是否正在接近目标。例如，有人要组织一次重要的商务会议，他就要关注会议的程序、参加会议的人员、必要的会议资料以及总结发言等。这样的预先安排可以使我们的行为合理地指向未来的目标。行为不是由未来引导的，而是由对未来的某种心理表征来指引的。如果心里没有追求的某种表征，人就不可能有目的性行为。我们常常能意识到自己的目标，有时却又不能。例如，许多时候我们能说出为什么要这样做，但有时可能无法解释自己的行为，或给出的是一些为社会所接受的理由而非行为的真实原因。这说明理由和动因是有区别的，前者是指人们给出的解释，而后者则是行为实际的决定因素。

（一）目标的多样性

引导人们行为的目标多种多样。据珀文（Pervin，1983）的研究，目标大致可归纳为五大类，见表16-1。人们所追求的目标可以是复杂的，也可以是简单的；可以是十分重要的，也可以是较不重要的；可以是近期重要的（如玩好这个游戏），也可以是长远重要的（如要成为一个优秀的工程师或想有一个美满的家庭）。还可以把目标分为正向的接近目标和负向的回避目标。一个目标既可以是我们努力寻求获得的东西，也可以是我们力图回避的东西。除了上述的分类外，每个人都还有高度独特的目标和目标结构。几乎任何事情都可能成为某人的目标，要么是想获得的，要么是想回避的。对一个人是很重要的目标，而对另一个人可能只是次要的目标。两个或多个目标在一个人身上可能是协调整合的，但在另一个人身上可能相互冲突。

表16-1 在不同情境的目标评定中被试的目标分类

目标种类	目标样例
自尊、赞许	维持自尊，避免失败；被接受，避免拒绝；事业上进，竞争成功，自我肯定，避免羞愧
放松、快乐、友谊	有快乐感，增进亲密感，放松，建立友谊，给予情感，避免孤独
攻击、权力	伤害某人，避免控制或操纵，避免感情脆弱，影响或控制他人
减少紧张、冲突或威胁	减少焦虑，避免拒绝，避免冲突和不一致，做“正确”的事，避免内疚感，避免责备和批评
感情、支持	给予感情，提供支持和帮助，增进亲密感

（二）目标的组织性

可以把个人追求的目标看成是一个系统。个人追求的目标系统可能是按等级排列的：有些是高层次目标，有些是下属目标。例如，一个人的高层次目标是做一个生活幸福人，另一个人的高层次目标是做一个乐善好施的人，前者的下属目标可能是家庭美满和事业有成，而后者的下属目标则可能是帮助他人和待人诚恳。目标系统结构是可以改变的，较重要的目标也可能变为较不重要的下属目标。目标系统结构一旦改变，意志努力的方向也会做相应的调整。目标系统结构也可能是不协调、相冲突的。个人往往会因目标冲突而感到痛苦，关于这个问题将在“冲突与矛盾心理”中加以讨论。

（三）目标的动力性

朝向目标的行动与积极情绪相联系，而背离目标的行动则与消极情绪相联系。在追求目标的过程中，通过对心理表征的持续关注，一步步地达成子目标，由此而产生的自豪感或羞耻感对行动进行自我强化，使意志行动持续进行下去。为了保持长期的努力，我们必须在头脑中建立目标系统（如划分为近期目标、中期目标和长期目标），并在内心激励自己向着目标不断努力。当我们达成目标并感到满意时，或者当我们评价进一步努力已毫无意义时，就会终止对该目标的追求。无论遇到上述的哪一种情况，另一个目标就会取代先前的目标。人们更多地去追求价值高、实现可能性大的目标，而不去追求价值低、实现可能性小的目标。

在理解目标的动机作用时，应当注意以下三点。(1) 我们的意志行动是非常复杂的，它可以包含对多个目标的追求。例如，我们的求职行动就是由多重原因决定的，包含着多个目标。(2) 同一目标可以通过不同的行动计划而实现，而一种行动也可以表现为对不同目标的追求。实现一个目标不会只有一种途径或计划。(3) 不同性质的目标，其动机作用是不同的。班杜拉(Bandura，1989) 的研究表明，特定的、有挑战性的、现实的和近期的目标比模糊的、无挑战性的、不现实的和长远的目标更有助于自我激发。要增强目标的动机作用，个人设定的目标应该是特定的、对现实有挑战性的，所追求的近期目标是与长远目标相联系的。

目标对行动的成效起着重要的作用。班杜拉 (Bandura，1989) 的研究表明，自己没有设定目标的人比设定了低目标者的努力程度要低，低目标者努力程度又不如高目标者 (图16-2)。自己设定了目标的人会思考、评估采用哪一种行动计划、付出多少努力来达成目标，并依据执行决定进程中有关反馈信息加以调整，努力地逐渐接近目标。在另一项研究中，让被试分别在四种条件(有目标和作业反馈，只有目标，只有反馈，既无目标又无反馈) 下从事一项艰苦的活动。结果如图16-3所示，有目标和作业反馈的被试动机作用大，只有

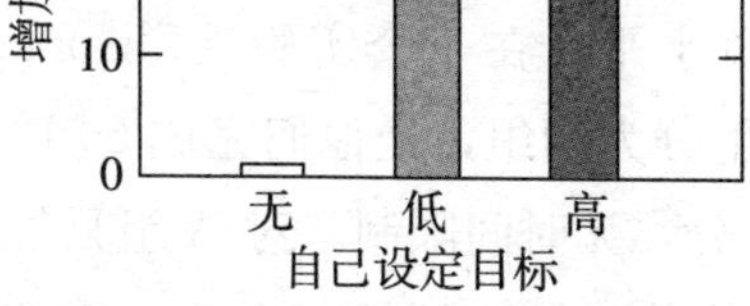

图16-2　目标对活动成效的影响

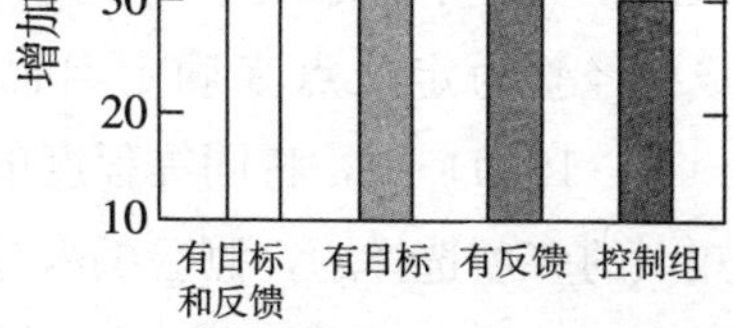

图16-3　目标和反馈信息对活动成效的影响

目标或只有反馈的被试动机作用相似（Bandura & Cervone，1983）。因此，要提高活动的成效，目标和反馈信息都是很重要的因素。

二、抱负水平

抱负水平（level of aspiration）是指个人在做某项实际工作之前估计自己所能达到的成就水平，它与一个人目标的确定和选择密切相关。例如：一个学生在某次考试前估计自己能考 80 分，但结果只考了 70 分，这时就会产生失败感；如果下一次考试仍然还是这样的估计，结果却考了 90 分，这时就会产生成功感。这说明，成就高于抱负时，个人的抱负水平与实际成就之间就会产生“负差”，从而导致成功感；反之，则会产生“正差”，导致失败的主观体验。因此，抱负水平制约着对行动目标的追求。研究表明，下列因素会影响一个人的抱负水平。

（一）自信心

自信心既是过去成功经验的结果，反过来又会在某种程度上促使个人的成功。因此，自信的人通常抱负水平也较高，他们在确定工作任务目标时常常会把任务的实际性和挑战性结合起来考虑。当然，自信心与努力从事的特定领域有关，并且只在该领域内影响抱负水平。

（二）个体成败经验

成功的经验越多、越强烈，以后的抱负水平就会水涨船高。因此，成功的经验一般能导致抱负水平的提高；相反，失败的经验一般则导致抱负水平的降低。失败得越厉害，以后的抱负水平就会降得越低，并且变化也很大。

（三）团体成败经验

个人的成败经验直接地影响个人的抱负水平，团体的成败经验则间接地影响个人的抱负水平。隶属于某个团体的个人，由于缺乏经验，往往以他人或团体的成败经验为定位点来确定自己的抱负水平。在一个实验（Chapman & Volkman，1939）中，将同等程度的大学生分为四组，让他们完成 50 道有关文学知识的多项选择题，测验的满分为 50 分，无时间限制。对 A 组只告知测验的做法；对其余三个组除告知测验的做法外，告知 B 组有文学专长者在该测验上的得分，告知 C 组一般大学生在该测验上的得分，告知 D 组一般工人在该测验上的得分。接着，要求他们自定抱负水平（即自己估计自己在该测验上的得分）。结果，各组的抱负水平有明显差异：D组抱负水平最高，平均值为33.05；B组最低，平均值为23.09；未受暗示的控制组的平均值为26.95。这说明，他人的成败经验影响着个体的抱负水平。实验增加第五组后，在告知他人成绩之前，先让其接受一种类似的测验，并告知其所得分数（即既具备直接经验也具备间接经验）。结果表明，第五组的抱负水平受自己直接经验的影响大于他人的经验。这说明，在确定抱负水平的过程中，自己在缺乏直接的成败经验时才倾向于以他人或团体的经验为定位点。

三、冲突与矛盾心理

意志行动中常常伴随着冲突与矛盾心理，在采取决定和执行决定这两个阶段都可能产生冲突与矛盾心理。我们有必要把冲突与矛盾心理加以区分。**冲突**（conflict）是指两个或多个追求目标之间的斗争，**矛盾心理**（ambivalence）是指对一个目标追求过程中所产生的混杂感情。换言之，冲突与两个或多个目标有关，而矛盾心理与一个目标有关。冲突与矛盾心理的表现形式复杂多样，大致可以分为以下四类。

（一）双趋冲突

孟子曰："鱼，我所欲也，熊掌亦我所欲也；二者不可得兼，舍鱼而取熊掌者也。生亦我所欲也，义亦我所欲也；二者不可得兼，舍生而取义者也。"①一个人同时想追求两个目标，但由于条件所限只能选择其一，像这种被迫放弃自己所爱的目标之一的冲突，称为**双趋冲突**（approach-approach conflict）。例如，一个大学生在毕业时同时被两个单位录用，这两个单位他都比较中意，但他只能选择一个，于是就会产生双趋冲突。双趋冲突的一种解决办法就是衡量两种目标的轻重，选择一个而放弃另一个。

（二）双避冲突

有时，一个人同时遇到两个有威胁性而都想躲避的目标，而他又必须接受其一，才能避免其二。像这种从两所恶者中必须择其一的困扰心理状态，称为

---

①《孟子·告子上》。

双避冲突（avoidance-avoidance conflict）。例如，一个讨厌学习的小孩可能既不喜欢做家庭作业，又怕家长的责骂，这时他就面临双避冲突。在他看来，要么不做作业而受到责骂，要么忍受做作业的痛苦而避免家长的责骂，这两者对他都是一种威胁，他必须选择其一。

（三）趋避矛盾

个人在追求一个目标时产生了两种不同的情感：一方面好而趋之，另一方面恶而避之。这种对一个目标的追求兼具好恶的情感，称为**趋避矛盾**（approach-avoidance ambivalence）。例如，一个女生在追求一个男生时非常希望向对方表达自己的爱慕之情，但由于害羞或担心遭到拒绝而有损自尊，就会产生趋避矛盾心理。

（四）多重趋避矛盾

如果一个人面对两个或两个以上的目标，且每一个目标又分别具有趋避两方面的不同情感，则称为**多重趋避矛盾**（multiple approach-avoidance ambivalence）。例如：一个大学生想参加英语六级考试，但又害怕考试失败；想加入某个学生社团，却又担心耽误时间太多，影响学习；想在课余时间应聘某公司的业务促销员挣钱，但又抹不开面子。在这种情况下，他就会产生多重趋避矛盾心理。

研究表明，冲突与矛盾心理会导致高焦虑、抑郁症等心身疾病，冲突与矛盾心理所引起的生理症状甚至会持续一年（Emmons & King，1988）。

四、决策

无论在采取决定阶段或是执行决定阶段，意志行动都包含决策这一重要心理成分。**决策**（decision making）就是进行选择的过程。在此过程中，需要形成各种相关方案，然后对形成的各种方案进行评估，最后做出抉择（Medin & Ross，1992）。人们希望获得一个令人满意的结果，但又不能立刻对优劣进行鉴别，因而决策往往都有一定的风险，并且人们会感到紧张和压力。以选修课问题为例，你可能会考虑各种选择，如选修高等数学，或者选修生理学，或者选修哲学。你事先并不能确定哪一个选择是最好的，或者是不是还有比这三个更好的选择。

决策就是在不确定条件下做出决定的心理过程，通常包括六个步骤：意识到决策的必要性，确定目标和定义问题，形成决策的备择方案，对各方案进行维度分析，评估各备择方案，做出决策。这些步骤的顺序仅是一个大致的情况。如果形成各种决策方案的依据不充分，人们还会回到第二步，重新确定决策的目标以及定义决策的问题。在决策时人们会不断收集信息，以便更好地定义决策的问题。

由于决策是与不确定性相联系的，因此概率常被用来估计我们在做出决策时的风险高低。如果决策者是理性的，那他就会关注事件成功概率。但是人们很少意识到决策的困难，往往对自己的决策质量过分自信，即使决策所依据的信息和证据很少，也不会认为自己过分自信。例如 1988 年，一个美国海军舰长做出错误的判断，把一架伊朗的商用飞机当成了军用飞机，认为这架飞机要攻击他的战舰。于是，仅仅依据雷达所做的先入为主的判断，使他在没有进一步弄清飞机动向的情况下就向飞机发射了两枚导弹。结果，那架商用飞机上的 290 名乘客全部遇难！可见，正确决策必须建立在良好的证据的基础上。

【专栏16-2】

期望效应

你想成为什么样的人，最终你就会成为什么样的人；你想别人怎样对你，最终别人就会怎样对你；你想别人会怎么发展，最终他真的就发生了这样的变化……。这一切听上去似乎蛮不讲理，但是对期望效应的心理学研究已经证明，在某些领域、在某种程度上这是真的。**期望效应**（expectancy effect）的意思是，如果我们预期某一事物将以某种方式发生，我们的期望就会倾向于让它变为现实。

这听起来有些神奇，但在心理学研究中是早已被留意到的现象。实验者可能总是期望经过其科学处理，被试与其他人相比就会产生某种特殊的行为。实际上，这只不过是实验者自己有倾向性的期望所导致的结果。如果事情真是如此，那么实验便是无效的。在第一章我们已经提到这种影响心理学实验效度的**实验者期望效应**（experimenter expectancy effect）。罗森塔尔和弗德（Rosenthal & Fode，1963）用心理学实验做了证明。他们利用正在学习条件反射知识内容的心理学系的学生进行这项实验研究，其间这些学生并不知道自己已经成为被试。罗森塔尔告诉其中的一部分学生，他们将要使用的是经过特殊方式喂养的有较高智力水平的“聪明鼠”，它们能快速学会走迷津，而告诉另一些学生，他们将要使用的老鼠在学习迷津时比较迟钝。然后，学生们开始训练老鼠完成各种技能，其中包括走迷津。与得到“愚笨鼠”的被试相比，得到“聪明鼠”的被试所报告的他们的老鼠所需的学习时间明显较短。事实上，给两组学生的那些老鼠是随机分配的。这些学生并不是在说谎或故意歪曲实验结果，他们在训练动物时对动物施加的影响显然是无意识的。一系列的实验结果说明，实验者期望效应对科学研究的威胁显然已经成立。训练有素的研究者会使用更严谨的实验程序来避免类似的期望效应，如使用双盲实验，在这种实验中与被试接触的实验者并不知道研究假设。

当这种期望效应出现在实验室以外的人与人之间的自然交往中时，罗森塔尔称之为**皮格马利翁效应**（Pygmalion effect）。在希腊神话中，雕塑家皮格马利翁爱上了他创作的女雕像，朝思暮想地一直观赏，结果雕像变成了活人，美梦成真，有情人终成眷属。为了检验这种效应的存在，罗森塔尔和雅各布森（Rosenthal & Jacobson，1966）先是对一所小学一至六年级的所有学生进行了IQ测验（具体为一种一般能力测验TOGA）。选择这个测验的原因在于，它属于非文字测验，学生的分数不依赖于先前接受的阅读、写作和算术技能等方面的训练。而且，该校教师对此项测验并不熟悉。研究者告诉教师，学生们所接受的是“哈佛应变能力测验”，该测验的成绩可以对一个学生未来在学术上是否会有成就做出预测。换句话说，他们是要让教师相信，在测验中获得高分的学生，其学习能力在未来的这个学年中将有所提高。实际上，这个测验并不具备这种预测能力。该校总共有六个年级，每个年级有三个班，每班有一个班主任，共十八人（女性十六人，男性两人）。每个班主任都得到了一份名单，上面记录着本班在该测验上得分最高的前20%的学生，以便教师们了解在本学年里哪些学生有发展潜力。但是，下面才是本研究的关键，即教师所得名单中的前十名学生是被完全随机地分配到这种实验条件下的。这些学生和其他学生（控制组）的唯一区别就是，教师以为他们（实验组学生）会有不同寻常的智力发展表现。接近学年结束时，研究者对所有学生再进行相同的IQ测验，并计算出每个学生IQ的变化程度。结果显示，那些被教师以为智力发展会有显著进步的学生，其IQ平均提高幅度显著高于控制组的学生（分别为12.2个百分点和8.2个百分点），这种差异又主要是由一、二年级中的巨大差异引起的。

这项研究有两个主要的发现。一是已在实验室情境中被证明了的期望效应，也会在现实生活情境中起作用。正如罗森塔尔所猜测的，教师对学生行为的期望转化成了学生的自我实现预言。“当教师期望某个孩子会表现出较大程度的智力提高时，这个学生就真的出现了较大程度的智力提高。”二是这些作用在低年级表现得更明显，而在高年级几乎不存在。罗森塔尔和雅各布森对此提出了如下几种可能的解释。一是低龄儿童的可塑性一般较高年级儿童更强。二是教师对小学低年级学生还未形成牢固的印象。三是在教师把对学生的期望传递给学生时，教师在不经意间使用的微妙方式更容易影响和带动低年级学生。“这些方式包括教师对学生所说的一些话，说话时特殊的语气，教师的眼神、姿势和与学生的身体接触等。”四是低年级教师向学生传递期望的方式与高年级教师不同。

由于罗森塔尔的研究工作，**教师期望效应**（teacher expectancy effect）对学生表现的影响已经成为我们理解教育过程时一个必不可少的部分。此外，这种效应理论还在除教育以外的其他领域产生了巨大影响。（选自Roger R. Hock著/白学军等译，2010）

第三节　意志控制与失控

一、意志控制

意志控制（volitional control）是个人操纵事件的进程和结果，使之与预期目标相一致的过程。意志的控制作用既可以是向外的，也可以是向内的。前者是按照主体预期的目标来改变外部的自然环境和社会环境，如人类的植树造林、移石填海以及体制改革、创建和谐社会等活动；后者则是按照主体预期的目标来改变或塑造自身的生理素质和心理素质，如坚持每天跑步来达到增强忍耐力或减轻体重的目的，按照内化了的社会期望和道德价值观把自己塑造成文明的、健全人格的人，等等。意志对环境的控制和对自身的控制是密切联系的。

意志的控制作用是通过对行动的激励和克制来实现的。激励表现为推动人为达到目标而积极行动起来。例如，为了通过外语考试，意志推动着人去坚持练习听力、背单词、做习题、阅读外语文章等，这是意志的激励作用。克制则表现为制止与预定目的相矛盾的行动。例如，同样是为了通过外语考试，意志促进人克制妨碍他达到这一目的的其他活动，如长时间上网、花过多的时间看小说等。因此，在具体的活动中，意志对行动控制的激励和克制是互相联系的。越能克制与预定目的相矛盾的行动，为达到预定目的而采取的行动就越有力；反之，为达到预定目的所采取的行动越有力，就越能克制与预定目的相矛盾的行动。人正是通过意志的这种激励与克制的相互作用来实现对自身、对环境的控制。

人在实现目的过程中要遇到诸多内部和外部障碍，意志控制必然要消除这些障碍。内部障碍是指与实现目的相冲突的内心干扰，如对实现目的的重要性认识不足，缺乏信心、决心，以及疲劳、分心等。外部障碍是指外界的自然和人为因素干扰，如资金不足、材料缺乏、工具陈旧落后、天气恶劣等，或得不到亲友的支持，甚至遭到他人的阻挠、讥讽和打击等精神压力。只有克服了这些障碍，意志的控制作用才能贯彻到底，人们才能实现预期的目标。

二、失控

当人遇到有威胁性的情况而自己又无力应付时，就会觉得自己对事件失去了控制能力，这就叫**失控**（out of control）。自然环境、社会环境以及人世间的生、老、病、死等都有可能成为威胁性的因素，使我们失去对事件的控制能力。例如：山洪暴发，导致交通中断，耽误了既定的约会；恋爱中的男女因家长的反对而不能结合；等等。失控的时间有长有短。像考试失利这种失控，时间较短，经过努力可能很快会消除。而监狱中的死囚，他的失控时间就长了。对于正常状态下的失控，人们的反应虽各不相同，但一般都有下列行为反应。

（一）寻求信息

一个人失控后最先产生的反应是渴望得到更多的信息，以形成对所处困境的合适的认识。对更多信息的需求往往会带来两个后果：一是对环境影响更加敏感，二是对获得信息的加工更加粗糙。例如，一个身患某种重病的人在得知自己的病情后，往往会十分关注有关这种病情的信息，常常主动通过看书、看电视、上网等方法了解与病情有关的症状及治疗方法等信息。同时，他对医生和周围人们关于这种疾病的谈话也会特别敏感，但是对获得信息的理解往往是片面的。不过，如果失控者能够掌握更多的信息并且较全面地认识所处的困境，那么他也可能会找到摆脱困境的出路，从而恢复对事件的控制。

（二）对困境反应加剧

人在失控时都有恢复控制的倾向。很早就有实验证明了这种倾向（Ovsiankina，1928）。实验中让被试做诸如堆积木、数珠子、做黏土手工等一些简单的作业，中途让被试中断作业并将其叫到室外。一段时间后被试回到了室内，这时他们无一例外地都自动重新继续未完成的作业。在另一个实验中，仍然让被试做某种作业且中途令其停止作业，但要求他们换做其他作业。这时被试明显地表现出想尽快完成该作业以便重新继续做被中断了的作业，重新开始率达79%。

如果人对失控后的困境事前没有预料到，其消极影响会更大。实验证明，当被试被电击、噪声等所困扰时，如果他们既不能得到有关这些困扰物的信息，也不能控制这些困扰物，那么其消极反应就会加剧，出现紧张、焦虑等反应，如肾上腺素分泌增多、心率加快等。在另一个实验中，让三组被试分别在无噪声、被试不可控制的噪声和被试可以控制的噪声的实验条件下完成一项作业，然后让后两组被试在无噪声条件下再完成一项作业。结果发现，可控制噪声组的噪声不影响后一项任务的完成水平，而不可控制的噪声不仅干扰了第一项任务的完成，还降低了后一项任务的完成水平（Glass & Singer，1972）。这说明，失控在困境消失之后，仍会对以后的行为产生不良的影响。

（三）**抗争或消沉**

失控后会有多种多样的挫折行为反应，其中抗争和消沉是最突出的两种挫折反应。当人已有的控制能力或将具有的控制能力被强行取消或受到威胁时，人就有可能产生抗争反应。引起抗争的主要因素是对结果进行的自由选择受到了威胁，由于本来可以做的选择被外力取消，或者自己将要做出选择时受到外界的压力，这时人们就会抗争或反抗。在失控时，人的抗争强度与他对选择自由的期望值成正比，即：如果认为结果的价值越大，控制能力的取消会影响其他方面的选择自由，则抗争的强度就越大。失控时抗争会引起下列情绪和行为的反应。(1) 产生愤怒、敌意和攻击情绪。如果你夺走幼儿手中的玩具或挡住他前进的道路，他就会产生愤怒、敌意和攻击反应。如果你受到不公正的待遇，你也会产生上述的情绪反应。(2) 竭力挽回失去的控制能力。上例中的幼儿会竭力从你手中要回玩具；受到不公正待遇的人会竭力抗争，要求有公正的待遇。(3) 对结果的认识会发生改变。预期的选择结果会因外力的强制取消而变得更有吸引力，而已产生的结果则会更令人不满意。例如，如果自由恋爱的青年男女被外力强制拆散，则他们对自由恋爱会更加向往，对被拆散愈发不满。(4) 产生选择自由的象征性恢复。一个人受挫折后常产生各种幻想，以象征的方式恢复失去的控制。例如，低年级的小学生被高年级的学生欺负后，自言自语地用语言表示对其的愤怒和报复。

失控的另一种反应是消沉。它在很多方面正好与抗争相反。抗争会产生愤怒和敌意，并努力挽回失去的自由，而消沉则自认失败，并放弃改变困境的努力。当人试图努力改变某种不利情形而屡遭失败的时候，他就会觉得自己丧失了对自由的控制力，这时他就有可能停止努力，产生消沉。某一方面的失控所产生的消沉还具有扩散力，可能会影响到生活的其他方面。一个人在失控后产生消沉的反应会导致他在其他的事情上也放弃自己应有的努力，甚至做出错误的判断，将可控制的事件误判为不能控制的。消沉还可能造成长期的焦虑和抑郁。

失控后，人们对挫折的反应有很大的个别差异，这些差异体现了人在应对压力时的不同反应。例如，有的人坚忍不拔、百折不挠，竭力挽回控制力，以达到目的，心理学上把这种经得起挫折而免于精神崩溃、行为失常的能力称为挫折容忍力。相反，有的人失控后则灰心丧气、一蹶不振，以致精神崩溃、行为失常。不少研究表明，失控后产生抗争或消沉与下列一些因素有关：(1) 强外控型者则较易产生消沉，而强内控型者较易产生抗争；(2) 经历多次失控者更容易产生消沉，而过去失控经验少者更容易产生抗争；(3) 一般失控后容易立即产生抗争，而在抗争中所做的挽回控制力的努力失败之后则容易产生消沉；(4) 长期习惯于有控制力的人（如事业有成者）易产生抗争，而没有什么控制经验的人（如弱势群体和儿童）在遇见改变不了的困难时则易于放弃。

【专栏16-3】

内控与外控

你是否相信命运能够主宰自己的生活？例如，当你找到一个好工作时，你认为这是实至名归还是运气所致？又如，当你考试不及格时，你会觉得这是自己的责任还是把它归结于命运？这种人们对好事或坏事落在自己身上时的归因方式，用心理学的表述即是：你相信在你的行为及其后果之间存在某种因果关系吗？

社会学习理论的代表之一、美国心理学家罗特（Julian Bernard Rotter，1916—2014）提出的**控制点**（locus of control）理论对上述问题做了很好的说明。他认为，可以用**内控点**（internal locus of control）和**外控点**（external locus of control）来解释人们在某些事件原因的归结方面存在的差异。持有外控点信念的人常常把自己的行为后果归结为运气、命运或他人力量的影响；与之相反，持有内控点信念的人往往把行为后果归因于自己的行为和人格特征。为了测量一个人的内控或外控程度，罗特（Rotter，1966）设计了一个包括23对陈述句的内外控量表。每对句子中包括一句反映内控点的陈述句和一句反映外控点的陈述句，要求被试在每对陈述句中必须做出选择。如："人们生活中很多不愉快的事件都有一部分原因在于运气不好/人们的不幸是由他们所犯的错误导致的"，"成功靠的是努力工作，运气只起一点点作用或者根本不起作用/找到一份好工作主要靠的是在恰当的时间出现在恰当的地点"。

研究证明，通过罗特编制的内外控量表测得的内外控特征能够准确预测人们在特定情境中的行为。(1) 吸烟。他们发现，吸烟者比不吸烟者更倾向于外控，而那些接受吸烟危害健康的警示的戒烟者更倾向于内控。(2) 参政。他们发现，那些参与游行并加入民权组织的大学生具有更多的内控倾向。(3) 赌博。外控个体倾向于在风险较大的赌博中下更多的赌注，而内控个体则倾向于对有把握的事情下赌注。(4) 成就动机。研究表明，内外控量表中的内控得分与预测成就动机的 17 个指标中的 15 个存在正相关，这些指标包括上大学的计划、用于做家庭作业的时间、父母对子女在校表现的感兴趣程度等。(5) 从众。在罗特的实验中，具有内控倾向的被试更少服从大多数人的意见。

控制点的研究表明，那些具有内控倾向的个体就是那些坚信自己能掌握自己命运的人，他们较那些具有外控倾向的个体更可能会：(1) 从情境中获取更多信息来改进自己将来在这些特定情境或类似情境中的行为；(2) 更主动地改变和改善他们的生活状况；(3) 更加看重内在技能和成就；(4) 更有独立性，能抵制他人的影响。

那么，人们在内外控维度上存在个体差异的原因是什么呢？罗特认为，导致这一差异可能有三个主要的原因。首先是文化差异，在不同的文化中个体的控制点倾向存在一些差异。研究发现，在美国的一个相对封闭的社区中，有印第安人后裔、墨西哥裔美国人和白种人三个不同的群体。通过比较发现，一般而言，那些具有印第安血统的个体最具外控倾向，而白种人最具内控倾向，墨西哥裔美国人在内外控量表上的得分介于二者之间。其次是经济水平，控制点的倾向也与个体的社会经济水平有关，社会经济水平较低的个体具有更大程度的外控倾向。最后是养育方式，父母的养育方式对个体习得内外控倾向具有显而易见的影响。父母在教养孩子时所采取的奖励和惩罚的方式如果经常与孩子的表现不一致，或是无法预计的，那么这将会导致孩子形成外控的倾向。

人的内外控倾向具有一定的稳定性，但在特定环境下也是可以改变的。外控倾向的人，可能因为在工作中被赋予更大的权力和责任而常常向内控转变；而内控倾向的人在面对巨大压力和不确定性时，也可能会转向外控。而且，内控水平也可以通过学习来加以提高。罗特的控制点理论说明内控水平高的人可以更好地自我调控以适应生活，大多数研究也都证明了这一假设。但这并不是说内控点的态度是面临所有情境的唯一最佳方式。例如，如果一个人打算改变一种不可能改变的情境的话，内控点的态度可能会适得其反，因为挫折、沮丧和抑郁很可能随之出现。反之，当存在于个体以外的力量确实控制着行为的后果时，不如采取外控点的态度，以最现实也是最健康的行为方式顺应自然。

第四节　意志的品质

一、独立性

独立性（independency）表现为一个人自己有能力做出重要的决定并执行这些决定，有责任并愿意对自己的行为所产生的结果负责，深信这样的行为是切实可行的。独立性不同于武断。武断表现为置他人的意见于不顾，不考虑具体情境而一意孤行，而独立性则是与理智地分析和吸取他人的合理意见相联系的。独立性的人对于自己的决定和执行这些决定是经过理智思考的：从社会的角度来看，决定是可以实行的；从道德的角度来看，决定是正确的。与独立性相反的意志品质是受暗示性。受暗示性表现为盲从，没有主见，很容易受他人的影响。易受暗示性的人的行为动机不是从自己已形成的观点和信念产生的，而是受他人影响的结果。

二、坚定性

坚定性（steadfastness）表现为长时间地相信自己的决定的合理性，并坚持不懈地克服困难，为执行决定而努力。高度坚定性的人有顽强的毅力，充满必胜的信念，不怕困难，不怕挫折，善于总结经验教训，既不为无效的愿望所驱使，也不被预想的方法所束缚。为了达到目的，坚毅有恒，百折不回，就是意志坚定性的表现。与坚定性相反的意志品质是动摇性和刚愎、执拗。动摇性表现为遇到困难便怀疑预定的目的，不加分析便放弃对预定目的的追求。这种人不善于迫使自己去达到预定的目的，偶遇挫折便望而却步，做事见异思迁，虎头蛇尾。刚愎、执拗表现为对自己的行为不做理智的评价，总是独行其是。这种人不能客观地认识形势，尽管事实证明他的行为是错的，但仍一成不变，自以为是。动摇性和刚愎、执拗表面上不同，实质上都是对待困难的错误态度，属于消极的意志品质。

三、果断性

果断性（determination）表现为善于迅速地辨明是非，能及时地、坚决地采取决定和执行决定。果断不同于轻率，是以充分的根据、周密的思考为前提的。果断的人对自己的行为目的、方法以及可能的后果都有深刻的认识和清醒的估计，所以当事态发展到紧急关头的时候，能当机立断，及时行动，毫不动摇，毫不退缩。与果断性相反的意志品质是优柔寡断、犹豫不决。犹豫不决可能来自许多心理因素。来自生活方面的压力会损害做决定的能力。犹豫不决的出现可能是由于对所做的工作缺少兴趣，没有动机，也可能是由于内心深处对做出错误决定感到恐惧，还可能是由于缺乏做出一个好的决定所需的信息（在这种情况下，犹豫不决也许是可以接受的，并且是明智的）。优柔寡断者的显著特点是面临无休止的动机冲突。在做决定时，优柔寡断者迟疑不决，三心二意；到了紧急关头，只好不假思索，仓促决定，做出决定后又反悔，甚至开始行动之后，还怀疑自己决定的正确性。优柔寡断是缺乏勇气、缺乏主见、意志薄弱的表现。

四、自制力

自制力（self-control）是善于控制自我的能力，如善于控制自己的行为和情绪反应的能力等。在意志行动中，与目标不一致的欲望的诱惑、消极的情绪（如厌倦、懒惰、恐惧）等都会干扰人们做出决定和执行决定。有自制力的人，能控制自我，克制与实现目标不一致的思想、情绪，排除外界诱因的干扰，迫使自己执行已经采取的、具有充分根据的决定。有高度自制力的人为了崇高的目的，不仅能够忍受各种痛苦和灾难，而且在必要时还能视死如归。自制力是意志的抑制功能。易冲动、意气用事、不能律己、知过不改等，都是缺乏自制力的表现。

必须指出，意志的品质都有其具体内容，不能离开具体内容抽象地加以评价。对于意志品质，我们应当联系其具体内容，更多地从社会和道德的角度来加以评价。

【专栏16-4】

时间管理

个人的意志品质表现在现实生活的方方面面，是否善于进行**时间管理**（time management）很能反映一个人的意志品质。

时间对于我们每个人都是公平的。然而在时间管理上，人们常常会犯一些错误，从而浪费了时间这一最为宝贵的资源。这种浪费简直就是对生命的犯罪。为此，赖斯（Rice，1992）总结了时间管理的如下七条“禁忌”。（1）困惑。如果你不知道你要做什么，时间管理就没有什么意义。（2）犹豫不决。犹豫不决意味着一个人对某一任务不是一次完成，而是要花很多次的时间，从而使惶惑和紧张更加严重。（3）精力分散。精力分散是企图做超出需要的甚至超出可能的事情，这会引起无效的问题解决，反过来又给人的精神带来更大的压力。（4）拖沓。拖沓是偷窃时间的罪魁祸首。常见的拖沓常常是那些让人不愉快的事情、困难的事情，以及难做决定的事情。（5）逃避。人们常常不经意间就能冒出许多逃避工作的办法。（6）中断。中断对复杂的工作伤害最大，这样的工作需要一段启动时间来找到节奏，而不断的中断则要求附加的时间来重新定位和再启动。(7) 完美主义。不少人在生活中会为自己确定很不现实的目标。完美主义在生活中也许有用，但是为了完美而完美的完美主义所起的作用就与强迫性的过分工作差不多。

在找出了时间安排中的常见错误的基础上，赖斯又提出了消除这些错误的积极步骤。(1) 优先权。“你必须知道应该先做什么，后做什么！”解决困惑的最好方法是设置清楚的和可以达到的目标，并定期对这些目标重新评估，包括长期目标、中期目标及短期目标。(2) 帕累托原则。这条原则是以意大利经济学家和社会学家帕累托（Vilfredo Pareto）命名的，他的理论可以总结成一句话，即重要的少数和不重要的多数。这一理论认为，20%的目标具有80%的价值，而剩余的80%的目标只有20%的价值。为了有效地管理时间，应该根据价值来投入时间，换句话说，就是要将时间投入到有较大意义的目标中。(3) 剪枝除草。解决困惑的答案是剪掉不需要的，除去达不到的目标。这就要求你把注意力放在为了达到所设置的目标所需要的具体的工作上。(4) 开始工作。拖沓的一个最常见的原因是拖沓者认为工作量太大，时间太少，觉得无法完成工作。解决的方法是把任务分解，就会看到许多时间是有用的，开始工作就会变得容易多了。(5) 集中精力。开始工作只是有效的时间管理战役中的一部分，接下来还需要较长时间将注意力集中在工作上，并坚持工作直到完成。为了使工作有效，常常需要将工作分段并交替进行。(6) 遵守计划。让你自己不断在一件事上工作最有效的办法，是为小的步骤的完成提供某种可见的奖励。可以列出全部任务的清单，分别列出每一个步骤，当一个步骤完成后就将它划去。

个人的时间管理其实就是对自我的管理。能否有效地实现对时间的管理与个人的生活质量密切相关。只要分析一下古今中外的成功人士，就可以发现他们原来都是管理时间的高手。善于驾驭时间的人，出色快捷地完成了任务，成绩显著，出人头地的时间也早；不会驾驭时间的人，尽管拼命地干，工作仍停滞不前，成绩平平或很差，出人头地的时间晚甚至不可能。研究发现，大学生在时间管理量表上的得分高低与其学业成绩呈显著的正相关（Zimmerman et al.，1994），时间管理倾向与自我价值感、主观幸福感等也都有显著的正相关（范翠英等，2012；黄希庭、张志杰，2001；张志杰等，2001）。最近的研究更是普遍认为，幸福感是时间人格适应良好的后继产物（Drake et al.，2008；Wohl et al.，2010）。有效地管理时间，也就是使个人的有限生命更加有成效，也便是延长了自己的生命。

【复习与思考】

1. 解释：意志，目标，抱负水平，冲突，矛盾心理，双趋冲突，双避冲突，趋避矛盾，多重趋避矛盾，决策，意志控制，失控，控制点。

2. 为什么说意志是自由的，又是不自由的？

3. 如何看待知、情、意三者间的关系？

4. 个人的抱负水平受哪些因素的影响？

5. 讨论期望效应。

6. 失控后会有哪些行为反应？

7. 讨论如何形成优良的意志品质。

【扩展阅读书目】

1. ［美］弗兰科·哈德克著，任剑、薛杰译：《意志的力量——最权威的意志力训练手册》，中国言实出版社2009年版。

2. ［美］罗伊·鲍迈斯特、约翰·蒂尔尼著，丁丹译：《意志力——关于专注、自控与效率的心理学》，中信出版社2012年版。

3. ［美］萨姆·哈里斯著，欧阳明亮译：《自由意志——用科学为善恶做了断》，浙江人民出版社2013年版。

第十七章　智　力

第一节　概　述

一、什么是智力

“智力”一词在现实生活中相当流行，我们常说某某聪明、某某愚笨就是对智力的评价。心理学家对智力及智力测验向来很重视，但由于智力问题本身的复杂性，他们对智力的看法不尽一致。我国心理学家大多认为，**智力**（intelligence）就是个体顺利完成某种活动所必需的各种认知能力的有机结合，是个人有目的地行动、合理地思考、有效地应付环境的一种综合能力。

除了专家的看法，一般人对智力也多少有所认识。美国心理学家斯滕伯格等（Sternberg et al.，1981）曾以 140 位专门研究智力的心理学家和 476 位外行为对象，对智力概念做了问卷调查。结果显示，专家的看法集中在语文能力、解决问题能力和实用能力等方面，外行则集中在实际解决问题能力、语文能力和社会能力等方面。外行的看法不仅与心理学家的意见相当吻合，而且某些不同于心理学家的看法竟然正是智力理论的新观点。

我国心理学家张厚粲和吴正（1994）也曾对城市普通居民的智力观念和对高智力者重要特征的评定情况做了调查分析。结果表明，公众对儿童高智力特征的前 10 项看法是好奇心强、爱思考和提问、富有想象力、反应快、富有创造性、观察能力强、记忆力强、动手操作能力强、模仿能力强和兴趣广泛，对成人高智力特征的前 10 项看法是逻辑思维好、接受新事物能力强、适应能力强、有洞察力、富有创造性、富于想象、自信、独立性强、富有好奇心和记忆力好。其中有 5 项是共同的，体现出高智力者的共有特征。对儿童特征和成人特征重要性次序的评定不同，表现出对两者智力活动要求的不同。总的来看，公众对智力的理解与心理学家的看法是相当一致的。

二、与智力相关的几个概念

（一）能力

能力（ability）是人顺利地完成某种活动所必须具备的那些心理特征。能力总是和人的某种活动相联系并表现在活动中。只有从一个人所从事的某种活动中，才能看出他是否具有某种能力。能力是保证活动取得成功的基本条件，但不是唯一的条件。活动能否顺利地进行，能否取得成功，往往还与人的个性特点、知识与技能、工作态度、人际关系、健康状况以及物质条件等因素有关。但是，在这些条件相同的情况下，能力强的人比能力弱的人更能使活动顺利进行，更容易取得成功。人的能力多种多样，可分为一般能力与特殊能力、模仿能力与创造能力、优势能力与非优势能力等。其中，一般能力是在许多基本活动中都表现出来，且各种活动都必须具备的能力，如观察力、记忆力、思维力、想象力等，一般能力的综合也就是智力。

（二）知识与技能

知识、技能不同于能力。个人所掌握的**知识**（knowledge）就是信息在头脑中的储存。**技能**（skill）是个人掌握的动作方式。例如，证明一道几何题，人在证明的过程中所应用的公理、定理、定义、公式等属于知识，而思维活动的严密性和灵活性则属于能力。如果一个人不仅在证明这道几何题时思维分析是严密的、简练的、迅速的，而且这种简捷的思维操作还能经常迁移到不同的运算场合，这时我们就可以说他具有数学运算思维敏捷的能力。又如，在学骑自行车时，操作自行车的一套动作方式是技能，而支配此动作方式的心理过程的稳定特点则属于能力。如果一个人不仅在学自行车时表现出动作敏捷，而且在掌握其他技能时也经常表现出这一特点，这时我们就可以说他具有动作敏捷的能力。

能力（智力）和知识、技能是密切联系的。一方面，能力是在掌握知识、技能的过程中形成和发展起来的。例如：学生在掌握知识的同时，也就掌握了思维操作，从而发展了智力；学生在掌握绘画技能的同时，也就形成了绘画能力。离开了学习和训练，任何能力都不可能形成，更不可能得到发展。另一方面，掌握知识、技能又是以一定的能力为前提的。能力制约着掌握知识、技能的难易、速度和巩固程度。知识、技能的掌握又会导致能力的提高或新能力的形成。

三、心理测量的必备条件

心理测量（mental measurement）是依据约定的心理学理论，采用某种方法将人的特定行为反应数量化，并据此推论与这些行为相应的心理水平的过程。心理测量的对象可以是智力、性格、兴趣、动机等各种心理特质。智力测验属于心理测量，在讨论智力测验之前必须先介绍心理测量的必备条件。

（一）信度

信度（reliability）是指一个测验所测得的分数的可靠性或稳定性。一个测验测量某种东西，其结果是一致的，那么这个测量是可靠的。我们之所以相信尺子，是因为它能给出同样的测量，无论是今天用或是明天用，无论是木匠用或是裁缝用。同尺子一样，心理测量技术只有当它反复使用并能给出相同的结果时，才是可靠的。当一个测验具有信度时，用它去测量同一群人，在不同的时间里所测得的分数几乎是相同的。

不同的测验要求不同的信度，经常用来估计测验信度的指标有三种。

第一种叫**折半信度**（split-half reliability）。如果测量某种特征的测验是由许多小题目构成的，那么测验内部的一致性就很重要。在编制这种测验时可用折半法求其信度，即以一份测验施测于一群人，将测验的题目随机地分为两半，分别计算分数，然后用这两组分数求出相关系数。这种相关系数称为折半信度系数。折半信度是估计测验信度的一种常用方法。一份经过精心编制的能力测验，其折半信度系数应该在 0.90 以上。

第二种叫**再测信度**（test-retest reliability），就是用同一种测验在不同的时间里先后施测于同一群被试，以测得的分数求相关，即得到再测信度系数。用再测法估计测验信度，两次施测的时间间隔要适当。两次施测的间隔时间过短，第二次施测成绩往往会受第一次施测的影响，从而造成再测信度的假性高相关。两次施测的间隔时间过长，第二次施测成绩会因心理发展和练习的影响，而使测验信度降低。由于测验信度受时间和其他因素的影响，因此，任何一个测验都可有不止一个再测信度系数。再测信度对于估计测量某种相对稳定的特质（如智力）是特别有用的。

第三种叫**评分者信度**（scorer reliability）。当测验要求评分者解释一个人的答案时，评分者信度是很重要的。例如，创造力测验和测量性格的投射测验在评分时都容易掺杂有主观判断的成分，因此在评分前，评分者必须经过相当专门的训练，这样评定的分数才不至于波动大大。考察评分者信度的方法是：随机抽取相当份数的试卷，由两位评分者按记分规则分别给分；然后根据每份试卷的两个分数计算其相关系数，即得评分者信度系数。一般要求在成对的受过训练的评分者之间一致性达到0.90以上，才认为评分是客观的。

（二）效度

效度（validity）是指一个测验欲测量某种心理特征的准确程度。一个有效度的测验，测量的结果必然是该测验要测得的东西。任何一种测量工具都有一定的目的和使用范围。尺是用来测量长度的，秤是用来测量质量的。用秤来测量质量是有效的，用它来测量长度便是无效的。同样，智力测验只能用来测量智力，用它来测量性格，那便是无效的。因此，在使用测验时，一定要预先了解测验的功能和使用范围。

确定一个测验效度的方法，通常是以一群人在该测验上的得分和另一个效度标准求相关，以其相关系数的大小来表示效度。以智力测验为例，通常用下列方法来确定一个智力测验的效度。(1) 与标准的智力测验求相关。一般是与斯坦福-比内智力量表相比较，求其相关系数。因为斯坦福-比内智力量表是被以往的研究所肯定了的。(2) 与学生在校的成绩求相关。因为在条件（如年龄、环境等）相同的情况下，聪明者比愚笨者的作业成绩要好。(3) 与学生就业后的成绩求相关。如果相关系数高，则该测验的效度就高。效度系数越高(0.80以上)，则预测效果越好。这种效度是用来预测将来行为的，因而称为**预测效度**（predictive validity）。还有一种效度叫**构想效度**（construct validity），它是根据某种心理学理论构想而建立的。

有效度的测验能测量出我们要测的东西，所测量的东西显然不是随意可变的。因此，有效度的测验也常常具有信度。但是，有信度的测验不一定是有效度的。例如，测量脑袋的大小作为智力的高低，这种测量是很有信度的，因为用一根皮尺以同样的方法测量，每次的结果都是相同的。但是，脑袋的大小不是智力的有效测量，因为它与学生成就或智力测验上的得分没有任何联系。

（三）**常模**

个人接受测验所得到的分数还只是原始分数，它本身并没有任何实际意义，只有把它同别人在该测验上得到的分数进行比较，才能判断其优劣高低。为了使原始分数有意义，同时为了使不同的原始分数可以比较，在编制测验时必须建立解释原始分数的参照标准。这种作为参照标准的分数分布就是**常模**(norm)。

常模的建立是一个相当复杂的过程。一般经过下列几个步骤：先是根据测验适用对象的某种特质，如年龄、性别或受教育水平等确定一个总体；然后从具有这些特质的总体中随机抽取一群被试作为样本，实施测验；对样本施测后所得的分数加以统计整理，得出平均值和标准差等统计量，即可作为该总体在该项测验上的常模。

测验编制时大多会为年龄、性别或受教育程度等不同的总体建立几组常模，以作为不同被试的比较标准。心理测验中常见的常模有：以年龄为样本建立的年龄常模（几乎所有的智力测验都建立有一组组的年龄常模），以年级为样本建立的年级常模，以地区为样本建立的地区性常模，根据全国样本建立的全国性常模。

除了信度、效度和常模，在编制测验时还必须规定一定的实施程序，包括如何发卷、收卷，如何对被试说明，如何解答问题，如何控制时间，如何记分等，都必须在测验手册中明确加以规定。

第二节 智力测验

智力测验是人类希望了解自身、认识自己的必然要求。距今一千四百多年前，我国北齐时代的刘昼就提出“使左手画方，右手画圆，令一时俱成”的双手并用的分心实验，这实际上是世界上有记载的最早的单项特殊能力测验。现在民间流行的七巧板、九连环等，也是很早就出现的智力游戏。在西方，英国生物学家高尔顿（Francis Galton，1822—1911）于19世纪80年代进行的行为个别差异研究可以看作智力测验工作的开端。他以感官敏锐度为指标，以线条长短（视觉）与声音强弱（听觉）的判断为试题，进行测量并推估智力的高低。到19世纪末科学心理学兴起之后，心理学家们放弃了高尔顿的生理功能取向，转而从心理取向来鉴别人类的智力。

一、比内-西蒙智力量表与心理年龄

世界上第一个实用的智力测验发表于1905年，是法国教育部为了设计一种鉴别儿童学习能力的工具而聘请心理学家比内（Alfred Binet，1857—1911，图17-1）和他的学生西蒙（T. Simon）编制的，称为**比内-西蒙智力量表**（Binet-Simon Intelligence Scale）。该量表含有30个题目，按照难度由低到高排列，以通过的题数的多少作为鉴别智力高低的标准。该测验于1908年首次修订，增加到58个题目，并按年龄分组，适用于3～13岁的儿童（如果该年龄组60%～90%的儿童都能通过某项测试，他们就认为该项测试适合于该年龄组的正常儿童）。1911年修订后的量表包含下列项目。

图17-1　智力测验的创始人比内

3岁：

指点鼻子、眼睛和嘴。

重复两位数字。

列举图画中物体。

说出自己的姓氏。

重复一个由6个音节组成的句子。

6岁：

区别早晨和晚上。

通过用途定义一个词。（如：叉子是用来吃东西的。）

照样子画一个菱形。

数出13便士。

在图画中指出画得丑的脸和好看的脸。

9岁：

从20苏中找出零钱。

高于用途定义词汇。（如：叉子是一种进餐的工具。）

分出9种钱币的价值。

按顺序报出月份的名字。

回答简单的“理解问题”。（如问：错过火车后怎么办？答：等下一趟车。）

12岁：

抵抗暗示。（让孩子看四对不同长度的线条，然后问每对中哪一根长些；最后一对线条的长度是一样的。）

用3个给定的词组成一个句子。

3分钟内说出60个单词。

对3个抽象词（如：慈善、公正、善良）进行定义。

根据一个顺序打乱的句子，说出它的意义。

比内-西蒙智力量表奠定了智力测验编制的科学基础。在理论上，比内-西蒙智力量表首创了**心理年龄**（mental age）的概念。先将量表题目根据难度进行年龄分组，然后根据儿童在量表上通过的题目层次及题目数，确定其心理年龄。心理年龄的观念在心理测验的编制上至今仍在使用。在实践上，比内-西蒙智力量表是根据语文、算术、常识等题目的实际作业成绩来判定智力的高低，这不仅符合一般的看法，而且也具有教育上的实质意义，为其后智力测验的广泛流行奠定了基础。

二、斯坦福-比内智力量表与智商

比内-西蒙智力量表问世后迅即传至世界各国，尤其是在美国的改进使其更为适用。当中以推孟（Lewis Madison Terman，1877—1956）在斯坦福大学多次修订而成的**斯坦福-比内智力量表**（Stanford-Binet Intelligence Scale）最为有名。该量表包括一系列的分测验，每一个分测验适合一个特定的心理年龄。比内-西蒙智力量表修订为斯坦福-比内智力量表后，最大的改变是将原来表示智力高低的心理年龄改用智力商数来表示。**智商**（intelligence quotient, IQ）是一个人的心理年龄（MA）与其实足年龄（CA）的比值，因而也称为**比率智商**（ratio IQ）。智商的计算公式如下：

$$智商（IQ）=\frac{心理年龄（MA）}{实足年龄（CA）}\times 100$$

举例来说，某儿童实足年龄为8岁2个月，如以月数表示，他的实足年龄即为98个月，即CA=98。设该儿童接受斯坦福-比内智力量表后的成绩是：通过8岁组的全部题目，其基本心理年龄为96个月；通过9岁组的4个题目，再加8个月；通过10岁组的2个题目，再加4个月；11岁组（及以后）的题目全未通过。总计该儿童成绩，其心理年龄计为108个月，即MA=108。按智商公式计算，得出其智商为110。

智商是心理年龄除以实足年龄的得数，所以智商为100者，其智力相当于他的同年龄人的一般水平，属于中等智力。智商高于100，表明智力较佳；低于100，则表明智力较差。在一般人口中，智商呈**正态分布**（normal distribution），即中等水平的居多数，两极端的为少数，如表17-1所示。

表17-1　IQ的意义及其在全人口中的分布

IQ	文字说明	百分比/%
139以下	极优秀	1
120～139	优秀	11
110～119	中上	18
90～109	中等	46
80～89	中下	15
70～79	临界	6
70以下	智力落后	3

多年的研究表明，斯坦福-比内智力量表的信度令人满意，对正常人群、发育迟滞者和天才人群都能提供准确的IQ估计（Laurent et al.，1992）。在我国，第一次修订斯坦福-比内量表是陆志韦（1924），以后陆志韦和吴天敏进

行了第二次修订（1936），吴天敏做了第三次修订（1982）。现在，斯坦福-比内智力量表已成为当代应用最广也最具有权威的个别智力测验。

三、韦克斯勒智力量表与离差智商

美国心理学家韦克斯勒（David Wechsler，1896—1981）经过研究与施测，认为斯坦福-比内智力量表只适用于儿童，而不适用于成人。于是，他从1934年开始编制成人智力量表。**韦克斯勒智力量表**（Wechsler Intelligence Scale）分为三种：**韦氏成人智力量表**（Wechsler Adult Intelligence Scale，WAIS），评定16岁以上成人的智力；**韦氏儿童智力量表**（Wechsler Intelligence Scale for Children，WISC），评定6～16岁少年儿童的智力发展水平；**韦氏学前儿童智力量表**（Wechsler Preschool and Primary Scale of Intelligence，WPPSI），评定4～6.5岁儿童的智力。这三种量表国内都有修订本。它们的项目类别大同小异，差别仅在于内容的难度。韦克斯勒认为智力是由几种有效的智慧能力“聚集”而成的。这三种量表各包括11或12个分测验，分为言语测验和操作测验（表17-2），可以分别测量个体的言语能力和操作能力。以韦氏儿童智力量表为例，言语分量表包含的测验项目有常识、理解问题、算术、发现两物的相似性和词汇等，操作分量表包含的测验项目有整理图片、积木、图像组合、译码和迷津等。

表17-2　韦氏儿童智力量表测验项目举例

言语分量表	操作分量表
常识：太阳落在什么方向？油为什么浮在水面上？	整理图片：把次序打乱了的图片，按事件的意义顺序（如“野餐”）排成一个合理的故事。
理解：如果你把朋友的皮球弄丢了，你应该怎么办？用砖或石头盖的房子比用木头造的房子有哪些好处？	积木：看图案，用积木把图案重造出来。
找出相似性：苹果和香蕉有何相似？猫和老鼠有何相似？	图像组合：把一套拆开并打乱了的图像组合板拼成一个完整的图。
复述数字：按顺序复述以下的数字，3、6、1、4、2、5；倒着复述以下的数字，1、7、3、5、8、2。	译码：给一些物体配上各种规定的符号，或给1—9的每个自然数配上各种无意义的符号。

韦克斯勒还创造性地把比内依据心理年龄计算智商的方法改换成运用统计方法计算离差智商。所谓**离差智商**（deviation IQ）就是用标准分数来表示的智商，即让每一个被试和他同年龄的人相比，而不像以前比内智力量表所用的智商是和上下年龄的人相比。1960 年修订的斯坦福-比内智力量表也采用了离差智商，使每一年龄都有平均分数，$M=100$，标准差 $\sigma=16$；而韦氏成人智力量表和韦氏儿童智力量表，其均数也定为 100，但标准差定为 15。图17-2给出的是斯坦福大学修订的比内智力量表和韦氏智力量表用标准分数表示的正态曲线图。图中将全体被试的分数分为六个等级，即均数各加上一、二、三个标准差，分为三等，均数各减去一、二、三个标准差，也分为三等。因此，一个人的智力就可以用他的测验分数与同一年龄组其他人的测验分数相比较来表示。以韦氏智力量表为例，其 IQ 的计算公式是：

$$\mathrm{IQ}=\frac{15\times(X-\overline{X})}{S}+100$$

式中 X 为某一年龄组的被试测验的原始分数，$\overline{X}$ 是该年龄团体的平均分数，S 是团体分数的标准差。$(X-\overline{X})/S$ 是标准分数，它是一种以标准差为单位的相对量数。

假定某个年龄组的平均分数为 70 分，标准差为 10 分。甲生测验得 80 分，他的标准分数即为 +1；乙生得 60 分，他的标准分数即为 −1。代入上述公式或根据图17-2，标准分数为 +1 者（即 $+1\sigma$），智商是 115，说明他的智力比 84％的同龄人要高；标准分数为 −1 者（即 -1σ），智商是 85，说明其智力比 16％的同龄人高而低于一般人的水平。因此，离差智商就是根据同年龄的被试在总体中的相对位置计算出来的智商，也就是根据标准分数计算出来的智商。

韦氏智力量表的另一个特点是，不仅能算出一个人在全量表上的离差智商，还能算出他在言语分量表、操作分量表上的离差智商。虽然言语智商和操作智商有很高的正相关（+0.77～+0.81），但这两种分量表测得的毕竟是不同的能力。这就有可能对一个人的智力结构的诸因素进行比较和分析。

如今对韦氏儿童智力量表和韦氏学前儿童智力量表的修订使得测验材料更有色彩，更有现代气息，对儿童更有吸引力（Little，1992）。韦氏成人智力量表、韦氏儿童智力量表、韦氏学前儿童智力量表组成了智力测验家族，它们可

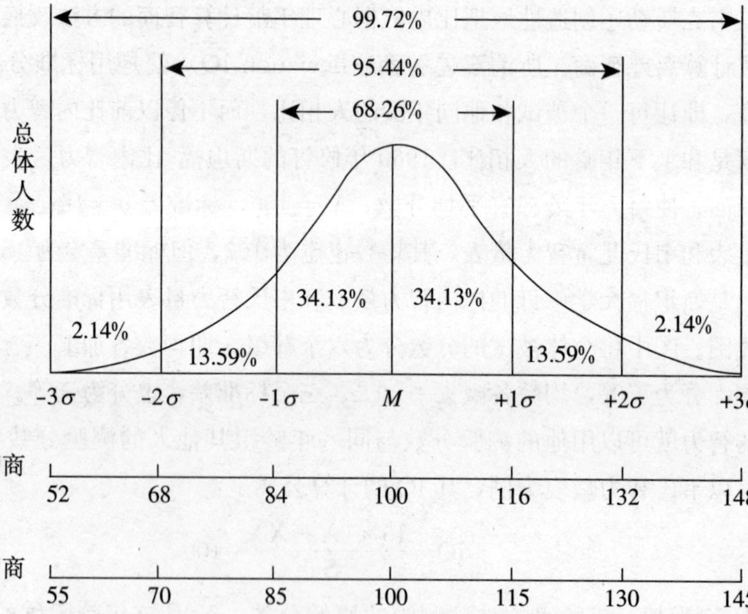

图17-2　离差智商的正态分布

以提供所有年龄段的言语 IQ 值、操作 IQ 值和总的 IQ 值。它们还提供了可比较的分测验值，这样研究者可以追踪特定智力的发展。由于这一原因，在对同一被试的不同年龄进行施测时，韦氏智力量表特别有价值。

智力测验的种类还有很多。除了前面介绍的个人智力测验外，还有团体智力测验。此外，一些针对艺术、机械等特殊专业活动的特殊能力测验也越来越多。

【专栏17-1】

智力测验的文化公平问题

虽然多年来心理学家们致力于用智力测验这个工具来鉴别个体间或团体间的智力差异，但问题成堆。文化公平就是其中一个突出的问题。不同文化中的人甚至连什么是聪明都有着不同的看法。例如，有人曾做了一项很有趣的智力的跨文化研究（Cole et al.，1971）。研究者要求非洲格贝列部落的成人完成概念分类任务。在西方文化中，要求成人在智力测试中做分类任务时，智商越高的人一般都以上下等级的方式分类。例如，他们可能把各种鱼的名称放在一起，然后把“鱼”这个词标在上面，而把“动物”标在“鱼”和“鸟”之上。智商较低的会按照功能分类。例如，他们可能把“鱼”和“吃”归为一类，因为我们吃鱼，或者把“衣服”和“穿戴”归为一类，因为我们穿衣服。研究人员试图让格贝列人学会自然地按等级分类，但没有成功，格贝列人仍然只能按功能分类。失望之余，其中一个实验者要求一个格贝列人像傻子那样去分类，结果这个格贝列人很快轻而易举地按照等级进行了分类。格贝列人始终都是按功能分类，他们不按照等级分类只是因为他们认为那样做很愚蠢，他们多半也会认为提出按等级分类的研究人员很愚蠢。

虽说智力确实是有高低之分的，但仅靠用文字和数字编制的测验就能揭示出智力的高低吗？文字和数字大都偏于习得的知识，这对不同文化或不同社会阶层的人来说，显然是不公平的。因此，一些心理学家尝试编制不受文化影响的测验来解决上述问题。**超文化测验**（culture-free test）的构想是试图不用文字，而以图形等材料作为测题，以此来排除习得知识的影响。然而，智力本身就是遗传与环境交互作用的结果，而文化就是环境中的重要因素。完全排除了与文化有关的题目，智力的高低根本就无从测量。以圆圈为例，它只是一个简单图形，但会引起不同的联想：太阳，月亮，轮子，风车，洞口，硬币……不同的联想显然受到不同文化的影响。因此，研究者们现在一般已不再使用超文化的提法，转而提出**文化公平测验**（culture-fair test）。

文化公平的尝试在智力测验编制的取向上是很有价值的。但是，即使测量工具能够编制得更加“文化公平”，仍然会存在种族间的差别。有研究表明，实际的测验情境比测验的内容有更多的文化不公平问题。人们在能力测验中的成绩会受**刻板印象威胁**（stereotype threat）的影响，即一部分人（少数族群）在负面定势信念的支配下完成测验时会做得更差，影响他们的成绩（Steele，1997；Steele & Aronson，1998）。在美国的一项研究中，黑人和白人大学生都努力回答研究生入学考试中很难的语词问题，当黑人大学生相信考试成绩会用来检验他们的智力时，他们确实表现得更差，影响了考试的成绩（Steele & Aronson，1995）。那么怎样才能消除刻板印象威胁，以达成文化公平的智力测量呢？这个问题仍在探讨之中。

第三节　智力结构

人们对智力结构的认识在相当大的程度上是伴随智力测验的发展而不断深化的。反过来，有关智力结构的理论也促使人们对智力测验进行反思和改进。

一、智力的因素说

因素分析（factor analysis）是可以在很多独立变量中检测出一些小的维度、聚类或因素的统计方法。例如，在韦氏成人智力量表的11个分测验中寻找统计相关，然后基于这些关系得出有关人类智力本质的结论。因素分析的目的是对研究的概念寻找基本的心理维度。当然，统计程序只能得出统计结果，心理学家要对这些结果做出解释。

（一）二因素说

英国心理学家斯皮尔曼（Spearman，1927）最早在智力领域中应用了因素分析，对后人影响很大。他发现个体在不同智力测验上的成绩高度相关，由此得出结论：存在**一般因素**（general factor），简称G因素，这是所有智力操作的基础；与特殊智力相关联的因素就是**特殊因素**（specific factor），简称S因素。斯皮尔曼的智力理论被称为**智力二因素说**（two-factor theory of intelligence）。在斯皮尔曼看来，人完成任何一种作业的过程都是由G和S两种因素共同决定的。例如，一个人完成算术推理测验作业是由$G+S_a$来实现的，完成言语测验作业是$G+S_b$来实现的。一般因素是一切智力活动的共同基础。虽然人们都有这种智力，但每个人具有这种智力的大小是不同的。特殊因素是个人完成各种特殊活动所必须具备的智力。一个人具有完成某种活动的特殊因素，不一定具备完成另一种活动的特殊因素。换言之，各人的S因素既有大小的区别，也有有无的区别。不论个人有几种S因素，这些S因素之间可能彼此独立，也可能彼此有些重叠，但是它们必定都含有一部分的G因素（图17-3）。斯皮尔曼还认为，G因素是智力结构的基础和关键，它代表一般的心理能量，相当于生理能量，各种智力测验的目的就是通过广泛的取样来求得G因素。

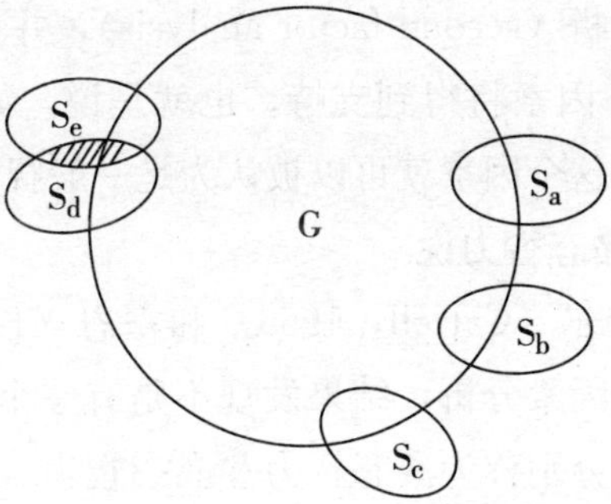

图17-3　智力二因素模型

斯皮尔曼的理论简单明确，为智力测验技术提供了理论依据。后来的智力测验理论大多是在这个理论的基础上建立起来的。但是，这个理论也有局限性。因为斯皮尔曼早期是否定群因素存在的，同时他强调一般因素和特殊因素的区别，并一味地将它们对立起来。其实一般因素和特殊因素也是相互联系的，在一定条件下也是可以相互转化的。

（二）群因素说

继斯皮尔曼之后，许多研究者在智力测验中都应用因素分析法，但得出了不同的结果。美国心理学家瑟斯顿（Thurstone，1938）用由56个测验组成的一组测验对218名大学生施测，然后用因素分析法求得智力由七种因素构成。据此他认为智力并无所谓一般智力和特殊智力之分，而由一些彼此独立的基本心理能力组合而成。因此，瑟斯顿的智力理论被称为**智力群因素说**（group-factor theory of intelligence）。他提出的七种基本心理能力是：（1）词的理解力，指了解词的意义的能力；（2）语词运用能力，指拼字正确迅速和词义联想敏捷的能力；(3) 计算能力，指正确而迅速地解答数学问题的能力；(4) 空间知觉能力，指运用感知经验正确判断空间方向及各种关系的能力；(5) 记忆能力，指对事物强记的能力；(6) 知觉速度，指迅速而正确地观察和辨别的能力；(7) 推理能力，指根据已知条件进行推断的能力。

1941年瑟斯顿根据这七种基本能力编制出**基本心理能力测验**（Primary Mental Abilities Test，PMAT）。瑟斯顿曾认为他的七个因素结果是与斯皮尔曼的G因素假设相矛盾的。但是，后来人们认为，如果能够在瑟斯顿的七个因素中进行**次级因素分析**（second factor analysis)，并且能够找出一个一般因素，那么斯皮尔曼的G因素将得到支持。也就是说，如果瑟斯顿的七个因素中还有次级因素的话，这个因素就可以被认为是一般智力。

（三）液态智力和晶态智力说

美国心理学家卡特尔（Cattell，1963）和霍恩（Horn，1968）对瑟斯顿的七个因素进行了次级因素分析，结果发现不是有一个而是有两个主要因素。按心理功能上的差异，分别称为液态智力和晶态智力。**液态智力**（fluid intelligence）是一个人生来就能进行智力活动的能力，即学习和解决问题的能力，它依赖于先天的禀赋。而**晶态智力**（crystallized intelligence）则是一个人通过其液态智力所学到的并得到完善的能力，是通过学习语言和其他经验而发展起来的。晶态智力依赖于液态智力。如果两个人具有相同的经历，其中一个有较强的液态智力，那么他将发展出较强的晶态智力。然而，一个有较高液态智力的人如果生活在贫乏的智力环境中，那么他的晶态智力的发展将是低下的或平平的。表17-3是各项智力测验在液态智力和晶态智力上的因素负荷情况。从中可见，在因素负荷量上大多出现相反的情况，由此说明这是两个性质不同的因素。

表17-3　各项智力测验在液态智力和晶态智力上的因素负荷

测　验	因素负荷量	
	液态智力	晶态智力
图形相关：从一般图形中推断出相关性	0.57	0.01
记忆广度：再现一些数字和字母	0.50	0.00
归纳：从一系列字母、数字（如字母序列测验）中推断出有相互关系的东西	0.41	0.06
一般推理：解决面积、比率、财政问题以及类似于算术推理测验中的问题	0.31	0.34
语义相关：推断词之间的相关，如在类比测验中	0.37	0.43
形式推理：用形式推理得出结论，如在三段论推理中	0.31	0.41
数字敏捷性：迅速而准确地运用如加、减、乘的算术运算	0.21	0.29
经验评估：解决周围礼节和必要的外交手段的问题，如在社会关系的测验中	0.08	0.43
词的理解力：对语言的深入理解，如在词汇和阅读测验中	0.08	0.68

总之，在智力构成的因素方面，研究者的看法并不一致。但大多数人认为，智力中的一般因素对于大多数活动来说是必备的，而完成各种特殊活动又需要一些特殊的智力因素。

二、智力结构说

（一）弗农的智力层次结构理论

英国心理学家弗农（Vernon，1961）提出了**智力层次结构理论**（hierarchical structure theory of intelligence）。他以一般因素为基础，设想出因素间的层次结构（图17-4）：智力的最高层次是一般因素（G）；第二层次分两大群，即言语和教育方面的因素（V∶E）、机械和操作方面的因素（K∶M），叫大因素群；第三层次为小因素群，包括言语、数量、机械信息、空间信息、用手操作等；第四层次为特殊因素，即各种各样的特殊能力。弗农的智力层次结构理论像生物分类学的分类系统那样来划分智力的结构。

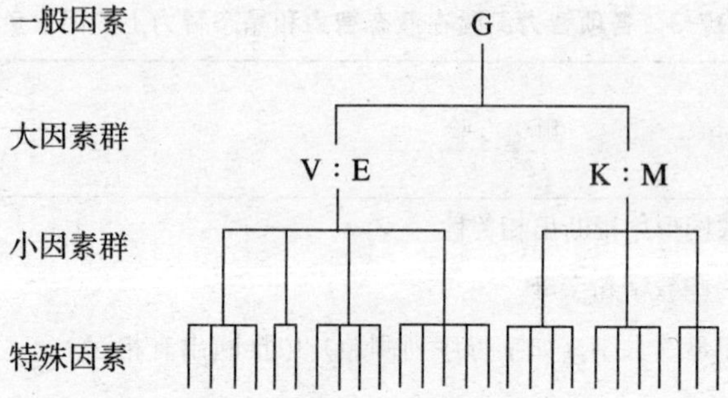

图17-4　弗农的智力结构层次

（二）吉尔福德的智力三维结构模型

美国心理学家吉尔福德（Joy Paul Guilford，1897—1987）主要从事心理测量方法、人格和智力等方面的研究，因应用心理测量方法和因素分析法对智力进行分类而驰名。吉尔福德指出，迄今为止人们获得的最有意义的认识之一是创造性再也不必假设为仅限于少数天才，它潜在地分布在整个人口中间。吉尔福德（Guilford，1961）通过分析、检验许多与智力相关的任务，提出了**智力三维结构模型**（three-dimensional structure model of intelligence）。这三个维度是：内容或信息类型、产品或信息表征的形式、操作或心理活动表现的类型。如图17-5所示，智力活动的内容包括视觉的（我们所看到的具体材料）、听觉的（我们所听到的具体材料）、符号的（字母、数字及其他符号）、语义的（语词的意义和观念）、行为的（本人和他人的行为）。它们是测验给予的信息，是智力活动的对象和材料。智力操作指智力的加工活动，它根据测验所给予的信息内容进行加工。智力操作包括认知、记忆、发散式思维、聚合式思维和评价。智力活动的产品是指智力加工所产生的结果。这些结果可以按单位计算（单元），可以分类处理（类别），也可以表现为关系、系统、转换和蕴含。由于三个维度中各含有多个因素，因而人的智力可以区分为 5×5×6＝150 种。吉尔福德认为，这些不同的智力都可以运用不同的测验来检验。例如，给被试一系列四个字母的组合，如 PIAS、FHKY、DSEL，要求他将它们重新组合成熟悉的单词，如 FISH、PLAY、DESK 等。在这一测验中，智力活动的内容为符号，操作为认知（即理解和再认），产品为单元，即按重新组合的字词数来计算成绩。根据产品的数量即可测量一个人的符号认知能力。如果给被试呈现10种语音，然后要求他们立即（或延迟一些时间）模仿，在这一测验中，智力活动的内容为听觉的，操作为记忆，产物为单元。这一测验的成绩即可反映一个人的听觉记忆能力。

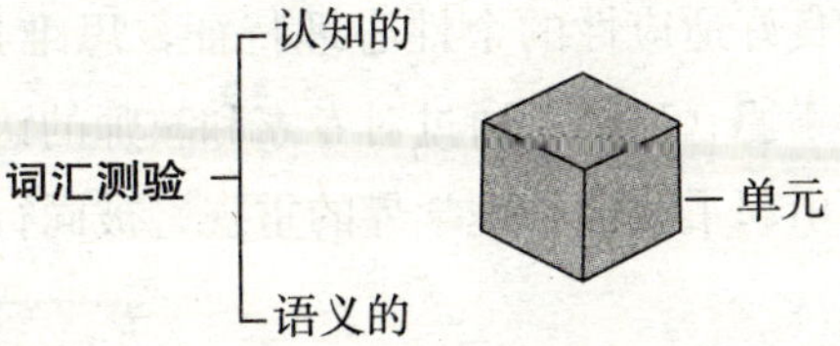

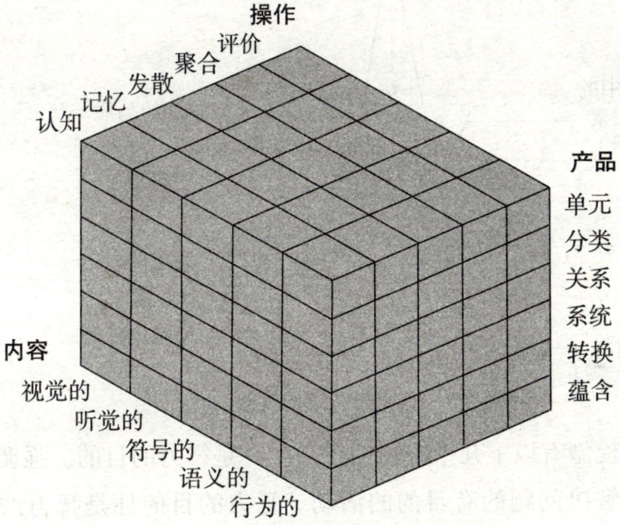

图17-5 智力的三维结构模型

这一理论模型与化学上的元素周期表有些相似。根据这一系统框架，智力因素可以像化学元素一样，在它们被发现之前就被假定。当吉尔福德于1961年提出这一模型时，有近40种智力已经被确认。现已发现了超过100种的智力（Guilford，1985）。虽然余下的少量小方块暂时还未找到适当的测量手段，但这给研究者提供了方向，相信最终会设计出相应的测验来测量每一种智力。吉尔福德的智力三维结构模型同时考虑到智力信息加工的内容、操作和产品，这不仅有助于智力测验研究工作的深入，也有助于发现优势能力和非优势能力，对因材施教也是有助益的。该模型及其相关的IQ测验几乎主宰智力领域达半个世纪之久，至今影响深远。但它也存在许多不足，特别是一味强调技术，脱离了研究对象的整体文化背景和社会实践，遭到后继者的批评。

（三）林崇德的三棱智力结构模型

我国心理学家林崇德认为，智力是成功地解决某种问题（或完成任务）所表现的良好适应性的个性心理特征，思维是智力的核心成分。从这个定义出发，林崇德（1983）通过对专家和教师的访谈研究，提出了智力（思维）结构模型，引起了我国心理学界的重视，被同行称作三棱智力结构模型（图17-6）。

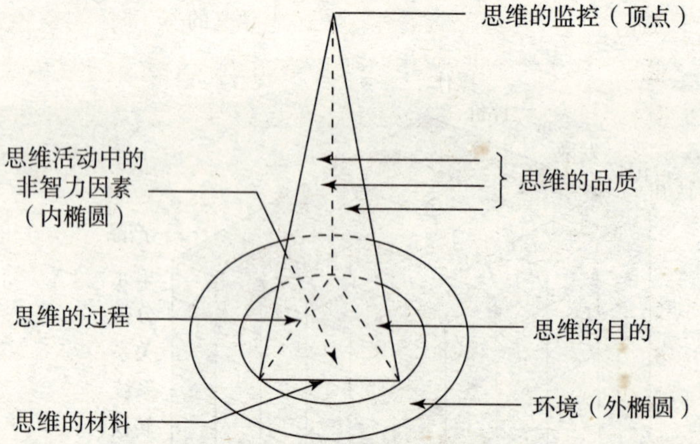

图17-6　三棱智力结构模型

三棱智力结构模型有以下几个方面的含义。一是智力的目的。强调智力是人类特有的成功地解决问题的有目的的活动。智力的目的性是智力的根本特点，反映了智力的自觉性、有意性、方向性和能动性。二是智力过程。强调智力活动的框架：确定目标—接受信息—加工编码—概括抽象—操作运用—获得成功。三是智力的材料或内容。强调两种材料或内容，即感性的材料（感觉、知觉、表象）、理性的材料（主要指概念，即用语言对数和形的各种状态、各种组合和各种特征的概括）。四是智力的反思或监控。强调智力结构中的监控结构，实质是智力活动的自我意识。自我监控有三种功能，即定向、控制、调节。自我监控是智力结构中的顶点或最高形式。五是智力的品质。表现在知觉上，有选择性、整体性、理解性、恒常性；表现在记忆上，有意识性、理解性、持久性、再现性；表现在思维上，有敏捷性、灵活性、创造性、批判性和深刻性。其中思维品质特别重要，培养思维品质是发展智力的突破口。六是智力中的认知因素与非认知因素。强调智力的认知（智力）因素与非认知（非智力）因素之间存在着密切的关系，智力在人的心理现象大系统中带有浓厚的非认知（非智力）因素的色彩，非认知（非智力）因素具有动力作用、定型作用和补偿作用。

多年来，林崇德的智力研究坚持中国特色，以六种因素为基础来组合难以穷尽的多元智力结构，也正是这种特色的体现。他提出四条理由：(1) 智力的先天与后天的关系，给智力结构的发生、发展条件或机制带来了复杂性；(2) 智力的认知与社会认知的关系，给智力结构的类型或要素带来了复杂性；(3) 智力的内容与形式的关系，特别是学科能力给智力结构的范围或领域带来了复杂性；(4) 智力的表层与深层的关系，给智力结构的层次或水平带来了复杂性（Lin & Li，2003)。

三、斯滕伯格的智力三元论

美国心理学家斯滕伯格（Robert Jeffrey Sternberg，1949—　）的研究领域包括人类智慧、创造性、爱情和人际关系等，提出了大量富有创造性的理论与概念，其中最大的贡献就是提出了人类智力的三元理论。斯滕伯格（Sternberg，1985，1988）的智力理论强调在问题解决中认知过程的重要性，认为智力包括三个部分——成分智力、经验智力和情境智力，它们代表了智力操作的不同方面。他的智力理论也被称为**智力三元论**（triarchic theory of intelligence)。

成分智力（componential intelligence）是指个人在问题情境中运用知识分析资料，通过思维、判断、推理以达到问题解决的能力。它包含有三种机能成分。一是**元成分**（metacomponent)，是指人们决定智力问题性质、选择解决问题的策略以及分配资源的过程。例如，一个好的阅读者在阅读时分配在每一段落上的时间是与他要从该段落中准备吸收的知识相一致的。这个决定就是由智力的元成分控制的。二是**执行成分**（performance component)，是指人实际执行任务的过程，如词法存取和工作记忆。三是**知识习得成分**（knowledge-acquisition component)，是指个人筛选相关信息并对已有知识加以整合从而获得新知识的过程。

经验智力（experiential intelligence）是指个人运用已有经验解决新问题时整合不同观念所形成的创造能力。例如，一个有经验智力的人比无此智力的人能够更有效地适应新的环境，能较好地分析情况，用脑筋去解决问题，即使是从未遇到过的问题。经过多次解决某个问题之后，有经验智力的人就能不假思索、自动地启动程序来解决该问题，从而把节省下来的心理资源用在别的工作上。有些人能很快做到，有些人却难以做到这一点。这种能力就称为经验智力。

情境智力（contextual intelligence）是指个人在日常生活中应用学得的知识经验解决生活实际问题的能力。在不同的文化中，人们应对日常生活实际问题的能力是不同的。区分有毒和无毒植物是以狩猎、采集为生的部落中人们的重要能力，而就业面试则是工业化社会人们的一种重要的情境智力，这两种人的情境智力是不同的。

斯滕伯格的理论得到了对大脑前额叶受损病人的研究结果的支持。例如，有一位以前很成功的物理学家，因为偶然的事故前额叶受损，痊愈后他虽然仍有很高的智商，却不能继续他的工作。他能按指示程序进行工作（如开车），却缺乏适应环境的能力。显然，这种人的行为缺少了智力中的一些重要成分，而这些成分没有被大多数智力测验测量出来。

三元智力理论是当代智力理论的代表之一。它与当代认知心理学的发展相契合，并将传统智力理论中的智力概念扩大了。因为传统智力测验所测的智商只是智力三元论中的成分智力。同时，该理论更贴近生活实际，从而有助于我们更全面地看待一个人的智力状况。

四、加德纳的多元智力观

美国心理学家加德纳（Gardner，1983，1999）认为生活中多方面心智活动才代表智力，提出了一个超出 IQ 测验定义的理论——**智力多元论**（theory of multiple intelligence）。他确定了涵盖人类经验范围的许多智力，每种智力都与其他智力相对独立。如表17-4所示，加德纳归纳了八种智力。简言之，可以把这八种智力理解为词语灵敏、数字灵敏、空间灵敏、音乐灵敏、身体灵敏、他人灵敏、自我灵敏和自然灵敏。作为这些不同智力的典型代表，加德纳举出了诗人埃利奥特、科学家爱因斯坦、画家毕加索、作曲家斯特拉文斯基、舞蹈演员格雷厄姆、精神病学家弗洛伊德、领导人甘地和博物学家达尔文。后来加德纳还假设了第九种可能的智力，即**存在智力**（existential intelligence），这是一种“沉思关于生命、死亡和存在等重大问题”的能力。加德纳认为，西方社会促进了前两种智力的发展，而非西方社会对其他智力更为看重。例如，在西太平洋的卡罗琳岛，船员们必须能够在没有地图的情况下完全依靠空间智力和身体-运动智力航行很长一段距离。在那种情况下，这种能力比写出一篇论文更重要。在巴厘岛，艺术表现是日常生活的一部分，因而流淌在优美舞步中的音乐智力和潜力更为宝贵。与美国等个人主义文化社会相比，日本这样的群体社会更强调合作行为和公众生活，因而社交智力更为重要。而要评价这些智力，仅有纸笔测验和简单定量测量是远远不够的，应该对个体在许多生活情境下的行为进行观察和评价。

表17-4　加德纳提出的八种智力

智力类型	反映这种智力的任务
语言智力	读书，写文章、小说或诗歌，理解口头言语
数理-逻辑智力	解决数学问题，支票结算，进行数学证明，逻辑思维
空间智力	从一个地方到另一个地方，看地图，在卡车里放箱子以使它们位置摆得恰当
音乐智力	唱歌，谱写奏鸣曲，吹奏小号，欣赏音乐片段的结构
身体-运动智力	跳舞，打篮球，跑步，投掷标枪
社交智力	与他人的联系，比如当我们试图理解他人的行为、动机或情感时
自我认知智力	理解我们自己——理解我们是谁，什么使得我们行动，在能力和兴趣受到限制的情况下我们如何改变自我
自然观察者智力	理解自然界中的各种模式

五、情绪智力

20世纪90年代初，美国心理学家萨洛维（Peter Salovey）和迈耶（John D. Mayer）首次把**情绪智力**（emotional intelligence）从人类的智慧中分离出来，并把它界定为人的社会智能的一种类型。情绪智力与加德纳的多元智力理论中的社交智力和自我认识智力有着密切的联系，可以说它们就是情绪智力的前身。针对社会上的一些片面认识，迈耶和萨洛维（Mayer & Salovey，1997）对情绪智力的内容、结构进行了修订，认为情绪智力包含四个主要成分：准确和适当地知觉、评价和表达情感的能力；运用情感促进思考的能力；理解和分析情感、有效地运用情感知识的能力；调节情绪，以促进情感和智力发展的能力。这一界定反映了情感对智力起积极作用的新观点，即情感可以促进思维，人们也可以更有效地思考他们自己和他人的情感。目前，研究者已编制了一些测量情绪智力的工具。迈耶等（Mayer et al.，2000）对成人和青少年的测定表明，EQ（情商）值与IQ值只是略有相关，这表明EQ所反映的能力与传统的IQ所反映的能力不同。而且成熟的成年人的EQ得分较年轻人高，说明EQ有重要的环境成分。另外，女性的情绪知觉显著优于男性。情绪智力自提出后，已获得了大量的佐证，引起了强烈的社会反响。情绪智力被誉为是“划时代的心智革命”和“本世纪最重要的心理科学研究成果”，这也许存在着夸张的一面，但在教育、管理、商业等领域的确产生了积极的影响。并且，情绪智力作为与传统智力相对应的概念，正在广泛地为人们所接受。

总之，通过上述对智力结构的理论探讨可以看出，心理学家们关于智力问题的意见还很不一致。这是一个争论不休的问题，但也正因为心理学的深入研究，智力才具有现今丰富的含义。

第四节　智力发展

一、智力发展的一般趋势

智力是随着年龄的增长而变化的。美国心理学家贝利（Bayley，1969）用贝利婴儿量表、斯坦福-比内智力量表和韦氏成人智力量表等为工具，对同一群被试从其出生开始做了长达36年的追踪测量，把测得的分数转化为可以互相比较的“心理能力分数”，绘制成了如图17-7所示的智力发展曲线。从中可见，智力在11岁或12岁以前是快速发展的，其后发展放缓，到20岁前后达到了顶峰，随后即保持一个相当长的水平状态直至30多岁，之后开始出现衰退迹象。另有研究者根据 5 种主要能力对成人进行测量，发现一般人的智力到 35 岁左右发展到顶峰，以后缓慢下降，到 60 岁左右迅速衰退，如图17-8所示（Schaie & Strother，1968）。另外，研究显示，智力优异者的智力不仅发展速度快，而且延续发展的时间也长，而智力落后者的智力不仅发展缓慢，并且有提前停止发展的倾向。不过，以上所述只是智力发展的一般趋势，实际上个体在智力表现的早晚及智力结构等方面的差异都是很显著的。

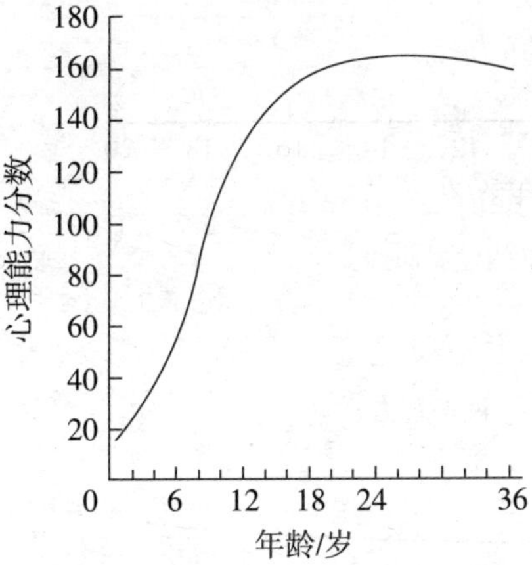

图17-7　智力发展曲线

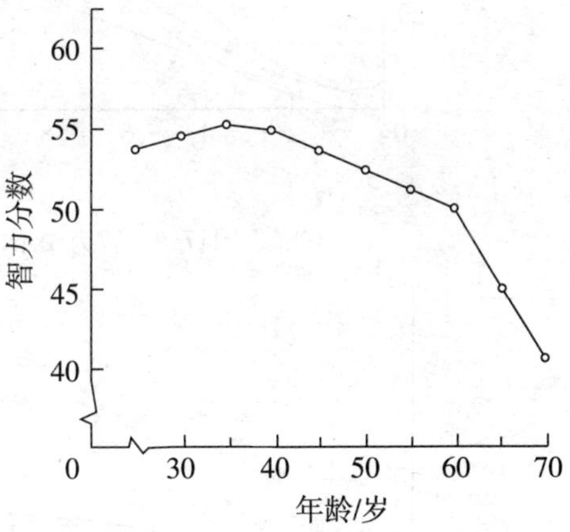

图17-8　智力的年龄变化

智力不仅作为整体而发展，而且智力中的各成分也分别在发展，且发展速度并不完全同步。瑟斯顿（Thurstone，1928）考察了不同智力因素的发展情况，结果发现发展速度各不相同（图17-9）。例如，12 岁时知觉速度已发展到成人水平的 80%，而推理能力、词的理解力和词语运用能力等则要到 14 岁、18 岁和 20 岁以后才分别达到同一水平。此外，对液态智力和晶态智力的发展研究表明，液态智力在中年以后开始下降，而晶态智力则在人的一生中都有稳定上升的趋向趋势，如图17-10所示（Spear et al.，1988）。

创造力的表现与智力不同。一般认为，创造力的发挥主要在 30～40 岁这段年龄，同时还因从事的领域而有差异：化学是 26～30 岁，诗歌是 25～28 岁，数学、物理学是 30～40 岁，心理学是 30～39 岁，技术发明是 30～40 岁，管弦乐、歌剧作曲是 35～39 岁，绘画是 35～39 岁，创作长篇小说是 40～44 岁。有人统计了 1901—1965 年诺贝尔物理学奖和化学奖获得者的年龄，发现

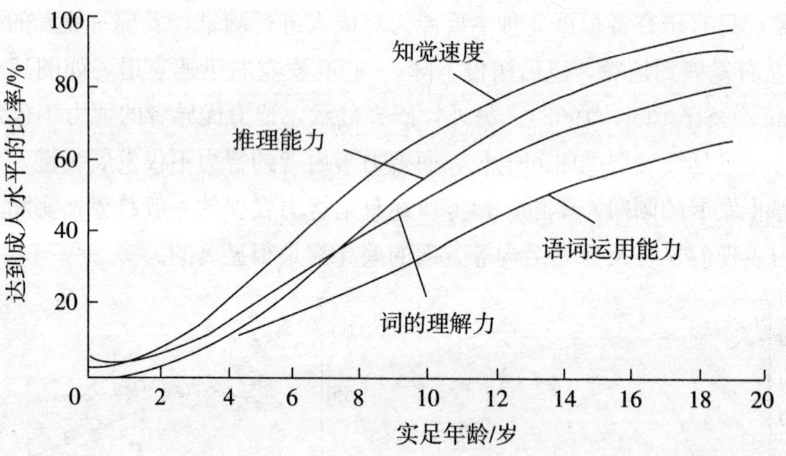

图17-9　智力中不同因素的发展曲线

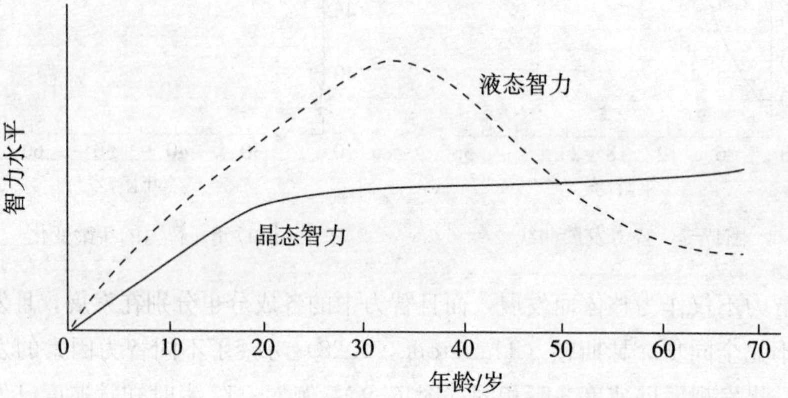

图17-10　液态智力与晶态智力的发展曲线

物理学奖获得的年龄集中在45～49岁，化学奖获得者的年龄集中在50～54岁，大部分人是在40～50岁得奖。还有研究认为，科学家创造力的发挥有两个高峰期：第一个高峰期出现在30～40岁，第二个高峰期出现在55岁左右。

二、影响智力形成与发展的因素

（一）遗传与环境的作用

众所周知，很多因素都会影响智力的形成与发展，而且从这些因素中很难简单断言究竟是遗传还是环境在起作用。例如，研究者发现出生顺序与智力有关（Zajonc，1976；Zajonc & Markus，1975），但无法说清这究竟该视为遗传素质上的差异还是后天身份角色方面的原因。与心理发展的很多问题一样，对于智力发展，学界目前仍然是遗传与环境交互作用的观点占主流，当然在作用时机与方式等方面会有智力发展的特点。

图17-11列出的是来自许多研究者对不同遗传关系的人IQ的相关研究结果，其中横线为多次研究所得相关系数的全距，叉号表示这些相关系数的平均数（Hilgard et al.，1979）。从中可见，遗传关系越相近，测得的智力越相近：父母的IQ和亲生子女的IQ相关约为0.50，而养父母和养子女IQ的相关仅为0.25左右；同卵双生子具有完全相同的遗传基因，其IQ相关约为0.90，而异卵双生子的遗传的相似性类似于同胞兄弟姊妹，他们的IQ相关就只有0.55左右。这些结果说明了遗传对智力发展的重要影响。同时该资料也说明了环境对智力发展的作用。如图所示，虽同为同卵双生子，在一起长大的环境条件下，其IQ相关要高于分开长大的情况，而在一起抚养的孩子，即使两者没有血缘关系，其IQ的相似性也会提高。

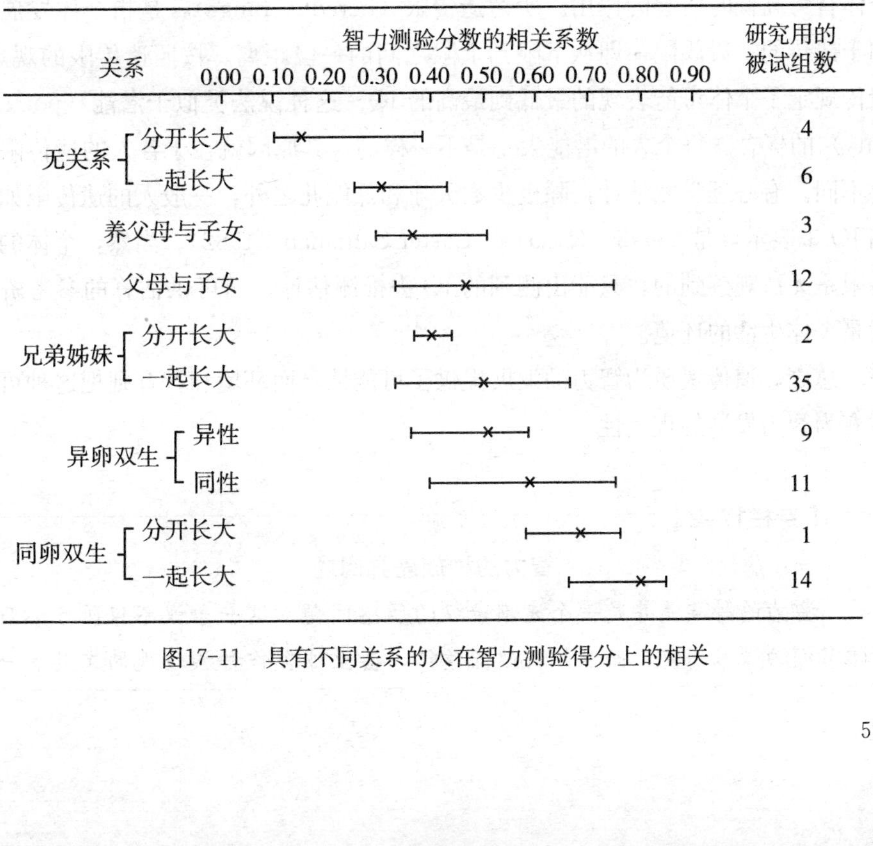

图17-11　具有不同关系的人在智力测验得分上的相关

智力是心理特质，它本身是不能遗传的。遗传对智力的影响主要表现在身体素质上，如感官的特征、发音器官的特征、四肢和运动器官的特征、脑的形态和结构特征等。身体素质是智力形成与发展的自然前提。没有这个自然前提，任何智力都无从产生。但身体素质本身并不等同于智力。具有相同身体素质的人，可以发展出不同的智力；而具有良好素质的人如果得不到适当的培养和训练，智力也不可能有好的发展。这说明，在智力形成的问题上，遗传决定论是错误的，但良好的遗传素质是智力形成与发展的一个必要条件或重要条件。

环境因素对智力形成与发展的作用不可低估。产前环境（即在母体内的环境）对胎儿的生长发育和出生后的智力发展有着重要的影响。人生早期的环境条件对智力的发育也有极其显著的作用，丰富的环境刺激有助于儿童智力的发育。有目的、有计划、有组织的学校教育在智力的形成与发展中更是具有特殊的意义，起着主导性作用。

一些心理学家提出了遗传限的概念，用来解释遗传与环境两大因素在决定个体智力高低时所起的作用。所谓**遗传限**（heredity range），是指个体发展受制于遗传的一段阈限，即从下限到上限之间的一段距离。按照遗传限的观点，遗传规定了个体可能表现的最低到最高的 IQ。这种说法类似于**潜能**（potentiality）的概念。每个人的潜能大小是不一样的，其原因就在于各人的遗传限大小不同。有心理学家估计，除极少数天才和低能儿之外，一般人的遗传限如果用 IQ 来表示，是 20～30（Scarr & Carter-Saltzman，1982）。当然，个体的遗传限是无法观察到的，只能由测到的 IQ 去推测估计，而可供估算的参考资料就是个体生活的环境。

总之，遗传素质为智力的发展提供了可能性，而环境和教育则把这种可能性变为智力发展的现实性。

【专栏17-2】

智力的种族差异问题

智力的种族差异是一个充满争议的敏感问题。这一争议不仅限于心理学家们的学术研究，而且扩及政治意识，甚至被当作种族歧视的工具。一个典型的情况是，在美国，多年来的智力测验结果发现黑人的智商平均要比白人低10～15个分点（Anastasi，1958）。针对这一情况，心理学家们形成了几种不同的解释（张春兴，2009）。其一，遗传决定观。詹森（Jensen，1980，1985）等人认为，美国黑人智商之所以低于白人，就是遗传因素决定的。在美国境内有很多少数民族，其中黑人的平均智商最低，不能归咎于其他因素。其二，文化贫乏观。布劳（Blau，1981）和沃尔夫（Wolf，1965）等人则反对遗传决定论的观点，认为黑人智商较低的原因在于文化贫乏，包括黑人在政治、经济、教育、宗教以及实际生活水准等各方面的条件均不如白人，生长在黑人家庭的孩子在文化刺激方面自幼就较为贫乏，而且不易养成努力奋斗、力争上游的精神等。其三，测验效度观。希利亚德（Hilliard，1984）和梅塞（Mercer，1984）等人从智力测验效度的角度对测验的公平性提出了质疑。在美国，由于绝大多数的心理学家都是白人，这样所编制的智力测验倾向于符合白人中产阶级的经验，测试情境也对黑人儿童不利。

事实上，企图用智力量表来确定智力的民族差异几乎是不可能的。前已述及，虽然西方心理学家设法编制所谓文化公平智力量表，尽力使题目内容就不同民族来说有同等的经验机会，但这一点在不同民族间比在同民族内更难办到。所以无论这些研究所发现的民族之间的智力差异如何，均不能表明民族之间有无先天性差异，因而也绝不能作为民族歧视的借口。例如，有人对白马藏族初中学生文化适应和智力水平的关系做了研究，发现主流文化认同、学校教育认同、对教学语言的熟悉和理解程度均与智力、学业成绩存在显著的相关。在剔除学业成绩对智力的影响后，文化适应对白马藏族初中生的智力水平有显著的预测力（胡兴旺等，2005）。因此，民族间的智力差异问题应该同其文化适应特征联系起来，并且应着眼于生活经验的不同所产生的智力结构的差异，而不是着眼于民族之间智力水平高低的比较。图17-12是一项对包括中国人在内的智力测验结果（Lesser et al.，1965），对此又该做何讨论呢？

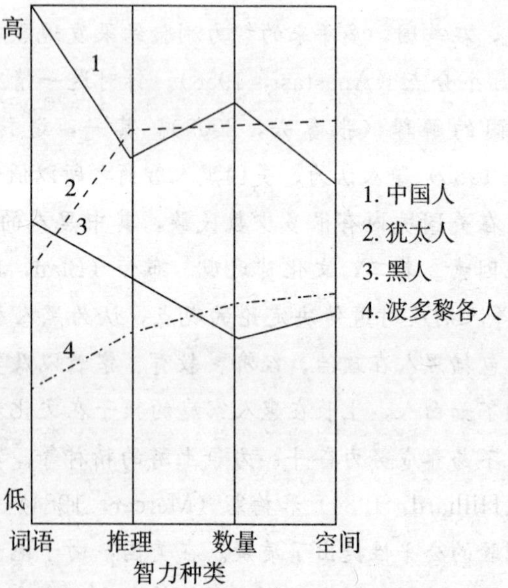

图17-12 不同种族的智力结构差异

（二）实践活动和个性品质的作用

人的智力是在实践活动中形成与发展起来的。离开了实践活动，即使有良好的素质，有良好的环境和教育，智力也难以形成与发展起来。关于这一点，我国古代思想家王充早就指出“施用累能”，即能力是在使用中积累的。他说：齐的都城世代刺绣，那里的平常女子都能刺绣；襄地传统织锦，即使不聪明的女子也变成了巧妇。这是因为天天看到，时时学习，手自然就熟练了。王充还提出“科用累能”，即从事不同职业的活动，就积累了不同的能力。他说：谈论种田，农夫的能力高于一般人；谈论做买卖，商人的能力强于一般人。大量的事实表明，音乐能力只有在音乐实践中才能形成与发展，科研能力也只有在科研实践中才能形成与发展。不参加实践活动，就谈不上智力的形成与发展。

在实践活动中，优良的个性品质对智力的形成与发展具有重要的意义。像动机、勤奋、谦虚和坚强的毅力等都有助于智力的形成与发展。以学习动机为例，有人用斯坦福-比内智力量表对 140 名 4～14 岁儿童做了追踪研究，结果如图17-13所示，其中35名儿童智力发展速度大大加快，另有35名儿童智力发展速度明显下降（Sontag et al.，1958）。究其原因：前者具有强烈的学习动机，积累了更多的有用知识，从而提高了学习和解题的能力，促进了智力发展的速度；后者缺乏学习动机，知识相对贫乏，因而智力生长速度明显下降。此外，该研究还显示了一个值得关注的性别现象：在提高组，男孩和女孩的走势没有什么差别，但在下降组，差异明显，女孩的走势是持续下降，而男孩的走势能回弹。

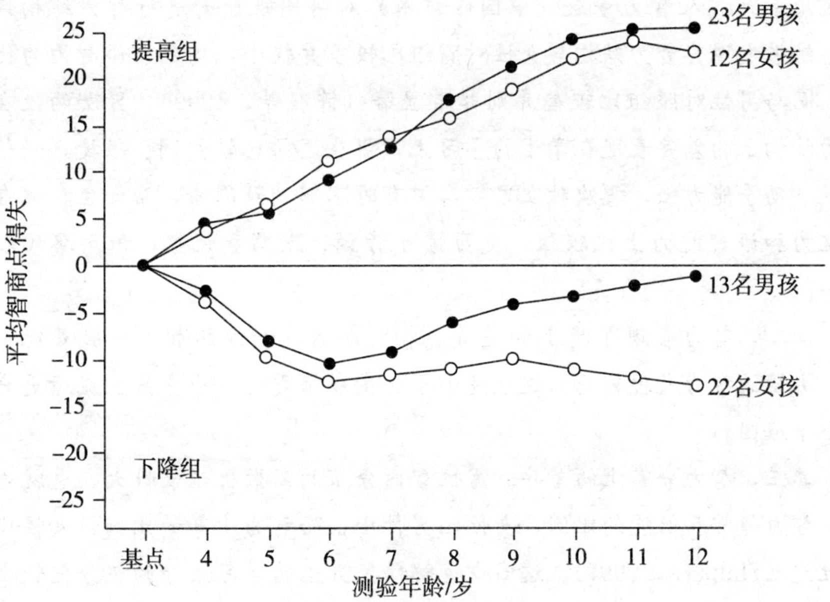

图17-13　学习动机对智力发展的影响

【专栏17-3】

性别与智力

男性和女性，谁更聪明？很多人对此感兴趣并为此争论不休。多年的研究表明，总的来说男女之间不存在智力水平孰优孰劣的问题，也不存在某些智力特性在男女一方有，而另一方没有的“有无”问题。当然，心理学并不否认智力有性别差异，但不是笼统地说成男性比女性聪明，或者男性智力水平高于女性，而是指某些群体性的差异特征。对多种测验结果的总结表明，男女智力差异有以下几个方面的表现。

其一，智力结构或智力品质上的差异。一般来说，男性在空间关系、图形知觉、逻辑演绎、数学推理、机械操作、视觉反应等方面表现更好，而女性则在语言表达、数的识记、机械记忆、听觉反应等方面显示出优势。这种结构性的差异不仅经大量研究证实，而且可能与性取向有关。有人采用韦氏成人智力量表（中国修订本）对男同性恋者进行智力结构评定，结果发现其智力结构与女性对照组比较差异较小，均以言语智力为优势，而与男性对照组比较差异则非常显著（许毅等，1999）。男女两性在智力结构上的差异表现在学生的学习上，男生思维比较广阔、敏捷，兴趣广泛，动手能力强，喜欢独立思考，但有时不够细致周密，而女生往往在记忆力和语言能力上比较强，更习惯于背诵、默写和记忆，但思路比较单一。

其二，智力表现早晚上的差异。相对而言，女性的智力一般表现较早，男性的智力表现较晚。这也是小学女生成绩更好、中学男生成绩更好的一个原因。

其三，智力分布上的差异。男性智商分布的离散性较女性大。也就是说，智力超常和低能的比例，女性比男性小，而智力中等的比例，女性比男性大（Halpern，1997）。这多少也解释了男生的学习成绩两极分化较女生严重的现象。

造成男女智力上述差异的原因，既有先天构造等遗传方面的影响，也有社会文化、教育、习俗等环境因素的作用。

第五节　智力特殊者

前已述及，在全人口中智商呈常态分配。智商高于 130 或低于 70 的人在全人口中只有极少数，各占2%～3%，分别称为天资优异和智能不足。尽管传统心理学更关注人类心理加工的普遍模式，但也有一些心理学分支一直在关注个体差异和一些特殊群体（Winner，2000）。对这些特殊群体的研究不仅可以揭示该群体自身的特点，为其鉴别和教养提供科学依据，也可以进一步加深我们对普通群体的认识。

一、超常儿童

超常儿童（supernormal children）是指智力发展突出优异，或具有某方面特殊才能的儿童。在古代，这类儿童被称为神童，被认为是天降神赐的。20世纪前，在西方学者中，天才遗传决定论占优势，这类儿童被称为天才。20世纪初，推孟把智商达到或超过140的儿童称为天才儿童。此后在相当长的时期内，天才儿童的概念主要是由智商分数来说明的。20世纪60年代吉尔福德提出智力的三维结构模型，并指出智力测验不能鉴别儿童的创造力。以后学者们还认为天才儿童的概念里不仅包括创造力，还应包括像卓越的领导能力、数学能力等特殊才能。美国教育心理学家伦祖利（Renzulli，1978）提出“三圆圈天才儿童”的概念，认为天才儿童是由中等以上的智力（包括一般智力和特殊能力）、对任务的承诺（包括强烈的动机、责任心等）和较高的创造力这三种心理成分相互作用高度发展的结果。我国心理学界和教育界把这类儿童称为超常儿童，认为超常儿童的心理结构中不仅包含智力和创造力，也包含一些非智力个性特征。

对超常儿童的系统研究始于推孟（Terman，1925），之后一直经久不衰，是世界各国心理学家和教育者共同关心的一个热点问题。我国研究者对超常儿童进行系统科学的研究和教育始于20世纪70年代，迄今已从认知能力（智力）、非智力个性特征以及创造力等方面对超常儿童进行了较为全面的研究。在认知方面，研究结果一致表明，超常儿童不仅在智力上明显高于常态儿童，而且在感知、记忆、思维等方面都明显优于常态儿童。例如，查子秀（1984）使用图形、实物图片和数字等测验材料发现，3～6岁超常组儿童类比推理能力的得分显著高于同龄常态儿童，通常高出两个或两个以上标准差。施建农（1990）以数字和图形为实验材料，发现超常儿童不仅在回忆量和记忆速度上比常态儿童优异，而且还表现在元记忆上比常态儿童发展得更好。邹枝玲等（2003）以选择反应、图形匹配、心理旋转和抽象匹配为基本认知任务，发现超常儿童反应时更短，正确率更高。程黎等（2004）采用两种视觉检测时任务，发现超常组儿童的检测时显著地快于常态组儿童，且其发展基本上不受学校知识或经验的影响。张博等（2014）采用推箱子任务，结合横断比较和纵向追踪数据，发现超常儿童在问题解决能力的三个维度上均优于普通儿童，且两类儿童问题解决能力的发展模式不一致，但这种差异随年龄增加逐渐减小。查子秀（1994）曾通过十几年对超常儿童的追踪研究和教育实验，总结出超常儿童作为一个特殊的群体有着一些共同的心理特征：思维敏捷，记忆力强，观察敏锐，有独创性，求知欲旺盛，兴趣深或广，好胜，自信，有独立性……。从这些共同的心理特征不难看出，超常儿童的心理构成不限于智力、创造力，还包含个性倾向性和个性心理特征。通过对百余名超常儿童幼年—童年—少年—青年的整个发展过程的分析总结，可以看到超常儿童的成长过程是不平衡的，大致有四种不同的类型（表17-5）。

超常儿童被一些人称为神童，其实并不神秘。优越的自然素质是超常儿童发展的物质基础。前已述及，遗传素质对智力的影响是不可忽视的因素。儿童的智力发展速度是不均衡的。早在20世纪20年代，平特纳（Rudolf Pintner）的研究认为，儿童从出生到5岁是智力发展最快的时期。这一论断与布卢姆（Bloom，1964）在《人类特性的稳定与变化》一书中的结论是一致的。布卢姆认为，如果以17岁所达到的普通智力水平作为100，那么儿童从出生到4岁就已获得50%，从4岁到8岁获得30%，而最后的20%则是在8岁到12岁获得的。根据这些研究，可以认为，在儿童的早期阶段智力发展快，并且对以后的发展有很大的影响。理想的早期教育是超常儿童成长的主要条件。当然，这种教育绝不能是拔苗助长式的、违反儿童成长天性的。

表17-5 超常儿童的发展过程

类型	表现	原因分析
跃进式	幼年表现早慧*，提前入学或插班，此后稳步超常发展，或从小学、中学至大学有过一次或多次跳级，跳跃式前进	家庭、学校提供有利于他们发展的条件；本人求知欲旺盛，主动积极，具有良好的个性特征
V字形前进式（或波浪式）	幼年表现早慧，提前入小学或插班；在小学或中学阶段一度表现下降，与常态儿童无异，经采取措施后，逐渐回升，再次超常出众，稳步前进	儿童在学校受挫折，积极性受到影响；儿童本人贪玩，自控能力差，缺乏学习动机；出现某种行为问题，或因病旷课过多，缺乏信心等
后起式	幼年或包括童年未有超常表现；小学或初中阶段，由于某次竞赛或机遇，成绩突出，一鸣惊人，此后受到重视，稳步上升，发展优异**	幼年在农村跟老人生活，缺乏早教条件，或由于某个原因"开窍"较晚
滑落式	幼年早慧，小学或中学阶段一帆风顺，名列前茅，但在中学或大学，由于某个原因，成绩下降，情绪波动或崩溃，不能自拔，经帮助也无效，发展失去优势	在较复杂环境中不能适应，或遇逆境，不能正确认识自己，自我调控能力差，缺乏耐受力，或由此引起神经衰弱等身体的不适应

*经测试，认知能力在同龄平均成绩两个标准差以上，或智商130以上，或具有某方面特殊才能，经鉴定为杰出者。

**经鉴别考核达到超常儿童或少年的标准。

有人认为，超常儿童的优异发展是以身体的不健康或个性的不适应为补偿的。这种看法是缺乏科学依据的。1921—1927年，推孟用斯坦福-比内智力量表对从幼儿园到八年级的儿童进行了测查，发现了1 528名天才儿童（平均智商达150），并对他们进行了长达30年的追踪研究。结果表明，在他的被试中，死亡、不健康、精神错乱、酒精中毒等情况都低于相应年龄的成人，绝大多数人社会适应良好。到1950年，推孟的800名男性被试中有78人得到博士学位，48人得到医科学位，85人得到法律学位，74人正在或曾在大学任教，51人在自然科学或工程学方面进行基础理论研究，104人担任工程师，科学家中有47人入选1949年版《美国科学家年鉴》。所有以上数字和从总人口中任意选取800个相应年龄的人相比较，几乎大10～20倍甚至30倍。他还分别在1939—1940年和1951—1952年对追踪对象进行两种测验，发现不仅他们的平均得分远远超过一般成人，而且这两项测验相隔 12 年，两次成绩相比有 90%的被试智力增加了。可见，“早熟早衰”的看法是不正确的。

当然，超常儿童今后能否在事业上有不一般的成就，还依存于许多条件。推孟也发现，全体天才儿童被试中约有 20%的人在成年后取得的成就没有超出一般人，只有不到 50%的妇女参加了工作。他对 800 名男性被试中成就最大的 20%的人与成就最小的 20%的人做了比较研究。发现在这两组人中，最明显的差异是个性特点不同。成就最大者在谨慎、自信、不屈不挠、进取心、坚持性、不自卑等个性品质上，明显地优于成就最小者。其次是家庭背景不同。前者 50%的家长大学毕业，家中有许多书籍，家长重视教育；后者只有 15%的家长大学毕业。可见，超常儿童能否在事业上有所成就，在很大程度上取决于社会生活条件及儿童的个性特点。

二、智能不足者

智商在 70 以下者为**智能不足**（mental retardation）。智能不足并不是某一种心理过程的破坏，而是各种心理能力的低下，其明显的特征是智力低下和社会适应不良。智能不足可分为三个等级：轻度，智商 50～70，生活能自理，能从事简单劳动，但应付新奇复杂的环境有困难，学习有困难，很难领会学校中抽象的科目；中度，智商 25～50，生活能半自理，动作基本可以或部分有障碍，只会说简单的字或极少的生活用语；重度，智商 25 以下，生活不能自理，动作、说话都有困难。

造成智能不足的原因很多。大多数智能不足者都不是生理疾病所致，过去也未有过脑损伤的病史。他们大多健康良好，智能不足的程度也较轻微。这些人的父母智力水平往往也较低，家庭中缺乏良好的学习环境，或者在成长过程中营养条件较差，这些可能是造成这一类型智力落后的原因。比较严重的智能不足大多是疾病、中毒、内分泌失调和母体疾病所致。较典型的智力落后疾病如唐氏综合征、苯酮尿症等。唐氏综合征患者脑袋小而圆，面宽而扁，眼睛狭斜，鼻梁塌扁，舌尖厚且突出在外，身材矮小，五指短小，智力大多低下。唐氏综合征患者通常为年龄大的母亲所生。20 多岁的母亲生出的婴儿患此病的概率为 0.05%，40 岁以上的母亲生出的婴儿患此病的概率高达 2%。唐氏综合征不是遗传病，而是母体内的卵子长期暴露在体内环境中受到损害，出现额外的染色体（47 个染色体）之故。患苯酮尿症的智力落后者是由于苯酮尿新陈代谢失常而引起，其特征是头发和皮肤缺乏色素而呈白色，大多数属重度智能不足者。如果早期发现，喂以低苯丙氨酸食物，可防止其恶化。

在甄别智能不足儿童时，必须用可靠的智力测验工具，以确定其是不是真正的智能不足以及低能的程度。智能不足儿童有心理缺陷，无法与正常儿童随班上课，必须接受特殊教育。

【专栏17-4】

白痴学者

电影《雨人》在第六十一届奥斯卡金像奖评选中荣获四项大奖。影片讲述的是兄弟间的手足之情。哥哥的原型是美国的基姆·皮克，一个自闭症患者，一个历史、文学、地理、数字、体育、音乐等 15 门学科的天才专家。除此之外，还有《美丽心灵》的原型约翰·纳什，被称为“孤独天才”的博弈论大师，著名的“纳什均衡”的提出者。

早在 1789 年，科学文献中就出现有关**白痴学者**（savant syndrome）的描述。一位能够闪电般快速推算日期的富勒先生，当问他活了 70 年 17 天又 12 个小时的人总共活了多少秒时，富勒花了 90 秒就得出正确的答案：2 210 500 800 秒。他把其中 17 个闰年都考虑进去了。但除了推算日期之外，富勒对复杂的数学并没有什么了解。白痴学者通常在智力测验上得分很低，但他们在某一方面（如计算、绘画或音乐记忆）非常优秀，表现出一种不可思议的能力（Treffert & Wallace，2002）。他们中的不少人也常患有孤独症，且大多为男性。白痴学者可以没有语言能力，却能够像电子计算机那样又快又准地计算数字，或者能够几乎立即确定历史上任何日期是星期几（Miller，1999）。到目前为止，已经知道白痴学者在推算日期、计算、音乐、绘画、雕塑、查阅字典、下象棋、背诵、色彩、赌博，甚至经商及其他许多专业知识上表现出非凡的才能。有关文献提示，白痴学者们至少拥有 300 种以上的天才。而一些弱智者在某些方面表现出的技能，实在是令人刮目相看。

大多数白痴学者实际上并非真正的白痴，其智商一般是35～70，属轻度或中度弱智。真正的白痴智商低于25。大多数白痴学者也并非地道的学者，因为所谓的突出才能只限于某一孤立的方面。从心理学的角度看，白痴学者的出现可能与缺陷补偿有关，其智能缺陷给患者带来了发展其他功能的动力，也可能与智力结构有关，智力结构是复杂而非单一的，白痴学者乃是智力结构发展不均衡的一种突出表现。

【复习与思考】

1. 解释：智力，能力，知识，技能，心理测量，信度，效度，常模，心理年龄，智商，离差智商，液态智力，晶态智力，情绪智力，遗传限，超常儿童，智能不足。

2. 心理测量应具备哪些必要的条件？

3. 从智力测验的发展分析智力测验的利弊。

4. 评述吉尔福德的智力三维结构模型。

5. 智力发展的一般趋势怎样？

6. 如何看待智力的种族差异问题？

7. 如何对待智力的性别差异？

【扩展阅读书目】

1. 蔡笑岳、邢强等著：《智力心理学》，暨南大学出版社2012年版。

2. [美] R. J. 斯滕伯格著，俞晓琳等译：《超越IQ——人类智力的三元理论》，华东师范大学出版社2000年版。

3. [英] 克里斯汀·韦尔丁著，尧俊芳译：《情商》，天津教育出版社2011年版。

4. [美] D. 帕金斯著，王晓辰、李清译：《出类拔萃的IQ——一门可习得智力的新兴科学》，华东师范大学出版社2009年版。

第十八章　人　格

第一节　概　述

一、什么是人格

人格是一个含义极为丰富的概念。“某某人格高尚，某某人格卑鄙”，这是从道德或伦理的角度给人的评价；“老板对雇员虐待欺凌，污辱人格”，这是从法律的角度陈述老板对雇员的尊严和人身的侵犯；一些化妆品的广告上有“增进你的人格”，那是指经过化妆后使你的外表更吸引人。这些说法与心理学上人格的含义是不相同的。

我国古代汉语中没有“人格”这个词，但是有“人性”“人品”“品格”等相关的词。例如，最早讲到人性的孔子曾说“性相近也，习相远也”①，认为素质是基础，个体差异来自环境和教育。现代汉语中的“人格”一词是近代从日文中引入的。而日文中的“人格”一词则来自对英文 personality 的意译。英文中的 personality 源于拉丁文的 persona，本义是指面具，就是演戏时应剧情的需要所戴的脸谱，它表现剧中人物的角色和身份。例如，我国京剧有大花脸、小花脸等各种脸谱，表现各种性格和角色（图18-1）。把面具引申为人格，实际上包含两层意思：一是指个人在生活舞台上表演的各种行为，即表现于外的给人印象的特点或公开的自我；二是指个人蕴藏于内、外部未表露的特点，即被遮蔽起来的真实的自我。因此，人格就是我国古代学者所说的“蕴蓄于中，形之于外”。

人格是心理学研究个别差异时除智力而外的另一个重要方面，是一个复

① 《论语・阳货》。

图18-1　京剧脸谱

杂、困难而又重要的主题。不同的研究者对人格理解不同，对人格所下的定义也很不相同。奥尔波特（Allport，1937）最早对人格的定义做过综述，考察了 50 个定义。之后还有不少心理学家综述或分析过人格的定义，又提出新的定义。例如，有人把人格看作习惯化的行为模式，有人则把人格看作一种控制行为的内部机制（如自我、特质等），还有人把人格看作个人在社会上所扮演的角色，等等。人格定义的不同，既反映了心理学家们对人格研究的侧重点的不同以及他们所采用的研究方法的不同，也反映了人格内涵的丰富性。综合来看，**人格**（personality）是一个人的才智、情绪、愿望、价值观和习惯的行为方式的有机整合，它赋予个人适应环境的独特模式，这种知、情、意、行的复杂组织是遗传与环境交互作用的结果，包含着一个受过去影响以及对现在和将来的建构。

二、气质和性格

心理学上的人格类似于我们常说的**个性**（individuality），它既有先天的气质基础，又是后天性格刻画的结果。

（一）气质的含义

气质与我们平常说的“脾气”相近似。在日常生活中，我们可以看到，有的人总是活泼好动，反应灵活，有的人总是安静稳重，反应缓慢，有的人不论做什么事总显得十分急躁，有的人情绪总是那么细腻深刻。**气质**（temperament）就是个人生来就具有的心理活动的动力特征。

气质不是推动人进行活动的心理原因，而是使人的心理活动具有某种稳定的动力特征。所谓心理活动的动力特征，是指心理过程的强度（如情绪体验的强度、意志努力的程度）、心理过程的速度和稳定性（如知觉的速度、思维的灵活程度、注意集中时间的长短）以及心理活动指向性特点（有的人倾向于外部事物，从外界获得新印象；有的人倾向于内心世界，经常体验自己的情绪，分析自己的思想和印象）等方面在行为上的表现。气质不仅表现在情绪活动中，而且也表现在包括智力活动等各种心理活动中。它仿佛使人的全部心理活动都染上了个人独特的色彩。具有某种气质类型的人，常常在内容很不相同的活动中都显示出同样性质的动力特点。例如，一个学生具有安静迟缓的气质特征，这种气质特征会在学习、工作、参加考试、当众演说、体育比赛等各种活动中表现出来。个人的气质特点不以活动的内容为转移，它表现出一个人生来就具有的自然特性。

个体一出生，就具有由生理机制决定的某种气质。我们可以观察到，新生儿有的爱哭闹，四肢活动量大，有的则比较安静，较少啼哭，活动量小。这种先天的生理机制构成了个体气质的最初基础，在儿童的游戏、作业和交往活动中表现出来。同时，由于成熟和环境的影响，在个体生长发育过程中气质也会发生改变。例如，在集体主义的教育下，脾气急躁的人变得较能克制自己，行动迟缓的人变得行动迅速。一个人的气质具有极大的稳定性，但也有一定的可塑性。

（二）性格的含义

在国外的心理学文献中，“性格”一词源于希腊语，意为雕刻的痕迹或戳记的痕迹。这个概念强调个人的典型行为表现和由外部条件决定的行为。我国心理学界倾向于把**性格**（character）定义为个人对现实的稳定的态度和习惯化了的行为方式。

人在活动的过程中，客观事物的种种影响，特别是社会环境的种种影响，通过认识、情绪和意志活动在个体的反映机构中保存下来，固定下来，构成一定的态度体系，并以一定的形式表现在个体的行为之中，构成个人所特有的行为方式。例如，一个人在各种场合总是表现出对同志热情忠厚，对自己严格要求，遇事坚毅果断、深谋远虑。这种对人、对己、对事的稳定态度和习惯化的行为方式所表现出来的心理特征，就是这个人的性格。又如，另一个人在各种场合总是表现出对同志尖酸刻薄、冷嘲热讽，对自己过于自信，遇事优柔寡断、鼠目寸光。这种对人、对己、对事的稳定态度和习惯化的行为方式所表现出来的心理特征，就是另一个人的性格。因此，性格也是个人在活动中与特定的社会环境相互作用的产物。

应当注意，并不是人对现实的任何一种态度都代表他的性格特征。在有些情况下，人对待事物的态度是属于一时情境性的、偶然的。例如，一个人处理事情通常很果断，偶尔表现出优柔寡断，那么优柔寡断就不能当作此人的性格特性，而果断则是他的性格特征。同样，也不是任何一种行为方式都可以表明一个人的性格特性，只有习惯化了的行为方式，才能表明其性格特性。例如，一个人在某种特殊情况下，一反机敏之常态，表现出行动呆板，我们就不能把呆板看作此人的性格特征。总之，作为性格的态度和行为方式，总是比较稳固的、习惯性的，甚至在不同的场合都会表现出来。

美国心理学界不常用性格这个概念，欧洲心理学文献中性格这个概念常等同于人格。不过，西方心理学文献中的人格概念与我国文献中个性或个性心理特征的概念也不尽相同。大多数西方心理学家的人格概念一般仅指气质和性格，而不包含能力。

（三）气质和性格的关系

气质和性格的区别主要表现在下列三个方面。第一，气质是先天的，一般在个体的早期阶段就会表现出来，主要体现为神经类型的自然表现。性格是后天的，个体在生命开始时期并没有性格，它是人在活动中与社会环境相互作用的产物，反映了人的社会性。第二，气质的变化较慢，可塑性较小；即使可能改变，也不容易。性格的可塑性较大，环境对性格的塑造作用是明显的；即使已经形成的性格是稳定的，但改变要容易些。第三，气质所指的典型行为是它的动力特征，而与行为内容无关，因而气质无好坏、善恶之分，不具有道德评价的意义。性格关乎行为的内容，表现为个体与社会环境的关系，因而性格有好坏、善恶之分，有道德评价的意义。

气质和性格又是密切联系、相互制约的。先从气质对性格的影响上来看。

首先，气质会影响性格的形成。气质作为性格形成的一种变量在个体的早期阶段就表现出来。有些婴儿安静，有些婴儿好动，这些气质特征必然会影响家庭环境，影响父母或其他哺育者的不同行为反应。一个人的性格就是在这种不同性质的教育和社会环境的相互作用的过程中逐渐形成的。其次，气质可以按照自己的动力方式渲染性格特征，从而使性格特征具有独特的色彩。例如，同样是乐于助人的性格特征，多血质者在帮助别人时，往往动作敏捷，情感明显表露于外，而黏液质者则可能动作沉着，情感不表露于外。最后，气质还会影响性格特征形成或改造的速度。例如，要形成自制力，胆汁质的人往往需要做极大的努力和克制，而抑郁质的人则用不着特别抑制自己就能办到。再从性格对气质的影响上来看，性格也可以在一定程度上掩盖或改变气质，使它服从于生活实践的要求。例如，侦察兵必须具备冷静沉着、机智勇敢等性格特征，在严格的军事训练中，这些性格特征的形成有可能掩盖或改造着胆汁质者易冲动和不可遏止的气质特征。

总之，气质和性格是密切联系的。在日常生活中，甚至在心理学文献中，都很难把气质和性格这两类心理特征严格区分开来。这是因为人具有生物社会性，人的发展是生物因素和社会因素相互作用的结果。我们不能排除生物因素来看待性格的形成和发展，也不能排除社会因素来看待人的气质。不过，为了研究工作的需要，把气质和性格适当加以区分还是有必要的。

三、人格的基本特性

（一）人格的整体性

人格的整体性是指人格虽有多种成分和特质，但在真实的人身上它们并不是孤立存在的，而是密切联系并整合成一个有机组织。人的行为不仅是某个特定部分运作的结果，而且总是与其他部分紧密联系、协调一致进行活动的结果。精神分裂症是一种最常见的精神病，布洛伊勒（Bleuler，1911）在提出精神分裂症这个术语时便认为，精神分裂症是精神内部的分裂，他将统一性的丧失、精神的内部分裂视为此病的本质。可以将精神分裂症患者的心理与行为比喻为一个失去指挥的管弦乐团。得了这种病，患者的感觉、记忆、思维和习惯这类心理机能虽然不至于丧失，却是乱七八糟的。由此可见，正常人的心理是多样性的统一，是有机的整体。

（二）人格的稳定性

人格的稳定性表现为两个方面。一是人格的跨时间的持续性。在人生的不同时期，人格持续性首先表现为自我的持久性。每个人的自我，在世界上不会存在于其他地方，也不会变成其他东西。昨天的我是今天的我，也是明天的我。一个人可以失去一部分肉体，改变自己的职业，变穷或变富，幸福或不幸，但是他仍然认为自己是同一个人。这就是自我的持续性。持续的自我是人格稳定性的一个重要方面。二是人格的跨情境的一致性。人格特征是指一个人经常表现出来的稳定的心理与行为特征，那些暂时的、偶尔表现出来的行为则不属于人格特征。例如，一个外倾的学生不仅在学校里善于交往，喜欢结识朋友，在校外也喜欢交际，喜欢聚会，虽然他偶尔也会表现出安静，与他人保持一定距离。

人格的稳定性并不意味着人格是一成不变的，而是指较为持久的、一再出现的定型的东西。人格变化有两种情况。第一，人格特征随着年龄增长，其表现方式也有所不同。例如，同是特质焦虑，在少年时代表现为对即将参加的考试或即将考入的新学校心神不定、忧心忡忡，在成年时表现为对即将从事的一项新工作忧虑烦恼、缺乏信心，在老年时则表现为对死亡的极度恐惧。也就是说，人格特性以不同行为方式表现出来的内在禀性的持续性是有其年龄特点的。第二，对个人有重大影响的环境因素和机体因素，如移民、严重疾病等，都有可能造成人格的某些特征，如自我观念、价值观、信仰等的改变。不过要注意，人格改变与行为改变是有区别的。行为改变往往是表面的变化，是由不同情境引起的，不一定都是人格改变的表现。人格的改变则是比行为更深层的内在特质的改变（Vaidya et al.，2002）。

（三）人格的独特性

人格的独特性是指人与人之间的心理与行为是各不相同的。人格结构组合的多样性，使每个人的人格都有其自己的特点。在日常生活中，我们随时随地都可以观察到每个人的行动都异于他人，每个人各有其爱好、认知方式、情绪表现和价值观。

我们强调人格的独特性，并不排除人们之间在心理与行为上的共同性。人类文化造就了人性。同一民族、同一阶层、同一群体的人具有相似的人格特征。文化人类学家把同一种文化陶冶出的共同的人格特征称为群体人格或众数人格。例如，许多研究表明，由于受传统儒家文化的影响，大陆的华人和台湾的华人有不少相同的人格特征（沙莲香，1989，1992，2012）。但是，人格心理学家更重视的是人的独特性，虽然他们也研究人的共同性。

（四）人格的社会性

人格的社会性是指社会化把人这样的动物变成社会的成员，人格是社会的人所特有的。所谓社会化，是个人在与他人交往中掌握社会经验和行为规范、获得自我的过程。社会化的内容，就像人类社会本身那样复杂多样。爱斯基摩人要学习对付北极严寒的生活方式，而布须曼人要学习应付非洲沙漠酷暑的生活方式。社会化与个人的文化背景、种族、民族、地位、家庭有密切的关系。通过社会化，个人获得了从装饰习惯到价值观和自我观念等人格特征。人格既是社会化的对象，也是社会化的结果。

人格的社会性并不排除人格的自然性，即人格受个体生物特性的制约。人格是在个体的遗传和生物基础上形成的。从这个意义上也可以说，人格是个体的自然性和社会性的综合。但是人的本质并不是所有属性相加的混合物，或者几种属性相加的混合物。构成人的本质的东西，是那种为人所特有的，失去了它，人就不能称其为人的因素，而这种因素就是人的社会性。即使是人的生物性需要和本能，也是受人的社会性制约的。

【专栏18-1】

“历史终结”错觉

想象一下十年后的自己，还会和现在一样吗？哈佛大学心理学家丹尼尔·吉尔伯特（Daniel Gilbert）及其同事的一项新近的研究发现，大多数人都意识到自己在过去时间里发生的改变，但只有很少人会预料自己未来的变化。虽然人们都承认在过去的十年里，自己的品位、价值观甚至人格都已发生了改变，但他们还是更倾向于认为，十年后的自己和现在变化不大。吉尔伯特说，不管在什么年龄段，人们总是倾向于认为过去的经历已经完成了对自己的塑造，现在的自己可以说是最后的自己。吉尔伯特说："并不是我们没有意识到发生的变化，因为我们都承认，在过去十年里的每个年龄段自己都改变了很多，但似乎我们都有这样一种感觉，即成长的过程到现在为止就已经差不多完成了。"发表在《科学》杂志的这项研究显示，这种看法其实与事实并不相符。

在这项研究中，吉尔伯特将这种错误的信念称为"历史终结"错觉(Quoidbach et al.，2013)。研究者在网络上招募志愿者，让他们分别在十年前和十年后就各种有关人格、偏好和价值观的情况填写调查问卷。总共有超过 19 000 名志愿者参与了这项研究。在调查中，研究者将被试 18 岁时对未来的前瞻与 28 岁时的回顾进行比较（同样包括 19 岁时与 29 岁时的比较、20 岁时与 30 岁时的比较等），一直到最高年龄 68 岁。结果显示，年纪大的人往往报告了过去十年里发生的改变，而年轻时大多都没有期待在未来会有自己年老时经历的那些变化（图18-2）。吉尔伯特说："当一个 40 岁的人回首往事的时候，他会说'我的人格、价值观还有爱好都已经改变了很多'，但当一个 30 岁的人展望未来的时候，他会说'我并不觉得这些方面我会改变很多'。"为了保证研究结果不是由于人们高估了过去的变化，而是低估了未来的改变，研究者还分析了 3 808 名被试十年间实际的人格变化情况，这些人分别在 1995—1996 年和 2004—2005 年填写了有关人格问题的调查问卷。果真，分析的结果与之前的研究结果几乎完全相同。也就是说，人们很擅长评估从过去到现在的改变，而说到未来就显得估计不足。这种"历史终结"错觉可能是由两种因素造成的。一是人们更愿意相信自己对自己是了解的，并认为未来是可以预测的，因此人们倾向于将现在看成是不变的。二是想象未来比回忆过去更加困难。吉尔伯特说，人们很难想象到未来将发生的改变，因此常做出错误的结论——既然没想出来，姑且就认为不会改变。

吉尔伯特称，这种误判可能会对生活带来现实的影响。在面临很多人生选择的时候，如婚姻、事业，人们往往会假定自己十年之后仍会喜欢同一个人或者同一种活动。研究者还询问了 170 个人这样的问题：你现在愿

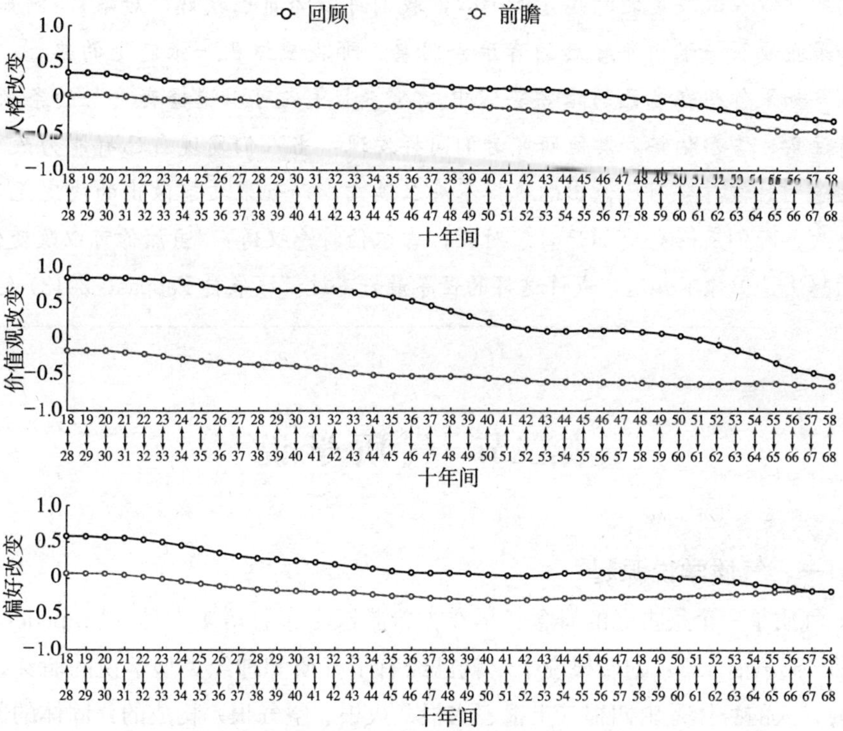

图18-2 前瞻与回顾的十年改变

意花多少钱去看最喜欢的乐队在十年之后的演出？你又愿意花多少钱去看一场十年之前最喜欢的乐队在本周的演出？回答者的年龄从 18 岁到 64 岁都有，他们的答案显示了这种误判的影响。对于现在最喜欢的乐队，人们愿意花 130 美元去看一场他们十年之后的演出；而对于之前喜欢的乐队，人们现在却只愿意花 80 美元。吉尔伯特说，这种差异表明人们高估了自己未来与现在偏好的一致性。吉尔伯特补充道，心理学家对人一生中人格和价值观的改变的确已有了一定的了解。例如，随着年龄的增长，人们对新事物的态度会变得越来越谨慎，没那么开放，未来就越难以改变。尽管如此，这项研究仍显示，你将会比想象中改变得更多。

吉尔伯特说：“如果我们知道自己的偏好比想象的更加不稳定，那我们就可以在做决定的时候更加小心，我们可以为自己找好‘后路’。例如，如果我要买一张十年之后的音乐会门票，那我应该买一张包退的票。”不过，如果你想在自己的结婚誓言中加入“十年内可以选择变更”的条款，请注意，吉尔伯特和其他研究者们同样发现：当人们发现自己有能力改变主意的时候，会对已做出的选择不那么满意；而如果之前做出的决定无法更改，人们反而会更加开心。对此，吉尔伯特感叹道：“虽然你可以改变你的想法，但你不知道，或许这样的世界最好不过。”（采自 Pappas，2013）

第二节　气质学说

一、气质学说源起

气质是一个很古老的概念。早在古希腊医学家恩培多克勒（Empedocles，约前 483—前 423）的四根说中，就已经有了气质和神经类型学说的萌芽。他认为，人的身体是由四根（土根、水根、火根、空气根）构成的：固体的部分是土根，液体的部分是水根，维持生命的呼吸是空气根，血液主要是火根。思维是血液的作用。火根离开身体，血液变冷了一些，人就入眠。火根全部离开身体，血液就全变冷，人就死亡。他还认为，人的心理特性依赖身体的特殊构造，各人心理上的不同是由于身体上四根配合比例的不同。他认为，演说家是舌头的四根配合最好的人，艺术家是手的四根配合最好的人。这可以说是后来的气质概念的萌芽。

希波克拉底（Hippocrates，前 460—前 377）把四根说进一步发展为四液说。他在《论人类的自然性》中写道：“人的身体内部有血液、黏液、黄胆汁和黑胆汁，所谓人的自然性就是指这些东西，而且人就是靠这些东西而感到痛苦或保持健康的。”他还根据哪一种体液在人体内占优势，把人分为四种类型，就是后来人们通称的**多血质**（sanguine temperament）、**黏液质**（phlegmatic temperament）、**胆汁质**（choleric temperament）和**抑郁质**（melancholic temperament)。在希波克拉底看来，每一种体液都是由寒、热、湿、干四种性能中的两种性能混合而成的。血液具有热—湿的性能，多血质的人温而润，好似春天一般；黏液具有寒—湿的性能，黏液质的人冷酷无情，似冬天一样；黄胆汁具有热—干的性能，黄胆汁的人热而躁，如夏季一般；黑胆汁具有寒—干的性能，抑郁质的人冷而躁，有如秋天一样。在希波克拉底看来，这四种体液配合恰当，身体便健康，配合异常，身体便生病。图18-3中（按顺时针方向），抑郁患者有过量的黑胆汁，血液激发了乐观的弹奏者表演，少女为冷漠所操纵，太多的黄胆汁使主人怒气冲冲。在希波克拉底看来，他所谓的四种气质类型含义是很广的，决定了人的整个体质（也包括气质），而不是单指现在心理学上的所谓气质。希波克拉底的四液说，在五百多年后为罗马医生盖仑（Claudius Galen，约130—200）所发展。他将四种体液进行种种配合而产生出十三种气质类型，并用拉丁文temperameteum来表示气质这个概念，这便是气质概念的来源。希波克拉底关于四种气质类型的学说本身是缺乏科学依据的，但它所描述的现象很有代表性，因而一直沿用至今。

图18-3　希波克拉底的四液说

应予重视的是，我国古代也有人提出类似气质的分类。例如，孔子把人分为“狂”“狷”“中庸”。他说：“不得中行而与之，必也狂狷乎？狂者进取，狷者有所不为也。”[①] 孔子所说的“狂者”相当于多血质的人，“狷者”相当于黏液质的人，“中庸”一类的人相当于中间型。《黄帝内经·灵枢》根据阴阳五行学说把人的某些心理特点与生理解剖特点联系起来：按阴阳的强弱，分为太

① 《论语·子路》。

阴、少阴、太阳、少阳，阴阳平和等五类人，每种类型具有不同的体质形态和心理特点；根据五行法则把人分为金、木、水、火、土等五种类型，也各有不同的肤色、毛发、筋骨特点和情感特点，用来说明人的个别差异。

二、几种有关的学说

（一）体型说

德国精神病学家克瑞奇米尔（Kretschmer，1925）根据自己对精神病患者的临床观察，提出按体型划分人的气质类型的理论。他认为人的身体结构与气质特点以及可能患的精神病种类有一定的关系，而精神病患者与正常人只有量的差别，没有质的区别。他把人分为三种：一是肥胖型，身材矮胖，圆肩阔腰，易患躁狂抑郁症，其特点是好社交、通融、健谈、活泼、好动、表情丰富、情绪不定，此谓躁郁性气质；二是瘦长型，高瘦纤弱，细长，窄小，易患精神分裂症，其特点是不善社交、内向、退缩、事事通融、害羞沉静、寡言多思，此谓分裂性气质；三是斗士型，骨肉均匀，体态与身高成比例，易患癫痫症，其特点是正义感强、注意礼仪、节俭、遵守纪律和秩序，此谓黏着性气质。以后，美国心理学家谢尔登（Shelden，1942）在胚胎发育的意义上把人的体型分为三类：内胚叶型（柔软，丰满，肥胖）、中胚叶型（肌肉骨骼发达，结实强壮，体态呈长方形）、外胚叶型（虚弱，瘦长）。每一种体型都可以用一个七点量表进行测量（图18-4）。他认为体型与气质之间有密切的关系。据他所收集的资料，内胚叶型的人图舒服、闲适、乐群，称为内脏气质型；中胚叶型的人好活动、自信、独立性强、爱冒险、不太谨慎，称为肌肉气质型；外胚叶型的人爱思考、压抑、约束、好孤独，称为脑髓气质型。在一段时间里，谢尔登使用成千上万的诸如耶鲁大学和韦尔斯利大学学生的裸体照片进行了体型和生活因素之间关系的研究，这使得该理论在当时很有影响力。但是，体型的差异受社会态度的影响大，不能简单说体型与气质之间存在着因果关系。而且，已有研究证实，体型与个体行为几乎没有相关（Tyler，1965）。

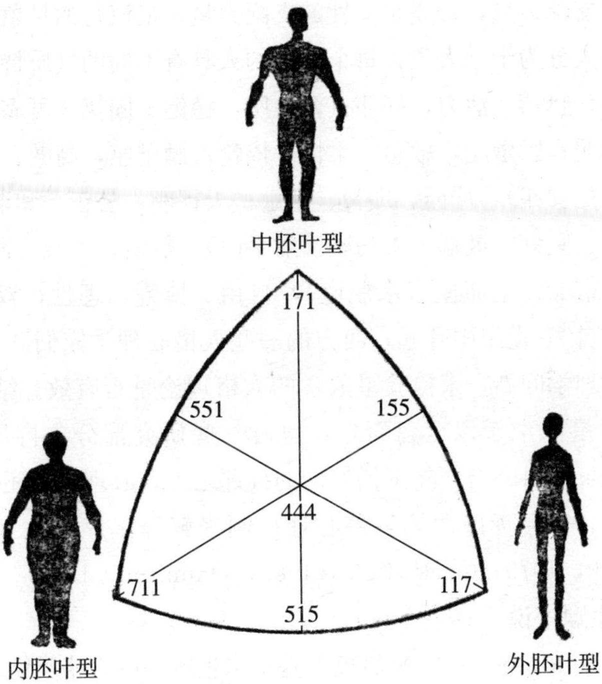

图18-4　谢尔登的体型分类

（二）血型说

人的血型有A型、B型、AB型和O型。有些心理学家认为，人的气质是由不同的血型决定的。这方面的研究工作，日本学者做得最多。例如，古川竹二（1927）根据血型把人区别为四种气质：A型的气质特点是温和、老实稳妥、多疑、怕羞、依赖他人、受斥责就丧气；B型的气质特点是感觉灵敏、恬静、不怕羞、喜社交、好管事；AB型的气质特点是上述两者的混合型；O型的气质特点是坚强、好胜、霸道、不听指挥、喜欢指使别人、有胆识、不愿吃亏。但是，这种理论是没有多少科学依据的。

（三）星座说

星象学理论认为，有三种力量可以影响人的气质，最强大的力量是太阳的位置，以此衍生出来的是太阳星座，其次是月亮的位置（即月亮星座）和上升星座（即个体出生时在东边地平线上升起的黄道带上的星座）。而且，太阳被认为是男性的支配力量，月亮是女性的支配力量。最流行的星象学是以太阳星座为依据，将人分为十二大类，每个星座的人具有不同的气质特征，常见的描述是：白羊座，热情、活力、好斗；金牛座，稳健、固执、可靠；双子座，花心、多变、聪明；巨蟹座，敏感、柔情、依赖；狮子座，高傲、自信、宽宏大量；室女座（处女座），严谨、理智、谦虚；天秤座，公正、和谐、摇摆不定；天蝎座，顽强、坚韧、极端；人马座（射手座），热情、乐观、冲动；摩羯座，严肃、执着、宿命；宝瓶座（水瓶座），自由、博爱、理性；双鱼座，浪漫、梦幻、善良。自20世纪中叶起，西方的一些人格心理学家们开始利用具有信度和效度的心理学问卷，来检验星象学的人格理论是否有效。结果有些混乱，多数的研究对星象学予以全盘否定，也有一些研究部分支持星象学的观点（Eysenck & Nias，1982）。除了偶然性的批评之外，心理学界还提出了自我归因、自我概念、社会赞许性等多种心理机制来解释星座现象（Clark et al.，1996；Eysenck，1979；Glick et al.，1989；Hamilton，1995）。

（四）出生顺序说

萨洛韦（Sulloway，1996）热衷于基于出生顺序的人格类型理论。按照他的观点，头生儿可以很明确地直接要求父母的爱与关注，通过认同和遵从父母来寻求、保持最初的依恋。后出生的孩子的情况就不同了，萨洛韦将其特征化为“天生的反叛”：他们要在先前出生的孩子还没有占据主导地位的领域里占有优势，通常被培养成对经验持有开放性态度。为了验证后出生的孩子喜爱创新而头生儿安于现状这一假设，萨洛韦对23项科学创新以及支持这些创新的1 218名科学家的出生顺序进行了研究。结果，在所有的同胞规模中，后出生的孩子比头生儿更倾向于支持创新理论。但是应该注意，这种差异显然是后天环境作用的结果。

由于气质是人的天赋禀性，上述各种气质学说或许都有一定道理。但我国心理学界一般认为，气质的直接而主要的生理基础是神经系统的特性，巴甫洛夫学派提出的高级神经活动类型学说受到广泛赞同。

【专栏18-2】

星座的诡辩

当下，星座之说在年轻人中颇为流行。有人乐于用星座来预测自己的命运态势，也有人将星座作为挑选朋友和结婚恋爱对象的重要条件。但颇具讽刺意味的是，人们对星座的笃信往往不是因为星座预测得多准确，而是人的心理在作怪。

如果你有心对大量星座预测的词汇做统计和研究，那么也许会发现其中的猫儿腻。国外一家名为 information is beautiful 的网站就做过这样的尝试。工作人员在流行的星座预测站点 Yahoo Shine 上搜集了许多相关词条进行分析。他们在统计后发现，每个星座预测中的高频词大多是相互覆盖的，而各个星座特有的高频词只占很小的一部分。最终，他们得出了一个惊人的结论：十二星座预测的词汇 90%以上是相同的。

由此看来，所谓对不同星座的预测其实都差不多，只要将一些相同的高频词汇拼凑起来，形成模糊不清的话语，让读者“对号入座”，自然会得到“准确”的预测。人们接受模糊、笼统的描述并认为这种描述非常准确的心理倾向，叫作**巴纳姆效应**（Barnum effect）或**福勒效应**（Forer effect）。1948 年，美国心理学家伯特伦·福勒（Bertram R. Forer）进行了一次有名的心理测试，福勒给他的每个学生一套测试题，在学生答完之后，他给每个人发了一份据称是以测试结果为依据的独一无二的性格分析报告。然后，他要求每个学生为这份分析报告的准确度评分，最高 5 分。结果，福勒收上来的平均分达到了 4.26。然而，学生们不知道的是，所有人拿到的性格分析报告是完全一样的，里面大部分的描述适用于所有人。这个效应以杂技师巴纳姆的名字命名，认为每个人都很容易相信一个笼统的、一般性的人格描述特别适合自己，即使这种描述十分空洞，仍然认为反映了自己的人格面貌，哪怕自己根本不是这种人。星座之说之所以能蛊惑人心，很大程度上便是基于这种心理效应。

可见，星座之说并不复杂，只不过是用修辞和诡辩之术对人的心理产生作用，从而促使人们笃信和迷恋星座。（采自科学网，2014）

三、高级神经活动类型与气质

关于高级神经活动类型的概念是巴甫洛夫在1909—1910年首次提出的。1935年巴甫洛夫在其《人和动物的高级神经活动的一般类型》一文中详细论述了高级神经活动的各种特性和判定方法。他指出，大脑皮质的神经过程（兴奋和抑制）具有强度、均衡性和灵活性三个基本特性。其中，神经过程的强度是指神经细胞和整个神经系统的工作能力和界限。在一定的限度内，神经细胞的兴奋能力符合刺激的强度：强的刺激引起强的兴奋，弱的刺激引起弱的兴奋。兴奋过程强的动物对于强烈刺激仍能形成条件反射，已经形成的条件反射也能继续保持；而兴奋过程弱的动物对于强烈的刺激就难以形成条件反射，当刺激强度增加到一定限度时，已形成的条件反射就出现超限抑制。抑制过程较强的动物对于要求持续较久的抑制过程能够忍受；而抑制过程较弱的动物在这种情况下就可能导致抑制过程的破坏，甚至引起中枢神经系统的病理性变化。神经过程的均衡性是指兴奋和抑制两种神经过程的相对关系。均衡的动物的兴奋过程和抑制过程的强度是相近的。不均衡的动物表现为或兴奋过程相对占优势，抑制过程较弱，或抑制过程相对占优势，兴奋过程较弱。神经过程的灵活性是指兴奋过程或抑制过程更迭的速率。它保证有机体能适应外界环境的迅速变化，表现在各种条件反射的更替是迅速还是缓慢，是容易还是困难等方面。

根据神经过程的强度、均衡性和灵活性，巴甫洛夫把动物和人类的高级神经活动类型划分为四种（表18-1）：**兴奋型**（excitable type）、**活泼型**（lively type）、**安静型**（calm type）和**抑制型**（inhibited type）。巴甫洛夫在《神经系统类型的生理学说，即气质的生理学说》一文中，把气质和神经系统类型看成是同一个东西。他说："我们有充分的权利把在狗身上已经确立的神经系统类型……应用于人类。显然，这些类型在人身上就是我们称为气质的东西。气质是神经系统的最基本的特征，而这种最基本的特征就给每个个体的所有活动都打上这样或那样的烙印。"巴甫洛夫认为，兴奋型相当于胆汁质，活泼型相当于多血质，安静型相当于黏液质，抑制型相当于抑郁质。他说："抑郁质是明显的抑制型，对抑郁质的人说来，很明显，生活中每一个现象都是抑制性动因，因为这种人无所信仰，无所希望，感到一切都是不好的、危险的。胆汁质是明显的战斗型、热情的易兴奋型……。黏液质是镇静的、一向平稳的、顽强的劳动者。多血质是当他对工作感兴趣时……他是热情的，工作效率高，但面对没有兴趣的工作时，他便精神不振，感到寂寞。”

表18-1　高级神经活动类型及其特征

神经类型	强度	均衡性	灵活性	行为特点
兴奋型	强	不均衡		攻击性强，易兴奋，不易约束，不可抑制
活泼型	强	均衡	灵活	活泼好动，反应灵活，好交际
安静型	强	均衡	惰性	安静，坚定，迟缓，有节制，不好交际
抑制型	弱			胆小畏缩，消极防御反应强

后来的研究表明，神经类型并不总是与气质类型相吻合的。气质是心理特征，神经类型是气质的生理基础，气质不仅与大脑皮质的活动有关，而且与皮质下活动有关，还与内分泌腺的活动有关。因此可以说，整个个体的身体组织都影响着一个人的气质。气质是神经类型的心理表现，所以，气质心理特征和神经类型生理特性之间并不存在着一对一的关系。有时，几种不同的气质特征依赖于同一神经过程的特性；有时，一种气质特征依赖于神经过程的几种不同的特性。例如：情绪的兴奋性、注意集中的程度等是气质的不同心理特征，它们都依赖于兴奋过程的强度；自制力这种气质的心理特征，不仅取决于兴奋过程的强度，同时也取决于抑制过程的强度以及兴奋和抑制的均衡性。

第三节　性格形成

人生来并不具有某种性格。一个人的性格是在他的生活实践的过程中形成的。性格的形成和发展，反映着一个人的整个生活历程，既有先天生物学条件的影响，也受后天环境条件的制约，更是个体与环境不断交互作用的结果。

一、性格形成的生物学条件

一个人的性格，不是直接来自机体的因素。或勇敢或怯懦，或勤勉或懒惰，或诚实或虚伪，这些性格特征都不是人生来就具有的。但是，一个人的性格的发生和发展有生物学的根源，新生儿在活动水平上就各有差异。这种气质性的差异会影响家庭环境，特别是对母亲、父亲或其他哺育者的行为反应。婴儿在这种相互作用的性质和方法不同的环境中生活，自然会对性格的形成有很大的影响。此外，高级神经活动类型上的差异对儿童行为会产生更持久的影响。性格以个人的一定素质为前提，没有素质这个生物学前提，性格就无从产生。

身高、体重、体型和外貌等生理上的特点，对性格的形成也有影响。因为这些特点有的符合文化的社会价值，有的则不符合，并经常受到人们的品评，这无疑会影响一个人的性格的形成。例如，有生理缺陷者容易被人们讥笑或怜悯，往往易形成内倾的性格。

生理成熟的早晚对性格的形成也有影响。研究表明：早熟者的特征是爱社交，关心、遵守社会常规和社会准则，给人以好的印象，社会化程度高；而晚熟者则不大遵守社会常规和社会准则，一意孤行。

二、性格形成的环境条件

性格的形成和表现，离不开个体生存的环境。有些环境因素影响所有个体，有些则仅影响特定的个体或某些个体。

（一）胎内环境

每个婴儿都是遗传与环境的共同产物。从受孕的那一时刻起，环境因素就对性格的形成起作用。最早的环境是子宫，婴儿生长在充满羊水的胎盘里，通过脐带从母亲那里得到养料。不同母体的子宫环境是不一样的。有的母亲健康，有的则营养不良或受药物影响。母亲健康上的差异会深刻地影响子宫的环境，从而影响新生儿的某些特征。例如，母亲血清中的锌含量严重偏低会导致婴儿出现各种先天性畸形，有毒瘾的孕妇会使婴儿天生染上毒瘾。这些特征虽然出生时便已存在，却不是由遗传决定的。

（二）家庭环境

出生后，个体最早接触的环境是家庭。家庭的各种因素，如家庭结构的类型（如残缺家庭、寄养家庭等）、家庭的气氛、父母的教养方式、家庭子女的多少等都会对儿童性格的形成起着重要的作用。

从小与父母分开，或从小失去了父母或其中之一，会对儿童的性格和行为有重大的影响。有研究比较过育婴院的婴儿和在自己家中的婴儿，发现一岁时育婴院的孩子与成人的关系有障碍，很少对成人依附，并且言语落后，情绪冷漠等（Provence & Lipton，1962）。还有研究发现，弃儿有更多的心理疾病，较可能变得攻击、反叛和难以处理。孩子生活在残缺家庭或寄养家庭中往往得不到父爱或母爱，很可能对性格的早期发展产生许多负面影响。

不少研究表明，体贴、温暖的家庭环境能促进儿童成熟、独立、友好、自控和自主等特征的发展。家庭气氛近乎无形，却能从各种不同角度向儿童传递信息，对儿童的性格发展起着潜移默化的作用。父母的教养方式对儿童性格的影响不可低估。研究表明，过度焦虑的孩子常有过度保护、对子女反应十分幼稚化的母亲。只要不惹麻烦，父母便漠不关心的孩子，其成就动机和自我价值感都较低。受父母溺爱的孩子，常缺乏爱心、耐性和挫折容忍力。经常受到体罚，孩子会变得难以管教，而且会表现出更多的攻击行为。

一项对精神分裂症患者的家庭沟通方式的研究表明：与正常家庭相比较，患者的家庭成员之间在交谈方式上较少彼此感应并且缺乏人际感受性；成员之间不愿意倾听对方的话语，很少有信息交往。在有退缩性的青少年家庭中，成员间较无法预测彼此在一个测试情境中的反应（Goldstein & Rodnick，1975）。

（三）学校教育

学校教育对性格的形成和定型有深远的影响。学校德育使学生形成一定的思想品德，树立正确的人生观和价值观。智育使学生掌握系统的科学文化知识和技能，促进智力的发展。课堂教学是智育的主要环节。在传授知识的过程中，教师训练学生系统地、有明确目的地学习，克服学习中的困难，可以培养学生坚定、顽强等性格特征。体育不仅使学生掌握运动技能，也能培养意志力和勇敢精神。美育使学生掌握审美知识，形成一定的审美能力，通过对美的理解和欣赏，正确区分美与丑、真与假、高尚与低级、文明与野蛮，形成审美情操。劳动教育使学生形成正确的劳动观点和劳动态度，建立良好的劳动习惯。

校风也影响学生性格的形成。良好的校风、班风促使学生养成勤奋好学、追求上进和自觉遵守纪律等性格特征，不好的校风会使学生形成懒散、无组织、无纪律等特性。

教师是学生的一面镜子，是学生经常学习的榜样。教师的言行对学生性格的形成会产生潜移默化的作用。对于有威信的教师，学生言听计从，教师高尚的品格、渊博的知识、强烈的事业心和责任感等都会对学生产生深刻的影响。对于没有威信、缺乏责任心的教师，学生不愿接受其教育，而教师的消极性格，如粗暴、偏心、神经质等，可能对学生产生自暴自弃、不求上进等不良的影响。

（四）社会阶层

差不多每个社会都存在社会阶层（或社会阶级）。较高阶层的人比较低阶层的人拥有较多的物质财富和个人声誉，享受较多的教育，并较能控制自己的命运。研究发现心理疾病与社会阶层有显著相关。例如，就整体而言，在美国，心理疾病较多地发生在较低的社会阶层的人们之中。这是因为社会阶层较低者的生活中有引起心理疾病的很多压力，如贫穷、歧视、失业、缺乏医疗服务等（Kohn，1973）。

有人研究过中产阶层和工人阶层家庭培养孩子的方法，结果发现：中产阶层的父母对待孩子比较随和灵活，喜欢和孩子根据事实讲清道理，并在一些规矩上往往向孩子妥协；而工人阶层的父母则倾向于不准孩子提问，只要求服从和遵命，还常常施行体罚（Bronfenbrenner，1958）。在培养孩子方法上的阶层差别，很大程度上可能是他们在社会生活中所处的地位、所受的教育和在工作中所担当的角色不同之故。这肯定会给他们下一代的性格打下深刻的烙印。

（五）社会文化

人类创造了自己的文化，又把自己置身于一定类型的文化环境中。人类文化是指全人类创造的文化，它是形成人性的决定性条件。一个身体健全的儿童，虽然有继承文化财富的可能性，但是，如果出生后由于某种原因，被剥夺了与人类文化环境接触的机会，就不可能形成人的心理与行为及人性。

每种文化都试图塑造它所崇尚的性格特征。巴里等（Barry et al.，1959）的研究表明，爱斯基摩人生活在冰天雪地的北极，以渔猎为生，需要坚定、独立、敢于冒险的性格。他们以仁慈宽大的方式管教孩子并鼓励其个性化，以培养出成人所具备的性格特征。而生活在西班牙南部山脉的塞姆人，以种植粮食为生，需要老实、服从、保守的性格。他们对孩子的关爱似乎只在断乳期之前，之后便严厉管教，甚至排泄也苛刻训练，不允许有任何个性化，以便造就农家所需要的性格特征。巴里等人还考察了六个不同社会中教养孩子的特点与粮食贮存程度之间的关系（农业社会贮存食物多，狩猎社会很少贮存食物），发现高食物贮存社会教养孩子时注意责任和服从，低食物贮存社会则强调成就、自信和独立。

民族文化是一个民族经过世世代代而积累起来的。民族文化陶冶民族性。民族性（或国民性）是指一个民族或一个国家的国民的常见而独特的性格，并且是异于其他民族或其他国民的。例如，说德国人冷静、法国人热情、日本人勤奋等，就是指民族性而言。孙本文（1946）在他的《社会心理学》中，把中国人的民族性格归纳为尊理性、主中庸、重自治、崇德化等四项。文崇一（1972）分析了我国的儒家文化传统，认为这种文化传统形成了中国人的权威性格和顺从、勤俭、保守、谦让等性格。沙莲香（1992）参照历史上有关中国人性格特点研究的基本观点和现实中常见的中国人的性格特点，对国人做了测试。结果表明，评价最高的是气节，最低的是欺瞒，其序列依次是：气节、仁爱、忠孝、理智、勤俭、进取、侠义、中庸、实用、功利、私德、屈从、嫉妒、欺瞒。这显示了中国的传统文化对国民性格的深刻影响。

因此，一个人的性格特征实际上就是他的生活经历的一种反映，是他的生活历史的记录。一般来说，人的性格，到了中学时期即青年期就已初步稳定了。但是性格的形成并不限于儿童、少年和青年时期，在人的整个生活中，性格特征都有可能发生变化。虽然这种改变是比较困难的，但由于人们生活实践的变化以及主体的主观努力，在青年期以后，性格还可能发生某些大的变化。

【专栏18-3】

认知风格与人格

人格差异不仅表现在气质和性格上，而且还表现在相关的认知风格上。在认知过程中，有的人谨慎仔细，有的人粗心大意；有的人被动依赖，有的人主动独立。**认知风格**（cognitive style）也称认知方式，是指个体在认知过程中所表现出来的习惯化的行为模式。认知风格与智力无相关或相关不显著（Riding & Agrell，1997；Riding & Pearson，1994），大多是自幼所养成的在知觉、记忆、问题解决过程的态度和表达方式。认知风格是认知过程中的个体差异，是一个过程变量而非内容变量，它具有跨时间的稳定性和跨情境的一致性，并且具有两极性和价值中性等特点。认知风格种类繁多，如场独立型和场依存型、思索型和冲动型、整体型和分析型。

场独立型和场依存型，是威特金（Witkin，1949）在垂直视知觉的一系列研究中所发现的认知风格上的个体差异。这种差异主要表现在人们在知觉外部环境，即“场”时所依据的参照点的不同上。**场独立型**（field independent style）者在认知信息加工中倾向于依据个人的内部参照，自我与非我的心理分化程度高，对他人提供的社会线索不敏感，行为是非社会定向的。而**场依存型**（field dependent style）者在认知加工信息中倾向于依据外在参照，自我与非我的心理分化程度低，对他人提供的社会线索敏感，优先注意自己所处的社会人际关系。用镶嵌图形测验可以有效地测量出场独立型和场依存型的人格差异。测验图形是由一种比较复杂的图形构成的，其中隐藏着一个简单的图形（图18-5）。测验时，要求被试迅速地从复杂图形中找出简单的图形。场独立型者认知重构能力强，在认知中具有优势；场依存型者社会技能高，在人际交往中具有优势。场独立型者较善于解决需要灵活思维的问题，善于抓住问题的关键，灵活地运用已有的知识来解决问题；场依存型者在解决熟悉的问题时，不会发生困难，但让他们运用已有的知识去解决没有遇到过的问题时，往往难以应付，缺乏灵活性。在学习兴趣和职业兴趣上，场独立型的学生在未来职业的选择上喜欢从事理论研究、工程建筑、航空及艺术等工作，而场依存型的学生则喜欢社会定向的学科与职业。

思索型和冲动型，是卡根等（Kagan et al.，1964）提出来的概念。这两种认知风格可以用匹配熟悉图形测验来测定，即给被试呈现六张看上去一样但相互之间有极微小差异的图形，同时又呈现一张标准图形，让被试从六张图形中选出和标准图形完全相同的那张来。很多研究表明，**冲动型**（impulsive style）被试对各种可能的选择做一个简略审视后便立即做出决

序号	1	12	21
复杂图形	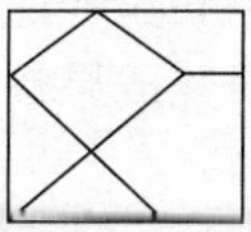	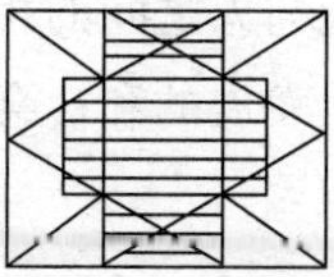	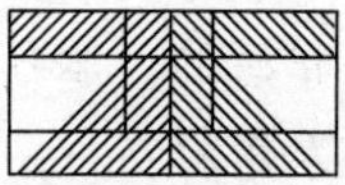
简单图形	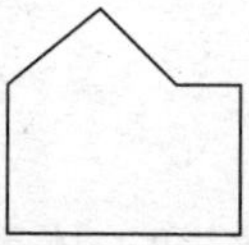	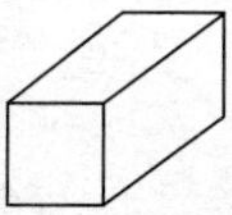	

图18-5　镶嵌图形测验图例

定，解答问题快，往往会出现较多的错误。**思索型**（reflective style）被试注重答案的正确性，在做出反应前深思熟虑，认真思考所有可能的选择，解答问题慢，犯错误较少。

整体型和分析型，是由帕斯克和斯科特（Pask & Scott，1972）提出的两种认知倾向。**整体型**（wholist style）者倾向于用整体性的假设—引导策略对认知任务做出反应，**分析型**（analytic style）者则倾向于用材料—引导、逐步加工的集中策略做出反应。整体型者主要以一种整体性、主题式的方法进行认知。他们常常在同一时间内关注主题的几个方面，在几种不同的思维水平上同时进行学习。相反，分析型者则主要采取“操作”的学习方法。他们较关注细节、程序，常常以线性结构理解信息。逐步学习，建立清晰、易于识别的信息组块以用于联系主题中的概念和构成部分，是分析型者的典型认知特征。

第四节　人格理论

人格理论是心理学家用来解释人格的一套假设系统或参考框架。人格理论要回答的问题是：（1）人性的本质是什么？对所有的人来说，在哪些方面是相同的，以及相同的程度如何？例如，人天生就有攻击性吗？（2）人与人有什么不同，人们之间的差异表现在哪些方面？例如，人们在社会性上的个体差异有哪些主要维度？（3）如何解释人与人之间的相同性和差异性，即如何把生物学的、认知的、情感的、学习的、发展的和社会的研究成果整合起来对一个现实的人进行描述和解释？

一、人格的精神分析论

（一）弗洛伊德的人格结构论

弗洛伊德的精神分析创立于19世纪末20世纪初，体系庞大，包罗万象。弗洛伊德的人格理论强调人是受潜意识本能驱动的，早年生活经验决定人格发展，而人格结构的提出是其对人格理论最为重要的贡献。弗洛伊德把人格看作是一个由本我、自我和超我三个心理结构组成的动力系统（图18-6）。人的大多数行为都是本我、自我和超我共同活动的结果。

本我（id）是唯一与生俱来的人格结构，由生物本能和欲望组成。本我遵循快乐原则行事，而不顾及任何生理上或社会性的限制，并要求立即得到满足。当婴儿看见他想要的东西时，不论这东西是不是别人的或可能有害的，他会不顾一切要得到它。即使长大成人了，这样的“反射动作”也不会消失。本我为人格的活动提供能量，这种能量称为**力比多**（libido），它源自人的生的本能。本我的冲动都是潜意识的，是我们知觉不到的。

在新生儿与外部世界互动的头两年，人格结构的第二个部分**自我**（ego）逐渐发展起来。自我遵循现实原则行动，即是说，自我的任务是在衡量现实的条件下，满足本我的冲动。由于本我冲动通常不为社会所允许，所以自我的工作就是把这些冲动保留在潜意识中。自我不同于本我，能自由地运作于知觉到的意识、前意识和潜意识之中。

当儿童成长到5岁左右，人格结构的第三个部分**超我**（superego）开始形成。超我所代表的是社会要求，特别是来自父母的价值和标准。超我的一部分称为良心，是个人的道德标准。当个人的行为违反了这种标准时，个体便会受到良心的责备而感到内疚。超我的另一部分称为自我理想，是个人在幼年时受到父母赞扬或奖赏的那些行为。自我理想是个人的目标和抱负的源泉，当达到这种标准时，个体就会为此而感到自豪。在弗洛伊德看来，一个缺乏控制力的超我可能使一个人成为不良少年、罪犯，或成为反社会人格，而一个过度严格的超我则可能使人产生压抑感或难以承受的内疚感。

人格结构的三部分常常处在相抗衡的状态之中。健康人的自我会防止本我和超我过分操纵其人格，自我的目的是找到同时满足本我和超我需求的途径。不过，这往往是相当困难的。人的潜意识是人格三部分的战场。自我既要与现实保持联系，同时又要协调人格的其余两部分的要求。

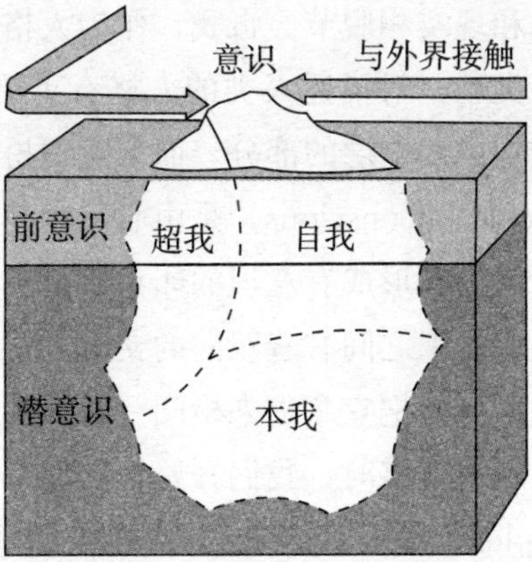

图18-6　弗洛伊德理论的人格结构

（二）荣格的人格结构论

自从弗洛伊德提出他的人格理论以来，后继者们一直在修正他的理论。弗洛伊德精神分析阵营中，最有名的“变节者”莫过于荣格（Carl Jung，1875—1961）。荣格曾被弗洛伊德任命为第一届国际精神分析学会主席。但由于一直不赞同弗洛伊德的基本观点，他辞职退出学会并另立门户。在荣格的人格理论中，人格（心灵）是由自我、个人潜意识和集体潜意识几个互相影响的系统所组成的。

自我（ego）是有意识的心智，心灵中关于认知、感觉、思考以及记忆的那部分。荣格认为，我们的意识有一组对立的精神态度：内向性和外向性。内向的特征是指向个人内在的思考和感受。外向的特征是指向他人及外部世界的思考和感受。每个人都具有这两种态度，但是只有其中的一种会成为人格的主宰。主宰性的态度会指导个人的行为与意识。同时我们还有四种心灵的功能：

思维、情感、感觉和直觉。这四种心灵功能与两种精神态度交互作用，便形成了八种人格类型：（1）思维外向型，严守社会规范，客观冷静，善于思考但固执己见，感情受压抑；（2）情感外向型，易动感情，思维受压抑；（3）感觉外向型，寻求享乐与刺激，直觉受压抑；（4）直觉外向型，凭预感办事，喜怒无常，富于创造，感觉受压抑；（5）思维内向型，沉溺于玄想，离群索居，情感受压抑；（6）情感内向型，情感深藏内心，沉默寡言，态度冷淡，压抑理性思考；（7）感觉内向型，对外部世界缺乏兴趣，显得被动、平静；（8）直觉内向型，喜欢做白日梦，常和现实相脱节。自我，作为人格的意识层次，包含着这些态度、功能以及人格类型，对描述人类的人格有重要的意义。但荣格认为，意识层次不过是人格结构中最上层的部分，而潜意识扮演着相对重要的角色。

个人潜意识（personal unconscious）是由心灵中曾经被意识到，但又被压抑或遗忘，或在一开始就没有形成有意识的印象所构成的。它类似于弗洛伊德的前意识。自我与个人潜意识之间有着双向的交流方式。各种经验可以存放在我们个人潜意识中，我们可以把它拿出来检阅一番，再把它放回去。当我们个人潜意识里存放的经验越来越多时，我们开始把它们组合起来，这就是荣格所谓的情结。**情结**（complex）就是随着一个共同主题所组织起来的情绪、记忆、知觉以及欲求的模式和核心。

人格中最深、最不易碰触到的层次是**集体潜意识**（collective unconscious）。在荣格看来，如同我们每个人在个人潜意识里积累并存放所有个人记忆的档案那样，人类集体作为一个种族，也在集体潜意识里存放着人类和前人类物种的经验。为了证明集体潜意识，荣格阅读了大量的神话与史诗，发现世界上不同地区的文化中均反复出现共同的主题和符号。他把这些共同的符号和主题称为**原型**（archetype）。对人格产生持久影响的原型主要有：（1）**人格面具**（persona），个人在面对公众之时，用以表现自己的面貌，却与真实面貌不太相同的外表；（2）**阿尼玛**（anima）与**阿尼姆斯**（animus），前者是指男性人格里的女性气质，后者是指女性人格里的男性气质；（3）**阴影**（shadow），包含基本的、原始的动物本能，位于所有原型的最深层；（4）**统我**（self），是一个联合性、整合性地协调全部人格的原型。

（三）弗洛姆的人格类型论

德裔美籍精神分析家弗洛姆（Erich Fromm，1900—1980）也反对弗洛伊德的本能论和泛性论，他从社会文化的角度提出了人格分类的理论，把人格区分为如下几种类型。（1）**接纳型**（receptive orientation），以被动、屈从、怯懦、贪婪、轻信和伤感为特征。他们总想从他人那里获得他们想要的东西，如爱、知识、欢乐等。其人生格言是“一切依赖他人”。没有他人的帮助，他们连最简单的事情也不能做。（2）**剥削型**（exploitative orientation），以敌意、挑衅、利己、强占、窃取、粗鲁和傲慢为特征。他们以强力或诡计来获取自己想要的东西。其人生信条是“获取我们所需要的”。（3）**囤积型**（hoarding orientation），以吝啬、多疑、迂腐、顽固、懒惰和占有为特征。他们从贮存或囤积中获得安全感，视消费为威胁。其人生格言是“世上没有新东西”。（4）**市场型**（marketing orientation），以投机、应变、空想、虚无、冷漠和浪费为特征。他们把自己当作可出售的商品，将人格等同于货物。其人生信条是“买卖主义至高无上”。（5）**生产型**（productive orientation），以独立、自主、完整、自发、爱和创造为特征。他们能运用自身的力量去实现自己的潜能，能把自己与他人、与宇宙融为一体，能体验到生活的幸福和人生的意义。生产型人格是人类发展的最佳状态。

弗洛伊德的精神分析论十分强调潜意识的性与攻击本能的作用。虽然新精神分析学派反对弗洛伊德的力比多和性动机在人格功能中的核心地位，强调自我等的作用，但总的来看，新精神分析学派依然强调生物本能的作用。精神分析的人格理论虽能解释许多已发生的心理现象，却无法对行为进行预测。

二、人格的人本论

（一）马斯洛的自我实现论

马斯洛开创的人格理论，实际上是建立在需要层次论基础上的。马斯洛认为人生来就具有趋向健康成长从而发挥其潜力的内在动力。每个个体的这种内在动力就是他的成长动机。在个体成长过程中，其成长动机是一个寻求多个层次满足的过程。当个体的各种基本需要得到满足之后，他才会出现高层次的自我实现的需要。自我实现是成长的动力和目的。所谓**自我实现**（self-actualization)，就是指个体与生俱来的内在潜能在成长过程中得到充分的展现。

马斯洛通过对伟大的科学家、政治家等著名人物，如爱因斯坦、赫胥黎、贝多芬、林肯、罗斯福、亚当斯等人的研究，认为自我实现者具有下列15种人格特征：(1) 能准确地知觉现实；(2) 悦纳自己、他人和周围世界；(3) 能自然地表达自己的情绪和思想；(4) 超越以自我为中心，而以问题为中心；(5) 具有超然独立的性格；(6) 对于自然条件和文化环境的自主性；(7) 对平凡的事物不觉厌烦，对日常生活永感新鲜；(8) 具有高峰经验；(9) 爱人类并有帮助人类的真诚愿望；(10) 有至深的知交，有亲密、温暖的家人；(11) 有民主的性格，能尊重他人的人格；(12) 道德标准明确，能区分手段与目的，决不为达到目的而不择手段；(13) 具有哲理的、善意的幽默感；(14) 具有旺盛的创造力，不墨守成规；(15) 对现有文化更具批判精神。马斯洛发现，成功并不是名人的专利，不论是木工、职员、学生和家庭妇女，都能够使自己生活美满、充实，并具有创造性，使个人的潜能得到充分的发挥。

自我实现实际上是一个模糊的概念，马斯洛（Maslow，1970）也承认，对人类本性的最高顶点以及它的最终可能性的探索是一项艰难而又曲折的任务。马斯洛把许多人体验到自我实现时的瞬间经验称为**高峰体验**（peak experience）。高峰体验的特点是幸福感和成就感，是一种短暂的、自己与所有事物和谐一致的、非自我中心的完美和达到目标的状态。这种心灵上的满足与完美的体验，只有真正的自我实现者才能体验得到。高峰状态有不同的强度，包括各种不同的活动，如创造活动、欣赏大自然、与朋友的亲密关系、做父母的经历、对艺术的感受、体育运动。马斯洛曾让许多大学生描述自己经历过的那种接近顶峰状态的体验，然后加以概括。大学生们体验到和谐、完美、活力、独特、自发、满足，以及真、善、美的价值。看来，用口头报告法对高峰体验这种主观的心理现象还是可以加以研究的。

那么，怎样才能达到自我实现呢？马斯洛（Maslow，1967）认为，自我实现是一个过程，而不是终点。每个人的自我实现都取决于自己的不断努力、自我要求和耐心。他指出，通向自我实现的途径是：(1) 像儿童那样专心致志地体验生活；(2) 学会检查自己的动机，在面临选择时，要选择成长，不要选择倒退；(3) 用自己的感觉去判断经验，而不是听从传统、权威或多数人的意见；(4) 要诚实，不要虚假或耍花招；(5) 敢于面对真实的自我，做好与众不同的心理准备；(6) 融入事业，而不是关注个人的利益；(7) 运用成功的体验，如果曾有成功的体验应有意识地重复这种体验；(8) 对自己的发展进行评价，要善于识别并有勇气放弃自己的防卫心理，消除压抑和遮蔽生命的层层屏障。对专家的调查也表明，自我实现常常被视为一种成长，一种逐渐实现自我潜力的过程 (Leclerc et al.，1998)。

(二) 罗杰斯的人格自我论

罗杰斯 (Carl Rogers，1902—1987) 以其提出的来访者中心疗法而闻名。在他的人格理论中，核心的概念是**自我** (self) 或**自我概念** (self-concept)，他经常交替使用这两个术语。自我概念包含了以“我”(I 或 me) 为特征的所有观念、知觉和价值，还包含“我是什么”或“我能做什么”的知觉。自我概念反过来又影响个人对周围环境以及对自己行为的知觉。罗杰斯认为，个人总是以自我概念来评价每一个经验，使这些经验和感受与自我概念相和谐。这种在个人的自我概念中没有心理冲突的现象称为**自我和谐** (self congruence)，个人在一生中都在维护自我与经验之间的和谐。如果个人的经验和感受与自我概念不和谐，个人就会感到威胁，并且不让这些经验进入意识，以对事实的否认来保护自己。如果自我很不和谐，个人的防卫便会崩溃，并导致严重的焦虑或其他形式的情绪困扰。而适应良好的人，通常都有与其经验感受相和谐的自我概念。他们的自我概念不是僵化的，而是灵活的，并随着吸收新的经验和新的思想而变化。

罗杰斯认为，自我不和谐有两种情况。一种情况是理想自我与现实自我之间的不和谐。**理想自我** (ideal self) 指个人希望自己成为什么样的人，**现实自我** (real self) 指个人认为自己是个什么样的人。例如，一个大学生的理想自我是才高八斗、才华盖世，但他的现实自我是成绩很差、经常考试不及格、被别人看不起。如果这个大学生的理想自我与现实自我之间的不和谐进一步加剧或持续下去，就有可能出现严重的心理障碍。罗杰斯认为，现实自我与理想自我不可能完全和谐，但个人在努力达到理想自我的过程中，如果能诚实地接受有关自我的信息，就能最大限度地发挥自己的潜能，逐步减少这种不和谐。另一种自我不和谐的情况是在有条件积极关注下所获得的评价性经验与自己的直接经验不一致。例如，一个中学生的直接经验是自己对舞蹈十分爱好，但他的父母认为他有数理方面的才能，为此他要放弃对舞蹈爱好。显然，他在做一件扭曲真实自我的事。因此，他在心理上总是不平衡，即使将此事排除于自己的意识之外，但此事仍会在潜意识中存在。在罗杰斯看来，个人在成长过程中所遇到的有条件的积极关注下所获得的评价性经验是造成自我不和谐的一个重要原因。

人本论强调个人经验和自我在人格中的重要作用，强调人性善的一面，而反对弗洛伊德的性恶论。人本论概念已被广泛应用于心理咨询和治疗，并激励着更多的人去追求更高的心理境界和人生目标。但人格的人本论中的不少概念模糊不清，难以进行客观研究和测量。

三、人格的特质论

（一）奥尔波特的特质论

特质论的提出是在20世纪30年代。人本主义心理学的创始人之一、美国心理学家奥尔波特（Gordon Willard Allport，1897—1967，图18-7）以个案研究法，从很多人的书信、日记、自传中分析出各种具有代表性的人格特质。所谓**特质**（trait），就是指个人在大多数情境中表现出来的相对稳定而持久的特性。比如，一个诚实的人捡到钱包会归还，考试中不会作弊，驾车不会违章，等等。在奥尔波特（Allport，1937）看来，特质是人格的基础，也是人格的一个最有效的分析单元。

图18-7　人格特质论的创始人奥尔波特

根据奥尔波特的理论，特质使行为具有一致性，这是因为它们将一个人对于各种刺激的反应联系并统一起来。特质可能作为一个中介变量，使一系列刺激和反应产生联系，而这些刺激和反应最初看起来可能彼此间几乎没有联系。奥尔波特认为，人格结构中包含两种特质：共同特质和个人特质。**共同特质**（common trait）是同一文化形态下人们所具有的一般性格特征。人们在共同特质上有多寡或强弱的差异。**个人特质**（individual trait）是个人独特的性格特征。个人特质又有三类不同的层次。第一类叫**首要特质**（cardinal trait），它代表一个人的人格的最独特之处。例如，说某人吝啬，仅“吝啬”两个字就足以说明他的个性，且是所有认识他的人所公认的。对一般人来说，具有首要特质的人并不多。第二类叫**核心特质**（central trait），这类特质的影响虽不及首要特质，但也代表个性的重要特征。例如，我们常用5～7个形容词来描述一个人，如“聪明的、能干的、勤奋的、诚恳的……”，这些形容词描述的就是核心特质。第三类叫**次要特质**（secondary trait），这类特质只是个人在适应环境时的某些暂时行为，而不是一种固定的特征。次要特质是有助于预测个人行为的特定的、个人的特征，但次要特质对于理解个体人格的帮助要小得多。例如，对食物和衣着的偏好就是次要特质。奥尔波特感兴趣的是探索使一个人成为独立个体的这三种特质的独特组合，其中最常被用来说明个体人格的是核心特质。

奥尔波特将人格结构作为个体行为的关键决定因素，而不认为环境条件决定个体行为。“使黄油融化的火会使鸡蛋变硬”，奥尔波特引用这句话来说明相同的刺激对于不同的个体可能会有不同的影响。

（二）卡特尔的特质因素分析

奥尔波特和奥德伯特（Allport & Odbert，1936）通过对词典的检索，发现在英语中有超过18 000个形容词被用来描述个体的差异。自那以后，研究者一直试图在浩如烟海的特质词汇中确定基本的维度。美国心理学家卡特尔（Raymond Bernard Cattell，1905—1998）运用因素分析技术，开创性地完成了这项工作。卡特尔（Cattell，1950）使用奥尔波特和奥德伯特的形容词表作为研究起点，在大量的特质变量中，通过因素分析，最终确定了16种人格因素。卡特尔将这16种因素称为根源特质，以区别于表面特质。**表面特质**（surface trait）是指一组看来似乎聚在一起的特征或行为。同属于一种表面特质的特征，其间关系很复杂，因此这些特征虽有关联，但不一定一起变动，也不源于共同的原因。**根源特质**（source trait）指的是行为之间成一种关联，会一起变动而形成单一的、独立的人格维度。

卡特尔相信，他所找到的16种因素是表面行为的潜在根源，而这一根源就是我们通常所说的人格。例如，乐群性是一种根源特质，一个人身上的乐群性的量影响着他的各个方面，如朋友的多寡、与什么人做朋友、交往的技能。乐群性这一根源特质的外部表现是表面特质。每一种表面特质都来自一种或多种根源特质，而一种根源特质却能影响多种表面特质。因此，根源特质是构成人格的基本要素。这16种人格因素，每一种都是两极化的。例如：感情稳定性，从一端的“易感情用事”到另一端的“情绪稳定”；疑虑，从“信任”到“多疑”不等。卡特尔的16种因素包含重要的行为范畴，如保守的和开放的、信赖的和怀疑的、放松的和紧张的。

（三）艾森克的人格维度

英国心理学家艾森克（Eysenck，1947）认为，可以借助维度的概念来描述人格的个体差异，对人格的类型加以划分。根据内倾—外倾和情绪稳定—不稳定这两个基本的人格维度，可以把人分成四种类型，即稳定内倾型、稳定外倾型、不稳定内倾型和不稳定外倾型，如图18-8所示（Eysenck，1970）。从中不难发现人格与四种传统气质类型的关联：稳定内倾型表现为温和、镇定、安宁、善于克制自己，相当于黏液汁；稳定外倾型表现为活泼、悠闲、开朗、富于反应，相当于多血质；不稳定内倾型表现为严峻、慈爱、文静、易焦虑，相当于抑郁质；不稳定外倾型表现为冲动、好斗、易激动等，相当于胆汁质。其中小圆代表四种传统的气质类型，大圆表示按两个维度区分出的四种气质类型的特征。另外，为了解释心理异常者的人格，艾森克又在内外向性和情绪稳定性两个维度之外，增加了第三个维度——精神病倾向（Eysenck，1975）。但这并非独立于原来的两个维度之外，而是相关的：个性内向而又情绪不稳定的人，其精神病倾向的可能性较高。

艾森克运用维度的概念，实际上是把特质与类型的概念联系起来了。由于类型在实际生活中是一个更常用的概念，因而其理论颇具价值。但也必须指出，与特质相比，虽然维度的概念对于说明人格可能是更有用的，但也降低了对行为的预测性。

（四）“大五”

“大五”（Big Five）是目前最为流行的人格特质分类模型。卡特尔的16种人格因素似乎过于烦琐，而艾森克的内外向性和情绪稳定性两个维度又似乎太

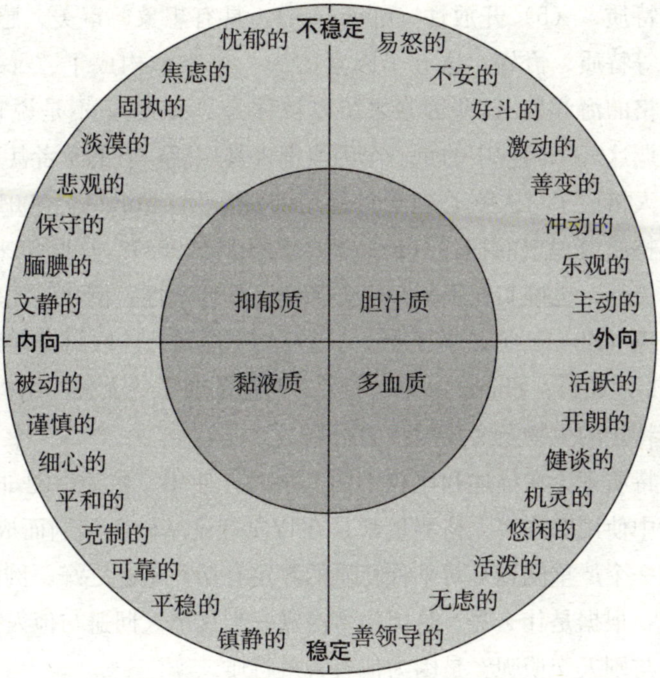

图18-8　艾森克人格环

简单。不少学者借助自然语言样本重新做了分析。图佩斯和克里斯特尔（Tupes & Christal，1961）对八组不同的从只受过高中教育的空军士兵到一年级的研究生被试样本的相关矩阵进行了重新分析，这些数据包括同伴评定、导师和教师评定，以及经验丰富的临床医师的评定，结果发现有五个相对显著和稳定的因素。以后不少学者对美国、德国、荷兰、英国、菲律宾等许多国家的被试加以研究，都重复得到了五因素结构（Borgatta，1964；Digman & Takemoto-Chock，1981；Goldberg，1990）。

按科斯塔等（Costa et al.，1991）的总结，这五个超级因素及其特质分别是：（1）**外倾性**（extraversion），具有热情、社交、果断、活跃、冒险、乐观等特质；（2）**神经质**（neuroticism），也称**情绪性**（emotionality），具有焦虑、敌对、压抑、自我意识、冲动、脆弱等特质；（3）**适意性**（agreeableness），具有信任、直率、利他、依从、谦虚、移情等特质；（4）**认真性**（conscientiousness），也称**可靠性**（dependability），具有胜任、条理、尽职、成就、慎重、自律等特质；（5）**开放性**（openness），具有想象、审美、感受、行动、观念、价值等特质。恰好，这五个因素的头一个字母构成了“ocean”一词，代表了“人格的海洋”。这些因素之所以被称为“大五”，不是说它们多么重大，而是强调这五个因素中的每一个因素都极其广泛。有的学者甚至认为，目前“大五”人格成了“人格心理学里通用的货币”（Funder，2001），是目前对人的基本特质最理想的描述（Ender & Speer，1998）。这些年来，“大五”在我国也很流行，也确实在很大程度上证实了其普适性。例如，比较异性恋与同性恋的研究（Zheng et al.，2008），以及基于性别、性取向及性角色的研究（Zheng et al.，2011；Zheng et al.，2012），都证明了“大五”结构的稳定性，但也显示出特定的生物及文化因素的影响。

人格的特质理论在描述和比较不同人格时，使用“特质”是非常有用的。临床心理学中使用的许多人格测量都是在特质理论基础上编制而成的。但是，这个理论的一个严重问题是对某种特质的界定有循环论证之嫌。例如，说某人有害羞特质，根据是什么呢？是因为多次观察到这个人回避与他人交谈。为什么这个人不与别人交谈呢？是因为他有害羞特质。

【专栏18–4】

“大七”

西方的人格理论模型能否反映中国人的人格？在面对这个问题时，虽然不少学者都有自己的看法，但现实的情况是，我们很多研究者都不加批判地全盘接受西方的人格理论和人格结构模型。从目前国内大量修订的西方人格量表中可以看出，研究者完全接受西方的理论，只在个别项目上做了修订。实际上，要回答这个问题的唯一途径就是要首先探索中国人的人格结构，只有了解了中国人的人格是什么，才能回答中国人的人格表达是否与西方的理论假设一致。

按照人格研究的词汇学假设，如果将所有用于描写人类行为特点的中文人格特质形容词选出，通过被试评定和统计分析，应能揭示出中国人的人格结构。王登峰等（1995）首先从《现代汉语词典》和《现代汉语词典补编》（商务印书馆1989年版）、中小学语文课本、报纸、杂志、小说，以及大学生在描述自己及其所熟悉的人时所用的词中共抽取出7 794个人格特质形容词（其中从词典中获得的词共6 156个）。之后，王登峰将他的词表与杨国枢收集的词表合并，经过筛选、评定后，采用410个形容词进行自我和他人评定，经过因素分析得到了中国人人格的七因素结构（杨国枢、王登峰，1999）。随后，王登峰和崔红（2003，2004）又经过更大样本的因素分析确认了这一七因素结构，并在此基础上采用内容效度与实证效度结合的方式编制了**中国人人格量表**（Chinese Personality Scale，QZPS），包括问卷和形容词评定量表的不同版本（研究者还专门解释了量表的英文缩写中“中国人”用“QZ”而不是“C”）。这一系列研究表明，中国人的人格结构无论在维度数量和内容上都与西方的“大五”人格结构存在显著的差异，西方的人格理论和测量工具无法完整测量中国人的人格。

中国人人格的七个因素及其含义如下。(1) 外向性（WX），反映人际情境中活跃、主动、积极、易沟通、轻松、温和的特点，以及个人的乐观和积极心态，是外在表现与内在特点的结合。包括活跃、合群、乐观三个小因素。(2) 善良（SL），中国文化中“好人”的总体特点，包括真诚、宽容、关心他人、诚信、正直和重视感情生活等内在品质。包括利他、诚信和重感情三个小因素。(3) 行事风格（XF），个体的行事方式和态度，反映的是做事踏实认真、谨慎、思虑周密，或做事浮躁、不切实际的程度。包括严谨、自制和沉稳三个小因素。(4) 才干（CG），个体的能力和对待工作任务的态度，反映的是敢作敢为、坚持不懈、肯动脑筋，或犹豫不决、回避困难。包括决断、坚韧和机敏三个小因素。(5) 情绪性（QX），人际或工作情境中的情绪性特点，反映的是急躁、冲动、对情绪不加掩饰和难以控制，或情绪稳定、平和的特点。包括耐性和爽直两个小因素。(6) 人际关系（RG），对待人际关系的基本态度，反映的是待人友好、与人为善、乐于沟通，或把人际交往看作是达到个人目的的手段、计较和拖沓等特点。包括宽和、热情两个小因素。(7) 处世态度（CT），个体对人生和事业的基本态度，反映目标明确、坚定、追求卓越或安于现状、不思进取的特点。包括自信和淡泊两个小因素。

此外，宋维真等（1993）通过大量的调查和测量，得出了中国人人格的六因素结构，并在此基础上编制了**中国人个性测量表**（Chinese Personality Assessment Inventory，CPAI）。这六个因素分别是领导性、可靠性、容纳性、人际关系性、开放性、个人性。由此带给我们的一个启发就是，各种因素模型之间根本的差异可能至多只存在于方法学或认识论的层面，还远没有达到人格的本质或者本体论层面（张建新、周明洁，2006）。

四、人格的学习论

行为主义者是否认人格这个心理学概念的。操作条件作用理论创始人斯金纳认为人格是一个虚构的概念。他既反对精神分析论的人性是被动的主张，也反对人性是主动的主张，认为一切行为习惯都是习得的，人格只不过是习得的行为模式的集合或习惯性行为。从学习论的观点来看，像其他习得行为一样，人格也是通过经典条件反射和操作条件反射的过程形成的，包括对他人行为的观察、强化、消退、泛化和辨别等各种过程。例如，小女孩看到妈妈用搅拌机打肉馅包饺子，在做“过家家”的游戏时她把茶杯当作搅拌机，用泥巴当“肉馅”来“包饺子”，妈妈在一旁鼓励她这样做。以后妈妈在家里包饺子时她要求参加，妈妈允许了并教她怎样包饺子。女儿的人格就是在模仿母亲的行为和接受母亲的教育中逐渐形成的。

学习论强调学习在人格形成中的决定作用。行为主义者甚至认为，人格中的一切都可以用学习来加以解释，先天的稳定人格特质是不存在的。像诚实、可靠这些特质都是虚构的，不存在跨情境的一致性。因为在学习论者看来，人格测量无助于我们预测一个人在特定场合是否诚实。例如，一个诚实的人会把拾到的钱包交还给失主，但是他可能会在一次小测验中作弊，也可能会在开车时超速行驶。总之，所有的行为包括各种特质都是由外部情境决定的。这种观点可以用多拉德和米勒（Dollard & Miller，1941）的看法来加以说明。他们认为，只有当一个人想要些什么、注意些什么、做些什么以及获得些什么时，学习才能发生。各种习惯行为的习得是受学习中的驱力、线索、反应和奖赏四种成分控制的。例如，一个小男孩的玩具汽车被他的哥哥拿走了，这个小男孩此时会怎么做，是向他的哥哥要回来，还是去找妈妈告状？这取决于这个小男孩过去做出反应的效果和当时的情境线索。如果过去他曾成功地通过告状要回了玩具而自己问哥哥要则要不回来，这时他看到妈妈在家，就再次去告状。如果他看到妈妈不在家，或者哥哥的样子很凶，这个小男孩可能会选择其他的反应方式。多拉德和米勒就是用驱力—线索—反应—奖赏的共同效应来解释这个小男孩所形成的习惯行为反应。

社会学习理论家罗特则强调心理情境、期望强化价值和自我强化在习惯行为习得中的作用。罗特认为，我们的基本行为模式是在社会情境中学得的，个人在寻求满足时必须有他人作为媒介。对于一个人的持久性行为倾向，只了解当时行为反应的外部情境是不够的，还需要了解这个人的**心理情境**（psychological situation），即个人是如何对特定情境进行解释和定义的。例如，对于一次考试的失败，这个人会做出什么样的行为反应？罗特认为，这取决于这个人对这一结果的解释和定义。如果解释为自己不行，他可能采取放弃；如果解释为是一种挑战，他就会继续努力。个人对情境的主观解释决定做出何种反应。**期望**（expectancy）指个人对自己的反应是否将引起强化的预测。例如，如果这个人过去曾有通过努力学习最终获取成功的经验，这时他以自己过去经验来预期，则更有可能激发自己更加努力学习。如果凭过去经验不足以预测自己的行为反应，那么对未来强化的期望也会激起他更加努力学习。而对强化的期望又取决于**强化价值**（reinforcement value），即这个学生看重考试分数的情况。如果这个学生还运用**自我强化**（self-reinforcement），即人对自己行为给予积极评价时所得到的强化，那么他的努力学习的习惯行为就更容易形成。罗特就是用心理情境—期望和强化价值—自我强化的综合效应来解释行为习惯的形成。

人格的学习论较前三种人格理论所提供的理论框架更具科学性。学习理论家在研究中一贯强调严格的实验控制和对假设的验证，但是他们在气质、情绪、思维和主观经验的理解上因缺乏深度而受到批评。虽然社会学习论在这方面有很大的进步，但整体上仍然是忽视人的主观能动性的。总之，上述各种人格理论在解释人格时都有其优势，同时也都有局限性。每一种人格理论都为我们提供了一条观察人格的途径。因此，我们应博采众长，以达到对人格较为完整的认识。

【专栏18-5】

幸福进取者模型

健全人格是一个发展和实践中的概念，不同文化和不同时代对健全人格会有不同的理解。在黄希庭看来，**健全人格**（perfect personality）就是能以辩证的态度对待世界、他人与自己，过去、现在与未来，以及顺境与逆境，具有这种人格的人是自立、自信、自尊、自强的，是幸福的进取者。中国传统文化所倡导的“四自”是健全人格的基础，也是幸福的保障。从1996年起，黄希庭带领研究团队开始了对“四自”的心理学研究。

在西方心理学中对**自尊**（self-esteem）的研究很多，但西方的自尊概念与我国文化背景下的自尊含义不同，因而黄希庭等开展对**自我价值感**（self-worth）的研究，根据大量的实际调查提出了一个多维度、多层次的自我价值感模型（黄希庭、杨雄，1998；黄希庭、余华，2002）。该模型认为我国青少年的自尊包含总体自我价值感、一般自我价值感和特殊自我价值感三个层次。其中，总体自我价值感抽象程度最高。其次是一般自我价值感，包含社会取向自我价值感和个人取向自我价值感。抽象程度最低的是特殊自我价值感，表现为生理的、心理的、人际的、道德的和家庭的自我价值感等五个具体方面，并都包含社会取向和个人取向两个子维度。

国外对独立性、依赖性有不少研究，对自立却未见报告。**自立**（self-supporting）是个体从自己过去依赖的事物那里独立出来，自己行动，自己做主，自己判断，对自己的承诺和行为负起责任的过程。自立贯穿于我们的整个人生，可以把自立区分为身体自立、行动自立、心理自立、经济自立和社会自立等五种。身体自立和行动自立主要是幼儿期的发展任务。而心理自立、经济自立和社会自立则是学生时期的发展任务。最初的研究是针对大学生的自立意识，其中一项研究发现，大学生自立意识的发生主要在中学时期并延续至大学阶段，自立意识发生的心理背景往往与个人欲摆脱挫折和战胜困难有关（黄希庭、李媛，2001）。近期更为深入的研究则是对自立发展（凌辉、黄希庭，2009）、自立人格的结构（夏凌翔、耿文超，2012；夏凌翔、黄希庭，2006，2008；夏凌翔等，2008）、自立与现实问题解决（夏凌翔等，2011），以及自立与心身健康的关系（夏凌翔，2011；夏凌翔等，2011）等问题的探索。

自信（self-confidence）是指对自己的信任，对自己身体、心理和社会性的信任，表现为有信心，不怀疑。虽然国外对自我效能、自尊、自我概念、自我意识、自我觉知有不少研究，对自信的研究却甚少见到。对大学生自信特点的调查研究建立了一个四维十三个因素的自信构成模型（车丽萍、黄希庭，2006）。有关大学生和高中生的调查，经内容分析、探索性因素分析及验证性因素分析，证实青年学生的自信是一个五因素结构，包括才智自信、人际自信、品质自信、应对自信和成就自信（毕重增、黄希庭，2009）。如果以自信的强度和清晰度为分类依据，聚类分析发现青年学生的自信类型可以划分为成熟型、盲目型、滞后型、游离型和中间型等五种基本类型（毕重增等，2008），不同类型存在显著的性别效应，且心理健康状况存在显著差异。

自强与西方所谓成就动机、自我实现等动机概念有密切的联系。研究表明，**自强**（self-strengthening）是一个蕴含丰富的、人格研究中国化的概念。从心理学角度看，儒学主要体现了一种自强的人格心理学思想。仁爱人格、弘毅人格和革新人格是儒家自强人格的主要内容，其终极目标则是养成健全人格（郑剑虹、黄希庭，2007）。儒家的自强人格既具有个人取向，也具有社会取向。它以个人取向为基础和出发点，以社会取向为最终目标，从个人取向逐渐扩展至社会取向。调查和访谈表明，公众的自强观主要是指持久的意志力，而自强可分为顺境自强、逆境自强、竞争性自强、成长性自强和他向性自强，其中又以逆境自强最为公众所称道（郑剑虹、黄希庭，2004）。

近二十年来，黄希庭领衔的“四自”心理学研究主要从中国化与健全人格两个角度出发，围绕与西方类似概念的异同以及“四自”的结构、测量、积极功能与教育培养等方面推进。这些研究不仅获得了国内心理学界的广泛赞同，并已开始为国际心理学界所接纳（Xia et al.，2012；Xia et al.，2013）。

第五节 人格评鉴

人格评鉴（personality assessment）是指在具体的条件下用系统的方法收集有关资料，从而确定出要测量的人格特征。这些资料包括情境的性质、刺激的性质、指导语及被试的反应等。人格评鉴与人格理论关系密切：一种人格理论如果不涉及人格评鉴，那么它就毫无用途；同样，收集到的资料如果不能说明一种理论，那么它就与人格研究毫不相干。目前，主要有下列一些人格评鉴的方法。

一、自陈量表

自陈量表（self-report inventory）是一种要求被试自行报告，回答关于他们在各种情况下的行为或感受等问题的测量工具。这些纸笔测验的题目涉及症状、态度、兴趣、恐惧和价值观等维度，被试则要表明每个叙述句和自己的情况相符合的程度，或对每个题目的同意程度。自陈量表法是最常用的人格评鉴方法。人格自陈量表的编制有多种设计类型，常见的有以下两种。

（一）以经验建构的量表

这方面最有名的要算**明尼苏达多相人格量表**（Minnesota Multiphasic Personality Inventory，MMPI）。MMPI在1943年初版，它是一种探测人格病理倾向的测量工具，其设计是将被试的反应与已知患有某种心理疾病的人的反应相比较来记分。1989年MMPI修订版也称为MMPI-2，是应用最广泛的量表之一，由567个题目组成，表述方式模拟如下。

工作时我常感到紧张。

我偶尔会觉得脑袋里有东西在挤压。

我希望我能重做一些已无法挽回的事。

体育课时我常爱跳舞。

别人误会我，我会感到苦恼。

有时我会想到很可怕的事。

外面有人想抓我。

有时我的思想会快得让自己跟不上。

对于每个题目，被试可以在三种反应中选择其一：“对”“不对”“无法回答”。这些题目包括个人的身体和心理健康、政治和社会态度、教育、职业、家庭及婚姻等因素，以及神经症和精神病的行为倾向。表18-2列出了MMPI-2中的10个分量表，可以用来测量诸如性别角色、抑郁症、癔症、妄想症、疑病症和精神分裂症等人格特质。经计算并将测量结果制成曲线，就可以看出变态与常态之间的差别，并确定各种人格障碍的问题性质（图18-9）。在一个分量表中得分超过66分者可能存在人格障碍，超过76分者即可能为严重患者，得分低于40分者也可能存在人格障碍或其他问题。MMPI-2除了鉴别人格障碍外，还可以供职业辅导和个人咨询之用。MMPI-2的缺点：一是题目太多，要用心回答567个题目很费时间，许多人早在做完之前就已失去了兴趣和动机；二是某些题目涉及个人非常私密的特质，有些人会觉得侵犯了隐私。除了上述缺点外，MMPI-2在鉴别神经症与精神病、情绪健康者与情绪障碍患者方面确实是一个很有价值的诊断工具。

表18-2　MMPI-2的10个分量表

分量表	患者基本症状
1. 疑病量表	患者对自己的身体健康过度担忧
2. 抑郁症量表	患者极度悲观，感觉自己没有价值、没有希望
3. 癔症量表	患者出现身体不适，但找不出任何生理原因
4. 心理病态偏离量表	严重者情感淡漠，无视社会规范和道德准则
5. 男性化-女性化量表	传统意义上的高男性化为攻击性强，高女性化为敏感性强
6. 妄想症量表	患者疑心极强，有被害妄想
7. 精神衰弱量表	患者有无法摆脱的忧虑、恐怖症和强迫性行为
8. 精神分裂症量表	患者情绪失控，想法及行为古怪、不正常
9. 躁狂症量表	患者情绪亢奋，处于躁狂心境中，行为异常，活动过量
10. 社会性内向量表	患者有严重的社会性退缩倾向

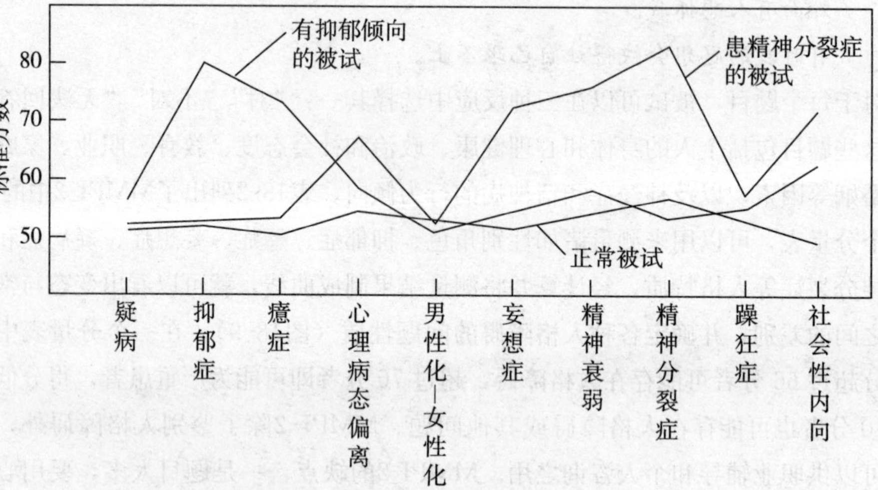

图18-9 MMPI-2测量结果图示

（二）由因素分析建构的量表

这方面最有名的当推**卡特尔16种人格因素问卷**（Cattell's Sixteen Personality Factors Questionnaire，16PF）。该问卷共187个题目，表述方式如下。

在接受困难任务时，我总是：

A. 有独立完成的信心　　B. 不确定　　C. 希望有别人的帮助和指导

我的神经脆弱，稍有点儿刺激就会使我战战兢兢：

A. 时常如此　　B. 有时如此　　C. 从不如此

我喜欢从事需要精密技术的工作：

A. 是的　　B. 介于A、C之间　　C. 不是的

在需要当机立断时，我总是：

A. 镇静地应用理智　　B. 介于A、C之间　　C. 常常紧张兴奋

被试在每题后的三种答案中圈选一项。16种人格因素见表18-3。测量结果可以形象地绘制成16PF人格剖面图。如图18-10表现的是一组飞行员、一组艺术家和一组作家的平均得分的剖面图。不难看出，艺术家和作家的人格特点较为相似，而与飞行员差别较大。客观测验的优点是实施简便，容易评分。其缺点是，被试在回答问题时容易受社会期望的影响或道德防御的限制，同时被试对自己人格的认识也不一定正确，因而会影响测量的效度。

表18-3　16PF的人格因素

	低分者的特征	高分者的特征
因素A：乐群性	缄默，孤独，冷淡	外向，热情，乐群
因素B：聪慧性	思想迟钝，学识浅薄，抽象思考能力弱	聪明，富有才识，善于抽象思考
因素C：稳定性	情绪激动，易烦恼	情绪稳定而成熟，能面对现实
因素E：恃强性	谦逊，顺从，通融，恭顺	好强，固执，独立，积极
因素F：兴奋性	严肃，审慎，冷静，寡言	轻松兴奋，随遇而安
因素G：有恒性	苟且敷衍，缺乏奉公守法精神	有恒负责，做事尽职
因素H：敢为性	畏怯退缩，缺乏自信心	冒险敢为，少有顾虑
因素I：敏感性	理智，着重现实，自恃其力	敏感，感情用事
因素L：怀疑性	信赖随和，易与人相处	怀疑，刚愎，固执己见
因素M：幻想性	现实，合乎成规，力求妥善合理	幻想的，狂放任性
因素N：世故性	坦白，直率，天真	精明能干，世故
因素O：忧虑性	安详，沉着，通常有自信心	忧虑抑郁，烦恼多端
因素Q_1：实验性	保守，尊重传统观念与行为标准	自由，批评激进，不拘泥于现实
因素Q_2：独立性	依赖，随群附和	自立自强，当机立断
因素Q_3：自律性	矛盾冲突，不顾大体	知己知彼，自律严谨
因素Q_4：紧张性	心平气和，闲散宁静	紧张困扰，激动挣扎

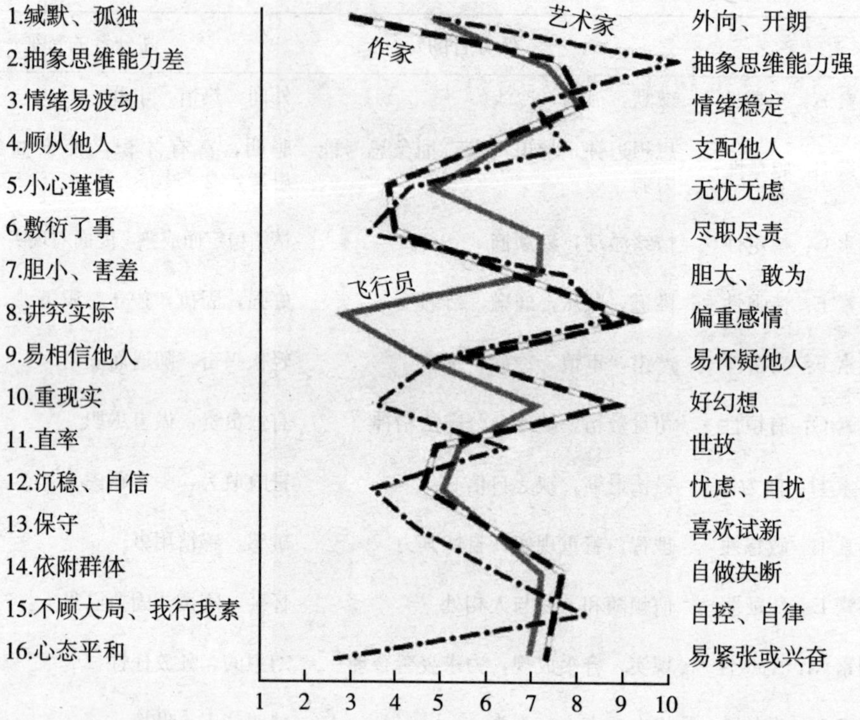

图18-10　16PF 人格剖面图

二、投射测验

人格的投射测验主要是临床心理学家根据处理情绪困扰者的经验而发展出来的。所谓**投射测验**（projective test）就是向被试呈现模棱两可的刺激材料（如墨迹或不明确的人物图片），要求被试解释其知觉，让他在不知不觉中将其情感、态度、愿望、思想等投射出来。最有名的人格投射测验是罗夏墨迹测验和主题统觉测验。

（一）罗夏墨迹测验

罗夏墨迹测验（Rorschach Inkblot Test）由瑞士精神病学家罗夏（Rorschach，1921）编制。它由十张对称的不同墨迹图组成，其中五张是黑白图片，墨迹的深浅不一，两张是黑色加红色的墨迹图片，另外三张是彩色的墨迹图片。墨迹图位于白底卡片的中央（参见图18-11）。让被试一次看一张墨迹图，并描述他看到了什么。然后主试又让被试再看一次图片，并询问与其当初反应有关的特定问题。在测试过程中，主试同时观察被试的行为，记录其动作与表情、对某个墨迹图的特殊反应，以及一般的态度。

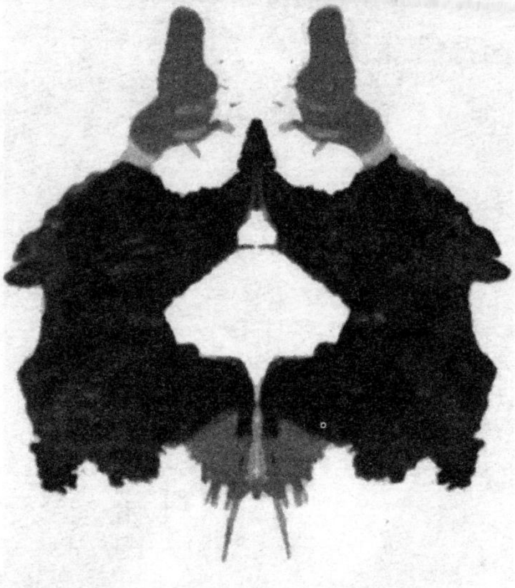

图18-11　罗夏墨迹测验图样

对被试或患者的反应可以有好几种解释方向，这取决于他是否看到了动作，看到动物还是人的形象，是生物或无生物体，以及是部分还是整体的图形。有研究者曾试图将罗夏测验的施测程序、记分方式及结果解释等加以标准化，其中一种较为成功的系统能够提高该测验的信度和效度（Exner，1986）。虽然罗夏墨迹测验主要是供临床用的测量工具，但现在也用它来做人格研究。

（二）主题统觉测验

主题统觉测验（Thematic Apperception Test，TAT）是由美国心理学家默里和摩根（Murray & Morgan，1935）编制的。他们认为需要有时是外显的，有时是内隐的，主题统觉测验测量的是个人的内隐需要。这套测验共有19 张内容暧昧的图片（参见图18-12），另有 1 张空白卡片。图片的暧昧之处在于它所描绘的事件可以有好几种解释方式。施测时，要求被试去构建一个和图片中的人物有关的故事，描述导致图片中所示情境的原因是什么，人物正感受到怎样的情绪，以及可能有怎样的结局。心理学家在解释这些故事时会考虑下列因素：所涉及的人际关系的性质，人物的动机，以及这些人物所显露出的现实感。

图18-12　主题统觉测验图样

主题统觉测验没有客观的评分系统，用于诊断时其信度、效度均偏低。专为测量人格的特定层面（如成就、亲和力和权力等需要）而设计的评分系统，据说用于实证研究是有效度的。由于在投射测验中被试不知道答案的意义，因而可以排除在自陈量表中可能出现的作假现象。但投射测验的实施程序、记分以及对结果的解释都必须经过特殊的训练。

三、其他方法

（一）观察

无论我们是否意识到，观察在人格评鉴中都是一种常用的方法。我们可以在日常生活中，也可以在特定的场合观察个人的行为以了解其人格。为了便于整理观察结果，人格评鉴中的观察常用下列两种方法。一是项目查核法。在观察前把所要观察的重要行为进行分类，并预先罗列好。观察时对拟观察的行为进行查核，记下这些行为的出现或不出现。这种方法的优点是使用方便，其缺点是不能记录行为在质上的差别，即不能记录是一种怎样的行为。二是等级评定法。等级评定的形式很多，其基本做法是要求观察者对被观察者在某一（或某些）人格特征上的轻重程度进行评定。这种评定可以用数字加以量化（如以0表示完全没有，数字越大代表程度越高），也可以用文字加以叙述。用上述两种方法来评鉴一个人的人格特征时，必须明确地列出行为的特征，同时还应考虑所观察到的行为的情境特殊性。

（二）晤谈

人格评鉴的晤谈通常是结构式晤谈，即按照预定的程序，通常是根据问卷或晤谈表进行的。晤谈的内容包括被试的现状、生育历史，被试和环境的关系，以及在某些特定环境中的行为等。通过晤谈可以了解被试对特定的人的感情、态度，对某件事情的态度，以及对自身的认识等。此外，还可以找与被试有关的人进行谈话，以便进一步了解被试。晤谈法一般需要相当长的时间，很难在短期内得到很多材料。这种方法还受晤谈者能力的影响，在客观性和可靠性方面也多少有些问题。因此，要尽量使晤谈技术标准化，同时晤谈者也必须经过专门的训练。

（三）评鉴情境中的行为

评鉴情境中的行为（assessment behavior in situations）是指在不同的情境中对一个人的行为模式和稳定态度进行考察。早在二次世界大战期间，美国军队中选拔间谍就采用了这种评鉴方法。在军队中的心理学家不用纸笔测验，而是将候选人置于一个模拟的秘密情境中，以考察他们应对压力、解决问题和维持领导的能力，以及忍受各种审讯并保守机密的能力。这项研究虽耗资巨大，但预测力较高。当今美国的军事和教育机构及很多财富500强企业每年都采用这种方法评鉴成千上万的人（Spychalski et al.，1997）。美国电报电话公司通过模拟管理来选拔经理，军队通过观察军事演练中士兵的表现来评鉴士兵，大多数人口在5万及以上的美国城市都利用这种方法对警官和消防队员进行评估（Lowry，1997）。人格的社会认知学习理论家认为，预测一个人今后行为的最好途径不是人格测验，也不是晤谈，而是让一个人在模拟情境中表现他自己一贯的行为模式（Ouellette & Wood，1998）。只要情境和人基本保持不变，最能预测今后工作表现的是这个人以往工作中的表现。如果无法查出一个人过去的行为表现，那么最好的方法是创设出一种评鉴情境，用模拟任务来考察这个人是如何应对任务的。

【专栏18-6】

幸福追踪

是否有这样一个公式"爱＋工作＋一些心理适应"，就可以调制出一个美好生活呢？为了弄清楚这个问题，哈佛大学的研究者们70多年来追踪了在20世纪30年代后期入学的一批学生，其间他们经历了战争、工作、结婚与离婚、为人父母和祖父母，直到老年。这项工程是身心健康研究史上跨度最长、资料最为详尽的纵向研究之一，也可视为规模最大的一项人格追踪研究，它将揭示何者是幸福的人及幸福的人生。

这项研究的发起人博克（A. Bock）认为，医学研究过于关注病人，在病人身上只看到症状和疾病，就像透过镜片看上百个微小粒子一样，这样是永远都不可能从整体上解释清楚如何才能生活幸福这个紧要问题的。1938年9月，博克与赞助人百货公司巨头格兰特（W. T. Grant）构思了一项计划，组成了一个以杰出大家如精神病学家迈耶（A. Meyer）和心理学家默里（H. Murray）为代表，横跨医学、生理学、人类学、精神病学、心理学和社会工作领域的团队。结合学生的健康资料、学业成绩和哈佛大学校长的推荐信，他们选择了268名男生为被试，并从每一个可能的角度，利用任何可得的科学工具对他们进行施测，包括详尽的医学检测、心理测验、重复测试及访谈等。

精神病学家瓦利恩特（G. Vaillant）多年来主要负责追踪这些被试，调查他们的经历，并对这些数据资料进行分析。随着年纪越来越大，是什么力量让人去工作和爱的呢？瓦利恩特从中找出了可以预测如何健康地变老的身心两方面七个主要因素：成熟，教育，稳定的婚姻，不抽烟，喝酒适度，适当的锻炼，维持健康的体重。同时具备其中五个、六个条件的被试一半活到了80岁，这些人当中只有7.5%的人被瓦利恩特称为“伤心患病人群”，其余则被称作“开心健康人群”。同时，那些只具备三个或更少条件的被试竟然没有一个开心健康地活到80岁。只具备三个或更少健康条件的男性，即使在50岁仍身强力壮，在80岁死亡的概率也比具备四个或更多条件的男性高出三倍。

当然，研究幸福的科学家们早已有了各种简明并具操作性的发现：人们的基本需求一旦被满足，金钱对于增加幸福感将作用不大；婚姻和信仰可以增加幸福感（或者说那些幸福的人更可能是已婚或有精神追求的）；快乐感保持在一个较稳定的水平上，喜怒有常对我们幸福的影响虽不是压倒性的，但作用不容小觑。但是，为什么那些主观幸福感最高的国家自杀率也同样最高呢？一方面，孩子经常是负性情感（诸如伤心、生气）的来源，但另一方面，人们又将孩子看作他们幸福的最大来源，这又是怎么一回事呢？这些问题至今还未解决，很大程度上是方法的原因。积极心理学家迪纳（E. Diener）讲求实证，在分析了145个国家360 000名被试为代表性样本的盖洛普世界民意调查数据后说：“你可以从这些数据当中明白从前没有明白的很多一般性的事情，但其中很多都是相对肤浅的。去教堂的人会报告有更多的愉悦感，如果你问为什么，我们却不知道。”积极心理学发起人塞利格曼（Martin Seligman，1942—　）将迪纳描述为积极心理学的“工程师”，“总是试着做出更好、更具重复性、更易懂的科学”。但瓦利恩特以及他的工作都提醒塞利格曼，研究人的心灵才是心理学的根本。塞利格曼说：“践行科学心理学就是让人拥有越少的基础知识，却能更多地了解自己的精神世界。积极心理学中，每一个试图解释灵魂之谜的人都想要找到些更深层的东西。瓦利恩特就是这项运动的诗人，他使得我们意识到我们每个人的确都渴望着一些更深层的东西。”

最近，瓦利恩特的新书《经历的胜利》出版了，总结出了关于这项研究的一些关键点。酗酒是格兰特研究中被试与他们的妻子离婚的主要原因；它还与神经症和抑郁（这些人更倾向于酗酒，而非真正在酗酒）有很强的相关；如果酗酒再同时抽烟的话，那么它将会是他们早年发病和死亡的最大影响因素。超过某一水平，智商将作用不大。智商110～115与智商超过150的男性，最高收入并无显著差异。自在地变老比性别影响更大。政治意识形态对生活满意度并无影响，但保守派的男性一般在68岁就停止了他们的性关系，而自由派的男性在80岁仍有着活跃的性生活。瓦利恩特一直都在强调的一点是，温暖的亲密关系与你老年时的健康和幸福之间具有高相关。例如，在温暖的亲密关系项中得分最高的58名被试最高工资（一般出现在55岁到60岁之间）平均都在年薪141 000美元，相比在亲密关系项上得分最低的31名男性要高得多，同时前者被收录在名人堂得到高职业成就的概率也比后者要高出三倍。结论可能会让弗洛伊德非常开心，研究表明，与母亲温暖的亲密关系对成年后的继续发展同样重要。具体来说：(1) 那些与母亲在童年拥有温暖亲密关系的男性的年薪平均在87 000美元，要高出那些拥有漠不关心的母亲的男性；(2) 与母亲在童年时没建立好亲密关系的男性在老年更易患痴呆；(3) 职业生涯晚期，男性与母亲的童年亲密关系而非与父亲的亲密关系和高效率的工作有关；(4) 与父亲温暖的童年关系和成年的低焦虑、假期愉悦感、75岁时的高生活满意度有关，然而与母亲温暖的童年关系和75岁时的生活满意度没有显著相关。

如果要总结一下，用瓦利恩特本人的话说就是："耗时75年花费2 000万美元的格兰特研究指明了一个非常简明的结论：幸福就是充满爱！"（采自Shenk，2009；Stossel，2013）

【复习与思考】

1. 解释：人格，气质，性格，兴奋型，活泼型，安静型，抑制型，场依存型，场独立型，本我，自我，超我，自我实现，自我和谐，特质，"大五"，自我强化，人格评鉴，自陈量表，MMPI，16PF，投射测验，罗夏墨迹测验，主题统觉测验。

2. 如何理解人格的内涵？

3. 如何看待各种气质学说?

4. 性格形成受哪些因素的影响?

5. 分析比较各种人格理论。

6. 讨论幸福进取者模型。

7. 比较自陈量表和投射测验的利弊。

【扩展阅读书目】

1. 黄希庭著:《人格心理学》,浙江教育出版社 2002 年版。

2. 郭永玉著:《人格心理学——人性及其差异的研究》,中国社会科学出版社 2005 年版。

3. 郑雪主编:《人格心理学》,暨南大学出版社 2007 年版。

4. 杨丽珠主编:《儿童青少年人格发展与教育》,中国人民大学出版社 2014 年版。

5. [美] L. A. 珀文主编,周榕等译:《人格科学》,华东师范大学出版社 2001 年版。

6. [美] L. A. 珀文、O. P. 约翰主编,黄希庭主译:《人格手册:理论与研究》,华东师范大学出版社 2003 年版。

7. [美] Jerry Burger 著,陈会昌等译:《人格心理学》,中国轻工业出版社 2010 年版。

8. [美] 兰迪·拉森、戴维·巴斯著,郭永玉等译:《人格心理学——人性的科学探索》,人民邮电出版社 2011 年版。

参 考 文 献

中文文献

安献丽，徐光兴.（2006）. 当代师范大学生的梦内容特点. *中国心理卫生杂志*，*20*（1），55-58.

白学军.（1996）. *智力心理学的研究进展*. 杭州：浙江人民出版社.

白学军，岳鹏飞.（2013）. 情绪标注对负性情绪的抑制：来自自主神经活动的证据. *心理学报*，*45*（7），715-724.

毕重增，黄希庭.（2009）. 青年学生自信问卷的编制. *心理学报*，*41*（5），444-453.

毕重增，黄希庭，窦刚.（2008）. 青年学生自信类型划分初探. *心理科学*，*31*（2），431-433.

卞玉龙，韩磊，周超，陈英敏，高峰强.（2015）. 虚拟现实社交环境中的普罗透斯效应：情境、羞怯的影响. *心理学报*，*47*（3），363-374.

蔡琴凤，李晓驷，谢雯，周晓琴，季益富，刘寰忠，等.（2010）. 住院抑郁症患者梦的内容研究. *安徽医学*，*31*（4），322-325.

曹丛，王美萍，张文新，纪林芹，陈亮，陈欣银.（2014）. Comt 基因 rs6267 多态性与母亲教养行为对青少年身体攻击和关系攻击的交互作用. *心理学报*，*46*（10），1486-1497.

曹日昌.（1963）. *普通心理学*. 北京：人民教育出版社.

车丽萍，黄希庭.（2006）. 青年大学生自信的理论建构研究. *心理科学*，*29*（3），563-569.

陈红，黄希庭.（2005）. 青少年身体自我的发展特点和性别差异研究. *心理科学*，*28*（2），432-435.

陈双，陈黎静，杨晓虹，杨玉芳.（2015）. 语篇背景在语义整合中的作用. *心理学报*，*47*（2），167-175.

陈莹，郑涌.（2010）. 价值观与行为的一致性争议. *心理科学进展*，*18*（10），1612-1619.

陈永香，朱莉琪.（2014）. 身体部位与早期习得的汉语动词的联结及其对动词习得年龄的影响. *心理学报*，*46*（7），912-921.

陈真真，蔡颁，郑涌.（2012）. 阈下说服的存在证据与争议. *心理科学进展*，*20*（4），575-583.

陈仲庚，张雨青.（1988）. 感觉寻求的人格特质及在临床上的应用. *心理学报*，*20*（3），

328-334.

程黎，施建农，刘正奎，曲小军，赵大恒，王竹颖，等. (2004). 8～12 岁超常与常态儿童的检测时比较. *心理学报*，*36* (6)，712-717.

程苏，刘璐，郑涌. (2011). 社会排斥的研究范式与理论模型. *心理科学进展*，*19* (6)，905-915.

杜建政，夏冰丽. (2008). 心理学视野中的社会排斥. *心理科学进展*，*16*(6)，981-986.

樊倩，隋雪，符永川. (2014). 面孔知觉中特征、结构和整体加工策略的眼动研究. *心理学报*，*46*(8)，1062-1071.

范翠英，孙晓军，刘华山. (2012). 大学生的时间管理倾向与主观幸福感. *心理发展与教育*，*28*(1)，99-104.

范亮艳，范晓芳，罗位超，吴功航，严序，尹大志，等. (2014). 艺术设计中创造性思维的 fMRI 研究：一项基于智能 CAD 的探索. *心理学报*，46(4)，427-436.

方晓义，林丹华，孙莉，房超. (2004). 亲子沟通类型与青少年社会适应的关系. *心理发展与教育*，*20* (1)，18-22.

冯天策. (2004). 论情感在人类信仰活动中的二重性作用和历史消长. *哲学研究*，(9)，18-24.

高德顺，邹大华，沈勋章，丁洪祥，陈海涛. (2002). 东亚地区四大城市女大学生青春期减肥意向的比较研究——自我体型的误区与社会性体型焦虑的现状. *体育科研*，*23*(2)，38-40.

高觉敷. (1985). *中国心理学史*. 北京：人民教育出版社.

桂诗春. (1985). *心理语言学*. 上海：上海外语教育出版社.

郭金山. (2002). *同一性的自我追求——大学生自我同一性研究*. 博士学位论文. 吉林大学.

郭永玉. (2005). *人格心理学——人性及其差异的研究*. 北京：中国社会科学出版社.

侯烜方，李燕萍，涂乙冬. (2014). 新生代工作价值观结构、测量及对绩效影响. *心理学报*，*46*(6)，823-840.

胡卫平，Adey, P.，申继亮，林崇德. (2004). 中英青少年科学创造力发展的比较. *心理学报*，*36*(6)，718-731.

胡兴旺，蔡笑岳，吴睿明，李红，张志杰. (2005). 白马藏族初中学生文化适应和智力水平的关系. *心理学报*，*37*(4)，497-501.

黄希庭. (2002). *人格心理学*. 杭州：浙江教育出版社.

黄希庭.(2009).改革开放30年中国心理学的发展.*心理科学*,*32*(1),2-5.

黄希庭,黄巍,李小融.(1991).关于中国人颜色情调的研究.*心理科学*,*14*(6),1-7.

黄希庭,李媛.(2001).大学生自立意识的探索性研究.*心理科学*,*24*(4),389-392.

黄希庭,杨雄.(1998).青少年学生自我价值感量表的编制.*心理科学*,*21*(4),289-292.

黄希庭,杨宗义,刘中华.(1980).5至9岁儿童时间观念发展的实验研究.*西南师范学院学报:自然科学版*,(1),67-76.

黄希庭,尹天子.(2012).从自尊的文化差异说起.*心理科学*,*35*(1),2-8.

黄希庭,余华.(2002).青少年自我价值感量表构念效度的验证性因素分析.*心理学报*,*34*(5),511-516.

黄希庭,张进辅,李红,等.(1994).*当代中国青年价值观与教育*.成都:四川教育出版社.

黄希庭,张进辅,张蜀林.(1989).我国五城市青少年学生价值观的调查.*心理学报*,*21*(3),274-283.

黄希庭,张庆林.(1991).儿童和青少年辨认面部表情的实验研究.见王甦主编,*普通心理学和实验心理学研究*(pp.192-206).成都:四川科学技术出版社.

黄希庭,张增杰.(1979).5至8岁儿童时间知觉的实验研究.*心理学报*,*11*(2),166-174.

黄希庭,张志杰.(2001).青少年时间管理倾向量表的编制.*心理学报*,*33*(4),338-343.

黄希庭,张志杰.(2005).*心理学研究方法*.北京:高等教育出版社.

黄希庭,郑涌.(2000).时间透视的自我整合:I.心理结构方式的投射测验.*心理学报*,*32*(1),30-35.

黄希庭,郑涌.(2014).*心理学十五讲*.北京:北京大学出版社.

黄希庭,郑涌,等.(2005).*当代中国青年价值观研究*.北京:人民教育出版社.

姜德鸣,杨文华,邓峰华,王伯扬.(1987).关联负变化(CNV)与反应时的关系.*心理学报*,*19*(1),105-108.

蒋军,向玲,张庆林,陈安涛.(2014).冲突适应独立于意识:来自行为和ERP的证据.*心理学报*,*46*(5),581-592.

金盛华,辛志勇.(2003).中国人价值观研究的现状及发展趋势.*北京师范大学学报:社会科学版*,(3),56-64.

金熠,张丹丹,柳昀哲,罗跃嘉.(2014).厌恶情绪加工特点的事件相关电位研究.*心理学报*,*46*(11),1682-1690.

荆其诚.(1990).*现代心理学发展趋势*.北京:人民出版社.

荆其诚，方芸秋.（1963）. 辐合在大小知觉恒常性中的作用. *心理学报*，*7*（4），260-270.

荆其诚，焦书兰，纪桂萍.（1987）. *人类的视觉*. 北京：科学出版社.

荆其诚，叶绚.（1957）. 运动知觉阈限的实验研究. *心理学报*，*1*（2），158-164.

景晓娟，张雨青.（2004）. 药物成瘾者的感觉寻求人格特征. *心理科学进展*，*12*（1），67-71.

科学网.（2014）. http://news.sciencenet.cn/htmlnews/2014/10/306405.shtm.

赖寒，徐苗，宋宜颖，刘嘉.（2013）. 音乐知觉的神经基础：脑成像研究的元分析. *心理学报*，*45*（5），491-507.

赖寒，徐苗，宋宜颖，刘嘉.（2014）. 音乐和语言神经基础的重合与分离：基于脑成像研究元分析的比较. *心理学报*，*46*（3），285-297.

乐国安，纪海英.（2007）. 文化与心理学关系的三种研究模式及其发展趋势. *西南大学学报：人文社会科学版*，*33*（3），1-5.

雷雳，杨洋.（2007）. 青少年病理性互联网使用量表的编制与验证. *心理学报*，*39*（4），688-696.

雷霖，王建平，张亮，毕玉，陈薇.（2005）. 北京女大学生瘦身倾向的影响因素. *中国心理卫生杂志*，*19*（3），52-155.

李宝林，陈有国，袁祥勇，Jackson，T.，黄希庭.（2013）. 拓扑性质对视觉新异刺激时距知觉的影响. *心理学报*，*45*（12），1324-1333.

李冬梅，雷雳，邹泓.（2007）. 青少年社会适应行为的特征及影响因素. *首都师范大学学报：社会科学版*，（2），150-156.

李金珍，王文忠，施建农.（2004）. 儿童实用创造力及其与家庭环境的关系. *心理学报*，*36*（6），732-737.

李京.（2007）. 颜色选择的毕生发展特点比较研究. *心理科学*，*30*（4），891-894.

李婧洁，张卫，甄霜菊，梁娟，章聪.（2008）. 暴力电脑游戏对个体攻击性的影响. *心理发展与教育*，*24*（2），108-112.

李静华，郑涌.（2014）. 内隐/外显不同水平攻击者的注意偏向：行为和 ERP 证据. *心理科学*，*37*（1），40-47.

李其维.（2008）. "认知革命"与"第二代认知科学"刍议. *心理学报*，*40*（12），1306-1327.

李其维，等.（1980）. 双生子智力相关的测查报告——关于智力发展因素的初步探讨. *心理科学文摘*，（2）.

李文娟，吴艳红，贾云鹰.（2005）. 自我与有意遗忘现象. *心理学报*，*37*（4），476-481.

李新旺. (2003). *生理心理学*. 北京：科学出版社.

梁宁建. (2003). *当代认知心理学*. 上海：上海教育出版社.

林崇德. (1981). 遗传与环境在儿童智力发展上的作用——双生子的心理学研究. *北京师范大学学报：社会科学版*，(1)，64-71.

林崇德. (1982). 遗传与环境在儿童性格发展上的作用——双生子的心理学研究（续）. *北京师范大学学报：社会科学版*，(1)，14-21.

林崇德. (1983). *中学生心理学*. 北京：北京出版社.

林崇德. (1995). *发展心理学*. 北京：人民教育出版社.

林崇德. (2006). *教育为的是学生的发展*. 北京：北京师范大学出版社.

林文娟，汤慈美. (1985). 多动症儿童的家庭环境、注意行为及外周肾上腺素的分泌模式. *心理学报*，*17*(4)，410-417.

凌辉，黄希庭. (2009). 6～12 岁儿童自立发展特点的研究. *心理科学*，*32*(6)，1359-1362.

刘电芝，孙泽军. (2004). 说明文形式图式阅读策略训练提高初中生阅读水平的实验研究. *心理科学*，*27*(6)，1410-1413.

鲁忠义，马红霞. (2011). 主角情绪和时间信息对情境模型加工的影响. *心理学报*，*43*(7)，763-770.

吕洁，张钢. (2015). 知识异质性对知识型团队创造力的影响机制：基于互动认知的视角. *心理学报*，*47*(4)，533-544.

罗劲. (2004). 顿悟的大脑机制. *心理学报*，*36*(2)，219-234.

罗俊龙，覃义贵，李文福，朱海雪，田燕，邱江，张庆林. (2012). 创造发明中顿悟的原型启发脑机制. *心理科学进展*，*20*(4)，504-513.

罗跃嘉. (2004). 揭开顿悟奥秘的一道曙光——评罗劲的《顿悟的大脑机制》. *心理学报*，*36*(2)，238-239.

孟昭兰. (1989). *人类情绪*. 上海：上海人民出版社.

孟昭兰. (2005). *情绪心理学*. 北京：北京大学出版社.

缪小春，朱曼殊. (1989). 幼儿对某几种复句的理解. *心理科学通讯*，(6)，8-12.

莫雷. (1986). 关于短时记忆编码方式的实验研究. *心理学报*，*18*(2)，167-173.

聂衍刚，丁莉. (2009). 青少年的自我意识及其与社会适应行为的关系. *心理发展与教育*，*25*(2)，47-54.

聂衍刚，林崇德，彭以松，丁莉，甘秀英. (2008). 青少年社会适应行为的发展特点. *心理学报*，*40*(9)，1013-1020.

彭聃龄.（2004）. *普通心理学*. 北京：北京师范大学出版社.

彭聃龄，谭力海.（1987）. 词频和语境在汉语双字词视觉识别中的作用机制. *心理学杂志*，(4)，18-25.

彭聃龄，杨旻，杨丽珠.（1985）. 情境线索与面部线索在表情判断中的作用. *心理科学*，(2)，28-34.

彭凯平，陈仲庚.（1989）. 北京大学学生价值观倾向的初步定量研究. *心理学报*，*21*(2)，149-155.

彭小虎，王国峰，罗嘉跃.（2002）. 面孔认知及其神经机制的独特性. *心理科学*，*25*(4)，488-489.

邱江，罗跃嘉，吴真真，张庆林.（2006）. 再探猜谜作业中“顿悟”的ERP效应. *心理学报*，*38*(4)，507-514.

沙莲香.（1987）. *社会心理学*. 北京：中国人民大学出版社.

沙莲香.（1989）. *中国民族性*. 北京：中国人民大学出版社.

沙莲香.（1992）. *中国民族性*(二). 北京：中国人民大学出版社.

沙莲香.（2012）. *中国民族性*(三)：*民族性三十年变迁*. 北京：中国人民大学出版社.

邵志芳.（2001）. *思维心理学*. 上海：华东师范大学出版社.

沈汪兵，刘昌，张小将，陈亚林.（2011）. 三字字谜顿悟的时间进程和半球效应：一项ERP研究. *心理学报*，*43*(3)，229-240.

沈政，林庶芝.（1993）. *生理心理学*. 北京：北京大学出版社.

施建农.（1990）. 超常与常态儿童记忆和记忆监控的比较研究. *心理学报*，*22*(3)，323-329.

施建农.（1995）. 创造性系统模型. *心理学动态*，*3*(3)，1-5.

宋维真，张建新，张建平，张妙清，梁觉.（1993）. 编制中国人个性测量表（CPAI）的意义与程序. *心理学报*，*25*(4)，400-407.

宋宜琪，张积家.（2014）. 空间隐喻和形状变化对物体内隐时间概念加工的影响. *心理学报*，*46*(2)，216-226.

孙本文.（1946）. *社会心理学*. 北京：商务印书馆.

唐建.（1984）. 儿童对汉语主动句、被动句转换理解的比较研究. *心理学报*，*16*(2)，182-192.

唐佩佩，叶浩生，杜建政.（2014）. 权力概念与空间大小：具身隐喻的视角. *心理学报*，*47*(4)，514-521.

唐淑，钟昭华.（1993）.*中国学前教育史*.北京：人民教育出版社.

田录梅，陈光辉，王姝琼，刘海娇，张文新.（2012）.父母支持、友谊支持对早中期青少年孤独感和抑郁的影响.*心理学报*，*44*(7)，944-956.

童秀英，沃建中.（2002）.高中生创造性思维发展特点的研究.*心理发展与教育*，*18*(2)，22-26.

汪凤炎.（2008）.*中国心理学思想史*.上海：上海教育出版社.

汪云九，杨玉芳.（2003）.*意识与大脑：多学科研究及其意义*.北京：人民出版社.

王登峰，崔红.（2003）.中国人人格量表（QZPS）的编制过程与初步结果.*心理学报*，*35*(1)，127-136.

王登峰，崔红.（2004）.中国人人格量表的信度与效度.*心理学报*，*36*(3)，347-358.

王登峰，崔红.（2005）.*解读中国人的人格*.北京：社会科学文献出版社.

王登峰，方林，左衍涛.（1995）.中国人人格的词汇研究.*心理学报*，*27*(4)，400-405.

王垒，孟昭兰.（1986）.成人面部表情及其判断的初步研究.*心理学报*，*18*(4)，350-355.

王黎萤，陈劲.（2010）.国内外团队创造力研究述评.*研究与发展管理*，*22*(4)，62-68.

王婷婷，王瑞明，王靖，吴小文，莫雷，杨力.（2014）.红色和蓝色对中国汉族大学生情绪的启动效应.*心理学报*，*46*(6)，777-790.

王紫薇，涂平.（2014）.社会排斥情境下自我关注变化的性别差异.*心理学报*，*46*(11)，1782-1792.

魏屹东，安晖.（2013）.全局工作空间理论的方法论意义.*学术研究*，(5)，14-19.

文崇一.（1972）.从价值取向谈中国国民性.见杨国枢，李亦园主编，*中国人的性格*.台北：桂冠图书公司.

吴鹏，刘华山.（2014）.道德推理与道德行为关系的元分析.*心理学报*，*46*(8)，1192-1207.

吴天敏 许政援.（1979）.初生到三岁儿童言语发展记录的初步分析.*心理学报*，*11*(2)，85-105.

夏凌翔.（2011）.自立人格与心身症状：特质-应激-症状相符中介模型的检验.*心理学报*，*43*(6)，650-660.

夏凌翔，耿文超.（2012）.个人自立与自我图式、他人图式.*心理学报*，*44*(4)，478-488.

夏凌翔，黄希庭.（2006）.古籍中自立涵义的概念分析.*心理学报*，*38*(6)，916-923.

夏凌翔，黄希庭.（2008）.青少年学生自立人格量表的建构.*心理学报*，*40*(5)，593-603.

夏凌翔，黄希庭，万黎，杨红升. (2011). 大学生的自立人格与现实问题解决. *心理发展与教育*，*27*(1)，52-58.

夏凌翔，黄希庭，王登峰. (2008). 青少年学生自立人格的结构——基于中国人人格量表（QZPS）的结果. *心理科学*，*31*(5)，1035-1038.

夏凌翔，万黎，宋艳，杨翼龙. (2011). 人际自立与抑郁的关系. *心理学报*，*43*(10)，1175-1184.

谢光辉，张庆林. (1995). 中国大学生实用科技发明大奖赛获奖者人格特征的研究. *心理科学*，*18*(1)，50-51.

新华网. (2001). http://news.xinhuanet.com/st/2001-06/29/content_12129.htm.

徐夫真，张文新. (2011). 青少年疏离感与病理性互联网使用的关系：家庭功能和同伴接纳的调节效应检验. *心理学报*，*43*(4)，410-419.

许毅，陈昭典，赵元威. (1999). 男性同性恋者智力结构的性别倾向分析. *中华精神科杂志*，*32*(3)，176-178.

许政援. (1996). 三岁前儿童语言发展的研究和有关的理论问题. *心理发展与教育*，*12*(3)，1-11.

燕国材. (2004). *心理学思想史（中国卷）*. 长沙：湖南教育出版社.

杨阿丽，方晓义，林丹华. (2002). 父母冲突、青少年应对策略及其与青少年社会适应的关系. *心理发展与教育*，*18*(1)，37-43.

杨国枢，王登峰. (1999). *中国人的人格维度*. 北京：第三届华人心理学家大会.

杨红升，黄希庭. (2007). 中国人的群体参照记忆效应. *心理学报*，*39*(3)，235-241.

杨红升，朱滢. (2004). 自我与提取诱发遗忘现象. *心理学报*，*36*(2)，154-159.

杨文静，刘培朵，崔茜，郝鑫，肖宵，张庆林. (2014). 自我参照对情绪性记忆定向遗忘的影响. *心理学报*，*46*(2)，156-164.

杨治良，郭力平，王沛，陈宁. (1999). *记忆心理学*. 上海：华东师范大学出版社.

杨治良，叶阁蔚. (1995). 汉字内隐记忆的实验研究：Ⅱ. 任务分离和反应倾向. *心理学报*，*27*(1)，1-8.

杨治良，叶阁蔚，王新发. (1994). 汉字内隐记忆的实验研究：Ⅰ. 内隐记忆存在的条件. *心理学报*，*26*(1)，1-7.

姚应水，高尘，周访华，金岳龙，王珥梅，叶冬青. (2006). 大学生网络使用及网络成瘾的流行病学研究. *中国学校卫生*，*27*(10)，844-846.

叶阁蔚，杨治良. (1997). 汉字内隐记忆的实验研究：Ⅲ. 检验加工分离说的修正模型.

心理科学，*20*(1)，26-30.

尹小俭，季成叶，李世昌. (2007). 大学生肥胖的现况与体质健康的相关性研究. *现代预防医学*，*34*(23)，527-4530.

于凤杰，赵景欣，张文新. (2013). 早中期青少年未来规划的发展及其与父母教养行为的关系：行为自主的中介效应. *心理学报*，*45*(6)，658-671.

俞国良，王青兰，杨治良. (1999). *环境心理学*. 北京：人民教育出版社.

喻柏林，荆其诚，司马贺. (1985). 汉语语词的短时记忆广度. *心理学报*，*17*(4)，361-367.

袁加锦，丁南翔，刘莹莹，杨洁敏. (2015). 无意识接受策略在挫折情景下的情绪调节效应：行为与生理证据. *中国科学：生命科学*，*45*(1)，84-95.

袁加锦，龙泉杉，丁南翔，娄熠雪，刘莹莹，杨洁敏. (2014). 负性情绪调节的效率：中国文化背景下认知重评与表达抑制的对比. *中国科学：生命科学*，*44*(6)，602-613.

袁建琴，阮昌雄，李芳辉，石峰，王艳芳，刘承宜，孙小华. (2009). 食指与无名指指长比率（2D∶4D）与运动能力研究评述. *体育学刊*，*16*(4)，104-107.

岳源，张清芳. (2015). 汉语口语产生中音节和音段的促进和抑制效应. *心理学报*，*47*(3)，319-328.

查子秀. (1984). 3～6 岁超常与常态儿童类比推理的比较研究. *心理学报*，*16*(4)，373-382.

查子秀. (1994). 超常儿童心理与教育研究 15 年. *心理学报*，*26*(4)，337-346.

张爱卿. (1999). *动机论*. 武汉：华中师范大学出版社.

张必隐. (1998). *学习心理学*. 杭州：浙江教育出版社.

张博，黎坚，徐楚，李一茗. (2014). 11～14 岁超常儿童与普通儿童问题解决能力的发展比较. *心理学报*，*46*(12)，1823-1834.

张春兴. (2002). *心理学思想的流变——心理学名人传*. 上海：上海教育出版社.

张春兴. (2009). *现代心理学——现代人研究自身问题的科学*. 上海：上海人民出版社.

张国华，戴必兵，雷雳. (2013). 初中生病理性互联网使用的发展及其与自尊的关系：同学关系的调节效应. *心理学报*，*45*(12)，1345-1354.

张厚粲，吴正. (1994). 公众的智力观——北京普通居民对智力看法的调查研究. *心理科学*，*17*(2)，65-81.

张建新，周明洁. (2006). 中国人人格结构探索——人格特质六因素假设. *心理科学进展*，*14*(4)，574-585.

张金璐，吴莹莹，杨晓虹，杨玉芳.（2014）. 话题结构对语篇情绪更新的影响. *心理学报*，*46*（10），1413-1425.

张锦涛，陈超，王玲娇，刘璐，刘凤娥，赵会春，等.（2014）. 大学新生网络使用时间与网络成瘾的关系：有中介的调节模型. *心理学报*，*46*（10），1521-1533.

张锦涛，刘勤学，邓林园，方晓义，刘朝莹，兰菁.（2011）. 青少年亲子关系与网络成瘾：孤独感的中介作用. *心理发展与教育*，*27*（6），641-647.

张进辅，童琦，毕重增.（2005）. 生育价值观的理论构建及问卷的初步编制. *心理学报*，*37*（5），665-673.

张卫东，李其维.（2007）. 认知神经科学对心理学的研究贡献：主要来自我国心理学界的重要研究工作述评. *华东师范大学学报：教育科学版*，*25*（1），46-55.

张武田.（1988）. 事件相关脑电位与人类行为活动. *心理科学进展*，*6*（3），27-37.

张武田，彭瑞祥，司马贺.（1986）. 汉语语词的短时记忆容量. *心理学报*，*18*（2），23-29.

张新定，吴华，张庭华.（2008）. 女大学生对肥胖认知状况及减肥行为. *中国妇幼保健*，*23*（21），3017-3019.

张耀翔.（1948）. *感觉心理*. 北平：商务印书馆.

张增杰，黄希庭.（1963）. 六、七岁儿童时间知觉的初步研究. *心理学报*，*7*（3），214-221.

张志杰，黄希庭，凤四海，邓麟.（2001）. 青少年时间管理倾向相关因素的研究. *心理科学*，*24*（6），649-653.

章玉祉，张积家.（2014）. 汉语言语产生中的词长效应. *心理学报*，*46*（9），1232-1241.

赵黎明，杨玉芳.（2013）. 汉语口语句子产生的语法编码计划单元. *心理学报*，*34*（6），599-613.

赵永乐，何莹，郑涌.（2004）. 媒体暴力及其对青少年儿童的影响. *现代中小学教育*，（4），44-46.

赵永乐，何莹，郑涌.（2011）. 电子游戏的消极影响及争议. *心理科学进展*，*19*（12），1788-1797.

赵永乐，郑涌.（2004）. 游戏方式差异对电脑游戏者攻击性影响研究. *西南师范大学学报：人文社会科学版*，*30*（5），36-39.

郑剑虹，黄希庭.（2004）. 自强意识的初步调查研究. *心理科学*，*27*（3），528-530.

郑剑虹，黄希庭.（2007）. 论儒家的自强人格及其培养. *心理科学进展*，*15*（2），230-233.

郑日昌，蔡永红，周益群.（1999）. *心理测量学*. 北京：人民教育出版社.

郑雪. (2003). *人格心理学*. 广州：暨南大学出版社.

郑涌. (1991). 关于英文词的短时记忆编码方式的实验研究. *心理科学*, (3), 49-50.

郑涌. (1997). *时间透视的自我整合：理论与实证*. 博士学位论文. 西南师范大学.

郑涌，黄希庭. (2000). 时间透视的自我整合：Ⅱ. 心理功能机制的实验研究. *心理学报*, *32*(1), 36-39.

周璠，石岩. (2014). 女大学生体重知觉偏差及探因. *心理学报*, *46*(1), 101-112.

周红梅，郭永玉，柯善玉. (2008). 大学生自我同一性过程问卷编制. *中国临床心理学杂志*, *16*(1), 9-12.

朱晓平. (1992). 阅读中课文语境对汉语单词识别的影响. *心理学报*, *24*(1), 52-59.

朱滢. (2005). 陈霖的拓扑性质知觉理论. *心理科学*, *28*(5), 1031-1034.

朱智贤. (1990). *中国儿童青少年心理发展特点与教育*. 北京：中国卓越出版公司.

邹泓. (1998). 同伴关系的发展功能及影响因素. *心理发展与教育*, *14*(2), 39-44.

邹枝玲，施建农，恽梅，方平. (2003). 7岁超常和常态儿童的信息加工速度. *心理学报*, *35*(4), 527-534.

左梦兰，陶云. (1994). 7～8岁儿童数学运算能力发展的实验研究. *心理科学*, (1), 55-57.

译文文献

艾森克主编/闫巩固译. (2001). *心理学——一条整合的途径*. 上海：华东师范大学出版社.

巴伦，伯恩著/黄敏儿等译. (2004). *社会心理学*. 上海：华东师范大学出版社.

巴斯著/熊哲宏等译. (2007). *进化心理学——心理的新科学*. 上海：华东师范大学出版社.

Best 著/黄希庭等译. (2000). *认知心理学*. 北京：中国轻工业出版社.

Coon 著/郑钢等译. (2004). *心理学导论——思想与行为的认识之路*. 北京：中国轻工业出版社.

Franken 著/郭本禹等译. (2005). *人类动机*. 西安：陕西师范大学出版社.

Freud 著/车文博等译. (2004). *弗洛伊德文集*. 长春：长春出版社.

Galotti 著/吴国宏等译. (2005). *认知心理学*. 西安：陕西师范大学出版社.

戈尔曼著/耿文秀等译. (1997). *EQ：情感智商*. 上海：上海科学技术出版社.

格里格，津巴多著/王垒等译. (2003). *心理学与生活*. 北京：人民邮电出版社.

Hock 著/白学军等译. (2010). *改变心理学的 40 项研究*. 北京：人民邮电出版社.

Kihlstrom 著/黄希庭主译. (2000). 心理潜意识. 见 L. A. Pervin & O. P. John 主编，*人格手册：理论与研究*. 上海：华东师范大学出版社.

鲁利亚著/汪青等译. (1983). *神经心理学原理*. 北京：科学出版社.

迈尔斯著/黄希庭等译. (2006). *心理学*. 北京：人民邮电出版社.

Myers 著/侯玉波等译. (2006). *社会心理学*. 北京：人民邮电出版社.

Pawlik，Rosenzweig 主编/张厚粲主译. (2002). *国际心理学手册*. 上海：华东师范大学出版社.

Petri，Govern 著/郭本禹等译. (2005). *动机心理学*. 西安：陕西师范大学出版社.

珀文著/周榕等译. (2001). *人格科学*. 上海：华东师范大学出版社.

Ryckman 著/高峰强等译. (2005). *人格理论*. 西安：陕西师范大学出版社.

Schacter 著/高申春译. (2001). *找寻逝去的自我——大脑、心灵和往事的记忆*. 长春：吉林人民出版社.

斯蒂恩著/李恭楚，吴希美译. (2001). *DNA 和命运——人类行为的天性和教养*. 上海：上海科学技术出版社.

斯滕伯格著/施建农等译. (2006). *创造力手册*. 北京：北京理工大学出版社.

斯滕伯格著/吴国宏等译. (1999). *成功智力*. 上海：华东师范大学出版社.

斯滕伯格著/杨炳钧等译. (2006). *认知心理学*. 北京：中国轻工业出版社.

斯滕伯格著/俞晓琳等译. (2000). *超越 IQ ——人类智力的三元理论*. 上海：华东师范大学出版社.

Solso 著/何华主译. (2006). *认知心理学*. 南京：江苏教育出版社.

索尔索著/朱滢等译. (2002). *21 世纪的心理科学与脑科学*. 北京：北京大学出版社.

Stanovich 著/范照等译. (2005). *与“众”不同的心理学——如何正视心理学*. 北京：中国轻工业出版社.

Strongman 著/王力主译. (2006). *情绪心理学——从日常生活到理论*. 北京：中国轻工业出版社.

Virj 著/郑红丽译. (2006). *说谎心理学*. 北京：中国轻工业出版社.

韦德，塔佛瑞斯著/白学军等译. (2006). *心理学的邀请*. 北京：北京大学出版社.

夏埃，威里斯著/乐国安等译. (2003). *成人发展与老龄化*. 上海：华东师范大学出版社.

外文文献

Ackil, J. K., & Zaragoza, M. S. (1998). Memorial consequences of forced confabulation: Age differences in susceptibility to false memories. *Developmental Psychology*, *34*, 1358-1372.

Adams, M. (1990). *Beginning to read: Thinking and learning about print*. Cambridge, MA: MIT Press.

Ader, R., & Cohen, N. (1981). Conditioned immunopharmacological responses. In R. Ader (Ed.), *Psychoneuroimmunology* (pp.281-319). New York: Academic Press.

Ainsworth, K. A., & Baumann, R. (1995). *The effect of appropriate context on comprehension and recall*. Unpublished manuscript. Northfield, MN: Carleton College.

Allport, G. W. (1937). *Personality: A psychological interpretation*. New York: Holt, Rinehart & Winston.

Allport, G. W., & Odbert, H. S. (1936). Trait-names: A psycho-lexical study. *Psychological Monographs*, *47*, 9-30.

Ambady, N., Hallahan, M., & Rosenthal, R. (1995). On judging and being judged accurately in zero-acquaintance situations. *Journal of Personality and Social Psychology*, *69*, 518-529.

Anastasi, A. (1958). Heredity, environment, and the question "how"? *Psychological Review*, *65*, 197-208.

Anderson, B. L., & Nakayama, K. (1994). Toward a general theory of stereopsis: Binocular matching, occluding contours, and fusion. *Psychological Review*, *101*, 414-445.

Anderson, C. A., Anderson, K. B., & Deuser, W. E. (1996). Examining an affective aggression framework: Weapon and temperature effects on aggressive thoughts, affect, and attitudes. *Personality and Social Psychology Bulletin*, *22*, 366-376.

Anderson, C. A., Anderson, K. B., Dorr, N., DeNeve, K. M., & Flanagan, M. (2000). Temperature and aggression. *Advances in Experimental Social Psychology*, *32*, 63-133.

Anderson, C. A., & Carnagey, N. L. (2009). Causal effects of violent sports video games on aggression: Is it competitiveness or violent content. *Journal of Experimental Social Psychology*, *45*, 731-739.

Anderson, C. A., Carnagey, N. L., Flanagan, M., Benjamin, A. J., Eubanks, J., & Valentine, J. C. (2004). Violent video games: Specific effects of violent content on aggressive thoughts and behavior. *Advances in Experimental Social Psychology*, *36*, 199-249.

Anderson, C.A., Shibuya, A., Ihori, N., Swing, E. L., Bushman, B. J., Sakamoto, A., ... Saleem, M. (2010). Violent video game effects on aggression, empathy, and prosocial behavior in eastern and western countries: A meta-analytic review. *Psychological Bulletin*, *136*, 151-173.

Anderson, J. R., & Bower, G. H. (1973). *Human associative memory*. Washington, DC: Winston.

Anderson, N. H. (1975). On the role of context effects in psychological judgment. *Psychological Review*, *82*, 462-482.

Antrobus, J. (1991). Dreaming: Cognitive processes during cortical activation and high afferent thresholds. *Psychological Review*, *98*(1), 96-121.

Arnold, M. B. (1950). An excitatory theory of emotion. In M. L. Reymert (Ed.), *Feelings and emotions: The Mooseheart symposium* (pp. 11-33). New York: McGraw-Hill.

Arvey, R., McCall, B., Bouchard, T., & Tanbman, P. (1994). Genetic influences on job satisfaction and work value. *Personality and Individual Differences*, *17*(1), 21-33.

Asch, S. E. (1952). *Social psychology*. New York: Prentice-Hall.

Asch, S. E. (1955). Opinions and social pressure. In *Readings about the social animal* (Vol. 193, pp. 17-26). New York: Worth Publishers.

Aserinsky, E., & Kleitman, N. (1953). Regularly occurring periods of eye motility, and concomitant phenomena, during sleep. *Science*, *118*(3062), 273-274.

Atkinson, J. W. (1964). *An introduction to motivation*. Oxford, England: Van Nostrand.

Baars, B. J. (1988). *A cognitive theory of consciousness*. Cambridge: Cambridge University Press.

Baars, B. J. (1997). In the theatre of consciousness: Global work space theory, a rigorous scientific theory of consciousness. *Journal of Consciousness Studies*, *4*, 292-293.

Babad, E., Bernieri, F., & Rosenthal, R. (1991). Students as "judges of teachers" verbal and nonverbal behavior. *American Educational Research Journal*, *28*, 211-234.

Baddeley, A. D., & Hitch, G. J. (1974). Working memory. In G. A. Bower (Ed.), *The psychology of learning and motivation* (Vol.8, pp. 47-90). New York: Academic Press.

Baer, D. J., & Corrado, J. J. (1974). Heroin addict relationships with parents during childhood and early adolescent years. *The Journal of Genetic Psychology*, *124*, 99-103.

Baldwin, M. W., Carrell, S. E., & Lopez, D. F. (1990). Priming relationship schemas: My advisor and the pope are watching me from the back of my mind. *Journal of Experimental Social Psychology*, *26*(5), 435-454.

Ballard, P. B. (1913). Obliviscence and reminiscence. *British Journal of Psychology, Monograph Supplement*, *1*, 1-82.

Bandura, A. (1989). Self-regulation of motivation and action through internal standards and goal systems. In L. A. Pervin (Ed.), *Goal concepts in personality and social psychology* (pp.19-85). Hillsdale, NJ: Lawrence Erlbaum.

Bandura, A. (1965). Influence of models' reinforcement contingencies on the acquisition of imitative responses. *Journal of Personality and Social Psychology*, *1*, 589-595.

Bandura, A. (1977). *Social learning theory*. Englewood Cliffs, NJ: Prentice-Hall.

Bandura, A. (1986). *Social foundations of thought and action: A social cognitive theory*. Englewood Cliffs, NJ: Prentice-Hall.

Bandura, A., & Cervone, D. (1983). Self-evaluative and self-efficacy mechanisms governing the motivational effect of goal systems. *Journal of Personality and Social Psychology*, *45*, 1017-1028.

Bandura, A., Ross, D., & Ross, S. A. (1961). Transmission of aggression through imitation of aggressive models. *Journal of Abnormal and Social Psychology*, *63*, 575-582.

Bandura, A., Ross, D., & Ross, S. A. (1963). Imitation of film-mediated aggressive models. *Journals of Abnormal and Social Psychology*, *66*, 3-11.

Banich, M. T. (1997). *Neuropsychology: The neural base of mental function*. Boston: Houghton Mifflin Co.

Bard, P., & Mountcastle, V. B. (1948). Some forebrain mechanisms involved in expression of rage with special reference to suppression of angry behavior. *Research Publications-Association for Research in Nervous and Mental Disease*, *27*, 362-404.

Bardi, A., & Schwartz, S. H. (2003). Values and behavior: Strength and structure of relations. *Personality and Social Psychology Bulletin*, *29*, 1207-1220.

Baron, R. S., Vandello, J. A., & Brunsman, B. (1996). The forgotten variable in conformity research: Impact of task importance on social influence. *Journal of Personality and Social Psychology*, *71*, 915-927.

Barrett, L. F., Lane, R. D., Sechrest, L., & Schwartz, G. E. (2000). Sex difference in emotional awareness. *Personality and Social Psychology Bulletin*, *26*, 1027-1035.

Barry, H., Child, I. L., & Bacon, M. K. (1959). Relation of child training to subsistence economy. *American Anthropologist*, *61*(1), 51-63.

Bartlett, F. C. (1932). *Remembering: A study in experimental and social psychology*. Cambridge: Cambridge University Press.

Barut, C., Tan, U., & Dogan, A. (2008). Association of height and weight with second to fourth digit ratio (2d : 4d) and sex differences. *Perceptual and Motor Skills*, *106*(2), 627-632.

Bauer, R. (1964). The obstinate audience: The influence process from the point of view of social communication. *American Psychologist*, *19*(5), 319-328.

Baumeister, R. F., DeWall, C. N., Ciarocco, N. J., & Twenge, J. M. (2005). Social exclusion impairs self-regulation. *Journal of Personality and Social Psychology*, *88*, 589-604.

Bayley, N. (1969). *Bayley Scales of Infant Development*. New York: The Psychological Corporation.

Békésy, G. (1960). *Experiments in hearing*. New York: McGraw-Hill.

Bennett, H. L. (1983). Remembering drink orders: The memory skills of cocktail waitresses. *Human Learning: Journal of Practical Research and Applications*, *2*, 157-170.

Ben-Shakhar, G., & Bar-Hillel, M. (2002). Trial by polygraph: Reconsidering the use of the guilty knowledge technique in court. *Law and Human Behavior*, *26*, 527-541.

Best, C. T., & Queen, H. F. (1989). Baby, it's in your smile: Right hemi-face bias in infant emotional expressions. *Developmental Psychology*, *25*, 264-276.

Biederman, I. (1987). Recognition-by-components: A theory of human image understanding. *Psychological Review*, *94*, 115-147.

Biederman, I., & Shiffrar, M. M. (1987). Sexing day-old chicks: A case study and expert systems analysis of a difficult perceptual-learning task. *Journal of Experimental Psychology: Learning, Memory, & Cognition*, *13*, 640-645.

Bill, J. C., & Teft, L. W. (1969). Space-time relations: Effects of time on perceived visual extent. *Journal of Experimental Psychology*, *81*, 196-199.

Billings, P., Beckwith, J., & Alper, J. (1992). The genetic analysis of human behavior: A new era? *Social Science and Medicine*, *35*(3), 227-238.

Blackhart, G. C., Nelson, B. C., Knowles, M. L., & Baumeister, R. F. (2009). Rejection elicits emotional reactions but neither causes immediate distress nor lowers self-esteem: A meta-analytic review of 192 studies on social exclusion. *Personality and Social Psychology Review*, *13*, 269–309.

Blagrove, M., & Akehurst, L. (2001). Personality and the modulation of effects of sleep loss on mood and cognition. *Personality and Individual Differences*, *30*(5), 819–828.

Blake, J. (1989). Number of siblings and educational attainment. *Science*, *245*, 32–36.

Blass, T. (1999). The Milgram paradigm after 35 years: Some things we now know about obedience to authority. *Journal of Applied Social Psychology*, *29*, 955–978.

Blau, Z. S. (1981). *Black children/white children: Competence, socialization and social structure*. New York: Free Press.

Bleuler, E. (1911). *Textbook of psychiatry* (transl. 1951 by H. A. Brill). New York: Dover Publications.

Bloom, B. S. (1964). *Stability and change in human characteristics*. New York: Wiley Online Library.

Bond, M. H. (2004). Culture and aggression: From context to coercion. *Personality and Social Psychology Review*, *8*, 62–78.

Bond, R., & Smith, P. B. (1996). Culture and conformity: A meta-analysis of studies using Asch's (1952, 1956) line judgment task. *Psychological Bulletin*, *119*, 111–137.

Bouchard, C., Tremblay, A., Després, J. P., Nadeau, A., Lupien, P. J., Thériault, G., ... Fournier, G. (1990). The response to long-term overfeeding in identical twins. *New England Journal of Medicine*, *322*(21), 1477–1482.

Bouchard, T. J. (1999). Genes, environment, and personality. In S. Ceci et al. (Eds.), *The nature-nurse debate: The essential readings*. Malden, MA: Blackwell.

Bouchard, T. J., Lykken, D. T., McGue, M., Segal, N. L., & Tellegen, A. (1990). Sources of human psychological differences: The Minnesota study of twins reared apart. *Science*, *250*, 223–229.

Bowden, E. M., Jung-Beeman, M., Fleck, J., & Kounios, J. (2005). New approaches to demystifying insight. *Trends in Cognitive Sciences*, *9*(7), 322–328.

Bower, G. H. (1981). Mood and memory. *American psychologist*, *36*, 129–148.

Bower, G. H., & Clark, M. C. (1969). Narrative stories as mediators for serial learning. *Psychonomic Science*, *14*(4), 181–182.

Bowlby, J. (1969). *Attachment and loss: Vol.1. Attachment*. New York: Basic Books.

Bransford, J. D., & Stein, B. S. (1993). *The ideal problem solver: A guide for improving thinking, learning, and creativity* (2nd ed.). New York: W. H. Freeman.

Brennan, P. A., & Mednick, S. A. (1994). Learning theory approach to the deterrence of criminal recidivism. *Journal of Abnormal Psychology*, *103*(3), 430-440.

Brewer, J. B., Zhao, Z., Desmond, J. E., Glover, G. H., & Gabridli, J. D. E. (1998). Making memories: Brain activity that predicts how well visual experience will be remembered. *Science*, *281*, 1185-1187.

Broadbent, D. E. (1958). *Perception and communication*. New York: Macmillan.

Bronfenbrenner, U. (1958). Socialization and social class through time and pace. In E. E. Maccoby, T. M. Newcomb, & E. L. Hartley (Eds.), *Readings in social psychology* (pp. 400-425). New York: Holt, Rinehart & Winston.

Bronfenbrenner, U. (1992). *Ecological systems theory*. Jessica Kingsley Publishers.

Brown, R., & Kulik, J. (1977). Flashbulb memories. *Cognition*, *5*, 73-99.

Brown, R. (1973). *A first language: The early stages*. Cambridge, MA: Harvard University Press.

Brownell, K. D., & Rodin, J. (1994). The dieting maelstrom: Is it possible and advisable to lose weight? *American Psychologist*, *49*, 781-791.

Browning, C. (1992). *Ordinary men: Reserve police battalion 101 and the final solution in Poland*. New York: Harper Collins.

Bruner, J. S., Goodnow, J. J., & Austin, G. A. (1956). *A study of thinking*. New York: Wiley.

Brunson, B. I., & Matthews, K. A. (1981). The type a coronary-prone behavior pattern and reactions to uncontrollable stress: An analysis of performance strategies, affect, and attributions during failure. *Journal of Personality and Social Psychology*, *40*(5), 906-918.

Bryant, P. A., Trinder, J., & Curtis, N. (2004). Sick and tired: Does sleep have a vital role in the immune system? *Nature Reviews Immunology*, *4*(6), 457-467.

Buckner, R. L. (1996). Beyond HERA: Contributions of specific prefrontal brain areas to long-term memory retrieval. *Psychonomic Bulletin and Review*, *3*, 149-158.

Buek, R. (1985). Prime theory: An integrated view of motivation and emotion. *Psychological Review*, *92*, 389-413.

Bushman, B. J., & Anderson, C. A. (2001). Media violence and the American public: Scientific facts versus media misinformation. *American Psychologist*, *56*, 477-489.

Byrne, D. (1964). Repression-sensitization as a dimension of personality. *Progress in Experimental Personality Research*, *72*, 169-220.

Byrnes, J. P., & Fox, N. A. (1998). The educational relevance of research in cognitive neuroscience. *Educational Psychology Review*, *10*(3), 297-342.

Campbell, D. P., & Hansen, J. I. C. (1981). *Manual for the SVIB-SCII: Strong-Campbell interest inventory, form T325 of the Strong vocational interest blank* (Vol. 325). Stanford, CA: Stanford University Press.

Campos, J., Hiatt, S., Ramsay, D., Henderson, C., & Svejda, M. (1978). The emergence of fear on the visual cliff. In M. Lewis & L. A. Rosenblum (Eds.), *The development of affect*. New York: Plenum Press.

Cannon, W. B. (1927). The James-Lange theory of emotions: A critical examination and an alternative theory. *The American Journal of Psychology*, *39*(1), 106-124.

Carmichael, L., Hogan, H. P., & Walter, A. A. (1932). An experimental study of the effect of language on the reproduction of visually perceived form. *Journal of Experimental Psychology*, *15*(1), 73-86.

Cartwright, D. S. (1975). The nature of gangs. In D. S. Cartwright, B. Tomson, & H. Schwartz (Eds.), *Gang delinquency*. Monterey, CA: Brooks/Cole.

Caspi, A., McClay, J., Moffitt, T., Mill, J., Martin, J., Craig, I. W., ... Poulton, R. (2002). Role of genotype in the cycle of violence in maltreated children. *Science*, *297*, 851-854.

Cattell, R. B. (1950). *Personality: A systematic theoretical and factual study*. New York: McGraw-Hill.

Cattell, R. B. (1963). Theory of fluid and crystallized intelligence: A critical experiment. *Journal of Educational Psychology*, *54*, 1-22.

Cavallero, C., Cicogna, P., Natale, V., Occhionero, M. & Zito, A. (1992). Slow wave sleep dreaming. *Sleep*, *15*(6), 562-566.

Cave, C. B., & Squire, L. R. (1992). Intact and long-lasting repetition priming in amnesia. *Journal of Experimental Psychology: Learning, Memory, and Cognition*, *18*, 509-520.

Chapman, D. W., & Volkmann, J. (1939). A social determinant of the level of aspiration. *The Journal of Abnormal and Social Psychology*, *34*(2), 225-238.

Chase, W. G., & Simon, H. A. (1973). Perception in chess. *Cognitive Psychology*, *4*(1), 55-81.

Chatoor, I., Ganiban, J., Colin, V., Plummer, N., & Harmon, R. J. (1998). Attachment and feeding problems: A reexamination of nonorganic failure to thrive and attachment insecurity. *Journal of the American Academy of Child & Adolescent Psychiatry*, *37*, 1217-1224.

Chen, L. (1982). Topological structure in visual perception. *Science*, *218*, 699-700.

Chen, L., Zhang, S., & Srinivasan, M. V. (2003). Global perception in small brain: Topological pattern recognition in honey bees. *Proceedings of the National Academy of Science*, *100*, 6884-6889.

Chess, S., & Thomas, A. (1987). *Know your child*. New York: Basic Books.

Chomsky, N. (1957). *Syntactic structure*. Princeton, New Jersey: Mouton and Co.

Chomsky, N. (1972). *Language and mind*. New York: Harcourt Brace Jovanovich.

Clarke, D., Gabriels, T. & Barnes, J. (1996). Astrological signs as determinants of extroversion and emotionality: An empirical study. *The Journal of Psychology*, *130*(2), 131-140.

Clifford, D. B. (2000). Human immunodeficiency virus-associated dementia. *Archives of Neurology*, *57*, 321-324.

Coats, E. J., & Feldman, R. S. (1996). Gender differences in non-verbal correlates of social status. *Personality and Social Psychology Bulletin*, *22*, 1013-1022.

Cohen, D. (1996). Law, social policy, and violence: The impact of regional cultures. *Journal of Personality and Social Psychology*, *70*, 961-978.

Cohen, D. (1998). Culture, social organization, and patterns of violence. *Journal of Personality and Social Psychology*, *75*, 408-419.

Cohen, J., Hansel, C. E. M., & Sylvester, J. D. (1953). A new phenomenon in time judgment. *Nature*, *172*, 901.

Cohen, S., Evans, G. W., Stokols, D., & Krantz, D. S. (1986). *Behavior, health, and environmental stress*. New York: Plenum.

Cole, M., Gay, J., Glick, J., & Sharp, D. W. (1971). *The cultural context of learning and thinking*. New York: Basic Books.

Collins, A. M., & Quillian, M. R. (1969). Retrieval time from semantic memory. *Journal of Verbal Learning and Verbal Behavior*, *8*, 240-247.

Conrad, R. (1964). Acoustic confusions in immediate memory. *British Journal of Psychology*, *55*, 75-84.

Corbetta, M., & Shulman, G. L. (2002). Control of goal-directed and stimulus-driven attention in the brain. *Nature Review Neuroscience*, *3*, 201-215.

Cornsweet, T. N. (1970). *Visual perception*. New York: Academic.

Costa, P. T., Jr., Terracciano, A., & McCrae, R. R. (2001). Gender differences in personality traits across cultures: Robust and surprising findings. *Journal of Personality and Social Psychology*, *81*, 322-331.

Cowan, B. D., & Rogoff, W. M. (1968). Variation and heritability of responsiveness of individual male house flies, Musca domestica to the female sex pheromone. *Annals of the Entomological Society of America*, *61*(5), 1215-1218.

Craik, F. I. M., & Lockhart, R. S. (1972). Levels of processing: A framework for memory research. *Journal of Verbal Learning and Verbal Behavior*, *11*(6), 671-684.

Craik, F. I. M., & Watkins, M. J. (1973). The role of rehearsal in short-term memory. *Journal of Verbal Learning and Verbal Behavior*, *12*, 599-607.

Curtiss, S. (1977). *Genie: A psycholinguistic study of a modern day "wild child"*. New York: Academic Press.

Darley, J. G., & Hagenah, T. (1955). *Vocational interest measurement*. Minneapolis: University of Minnesota Press.

Darwin, C. (1872). *The expression of emotions in man and animals*. London: Murray.

Darwin, C. J., Turvey, M. T., & Crowder, R. G. (1972). The auditory analogue of the Sperling partial report procedure: Evidence for brief auditory storage. *Cognitive Psychology*, *3*, 255-267.

Davenport, W. H. (1976). Sex in cross-cultural perspective. In F. A. Beach (Ed.), *Human sexuality in four perspectives* (pp. 115-163). Baltimore: Johns Hopkins University Press.

Davidson, R. J., Putnam, K. M., & Larson, C. L. (2000). Dysfunction in the neural circuitry of emotion regulation: A possible prelude to violence. *Science*, *289*, 591-594.

Davis, W. L., & Phares, E. J. (1967). Internal-external control as a determinant of information-seeking in a social influence situation. *Journal of Personality*, *35*(4), 547-561.

Dell, G. S. (1986). A spreading-activation theory of retrieval in sentence production. *Psychological Review*, *93*, 283-321.

Delprato, D. J., & Midgley, B. D. (1992). Some fundamentals of B. F. Skinner's behaviorism. *American Psychologist*, *47*, 1507-1520.

Dembroski, T. M., & Costa, P. T. (1987). Coronary prone behavior: Components of the Type A pattern and hostility. *Journal of Personality*, *55*, 211-235.

Dement, W. C. (1974). *Some must watch while some must sleep*. San Francisco: W. H. Freeman.

Dement, W., & Kleitman, N. (1957). Cyclic variations in EEG during sleep and their relation to eye movements, body motility, and dreaming. *Electroencephalography and Clinical Neurophysiology*, *9*(4), 673-690.

Deng, Y., & Zheng, Y. (2015). Mate-choice copying in single and coupled women: The influence of mate acceptance and mate rejection decisions of other women. *Evolutionary Psychology*, *13*(1), 89-105.

DePaulo, B. M. (1994). Spotting lies: Can humans learn to do better? *Current Directions in Psychological Science*, *3*, 83-86.

Depue, B. E., Curran, T., & Banich, M. T. (2007). Prefrontal regions orchestrate suppression of emotional memories via a two-phase process. *Science*, *317*, 215-219.

Desimone, R. (1992). The physiology of memory: Recordings of things past. *Science*, *258*, 245-246.

Deutsch, K. W., & Deutsch, K. W. (1963). *The nerves of government: Models of political communication and control*. New York: Free Press of Glencoe.

DeWall, C. N., & Baumeister, R. F. (2006). Alone but feeling no pain: Effects of social exclusion on physical pain tolerance and pain threshold, affective forecasting, and interpersonal empathy. *Journal of Personality and Social Psychology*, *91*, 1-15.

DeWall, C. N., Baumeister, R. F., Stillman, T. F., & Gailliot, M. T. (2007). Violence restrained: Effects of self-regulation and its depletion on aggression. *Journal of Experimental Social Psychology*, *43*, 62-76.

Dimberg, U., Thunberg, M., & Grunedal, S. (2002). Facial reactions to emotional stimuli: Automatically controlled emotional responses. *Cognition and Emotion*, *16*, 449-472.

DiPietro, J. A., Hodgson, D. M., Costigan, K. A., Hilton, S. C., & Johnson, T. R. B. (1996). Fetal neurobehavioral development. *Child Development*, *67*, 2553-2567.

Domhoff, G. W. (1985). *The mystique of dreams: A search for utopia through Senoi dream theory*. Berkeley: University of California Press.

Domhoff, G. W. (1999). New directions in the study of dream content using the Hall and Van de Castle coding system. *Dreaming*, *9*, 115-137.

Drake, L., Duncan, E., Sutherland, F., Abernethy, C., & Henry, C. (2008). Time perspective and correlates of wellbeing. *Time & Society*, *17*(1), 47-61.

Duclos, S. E., Laird, J. D., Sexter, M., Stern, L., & Van Lighten, O. (1989). Emotion-specific effects of facial expressions and postures on emotional experience. *Journal of Personality and Social Psychology*, *57*, 100-108.

Dumont, M. (2000). Directed forgetting and memory bias for emotion-congruent information in clinical depression. *Cahiers de Psychologie Cognitive*, *19*, 171-188.

Duncker, K. (1945). On problem solving. *Psychological Monographs*, *58*, 1-113.

Dweck, C. S. (1986). Motivational process affecting learning. *American Psychologist*, *41*, 1040-1048.

Ebbinghaus, H. (1885/1913). *Memory: A contribution to experimental psychology*. New York: Teachers College, Columbia University.

Eden, G. F., Van Meter, J. W., Rumsey, J. M., Maisog, J. M., Woods, R. P., & Zeffird, T. A. (1996). Abnormal processing of visual motion in dyslexia revealed by functional brain imaging. *Nature*, *382*, 66-69.

Eimas, P. D., Siqueland, E. R., Jusczyk, P., & Vigorito, J. (1971). Speech perception by infants. *Science*, *171*, 3030-3036.

Ekman, P. (1980). *The face of man: Expressions of universal emotions in a New Guinea village*. New York: Garland STPM Press.

Ekman, P. (1985). *Telling lies: Clues to deceit in marketplace, politics and marriage*. New York: Norton.

Ekman, P., & Friesen, W. V. (1971). Constants across cultures in the face and emotion. *Journal of Personality and Social Psychology*, *17*, 124-129.

Ekman, P., & Friesen, W. V. (1974). Detecting deception from the body or face. *Journal of Personality and Social Psychology*, *29*(3), 288-298.

Ekman, P., & Friesen, W. V. (1975). *Unmasking the face: A guide to recognizing emotions from facial cues*. Englewood Cliffs, NJ: Prentice-Hall.

Ekman, P., Levenson, R. W., & Friesen, W. V. (1983). Autonomic nervous system activity distinguishes among emotions. *Science*, *221*,1208-1210.

Ekman, P., & O'Sullivan, M. (1991). Who can catch a liar? *American Psychologist*, *46*, 913-920.

Ekman, P., O'Sullivan, M. O., & Frank, M. G. (1999). A few can catch a liar. *Psychological Science*, *10*, 263-266.

Emmons, R. A., & King, L. A. (1988). Conflict among personal strivings: Immediate and long-term implications for psychological and physical well-being. *Journal of Personality and Social Psychology*, *54*, 1040-1048.

Eriksen, C. W., & James, J. D. S. (1986). Visual attention within and around the field of focal attention: A zoom lens model. *Perception & Psychophysics*, *40*(4), 225-240.

Erikson, E. H. (1950). *Childhood and society*. New York: Norton.

Erikson, E. H. (1968). *Identity: Youth and crisis*. New York: Norton.

Exner, J. E., Jr. (1986). *The Rorschach: A comprehensive system: Vol.1. Basic foundations* (2nd ed.). New York: Wiley.

Eyal, T., Sagristano, M. D., Trope, Y., Liberman, N., & Chaiken, S. (2009). When values matter: Expressing values in behavioral intentions for the near vs. distant future. *Journal of Experimental Social Psychology*, *45*, 35-43.

Eysenck, H. J. (1947). *Dimensions of personality*. London: Routledge & Kegan Paul.

Eysenck, H. J. (1970). *The structure of human personality* (3rd ed.). London: Methuen.

Eysenck, H. J. (1979). Astrology: Science or superstition? *Encounter*, *53*(6), 85-90.

Eysenck, H. J., & Nias, D. B. (1982). *Astrology: Science or superstition?* London: Maurice Temple Smith.

Farah, M. (1988). Is visual imagery really visual? Overlooked evidence from neuropsychology. *Psychological Review*, *95*, 307-317.

Fenigstein, A., Scheier, M. F., & Buss, A. H. (1975). Public and private self-consciousness: Assessment and theory. *Journal of Consulting and Clinical Psychology*, *43*, 522-527.

Ferguson, C. J. (2010). Blazing angels or resident evil: Can violent video games be a force for good? *Review of General Psychology*, *14*, 68-81.

Ferguson, C. J., & Kilburn, J. (2010). Much ado about nothing: The misestimation and overinterpretation of violent video game effects in eastern and western nations: Comment on Anderson et al. (2010). *Psychological Bulletin*, *136*, 174-178.

Ferguson, C. J., Rueda, S. M., Cruz, A. M., Ferguson, D. E., Fritz, S., & Smith, S. M. (2008). Violent video games and aggression: Causal relationship or byproduct of family violence and intrinsic violence motivation? *Criminal Justice and Behavior*, *35*, 311-332.

Fillion, T. J., & Blass, E. M. (1986). Infantile experience with suckling odors determines adult sexual behavior in male rats. *Science*, *231*, 729-731.

Finkenauer, C., Luminet, O., & Gisle, L. (1998). Flashbulb memories and the underlying mechanisms of their formation: Toward an emotional-integrative model. *Memory & Cognition*, *26*(3), 516-531.

Flack, W. F., Laird, J. D., & Cavallaro, L. A. (1999). Separate and combined effects of facial expressions and bodily postures on emotional feelings. *European Journal of Social Psychology*, *29*, 203-217.

Foulke, E., & Sticht, T. (1969). Review of research on the intelligibility and comprehension of accelerated speech. *Psychological Bulletin*, *72*, 50-62.

Foulkes, D. (1985). *Dreaming: A cognitive-psychological analysis*. Hillsdale, NJ: Lawrence Erlbaum.

Fraisse, P. (1963). *The psychology of time*. New York: Harper & Row.

Fraisse, P. (1981). Cognition of time in human activity. In *Cognition in motivation and learning* (pp. 233-258). Hillsdale, New York: Lawrence Erlbaum.

Fraisse, P. (1984). Perception and estimation of time. *Annual Review of Psychology*, *35*, 1-36.

Fried, P. A., & Watkinson, B. (2000). Visuoperceptual functioning differs in 9- to 12-year olds prenatally exposed to cigarettes and marihuana. *Neurotoxicology & Teratology*, *22*, 11-20.

Frisby, J. P. (1980). *Seeing: Illusion, mind and brain*. Oxford: Oxford University Press.

Fromkin, V. (1973). *Speech errors as linguistic evidence*. The Hague: Mouton.

Fromkin, V., & Rodman, R. (1983). *An introduction to language* (3rd ed.). New York: Holt, Rinehart & Winston.

Funder, D. C. (2001). Personality. *Annual Review of Psychology*, *52*, 197-221.

Gailliot, M. T., Baumeister, R. F., DeWall, C. N., Maner, J. K., Plant, E. A., Tice,

D. M., et al. (2007). Self-control relies on glucose as a limited energy source: Willpower is more than a metaphor. *Journal of Personality and Social Psychology*, *92*, 325-336.

Gais, S., Lucas, B., & Born, J. (2006). Sleep after learning aids memory recall. *Learning & Memory*, *13*(3), 259-262.

Galambos, N. L., & Almeida, D. M. (1992). Does parent-adolescent conflict decrease in early adolescence? *Journal of Marriage and the Family*, *54*, 737-747.

Gardner, H. (1983). *Frames of mind: The theory of multiple intelligences*. New York: Basic Books.

Gardner, H. (1999). *Intelligence reframed: Multiple intelligences for the 21st century*. New York: Basic Books.

Gardner, R. A., & Gardner, B. I. (1969). Teaching sign language to a chimpanzee. *Science*, *165*, 664-672.

Gates, A. I. (1917). Recitation as a factor in memorizing. *Archives of Psychology*, *6*, 1-104.

Gauthier, I., Skudkarski, P., Gore, J. C., & Anderson, A. W. (2000). Expertise for cars and birds recruits brain areas involved in face recognition. *Nature Neuroscience*, *3*(2), 191-197.

Gauthier, I., Tarr, M. J., Anderson, A. W., Skudlarski, P., & Gore, J. C. (1999). Activation of the middle fusiform "face area" increases with expertise in recognizing novel objects. *Nature Neuroscience*, *2*(6), 568-573.

Gauthier, I., Tim, C., Kim, M., & Curby, D. C. (2003). Perceptual interference supports a non-modular account of face processing. *Nature Neuroscience*, *6*(4), 428-432.

Ge, X., Conger, R. D., & Elder, G. H. (1996). Coming of age too early: Pubertal influences on girls' vulnerability to psychological distress. *Child Development*, *67*(6), 3386-3400.

Gentile, D. A., Anderson, C. A., Yukawa, S., Ihori, N., Saleem, M., Ming, L. K., ... Sakamoto, A. (2009). The effects of prosocial video games on prosocial behaviors: International evidence from correlational, longitudinal, and experimental studies. *Personality and Social Psychology Bulletin*, *35*, 752-763.

Gerber, J., & Wheeler, L. (2009). On being rejected: A meta-analysis of experimental research on rejection. *Perspectives on Psychological Science*, *4*, 468-488.

Geschwind, N. (1970). The organization of language and the brain. *Science*, *170*, 940-944.

Ghosh, P. (2000). *Genius of genes*. BBC News.

Gibbon, J. (1977). Scalar expectancy theory and Weber's law in animal timing. *Psychological Review*, *84*, 279-325.

Gibbs, L. M. (1983). Community response to an emergency situation: Psychological destruction and the Love Canal. *American Journal of Community Psychology*, *11*, 116-125.

Gibson, E. J., & Walk, R. D. (1960). The "visual cliff". *Scientific American*, *202*, 67-71.

Gibson, J. J. (1979). *The ecological approach to visual perception*. Boston: Houghton Mifflin.

Gilligan, C. (1982). *In a different voice: Psychological theory and women's development*. Cambridge, MA: Harvard University Press.

Glass, D. C., & Singer, J. E. (1972). Behavioral aftereffects of unpredictable and uncontrollable aversive events. *American Scientist*, *60*(4), 457-465.

Gleitman, H., & Gillett, E. (1957). The effect of intention upon learning. *Journal of General Psychology*, *57*(1), 137-149.

Glick, P., Gottesman, D., Jolton, J., Glick, P., Gottesman, D., & Jolton, J. (1989). The fault is not in the stars: Susceptibility of skeptics and believers in astrology to the barnum effect. *Personality and Social Psychology Bulletin*, *15*(4), 572-583.

Glucksberg, S. (1988). Language and thought. In R. J. Sternberg & E. E. Smith (Eds.), *The psychology of human thought* (pp.214-241). New York: Cambridge University Press.

Goldman, S. R., & Varnhagen, C. K. (1986). Memory for embedded and sequential story structures. *Journal of Memory and Language*, *25*, 401-418.

Goldstein, M. J., & Rodnick, E. H. (1975). The family's contribution to the etiology of schizophrenia: Current status. *Schizophrenia Bulletin*, *1*(14), 48-63.

Graf, P., & Schacter, D. L. (1985). Implicit and explicit memory for new associations in normal and amnesic subjects. *Journal of Experimental Psychology: Learning, Memory, and Cognition*, *11*, 501-518.

Gregory, R. L. (1978). *Eye and brain: The psychology of seeing* (3rd ed.). New

York: McGraw-Hill.

Grossman, L. C. D., & DeGaetano, G. (1999). *Stop teaching our kids to kill: A call to action against TV, movie & video game violence*. New York: Crown Publishers.

Gui, Y., Berry, J. W., & Zheng, Y. (2012). Migrant worker acculturation in China. *International Journal of Intercultural Relations*, *36*(4), 598-610.

Guilford, J. P. (1954). *Psychometric methods* (2nd ed.). New York: McGraw-Hill.

Guilford, J. P. (1961). Factorial angles to psychology. *Psychological Review*, *68*, 1-20.

Guilford, J. P. (1970). Creativity: Retrospect and prospect. *Journal of Creative Behavior*, *5*, 77-87.

Guilford, J. P. (1985). The structure-of-intellect model. In B. B. Wolman (Ed.), *Handbook of intelligence*. New York: Wiley.

Haas, H. (1972). The influence of a single echo on the audibility of speech. *Journal of the Audio Engineering Society*, *20*, 146-159.

Hackett, C. F. (1960). The origin of speech. *Scientific American*, *203*, 88-96.

Hall, C. S., & Van de Castle, R. L. (1966). *The content analysis of dreams*. New York: Springer.

Hall, E. T. (1963). A system for the notation of proxemic behavior. *American anthropologist*, *65*(5), 1003-1026.

Hall, J. A. (1987). On explaining gender differences: The case of nonverbal communication. In P. Shaver & C. Hendrick (Eds.), *Sex and gender* (pp. 177-200). Newbury Park, CA: Sage.

Halpern, D. F. (1997). Sex differences in intelligence: Implications for education. *American Psychologist*, *52*, 1091-1102.

Hamilton, C. (1992). A scientific project locked in time: The Terman Genetic Studies of Genius, 1920s-1950s. *American Psychologist*, *47*(2), 183-189.

Hamilton, G. K. (1859). *Om ägofrid: Efter svensk lag*. Doctoral dissertation.

Hamilton, M. M. (1995). Incorporation of astrology-based personality information into long-term self-concept. *Journal of Social Behavior and Personality*, *10*(3), 707-718.

Hanke, W. (2000). The perception of time. In R. Buccheri et al. (Eds.), *Studies on the structure of time: From physics to psycho(patho)ology* (pp. 37-48). New York: Kluwer Academic/Plenum Publishers.

Harlow, H. F. (1958). The nature of love. *American Psychologist*, *13*(12), 673-685.

Harlow, H. F. (1959). Love in infant monkeys. *Scientific America*, *200*, 68-70.

Harlow, H. F., & Harlow, M. K. (1966). Learning to love. *American Scientist*, *54*, 244-272.

Hayes, J. R. (1989). *The complete problem solver* (2nd ed.). Hillsdale, NJ: Lawrence Erlbaum.

Hayes, K. J., & Hayes, C. (1951). The intellectual development of a home-raised chimpanzee. *Proceedings of the American Philosophical Society*, *95*, 105-109.

Heidenreich, G. A. (1965). *Personality and social adjustment*. New York: Wiley.

Helmholtz, H. V. (1860). Theorie der Luftschwingungen in Röhren mit offenen Enden. *Journal für die reine und angewandte Mathematik*, *57*, 1-72.

Helson, H., & King, S. M. (1931). The tau effect: An example of psychological relativity. *Journal of Experimental Psychology*, *14*, 202-217.

Henderson, A. I. (1974). Time patterns in spontaneous speech: Cognitive stride or random walk? A reply to Jaffe, et al. (1972). *Language and speech*, *17*(2), 119-125.

Hepper, E. G., Gramzow, R. H., & Sedikides, C. (2010). Individual differences in self-enhancement and self-protection strategies: An integrative analysis. *Journal of Personality*, *78*, 781-814.

Hershenson, M. (1989). *The moon illusion*. Hillsdale, NJ: Lawrence Erlbaum.

Hilgard, E. R. (1968). *The experience of hypnosis* (Vol. 65). Harvest Books.

Hilgard, E. R., Atkinson, R. L., & Atkinson, R. C. (1979). *Introduction to psychology* (7th ed.). New York: Harcourt Brace Jovanovich.

Hill, H., & Johnston, A. (2001). Categorizing sex and identity from the biological motion of faces. *Current Biology*, *11*, 880-885.

Hillyard, S. A., & Kutas, M. (1983). Electrophysiology of cognitive processing. *Annual Review of Psychology*, *34*(1), 33-61.

Hitlin, S., & Piliavin, J. A. (2004). Values: Reviving a dormant concept. *Annual Review of Sociology*, *30*, 359-393.

Hobson, J. A. (1988). *The dreaming brain*. New York: Basic Books.

Hobson, J. A., & McCarley, R. W. (1977). The brain as a dream state generator: An activation-synthesis hypothesis of the dream process. *The American Journal of Psychiatry*,

134(12), 1335-1348.

Hohmann, G. W. (1966). Some effects of spinal cord lesions on experienced emotional feelings. *Psychophysiology*, *3*, 143-156.

Holmes, T. H., & Rahe, R. H. (1967). The Social Readjustment Rating Scale. *Journal of Psychosomatic Research*, *11*, 213-218.

Holzman, A., & Levis, D. J. (1991). Differential aversive conditioning of an external (visual) and internal (imaginal) CS: Effects of transfer between an within CS modalities. *Journal of Mental Imagery*, *15*, 77-90.

Horn, J. L. (1968). Organization of abilities and the development of intelligence. *Psychological Review*, *75*, 242-259.

Hubel, D. H., & Wiesel, T. N. (1974). Sequence regularity and geometry of orientation columns in the monkey striate cortex. *Journal of Comparative Neurology*, *158*, 267-293.

Hull, C. L. (1943). *Principles of behavior*: *An introduction to behavior theory*. New York: Appleton-Century-Crofts.

Humphreys, G. W., Cinel, C., Wolfe, J., Olson, A., & Klempen, N. (2000). Fractionating the binding process: Neuropsychological evidence distinguishing binding of form from binding of surface features. *Vision Research*, *40*(10), 1569-1596.

Humphreys, G. W., Riddoch, M. J., & Price, C. J. (1997). Top-down processes in object identification: Evidence from experimental psychology, neuropsychology and functional anatomy. *Philosophical Transactions*: *Biological Sciences*, *352*, 1275-1282.

Hurvich, L. M., & Jameson, D. (1974). Opponent-processes as a model of neural organization. *American Psychologist*, *29*, 88-102.

Hyde, J. S., & Linn, M. C. (1988). Gender differences in verbal ability: A meta-analysis. *Psychological Bulletin*, *104*, 53-69.

Hyde, J. S., Fennema, E., & Lamon, S. J. (1990). Gender differences in mathematics performance: A meta-analysis. *Psychological Bulletin*, *107*, 139-155.

Iacono, W. G., & Lykken, D. T. (1997). The validity of the lie detector: Two surveys of scientific opinion. *Journal of Applied Psychology*, *82*, 426-433.

Izard, C. E. (1977). *Human emotions*. New York: Plenum.

Izard, C. E., Fantauzzo, C. A., Castle, J. M., Haynes, O. M., Rayias, M. F., & Putnam, P. H. (1995). The ontogeny and significance of infants' facial expressions in the first 9 months of life. *Developmental Psychology*, *31*(6), 997-1013.

James, W. (1884). What is an emotion? *Mind*, *9*, 188-205.

James, W. (1890). *The principles of psychology*. New York: Henry Holt.

Jensen, A. R. (1980). *Bias in mental testing*. New York: Free Press.

Jensen, A. R. (1985). The nature of the black-white difference on various psychometric tests: Spearman's hypothesis. *The behavioral and Brain Science*, *8*, 193-219.

Johnston, W. A., & Heinz, S. P. (1979). Depth of nontarget processing in an attention task. *Journal of Experimental Psychology: Human Perception and Performance*, *5*(1), 168-175.

Jones, B., & Huang, Y. L. (1982). Space-time dependencies in psychophysical judgment of extent and duration: Algebraic models of tau and kappa effects. *Psychological Bulletin*, *91*, 128-142.

Kagan, J. (1994). On the nature of emotion. *Monographs of the Society for Research in Child Development*, *59*, 7-24.

Kagan, J., Rosman, B. L., Day, D., Albert, J., & Phillips, W. (1964). Information processing in the child: Significance of analytic and reflective attitudes. *Psychological Monographs*, *78*(1), 1-37.

Kahneman, D. (1973). *Attention and effort*. Englewood Cliffs, NJ: Prentice-Hall.

Kahneman, D., & Tversky, A. (1972). Subjective probability: A judgment of representativeness. *Cognitive Psychology*, *3*, 430-454.

Kahneman, D., & Tversky, A. (1982). The simulation heuristics. In D. Kahneman, P. Slovic, & A. Tversky (Eds.), *Judgment under uncertainty: Heuristics and biases*. Cambridge: Cambridge University Press.

Kahneman, D., Beatty, J., & Pollack, I. (1967). Perceptual deficit during a mental task. *Science*, *157*(3785), 218-219.

Kamin, L. J. (1969). Predictability, surprise, attention, and conditioning. In B. A. Campbell & R. M. Church (Eds.), *Punishment and aversive behavior*. New York: Appleton-Century-Crofts.

Kanfer, F. H., & Gaelick, L. (1986). Self-management methods. In F. H. Kanfer & A. P. Goldstein (Eds.), *Helping people change: A textbook of methods* (3rd ed., pp. 283-345). New York: Pergamon.

Karau, S. J., & Williams, K. D. (1993). Social loafing: A meat-analytic review and theoretical integration. *Journal of Personality and Social Psychology*, *65*, 681-706.

Kassin, S. M., Ellsworth, P. C., & Smith, V. L. (1989). The "general acceptance" of psychological research on eyewitness testimony: A comparison of experts and prospective jurors. *Journal of Applied Social Psychology*, *22*, 1241-1249.

Kaufman, L., & Rock,I. (1962). The moon illusion. *Scientific America*, *207*, 120-132.

Kenrick, D.T., & MacFarlane, S. W. (1984). Ambient temperature and horn-honking: A field study of the heat/aggression relationship. *Environment and Behavior*, *18*, 179-191.

Kestenbaum, R. (1992). Feeling happy versus feeling good: The processing of discrete and global categories of emotional expressions by children and adults. *Developmental Psychology*, *28*, 1132-1142.

Kihlstrom, J. F. (1987). The cognitive unconscious. *Science*, *237*(4821), 1445-1452.

Kihlstrom, J. F. (1990). The psychological unconscious. In L. A. Pervin (Ed.), *Handbook of personality: Theory and research*. New York: Guilford Press.

Kihlstrom, J. F., & Harackiewicz, J. M. (1982). The earliest recollection: A new survey. *Journal of Personality*, *50*(2), 134-148.

Kimura, D. (1987). Are men's and women's brains really different? *Canadian Psychology*, *28*(2), 133-147.

King, D. P., & Takahashi, J. S. (2000). Molecular genetics of circadian rhythms in mammals. *Annual Review of Neuroscience*, *23*, 713-742.

Kitayama, S. E., & Markus, H. R. E. (1994). *Emotion and culture: Empirical studies of mutual influence*. Washington, DC: American Psychological Association.

Klein, D. C., Moore, R. Y., & Reppert, S. M. (1991). *Suprachiasmatic Nucleus: The mind's clock*. New York: Oxford University Press.

Kleinke, C. I. (1986). Gaze and eye contact: A research review. *Psychological Bulletin*, *100*, 78-100.

Kluckhohn, C., & Strodtbeck, F. (1961). *Variations in value orientations*. Evanston, IL: Row Peterson.

Knafo, A., Daniel, E., & Khoury-Kassabri, M. (2008). Values as protective factors against violent behavior in Jewish and Arab high schools in Israel. *Child Development*, *79*, 652-667.

Kohlberg, L. A. (1964). Development of moral character and moral ideology. In M. L. Hoffman & L.W. Hoffman (Eds.), *Review of child deveolpment research* (Vol. 1). New York: Russell Sage Foundation.

Kohn, M. L. (1973). Social class and schizophrenia. *Schizophrenia Bulletin*, *1* (7), 60-79.

Kolb, B., & Whishaw, I. Q. (1998). Brain plasticity and behavior. *Annual Review of Psychology*, *49* (1), 43-64.

Kolb, B., & Whishaw, I. Q. (1990). *Fundamentals of human neuropsychology* (3rd ed.). New York: Freeman.

Konopka, G., Bomar, J. M., Winden, K., Coppola, G., Jonsson, Z. O., Gao, F., ... Geschwind, D. H. (2009). Human-specific transcriptional regulation of CNS development genes by FOXP2. *Nature*, *462* (7270), 213-217.

Kosslyn, S. M. (1980). *Image and mind*. Cambridge, MA: Harvard University Press.

Kosslyn, S. M., Ball, T. M., & Reiser, B. J. (1978). Visual images preserve metric spatial information: Evidence from studies of image scanning. *Journal of Experimental Psychology: Human Perception and Performance*, *4*, 47-60.

Kosslyn, S. M., & Koening, O. (1992). *Wet mind: The new cognitive neuroscience*. New York: The Free Press.

Kosslyn, S. M., & Shwartz, S. P. (1977). A simulation of visual imagery. *Cognitive Science*, *1* (3), 265-295.

Kravitz, D. A., & Martin, B. (1986). Ringlemann rediscovered: The original article. *Journal of Personality and Social Psychology*, *50*, 936-941.

Kring, A. M., & Gordon, A. H. (1998). Sex differences in emotion: Expression, experience, and physiology. *Journal of Personality and Social Psychology*, *74*, 686-703.

Kristiansen, C. M., & Hotte, A. M. (1996). Morality and the self: Implications for the when and how of value-attitude-behavior relations. In C. Seligman, J. M. Olson, & M. R Zanna (Eds.), *The psychology of values: The Ontario symposium* (pp. 77-106). Mahwah, NJ: Lawrence Erlbaum.

Krosnick, J. A., Betz, A. L., Jussim, L. J., & Lynn, A. R. (1992). Subliminal conditioning of attitudes. *Personality and Social Psychology Bulletin*, *18*, 152-162.

Kruger, J., & Dunning, D. (1999). Unskilled and unaware of it: How difficulties in recognizing one's own incompetence lead to inflated self-assessments. *Journal of Personality and Social Psychology*, *77*, 1121-1134.

Kübler-Ross, E. (1974). *Questions and answers on death and dying*. New York: Macmillan.

Kuhl, P. K. (1991). Human adults and infants show a "perceptual magnet effect" for the prototypes of speech categories, monkeys do not. *Perception & Psycholinguistics*, *50*, 93-107.

Kulik, J. A., & Kulik, C. L. (1988). Timing of feedback and verbal learning. *Review of Educational Research Journal*, *21*, 79-797.

LaBerge, D. (1983). Spatial extent of attention to letters and words. *Journal of Experimental Psychology: Human Perception and Performance*, *9*(3), 371-379.

LaBerge, D. (1995).*Attentional processing: The brain's art of mindfulness* (Vol. 2). Cambridge MA: Harvard University Press.

Lafuente, M. J., Grifol, R., Segarra, J., Soriano, J., Gorba, M. A., & Montesinos, A. (1997). Effects of the Firstart method of prenatal stimulation on psychomotor development: The first xis months. *Pre- & Peri-Natal Psychology Journal*, *11*, 151-162.

Laird, J. D., Cuniff, M., Sheehan, K., Shulman, D., & Strum, G. (1989). Emotion specific effects of facial expressions on memory for life events. *Journal of Social Behavior and Personality*, *4*, 87-98.

Lange, C. G. (1885). *The emotions* (Eng. Transl. publ. 1922). Baltimore: Williams & Wilkins.

Larsen, R. J., & Diener,E. (1992). Promises and problems with the circumplex model of emotion. In M. S. Clark (Ed.),*Review of personality and social psychology: Emotion* (Vol.13, pp.25-59). Newbury Park, CA: Sage.

Laurent, J., Swerdlik, M., & Ryburn, M. (1992). Review of validity research on the Stanford-Binet intelligence scale. *Psychological Assessment*, *4*, 102-112.

Laursen, B., Cox, K. C., & Collins, M. A. (1998). Reconsidering changes in parent-child conflict across adolescence: A meta-analysis. *Child Development*, *69*, 817-832.

Lawick-Goodall, J. (1968). The behaviour of free-living chimpanzees in the Gombe Stream Reserve. *Animal Behaviour Monographs*, *1*, 161-331.

Lazarus, R. S. (1968). Emotions and adaptation: Conceptual and empirical relations. In

W. J. Arnold (Ed.), *Nebraska symposium on motivation*. Lincoln, Nebraska: University of Nebraska Press.

Leary, M. R. (1999). Making sense of self-esteem. *Current Directions in Psychological Science*, *8*, 32-35.

Leary, M. R., Kowalski, R. M., Smith, L., & Phillips, S. (2003). Teasing, rejection, and violence: Case studies of the school shootings. *Aggressive Behavior*, *29*, 202-214.

Leclerc, G., Lefrançois, R., Dube, M., Hebert, R., & Gaulin, P. (1998). The self-actualization concept: A content validation. *Journal of social Behavior and Personality*, *13*, 69-84.

Lenneberg, E. H. (1967). *Biological foundations of language*. New York: Wiley.

Lepore, S. J. (1997). Social-environmental influences on the chronic stress process. In B. H. Gottlieb (Ed.), *Coping with chronic stress*. New York: Plenum.

Lesser, G. S., Fifer, G., & Clark, D. H. (1965). Mental abilities of children from different social-class and cultural groups. *Monographs of the Society for Research in Child Development*, *30*(4), 1-115.

Levelt, W. J. M., Roelofs, A., Meyer, A. S., Helenius, P., & Salmelin, R. (1998). An MEG study of picture naming. *Journal of Cognitive Neuroscience*, *10*(5), 553-567.

Liberman, A. M., & Mattingly, I. G. (1985). The motor theory of speech perception revised. *Cognition*, *21*, 1-36.

Liberman, A. M., Cooper, F. S., Shankweiler, D. P., & Studdert-Kennedy, M. (1967). Perception of the speech code. *Psychological Review*, *74*, 431-461.

Lin, C., & Li, T. (2003). Multiple intelligence and the structure of thinking. *Theory & Psychology*, *13*(6), 829-845.

Lindsay, P. H., & Norman, D. A. (1977). *Human information processing: An introduction to psychology* (2nd ed.). New York: Academic Press.

Linton, M. (1982). Transformations of memory in everyday life. In U. Neisser (Ed.), *Memory observed: Remembering in natural contexts*. San Francisco: Freeman.

Little, S. G. (1992). The WISC-III: Everything old is new again. *School Psychology Quarterly*, *7*, 136-142.

Loftus, E. F. (1998). Imaginary memories. In M. A. Conway, S. E. Gathercole, & C. Comoldi (Eds.), *Theory of memory II* (pp.135-145). Hove, England: Psychology Press.

Loftus, E. F., & Palmer, J. C. (1974). Reconstruction of automobile destruction: An example of the interaction between language and memory. *Journal of Verbal Learning and Verbal Behavior*, *13*, 585-589.

Lonner, W. J. (1980). The search for psychological universals. In H. C. Triandis & W. W. Lambert (Eds.), *Handbook of cross-cultural psychology* (pp. 143-204). Boston: Allyn & Bacon.

Lorenz, K. (1966). *On aggression*. New York: Harcourt, Brace, & World.

Lorenz, K. Z. (1937). The companion in the bird's world. *The Auk*, *54*(3), 245-273.

Lowry, P. E. (1997). The assessment center process: New directions. *Journal of Social Behavior and Personality*, *12*, 53-62.

Luchins, A. S. (1942). Mechanization in problem solving. *Psychological Monographs*, *54*(6), 1-95.

Luo, J., & Niki, K. (2003). The function of hippocampus in "insight" of problem solving. *Hippocampus*, *13*(3), 316-323.

Luo, J., Niki, K., & Knoblich, G. (2006). Perceptual contributions to problem solving: Chunk decomposition of Chinese characters. *Brain Research Bulletin*, *70*, 430-443.

Luo, J., Niki, K., & Phillips, S. (2004). Neural correlates of the "Aha! reaction". *Neuroreport*, *15*(13), 2013-2017.

Luria, Z., Fredman, S., & Rose, M. D. (1987). *Human sexuality*. New York: Wiley.

Lutz, C. (1988). *Unnatural emotions*. Chicago: University of Chicago Press.

Lynn, M., & Oldenquist, A. (1986). Egoistic and nonegoistic motives in social dilemmas. *American Psychologist*, *41*, 529-534.

Mai, X. Q., Luo, J., Wu, J. H., & Luo, Y. J. (2004). "Aha!" effects in guessing riddle task: An event-related potential study. *Human Brain Mapping*, *22*(4), 261-270.

Maier, N. R. F. (1930). Reasoning in humans: I. On direction. *Journal of Comparative Psychology*, *10*, 115-143.

Maier, N. R. F. (1931). Reasoning in humans: II. The solution of a problem and its appearance in consciousness. *Journal of Comparative Psychology*, *12*, 181-194.

Maio, G. R., & Olson, J. M. (1998). Values as truisms: Evidence and implications. *Journal of Personality and Social Psychology*, *74*, 294-311.

Manning, J. T., & Taylor, R. P. (2001). Second to fourth digit ratio and male ability in sport: Implications for sexual selection in humans. *Evolution and Human Behavior*, *22* (1), 61-69.

Manning, J. T., Churchill, A. J., & Peters, M. (2007). The effects of sex, ethnicity, and sexual orientation on self-measured digit ratio (2D∶4D). *Archives of Sexual Behavior*, *36*(2), 223-233.

Manning, J. T., Scutt, D., Wilson, J., & Lewis-Jones, D. I. (1998). The ratio of 2nd to 4th digit length: A predictor of sperm numbers and concentrations of testosterone, luteinizing hormone and oestrogen. *Human Reproduction*, *13*(11), 3000-3004.

Marcia, J. E. (1966). Development and validation of ego identity status. *Journal of Personality and Social Psychology*, *3*, 551-558.

Marcia, J. E. (1980). Identity in adolescence. In J. Adelson (Ed.), *Handbook of adolescent psychology* (pp.159-187). New York: Wiley.

Markowitsch, H. J. (2000). Neuroanatomy of memory. In E. Tulving & F. I. M. Craik (Eds.), *The Oxford handbook of memory* (pp.465-484). Oxford, UK: Oxford University Press.

Markus, H., & Kitayama, S. (1991). Culture and the self: Implications for cognition, emotion, and motivation. *Psychological Review*, *98*, 224-253.

Marshall, G. (1976). *The affective consequences of "inadequately explained" physiological arousal*. Doctoral Dissertation. Stanford University.

Maslow, A. H. (1943). A theory of human motivation. *Psychological Review*, *50*, 370-396.

Maslow, A. H. (1967). Self-actualization and beyond. In J. F. T. Bugental (Ed.), *Challenges of humanistic psychology* (pp.279-286). New York: McGraw-Hill.

Maslow, A. H. (1970). *Motivation and personality*. New York: Harper Collins.

Massaro, D. W. (1987). *Speech perception by ear and eye: A paradigm for psychological inquiry*. Hillsdale, NJ: Lawrence Erlbaum.

Masters, W. H., & Johnson, V. E. (1966). *Human sexual response*. Boston: Little, Brown & Co.

Matsuda, F., Matsuda, M., & Kojima, Y. (2000). The tau and anti-tau effects in successively presented stimuli. *Perceptual and Motor Skills*, *91*(32), 1202-1208.

Mayer, J. D., & Salovey, E. (1997). What is emotional intelligence? In P. Salovey & D.

Sluyter (Eds.), *Emotional development and emotional intelligence: Educational implications* (pp.3-31). New York: Basic Books.

Mayer, J. D., Salovey, P., & Caruso, D. (2000). Models of emotional intelligence. In R. J. Sternberg (Ed.), *Handbook of intelligence* (pp.396-420). Cambridge, UK: Cambridge University Press.

McBurney, D. H., & Collings, V. B. (1984). *Introduction to sensation/perception* (2nd ed.). Englewood Cliffs, NJ: Prentice-Hall.

McClelland, D. C. (1961). *The achieving society*. Princeton, NJ: Van Nostrand.

McClelland, D. C. (1975). *Power: The inner experience*. New York: Irvington.

McClelland, J. L., & Elman, J. L. (1986). The TRACE model of speech perception. *Cognitive Psychology*, *18*, 1-86.

McGurk, H., & MacDonald, J. (1976). Hearing lips and seeing voices. *Nature*, *264*, 746-748.

McNeill, D. (1966). Developmental psycholinguistics. In F. Smity & G. A. Miller (Eds.), *The genesis of language: A psycholinguistic approach*. Cambridge, Mass: M. I. T. Press.

Mead, M. (1935). *Sex and temperament in three primitive societies*. London: Routledge.

Medin, D. L., & Ross, B. H. (1992). *Cognitive psychology*. Fort Worth, TX: Harcourt Brace Jovanovich.

Mednick, S. A. (1962). The associate basis of creativity. *Psychological Review*, *69*, 220-232.

Meier, R. P. (1991). Language acquisition by deaf children. *American Scientist*, *79*, 60-76.

Meilman, P. W. (1979). Cross-sectional age changes in ego identity status during adolescence. *Developmental Psychology*, *15*, 230-231.

Mercer, J. R. (1984). What is racially and culturally nondiscriminatory test? In C. R. Reynolds & R. T. Brown (Eds.), *Perspectives on bias in mental testing*. New York: Plenum.

Metzger, W. (1930). Optische untersuchungen am ganzfeld. *Psychological Research*, *13* (1), 6-29.

Michaels, J. W., Bloomel, J. M., Brocato, R. M., Linkous, R. A., & Rowe, J. S. (1982). Social facilitation and inhibition in a natural setting. *Replications in Social Psycho-*

logy, *2*, 21-24.

Milgram, S. (1963). Behavioral study of obedience. *Journal of Abnormal & Social Psychology*, *67*(4), 371-378.

Milham, M. P., Banich, M. T., Webb, A., Barad, V., Cohen, N. J., Wszalek, T., & Kramer, A. F. (2001). The relative involvement of anterior cingulate and prefrontal cortex in attentional control depends on nature of conflict. *Cognitive Brain Research*, *12*(3), 467-473.

Mıller, G. A. (1956). The magic number seven, plus or minus two: Some limits on our capacity for processing of information. *Psychological Review*, *63*, 81-93.

Miller, L. K. (1999). The savant syndrome: Intellectual impairment and exceptional skill. *Psychological Bulletin*, *125*, 31-46.

Miller, G. A. (1965). Some preliminaries to psycholinguistics. *American Psychologist*, *20*, 15-20.

Mills, D., Coffey, S., & Neville, H. (1994). Changes in cerebral organization in infancy during primary language acquisition. In G. Dawson & K. Fischer (Eds.), *Human behavior and the developing brain*. New York: Guilford.

Milton, J., & Wiseman, R. (2001). Does psi exist? Reply to Storm and Ertel. *Psychological Bulletin*, *127*, 434-438.

Moffitt, T., Caspi, A., Sugden, K., Taylor, A., Craig, I. W., Harrington, H., ... Poulton, R. (2003). Influence of life stress on depression: Moderation by a polymorphism in the 5-HTT gene. *Science*, *301*, 386-389.

Moray, N. (1969). *Attention: Selective processes in vision and hearing*. London: Hutchinson.

Moray, N., Bates, A., & Barnett, T. (1965). Experiments on the four-eared man. *Journal of Acoustic Society of American*, *38*, 196-201.

Morewedge, C. K., & Norton, M. I. (2009). When dreaming is believing: The (motivated) interpretation of dreams. *Journal of Personality and Social Psychology*, *96*(2), 249-264.

Morgan, C. D., & Murray, H. A. (1935). A method for investigating fantasies: The Thematic Apperception Test. *Archives of Neurology and Psychiatry*, *34*(2), 289-306.

Morris, C. (1956). *Varieties of human values*. Chicago: University of Chicago Press.

Morton, J., & Johnson, M. H. (1991). CONSPEC and CONLERN: A two-process theory of infant face recognition. *Psychological Review*, *98*, 164-181.

Moyer, K. E. (1976). *The psychobiology of aggression*. New York: Harper & Row.

Murdock, B. B. (1962). The serial position effect of free recall. *Journal of Experimental Psychology*, *64*, 482-488.

Murphy, G. (1949). *Historical introduction to modern psychology* (Rev. ed.). Oxford, England: Harcourt, Brace.

Murphy, S. T., & Zajonc, R. B. (1993). Affect, cognition, and awareness: Affective priming with optimal and suboptimal stimulus exposures. *Journal of Personality and Social Psychology*, *64*, 723-739.

Murray, H. A. (1938). *Explorations in personality*. New York: Oxford University Press.

Mussen, P. H., & Jones, M. C. (1957). Self-conceptions, motivations and interpersonal attitudes of late-and early-maturing boys. *Child Development*, *28*, 243-256.

Nabavi, S., Fox, R., Proulx, C. D., Lin, J. Y., Tsien, R. Y., & Malinow, R. (2014). Engineering a memory with LTD and LTP. *Nature*, *511* (7509), 348-352.

Neisser, U. (1976). *Cognition and reality: Principles and implications of cognitive psychology*. San Francisco, CA: W. H. Freeman.

Nelson, K. (1973). Structure and strategy in learning to talk. *Monograph of the Society for Research in Child Development*, *38*, 149.

Newell, A., & Simon, H. A. (1972). *Human problem solving*. Upper Saddle River, NJ: Rentice-Hall.

Newport, E. L. (1990). Maturational constraints on language learning. *Cognitive Science*, *14*, 11-28.

Nickerson, R. S., & Adams, M. J. (1979). Long-term memory for a common object. *Cognitive Psychology*, *11*, 287-307.

Nilsson, L., & Hamberger, L. (1990). *A child is born*. New York: Delacorte.

Norman, D. A. (1968). Toward a theory of memory and attention. *Psychological Review*, *6*, 522-536.

Norman, D. A., & Bobrow, D. G. (1975). On data-limited and resource-limited processes. *Cognitive Psychology*, *7*(1), 44-64.

Nyberg, L., Cabeza, R., & Tulving, E. (1996). PET studies of encoding and retrieval: The HERA model. *Psychonomic Bulletin & Review*, *3*, 135-148.

Ohman, A., Flykt, A., & Esteves, F. (2001). Emotion drives attention: Detecting the snake in the grass. *Journal of Experimental Psychology: General*, *130*, 466-478.

Olds, J., & Milner, P. (1954). Positive reinforcement produced by electrical stimulation of the septal area and other regions of the rat brain. *Journal of Comparative and Physiological Psychology*, *47*, 419-427.

Olson, I. R., & Chun, M. M. (2002). Perceptual constraints on implicit learning of spatial context. *Visual Cognition*, *9*, 273-302.

Olson, J. M., & Zanna, M. P. (1979). A new look at selective exposure. *Journal of Experimental Social Psychology*, *15*(1), 1-15.

Ouellette, J. A., & Wood, W. (1998). Habit and intention in everyday life: The multiple processes by which past behavior predicts future behavior. *Psychological Bulletin*, *124*, 54-74.

Overmier, J. B., & Seligman, M. E. F. (1967). Effects of inescapable shock upon subsequent escape and avoidance learning. *Journal of Comparative and Physiological Psychology*, *63*, 28-33.

Ovsiankina, M. R. (1928). The resumption of interrupted activities. *Psychologische Forschung*, *2*, 302-379.

Paivio, A., Yuille, J. C., & Madigan, S. A. (1968). Concreteness, imagery and meaningfulness values for 925 nouns. *Journal of Experimental Psychology Monograph Supplement*, *76*(1), 1-25.

Palmer, S. (1992). Common region: A new principle of perceptual grouping. *Cognitive Psychology*, *24*, 436-447.

Paris, S. G., Lipson, M. Y., & Wixson, K. K. (1983). Becoming a strategic reader. *Contemporary Educational Psychology*, *8*, 293-316.

Parsons, T., & Shils, E. A. (1951). *Toward a general theory of action*. Cambridge, MA: Harvard University Press.

Pask, G., & Scott, B. C. E. (1972). Learning strategies and individual competence. *International Journal of Man-Machine Studies*, *4*, 216-253.

Patterson, G. R., Littman, R. A., & Bricker, W. (1967). Assertive behavior in children: A step toward a theory of aggression. *Monographs of the Society of Research in Child Development*, *32*(5), 1-43.

Paulus, P. B., & Nijstad, B. A. (2003). *Group creativity: Innovation through collaboration*. New York: Oxford University Press.

Penfield, W., & Jasper, H. (1954). *Epilepsy and the functional anatomy of the human brain*. Boston: Little, Brown, & Co.

Perlmutter, M. (1980). Development of memory in the preschool years. In R. Greene & T. D. Yawkey (Eds.), *Childhood development*. Westport, Conn: Technomic Publishing.

Perry, R. B. (1926). *General theory of value*. Mass: Harvard University Press.

Pervin, L. A. (1983). The stasis and flow of behavior: Toward a theory of goals. In M. M. Page (Ed.), *Personality: Current theory and research* (pp.1-53). Lincoln: University of Nebraska Press.

Petersen, A. C. (1988). Pubertal change and psychosocial development. In D. L. Baltes, R. M. Featherman, & R. M. Lerner (Eds.), *Life-span development and behavior* (Vol.9). New York: Academic Press.

Petersen, S. E., Fox, P. T., Posner, M. I., Mintun, M., & Raichle, M. E. (1988). Positron emission tomographic studies of the cortical anatomy of single-word processing. *Nature*, *331*(6157), 585-589.

Peterson, L. R., & Peterson, M. J. (1959). Short-term retention of individual verbal items. *Journal of Experimental Psychology*, *58*, 193-198.

Pfaus, J. G., Kippin, T. E., & Centeno, S. (2001). Conditioning and sexual behavior: A review. *Hormones and Behavior*, *40*, 291-321.

Pianta, R. C., & Ball, R. M. (1993). Maternal social support as a predictor of child adjustment in kindergarten. *Journal of Applied Developmental Psychology*, *14*, 107-120.

Piccione, C., Hilgard, E. R., & Zimbardo, P. G. (1989). On the degree of stability of measured hypnotizability over a 25-year period. *Journal of Personality and Social Psychology*, *56*(2), 289-295.

Pinker, S., & Kosslyn, S. M. (1978). The representation and manipulation of three-dimensional space in mental images. *Journal of Mental Imagery*, *2*(1), 69-84.

Pintrich, P. R., Cross, D. R., Kozma, R. B., & McKeachie, W. J. (1986). Instructional psychology. *Annual Review of Psychology*, *37*, 611-651.

Pisoni, D. B., Nusbaum, H. C., Luce, P. A., & Slowiaczek, L. M. (1985). Speech perception, word recognition and the structure of the lexicon. *Speech Communication*, *4*,

75-95.

Plomin, R., & Crabbe, J. (2000). DNA. *Psychological Bulletin*, *126*, 806-828.

Plutchik, R. (1970). Emotions, evolution and adaptive processes. In M. Arnold (Ed.), *Feeling and emotions* (pp. 3-24). New York: Academic Press.

Pollack, I., & Pickett, J. M. (1963). The intelligibility of excerpts from conversation. *Language and Speech*, *6*(3), 165-171.

Pollak, S. D., & Kistler, D. J. (2002). Early experience is associated with the development of categorical representations for facial expressions of emotion. *Proceedings of the National Academy of Sciences*, *99*, 9072-9076.

Pöppel, E. (1997). A hierarchical model of temporal perception. *Trends in Cognitive Science*, *1*, 56-61.

Pöppel, E. (2004). Lost in time: A historical frame, elementary processing units and the 3-second window. *Acta Neurobiology Expression*, *64*, 295-301.

Pöppel, E., & Wittmann, M. (1999). Time in the mind. In R. A. Wilson & F. C. Keil (Eds.), *The MIT encyclopedia of the cognitive sciences* (pp. 841-843). Cambridge, MA: MIT Press.

Porkka-Heiskanen, T., Strecker, R. E., Thakkar, M., Bjørkum, A. A., Greene, R. W., & McCarley, R. W. (1997). Adenosine: A mediator of the sleep-inducing effects of prolonged wakefulness. *Science*, *276*(5316), 1265-1268.

Posner, M. I. (1980). Orienting of attention. *Quarterly Journal of Experimental Psychology*, *32*(1), 3-25.

Posner, M. I., & Raichle, M. E. (1994). *Images of mind*. New York: Scientific American Library.

Power, M. J., Dalgleish, T., Claudio, V., Tata, P., & Kentish, J. (2000). The directed forgetting task: Application to emotionally valent material. *Journal of Affective Disorders*, *57*, 147-157.

Pratkanis, A. R., Eskenazi, J., & Greenwald, A. G. (1994). What you expect is what you believe (but not necessarily what you get): A test of the effectiveness of subliminal self-help audiotapes. *Basic and Applied Social Psychology*, *15*, 251-276.

Premack, D. (1971). Language in chimpanzees. *Science*, *172*, 808-822.

Pritchard, W. S. (1981). Psychophysiology of P300. *Psychological Bulletin*, *89*

(3), 506-540.

Provence, S., & Lipton, R. C. (1962). *Infants in institutions*. New York: International University Press.

Pujol, R., Lavigne-Rebillard, M., & Uziel, A. (1990). Physiological correlates of development of the human cochlea. *Seminars in Perinatology*, *14*, 275-280.

Qiu, J., Li, H., Jou, J., Liu, J., Luo, Y., Feng, T.,... Zhang, Q. (2010). Neural correlates of the "Aha" experiences: Evidence from an fMRI study of insight problem solving. *Cortex*, *46*(3), 397-403.

Raskin, D. C. (1982). Physiological responses to lie detector test. *Science*, *6*, 24-27.

Reber, A. R. (1993). *Implicit learning and tacit knowledge: An essay on the cognitive unconscious*. New York: Oxford University Press.

Reisenzein, R. (1994). Pleasure-arousal theory and the intensity of emotions. *Journal of Personality and Social Psychology*, *67*, 525-539.

Renzulli, J. S. (1978). What makes giftedness? Reexamining a definition. *Phi Delta Kappan*, *60*(3), 180-184.

Rescorla, R. A., & Wagner, A. R. (1972). A theory of Pavlovian conditioning: Variations in the effectiveness of reinforcement and nonreinforcement. In A. H. Black & W. F. Prokasy (Eds.), *Classical conditioning II: Current research and theory* (pp. 64-99). New York: Appleton-Century-Crofts.

Rhine, J. B. (1934). *Extra-sensory perception*. Boston, MA: Bruce Humphries.

Rice, F. P. (1992). *Human development: A life-span approach*. New York: Macmillan.

Riding, R. J., & Agrell, T. (1997). The effect of cognitive style and cognitive skills on school subject performance. *Educational Studies*, *23*, 311-323.

Riding, R. J., & Pearson, F. (1994). The relationship between cognitive style and intelligence. *Educational Psychology*, *14*, 413-425.

Rivers, W., & Temperley, M. (1978). *A practical guide to the teaching of English*. New York: Oxford University Press.

Rizzolatti, G., Fadiga, L., Fogassi, L., & Gallese, V. (2002). From mirror neurons to imitation: Facts and speculations. In A. N. Meltzoff & W. Prinz (Eds.), *The imitative mind: Development, evolution, and brain bases* (pp. 247-266). Cambridge: Cambridge University Press.

Roberts, B. W., O'Donnell, M., & Robins, R. W. (2004). Goal and personality trait development in emerging adulthood. *Journal of Personality and Social Psychology*, *87*, 541-550.

Roelofs, A. (1992). A spreading-activation theory of lemmaretrieval in speaking. *Cognition*, *42*, 107-142.

Roffwarg, H. P., Herman, J. H., Bowe-Anders, C., & Tauber, E. S. (1978). The effects of sustained alterations of waking visual input on dream content. In A. Arkin et al. (Eds.), *The mind in sleep* (pp. 295-349). New York: John Wiley & Sons.

Rogers, R. W., & Deckner, D. W. (1975). Effects of fear appeals and physiological arousal upon emotion, attitudes and cigarette smoking. *Journal of Personality and Social Psychology*, *32*, 222-230.

Rogers, M., & Smith, K. H. (1993). Public perceptions of subliminal advertising: Why practitioners shouldn't ignore this issue. *Journal of Advertising Research*, *33*(2), 10-18.

Rokeach, M. (1968). *Beliefs, attitudes, and values*. San Francisco: Jossey-Bass.

Rokeach, M. (1973). *The nature of human values*. New York: Free Press.

Rolls, E. T. (2000). Memory systems in the brain. *Annual Review of Psychology*, *51*, 599-630.

Rorschach, H. (1921). *Psychodiagnostik*. Tafeln, Bern: Hans Huber.

Rosch, E. H. (1975). Cognitive representation of semantic categories. *Journal of Experimental Psychology: General*, *104*, 192-233.

Rosch, E. (1974). Linguistic relativity. In A. Silverstein (Ed.), *Human communication: Theoretical perspectives*. New York: Halsted Press.

Rosenblum, G. D., & Lewis, M. (1999). The relations among body image, physical attractiveness, and body mass in adolescence. *Child Development*, *70*, 50-64.

Rosenthal, R., Hall, J. A., Archer, D., DiMatteo, M. R., & Rogers, P. L. (1979). The PONS test: Measuring sensitivity to nonverbal cues. In S. Weitz (Ed.), *Nonverbal communication* (2nd ed.). New York: Oxford University Press.

Ross, E. D., & Mesulam, M. (1979). Dominant language functioning of the right hemisphere: Prosody and emotional gesturing. *Archives of Neurology*, *36*, 144-148.

Ross, E. R. (1981). The aprosodias: Functional anatomic organization of the affective components of language in the right hemisphere. *Archives of Neurology*, *38*, 561-569.

Ross, M., Xun, W. Q. E., & Wilson, A. E. (2002). Language and the bicultural self. *Personality and Social Psychology Bulletin*, *28*, 1040-1050.

Restle, F. (1970). Moon illusion explained on the basis of relative size. *Science*, *167*, 1092-1096.

Rotter, J. B. (1966). Generalized expectancies for internal versus external control of reinforcement. *Psychological Monographs*, *80*, 1-28.

Rotton, J., & Cohn, E. G. (2000). Violence is a curvilinear function of temperature in Dallas: A replication. *Journal of Personality and Social Psychology*, *78*, 1074-1081.

Rubin, D. C. (1982). On the retention function for autobiographical memory. *Journal of Verbal Learning and Verbal Behavior*, *19*, 21-38.

Rundus, D., & Atkinson, R. C. (1970). Rehearsal processes in free recall: A procedure for direct observation. *Journal of Verbal Learning and Verbal Behavior*, *9*, 99-105.

Russell, A. (1980). A circumplex model of affect. *Journal of Personality and Social Psychology*, *39*, 1161-1178.

Russell, J. A., Lewicka, M., & Niit, T. (1989). A cross-cultural study of a circumplex model of affect. *Journal of Personality and Social Psychology*, *57*(5), 848-856.

Rutherford, W. (1886). A new theory of hearing. *Journal of Anatomy and Physiology*, *21* (1), 166-168.

Sagiv, L., & Schwartz, S. H. (1995). Value priorities and readiness for out-group social contact. *Journal of Personality and Social Psychology*, *69*, 437-448.

Sales, S. M. (1971). Need for stimulation as a factor in social behavior. *Journal of Personality and Social Psychology*, *19*(1), 124-134.

Sapir, E. (1941). *Culture, language, and personality*. Berkeley: University of California Press.

Sarbin, T. R. (1954). Role theory. In G. Lindzey (Ed.), *Handbook of social psychology* (Vol. 1, pp. 223-258). Reading, MA: Addison-Wesley.

Scarr, S., & Carter-Saltzman, L. (1982). Genetics and intelligence. In R. J. Sternberg (Ed.), *Handbook of human intelligence*. Cambridge: Cambridge University Press.

Schacter, D. L. (1996). *Searching for memory: The brain, the mind, and the past*. New York: Basic Books.

Schacter, D. L. (2001). *The seven sins of memory: How the mind forgets and remembers*. Boston: Houghton Mifflin.

Schachter, S. (1959). *Psychology of affiliation*. Stanford, CA: Stanford University Press.

Schachter, S., & Singer, J. (1962). Cognitive, social and physiological determinants of emotional state. *Psychological Review*, *69*, 378-399.

Schaie, K. M., & Strother, C. R. (1968). A cross-sequential study of age changes in cognitive behavior. *Psychological Bulletin*, *70*, 671-680.

Schloberg, H. (1954). Three dimensions of emotion. *Psychology Review*, *61*, 81-88.

Schmierbach, M. (2010). "Killing spree": Exploring the connection between competitive game play. *Communication Research*, *37*, 256-274.

Schooler, J. W., & Engstler-Schooler, T. Y. (1990). Verbal overshadowing of visual memories: Some things are better left unsaid. *Cognitive Psychology*, *22*, 36-71.

Schunk, D. H. (1987). Peer models and children's behavioral change. *Review of Educational Research*, *57*, 149-1474.

Sehulster, J. R. (1989). Content and temporal structure of autobiographical knowledge: Remembering twenty five seasons at the Metropolitan Opera. *Memory and Cognition*, *17*, 290-606.

Seligman, M. E. P., & Maier, S. F. (1967). Failure to escape traumatic shock. *Journal of Experimental Psychology*, *74*, 1-9.

Selye, H. (1936). A syndrome produced by diverse nocuous agents. *Nature*, *138* (3479), 32.

Shaver, P., Schwartz, J., Kirson, D., & O'Connor, C. (1987). Emotion knowledge: Further exploration of a prototype approach. *Journal of Personality and Social Psychology*, *52*, 1061-1086.

Shaywitz, B. A., Shaywitz, S. E., Pugh, K. R., Constable, R. T., Skudlarski, P., Fulbright, R. K., ... Gore, J. C. (1995). Sex differences in the functional organization of the brain for language. *Nature*, *373*, 607-611.

Shenk, J. W. (2009). http://www.theatlantic.com/magazine/archive/2009/06/what-makes-us-happy/307439/.

Shepard, R. N., & Metzler, J. (1971). Mental rotation of three-dimensional objects. *Science*, *171*(3927), 701-703.

Shettleworth, S. J. (1993). Where is the comparison in comparative cognition? *Psychological Science*, *4*, 179–184.

Shi, Y., Chung, J. M., Cheng, J. T., Tracy, J. L., Robins, R. W., Chen, X., & Zheng, Y. (2015). Cross-cultural evidence for the two-facet structure of pride. *Journal of Research in Personality*, *55*, 61–74.

Shibuya, A., Sakamoto, A., Ihori, N., & Yukawa, A. (2008). The effects of the presence and contexts of video game violence on children: A longitudinal study in Japan. *Simulation & Gaming*, *39*, 528–539.

Shorey, H. H. (1973). Behavioral responses to insect pheromones. *Annual Review of Entomology*, *18*(1), 349–380.

Short, J. F. (1969). *Gang delinquency and delinquent subcultures*. New York: Harper & Row.

Siegel, S., Hinson, R. E., Krank, M. D., & McCully, J. (1982). Heroin "overdose" death: The contribution of drug-associated environmental cues. *Science*, *216*, 436–437.

Silveira, J. (1971). *The effect of interruption timing and length on problem solution and quality of problem processing*. Doctoral dissertation. University of Oregon.

Simon, H. A. (1974). How big is a chunk? *Science*, *183*, 482–488.

Singer, M. I., Slovak, K., Frierson, T., & York, P. (1998). Viewing preferences, symptoms of psychological trauma, and violent behaviors among children who watch television. *Journal of the American Academy of Child and Adolescent Psychiatry*, *37*(10), 1041–1048.

Smith, K. H., & Rogers, M. (1994). Effectiveness of subliminal messages in television commercials: Two experiments. *Journal of Applied Psychology*, *79*, 866–874.

Snarey, J. (1987). A question of morality. *Psychological Bulletin*, *97*, 202–232.

Snidman, N., Kagan, J., Riordan, L., & Shannon, D. C. (1995). Cardiac function and behavioral reactivity during infancy. *Psychophysiology*, *32*, 199–207.

Snow, C. (1987). Relevance of the notion of a critical period to language acquisition. In M. H. Bornstein (Ed.), *Sensitive periods in development: Interdisciplinary perspectives*. Hillsdale, NJ: Lawrence Erlbaum.

Snyder, M. (1981). On the influence of individuals on situations. In N. Cantor & J. Kihlstrom (Eds.), *Personality, cognition and social interaction*. Hillsdale, NJ: Lawrence Erlbaum.

Solberg, E. C., Diener, E., Wirta, D., Lucas, R. E., & Oishi, S. (2002). Wanting, having, and satisfaction: Examining the role of desire discrepancies in satisfaction with income. *Journal of Personality and Social Psychology*, *83*, 725-734.

Solms, M. (2000). Dreaming and REM sleep are controlled by different brain mechanisms. *Behavioral and Brain Sciences*, *23*(6), 843-850.

Solso, R. L. (2001). Brain activities in a skilled versus a novice artist: An fMRI study. *Leonardo*, *34*(1), 31-34.

Sommer, K. L., & Baumeister, R. F. (2002). Self-evaluation, persistence, and performance following implicit rejection: The role of trait self-esteem. *Personality and Social Psychology Bulletin*, *28*, 926-938.

Song, H., Zou, Z., Kou, J., Liu, Y., Yang, L., Zilverstand, A., ... Zhang, X. (2015). Love-related changes in the brain: A resting-state functional magnetic resonance imaging study. *Frontiers in Human Neuroscience*, *9*, 71.

Sontag, L. W., Baker, C. T., & Nelson, V. L. (1958). Mental growth and personality development: A longitudinal study. *Monographs of the Society for Research in Child Development*, *23*(2), 1-143.

Sorce, J., Emde, R., Campos, J., & Klinnert, M. (1985). Maternal emotion signaling: Its effect on the visual cliff behavior of 1-year-olds. *Developmental Psychology*, *21* (1), 195-200.

Spanos, N. P. (1982). Hypnotic behavior: A cognitive, social psychological perspective. *Research Communications in Psychology*, *Psychiatry & Behavior*, *7*(2), 199-213.

Spear, P. D., Penrod, S. D., & Baker, T. B. (1988). *Psychology: Perspectives on behavior*. New York: John Wiley & Sons.

Sperling, G. (1960). The information available in brief visual presentation. *Psychological Monographs*, *74*, 1-29.

Spiegel, K., Leproult, R., & Van Cauter, E. (1999). Impact of sleep debt on metabolic and endocrine function. *Lancet*, *354*, 1435-1439.

Spranger, E. (1928). *Types of men*. Halle: Max Niemeyer Verlag.

Spychalski, A., Quinones, M. A., & Gaugler, B. B. (1997). A survey of assessment center practices in the United States. *Personnel Psychology*, *50*, 71-90.

Steele, C. M. (1997). A threat in the air: How stereotypes shape intellectual identity and performance. *American Psychologist*, *6*, 613-629.

Steele, C. M., & Aronson, J. (1995). Stereotype threat and the intellectual test performance of African Americans. *Journal of Personality and Social Psychology*, *69*, 797-811.

Steele, C. M., & Aronson, J. (1998). Stereotype threat and the test performance of academically successful African Americans. In C. Jencks & M. Phillips (Eds.), *The black-white test score gap* (pp.401-427). Washington, DC: Brookings Institution Press.

Sternberg, R. J. (1985). *Beyond IQ: A triarchic theory of human intelligence*. New York: Cambridge University Press.

Sternberg, R. J. (1986). *Intelligence applied: Understanding and increasing your intellectual skills*. San Diego, CA: Harcourt Brace Jovanovich.

Sternberg, R. J. (1988). *The triarchic mind: A new theory of human intelligence*. New York: Viking-Penguin.

Sternberg, R. J. (1997). What does it mean to be smart? *Educational Leadership*, *54* (6), 20-24.

Sternberg, R. J., Conway, B. E., Ketron, J. L., & Bernstein, M. (1981). People's conceptions of intelligence. *Journal of Personality and Social Psychology*, *41*(1), 37-55.

Sternberg, S. (1969). Memory scanning: Mental processes revealed by reaction time experiments. *American Scientist*, *57*(4), 421-457.

Stevens, K. N., & Blumstein, S. E. (1981). The search for invariant acoustic correlates of phonetic features. In P. K. Eimas & J. L. Miller (Eds.), *Perspectives on the study of speech* (pp.1-38). Hillsdale: Lawrence Erlbaum.

Stiles, J., Bates, E. A., Thal, D., Trauner, D., & Reilly, J. (1998). Linguistic, cognitive, and affective development in children with pre-and perinatal focal brain injury: A ten-year overview from the San Diego longitudinal project. In C. Rovee-Collier, L. Lipsitt, & H. Hayne (Eds.), *Advances in infancy research* (Vol.12, pp.131-164). Stamford, CT: Ablex.

Stossel, S. (2013). http://www. theatlantic. com/magazine/archive/2013/05/thanks-mom/309287/.

Stratton, G. M. (1897). Vision without inversion of the retinal image. *Psychological Review*, *4*, 341-360.

Strong, B., & DeVault, C. (1997). *Human sexuality* (2nd ed.). Mountain View, CA:

Mayfield.

Stunkard, A. J., Harris, J. R., Pedersen, N. L., & McClearn, G. E. (1990). The body-mass index of twins who have been reared apart. *New England Journal of Medicine*, *322*, 1483-1487.

Sulloway, F. J. (1996). *Born to rebel: Birth order, family dynamics and creative lives*. New York: Pantheon Books.

Swami, V., Salem, N., Furnham, A., & Tovée, M. J. (2008). Initial examination of the validity and reliability of the female photographic figure rating scale for body image assessment. *Personality and Individual Differences*, *44*(8), 1752-1761.

Symous, C. S., & Johnson, B. T. (1997). The self-reference effect in memory: A meta-analysis. *Psychological Bulletin*, *121*, 371-394.

Tardif, T. (1996). Nouns are not always learned before verbs: Evidence from Mandarin speakers' early vocabularies. *Developmental Psychology*, *32*(3), 492-504.

Tassinary, L. G., & Cacioppo, J. T. (1992). Unobservable facial actions and emotion. *Psychological Science*, *3*, 28-33.

Taubman, R. E. (1950). Studies in judged number: Ⅰ. The judgment of auditory number. *The Journal of General Psychology*, *43*(2), 167-194.

Taylor, J. R. (2003). *Linguistic categorization*. Oxford: Oxford University Press.

Teghtsoonian, R. (1971). On the exponents in Steven's law and the constant in Ekman's law. *Psychological Review*, *78*, 71-80.

Terman, L. M. (1925). Mental and physical traits of a thousand gifted children. In L. M. Terman (Ed.), *Genetic studies of genius* (Vol. 1). Redwood City, CA: Stanford University Press.

Thomas, A., & Chess, S. (1996). *Temperament: Theory and practice*. New York: Brunner/Mazel.

Thomas, M. H., Horton, R. W., Lippincott, E. C., & Drabman, R. S. (1977). Desensitization to portrayals of real-life aggression as a function of exposure to television violence. *Journal of Personality and Social Psychology*, *35*(6), 450-458.

Thompson, W. R. (1954). The inheritance and development of intelligence. *Proceedings of the Association for Research on Nervous and Mental Disease*, *33*, 209-231.

Thurstone, L. L. (1928). The absolute zero in intelligence measurement. *Psychological*

Review, *35*(3), 175-197.

Thurstone, L. L. (1938). *Primary mental abilities*. Chicago: University of Chicago Press.

Tian, F., Tu, S., Qiu, J., Lv, J. Y., Wei, D. T., Su, Y. H., & Zhang, Q. L. (2011). Neural correlates of mental preparation for successful insight problem solving. *Behavioural Brain Research*, *216*(2), 626-630.

Tolin, D. F., Hamlin, C., & Foa, E. B. (2002). Directed forgetting in obsessive-compulsive disorder: Replication and extension. *Behaviour Research Therapy*, *40*, 793-803.

Tomkins, S. (1970). Affects as the primary motivational system. In M. Arnold (Ed.), *Feelings and emotion*. New York: Academic Press.

Tootell, R. B., Mendola, J. D., Hadjikhani, N. K., Ledden, P. J., Liu, A. K., Reppas, J. B., ... Dale, A. M. (1997). Functional analysis of V3a and related areas in human visual cortex. *Journal of Neuroscience*, *17*(18), 7060-7078.

Torelli, C. J., & Kaikati, A. M. (2009). Values as predictors of judgments and behaviors: The role of abstract and concrete mindsets. *Journal of Personality and Social Psychology*, *96*, 231-247.

Torrance, E. P. (1966). *Torrance Test of Creative Thinking*: *Figural Form A*. Princeton, NJ: Personnel Press.

Toth, A. B., Terauchi, A., Zhang, L. Y., Johnson-Venkatesh, E. M., Larsen, D. J., Sutton, M. A., & Umemori, H. (2013). Synapse maturation by activity-dependent ectodomain shedding of SIRPα. *Nature Neuroscience*, *16*, 1417-1425.

Trabasso, T., & van den Broek, P. W. (1985). Causal thinking and the representation of narrative events. *Journal of Memory and Language*, *24*, 612-630.

Tranel, D., & Damasio, A. R.(1985). Knowledge without awareness: An autonomic index of facial recognition by prosopagnosics. *Science*, *228*, 1453-1454.

Trappey, C. (1996). A meta-analysis of consumer choice and subliminal advertising. *Psychology and Marketing*, *13*, 517-530.

Treffert, D. A., & Wallace, G. L. (2002). Island of genius: The artistic brilliance and dazzling memory that sometimes accompany autism and other disorders hint at how all brains work. *Scientific American*, *286*, 76-86.

Treisman, A. (1964). Monitoring and storage of irrelevant messages in selective attention. *Journal of Verbal Learning and Verbal Behavior*, *3*(6), 449-459.

Treisman, A. M., & Gelade, G. (1980). A feature-integration theory of attention. *Cognitive Psychology*, *12*(1), 97-136.

Triandis, H. C. (1994). *Culture and social behavior*. New York: McGraw-Hill.

Triandis, H. C. (1996). The psychological measurement of cultural syndromes. *American Psychologist*, *51*, 407-415.

Tulving, E., & Flexser, A. J. (1992). On the nature of the Tulving-Wiseman function. *Psychological Review*, *99* (3), 543-546.

Tulving, E., & Pearlstone, Z. (1966). Availability versus accessibility of information in memory for words. *Journal of Verbal Learning and Verbal Behavior*, *5*, 381-391.

Tupes, E. G., & Christal, R. C. (1961). *Recurrent personality factors based on trait ratings*. Lackland Air Force Base, TX: U.S. Air Force.

Turnbull, C. M. (1961). Some observations regarding the experiences and behavior of the Bambuti Pygmies. *American Journal of Psychology*, *74*, 304-308.

Twenge, J. M., Baumeister, R. F., DeWall, C. N., Ciarocco, N. J., & Bartels, J. M. (2007). Social exclusion decreases prosocial behavior. *Journal of Personality and Social Psychology*, *92*, 56-66.

Twenge, J. M., Catanese, K. R., & Baumeister, R. F. (2003). Social exclusion and the deconstructed state: Time perception, meaninglessness, lethargy, lack of emotion, and self-awareness. *Journal of Personality and Social Psychology*, *85*, 409-423.

Vaidya, J. G., Gray, E. K., Haig, J., & Watson, D. (2002). On the temporal stability of personality: Evidence for differential stability and the role of life experiences. *Journal of Personality and Social Psychology*, *83*, 1469-1484.

Van Ijzendoorn, M. H., Schuengel, C., & Bakermans-Kranenburg, M. J. (1999). Disorganized attachment in early childhood: Meta-analysis of precursors, concomitants, and sequelae. *Development and Psychopathology*, *11*(2), 225-250.

Vaughn, K. B., & Lanzetta, J. T. (1981). The effect of modification of expressive displays on vicarious emotional arousal. *Journal of Experimental Social Psychology*, *17*, 16-30.

Veasey, S., Rosen, R., Barzansky, B., Rosen, I., & Owens, J. (2002). Sleep loss and fatigue in residency training: A reappraisal. *Jama*, *288*(9), 1116-1124.

Verplanken, B., & Holland, R. W. (2002). Motivated decision making effects on activation and self-centrality of values on choices and behavior. *Journal of Personality and Social Psychology*, *82*, 434-447.

Vogel, G. (1997). Cocaine wreaks subtle damage on developing brains. *Science*, *278*, 38-39.

Vrij, A., Edward, K., & Bull, R. (2001). Stereotypical verbal and nonverbal responses while deceiving others. *Personality and Social Psychology Bulletin*, *27*, 899-909.

Vroom, V. H. (1964). *Work and motivation*. New York: John Wiley & Sons.

Waldfogel, S. (1948). The frequency and affective character of childhood memories. *Psychological Monographs: General and Applied*, *62*(4), 1-39.

Walk, R. D., & Homan, C. P. (1984). Emotion and dance in dynamic light display. *Bulletin of the Psychonomic Society*, *22*, 437-440.

Wallas, G. (1926). *The art of thought*. London: G. J. Cape.

Wang, J., Liu, L., & Zheng, Y. (2011). Effects of implicit power motive on the processing of anger faces: An event-related potential study. *Journal of Research in Personality*, *45*(5), 441-447.

Warren, R. M., Obusek, C. J., Farmer, R. M., Warren, R. P. (1969). Auditory sequence: Confusion of patterns other than speech or music. *Science*, *164*, 586-587.

Warren, R. M., & Warren, R. P. (1970). Auditory illusions and confusions. *Scientific American*, *223*, 30-36.

Warrington, E., & Weiskrantz, L. (1970). Amnesic syndrome: Consolidation or retrieval? *Nature*, *228*(5272), 628-630.

Wason, P. C., & Johnson-Laird, P. N. (1972). *Psychology of reasoning: Structure and content*. London: Batsford.

Watson, R. J. (1973). Investigation into deindividuation using a cross-cultural survey technique. *Journal of Personality and Social Psychology*, *25*, 342-345.

Waugh, N. C., & Norman, D. A. (1965). Primary memory. *Psychological Review*, *72*(2), 89-104.

Weinstock, M. (1997). Does prenatal stress impair coping and regulation of hypothalamic-pituitary-adrenal axis? *Neuroscience & Biobehavioral Reviews*, *21*, 1-10.

Weiskrantz, L. (1997). *Consciousness lost and found: A neuropsychological exploration*. New York: Oxford University Press.

Wessel, I., & Merckelbach, H. (2006). Forgetting "murder" is not harder than forgetting "circle": Listwise-directed forgetting of emotional words. *Cognition Emotion*, *20*, 129-137.

Wever, E. G. (1949). *Theory of hearing*. Oxford, England: Wiley.

Williams, J. H., Greenhalgh, K. D., & Manning, J. T. (2003). Second to fourth finger ratio and possible precursors of developmental psychopathology in preschool children. *Early Human Development*, *72*(1), 57-65.

Williams, K. D. (2007). Ostracism. *Annual Review of Psychology*, *58*, 425-452.

Williams, R. B., & Clippinger, C. A. (2002). Aggression, competition and computer games: Computer and human opponents. *Computers in Human Behavior*, *18*, 495-506.

Williams, T. J., Pepitone, M. E., Christensen, S. E., Cooke, B. M., Huberman, A. D., & Breedlove, N. J., ... Breedlove, S. M. (2000). Finger-length ratios and sexual orientation. *Nature*, *404*(6777), 455-456.

Wilson, E. O. (1963). The social biology of ants. *Annual Review of Entomology*, *8*(1), 345-368.

Winne, P. H. (1985). Cognitive processing in the classroom. In T. Husen & T. H. Postlethwaite (Eds.), *The international encyclopedia of education* (Vol. 2, pp. 795-808). Oxford, England: Pergamon.

Winner, E. (2000). The origins and ends of giftedness. *American Psychologist*, *55*(1), 159-169.

Witkin, H. A. (1949). The nature and importance of individual differences in perception. *Journal of Personality*, *18*(2), 145-170.

Wohl, M. J. A., Pychyl, T. A., & Bennett, S. H. (2010). I forgive myself, now I can study: How self-forgiveness for procrastinating can reduce future procrastination. *Personality and Individual Differences*, *48*(7), 803-808.

Wojciszke, B. (1989). The system of personal values and behavior. In N. Eisenberg, J. Reykowski, & E. Staub (Eds.), *Social and moral values: Individual and societal perspectives* (pp. 229-251). Mahwah, NJ: Lawrence Erlbaum.

Wolfson, A. R., & Carskadon, M. A. (1998). Sleep schedules and daytime functioning in adolescents. *Child Development*, *69*, 875-887.

Wolk, S., & DuCette, J. (1974). Intentional performance and incidental learning as a function of personality and task dimensions. *Journal of Personality and Social Psychology*, *29*(1), 90-101.

Wood, D., & Roberts, B. W. (2006). Cross-sectional and longitudinal tests of the Personality and Role Identity Structural Model (PRISM). *Journal of Personality*, *74*(3), 779-810.

Woodworth, R. S., & Sells, S. B. (1935). An atmosphere effect in formal syllogistic reasoning. *Journal of Experimental Psychology*, *18*(4), 451-460.

Wright, J. C., Huston, A. C., Reitz, A. L., & Piemyat, S. (1994). Young children's perceptions of television reality: Determinants and developmental differences. *Developmental Psychology*, *30*(2), 229-239.

Wundt, W. (1896). *Grundriss der psychologie*. Leipzig: Engelmann.

Xia, L. X., Ding, C., Hollond, S. D., & Wan, L. (2013). Self-supporting personality and psychological symptoms: The mediating effects of stress and social support. *Personality and Individual Differences*, *54*(3), 408-413.

Xia, L. X., Liu, J., Ding, C., Hollond, S. D., Shao, B. T.,... Zhang, Q. (2012). The relation of self-supporting personality, enacted social support, and perceived social support. *Personality and Individual Differences*, *52*(2), 156-160.

Xie, L., Kang, H., Xu, Q., Chen, M. J., Liao, Y., Thiyagarajan, M., ... Nedergaard, M. (2013). Sleep drives metabolite clearance from the adult brain. *Science*, *342*(6156), 373-377.

Xu, Y., & Zheng, Y. (2015). The digit ratio (2D : 4D) in China: A meta-analysis. *American Journal of Human Biology*, *27*, 304-309.

Yang, C. F. J., Gray, P. B., Zhang, J., & Pope, H. G., Jr. (2009). Second to fourth digit ratios, sex differences, and behavior in Chinese men and women. *Social Neuroscience*, *4*(1), 49-59.

Yaroush, R., Sullivan, M. J., & Ekstrand, B. R. (1971). Effect of sleep on memory: Ⅱ. Differential effect of the first and second half of the night. *Journal of Experimental Psychology*, *88*(3), 361-366.

Yau, J., & Smetana, J. G. (1996). Adolescent-parent conflict among Chinese adolescents in Hong Kong. *Child Development*, *67*, 1262-1275.

Yee, N., & Bailenson, J. N. (2007). The Proteus effect: The effect of transformed self-representation on behavior. *Human Communication Research*, *33*, 271-290.

Yehuda, R. (2002). Post-traumatic stress disorder. *New England Journal of Medicine*, *346*(2), 108-114.

Yerkes, R. M., & Dodson, J. D. (1908). The relation of strength of stimulus to rapidity of habit-formation. *Journal of Comparative Neurology and Psychology*, *18*(5), 459-482.

Young, K. S. (1996). Psychology of computer use: Ⅺ. Addictive use of the Internet: A case that breaks the stereotype. *Psychological Reports*, *79*(3), 899-902.

Zajonc, R. B. (1976). Family configuration and intelligence: Variations in scholastic aptitude scores parallel trends in family size and the spacing of children. *Science*, *192*, 227-236.

Zajonc, R. B., & Markus, G. B. (1975). Birth order and intellectual development. *Psychological Review*, *82*, 74-88.

Zakay, D., & Block, R. A. (1997). Temporal cognition. *Current Directions in Psychological*, *6*, 12-16.

Zheng, L., Goldberg, L. R., Zheng, Y., Zhao, Y., Tang, Y., & Liu, L. (2008). Reliability and concurrent validation of the IPIP Big-Five factor markers in China: Consistencies in factor structure between internet-obtained heterosexual and homosexual samples. *Personality and Individual Differences*, *45*(7), 649-654.

Zheng, L., Hart, T. A., & Zheng, Y. (2012). The relationship between intercourse preference positions and personality traits among gay men in China. *Archives of Sexual Behavior*, *41*(3), 683-689.

Zheng, L., Lippa, R. A., & Zheng, Y. (2011). Sex and sexual orientation differences in personality in China. *Archives of Sexual Behavior*, *40*(3), 533-541.

Zheng, M., Zhang, Y., & Zheng, Y. (2015). The effects of attachment avoidance and the defensive regulation of emotional faces: Brain potentials examining the role of preemptive and postemptive strategies. *Attachment & Human Development*, *17*(1), 96-110.

Zihl, J., Von Cramon, D., & Mai, N. (1983). Selective disturbance of movement vision after bilateral brain damage. *Brain*, *106*(2), 313-340.

Zimbardo, P. G. (1970). The human choice: Individuation, reason, and order versus deindividuation, impulse, and chaos. In W. J. Arnold & D. Levine (Eds.), *Nebraska symposium on motivation*. Lincoln, NE: University of Nebraska Press.

Zimmerman, B. J. (1989). Models of self-regulated learning and academic achievement.

In B. J. Zimmerman & D. H. Schunk (Eds.), *Self-regulated learning and academic achievement: Theory, research, and practice* (pp.1-25). New York: Springer-Verlag.

Zimmerman, B. J. (1990). Self-regulating academic learning and achievement: The emergence of a social cognitive perspective. *Educational Psychology Review*, *2*, 173-201.

Zimmerman, B. J. (1998). Developing self-fulfilling cycles of academic regulation: An analysis of exemplary instructional models. In D. H. Schunk & B. J. Zimmerman (Eds.), *Self-regulated learning: From teaching to self-reflective practice* (pp.1-19). New York: Guilford Press.

Zimmerman, B. J., Greenberg, D., & Weinstein, C. E. (1994). Self-regulating academic study time: A strategy approach. In D. H. Schunk & B. J. Zimmerman (Eds.), *Self-regulating of learning and performance: Issues and educational applications* (pp.181-189). New Jersey: Lawrence Erlbaum.

Zuckerman, M. (1974). The sensation seeking motive. *Progress in Experimental Personality Research*, *7*, 79-148.

Zurif, E. B. (1990). Language and the brain. In D. N. Osherson & H. Lasnik (Eds.), *Language* (pp.177-198). Cambridge, MA: MIT Press.

古川竹二. (1927). A study of temperament by means of human blood groups. *心理学研究*, *2*(4), 612-634.